与中国工程院老领导（2007 年）

2010 年“中国能源中长期发展战略研究”项目组会议—香山

2015 年第二届国家气候变化专家委员会委员合影

2012 年气候变化专家委员会调研青海瓦里关大气本底观测站

杜祥琬院士简介

杜祥琬（1938.4.29—　），男，应用物理、强激光技术和能源战略专家。生于河南省南阳市，原籍开封。1964年毕业于苏联莫斯科工程物理学院。

中国工程物理研究院研究员、高级科学顾问，中国科协荣委，中国工程院原副院长。曾主持我国核试验诊断理论和核武器中子学的系统性创新性研究。曾任国家863计划激光专家组首席科学家，是我国新型强激光研究的开创者之一，推动我国新型高能激光技术跨入世界先进行列。

1997年当选为中国工程院院士，2006年当选为俄罗斯国家工程科学院外籍院士，2002年当选中国工程院副院长。获国家科技进步奖特等奖一项、一等奖一项、二等奖两项，部委级一、二等奖十多项。2000年获何梁何利科技进步奖。

主持了中国工程院的“中国可再生能源发展战略研究”“中国能源中长期（2030、2050）发展战略研究”“我国核能发展的再研究”等我国能源发展战略重大咨询研究项目，现任国家能源专家咨询委员会副主任。

参加了我国应对气候变化减排目标的科学论证，主持研究了“应对气候变化的科学技术问题研究”等重大咨询研究项目，任第二届国家气候变化专家委员会主任。作为中国代表团高级顾问先后参加了哥本哈根、坎昆、德班、多哈、华沙、巴黎等联合国气候变化大会和国际交流，宣讲了中国在应对气候变化方面所做的务实行动和艰苦努力。

中国工程院院士文集

中国能源战略研究

ZHONGGUO NENGYUAN ZHANLUE YANJIU

杜祥琬◎著

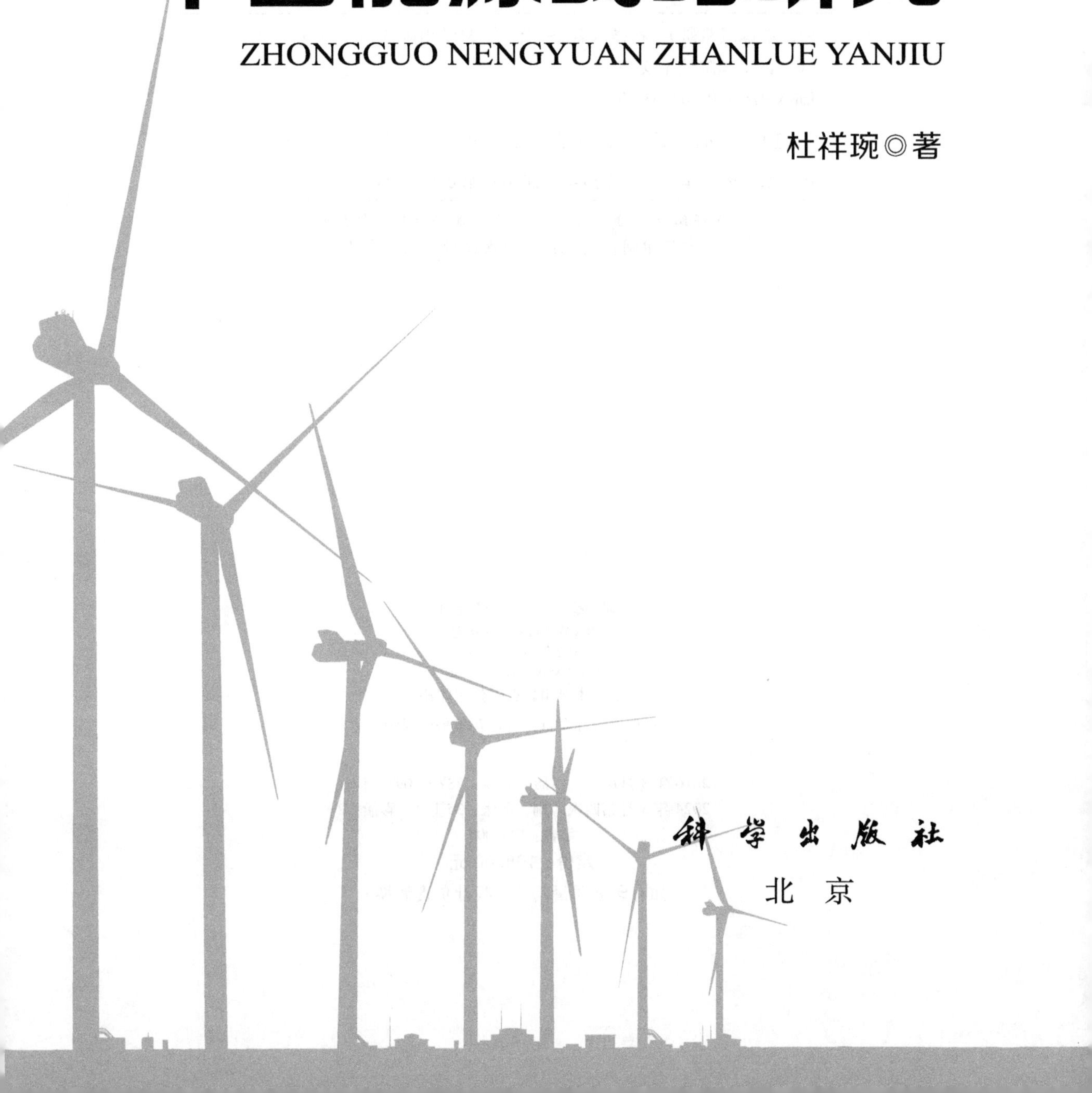

科 学 出 版 社
北 京

内 容 简 介

本书是作者对中国能源战略思考成文的汇编。在世界各国面临的能源问题中，中国的能源问题可能是最复杂、最费思索的。本书分为能源战略篇、生态环境篇和气候变化篇，包括对中国能源发展战略的思考、非化石能源的未来、能源与生态环境、经济与环境，以及应对气候变化的中国国家战略。本书兼顾学术著作的严肃性与大众阅读的可读性。读者通过阅读本书可以加深对我国必须转变经济发展方式的认识。

本书对从事能源的专业工作者、用能的工程技术人员和关心我国能源发展的人士有很高的参考价值。除此以外，本书对于有高中以上文化程度的各行各业各级干部作为解读我国经济发展新常态，大力调整经济结构、推动能源革命、实现经济与环境双赢，也是一本十分有益的参考书籍。

图书在版编目(CIP)数据

中国能源战略研究/杜祥琬著.—北京：科学出版社，2016.3
（中国工程院院士文集）
ISBN 978-7-03-047334-9

Ⅰ.①中… Ⅱ.①杜… Ⅲ.①能源战略—中国—文集 Ⅳ.①F426.2-53

中国版本图书馆 CIP 数据核字（2016）第 026707 号

责任编辑：钱 俊 周 涵 / 责任校对：邹慧卿
责任印制：吴兆东 / 封面设计：楠竹文化

科学出版社出版
北京东黄城根北街 16 号
邮政编码：100717
http://www.sciencep.com
北京建宏印刷有限公司印刷
科学出版社发行 各地新华书店经销
*
2016 年 3 月第 一 版 开本：787×1092 1/16
2024 年 5 月第四次印刷 印张：35 1/2 彩插：2
字数：817 000

定价：198.00 元

（如有印装质量问题，我社负责调换）

序

杜祥琬院士是我国著名的应用核物理与强激光技术专家，曾长期主持我国核试验诊断理论和核武器中子学的系统性、创造性研究，还担任过国家863计划激光专家组首席专家，是我国强激光研究的开创者之一。我与杜祥琬院士由于专业领域不同，虽同为中国工程院院士却交往甚少，直到2002年我到中国工程院工作后，两人才从同事逐步密切成为相知的好友。究其原因大致有三。一是我们都是20世纪30年代出生的人，相似的人生经历造成共同的家国情怀，遇事总会自觉、不自觉地从国家、民族的高度去考虑；二是可能受家庭和教育背景的影响，两人身上都还留着一点儿过去运动常受批评的知识分子清高的脾气；三是遇事常爱“刨根问底”并弄个明白，有人认为是否太“书生气”了。但我们却很难改变这种真诚、认真的态度。好在当时中国工程院两届党组成员都坦诚相待、亲密团结，往往是通过认真切磋、锱铢必较的讨论后对问题取得了新的理解和提高。在应邀为祥琬院士新出的《中国能源战略研究》写序时拉拉杂杂写了上面一段话是否有离题跑偏之嫌呢？我想读者只要细读本书中的文章，就能看到作者在能源问题上敢于秉书直言，坚持科学精神的许多真实事例了！

人类对能源的不可或缺性，已是人尽皆知的事，无需我在此赘言。曾有人类学家断言过，人类祖先之所以能从诸多类人猿种群中脱颖而出，进化成为今天地球上生物的主宰，是与人类先祖首先掌握了“用火”有很大的关系。确实，近80万年的人类进化史，无论是刀耕火种烹制熟食，还是狩猎用的刀、箭、枪、矛，无一不须用高温炼制、锻造的陶罐、铁器，到了今天能源则已成为人类文明的基石，特别是工业革命以来，能源的开采及其在各行各业中的广泛应用，乃至现代奢华的生活领域，能耗已达到了惊人的、不可持续的地步。这就引起了众多有良知的科学家的大声疾呼。近日获得2015年普利策新闻奖非虚构写作奖的《大灭绝时代》的作者伊丽莎白·科尔伯特在书中提供了一组数据：自工业革命以来人类已经燃烧了巨量的化石能源（包括煤炭、石油、天然气），累计向大气排放了3650亿吨的碳；加上“去森林化”（毁林垦荒及乱砍滥伐）又给大气层添加了1800亿吨的碳；以及当下各国每年正在排放碳的总和90亿吨，使空气中二氧化碳的浓度已高于0.04%。别小看这0.04%，因为它已超过过去80万年间任何时期的水平。这一水平的直接后果是可能导致气温上升2～4℃，然后是冰川融化、海平面升高，冰栖动物失去生存之地，大洋中的岛国将沉沦海底……这些是众所周知、常常被提及也容易被忘却的故事。因而，我们居住的这个星球，当下面临的自然生态及人文生态问题触目惊心，已引起国际社会的普遍关注，这也是为什么中美两国元首会谈要把双方对碳排放的控制协议列为四项主要成果之一了。

诚如祥琬院士在本书前言中开宗明义地指出："在世界各国面临的能源问题中，中国的能源问题可能是最复杂、最费思索的。"我完全同意他的这一判断，我以为其最基本的难点有三：一是中国经济社会发展与人口、资源分布的极不均衡性。经济发达人口聚集的大城市及高能耗的重化工业密集于东部沿海与长江中、下游地区，而煤炭与石油、天然气却大多蕴藏于西北部（山西、内蒙、陕西、新疆）。与此同时，可用于转化成电的水能则密集于西南川、滇、藏的金沙江、雅鲁藏布江地区。由此造成了中国特有的北煤南运、西气东输、西电东送（超高压及特高压输电网）等大型工程的建设，尽管工程本身是成功的，但由于涉及各地区、各部门在技术、生态上和利益分配上的原因，争议仍不绝于耳。二是中国一次能源以煤为主的自然禀赋使中国成了世界上第一煤炭消费大国，亦是全球碳排放主要国家之一。特别是在前些年固定资产投资比例高企的需求拉动之下，高耗能工业（如钢铁、水泥、有色金属等）出现了超常增长，使得中国的工业能耗（特别是用煤）一直居高不下。这就引起了在新常态下中国经济增长（GDP增速）如何能不过度依靠固定资产投资，从而改变用高能耗、高污染来换取发展现状的讨论。三是进入2012年以来，中国逐渐成为汽车生产、消费的世界第一大国，井喷式的私家车增长，不但造成近2亿吨原油的油料消耗（其中大部分依靠进口），而且造成大、中城市道路拥堵、空气污染和交通管理成本的升高。是否需要对私车进行行政调控（如停车位收费及中心城区限号、限行等），并辅以市场调节相结合办法（累进制的油价及燃油附加税等）加以合理控制，在不同部门之间观点迥异。有些在国际上行之有效的办法，在中国却难以达成共识。特别是表现在对高耗能工业、汽车工业的超常发展怎么看的方面，例如，有钢铁界人士认为中国钢铁工业产能过剩是暂时的，他们的理由是中国产能虽已达到11亿吨，但人均不过700多公斤，而韩国人口3000多万，钢铁产能却超过3000万吨，人均过吨，汽车业人士则常常把中国的汽车拥有量与美国相比，认为目前的千人汽车拥有量还不到美国的1/4，还有很大发展空间。我认为祥琬院士在文中提出了"这里有个怎么比及和谁比的问题"，这是十分科学、客观的。事实是在欧、美发达国家中，亦有不同的发展模式和生活方式。中国总体上是一个人口众多，资源、能源相对贫乏的国家，决不能走高消耗求发展和高消费促内需的道路，更不能因为行业、部门和地区的利益片面追求短期效益而偏离了科学发展观，浪费资源、牺牲环境，给子孙后代造成不可挽回的损失。

祥琬院士在本书中，还涉及了清洁能源的开发、应用及核能是否可安全运营的问题，我想这也是大家十分关心的，显然如果没有合理完善的分布式电网，以及高效率储能设备的广泛应用，太阳能和风能成为补充能源是不可能的。我们常听到各种报道说我国已成为光伏电池及风力发电产能第一的大国，这虽然不错，但它是指装机容量，而非实际发电量。光伏发电上不了网，使用户没有积极性，而在风力资源丰富地区建立的大型风力发电场的弃风率却经常达到50%以上，并没发挥清洁能源应起的作用。这使我们加深了能源工业是一个系统工程的概念，从一次能源的开采—发电—配电—输电—用电应是一个完整的产业链，必须全面考虑、合理配置，才会发挥效益。尽管非水可再生(太阳能及风能）能源，在能源界曾有专家用“微不足道”来形容它，但祥琬院士却说不久的将来有可能“举足轻重”，成为“补充能源”甚至“主流能源”之一，我是同意他这个大胆前瞻性判断的，因为从科学上看它们不存在不可逾越的障碍，而且通过各国工程技术人员的努力，已使现存问题的解决初露端倪。

至于核能的安全性问题，在日本福岛核电站事故以后，世界各国都引起了重视和反思，但是由于个别媒体的片面夸大报道，使群众普遍产生了“恐核病”，甚至“凡核必反”，使核电站的选址和建设都遇到困难。祥琬院士是这方面的专家，他在分析核电的能量密度、绿色低碳、稳定性以后，提出发展核电是人类的理智选择，提出中国核电要稳中求进，实现规模发展。他的上述观点不但反映在中国工程院为国家所作的能源发展咨询报告中，也在2014年6月“中国核能发展的再研讨”论坛上得到了十余位院士和近百位同行专家的认同。事实上任何一种能源都是有风险的，以历史最长、最为人们熟知的燃煤发电厂为例，其原料煤的开采就是一个十分危险的行业。目前世界上自动化程度最高，测控系统最严的美国在1998年才把百万吨死亡率降低到0.03人左右，而我国经多年努力整治才使这一数字降至2.96人/百万吨煤，考虑到我国是煤炭生产大国，年产煤30亿吨以上，这一数字仍大大高于其他工业的工伤死亡率。至于世界上大型石油、天燃气储罐和管道的爆炸、燃烧的事故更是年年都有所闻，其风险的几率也远高于核电，像法国这样一个主要依靠核电为能源（≥70%）的国家，半个世纪以来就从未发生过核事故，现已查明造成前苏联切尔诺贝利、美国三浬岛和日本福岛核事故的原因，使核电安全水平进一步提高。总之到目前为止，还不能说核能的安全、可靠性就一定不如其他能源。在资源有保证、设备可靠、操作谨守规程的前提下，核电仍应在我国适度发展，使中国的能源结构更趋合理。

祥琬院士所著《中国能源战略研究》，有一个鲜明的特色，就是学术著作的严肃性与大众阅读的可读性相结合，文章不长却都立题鲜明，应答清楚，不但从事能源的专业工作者会汲取其中睿智的判断，即使像我这样一辈子大量用能的工程技术人员，也开卷有益，加深了我对我国经济发展方式尚存在“不平衡、不协调、不可持续性”的认识。除此以外，我想它对于有高中以上文化程度的各行各业各级干部作为解读我国经济发展新常态，大力调整经济结构，提高能源效率，也是一本十分有益的参考书籍。

徐匡迪

2015 年 10 月 30 日

前　言

在世界各国面临的能源问题中，中国的能源问题可能是最复杂、最费思索的。能源是发展的基础，科学地制定我国能源的发展战略，对国家经济与社会的可持续发展至关重要，甚至对人类的永续发展也具有重要的全球意义。

本世纪初叶，中国工程院在已有工作的基础上，较系统地进行了我国能源发展战略的多项咨询研究与国际合作研究。其中，“中国能源中长期（2030、2050）发展战略研究”系统地研究了中国的能源问题，提出了由六项子战略构成的“中国绿色、低碳能源战略”。我有幸与众多的院士和专家们一道切磋、研讨，是宝贵的学习经历。研究组的报告除作为咨询意见上报外，都已成书出版。

这本文集是作者对中国能源战略思考成文的汇编。

实际上，我高中毕业时的志愿是学习宏大的天体物理学，但国家的需要把我派往莫斯科，学习微观的原子核物理学。毕业回国后即投身我国核武器事业，主攻核试验诊断理论和中子物理精确化研究，这是一种微观物理与工程技术相融合的工作。国家高技术研究发展（863）计划启动后，我又受命从事高能激光技术的研究，经历了从焦虑到发展的征程。在以上工作的约四十年期间，虽然也发表过几篇与能源战略有关的文章，但没有做系统的研究。只是21世纪初，我被选入中国工程院任职以来，才由于分工的要求，对我国能源战略做了比较系统的学习、研究和思考。可以说我的学术生涯和人生轨迹主要是由国家的需求导向的，虽有几次“阵地转换”，却一直没有离开物理学。

中国工程院的咨询研究工作，是一个大学校，也是高水平的挑战和机遇。常常碰到的困惑，会成为新课题的发端，不同见解的碰撞，会产生思想的火花。举个例子：多次参加能源的研讨会，听人说起“相对美国的人均能耗，中国的能耗还有很大的增长空间；相对发达国家平均水平的人均能耗，中国能耗也有数倍的增长空间”。可是仔细研究下数据，中国真要按这样的“标杆”来发展吗？这就迫使我们把典型发达国家的能源经济学数据找来，“抠数据、找规律”。正是在这个研究的基础上，我们提出了“两类发达国家”的概念，说明发达国家并非同样的发展模式，并提出对中国能源发展空间的四点启示。再如，近年来，国际上深化了人类可持续发展路径的研究，提出了“低碳发展”“重塑能源”等概念。我国在认识到粗放发展“不可持续”的同时，也提出了“科学发展”“生态文明”“能源革命”等有战略高度的思想。在这些思想的指导下，我们提出了“能源科学发展观”“中国能源结构变革的三个阶段”“由三个观念构成的新的能源安全观”“低碳能源‘三匹马’”等创新性的概念。其中，也不乏在同专家们的集体研讨中得到的启发。现将本书中与我国能源战略有关的新的思想要点归纳如下，供专家们切磋、指正。

1. 能源科学发展观的核心是转变能源供需模式，使其由“以粗放的供给满足增长过快的需求”向“以科学的供给满足合理的需求”转变，能源供需模式的转变是我国转变经济发展方式的重要组成部分。

2. 能源革命是以质的变革，重塑中国能源。能源消费革命可概括为：逐步告别粗放、低效，转向节约、高效；能源生产革命可概括为：告别黑色、高碳，转向绿色、低碳。能源革命是一个过程。能源科技革命是其支撑；能源体制革命是其保障。能源革命的目标是创建一个高效、洁净、低碳、安全的新型能源体系。

3. 能源形态的重大变革是人类文明形态变革的基础。展望百年，中国的能源结构变革将经历三个阶段：以化石能源（特别是煤炭）为主的第一阶段；多元结构（煤、油、气、核、可再生五足鼎立）的第二阶段；以非化石能源（可再生、核）为主的第三阶段。认清这个历史的必然性，可以使我们从方向上定性判断各类能源消长的大趋势，从而增强能源战略谋划与政策制定的稳定性。

4. 节能是中国能源战略之首，也应是“中国道路”的要素。当前阶段，转变粗放的发展方式，抑制不合理需求，是最大的节能潜力；调整产业结构，遏制高耗能产业扩张，是节能的主要抓手；研发和推广节能技术，发展节能服务，提高能效，是节能之本；倡导节约、俭朴的生活方式和社会风尚，是节能的长远之计。

5. 提出了由三个观念构成的新的能源安全观：①新的“能源供应安全”观念应是供需两侧相向而行，达到供需平衡；②将“能源环境安全”的观念，上升到战略高度；③“占据未来能源科技战略制高点”是保障我国能源长远安全的观念。

6. 在对典型发达国家进行能源经济学分析的基础上，提出了“两类发达国家”的概念，说明发达国家并非同样的发展模式：虽达到同样的发达水平，人均能耗却可相差一倍之多。由此得出对中国能源（和电力）发展空间的四点启示。

7. 煤炭的使用需管好总量，发展高效、洁净化利用；而低碳利用尚有待创新。煤炭的终端利用中，要增加发电的比例。“煤炭科学产能”和“煤炭利用洁净化度”是两个重要概念。

8. 提出了“低碳能源‘三匹马’”的概念：天然气（含非常规）、可再生能源、核电，三者不是相互排斥的关系，只有共同努力，合力“拉车”，才能尽早实现对煤炭高比例的替代。

9. 非化石能源让人类拥有未来。学会利用“今日阳光”，高比例发展可再生能源，是能源发展必由之路。提出了可再生能源发展需着力解决的几个问题。

10. 从核裂变到核聚变，核电是可持续发展的能源，是人类和平利用核能的理性选择。提出：我国核电发展进入新常态，需“理性谋共识、科学谋发展”，转变发展方式和工作方式，重视基础研究，加强全产业链协调配套发展。

11. 城镇化过程中，人均能耗会有所提高。新型城镇化的标志之一应该是低碳。为此，宜将低碳城市建设与智能城市建设相结合，精心设计分布式低碳能源网络，因地制宜利用可再生能源及天然气（与沼气）等，同时推动农村能源形态的进步。

12. 我国终端能源中，电力的比例将大幅提高，通过替代，减少直燃散烧煤和汽车燃油。电力结构中非化石能源电力的比例将大幅度提高。电力的发展应以发电量衡量。我国人均电耗还有近一倍的增长空间，不能以美国类型国家的人均电耗为标杆。现代化进程到一定水平（约人均两万多美元）后，经济会继续发展，但人均能耗、人均电耗不再增加，甚至还能降低，原因在于产业结构优化和能效的提高。同样的发达水平，能耗低、电耗低才是先进指标。

13. 勾勒了“中国能源2030”：2020年前煤耗总量见顶；2025年前煤炭和石油消耗总量越峰；2030年前碳排放总量达峰；2030年低碳能源“三匹马”在一次能源中的占比大于35%；智能能源互联网和分布式低碳能源网络形成体系；调结构和节能、提效取得实质性进展，总能耗年增长<1%，进入趋饱和期。

14. 能源的国际合作包括三方面的内容：①适度利用国际市场和国际资源，目前主要是油、气、铀资源；②能源科技合作，提高水平，合作共赢；③借鉴国际先进的能源体制和管理经验。

能源与环境和气候变化关系密切，故本书也收录了这方面的文章。我国发展的实践中提出的问题是这些文章的思想源泉。例如，我国东部的霾污染呈常态化后，经常听到无奈的议论：“经济与环境是两难”“经济与环境有很强的对立性”等，这就迫使我们去研究并提出了“经济发展与环境污染的关系是非线性的”“经济与环境是必须双赢也可以双赢的”论述；提出了通过“能耗空间密度”和“排放空间密度”的比较分析法，认识我国的环境容量和气候容量；提出了“五个维度的科学发展指数”的建议和“发展过快也是双刃剑”的哲学思考。随着气候变化成为一个全球热点问题和非传统安全问题，必须研究并回答“应对气候变化的实质和科学性”“应对气候变化对推动新型经济发展的意义”“国际气候谈判的本质和最终出路”“应对气候变化的国内外两个大局的关系”等重大问题。现将本书中与环境和气候变化有关的新的思想要点归纳如下，以便大家切磋、指正。

15. 污染排放造成的大气污染和温室气体排放造成的气候变化问题，是两个不同的概念，但在目前的中国能源结构下，两者基本同根、同源。因此，改善生态环境与应对气候变化有很强的协同性。

16. 通过“能耗空间密度”“CO_2排放空间密度”的国际比较分析，得出我国东部地区的环境负荷比全球平均水平高五倍以上，亦即环境容量、气候容量显著小于全球平均值。我国发展的高碳特征值得引起足够重视，迫切需要向低碳发展转型。

17. 经济发展与环境污染的关系并不是简单的线性关系，而是非线性的。提出了两点非线性的概念。在经济与环境的对立统一关系中，其统一性的一面更具根本性和战略性。二者应该共赢，也可以共赢，“在环境容量下发展”“在保护中发展”“在统一中发展”。提出了经济环境双赢的十个抓手。

18. 废弃物的减量化和资源化利用水平是国家进步和现代化水平的标志，是一个地区生态文明建设水平的指标，也是推进社会治理现代化和提高公民素质的一个具体而有力的抓手。社会要从一个吞噬资源的消耗体，变为一个将消耗转化为资源的循环体，这个“变”是社会的“核心能力之一”，是拥有未来的战略制高点。

19. 需要制定一个“科学发展指数”作为政绩考核指标体系，以改变片面追求GDP的倾向，使“科学发展观”落地。建议以“经济质量、民生改善、社会公平、生态文明、科技进步”五个维度的指数引导科学发展。把环境保护和生态文明建设前置到国家发展目标的前位。

20. 经济发展和能源发展都需要哲学思维。“快”也是双刃剑，指出了发展过快至少导致八个“跟不上”。经过30年发展后，我国的“战略机遇期”的内涵已发生重大变化，应理解为“转变发展方式的机遇期”。“西部大开发”应理解为“西部科学开发”，最近5～10

年，是我国转变发展方式的关键期。

21. 应对气候变化的实质是：通过人类的共同努力，控制气候变化的不良发展，避免超出气候承载力范围（气候容量），避免走到发生气候灾变的“临界点”。以低碳发展、绿色发展、循环发展的路径，实现全人类的可持续发展。

22. 国际气候谈判的一个基础性的支点，是气候变化的科学性。现代气候变化科学的根基是坚实的。尽管存在着不确定性，以全球变暖和反常气候事件频发为特征的气候变化，毕竟是一个客观存在的事实。气候变化当然是由自然因素和人为因素共同引起的，但人类能有所作为的，显然只能是改变自身的行为方式。

23. 国际气候谈判尽管充满矛盾，但本质上它是一种认真而责任重大的全球性努力，不应将其视为“闹剧”。国际气候谈判的目标，在于建立合理的国际气候制度。气候变化国际谈判的最终出路只能是合作共赢。

24. 中国应对气候变化的国内需求与国际责任高度一致。应对气候变化限制落后产能，推动技术进步；限制粗放发展，促进科学发展；限制环境污染，推动生态文明；限制高碳发展，推动低碳发展；应对气候变化还带动我国基础设施的完善和基础研究水平的提高。应对气候变化为转变发展方式、推动社会的发展进步提供了新的视角和动力，具有深远的战略意义。

25. 分析了我国经济发展方式存在“不平衡、不协调、不可持续”的两方面原因：①30 年来的经济发展主要靠五个初级生产力要素的驱动；在产业结构中，高耗能产业比例过高，规模过大。②中国经济发展的“时空特性”不同于先发达国家。资源制约日益严峻，并产生了复合型、压缩型、结构型的三大环境（空气、水、土壤）污染问题。所以，转变发展方式刻不容缓，必须转向创新驱动。

26. 振兴中华需要强有力的精神支柱。推进能源革命，实现经济与环境双赢，要靠高素质的人。生活方式与观念的进步，将深刻提高民众的素质。中国人民在提高生活水平的同时，应倡导“健康的物质享受、丰富的精神追求”这样一种生活方式，重塑民族精神，抑制奢华、浪费，让每个家庭、每个公民都成为环境的主人，推动国家迈向生态文明。

中国古代的哲人充满智慧，但他们不可能告诉我们，十几亿人口的中国如何可持续发展；世界上的各类国家，各有所长，有许多值得借鉴之处，但它们都不可能给出中国永续发展的模式。中国人必须用自己的脚走自己的路，创造一条可持续发展新型道路，绿色、低碳能源战略是这条道路的要素。这条道路的创新，将是中国对人类作出的最重要的贡献。

中国能源的有关数据和对能源发展的认识都在不断变化，本书收录文章的时间跨度有 20 余年，有的数据和观点已显过时。文集出版时，基本保留了文章原样，以留下历史的痕迹和动态的自我修正。

中国的能源战略需要进一步深入研究，这有赖于能源领域的专家们，更寄希望于有志从事能源研究的中青年朋友们。

由于作者水平有限，书中难免有缺点与不妥之处，诚望各位专家和读者予以指正。

杜祥琬

2015 年 6 月

目　　录

生态环境篇

气候变化篇

能源战略篇

一、对中国能源发展战略的思考

生态文明背景下我国能源发展与变革分析①

摘　要： 能源是人类社会文明演进的前提和基础，能源发展是生态文明建设的重要组成部分，能源生产利用方式的变革创新是经济社会转型升级的关键。本文阐述了生态文明与能源变革的社会作用，分析了我国能源发展与发达国家之间的差距及存在问题，并根据未来国际能源发展总体趋势，阐述了我国能源发展面临的挑战和机遇。结合能源需求预测分析，指出我国能源变革的必要性，为我国生态文明建设与能源发展和变革提供战略决策及参考依据。

关键词： 生态文明；能源变革；发展模式；能源技术；能源战略

1　前言

我国经过三十多年的经济高速发展，一方面创造了大量的社会物质财富，另一方面也造成了巨大的资源、能源消耗，以及大气、土壤和水质的污染，导致生态环境问题日趋严重，亟待进行生态文明建设。能源是推动经济和社会持续发展的主要动力，能源生产利用方式的变革创新是经济社会转型升级的关键。生态文明背景下的能源革命可简单归结为：逐步告别“黑色、高碳”，向“绿色、低碳”转变，由“粗放、低效”向“节约、高效”转变。

2　生态文明与能源变革的社会作用

2.1　生态文明建设符合人类社会发展客观规律

建设生态文明为统筹人与自然和谐发展指明了前进方向。随着社会主义现代化建设实践和认识的不断深化，建设生态文明为实现人与自然和谐、均衡发展指明了路径，在这一战略思想指导下，我国扎实推进节能减排、生态建设和环境保护，全面实施绿化生态工程，单位国内生产总值能耗持续下降，完成污染物减排指标任务，为促进绿色增长、推动可持续发展打下了可靠基础。

推进生态文明建设是我们党积极主动顺应广大人民群众新期待进行的重大部署。推进生态文明建设是我们党坚持以人为本、执政为民，维护广大人民群众根本利益特别是环境

---

①　本文作者：杜祥琬（中国工程物理研究院），呼和涛力（中国科学院广州能源研究所），田智宇（国家发展和改革委员会能源研究所），袁浩然（中国科学院广州能源研究所），赵丹丹（中国科学院广州能源研究所），陈勇（中国科学院广州能源研究所）。

基金项目：工程院重大咨询项目“生态文明建设若干战略问题”（2013-ZD-11）。

权益的集中体现。随着经济社会的快速发展，人民群众对干净的水、新鲜的空气、安全的食品、优美宜居的环境等方面要求越来越高。建设生态文明，为人民群众创造良好生产生活环境，不仅是改善民生的需要，也是深化我国现代化建设的重要内容。

走出一条中国特色生态文明建设道路符合人类社会发展的客观规律。深刻反思传统工业文明发展模式的不足，认真总结落实科学发展、转变经济发展方式的实践经验，从经济、政治、文化、社会、科技等领域全方位审视和应对人类社会发展面临的资源、环境方面的严峻挑战，致力于在更高层次上实现人与自然、环境与经济、人与社会的和谐，为增强我国可持续发展能力提供了更科学的理念和方法论，也符合当今世界发展新趋向。

2.2 能源变革促进社会发展

图 1 显示美国能源消费模式发展和世界人均国内生产总值的发展历程。在美国成立之时，传统的美国家庭通常使用木材作为主要的能源来源，早期的工业动力来源于水利。到 19 世纪后期煤炭逐渐成为主要的能源来源，此时世界的人均国内生产总值开始腾飞，能源消费的增加促使推动经济社会得到了高速发展。到 20 世纪中期，石油的使用量超过了煤炭，与此同时天然气作为能源使用量迅速增加。自 20 世纪后期以来，核能发展迅速，同时在火电快速发展带动下，煤炭的使用量再次增加。经历了 20 世纪 70 年代的消费低谷后，美国的石油和天然气消费量恢复增长，直到 20 世纪末期美国的能源消费模式一直保持稳定的格局。纵观美国的能源发展历史，其能源总量和结构不断发生变化，促进了经济社会的发展和结构的不断升级。

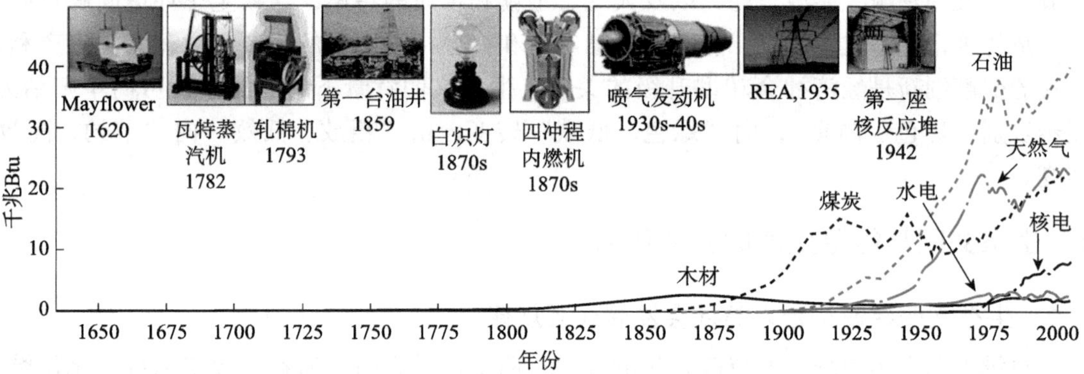

图 1 美国能源消费情况[1]

3 我国能源发展存在的问题

3.1 人均资源相对不足

我国是世界上人口最多的国家，2011 年达到 13.5 亿，占全世界总人口的 19.3%[2]。人口数量众多，既是推动我国经济发展、社会进步的重要因素，也对资源保障、生态环境带来了较大压力。从主要资源人均保有量看（见图 2），2011 年，我国人均淡水、耕地保有量分别只有世界平均水平的 28%、43%；煤炭剩余探明可采储量总量虽然居世界第三位，但人均水平只有全球平均水平的 63%；石油、天然气等优质化石能源储量较低，已探明可供采储量仅占世界的 1.1% 和 1.9%，人均水平分别只有全球平均水平的 7.7% 和 7.9%；铁矿石、铜、铝土矿等重要资源产品人均保有量也都远远低于全球平均水平。

今后相当长一段时期，我国人口还将维持缓慢增长态势。根据联合国报告预测结果[4]，我国人口2020年将达到14.33亿，2030年将达到人口峰值，为14.53亿。2030年之后，我国人口将出现缓慢下降，但2040年和2050年仍分别高达14.35亿和13.85亿。近期，伴随我国逐步放开计划生育政策，未来人口峰值可能超过15亿。在人口缓慢增长进程中，我国人口结构逐渐发生重大变化，2012年劳动年龄人口数量首次出现下降，“人口红利”优势或将很快消失，面临“未富先老”的风险。未来，随着收入水平的普遍提升，十几亿规模的人口一旦开始增加能源消费，资源稀缺性将逐渐显现。

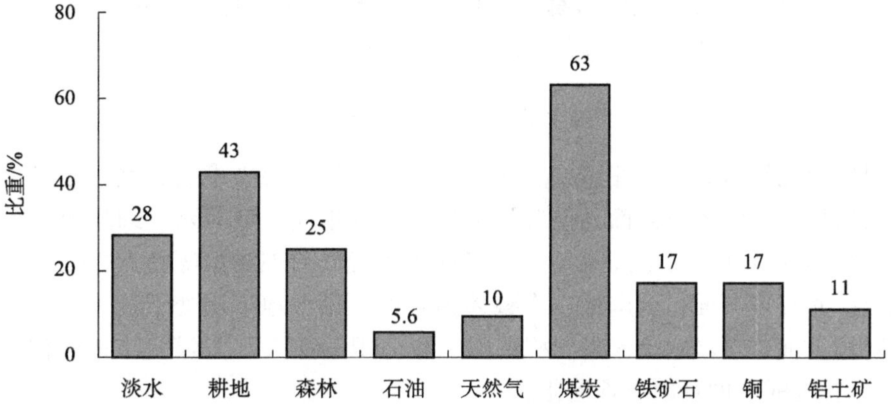

图2　我国主要资源人均保有量占世界平均水平比重[2,3]

3.2　能源资源禀赋较差

受资源禀赋、发展水平等因素影响，长期以来，我国基本形成了“以煤为主”的能源生产和利用结构，煤炭在能源消费总量和增量中占绝对地位，与发达国家存在显著差距。1990—2012年，我国煤炭消费增长 1.95×10^9 吨标准煤，占全球煤炭消费增量的89.8%[5]。2012年，煤炭在我国一次能源消费中的比重高达66.6%[2]，不仅明显高于美国、日本、欧洲联盟等发达国家水平，也高于印度、巴西、墨西哥等发展中国家水平（见图3）。煤炭消费总量过大、比重过高、增长过快，是造成我国能源利用效率低下、环境污染加剧、温室气体排放数量攀升、生态破坏和安全生产压力突出的重要原因。虽然“十一五”以来，我国加快了清洁、低碳能源发展力度，但截至2012年，水电、核电、风电在我国一次能源消费中的比重仅有9.4%，仍远低于发达国家水平。

能源消费持续过快增长，对我国能源和经济安全带来严峻挑战。由于我国石油、天然气等优质化石能源储量有限，新增需求主要依靠进口满足，面临的能源安全挑战不断加剧。2012年，我国进口石油 2.8×10^8 吨，对外依存度达58.7%；进口煤炭 2.9×10^8 吨，已经是世界第一煤炭进口大国；进口天然气大量增加，对外依存度超过31%。随着美国等发达国家石油消费进入高位趋稳和缓慢下降阶段，我国很快将成为世界第一石油进口大国，在全球石油价格高位震荡背景下，我国面临的经济安全、金融风险更加严峻。

3.3　环境容量非常有限

受长期粗放型增长方式驱动，我国主要污染物排放量迅速增长，远远超过环境容量，

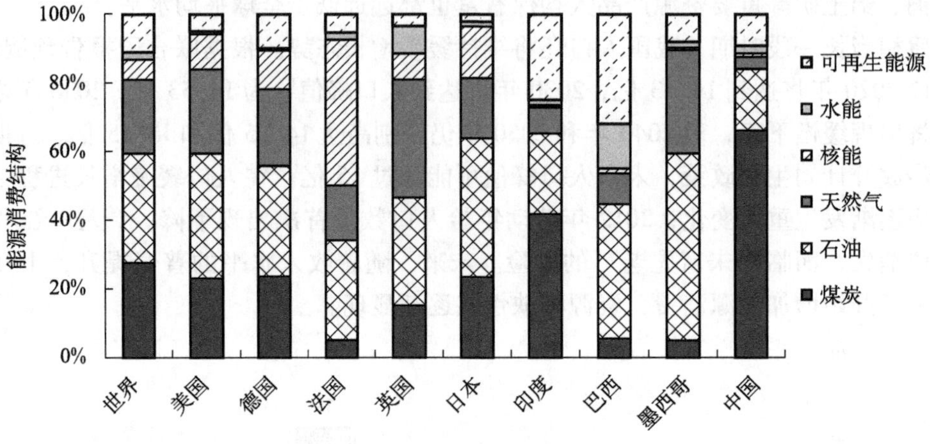

图 3　世界主要国家一次能源消费结构比较[5]

环境污染呈明显的结构型、压缩型、复合型特点，各类型污染事故频发，已经进入环境问题集中爆发阶段。大气质量方面，空气污染呈现由局地向区域蔓延、细颗粒物和臭氧等新型污染物影响显现、酸雨污染加重蔓延、有毒有害废气治理滞后等特点，区域环境空气质量不断恶化。水环境方面，全国地表水整体为轻度污染，地下水处于较差、极差级别的过半。生态环境方面，全国水土流失面积占国土总面积的 37%，荒漠化土地面积占国土总面积的 27%，全国 90% 的草原出现退化。

与发达国家相比，我国人口相对密集、能源特别是煤炭消费强度过大，进一步限制了未来能源消费的增长空间。2011 年，我国煤炭消费总量达 27.76 亿吨标准煤，占全世界的 50.5%，分别是美国、欧洲联盟、日本的 4 倍、7 倍和 18 倍[6]。从单位国土面积煤炭消费量看，我国煤炭消费强度分别是美国、欧洲联盟的 4.0 倍、3.1 倍（见图 4）。在大力治理雾霾、加快生态文明建设背景下，我国面临的生态环境约束更加严峻，实际的煤炭消费增长空间非常有限。

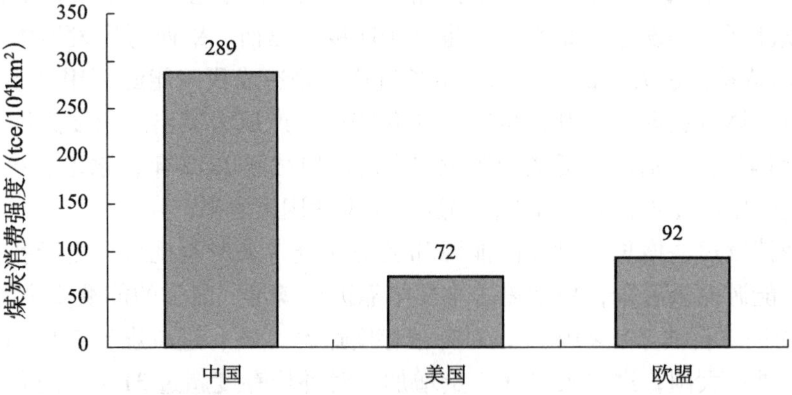

图 4　主要国家和地区煤炭消费强度比较（$1tce = 2.93 \times 10^{10}$ J）

3.4　能源利用效率低下

受产业结构不合理、技术水平落后等因素影响，我国整体能源利用水平明显偏低。“十一五”时期，通过强化节能减排政策，我国单位国内生产总值能耗累计下降了 19.1%，降幅在全球居于前列，但与发达国家甚至部分发展中国家的差距依然明显。按照市场汇率计算[5]，2011 年，我国单位国内生产总值能耗水平是世界平均水平的 2.5 倍，是发达国家水平的 3 ~7 倍，还远高于印度、巴西等发展中国家水平（见图 5）。

单位国内生产总值能耗水平过高是我国当前经济发展方式粗放、资源环境代价过大的集中体现。如果延续目前粗放型发展方式，我国将会面临能源供应难以支撑的严峻挑战。研究表明[7]，我国满足安全高效生产条件的煤炭“科学产能”能力目前只有十几亿吨，未来上限只有约 29 亿标吨，中长期国内石油稳定产量仅有 2×10^8 吨左右，常规天然气合理开发上限规模仅 $2.5\times10^{11}\text{m}^3/\text{a}$，水能、风能、太阳能等可再生能源普遍存在资源条件、市场竞争力、系统消纳能力等多方面制约。加之受生态环境、全球气候变化、能源安全等因素制约，我国继续依靠规模扩张的传统能源和经济发展道路亟待加快转变。

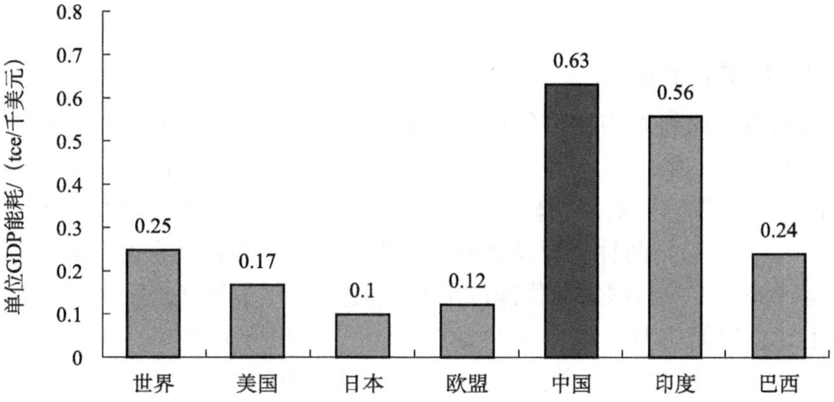

图 5　2011 年主要国家和地区单位国内生产总值能耗比较

4　我国能源发展面临的国际形势

4.1　能源资源竞争日趋激烈

发达国家能源消费基本饱和，新兴发展中国家成为能源消费增长的主体。1990 — 2011 年，全球一次能源需求增长 41.7 亿吨标准油，其中，经合组织国家（OECD）占 21.5%，非经合组织国家占 78.5%，中国占全球能源消费增长的 46.8%。2000 — 2011 年，全球一次能源需求增长 29.2 亿吨标准油，其中，非经合组织国家占 96.8%，中国占全球能源消费增长的 54.9%[8]。未来相当长时期，伴随金融危机后发达国家需求出现收缩型调整，以及各国加大应对气候变化的努力，发达国家整体能源需求将趋于稳定甚至出现下降趋势，中国、印度等发展中国家在全球能源消费增长中的地位更加突出，各国趋向于能源结构的优化，加快低碳、清洁能源发展。发达国家积极发展天然气、风能、太阳能等低碳、清洁能源，推行碳排放交易，推动能源结构显著优化，强化其经济竞争优势。欧洲联盟制定了 2020 年能源战略，启动战略性能源技术计划，着力发展可再生能源，减少对化石能源的依赖。1990 — 2011 年，经合组织国家风能、太阳能等非水可再生能源消费量增长了 501%[8]，成为满足新增能源需求的主要来源。2011 年[9]，核能、水能、可再生能源占经合组织国家能源消费的比重已经达 17.2%，非经合组织国家仅为 9.4%，中国仅为 7.4%。此外，在美国“页岩气革命”推动下，天然气利用规模显著增长，进一步推动发达国家能源结构显著优化。2012 年，天然气在经合组织国家一次能源供应中的比重达 25.7%，明显高于中国 5.2% 的利用比重[8]。

4.2 应对气候变化推动低碳发展总趋势

在全球应对气候变化背景下，我国传统高碳发展方式面临新的外部制约。目前，我国已是世界第一温室气体排放国，2012 年温室气体的排放总量已达 92 亿吨，约占世界排放总量的 26.7%。1990 — 2012 年排放量年均增长 6.3%，高出世界平均增速 1 倍多。人均排放量不断攀升，2012 年达到 6.8 吨，超过世界平均水平 37%，已接近欧洲联盟人均排放水平，并且还将进一步增长[10]。如果不做重大转变，2015 年我国排放总量将接近美国及欧洲联盟排放总和，2030 年可能超过经合组织国家排放总和。在全球积极应对气候变化背景下，我国作为最大的发展中国家，面临经济社会发展、温室气体减排和争夺国际竞争优势等多重挑战和机遇。

4.3 发达国家能源发展模式

影响一国人均能耗和人均排放的因素很多，包括国土与人口、气候条件、资源禀赋、产业结构、技术水平、生活方式等。具体从各发达国家人均能耗、人均排放变化趋势看，不同的发展模式受客观因素的影响较小，更主要是选择不同发展道路的结果。归纳起来主要呈“美加”和“欧日”两种能源发展模式。突出差别主要体现在两方面。

一是从生产侧看，发达国家单位国内生产总值能耗存在明显差距。以 2009 年为例，美国单位国内生产总值能耗为 0.17 吨标准油/千美元，而欧洲联盟和日本分别只有 0.12 吨标准油/千美元和 0.1 吨标准油/千美元，分别比美国低 29% 和 41%。从经济结构看，发达国家经济结构主要以第三产业为主，普遍占 70% 左右，第二产业占比为 20% ~30%。可以看出，各国产业结构差距并不明显，单位国内生产总值能耗的差距主要来自产业内部结构差异和国际分工中附加值分配的差距。

二是从消费侧看，发达国家生活方式和消费模式存在明显差距。交通方面，2011 年，美国千人汽车保有量达 812 辆，而欧洲联盟和日本分别只有 543 辆河 579 辆，分别只是美国水平的 67% 和 71%，人均年行车里程美国达到 3×10^4 公里，而日本只有 1.1×10^4 公里。建筑方面，虽然发达国家单位建筑面积能耗水平接近，但由于美国、加拿大人均住房面积明显高于欧洲联盟、日本水平，从人均建筑能耗水平看，“美加模式”明显高于“欧日模式”水平。2006 年，美国人均建筑能耗为 4.69 吨标准煤，加拿大人均建筑能耗为 5.76 吨标准煤，而欧洲联盟、日本分别只有 1.35 吨标准煤和 1.88 吨标准煤，分别只有美国水平的 29% 和 40%。

5 我国能源需求与能源变革

5.1 能源需求预测

中国要在 2050 年整体实现现代化的目标，仍需要保持一定的经济增长速度，工业化和城镇化建设还要加速发展。2020 年前中国能源需求仍将以一定比例增加，届时的能源需求总量将达到 48 亿吨标准煤左右。非化石能源虽受资源、技术等的约束及核安全等因素的影响，预计到 2020 年所占比重约提高到 15% ~18%（见图 6）。为了缓解能源供需矛盾，应转变经济发展方式，降低能源消费弹性系数，以此摆脱经济发展对能源消费依赖过高的趋势。根据预测，到2020年和2050年能源消费弹性系数将分别减低至0.6和0.15（见图7）。

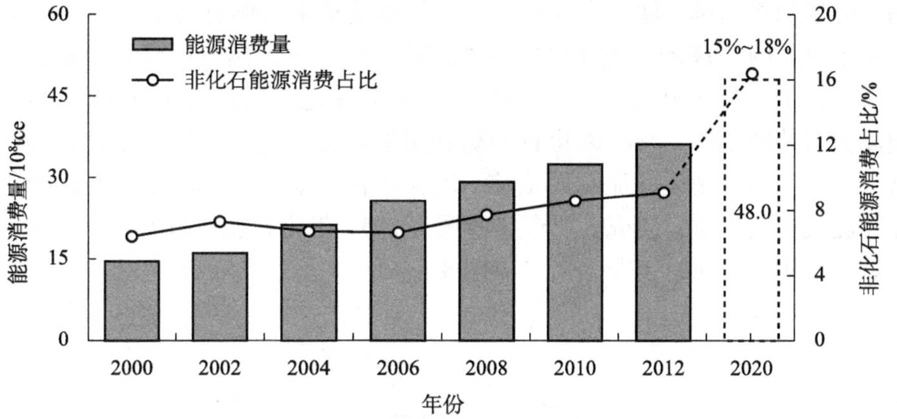

图6　中国至2020年能源需求和非化石能源消费预测[11]

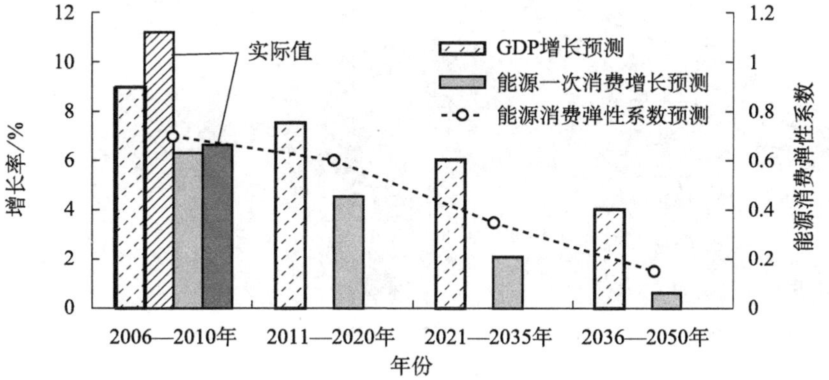

图7　中国至2050年能源消费弹性系数预测[12]

5.2　能源变革分析

生态文明背景下的能源革命可简单归结为，逐步告别“黑色、高碳”，逐步转向“绿色、低碳”，由“粗放、低效”转向“节约、高效”。能源革命的这样一个能源体系的变革，需要树立新的能源安全观，并转变能源的供需模式，由“粗放的供给满足增长过快的需求”，转变为“由科学的供给满足合理的需求”，应实施“节能优先、总量控制”战略，并调整能源消费结构，同时大力推进节能技术、新能源技术的科技创新。

1. 节能优先、总量控制

工业化进程不断加快带动了我国能源需求的快速增长，从而导致能源资源供应紧张，这是我国大力提倡节约能源的主要原因之一。但随着工业化进程的不断加快，近年来高耗能产品开始逐渐接近产能峰值，未来工业用能增速将会有所下滑，可同时城镇化会加速，交通、建筑用能将不断增加，对能源需求仍将持续增长。因此，认识到能源需求的同时，要节约集约利用资源能源，推动能源消费、资源利用方式根本转变，加强全过程节约管理，提高利用效率和效益。推动能源变革，控制能源消费总量，加强节能降耗，支持节能低碳产业和新能源、可再生能源发展，确保国家能源安全。

2. 调整能源结构

我国的能源消费结构长期以来以煤为主，即使近年来比例有所下降，2012 年仍然占到 66.6%，属于典型的“高碳”能源结构。“低碳”能源中天然气虽然发展较快，但一次能源消费中所占比例仅为 5.2%，水电、核电、风电等非化石能源占比也仅为 9.4%。为保障未来中国能源可持续发展，减少因化石能源利用带来的环境污染物的排放，必须调整能源结构，将逐步减小对传统化石能源的依赖，增大可再生能源、核能以及新能源等绿色、低碳能源在总能耗中的比重。研究表明[6]，我国至 2050 年化石能源虽然仍为主要能源，但可再生能源和核能等的比重将不断加大（见图 8）。

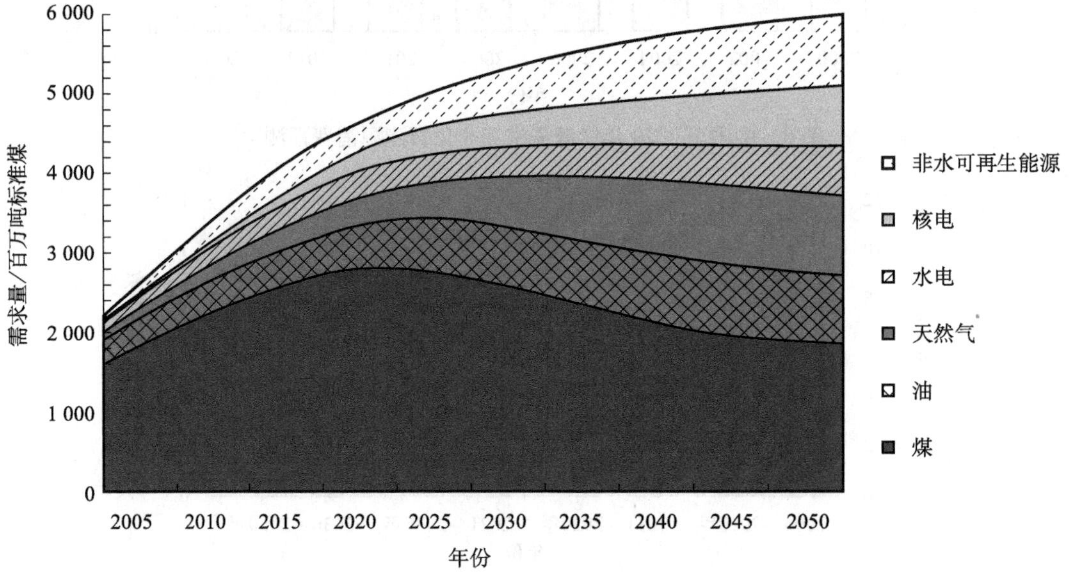

图 8 2050 年前中国能源结构示意图

3. 创新能源技术

开发清洁能源、提高能源效率，促进节约能源，非常规油气资源的勘探开发、风能和太阳能发电、生物燃料产业化、新一代核能技术等重点领域关键技术的研发需要进一步创新，以促进能源结构的变革。

未来能源技术发展的特点为更加注重化石能源的高效和清洁化利用、非常规天然气开采与勘探技术不断推陈出新、核能的安全高效发展、有机废物能的高值化利用、新能源和可再生能源技术持续突破、输配电更加注重高效、智能、坚强等。“十三五”的科技支撑能源技术发展方向如表 1 所示。

表 1 “十三五”的科技支撑能源技术发展方向

方向	内容
节约能源	● 采用洁净燃烧技术，提高工业锅炉运行效率；推广燃油燃气锅炉、生物质燃料锅炉等； ● 高效节能电机技术； ● 钢铁行业余热余压回收利用技术等

续表

方向	内容
化石能源高效清洁利用	● 煤的生态开采、利用系统；低品位煤高值化利用；煤清洁转化制化工产品； ● 集成化、精细化炼油；车用清洁燃料； ● 高效、大口径、网络化的油气管道输送；液化天然气长途输送和储备； ● 地震地质数据四维采集、处理、解释；煤炭生产过程的先进制造、自动控制； ● 油气地球物理勘探技术和装备；成熟盆地的勘探技术；新型油气勘探技术
非常规天然气	● 加大煤层气、页岩气和致密气勘探开发力度； ● 天然气水合物开发技术
可再生能源	● 低成本光伏发电；太阳能和地热能规模化热利用； ● 光合作用及“人造叶片”，高效转能的微观机理； ● 高附加值生物质资源利用与多联产； ● 深层地热能利用技术
新型核能系统	● 核能利用的安全措施与技术； ● 利用快中子引发裂变反应并实现核燃料增殖的核反应堆； ● 加速器驱动的核乏料处理
有机废物能的高值化利用	● 城镇生活废物能源化资源化； ● 畜禽能源与化工； ● 农林废物高值化能源与资源利用
能源输配系统	● 已有电网技术的完善与升级；新型输电和智能化技术； ● 交流运行模式向直流运行模式过渡的电网结构； ● 超导直流输电的理论体系和关键技术
能源新原理、新技术研究	● 光电转换新原理； ● 不规则中、低密度动能转换新原理
储能技术	● 物理储能技术和化学储能技术

6 适合中国国情的能源战略思考

人均资源相对不足、能源资源禀赋较差、生态环境比较脆弱、经济社会发展水平普遍较低的基本国情，决定了中国要在环境容量下发展，把人均能耗不高于“欧日模式”作为我国能源发展长期战略参照，推动我国以更低的人均能耗和排放水平，实现全面小康和现代化发展目标。积极发挥后发优势，广泛借鉴世界各国低碳发展的经验和教训，以更低的单位国内生产总值能耗峰值水平，实现工业化、城镇化发展目标。创新经济增长模式和中国特色消费模式，把我国传统的天人合一、勤俭节约的智慧、美德与循环经济、低碳发展要求结合起来，积极推广节能汽车、低碳建筑、高效节能家电，积极推动“城乡矿山”建设，引导节约、适度消费的文化理念，倡导绿色出行，形成绿色、低碳的生活方式和消费模式。

参考文献

[1] BP Global. Annual Energy Review 2004 [M]. London: BP Statistical Review of World Energy, 2005.

[2] 中国国家统计局编. 中国统计年鉴 [M]. 北京：中国统计出版社，2014.

[3] 中华人民共和国国家统计局编. 国外资源、能源和环境统计资料汇编 [M]. 北京：中国统计出版社，2014.

[4] The Department of Economic and Social Affairs. World Population Prospects The 2012 Revision [M]. New York: United Nations, 2013.

[5] IEA. Energy Balance of OECD Countries 2012 [M], Energy Balance of non-OECD Countries 2012 [M]. London: BP Statistical Review of World Energy, 2013.
[6] IEA. World Energy Outlook 2011 [M]. London: BP Statistical Review of World Energy, 2012.
[7] 中国工程院中国能源中长期发展战略研究项目组编. 中国能源中长期发展战略研究（2030、2050）（综合卷）[M]. 北京：科学出版社，2011.
[8] IEA. World Energy Outlook 2013 [M]. London: BP Statistical Review of World Energy, 2014.
[9] BP Global. Annual Energy Review 2012 [M]. London: BP Statistical Review of World Energy, 2013.
[10] BP Global. Annual Energy Review 2014 [M]. London: BP Statistical Review of World Energy, 2015.
[11] 何建坤. 中国的能源发展与应对气候变化 [J]. 中国人口·资源与环境，2011（10）：40-48.
[12] 中国科学院能源领域战略研究组编. 中国至2050年能源科技发展路线图 [M]. 北京：科学出版社，2009.

Analysis of China's Energy Development and Transformation in the Context of Ecological Civilization

Abstract: Energy is the premise and foundation for the evolution of human society civilization, and its development forms an important part of ecological civilization construction, and meanwhile the innovation of energy production and utilization modes are also the keys to economic and social transformation and upgrading. This work expounds the social function of ecological civilization and energy innovation, and analyzes the gap in energy development between China and the developed countries, in addition to the existing problems. Furtherly, the challenges and opportunities faced by China's energy development are summarized on basis of the general developing trend of future world energy. Along with the analysis on energy demand forecast, the necessity of China's energy transformation was clearly stated to provide fundamental references for strategic decision-making in China's ecological civilization construction and energy development and transformation.

Key words: ecological civilization; energy transformation; development model; energy technology; energy strategy

中国经济发展与能源消费及碳排放解耦分析[①]

摘 要：随着经济快速发展，我国的能源供给和生态环境面临着双重压力，为实现经济与环境双赢，应使经济增长与能源消费及二氧化碳排放之间的耦合关系“解耦”，走出一条绿色、低碳的可持续发展道路。我国经济增长与能源消费、能源消费与二氧化碳排放的解耦具有重要的现实意义，既是建设“两型社会”的要求也是科学发展的必然选择，更是实现“生态文明”和“美丽中国”的主要途径。本文在研究发达国家经济发展与能源消费、能源消费与二氧化碳排放解耦规律的基础上，回顾了我国过往30多年的经济发展、能源消费和二氧化碳排放历程，提出我国未来发展的三种情景假设，即惯性情景、低碳情景和2度情景。研究认为，惯性情景是一种高碳发展情景，既不可能实现也不允许发生；2度情景的实现有较大难度，是进一步努力的方向；我国应按照低碳情景模式发展。我国未来能源发展路径应在科学供给满足合理需求前提下，按照科学产能实施国内能源生产，加强能源消费总量控制，特别是煤和石油等高碳化石能源使用量，改善能源消费结构。能源生产要低碳、清洁，能源消费要节能优先、绿色高效。降低单位GDP能源消费量，控制人均能源消费量增长；降低单位能源消费产生的温室气体量，控制人均排放量。如按假设的低碳情景发展，中国发展进入新常态，GDP预期增速虽有所下降，但经济总量仍保持良好增长态势，2020年后我国经济增长与能源消费开始呈现逐步解耦的趋势，中国煤炭和石油消费量在2030年前达到峰值，我国经济增长与高碳能源（煤炭和石油）消费将在2030年前解耦；至2050年，我国能源消费趋于饱和，增量接近零，而经济总量继续增长，中国经济发展与能源消费接近绝对解耦；中国二氧化碳排放峰值将于2030年（或之前）到达，能源消费与二氧化碳排放在2030年（或之前）实现绝对解耦。

关键词：解耦；经济增长；能源消费；二氧化碳排放

改革开放三十多年来，中国经济保持了高速发展，国内生产总值从1980年的2 175亿美元提高到2013年的4.86万亿美元，人均GDP由1980年的222美元提高到2013年的3583美元（2015年不变价）。然而，国民经济发展和人民生活水平提高的同时，也带来了一些问题，如能源消费总量增长过快、化石能源消费持续攀升，以及由此引发大量温室气体和污染气体排放等问题，使我国在能源供给和生态环境方面面临着双重压力。党的十七

---

① 本文作者：杜祥琬，杨波，刘晓龙，王振海，易建。
基金项目：本文受中国工程院“应对气候变化的科学技术问题研究”咨询项目资助。

大和十八大指出，以消耗过多资源、牺牲环境为代价的经济发展方式是不可持续的，我国必须转变发展方式。尽早实现经济与环境双赢，经济增长要与能源消费解耦，尤其是与煤炭和石油等高碳化石能源消费解耦；能源消费要与二氧化碳排放解耦，走出一条绿色、低碳的可持续发展道路，是中国未来发展的必由之路。因此，本文在分析发达国家经济发展与能源消费、能源消费与二氧化碳排放规律的基础上，探索我国经济增长与能源消费、能源消费与二氧化碳排放之间的解耦关系，具有重要的现实意义。

1 “解耦”的涵义和意义

1.1 “解耦”的涵义与生态容量

世界银行与经合组织（OECD）分别给出了“解耦”的概念。世界银行认为，“解耦”（delinking）是经济活动环境冲击逐步减少的过程[1]，其概念既包括去物质化也包括去污染化；OECD 认为，“解耦”（decoupling）就是打破环境危害（environmental bads）与经济财富（economic goods）之间的联系[2]。两个定义虽表述不同，但本质无异。无论化石能源消费还是生态恶化都对环境造成了危害和冲击，都是工业文明时代经济财富增长带来的后果，打破环境危害（包括能源消费和生态污染）与经济增长之间耦合关系，减少对环境的冲击即为“解耦”。

“解耦”是一个过程，对经济发展和能源消费来说，在经济呈增长趋势的前提下，当能源消费由增长转为稳定时，可认为经济发展与能源消费相对解耦；当能源消费出现峰值并持续下降时，可认为经济发展与能源消费绝对解耦。对能源消费与二氧化碳排放来说，在能源消费总量持续增长的前提下，二氧化碳排放总量由增长转为稳定时，可认为能源消费与二氧化碳排放相对解耦；二氧化碳排放总量达到峰值并下降时，可认为能源消费与二氧化碳排放绝对解耦。

生态环境是有一定容量的，环境容量之下，生态具有自修复能力，环境污染不会造成严重后果；一旦超出环境容量、打破生态平衡，环境压力将呈现非线性的快速增长，扭转环境恶化的过程并不容易、也不自动。因此，经济发展与能源消费及温室气体（及污染气体）排放“解耦”，是改善生态环境的重要步骤；人类若要可持续发展，必须使大气环境压力尽快回归到环境容量之下。

1.2 我国经济增长与能源消费及碳排放“解耦”的意义

经济增长速度回归“潜在经济增长率”是科学发展的客观要求。近年来，中国经济增长进入“新常态”，从高速转为中高速增长，经济结构不断优化升级，从要素驱动逐步转向创新驱动，改变单纯追求 GDP 增长而更加注重发展的质量和效益的政策目标，这是顺应科学发展要求的，也是中国可持续发展的必由之路。从能源经济学的意义来讲，能源是经济发展的基础，相同的经济增长率可以由不同的能源增长率支撑，能源弹性系数与产业结构、能源效率等因素密切相关。发达国家的经验表明，工业化结束后进入以第三产业为主的后工业化阶段，随着产业结构的转型以及技术升级，能源利用效率提高，能够以较低的能源弹性系数支撑经济发展。借鉴发达国家经验，降低国内能源弹性系数，以适度的能源消费支撑经济发展，正是我国建设“资源节约型”社会的要求。从环境能源学的意义来看，污染气体排放与能源消费密切相关，能源消费增长趋缓和能源结构的清洁化必然带来相应的污染气体排放的增速下降，甚至排放总量减少，尽早实现能源消费增长与污染气体排放的解耦是我国建设“环境友好型”社会的要求。温室气体作为全球气候变化的重要影响因素之一，其排放与污染气体基本同根同源，能源消费与温室气体排放解耦，既是应对气候变化的要求，也是我国低碳转型的要求。在国家走向现代化的过程中，经济增长与能源消费、能源消费与二氧化碳排放逐步解耦是普遍性规律，但不同类型国家的解耦有所不同。当前我国仍处于工业化阶段，并且与信息化、城镇化、农业现代化同步发展，与发达国家当年单纯工业化过程不同，如果我国能够充分利用后发优势，加快经济结构转型，提高能源利用效率，改善能源结构，有可能尽早实现经济发展与能源消费（特别是高碳能源消费）、能源消费与二氧化碳排放的解耦，这将是我国经济发展方式转型的标志，并推动我国绿色低碳“新常态”的发展。认识影响“解耦”的因素，探索“解耦”的路径，对我国“生态文明”和“美丽中国”建设，实现经济与环境的双赢具有重大意义。

2 发达国家经济发展与能源消费解耦分析

2.1 发达国家经济发展与能源消费趋势及比较

1960年以来的半个多世纪，美国、加拿大、日本、德国、英国和法国等发达国家人均GDP不断提高，年均增长率为2%～3%，至2013年，美国年人均GDP接近46000美元，法国约为34000美元，其他四国处于37000～38000美元之间。

人均能源消费量可以较为客观地体现一国能源消费水平。发达国家人均能源消费量（见图1）并未与人均GDP一直同步增长，20世纪60—70年代，人均能源消费量不断增长；80年代以后，人均能源消费量进入平台期；2005年后，人均能源消费量开始下降。即，发达国家20世纪80年代至21世纪初，经济发展与能源消费已经相对解耦；2005年后，经济发展与能源消费出现绝对解耦，未来发展能否继续保持绝对解耦，有待进一步观察。

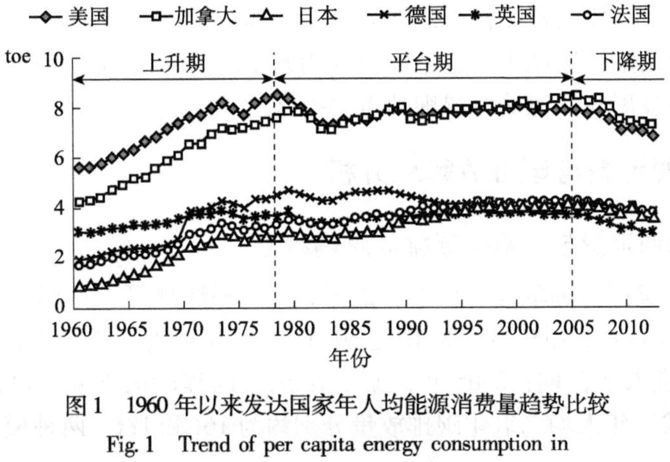

图1 1960年以来发达国家年人均能源消费量趋势比较

Fig. 1 Trend of per capita energy consumption in developed countries (1960—)

虽然20世纪80年代后发达国家经济发展与能源消费开始呈现解耦趋势，但各发达国家的人均能源消费量和能源强度并不在同一水平，呈现“欧日模式”（以欧洲和日本为代表）和“美加模式”（以美国和加拿大为代表）的差别[3]。例如人均能源消费量“欧日模式”约为3.5toe/年，“美加模式”约为7toe/年；能源强度“欧日模式”约为1toe/万美元，美国约为1.5toe/万美元，加拿大约为2toe/万美元。这种发展模式的差异对我国有重要启示。

2.2 发达国家经济发展与能源消费解耦原因分析

发达国家开始出现经济发展与能源消费解耦，主要有以下两个方面原因：

（1）工业化进程及产业结构调整促进经济发展与能源消费解耦。以德国为例，20世纪50年代到70年代，第二产业在三次产业结构的占比较大，同时第三产业已经开始迅速发展，1975年，德国第三产业比重达到49.1%，超过第二产业48.1%[4]。1950年至1986年，第二产业中，汽车行业上升到了首位，技术含量和信息化程度高的电子、化工等部门在GDP中的排名分别从第9和第5位攀升到第3和第4位；而同期，比较粗放的钢铁和采煤则分别从第2和第3位跌至了第7和第9位[5]。

发达国家在工业化阶段，包括工业化后期，经济发展与能源消费解耦关系并不明显；工业化结束后，进入后工业化时期，即第三产业成为经济发展主导产业时，经济增长与能源消费才开始出现较为明显的解耦趋势。各国在第三产业成为主导产业的同时，第二产业内部也发生了结构性的变化，即高耗能、高污染的行业主导地位逐渐被低能耗、绿色、信息化程度高的行业所替代。因此，工业化进程及产业结构调整是促进经济发展与能源消费解耦的重要因素之一。

（2）第一次石油危机使发达国家在解决“能源安全”问题的同时，更加注重节能提效措施的推广与实施。1973—1974年发生的第一次石油危机给发达国家敲响了能源供应的警钟。发达国家重新审视自己的能源战略，有的提出“能源独立”战略，有的采取加强石油储备并鼓励能源多元化发展的手段和政策。从那时开始，各国人均能源消费量增速变缓。

与此同时，各国积极推行节能措施，把节能视为“最可靠的能源”提高能源利用效率。如，德国从20世纪70年代开始将节约能源作为德国发展经济的一项基本国策，90年代采取了国内生产总值的增长速度不能超过能源利用效率提高的指标来衡量经济增长的质量[6]。节能提效成为经济发展与能源消费解耦的重要措施之一。

3 发达国家能源消费与碳排放解耦分析

3.1 发达国家能源消费与二氧化碳排放解耦趋势

1960年以来，美国、加拿大、日本、德国、英国和法国等发达国家人均二氧化碳排放量大致经历了三个阶段（见图2）。20世纪60年代至70年代，基本均呈增长趋势；70年代末至80年代初，进入平台期；2005年之后，呈现不同程度的下降。可以看出，“美加模式”与“欧日模式”年人均二氧化碳排放量分别约为16t和18t，两种模式的差别与人均能源消费量类似。

对比发达国家人均能源消费量的变化趋势可以看出，不同国家的能源消费与二氧化碳排放之间相对变化趋势并不完全相同，比如英国、德国与法国类似，法国的下降趋势更加明显；加拿大、日本与美国类似，其中，日本虽与美国趋势类似，但其人均量仅为美国的

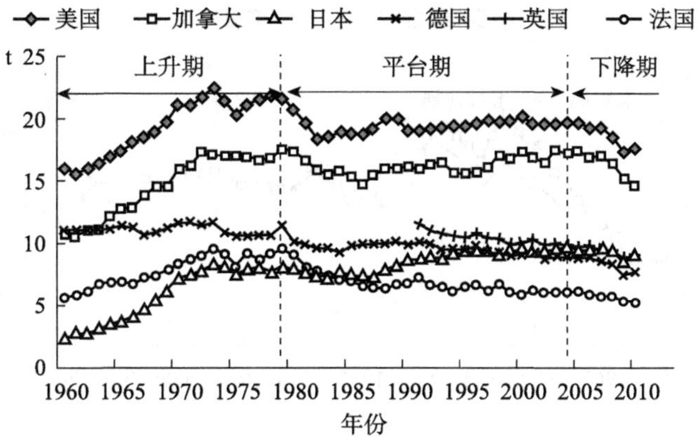

图2 1960年以来发达国家人均二氧化碳排放量趋势比较

Fig. 2 Trend of per capita carbon dioxide emission in developed countries (1960—)

一半。因此，我们以美国和法国作为两个典型代表国家进行分析。

通过进一步的对比分析发现，法国（见图3）20世纪70年代以前，人均二氧化碳排放与人均能源消费量基本保持同步增长，二者未解耦；70—80年代初，能源消费缓慢增长，二氧化碳排放出现峰值，可认为相对解耦；80年代—2005年，能源消费继续增长，二氧化碳排放下降，二者绝对解耦；2005年以后，二氧化碳排放降速有大于能源消费降速的趋势，可视为相对解耦。美国（见图4）在20世纪70年代以前，能源消费与二氧化碳排放未解耦；70—80年代初，二氧化碳排放降幅大于能源消费降幅，可认为相对解耦；80年代—2005年前后，二者变化趋势基本相同，未解耦；2005年以后，二氧化碳排放降速有大于能源消费降速的趋势，可认为相对解耦。未来各国能源消费与二氧化碳排放的发展及其解耦趋势还需进一步观察。

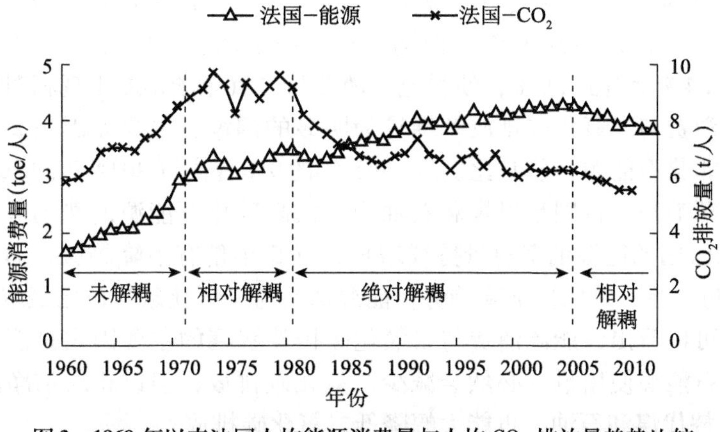

图3 1960年以来法国人均能源消费量与人均 CO_2 排放量趋势比较

Fig. 3 Comparison of per capita energy consumption and per capita CO_2 emissions in France (1960—)

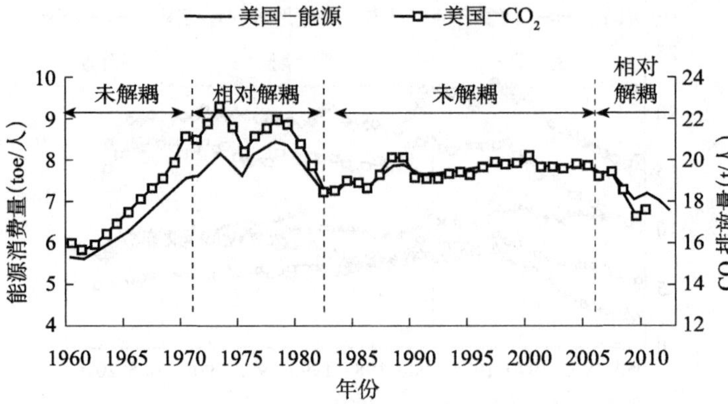

图4 1960年以来美国人均能源消费量与人均 CO_2 排放量趋势比较

Fig. 4 Comparison of per capita energy consumption and per capita CO_2 emissions in the United States (1960—)

3.2 发达国家能源消费与二氧化碳排放解耦原因分析

以美国为代表的发达国家，20世纪70—80年代出现了能源消费与二氧化碳排放相对解耦的情况，原因之一是70年代的第一次石油危机及当时出现的环境问题，使各国普遍开始推行节能减排措施、加强环境保护，并以法律形式严格加强治理。如美国，1970年成立美国国家环保局，代表联邦政府全面负责环境管理[7]；同年，总统签订了《国家环境政策法》，确定美国联邦环境立法基调，并颁布了具有国家空气质量标准原则雏形的《清洁空气法》。《清洁空气法》虽然涉及的是二氧化硫、空气污染微粒、氮氧化物、一氧化碳、臭氧、铅六种空气污染物质，但由于与二氧化碳排放具有同源性，使得二氧化碳排放也有了阶段性的下降[8]。原因之二是能源消费结构的变化，特别是非化石能源和相对低碳的化石能源天然气消费比例的提高，使能源消费与二氧化碳排放出现相对解耦。美国的能源消费结构，20世纪70—80年代，非化石能源比例从4%逐渐升高到10%；2005年以后，非化石能源虽然比例从11%仅提高到14%，但同时较为清洁的化石能源天然气（含非常规天然气）使用比例从24%上升到30%，使得能源消费与二氧化碳排放出现相对解耦。

法国是能源消费与二氧化碳排放解耦较为明显的国家，主要原因是20世纪70年代后期开始大力发展非化石能源，使其比例从1965年的9%提高到2014年的50%。法国二氧化碳排放与化石能源消费，特别是以煤和石油为主的高碳化石能源消费趋势几乎一致。总体来看，50多年来法国的能源消费总量持续增长，近5年稍有下降趋势，而二氧化碳排放从20世纪80年代初开始一致保持下降趋势，能源消费与二氧化碳排放已经解耦。

从以上分析可以看出，能源消费与二氧化碳排放解耦的主要因素是能源消费结构的低碳化，提高非化石能源使用量，必然会减少二氧化碳排放；但以相对洁净的天然气（包括非常规天然气）替代煤和石油，也能大幅降低二氧化碳排放。

4 我国经济发展与能源消费及碳排放解耦分析

4.1 过往30年经济发展与能源消费及二氧化碳排放趋势

改革开放30多年来，我国能源消费伴随着经济总量的提高而增长，能源强度不断下降。1980—2013 年我国 GDP 从 2175 亿美元到 48640 亿美元，增长 22.4 倍；能源消费总量从 4.22 亿 toe 到 29.2 亿 toe，增长 6.9 倍；人均 GDP 从 22 美元到 3583 美元，增长 16 倍；人均能源消费量从 0.43toe 到 2.15toe，增长 5 倍；能源强度从 19.4toe/万美元到 6toe/万美元，下降了 69%。虽然我国经济发展成绩显著，但能源消费的快速增长趋势不可忽视。特别是 21 世纪以来，随着我国工业化、城镇化的加速，能源消费总量增速较快，世界占比持续上升，2010 年已超过世界的 20%，当年全国 GDP 仅占世界 7.4%，可见我国的能源利用效率较低。人均能源消费量增长也较为迅速，2013 年我国人均能源消费量为 2.15toe，已达到“欧日模式”的 60%，而人均 GDP 还不到发达国家的 10%。

同一时期，我国二氧化碳排放随着能源消费总量的增加而快速上升。2014 年我国二氧化碳排放总量为 97.6 亿 t，占全世界排放量的 27.5%，能源消费量占全世界消费量的 23.0%。当前我国年人均二氧化碳排放量已超过 7t，接近“欧日模式”平均值。我国的能源消费以煤和石油为主，虽然非化石能源消费比例逐年提高（从 1980 年的 3% 增长到 2014 年的 11%），但煤和石油消费量的持续快速增长导致二氧化碳排放量迅速增加；同时，在能源生产和消费过程中未能有效控制二氧化碳排放，即粗放的生产和消费模式，使得我国单位能源消费产生的二氧化碳排放量较高。

4.2 今后的情景

为研究今后情景，根据对中国未来发展趋势的判断，本研究对 GDP 增速和人口作出假设。经计算，2050 年中国 GDP 总量达到 24.59 万亿美元（2005 年不变价美元），按照 13.53 亿人口计算，人均 GDP 为 1.8 万美元，基本达到中等发达国家水平。

本文对未来发展情景做三种假设，即惯性情景、低碳情景和 2 度情景。

1. 惯性情景

惯性情景假设我国一次能源消费相对于 GDP、二氧化碳排放相对于 GDP 的弹性系数保持“十一五”时期水平不变。根据假设计算，到 2050 年，我国年人均能源消费量为5.8toe，年人均二氧化碳排放量将约为 20t，显然惯性情景发展下去就是“美加模式”甚至超“美加模式”，这是危险的趋势，是不可实现、也不能接受的情景。

2. 低碳情景

低碳情景假设为尽快回归煤的科学产能情景。中国工程院重大咨询项目《中国能源中长期（2030、2050）发展战略研究》[9]依据我国科学产能和用能提出了能源消费总量控制目标；国务院 2014 年发布的《能源发展战略行动计划（2014—2020 年）》提出，2020 年我国一次能源消费总量控制在 48 亿 t 标准煤（33.6 亿 toe）左右。结合近年来我国实际能源消费情况，希望能源消费尽快回归煤的科学产能情景，因此本研究假设低碳情景的一次能源消费总量和化石能源消费比例情况如表 1 和图 5 所示。

考虑化石能源消费结构变化及部分技术进步的因素，根据以上假设计算，化石能源消费量，特别是煤和石油消费量将在 2030 年之前达到峰值，一次能源消费总量继续保持缓慢增长趋势。在未采用碳捕获、利用与封存（CCUS）技术的条件下，2030 年（或之前）我国二氧化碳排放达到峰值（约 110 亿 t），之后逐渐下降，2052 年二氧化碳排放将大幅降低。

表1　低碳情景下我国一次能源消费总量和结构

Tab. 1　China's total energy consumption and structure under low-carbon scenario

年份	2020	2030	2040	2050
能源消费总量（10^8toe）	33.6	36.8	39.3	41.8
化石能源消费量（10^8toe）	28.6	31.3	28.3	26.3
煤炭和石油消费量（10^8toe）	25.2	26.5	22.8	20.0
煤和石油消费量占比（%）	75	72	58	48
天然气消费量占比（%）	10	13	14	15

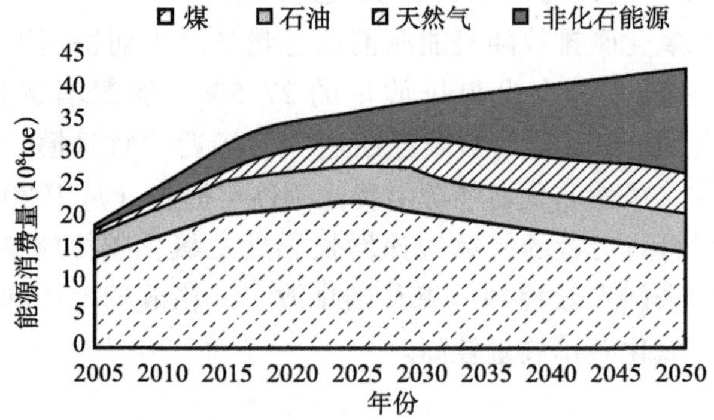

图5　低碳情景下我国一次能源消费趋势示意图

Fig. 5　Trend of China's energy consumption under low-carbon scenario

3. 2度情景

IPCC第五次评估报告结果表明，在很可能实现2100年2℃温控目标情景下的成本最优排放路径要：到2030年，全球温室气体年排放限制在300亿～500亿t CO_2当量的水平（相当于2010年水平的60%～100%）；到本世纪中叶，全球温室气体需减少至2010年水平的40%～70%，到本世纪末减至近零。

根据IPCC第五次评估报告，假设我国现在到2100年的CO_2排放趋势为：2030年排放总量不超过2010年，2050年为2010年排放总量的50%，2100年减少为0。据此推算，二氧化碳排放量在2015年前后达到峰值。

根据以上三种假设情景绘制我国2005—2050年经济发展与能源消费情景趋势（如图6），能源消费总量与二氧化碳排放情景趋势（如图7）。

4. 情景分析

从经济增长与能源消费的解耦关系来看，中国发展进入新常态后，GDP增速预期下降，有回归“潜在经济增长率”的趋势，如果按照惯性情景发展，经济发展与能源消费将继续同步增长，不可能解耦；二氧化碳排放还将持续快速上升，能源消费不可能与之解耦。如果按照2度情景发展，实现难度较大。如果按照低碳情景假设的一次能源消费总量和能源结构发展，中国的经济发展与能源消费将逐步呈现解耦趋势，二氧化碳排放总量在2030年（或之前）达到峰值，能源消费与二氧化碳排放将在2030年（或之前）实现绝对解耦。这里我们重点讨论低碳情景。

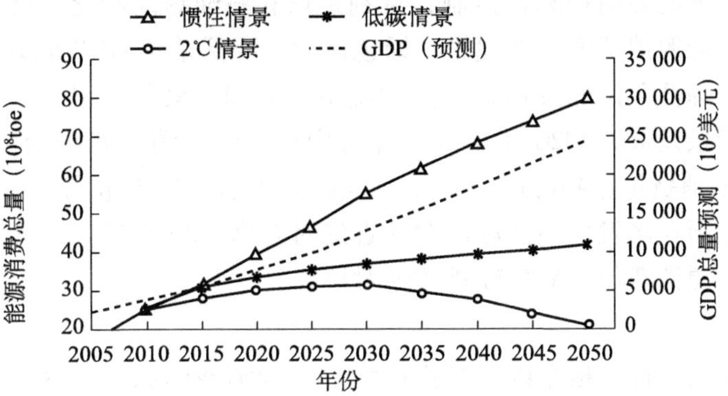

图6　中国2005—2050年经济发展与能源消费的情景趋势图

Fig. 6　Trend of China's economic development and energy consumption in 2005—2050

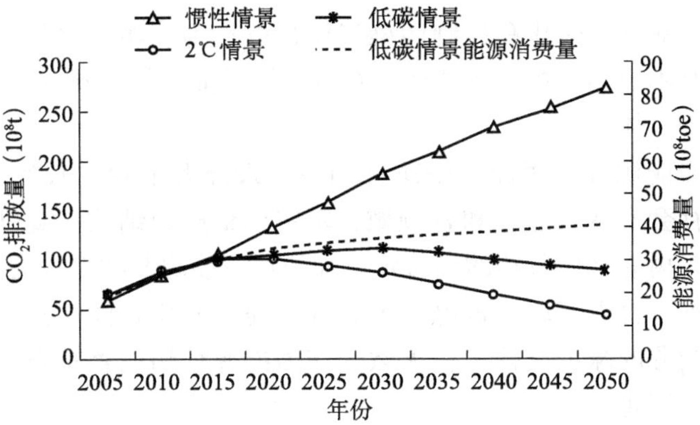

图7　中国2005—2050年能源消费与二氧化碳排放的情景趋势

Fig. 7　Trend of China's energy consumption and CO_2 emission in 2005—2050

当前，我国处于工业化后期阶段，产业结构将加速转型升级，第二产业与第三产业GDP占比将继续变化，服务业比重逐渐加大；第二产业内部结构将发生调整，高耗能、高排放行业将逐渐转型升级为高能效、清洁化，绿色、低碳行业产值比重将不断增加。可见，我国在未来的经济发展中有可能实现能源消费峰值，并与经济发展解耦。

在全球应对气候变化的大背景下，中国二氧化碳等温室气体的排放不可能按照“美加模式”发展，中国作为负责任的大国，一方面要为自身发展赢得应有的空间，另一方面从中国现实的空气质量情况来看，温室气体和污染气体排放基本同根同源，治理二氧化碳排放与治理污染气体排放具有共同的方向和目标，其结果不仅是为应对全球气候变化做出自己应有的贡献，更是为中国当代人民的健康和为子孙后代留下青山绿水做出的努力。尽早改变以煤和石油为主的能源结构是解决问题的根本之策；在未来以非化石能源为主的能源体系中，即使能源消费总量增加，也并不会带来什么风险，而且人们生活水平依然可以提高，生存的环境空间依然可以优美清新。

因此，我国未来能源发展路径应在科学供给满足合理需求前提下，按照科学产能实施国内能源生产，加强能源消费总量控制，特别是煤和石油等高碳化石能源使用量。能源生产要低碳、清洁，能源消费要节能优先、绿色高效。降低单位 GDP 能源消费量，控制人均能源消费量增长；降低单位能源消费产生的温室气体和污染气体量，控制人均排放量。即按照上述的低碳情景发展，2020 年后我国经济增长与能源消费就开始呈现逐步解耦趋势，2030 年前煤和石油消费量达到峰值，2050 年我国能源消费趋于饱和，增量接近零，而经济总量继续增长，中国经济发展与能源消费接近绝对解耦；2030 年（或之前）二氧化碳排放达到峰值，实现能源消费与二氧化碳排放绝对解耦。

5. 政策建议

为实现低碳发展目标，根据以科学产能满足合理消费的原则，尽早实现经济发展与能源消费、能源消费与二氧化碳排放解耦，本研究提出建议如下：

第一，严格控制能源消费总量，特别是化石能源中煤炭和石油的消费总量；经济增长要符合科学发展规律，增速回归“潜在经济增长率”；以合理的能源消费支撑科学的经济发展。

第二，把积极应对气候变化和控制污染气体排放作为能源战略规划的重要内容，以高效、绿色、低碳为基本原则，控制能源消费总量、推动能源结构优化、大幅提高能源效率，降低温室气体和污染气体排放。

第三，切实转变能源发展思路，坚决抑制不合理能源消费，有效落实节能优先方针，把节能贯穿于经济社会发展全过程和各领域，坚定调整产业结构，高度重视城镇化节能和能源增量的低碳化，树立勤俭节约的消费观，加快形成能源节约型社会。

第四，积极发展可再生能源、核电、天然气，提升非化石能源战略地位，使可再生能源和核能成为我国能源的绿色支柱；将天然气作为能源结构调整重点之一，加快推进我国能源体系清洁化、低碳化。

第五，加快能源市场化改革，理顺相关的资源税、环境税、碳税等，确保价格信号在引导能源开发、利用行为中发挥核心作用；加快健全资源环境领域法律、标准体系，进一步改善节能目标责任考核制度，加强与污染物减排、应对气候变化、可再生能源目标的统筹衔接，把资源消耗、环境损害、生态效益等纳入评价体系，注重对政策实际执行效果的抽查考核。

5 结束语

本文对发达国家经济发展与能源消费、能源消费与二氧化碳排放的解耦关系进行了对比分析，对中国 1980 年以来经济发展与能源消费及二氧化碳排放情况进行了回顾和总结，在此基础上，提出了中国未来能源发展的三种情景假设，即惯性情景、低碳情景和 2 度情景。

惯性情景既不可能实现也不允许发生；2 度情景实现难度相当大，是进一步努力的方向；低碳情景是根据当前国内实际情况，强化低碳发展政策引导，使能源生产尽快回归煤的科学产能模式的假设，符合科学发展的要求，如按此模式发展，2020 年后我国经济增长与能源消费开始呈现逐步解耦的趋势，中国煤和石油消费量在 2030 年前达到峰值，我国经济增长与高碳能源（煤炭和石油）消费将在 2030 年前解耦，中国二氧化碳排放峰值将于

2030 年（或之前）到达。

如果按照假设的低碳情景发展，中国发展进入新常态，GDP 预期增速虽有所下降，但经济总量仍保持良好增长态势，至 2050 年，我国能源消费趋于饱和，增量接近零，而经济总量继续增长，中国经济发展与能源消费接近绝对解耦；能源消费与二氧化碳排放在 2030 年（或之前）实现绝对解耦是可能的。

参考文献

［1］Bruyn S M，Opschoor J B. Development in the Throughput-Income Relationship：Theoretical and Empirical Observations［J］. Ecological Economics，1997，20（3）：255-268.

［2］OECD. Environmental Indicators-Development，Measurement and Use［R］. Paris：OECD，2003.

［3］杜祥琬，刘晓龙，杨波，等. 中国能源发展空间的国际比较研究［J］. 中国工程科学，2013，15（6）：4-10.［Du Xiangwan，Liu Xiaolong，Yang Bo，et al. An International Comparative Study on the Scope of China's Energy Development［J］. Engineering Science，2013，15（6）：4-10.］

［4］方甲. 产业结构问题研究［M］. 北京：中国人民大学出版社，1997.［Fang Jia. Research on Industrial Structure［M］. Beijing：China Renmin University Press，1997.］

［5］丁纯. 德国经济增长方式的转变及其成因剖析［J］. 德国研究，2000，15（3）：1-6.［Ding Chun. The Transformation and Cause Analysis of Economic Growth Mode in Germany［J］. Germany studies，2000，15（3）：1-6.］

［6］张炜，樊瑛. 德国节能减排的经验及启示［J］. 国际经济合作，2008，（3）：64-68.［Zhang Wei，Fan Ying. The Experiences and Implications of Energy Saving and Emission Reduction in Germany［J］. International Economic Cooperation，2008，（3）：64-68.］

［7］李蔚军. 美、日、英三国环境治理比较研究及其对中国的启示：体制、政策与行动［D］. 上海：复旦大学，2008.［Li Weijun. A Comparative Study of Environmental Governance in the United States，Japan and Britain and Implications to China：Systems，Policies and Operations［D］. Shanghai：Fudan University，2008.］

［8］梁睿. 美国清洁空气法研究［D］. 青岛：中国海洋大学，2010.［Liang Rui. Research on the Clean Air Act in the United States［D］. Qingdao：Ocean University of China，2010.］

［9］中国工程院. 中国能源中长期（2030、2050）发展战略研究［M］. 北京：科学出版社，2011.［Chinese Academy of Engineering. Research on the Development Strategy of China's Energy in 2030 and 2050［M］. Beijing：Science Press，2011.］

Decoupling Analysis of China's Economic Development, Energy Consumption and Carbon Dioxide Emission

Abstract：This study focuses on decoupling analysis of economic development and energy consumption，and decoupling analysis of energy consumption and carbon dioxide emission. The paper studies the decoupling laws in developed countries between economic development and energy consumption and between energy consumption and carbon dioxide emission, reviews the history of China's economic development, energy consumption and carbon dioxide emission over the past three decades, and then puts forward three kinds of scenarios for future development, that is, inertia, low-carbon and two-degree scenarios. Based on analysis above, the paper holds that the inertial scenario is a high-carbon development scenario, being impossible and not allowed to take place. The two-degree scenario is very difficult to achieve, and shows the direction for further efforts. Therefore, the paper believes that, China should go in accordance with the low-carbon scenario. China's future energy development should follow the general principle of scientific supply meeting reasonable demands, and implement domestic energy production with scientific capacity, control the total amount of energy consumption, especially the use of coal and oil, and improve the energy consumption structure. Energy production should be low-carbon and clean, and energy consumption should green and efficient, giving priority to energy conservation. At the same time, we should also reduce per GDP energy consumption and control per capita energy consumption growth, reduce per energy consumption greenhouse gases emission and control per capita emission. In the assumed low-carbon scenario, China's development enters into a new normal where, and though expected GDP growth drops, its economic aggregate maintains sound growing tendency. In this way, China's economic development and energy consumption will start to show a trend for gradual decoupling after 2020, reaching the peak of coal and oil consumption before 2030, then achieving decoupling between economic development and high-carbon energy consumption in China by 2030, getting close to absolute decoupling between economic development and energy consumption by around 2050; reaching the peak of carbon dioxide emission by 2030, and achieving absolute decoupling between energy consumption and carbon dioxide emission in China by 2030.

Key words: decoupling; economic development; energy consumption; carbon dioxide emission

对中国能源战略全局的认识

低碳，是生态文明的重要组成部分；实现低碳，根源在能源使用。中国面临的能源问题非常复杂，国内国外有各种各样不同的认识，学术界、工程界、企业界也有不同的声音。国家能源新材料技术研发中心主任、中国工程院原副院长杜祥琬院士近年来领导、参与了多个能源及其相关领域的调查、咨询项目。近日在接受光明日报采访时，他对中国能源的发展表达了自己的看法：

1　中国能源结构变革的三个历史阶段

我们国家的可持续发展呼唤着一场深刻的能源革命。我们简单概括一下这个能源革命：第一就是能源消费革命，要逐步由粗放、低效走向节约、高效；第二是能源生产革命，逐步由黑色、高碳，走向绿色、低碳。这两个革命实现，需要以能源技术革命为支撑，以能源体制革命为保障。这是一个宏大的话题，今天我们只讨论能源的生产革命。

我们国家能源结构的变革必然会有三个历史阶段。

第一阶段，我们长期处于以化石能源、特别是以煤炭为主的阶段。

第二阶段，是能源多元化阶段。如果以非化石能源占比超过10%作为标志，那么2015年已经开始进入第二阶段。在这个阶段的前几十年，煤炭、石油等化石能源仍将占较大比重，但年消耗总量占比会逐步下降。我们认为，能源消费进入多元化是一个必然趋势，由三个原因决定。一是煤炭、石油等化石能源必将带来包括气候变化等严峻的环境问题。二是化石能源不可再生，无法可持续发展。三是洁净低碳能源的替代能力不断提高。但这个过程并不是线性发展过程，在一段时间内，化石能源年消耗总和的绝对量将持续增加，达到历史性的峰值后会缓慢减少。这个峰值预计会与二氧化碳排放峰值同步，我们希望它能够尽早到来。化石能源缓慢减少的同时，我国能源需求总量的增量将由低碳洁净能源来补充，随之而来的是低碳洁净能源在我国一次能源结构中的占比逐步增加。这个多元结构阶段，大约会持续百年左右。

第三阶段，是以非化石能源为主的阶段。如果说非化石能源占到90%，大概还要有百年的光景，但是如果非化石能源占到50%以上，可能需要50年左右。

总结来说，由第一阶段化石能源为主，到现在开始进入多元结构阶段，再到远景的以非化石能源为主的阶段，它可以使我们从方向上，定性地判断各类能源消长的大趋势，从而增强战略谋划和政策制定的稳定性。

工程院曾建议，在我国一次能源结构中，非化石能源在2020年能够达到15%，2030年能超过20%。那么，我们勾画一下中国能源结构变化的总图景：2020年前煤炭总量达到峰值；2025年前煤炭和石油消耗总量达到峰值；2030年碳排放总量达到峰值，同时，低碳能源在一次能源结构当中大于35%；到2050年，低碳能源在一次能源结构中占比达到当50%。

2 化石能源的总量控制和洁净高效利用是现阶段的工作重心

化石能源不会很快枯竭，正如我们前面所说，今后几十年中，虽然煤炭和石油在一次能源结构中的占比会逐步下降，但是它依然是主导能源之一。因此，在能源结构变革的第二个阶段，要做到化石能源的节能优先、总量控制。从总量控制上，头脑中要时刻有一个“天花板”概念，同时，要积极探索化石能源的高效、洁净、低碳利用。

就煤炭而言，五年之内煤炭消费总量会见顶。虽然这两年煤炭的总消费量已经开始下降，但还不是很稳定，而五年以后达到不再增加是有可能的。在我们国家的煤炭消耗当中，只有一半是用来发电的。我们认为，煤炭发电的比例要增加，而直接燃烧、散烧煤要用气、电、余热等替代。除了总量控制，煤炭一个很重要的方面就是清洁利用。洁净化有非常清晰的国家环保概念，脱硫、脱硝、除尘都有明确标准，这一点中国做得不比国际差。但是低碳化仍然是个问题。也就是说，通过节煤来减少二氧化碳排放虽然有效、但是有限的。进一步低碳，呼唤创新，比如发展碳捕捉、利用和存储。

就石油而言，中国不能“踩着油门”追赶美国。这其中包括汽车数量理性发展的问题，包括引导汽车车型消费的问题等。同时，也要把油品质量提升、发展石油替代提上议事日程。

天然气，和包括页岩气、煤层气、致密气、天然气水合物在内的非常规天然气，是相对洁净的化石能源，对缓解环境污染和气候变化都能作出贡献。因此，要提高天然气在一次能源结构中的占比。定量和具体的模型分析表明，目前天然气在一次能源结构中的占比是5%左右，我们想把这个比例提高到10%以上。随着我国能源总量的提高，估计要达到每年6000亿立方米以上。这里我要说一下，目前提议开采页岩气、煤层气的呼声比较高，但定量地了解一下我国煤层气、页岩气的具体情况，就会知道中国页岩气的埋藏条件非常严苛，它成本、包括经济成本和环境成本都比美国高。最近煤化工领域的一个方向煤制气有一定热度，但煤制气毕竟是煤制的气，不是天然气，它高耗煤、高耗水，使用会带来高排放。所以我个人认为煤制气不是未来低碳能源发展的一个方向。

此外，在我国终端能源结构中，要显著提高电力的比例。也就是说，要大幅度降低煤炭和石油直接燃烧的部分，增加电力使用的部分，简单地说也就是电气化。同时，在电力的结构中，要增加非化石能源发电的比例。现在，非化石能源发电的比例是25%，将来要占越来越高的比例。我认为，智能电网和分布式低碳能源网的建设具有重要意义。

3 非化石能源是未来发展的方向

从第二阶段到第三阶段，为长远计，我认为低碳能源有几个主要方向，我叫作“三匹马”：天然气、可再生能源和核电。天然气我们上面有过阐述，这里不再赘述。在可再生能源当中，比较成熟的是水电，现在一次能源中的比例已经占到7%～8%，未来大概能占到10%。将来，非水的可再生能源的贡献会超过水电。非水的可再生能源，包括大家熟悉的太阳能、风能、生物质能、地热能、海洋能等。首先，从资源来说，我国的非水可再生资源比较丰富；其次，从目前的技术发展上看，应该说没有原理性障碍。近年来，特别是风能和太阳能发展很快，成本也有所降低，但是还有一些工程问题需要解决。特别是，要提高太阳能、风能等间歇性的可再生能源被电网消纳的能力，以及发展储能技术，包括物理储能、化学储能等各种手段。

下面说说核电。对核电我们有一个基本判断：要发展核电，但必须把核电的安全放在首位，一定要做好风险管理。对我们国家核电发展，现在有不同的声音和意见，我想这有助于更为冷静、严谨、全面地思考问题。要通过深入、求实地论证，理性谋共识、科学谋发展。

在日本福岛核电站事故后，中国的核电，甚至世界核电的发展都进入了新常态。应该说，中国对于核电的建设也更加谨慎，出台了新的安全标准、法规，稳中求进地制定发展战略和相应规划，并推进核电体制的改革。

我在这里特别强调一点，就是要转变核电的发展方式和工作方式。我们不能再习惯于过去计划经济时代核电建设的模式——政府决定要建核电，下面就开始建。现在进入了互联网时代、信息化时代，在涉及公共利益的大型工程建设中，从立项到开工到建设，都必须让公众充分参与。

在这方面，我们可以借鉴国际经验。曾有人研究了法国人为何欢迎核电。他得出的结论是，一是独立于政府的核能信息传播机构，确保为公众提供真实透明的信息。二是法国有工程师文化，公众愿意相信科学家的话，也相信工程师能够保证核电安全。三是政府成立了地区信息委员会，负责核安全信息源的跟踪和咨询。四是国家工作辩论委员会组织公开辩论，凝聚理性共识。其实我们也有很好的经验。比如大亚湾核电站建设中，香港有人提出反对，我们就建立了大亚湾核电安全咨询委员会，让政府、企业、专家、公众共同参与进来，打消了公众的疑虑。应该说，我们搞核电还是为了人民、为了公众，要让公众感觉到发展核电，大家是利益的获得者，而不是风险的承受者，把工作做到这样的地步，我们的核电就会健康发展。

总的说来，我们不能把对核电的反对声音简单地归结为“不懂科学”。世界上几次核事故，确实增加了人们对核电安全的担心。我想应该充分理解这种担心的鞭策作用，应该把工作做得更好、更扎实，更进一步提高核电安全的技术水平和管理水平。无论是沿海还是内陆核电站，都要在“安全第一”的前提下发展，要通过深入的科学论证，令人信服地明确核电安全的技术、工程和管理的实际可行性。

放眼未来，从核裂变走向核聚变，这是一个历史的方向。我们不能放弃这个方向，中国要努力争取在核科学、技术和工程方面走在世界的前头。

（发表于《光明日报》，2015 年 6 月 26 日）

能源革命

——为了可持续发展的未来①

摘　要：化石能源的发现和利用使人类告别了农耕文明进入了工业文明，同时，化石能源带来的环境问题和气候问题日益严峻，未来地球的可持续发展呼唤人类由工业文明迈向生态文明，这个转变的基础是新的能源革命：对中国环境容量和气候容量的宏观定量分析表明，中国迫切需要转变粗放的发展方式，推动能源革命；目前和今后几十年间，化石能源仍将是主导能源之一，因此，化石能源的高效、洁净化利用具有重要意义，但还不是治本的能源革命。包括页岩气在内的非常规天然气，对缓解环境和气候问题会作出贡献，但天然气在中国一次能源结构中的占比最多可提高到百分之十几，所以“页岩气革命”或“页岩气时代”的口号在中国并不恰当；能源结构由化石能源为主阶段，经过一个多元结构阶段，转变到非化石能源为主是必然的发展方向，可再生能源与核能将共同为此作出贡献；可再生能源中，非水可再生能源的比重将逐步提高，其市场竞争力（经济性）的提高有赖技术创新，可再生能源是未来地球的支柱能源；中国乃至世界核能的发展虽受到福岛事故的影响，但人类不可能弃核，安全、稳步、规模发展核电是中国的理性选择，从核裂变电站到未来的核聚变电站是一个必然的发展方向和历史过程，核能将成为可持续发展的能源，成为未来地球的另一个能源支柱；中国需要树立新的能源安全观，抑制不合理需求、减少浪费、大力节能、提高能效、控制总量，是中国能源可持续、环境可持续、社会与经济可持续不可或缺的战略；能源革命旨在建立高效、低碳、绿色的能源新体系，是可持续未来的基础，具有全球性又有中国特色，需要各国共同努力，国际合作空间广阔：同时也是一场国际竞赛，是我国建设创新型国家，实现中华民族伟大复兴的必要条件。

关键词：能源革命；可持续发展；全球变化

1　能源革命是由工业文明迈向生态文明的基础

人类走过了几个文明阶段，从原始文明、农耕文明，然后进入工业文明。文明阶段的进步与能源关系密切，煤炭和石油的发现与利用，使人类有了蒸汽机、内燃机，接着又有了电，从而大大提高了劳动生产率，促进了人类的文明进步，使人类告别了农耕文明，进入了工业文明。

---

① 本文是根据杜祥琬院士在“第五届中国能源经济与管理学术年会暨第八届中国能源资源开发利用战略学术研讨会”上所做特邀学术报告整理而成。部分内容已在《中国人口·资源与环境》（2014，24（7）：2）上发表，特此注明。

200多年工业文明的实践表明，化石能源的使用在带来巨大社会进步的同时，其带来的环境问题和气候问题也日益严峻，人类遭遇了“黑色困惑”。中国经历了30多年的快速经济增长，同时显露出愈来愈尖锐的压缩型、复合型、结构型的生态环境问题。目前空气污染严重，全国大范围出现霾污染，城市“垃圾成山”，农村以往清澈的小溪有的变为“红河谷”“牛奶河”……我国的发展在取得巨大成就的同时，存在着发展方式不平衡、不协调、不可持续的问题。发展方式不可持续的原因主要有两个方面。

第一，我国近30年来经济的发展主要靠5个初级要素的驱动：一是消耗了过多的资源；二是牺牲了环境；三是靠投资的拉动；四是引进技术；五是廉价劳动力。这5个要素虽然可以支持我国经济一段时间内的快速发展，却不可持续。

第二，中国经济发展的“时空”特性。中国经济发展的“时空”特性与美国等发达国家不一样：从时间特性上看，一是中国这些年的高速发展，是将其他国家200多年的发展压缩至几十年内来完成的，这种时间的压缩将很多问题也压缩进来了。从空间特性上看，美国现代化发展初期，是依靠掠夺全球资源（能源）来实现其现代化建设的过程，而我国却只能以本国资源（能源）为主；美国、英国等国家经济发展到一定阶段，可以将一些排放转移至其他国家，而中国很难做这样的转移，所以说，中国经济发展的时间、空间特性跟当年美国、英国等国现代化发展有很大区别。

以上两个原因导致以下的结果：其一，我国资源（能源）制约日益严峻。这里以我国相对“丰富”的煤炭资源为例，我国煤炭资源相对于石油、天然气来讲，相对多一些；但是相对于国际煤炭资源水平来讲，我们的煤炭资源同样不足。中国已发现的、可采的煤炭资源人均值是世界平均水平的67%：煤炭资源的储采比中国是35（这个数据会有变化），而世界平均水平是118，所以与国际其他国家相比较而言，中国并不富煤。其二，我国三大环境问题（空气污染、水污染、土壤污染）已超环境容量、已踩了环境的红线。

这里有两个概念要区分清楚：污染排放造成的环境污染问题和温室气体排放造成的气候变化问题，是两个不同的概念。但在中国目前的能源结构下，两者基本上同根、同源。例如，北京的PM2.5成分中，2/3是来自煤炭和石油的使用；而中国的温室气体排放总量中，以化石能源为源的也占到3/4以上。可以说，我国的污染气体与温室气体排放基本上同根、同源。

面对上述情况，中国下一步如何走呢？出路在哪里呢？就要刻不容缓地转变发展方式，调整产业结构，以能源革命为基础，实现经济与环境的双赢；以人为本，必须要发展经济，同样也要有良好的生活环境。

未来中国、乃至地球的可持续发展呼唤着人类由工业文明向生态文明转变，而这个转变的基础是新的能源革命：**能源生产革命就是要告别黑色、高碳，转向绿色、低碳；能源消费革命就是要告别粗放、低效，转向节约、高效。能源革命的目标就是要创建一个高效、洁净、低碳、安全的新型能源体系。**

中国的能源问题是世界上最复杂的、最费口舌、最费思索的；也是最需要精心设计、科学发展的。以下从能源经济学的角度分析发达国家发展模式的经验与教训，会对我们有重要启示：从不同发达国家的发展模式可以得出“两类发达国家”的概念。

例如，从人均能耗变化曲线（图1）及人均GDP与人均能耗关系图（图2）中可以看出，美国、加拿大的人均能耗高高在上，而日本与欧洲的人均能耗相对低很多（约1倍）。美国、加拿大与日本、欧洲为两类发达国家：在同样的发达水平下，美国、加拿大的人均能耗远高于日本和欧洲，日本、欧洲的现代化发展历程可以清晰地显示出，在现代化发展的过程中不一定非要高碳、高能耗。日本、欧洲走出了相对低碳、低能耗的发展道路来实现现代化，人均 GDP 达到4万～5万美元，实现了同美国、加拿大相近的现代化水平，有些方面甚至更优。而从图2中还可以看到，目前中国能耗增长的斜率很陡，很难做到日本、欧盟的模式，如此发展下去，是危险的。

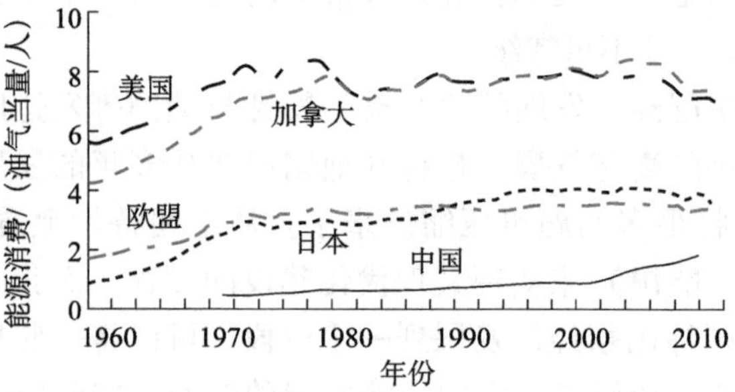

图1 发达国家及中国人均能耗变化曲线

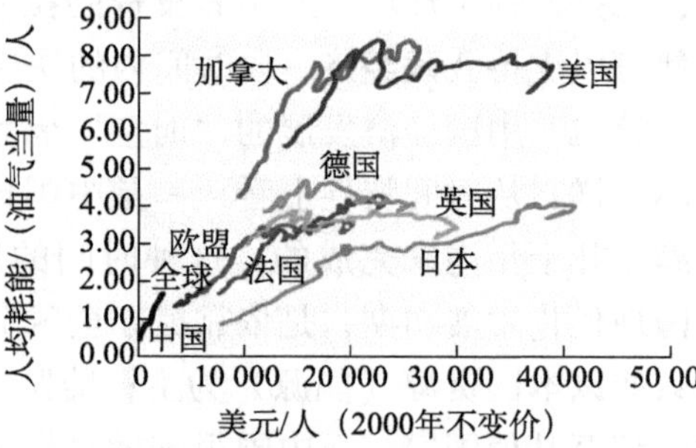

图2 人均 GDP 与人均能耗关系图[1]

由此可以得出4点结论：一是美国、加拿大这种模式是不可推广、效仿的，美国的人均能耗是全球平均值的4倍，其发展模式不可取；二是日本和欧洲发展模式已经走出一个相对低碳、相对低能耗的可行的现代化模式，按此种模式发展，我国总能源及人均能耗的增长空间还有不到一倍的量；三是如果能源按照“发达国家平均水平”来引导中国现代化发展，其结果是我们的能耗、排放虽然没有美国、加拿大那么高，但会明显超过日本和欧洲，此种模式是一种相对高碳、高能耗的“准美国”模式。所以“发达国家平均水平”不能作为我国的能源发展标杆；四是中国已有日本、欧洲相对低碳、相对低能耗的现代化发展的经验，并且中国是后发国家，目前有很多新能源技术、节能技术、信息技术等，加之中国面临着资源匮乏的现实情况，按道理中国理应比日本、欧洲做得更好，至少不比他们差。但从目前情况看，要想做到很不容易。

再看一些小国的情况：冰岛富含水资源和地热资源，全是可再生能源，这样就可以来电解水制氢，冰岛没有加油站，汽车加氢，但是认真分析一下，在我国目前是不可行的；挪威同样富含水资源，水电已足够用；卡塔尔同样是一个小国，富含石油、天然气。但就是这样资源丰富的国家，也意识到化石能源的不可再生性，从而注重能源的转型，重视太阳能等可再生能源的开发。

由上所述，可见大国有不同的模式，小国有小国的情况，难以照搬到中国来。中国能源革命的路径、走向现代化的新型道路，不能照搬其他国家模式，而要依靠中国人自己去创造！

2 对中国环境容量的宏观分析

发展的可持续性是一个全球性的问题，对中国则是一个尤为尖锐的问题，这不仅是由于中国人均资源（水、耕地、矿产资源包括煤炭等）显著低于全球平均水平，更是由于中国环境容量、气候容量的有限性。

问题的严峻性到什么程度呢？请看数据：中国 80% 多的人口居住在爱辉—腾冲线以东的国土上（图 3）。东部的土地面积约为全球陆地总面积的不到 1/30，我们在这块土地上每年消耗全球煤炭的 40%，即在东部的单位国土面积上消耗的煤炭（可称“耗煤空间密度”）是全球平均值的 12 倍。且我国煤炭消耗中，一半是用来发电，而高达一半是直接燃烧（非发电）的，这是最污染的利用方式。2013 年我国共耗煤 39 亿吨。其中，发电用 18.3 亿吨，直接燃烧的超过 20 亿吨。

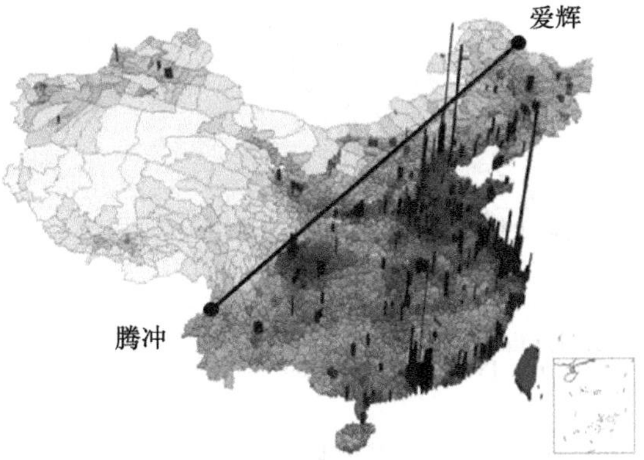

图 3　中国 80% 的人口居住在爱辉—腾冲以东国土上

数据还表明：我国东部这块土地上的“耗油空间密度”已是全球平均值的 3 倍；我国东部“碳排放的空间密度”已是全球平均值的 6 倍；我国目前每千人汽车拥有数，不到美国的 1/5，但中国东部的“汽车空间密度”已超过了美国！我国东部的人口密度是全球平均值的 5 倍，计及上述的能耗和能源状况，我国东部的环境负荷已比世界平均值高出 5 倍以上。**以上最简单的算术，给出了最基本的国情：我国的环境容量显著小于世界平均值。**

如果单独计算京、津、冀地区的数据，则更为严重。仅以“煤耗空间密度”为例，京、津、冀地区又是我国东部地区平均值的 2.5 倍，是全球平均值的 30 倍之多!

如果我们想呼吸质量说得过去的空气，能去跟美国攀比人均车数，人均能耗吗？显然不能，也不应该。我国发展的高碳特征已十分显著。我国东部地区的雾霾成为世界之最，不是很容易理解吗？可以说，霾污染成为常态，表明我国经济的发展超出了环境容量，是对发展方式触碰了生态环境红线的警示，如图 4、图 5 所示。

由图 5 可见，中国霾污染天数明显上升，情况非常严峻。此种情况与我国粗放发展有密切关系。以建房为例，目前人均住房面积日本为 34 平方米，美国为 62 平方米，法国稳定在 40 平方米。中国人均住房面积现在已达到 35 平方米，并且我国 2010 年在建项目一

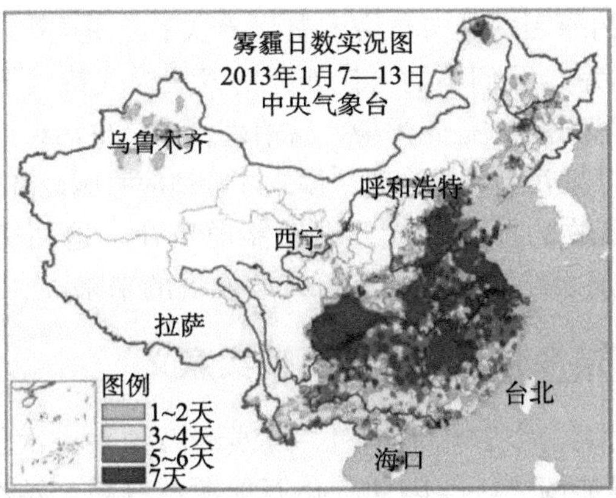

图 4　中国雾霾日数实况图（2013 年 1 月 7—13 日）

年就有88亿平方米，已建成的城乡建筑面积有500亿平方米，这拉动了一批高耗能产业，如果按这几年这样一个发展速度，以每年人均住房面积3平方米速度增长下去的话，至2050年我们人均住房面积将达100多平方米。目前，按照中国实际上、总的住房面积来看，中国住房面积不是不足，而是分配失衡，目前全国空置房达6000多万套，我们一定要转变这种发展方式。

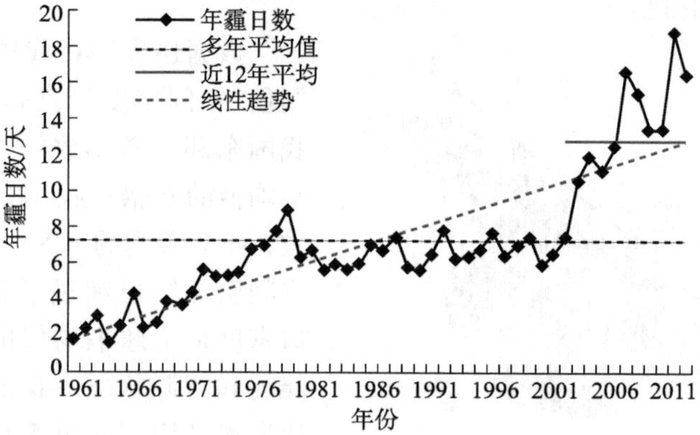

图5 1961—2011年中国中东部地区平均年霾日数变化[2]

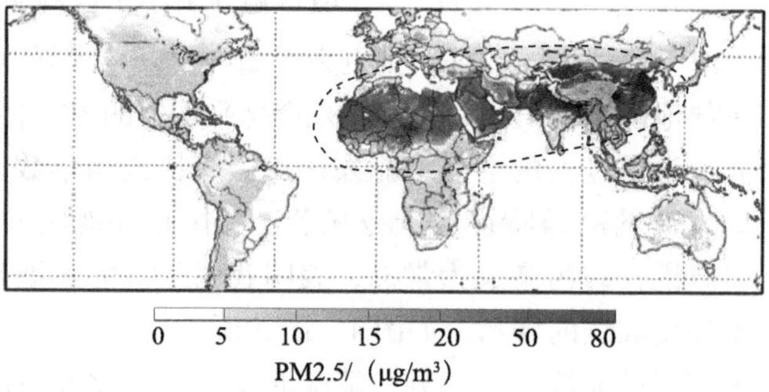

图6 全球PM2.5浓度分布（2001—2006年）[3]

由全球PM2.5浓度图（图6）可以看到，中国处在浓度最高的区域；从中国地表水水质等级分布图（图7）可以看到很多地区多处于四级、五级；中国目前已发现351个癌症村（图8），造成癌症村的原因一是与贫穷、贫困有关；二是环境，如盲目开矿造成地表水的污染……，种种情况显示，我们不能再让如此的发展模式持续下去。

全球环境治理有几种模式：一是先污染，后治理；二是少污染，早治理；三是减污染，快治理。我们国家只有采取“减污染，快治理”模式才能适应我国经济压缩型发展的时空特性。

中国迫切需要改变粗放的发展方式，推动能源革命；迫切需要转向“新型工业化道路”，开创一条新型的发展之路，才能拥有可持续发展的未来。

3 化石能源的高效、洁净化利用有重要现实意义

化石能源不会很快枯竭，今后几十年间，煤炭和石油在一次能源结构中的占比虽然会逐步下降，但仍将是主导能源之一，因此，化石能源的高效、洁净化利用具有重要的现实意义。化石能源，特别是煤炭和石油，应该节能优先、控制总量，“十二五”规划中明确提

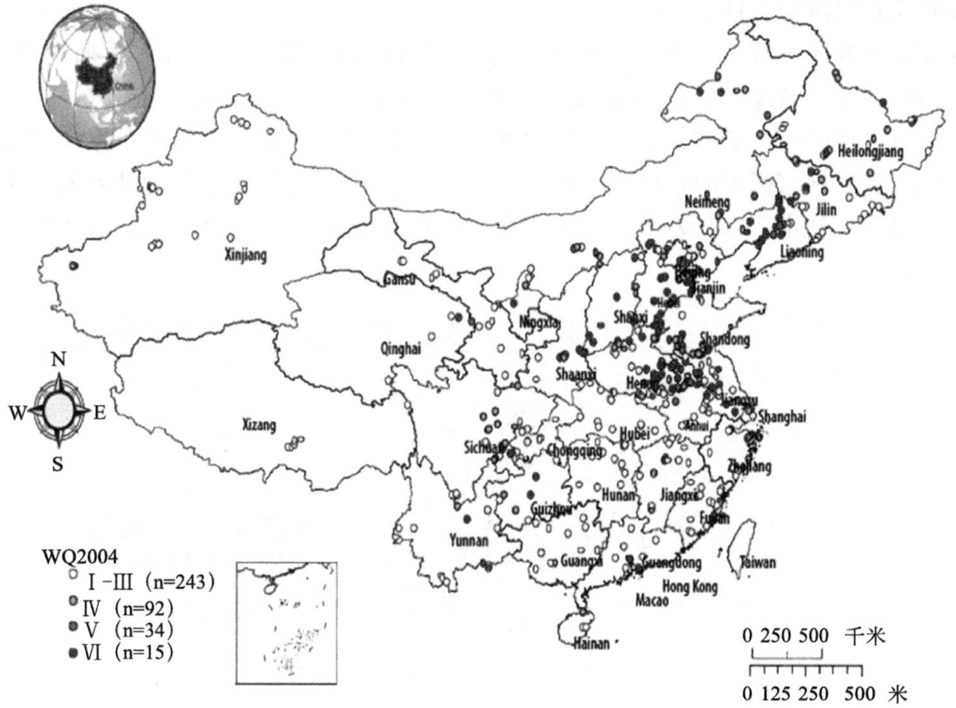

图7 中国地表水水质等级图[4]

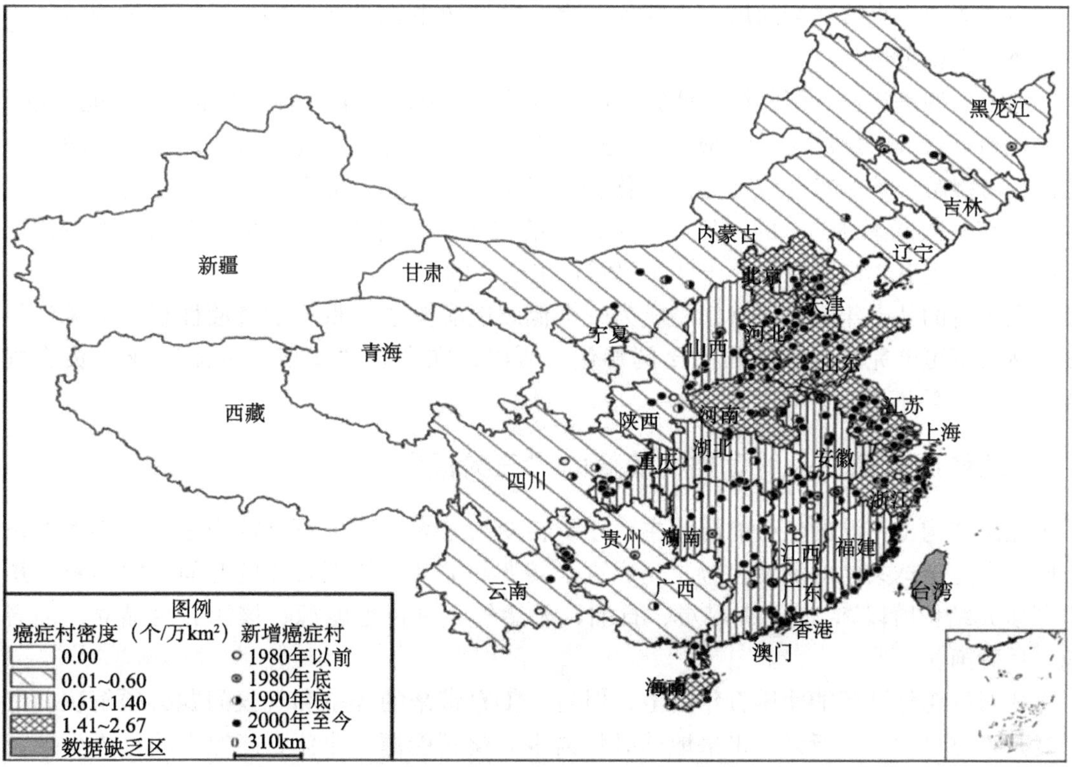

图8 中国“癌症村”分布与密度分级图[5]

出要控制化石能源的总量。

在煤炭的勘采、洗选、加工、运送和终端利用的各个环节中，有一系列的提高能效、减少污染的技术，燃煤电厂的节煤减排尚有明显潜力。我国一半煤炭资源是用于发电的，煤电厂也可以做到相对清洁，如上海外高桥三厂（图 9）在脱硫、脱硝、除尘这三项都能远远达到或低于国家标准的条件下，其每度电只消耗 276 克煤，已超过世界最高水平丹麦的电厂，目前其技术正在努力推广，如果全国的电厂都能做到这种水平，对环境污染有很大抑制作用。

图 9　上海外高桥三厂

终端能源中直接燃烧的煤改电或气，汽车的油改电也是有益的方向，有关的技术、标准、监管都很重要。

这方面的进步使高碳能源可低碳利用，是重要的能源变革，但还不是治本的能源革命。

包括页岩气、煤层气、致密气、天然气水合物在内的非常规天然气是相对洁净的化石能源，对缓解环境污染和应对气候变化会作出贡献，因此要努力提高天然气（含非常规天然气）在一次能源结构中的占比。但是，定量和具体的国情分析表明：天然气的占比能从目前的百分之五提高到百分之十几，仍需付出巨大的努力。

在今后的几十年间，天然气将成为一个低碳能源支柱和重要的过渡性替代能源。但仅靠天然气不可能完成对煤炭的高比例替代，所以，在中国“页岩气革命”或“页岩气时代”的口号并不恰当。

4　实现能源革命——能源结构演变的“三阶段”

能源结构由目前的化石能源为主，逐步转变为未来以非化石能源为主，是必然的发展方向，也是全球共同的发展趋势。完成这个转变约需几十年至百年的时间，中间将经历一个“多元结构阶段”，其间，煤炭、石油、天然气、可再生能源、核能五足鼎立，前者渐消、后者渐长。

化石能源估计还能使用百年以上，但是，①它带来的环境和气候问题必须解决。②它毕竟是不可再生的。所以，未来地球必将倚重非化石能源。非化石能源中的可再生能源与核电，以及相对洁净的化石能源天然气，三者并不是相互排斥的，而是互补的。三者的合力才能逐步实现对煤炭的高比例的替代。在我国一次能源结构中，非化石能源 2020 年将占到15%，2030年应能达到25%~30%，2050年应能超过40%[6]（图10）。非化石能源的占比超过化石能源，可视为能源革命的一个标志。非化石能源占比的提升要靠可再生能源和核能共同作出贡献。

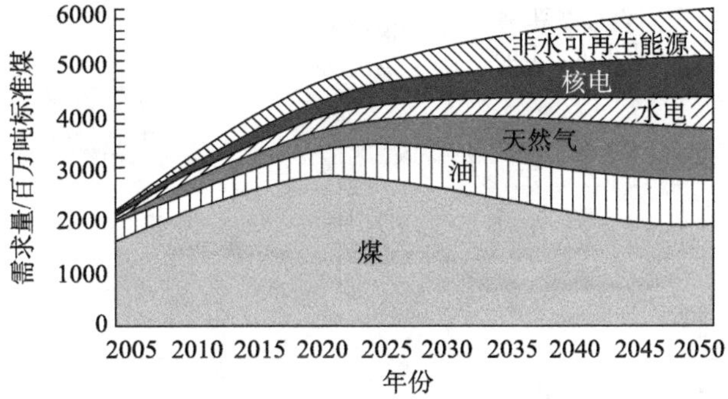

图10 2050年前中国能源结构的变化情景图[6]

5 可再生能源是未来地球的支柱能源

在可再生能源中，比较成熟的水电尚有一定的发展潜力，然后趋于饱和。在一次能源结构中，贡献可达近10%。

非水可再生能源，包括太阳能、风能、生物质能、海洋能、地热能等。在我国和全球，资源足够丰富，技术上没有原理性的障碍，近年来发展较快。欧盟最近决定：2030年使可再生能源在终端消费中占比达到30%。以德国为例，40年能源转型目标如表1所示。

表1 德国40年能源转型目标 （单位：%）

类别	2020年	2030年	2040年	2050年
可再生能源/总的一次能源	18	30	45	60
可再生能源电力/总电力	35	50	65	80
HGH排放下降（以1990年）	40	55	70	80
一次能源消耗下降（比2008年）	-20			-50

我国可再生能源发展当前必须解决的问题是：①依靠科技创新，降低成本，使其经济性具有市场竞争力。②进一步降低其全生命周期的环境影响，例如：设备制造、运输、运行、维护、退役处理阶段的排放。③间歇性的风能和太阳能如何提高并网率。为此，必须发展智能电网和大容量储能技术（包括物理储能和化学储能方法）。④发展分布式用能技术、资源的循环利用技术、垃圾分类资源化利用技术（国外瑞典、国内镇江“光大国际”是成功之例，图11）、微网技术和不并网用电、峰电的直接利用（如用于海水淡化、制氢等）。

中国是一个人口大国，也必然是垃圾大国，处理好垃圾对城市、对农村都有很大意义。瑞典的垃圾资源化利用率能够达到99%，我们国家也有在垃圾利用上做得比较好的。如光大环保能源有限公司，通过对生活垃圾进行分类、燃烧处理来发电。目前这个厂的经营，第一是能够盈利的；第二是对环境影响是达标的，其排放远远低于国家标准；第三是目前其设备已可以国产化。基于这几点，笔者认为这种产业及运作模式意义重大，应该推广。

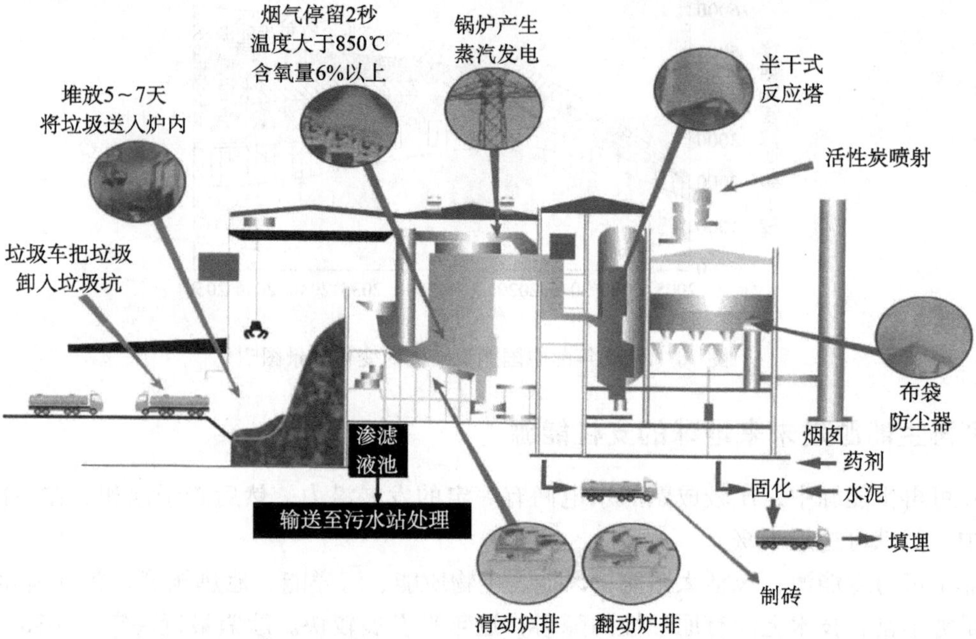

图 11 垃圾焚烧处理工艺流程图（光大环保能源有限公司）

可再生能源总的发展情景和对温室气体减排的贡献由图 12 和表 2 可以看出，非水可再生能源所占比例会愈来愈多，依靠水电和非水可再生能源到 2050 年，可替代煤炭减少温室气体 40 亿吨 CO_2 排放量。

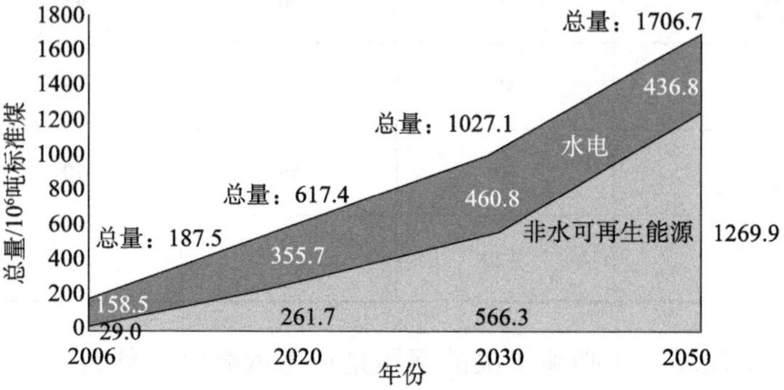

图 12 可再生能源可能的发展情景[6]

表 2 2020—2050 年可再生能源减少的温室气体排放量[6]

年份	2010	2020	2030	2050
减少排放/亿吨	7	12	20	40

6 核能是未来地球的可持续发展能源

日本福岛核电站事故对中国和全球核电发展有一定影响，但各主要核电国家通过认真分析，都确定了继续发展核电的方针。

中国做了一年的核电安全大检查，提出了更高的安全标准和安全措施，重在认真落实；美国、法国、俄罗斯、中国、印度、韩国、英国等国都采取了继续发展核电的方针，除了德国、瑞士弃核，全球核电发展格局基本稳定，如图 13 所示。

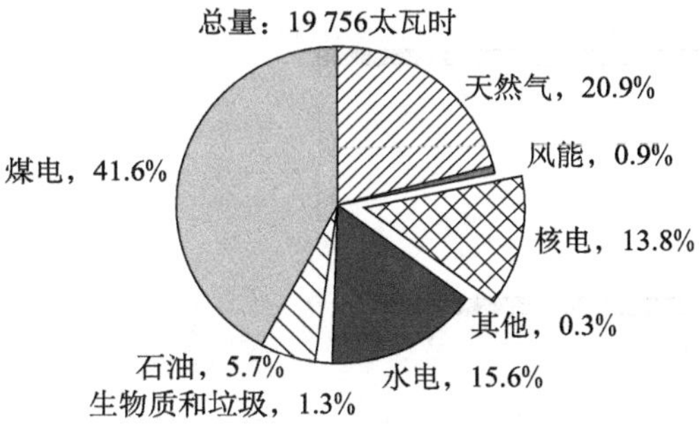

图 13 2009 年世界范围内各种能源的电力生产情况[7]

注：(1)“其他”包括地热、太阳能、潮汐能和波浪能发电；(2) 由于保留小数位，百分比之和不为 100%

究其原因，有以下 3 点：①对核事故进行科学的分析、总结、吸取经验教训，核电安全的技术水平和管理水平将进一步提高，弃核并不理智；②核电作为洁净、低碳、稳定、高能量密度能源，其基本优点未改变；③人类对低碳能源的客观需求，需要输出稳定的核电与间歇式的可再生能源相结合，是核电发展的动力。

表 3 火电与核电的比较（100 万千瓦电站/年）

火电	烧煤：300 万吨；排放 CO_2：600 万吨；排放 SO_2：4 万 ~ 5 万吨
核电	烧：30 吨核燃料；排放 CO_2：火电的 1%；排放 SO_2：火电的万分之一；辐射照射：低于火电

安全是核电发展的生命线。确保安全并不超越人的能力的范围，核电安全不仅原理可行，截至 2012 年底，世界 31 个国家、437 台核电机组、1. 5 万堆年的实践经验也证明：核电是“可以做到”安全的。

目前，我国已运行核电机组 19 台，装机容量 1701 万千瓦，年发电量仅占全国发电总量的约 2%，核电发展了 30 年，不如近 3 年风电的装机容量。**“安全、稳步、规模发展核电”是中国的理性选择。**

我国核电的规模将来会是世界最大的，相应地：核电的科技水平和人才培养都必须达到世界最先进水平。除基础性研究外，要做强高端设备制造，自主软件和设计工具的研发及仪器仪表制造。鼓励先进型核反应堆的研究也十分重要。同时，必须高度重视和落实核电全产业链的协调配套发展。

从目前的核裂变电站到未来的受控核聚变电站，是一个必然的科学发展方向和历史过程，在未来的绿色地球上，核能将成为一个可持续发展的能源支柱。

“发展和安全并重，以确保安全为前提发展核能事业。作为保障能源安全和应对气候变

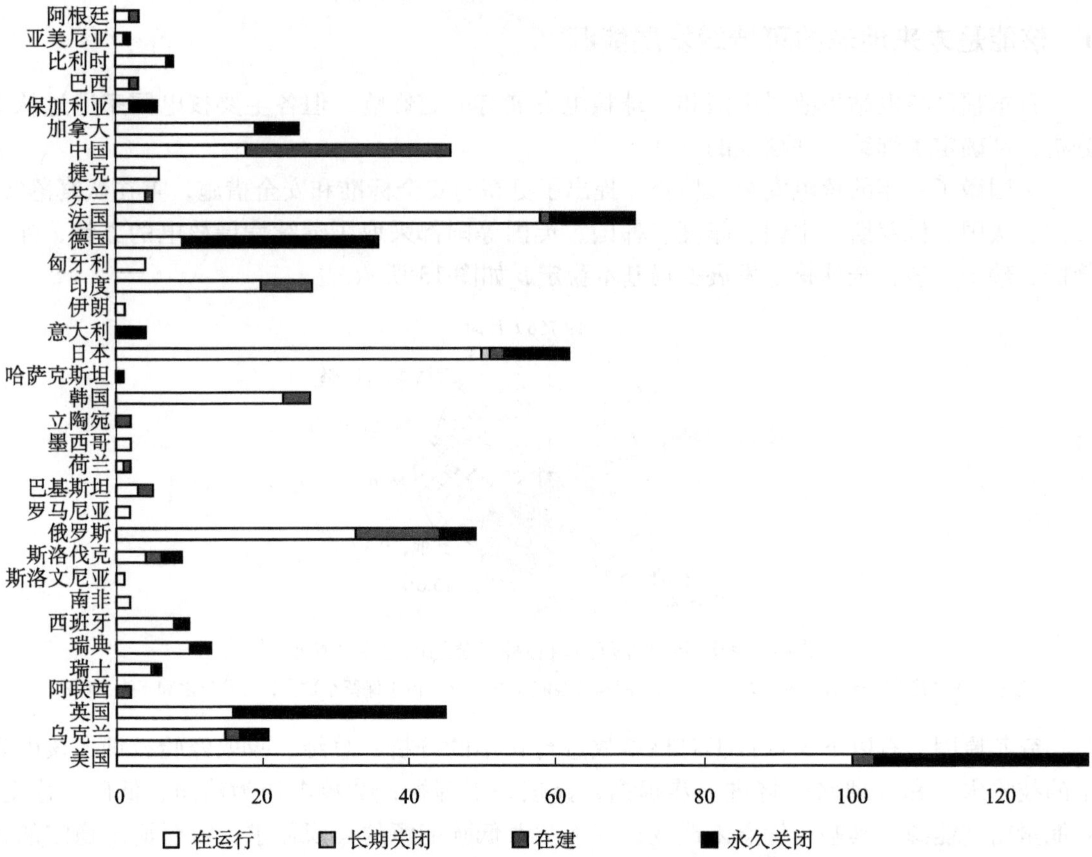

图 14　各国核电机组统计（包括在建、在运及信堆）[8]

化的重要途径，和平利用核能事业，如同普罗米修斯带到人间的火种，为人类发展点燃了希望之火，拓展了美好前景。”（中华人民共和国主席习近平在荷兰海牙核安全峰会上的讲话，2014 年 3 月 24 日下午，海牙）

7　中国需要树立新的能源安全观并转变能源供需模式

为了可持续发展的未来，中国需要树立新的能源安全观。它由 3 个观念构成：①新的“能源供应安全”观念；②注入“能源环境安全”的观念；③“占据未来能源科技战略制高点”的能源长远安全观念。

对“能源供应安全”的传统观念，也必须有新的思考和调整。即不能只一味要求供应侧满足一切需求，而应由供应侧和需求侧相向而行，达到供需平衡。改变“以粗放的供给满足增长过快的需求（后者包含有不合理需求!）”，转变为“以科学的供给满足合理的需求”的供需模式。

关于“科学供给”的概念，在此引用煤炭专家们的观点来具体说明：中国煤炭的“科学产能”能力目前仅有十几亿吨，这一科学产能是以基本不破坏环境、人员相对安全为标准的前提下定义的。而实际上我国煤炭每年生产 30 多亿吨，我们不得不容忍十几亿吨的非科学产能。所以说，我国如何提高科学产能能力，尽量压低非科学产能是需要非常重视的。习近平主席提出“抑制不合理需求”，一些实际问题对此给予了诠释：如堵车、建摩天大楼、空置房、高尔夫球场、攀比奢华等不合理需求应予以抑制。

中国单位 GDP 的能耗比世界平均水平高出近 1 倍。2012 年中国的 GDP 占全球的 11.6%，却消耗了 21.9% 的能源，即单位 GDP 的能耗是全球平均水平的近一倍。原因有三：①产业结构不合理、高耗能产业比例过大，需大力调结构；②能效低、技术落后，需要能源新技术和信息技术的深度融合；③浪费大：大量的过剩产能、空置建筑物和短寿命建筑是浪费资源的典型，是应该被“抑制”的不合理需求，需实现发展观和消费观的深刻变革。

可见，抑制不合理需求、减少浪费、大力节能、提高能效、控制总量，是中国能源可持续、环境可持续、社会与经济可持续不可或缺的战略，也是能源消费革命的重要内涵。

能源革命的九个抓手是：

- 切实转变发展方式，改变政绩考核指标体系，不单一将 GDP 作为考核标准，而要把环境和生态文明建设前置到国家发展目标的前位；
- 大力调整产业结构，高耗能产业已经饱和，如中国水泥产量已占全球 57%，不应再扩大生产；
- 化石能源总量控制，尽早使煤炭消费见顶（零增长）；
- 化石能源高效、洁净化达标（煤电达上海外高桥三厂水平、直燃煤的替代、新能源节能汽车）；
- 碳排放尽早达峰值（靠行政、经济、金融、技术、体制、文化等组合拳）；
- 非化石能源和天然气高比例替代煤炭、石油；垃圾资源化利用成为新兴产业；
- 强化能源科技支撑，争占制高点，是能源安全长远之计；
- 以低碳作为新型城镇化（含交通、建筑）的一个考核指标；
- 生活方式与观念的进步，将深刻提高人的素质、靠高素质的人实现能源革命。中国人民的生活水平要提高，但应提倡健康的物质享受、丰富的精神追求，而不应追求奢华。

8 能源革命的国际合作和国际竞赛

能源革命具有全球性又有中国特色。中国的能源生产和消费必然是以国内为主的，同时，能源转型和革命是全球各国的共同趋势，旨在建立全球高效、低碳、绿色的能源新体系。这是未来地球可持续发展的基础，在这一领域世界各国面临着大同小异的科学、技术与产业发展问题，需要各国共同努力，国际互利合作空间广阔。中国能源的国际合作包括三个方面的内容：①有效、合理、适度利用国际市场和国际资源，目前主要是油、气、铀资源；②能源科技合作，水涨船高，提高水平，合作共赢；③借鉴国际先进的能源体制和管理经验。

9 结语

推动能源生产和消费革命既是长期战略，又是紧迫任务。

能源生产革命：能源结构的质变，绿色化、低碳化；

能源消费革命：抑制不合理需求，节能、高效、控制总量；

能源科技革命是能源生产和消费革命的支撑；

能源体制革命是能源生产和消费革命的保障；

能源生产和消费革命的目标，旨在建立一个高效、洁净、低碳、安全的新型能源体系，实现能源生产方式和消费方式的革命性变革。

参考文献

[1] 杜祥琬，刘晓龙，杨波等．中国能源发展空间的国际比较研究［J］．中国工程科学，2013，15（6）：4-10.

[2] 中国社会科学院、中国气象局．气候变化绿皮书：应对气候变化报告（2013）［R］．北京：社会科学文献出版社，2013.

[3] van Donkelaar et al. Environmental health perspectives 2010［EB/OL］．（2010-09-22）［2014-07-20］．http：//www. nasa. gov/topics/earth/features/health-sapping. html.

[4] China National Monitoring Centre［R］．Presented in World Bank，2006.

[5] 龚胜生，张涛．中国"癌症村"时空分布变迁研究［J］．中国人口·资源与环境，2013，9（23）：156-164.

[6] 中国工程院研究组：中国能源中长期（2030、2050）战略研究报告［R］．北京：科学出版社，2011.

[7] OECD，NEA. Nuclear energy outlook［R］．2008.

[8] IAEA. Power reactor information system［R］．2013.

Energy Revolution for Sustainable Future

Abstract：As fossil fuels have helped human to get rid of dependence on agricultural civilization and embark on industrial civilization but also have brought about serious environmental problems and climate change，the earth is calling for human to move on from industrial civilization to ecological civilization to reach a sustainable future，where the basis is a new "energy-revolution". A macroscopic quantitative analysis of China's environmental capacity and climate capacity shows that China is in an urgent need to change the extensive node of development and promote an energy revolution. At present and in the next few decades，fossil fuels will remain one of the leading energies in China's energy-mix. So，efficient and clean use of fossil fuels is important. But this is not an energy revolution which is the only fundamental solution. Unconventional gases including shale gas play a role in mitigation of environmental problems and climate change. but slogans like "revolution of shale gas" or "era of shale gas" is not appropriate to China because proportion of natural gas in primary energy structure in the country can be increased to a maximum of twenty percent. The Chinese energy structure's transition from a stage dominated by fossil fuels to a stage of multiple components and then to a stage dominated by non-fossil fuels is the inevitable direction and renewables and nuclear energy will contribute to this transition. In renewables，proportion of non-water renewables will gradually increase. Improvement of their market competitiveness (economical efficiency) relies on technological innovation. Renewables will be the mainstay energy source for the earth in future. Despite the impact of the Fukushima nuclear disaster, the world, including China, will not give up nuclear energy development. Safe, steady and large-scale development of nuclear power is a rational choice of China. Transition from nuclear fission power plant to nuclear fusion power plant is the inevitable direction. Nuclear energy will be a sustainable energy source and another mainstay energy source of the earth in future. China needs to enhance energy security consciousness, curbing unreasonable demand, reducing waste, saving energy, improving energy efficiency, controlling total amount are not only the indispensable strategies for China' energy sustainable, environmentally sustainable, social and economic sustainable but also the main connotation of energy consumption revolution which aims at building a new energy system that is effective, low carbon and green. Energy revolution reflected both China's identity and the world's diversity is the basis of a sustainable future, which enjoys wide cooperation and requires nations to work together. However, energy revolution is also an international competition, as well as the requirement for China to become an innovative nation and realize the great rejuvenation.

Key words: energy revolution; sustainable development; global change

(发表于《北京理工大学学报》，第16卷第5期，2014年10月，p. 1-8)

发展低碳电力

——2015 年中国清洁电力峰会报告①

1 我国发展的高碳特征

中国单位 GDP 的能耗比世界平均值高出近一倍，数据显示：2013 年，中国 GDP 是全球总量的 123%，却消耗了全球 21.5% 的能源。目前，我国每年人均二氧化碳排放量已达 6 吨，逼近欧洲、日本的水平，且呈现持续增长态势，一些发达地区则大于 10 吨，超过一些欧洲、日本等发达国家发展史上的峰值水平，主因是高耗能产业搞的太大、太快，形成了过剩产能，加之诸多浪费和不合理需求。

对发展方式的选择必须注意到"环境容量有限"这个基本国情。中国 80% 的人口居住在爱辉—腾冲线以东的国土上，东部的土地面积约为全球陆地总面积的不到 1/30。我们在这块土地上每年消耗全球煤炭的 40%，即在东部的单位国土面积上消耗的煤炭（可称"煤耗空间密度"）是全球平均值的 12 倍。我国煤炭消耗中，高达一半是直接燃烧（非发电）的，这是最污染的利用方式，据悉，2013 年我国共耗煤 39 亿吨，其中发电 18.3 亿吨，直接燃烧的超过 20 亿吨。数据还表明，这块土地上的"油耗空间密度"已是全球平均值的 3 倍；我国东部"碳排放的空间密度"是全球平均值的 6 倍；我国目前每千人汽车拥有数虽不及美国的 1/8，但中国东部的"汽车空间密度"已接近了美国；我国东部人口密度是全球均值的 5 倍，考虑到我国的能耗和能源状况，东部的环境负荷已比世界均值高出 5 倍以上。以上最简单的算术，给出了我国最基本的国情：环境容量、气候容量显著小于世界平均值，我国发展的高碳特征已十分显著。如果单独计算京津冀地区的数据，则更为严重，仅以"煤耗空间密度"为例，它又是我国东部地区的 2.5 倍，是全球平均值的 30 倍之多！如果我们想呼吸质量说得过去的空气，能去跟美国攀比人均车数、人均能耗吗？显然不能，也不应该！

如果中、西部沿袭东部发展路径，我国会更高碳。高碳与污染有强相关性。环境后果，已踩红线；粗放发展，难以为继。向低碳转型时不我待。"新型城镇化"能否"低碳"，是我国面临的"大考"。

未来中国、乃至地球的可持续发展呼唤着人类由工业文明向生态文明转变，呼唤着转变发展方式，而这个转变的基础是新的能源革命：要求我们的能源生产由黑色、高碳转向绿色、低碳；能源消费由粗放、低效转向节约、高效。

中国绿色、低碳能源战略的三个支柱：①节能优先，提高能效；②煤炭和石油的高效、

---

① 本报告时间 2015 年 4 月 3 日。

洁净化利用，增加天然气的比重；③发展非化石能源（可再生能源和核电），改善能源结构。

2 化石能源的高效、洁净化利用具有重要的现实意义

化石能源不会很快枯竭，今后几十年间，煤炭和石油在一次能源机构中的占比会逐步下降，但仍将是主导能源之一。因此，化石能源的高效、洁净化利用具有重要的现实意义。

化石能源，特别是煤炭和石油：节能优先、控制总量，需要有“天花板”意识。

煤炭需总量控制，煤炭消耗总量五年内见顶；高效、洁净、低碳、抑制不合理需求。煤炭消耗中，增加发电比例，做好直燃煤的替代（气、电和余热的利用）。

煤电洁净化（脱硫、脱硝、除尘达标）已取得进展，低碳化虽节煤已有成效，但降碳仍有待创新，只有污染物和温室气体都减下来，才能叫“低排放”。

在煤炭的开采、洗选、加工、运送和终端利用的各个环节中，有一系列的提高能效、较少污染的技术，燃煤电厂的节煤减排尚有明显潜力，低碳有待创新突破；终端能源中直燃煤改电或气，汽车的油改电也是有益的方向，有关的技术、标准、监管都很重要。这方面的进步可使高碳能源可低碳利用，是重要的能源变革。

当前，包括页岩气、煤层气、致密气、天然气水合物在内的非常规天然气是相对洁净的化石能源，对缓解环境污染和应对气候变化会做出贡献，因此要努力提高天然气（含非常规天然气）在一次能源结构中的占比。但同时需要清醒地认识到：中国的页岩气虽然储量不少，但埋藏深、缺水和天然气管道网不足，我国开发页岩气的开采成本会比较高，收支比偏低。因此，要因地制宜、科学发展。最近，开发页岩气技术的国产化取得进展是个好消息。

定量和具体的国情分析表明：天然气的占比能从目前的百分之五提高到 百分之十几，仍需付出巨大的努力。在今后的几十年间，天然气将作为低碳能源支柱和重要的过渡性替代资源。但仅靠天然气不可能完成对煤炭的高比例替代，所以在中国“页岩气革命”或“页岩气时代”的口号并不恰当。

3 让非化石能源逐步成为低碳电力支柱

低碳能源“三匹马”：可再生能源、核能、天然气（含非常规），它们三者并不是互相排斥的关系，而是互相补充互相促进，只有并驾齐驱齐心拉车，这样才有可能较早实现对煤炭的高比例替代。

在可再生能源中，比较成熟的水电尚有一定的发展潜力，然后趋于饱和，在一次能源结构中的贡献可达近 10% 。

非水可在生能源，包括太阳能、风能、生物质能、海洋能、地热能等，在我国和全球资源足够丰富，技术上没有原理性的障碍，近年来发展较快。当前必须解决的问题有：依靠科技创新，降低成本，使其经济性具有市场竞争力；进一步降低其全生命周期的环境影响，例如：设备制造、运输、运行、维护、退役处理阶段的排放；间歇性的风能和太阳能如何提高并网率？通过规模化、多地域的风、光能源可缓解“间歇性”，增强相互间的互补性，使其发电出力的时间行为呈现较为平缓的特性，有利于提高并网率。同时，可再生能

源、储能技术（包括物理储能和化学储能）、电网技术与互联网技术、信息技术的融合，提高电网的智能化程度，加强对电源侧和需求侧的智能管理，

将提高电力系统对可再生能源的吸纳能力。此外，还要发展分布式用能技术、资源的循环利用技术、垃圾分类资源化利用技术（国外瑞典、国内镇江光大国际已有成功先例）、微网技术和不并网用电、峰电的直接利用（如用于海水淡化、制氢等）。广义智能能源网可能是能源革命的一个标志。

核能是未来地球的可持续发展能源。日本福岛事故对中国和全球的核电发展有一定影响，但各主要核电国家通过认真分析，都确定了继续发展核电的方针，全球核电发展格局基本稳定。究其原因，有以下三点：

（1）对核事故进行科学的分析、总结、吸取经验教训，核电安全的技术水平和管理水平进一步提高，弃核的做法并不理智；

（2）核电作为洁净、低碳、稳定、高能量密度能源，其基本优点并未改变；

（3）人类对低碳能源的客观需求，需要输出稳定的核电与间歇式的可再生能源相结合，是核电发展的动力。

目前，我国已运行核电机组 21 台，装机容量 1902 万千瓦，年发电量仅占全国发电总量的约 2%，在建核电机组 27 台，装机容量 2953 万千瓦。因此，“安全、稳步、规模发展核电”是我国的理性选择。

从目前的核裂变电站到未来的受控核聚变电站，是一个必然的科学发展方向和历史过程，在未来的绿色地球上，核能将成为一个可持续发展的能源支柱。

未来地球必将倚重非化石能源。中国工程院研究组曾建议：在我国一次能源结构中，非化石能源 2020 年将占到 15%，2030 年应能超过 20%。几十年后，非化石能源占比超过化石能源，可视为能源革命的一个标志。

4 低碳电力成就未来

电力的发展要用发电量来衡量，而不是用装机容量来衡量。装机容量的多少与电源结构有关。不同类型的电源，在单位时间内的运行时长不同，如果是风能、太阳能发电，其装机容量就需相对多一些；如果是煤电、水电，其装机容量就会相应少些；如果是核电，装机容量就可更少。所以，不能完全用装机容量来衡量，这与电源结构有关。我们最终需要的是电量，用发电量指标来衡量才是科学的。

电力在终端能源中的比例要提高，直燃煤和直燃油的使用尽量用电能等替代。

要发展拥有未来的电力。电力结构中，努力使非化石（可再生和核电）电力达到高比例，人类未来必须依靠可再生能源，这是世界发展的共同趋势，也是我国拥有未来的战略选择。

要制定中国合理的电力发展战略和目标。从能源经济学角度看：

经济发展与能耗增加并非绝对正比关系。要注意“两类发达国家”的概念，我国走向现代化，决不能拿美国的耗能和耗电量做标准，否则非常危险，也做不到。

同样发达水平，低能耗才是先进指标，说明能效高，说明国家倡导节能。能源电力的消耗，不是越多越好：如果以欧、日等国家为参照，我们还有不到 1 倍的人均发电量增长

空间；欧、日等国的发展经验来看，到一定发达程度后，经济继续发展，但人均能耗、电耗不再提高且基本稳定，甚至还能下降，得益于产业结构调整和能效提高。我们要倡导一种比较高效、节能、低碳的生产和生活方式或者社会发展方式。

5 结语

向低碳、绿色、可持续转型客观上是一场国际竞赛，我们需要以战略眼光和国际视野，积极面对和参与这场竞赛，切实加强基础性和应用性研究，抓住历史机遇，争占能源新科技的战略制高点。在这场竞赛中不落伍，并争取走在前头，这是建设创新型国家，实现中国民族伟大振兴的必要条件。

人均1千瓦大讨论：我们不能拿美国电耗当标准

——访中国工程院院士、国家能源委员会专家咨询委员会副主任杜祥琬

2月10日，本报头版头条刊发《里程碑：我国人均装机达1千瓦》的报道，引发业内专业人士的热烈讨论。自2014年起，中国工程院院士杜祥琬一直坚持阅读《中国电力报》。他告诉本报记者，近期对本报"人均装机1千瓦大讨论"内容尤为关注。3月4日，针对这一问题，杜祥琬表示："人均装机1千瓦，这是一个历史性的进展，是电力人艰苦努力的结果，是很值得祝贺的事。"但衡量电力发展水平的更好指标是什么？他给出了如下思考。

记者：那么您认为，应该用什么指标来衡量电力发展水平？

杜祥琬：我长期关注《中国电力报》，发现用装机容量来衡量的人很多，当然，只有达到一定的装机容量，才能提供一定的发电量。但是，我觉得需要引导一下：电力的发展要用发电量来衡量，而不是用装机容量来衡量。这个概念十分重要，这个观点需要让大家知道。

记者：请具体谈一谈您的看法？

杜祥琬：装机容量的多少与电源结构有关。不同类型的电源，在单位时间内的运行时长不同，如果是风能、太阳能发电，其装机容量就会相对多一些；如果是煤电、水电，其装机容量就会相应少些；如果是核电呢，装机容量就会更少。所以，不能完全用装机容量来衡量，这与电源结构有关。我们最终需要的是电量，用发电量指标来衡量才是科学的。

我国电力在终端能源利用中的比例要提高。换句话说，非发电用能要减少。非发电用能主要是利用煤炭，煤炭的1/2用来发电，1/2直接燃烧，后者如果减少，多用来发电，就是一个进步。此外，还有一部分非发电用能，比例较大的是直接燃油，比如车用汽柴油这一块，如果将来的车辆用能也换成用电，像发展新能源汽车，这又会是一个大进步。总之，就是把非电终端用能改成用电，我认为这个比例一定要提高。

记者：这个比例提高到多少才合适？

杜祥琬：我前几天看到你们《中国电力报》上有观点说，与发达国家相比，我国发电装机还有很大的发展空间。这话不是说不对，但我们曾经有一个评估，美国、加拿大等发达国家人均电力消耗为13000～14000千瓦时/年，澳大利亚也差不多。可是现代化水平与之相差无几的欧洲和日本，人均耗电仅为6000～8000千瓦时/年，有近1倍之差，这是个非常重要的数据。从能源经济学角度来看，经济发展与能耗增加并非绝对成正比。1倍之差，对我国是个重要启示。我们要走向现代化，决不能拿美国的耗电量当标准，耗能也一样。否则是非常危险的，也是做不到的。

记者：为什么说"危险"和"做不到"呢？

杜祥琬：美国的人均能耗是全球平均值的 4 倍，如果都和它一样，得需要四个地球的能源资源来支撑。这与生活方式有关，美国的现代化水平是很高，但却形成了一种不良的高耗能习惯。而欧洲和日本的单位 GDP 能耗只有美国的 1/2。从我国实际情况来说，与这些发达国家相比，的确还有一定的提高空间，这话是对的。但拿电量来说，提高空间又有多少呢？现在我国人均耗电量是4000 千瓦时/年，如果说再高一点，达到欧、日的 8000 千瓦时/年，那么还能再高吗？应该再高吗？我国真需要成为那样一个高耗能的国家吗？更何况我国有后发优势，更有条件吸取人家的经验。况且，现在我们已经有了这么好的节能技术、新能源技术、IT 技术、智能电网技术等，所以按道理来讲，我们不必片面地追求美国、加拿大的能耗指标，而应该走更清洁、高效的能源发展之路。甚至应该做到不比欧、日差。

记者：所谓的“差”指的是什么？

杜祥琬：“差”就是耗能高，一个国家的能耗很高绝对不是一个先进指标。我想强调这个概念，同样的发达水平，如果耗能低，这才是先进指标，说明能效高，说明这个国家倡导节能。我们要倡导一个比较高效、节能的生产和生活方式，或者说是社会发展方式。如果非要以发达国家为标杆的话，我们还有不到 1 倍的发展空间。

所以，一定要有这样的观点：能源电力的消耗，不是越多越好。1 千瓦、2 千瓦、3 千瓦，是不是就这样发展下去？当然不是。在初级阶段当然要发展，发展到一定阶段后一定要打住。

记者：经济不打住，而能源打住？

杜祥琬：这个概念也是我们研究的一个结果，就是包括美欧日等发达国家，发展到人均 25000 美元左右后，经济继续发展，人均能耗却不再提高。这是非常有意思的现象，也是能够理解的现象。

传统观念的理解是经济越发展就得多耗能。但若在产业结构和能效上有突破就会有所改观。我们的能耗主要在第二产业上，其中，又多半耗在高耗能产业上。我们要改变能源产业结构，把第二产业中的高耗能降下来，把百姓用能提上去。目前，我们用在生活上的电是 1/3，用在工业上的是 2/3，发达国家正好相反，这就是人家进步的标志。还有一个原因就是能效。基本上说，解决好上述问题，到了一定的发达程度后，经济可以继续发展，但是人均能耗、电耗不再提高，且基本稳定，甚至还能降低。我们现在要打造升级版，转型发展，就是要让服务业上去，同时，还要提高能源效率，还需要新型产业的发展，如废弃物资源化利用，可以增加能源，还可以节约传统能源，并增加就业。

（发表于《中国电力报》，中电新闻网，记者徐秋玲，2015 年 3 月 18 日）

能源变革，技术创新是关键

——专访国家能源委员会专家咨询委员会副主任杜祥琬

杜祥琬，应用物理与强激光技术专家。中国工程院院士、原副院长，俄罗斯国家工程科学院外籍院士。曾主持我国核试验诊断理论和核武器中子学的系统性创新性研究。曾任国家863计划激光专家组首席科学家，是我国新型强激光研究的开创者之一。获国家科技进步特等奖一项、一等奖一项、二等奖两项，部委级一、二等奖十多项，2000年获何梁何利科技进步奖。他主持研究了“中国能源中长期（2030、2050）发展战略研究”、“我国核能发展的再研究”等我国能源发展战略重大咨询研究项目，现任国家能源专家咨询委员会副主任。参加了我国应对气候变化减排承诺的科学论证，主持研究了“应对气候变化的科学技术问题研究”等重大咨询研究项目，现任国家气候变化专家委员会主任。

《中国电力报》：一段时间来关于雾霾的分析研究有很多，但结果却不太一样。您认为我国雾霾高发的原因是什么？

杜祥琬：研究上有一些差异是非常正常的。你在东单测和在西单测结果就会不一样，早上测和晚上测结果也会不一样。这个本身就是时间空间变化的一个量，再加上研究的方法和评价的差别。但是，我注意到这些研究有一个重要的共同点：就是以煤炭、石油燃烧为源的一次和二次颗粒物占PM2.5来源总量的2/3以上。各个研究在这点上没有差异。所以我说如果我们研究雾霾，要抓源头、抓大头，抓住这一点最重要。

《中国电力报》：雾霾问题刚刚凸显时我就曾判断，一段时间内会越来越严重。您怎么看雾霾的发展情况？

杜祥琬：问题很严重。严重到什么程度呢？我做了一点分析：我国东部地区（爱辉—腾冲线以东）的国土面积约为全球陆地总面积的1/30，我们在这块土地上每年消耗了全球煤炭的约40%，就是说，东部单位国土面积上消耗的煤炭，我叫它“煤耗空间密度”，是全球平均值的12倍；另外，这块土地上的“油耗空间密度”是全球平均值的3倍；“碳排放空间密度”是全球平均值的6倍。我国目前每千人汽车拥有数虽不及美国，但东部的“汽车空间密度”已经超过了美国。

如果单独计算京津冀地区的数据，则更为严重，仅以“煤耗空间密度”为例，它又是东部地区平均值的2.5倍，是全球平均值的30倍之多。

可见，我国发展的高碳特征十分显著。霾污染成为常态，表明发展超出了环境容量。我想“环境容量”这个概念值得强调。环境是有容量的，它不是说不允许一点儿污染，它有一个自净化、自修复的能力，但是，当你大大超出了这个能力，它修复不了，净化不了，也就是我们的发展方式触碰了自然底线。

《中国电力报》：我们以只占世界百分之十个多点儿的GDP和煤炭探明储量，却消费了全世界一半以上的煤炭。

杜祥琬：我国发展的高碳特征由四个因素叠加所致。第一个是人口密度高。我们东部的人口密度大约是全球平均值的5倍，而京津冀地区的人口密度是全球平均值的接近10倍。第二个是单位GDP的能耗高。咱们拿2012年的数据来说，我国GDP总量占全球的11.6%，却消耗了全球能源的21.9%，这就是说我们单位GDP的能耗超过全球平均值近1倍。那么这是为什么呢？是因为我们的产业结构，高耗能产业的比例过高，这是一个主要原因。再加上我们的能效比较低，浪费也比较大。第三个是我们国家能源结构当中煤炭所占的比例高。我们是煤炭占约70%，如果把煤炭、石油、天然气、化石能源总加起来大概占到90%。这也是个国情。第四个是70%的煤炭里头直接燃烧的比例高，超过一半，而这一块是最污染的。2013年我国共耗煤39亿吨，其中发电用18.3亿吨，直接燃烧的超过20亿吨。这是我国的一个特点，你们知道煤发电相对来说好管，可以脱硫、脱硝、除尘。可是锅炉、窑炉、散烧的煤等，这一块很难管。我想这四个原因差不多，可以解释上面的问题。

《中国电力报》：如何破解这个问题？

杜祥琬：我想根本的就是中央提的“转变发展方式”。我们用几十年的时间压缩实现了发达国家约二百年的经济增长，成就巨大。但这个压缩不是白压缩的，没有免费的午餐，你既然实现了压缩型的发展，也必然产生压缩型的、复合型的环境问题以及碳排放的过快增长。在这样的现状下，要实现经济环境双赢，就不得不把低碳发展提前压缩到高速发展阶段中来。而不能像发达国家那样，先发达再低碳。为什么中央讲消耗过多资源，牺牲环境这种发展方式，不平衡、不协调、不可持续？我们必须转向低碳绿色可持续发展。

《中国电力报》：就是要让我们的发展和外部环境等平衡起来、协调起来，变得可持续。

杜祥琬：现在就是经济还得发展，但是环境不能这样下去了。经常听到“经济与环境两难”的议论，说两者有矛盾，有很强的对立性。我就说必须双赢。因为咱们是一切为了人，以人为本，要从这个根本点上来说这件事。干嘛要发展经济？就是为了人。干嘛要改善环境？也是为了人。这就是共同点，说明有双赢的基础。这个双赢我觉得就是要懂得一个道理：就是要在环境容量下发展。

《中国电力报》：具体应该怎样做呢？

杜祥琬：我们不能单纯地追求GDP。经过三十多年的发展后，我们现在有条件让碳排放尽早达到峰值。就是说，我们煤炭和石油的消耗应比较快地达到峰值。用这个峰值作为一个抓手，促进新型发展，让我们全国的发展、各地的发展都实现这个峰值。特别是东部要切实转向低碳发展。

《中国电力报》：您觉得这个峰值大概到什么时候能达到？

杜祥琬：这个跟我们转变发展方式是否得力有关系。我觉得煤炭和石油消耗的总量应该在2020年后就能达到峰值。但是二氧化碳排放，就是温室气体排放的峰值可能会要晚一点，得到近2030年。不过东部应该较早实现峰值，要带头。然后，中部和西部不能都学东部。我昨天看贵阳市长讲得非常好，不能再去重复东部的老路，这个提法非常好。十六大就提出来走“新型工业化道路”。我们研讨的时候院士们都说我们没有走出新的道路。所以就希望中部和西部，在环境容量下走绿色低碳的发展。当然绿色低碳说起来容易做起来就不容易，需要创新，需要科学技术，需要转变能源体系等等，就是我们的这个话题，能源变革、能源革命。

《中国电力报》：您认为能源变革、能源革命应该有哪些内涵？

杜祥琬：人类从原始文明到农耕文明，再到现在的工业文明，并走向下一站—生态文明，能源革命都是重要的基础。能源革命简单归结为一句话呢，就是要逐步告别“黑色、高碳”，逐步转型“绿色、低碳”。只有这样一个能源体系的变革才称得上是能源革命。

那么这里面解析起来，有那么几个方面。一个必须着眼于现实。目前和今后几十年间，化石能源仍将是主导能源之一，因此，化石能源的高效、洁净化利用具有重要意义，但这还不是治本的能源革命。包括页岩气在内的非常规天然气，对缓解环境和气候问题会作出贡献，因此要努力提高其在一次能源结构中的占比。但定量和我国的国情分析表明：天然气的占比能从现在目前的百分之五提高到百分之十几，仍需付出巨大的努力，仅靠天然气不可能完成对煤炭的高比例替代，“页岩气革命”和“页岩气时代”的口号不适合我国。第二个方面，能源结构由目前化石能源为主的阶段，经过一个多元结构阶段，转变到将来以非化石能源为主是必然的发展方向。这之中，可再生能源与核能将共同为此做出贡献，两者将是未来地球的支柱能源。第三个方面，我国需要树立新的能源安全观，大力节能，并转变能源的供需模式，由“粗放的供给满足增长过快的需求”，转变为“由科学的供给满足合理的需求”。

说到这呢我想发挥一下我最近的观点，有关中国能源安全的问题。我们传统的安全观是什么呢？供给安全，需要多少能源你就得供给，供给有缺口就是不安全。供给安全仍然是一个基本的能源安全观点。但是对这个“能源供给安全”的内涵需要有一个新的思考，就是不仅仅是从供应端去满足需求端的需要这样一种观念，而是要让需求端和供应端相向而行，共同达到一种供需平衡。

稍微展开点说，我们前些年这个供需模式是什么呢？我们研究的结论是，我们用粗放的供给满足增长过快的需求，后者包含许多不合理需求。供给是粗放的，需求是增长过快的。要转变成什么呢？以科学的供给满足合理的需求。这个提法就不一样了。科学的供给要算科学供给的能力，合理的需求就是把需求里面不合理的东西拿掉。

《中国电力报》：说到节能，可是发展需求仍在高涨。就说车和油，2020 年要全面建成小康社会，老百姓用车用油的需求看起来很合理。

杜祥琬：一定得节约。第一节约，第二替代，第三提高油品。如果大家都想豪华都想奢侈，我国没那个资本，也没那个理由。我就老说这个例子，我去参观丰田汽车厂，他们生产 0.6 排量的车。他们本市人很多都开 0.6 排量的车，车小，又省地方，也省汽油。他们以开小排量的车为荣，可是在中国三点几、四点几排量的车有的是人买。

《中国电力报》：这里面就有一个很有意思的问题。政府和社会一方面呼吁要节约，一方面政府定的价格水平就在那儿，很多人买得起，用得起……人的本性都是想多消费的吧。

杜祥琬：那就得靠经济政策，还有行政手段。现在限号属于行政手段，经济政策就靠价格。资源是有价的。不要让人觉得资源可以随便廉价地消耗。我就说在汽车问题上不能攀比美国标准，比每千人多少辆车。另外要提倡小排量，要提倡轻型车，要提倡替代。比如说电替代，搞新能源汽车。

这里我还特别想说一个现实问题，就是城镇化。中央专门开了会，新型城镇化道路里面有一个特征就是如何实现低碳城镇化，几亿农民和城市居民用能肯定是要提高的，如果没别的就还是要依靠煤炭。所以在这个城镇化的过程当中如何发展分布式能源、循环利用的能源是很重要的。比如说分布式的太阳能、风能、生物质能，这些东西循环起来既减少了垃圾又增加了能源。一定得让人享受一定的生活水平，少不了能源。但享受不一定都是享受煤炭。所以我就说实现什么样的城镇化，要相应规划它的能源形态。最近我去南方调研，看了一个厂子，几乎就是生活垃圾，很简单的分类处理后拉过来烧，烧完以后发电供热。我最后跟厂子相关负责人确认了三点，第一它这个是盈利的。第二就是环保达标，这个厂区我去了，很让人吃惊，根本没味儿。第三就是设备国产化了。我觉得有这三条就有可推广性。如果全国能普遍做这件事就能在解决老百姓关心的环境问题的同时解决他们的用电问题，就不用去用煤了。

《中国电力报》：您很强调能源的分布式利用。我感觉这个分布式对于能源，对电力，特别是对于电网来说，蕴含着巨大的转变。我注意到您是国家能源委员会专家委员会的副主任，并兼电力这块的主任，所以电力这一块还麻烦您再给讲一讲。

杜祥琬：电的应用应该成为主要的形式。能源变革的一个结果应该是终端能源当中电力的比例要提高，散烧煤、直燃煤这些比例应该大大降低。同时，电里头煤电的比例会降低，现在煤电占差不多80%，这个比例会下降。用能的方式上面，我想中国在相当长时间里这个大电网还是少不了的。但是大电网如何发展，就是很困扰的一件事。比如最近很热的特高压，我不是很懂它的技术，但我知道特高压的技术我国做得相当不错。我国在世界上领先的技术并不多，这算一个。

《中国电力报》：但是也有很多人在说，现在能源变革都是往轻型化、分布式化、微电网化和智能化等具前瞻性战略性方向发展，特高压也许是传统能源利用方式的极致，但不符合变革的方向，别人并不稀罕玩。您认为我国电网发展应该确立怎样的战略路线？

杜祥琬：是这样。特高压技术中国掌握的好，这个是有价值的。至少我们示范线路运行得不错。中国工程院当时在上这个示范线路的时候也是有争议，我们论证，明确地支持示范线路。

但是我就说，这个技术是手段不是目的，像信息技术是手段不是目的一样。我们搞电网的目的是什么呢？是得到一个安全的经济的高效的电网。这个电网要用技术，包括特高压技术也好，信息技术也好，要充分将这些技术用到该用的地方，把电网弄得比较经济比较安全。现在争议不就在经济和安全性上吗？还有必要性。那论证起来拿科学数据来说吧。

另外还有就像你说的要有前瞻性。未来用电的形式会有什么新的变革？我们传统的电网还会有多长时间的应用？中国的特点确实是非常不均衡的国家，西部是能源东部是负荷。所以我自己用现在的知识来理解，这个特高压技术是要用的，要用到未来的输电上。

至于未来电网是什么样我说不上，因为要算经济性、安全性、必要性。将来如何把大电网跟分布式的用电方式结合起来，这个要认真研究。总的提法我赞成提智能电网。那智能电网里面就包含信息技术，起到它从电源侧到用户侧的实时探测、智能调测、风险防控的作用，提高效率。考虑到将来可再生能源的发展跟电网结合，这里头就有一个间歇式能源对电网的冲击，电网稳定性问题。要想少弃风，少弃光，尽量用上，这里面一个关键环节就是储能。

《中国电力报》：储能是一个让人兴奋的话题。储能是革命性的技术，感觉正在酝酿重大突破。现在是前夜，一旦技术突破，能源利用的面貌几乎会彻底改变。

杜祥琬：我提到，能源变革要由“粗放的供给满足增长过快的需求”，转变为“由科学的供给满足合理的需求”。这之中，节能是一个。第二个就是能源的环境安全观，能源对环境是影响必须提高到国家安全的高度。第三呢就是技术创新。未来我国能源是不是安全，取决于我国能否占领新能源技术的战略制高点。就说储能，还有太阳能利用，不断有新的思想新的材料新的方式。新能源的战略制高点在于不断创新以提高技术和经济的可行性，就是要降低成本。技术上的创新没有原理性的障碍，人们早晚会做到这一点，但是谁先掌握了谁就能引领潮头。等别人创新以后我们跟着人家走，还是说我们来创新来引领全世界，这就大不一样。所以说想要民族伟大复兴，就必须把科学技术走在世界的最前列，要给自己提这个目标。

《中国电力报》：说到这里呢我正好就是有一个问题问您，就是说在全球能源领域在技术上什么创新什么新变化最让您印象深刻的？

杜祥琬：比如说太阳能电池。太阳能电池现在越来越薄，又进一步改进了薄膜，薄膜然后柔性化，你想什么样就像贴面一样贴上头，以前想象不到的。这既有材料又有工艺，还有效率。现在美国德国日本的实验室我经常注意，非硅太阳能电池光—电转换效率能做到40%以上，现在硅电池最高的也就19%、20%。这是材料科学和新工艺。如果我国的太阳能只想挣钱，没有基础研究作为支撑的话，走不到前头。新能源现在不要只着急上规模，要先把基础打好，要有国家级的研发机构。中国真讲创新缺的还是基础研究，原创比较薄弱。

（发表于《中国电力报》，2014年“能源生产消费变革大家谈”系列文章）

我国能源安全观及战略要素的新思考

我国传统的“以煤为主自给，以引进油、气为重心”的能源安全战略，已经不足以解决我国的能源安全问题，需要新的思考，做出重大调整，引入新的观念。

1 我国能源安全面临的问题

我国能源安全面临的问题可从三个方面看：

一是能源供应能力问题。我国煤炭的资源量虽可满足今后相当长时间的消费需求，但过快的消费增速，已使煤炭的年产量大大超出了实际的“科学产能能力”，带来了一系列的生产安全和生态环境等问题。石油的对外依存度持续走高。天然气（含非常规天然气）有增长的空间，但仅靠天然气难以实现对煤炭高比例的替代。非化石能源是一个持续增长的方向，但需假以时日，才能在一次能源结构中达到高占比。因此，随着全国能源年消耗量的增加，能源供应客观上受到科学供给能力的制约。

二是能源利用产生的环境安全问题。我国东部地区大面积的重度空气污染，严重影响着人民的健康和我国的国际形象。最重要的污染排放源，正是煤炭和石油的利用。而应对气候变化要减排的温室气体，与改善空气质量要减排的污染气体基本同根、同源。因此，能源的发展受到国内环境容量的制约，能源造成的环境问题及其治理，应视为能源安全的重要内涵。

三是国际竞争环境中的能源安全问题。国际能源革命正悄然兴起，这是一场争占未来可持续发展战略制高点的竞赛，我国能否赢得这场竞赛，是我国能源安全必须高度重视的新问题。

因此，我国传统的“以煤为主自给，以引进油、气为重心”的能源安全战略，已经不足以解决我国的能源安全问题，需要新的思考，做出重大调整，引入新的观念。

2 新世纪的中国能源安全观

新世纪的中国能源安全观似应由以下三点构成：

（1）能源供给安全观念的革新：应由供给侧单向提供保障，转向由供给侧和需求侧双向协同提供保障的观念，即转向“以科学供给满足合理需求”，把抑制不合理需求，提升到保障我国能源安全的战略高度，通过能源需求的合理化，供应的科学化，实现我国可持续的能源安全保障。

（2）能源的环境安全观：由单纯的“保障供给”理念，转向“保障供给和保护环境并重”的理念，把解决能源利用造成的生态环境问题，提升到国家安全的战略高度。

（3）国际竞争环境中的能源安全观：人类文明形态的进步将伴随着能源革命，国际能源结构的优化、能源效率的提高、能源科技的进步、能源价格的优势等，对我国能源的核心竞争力构成挑战的同时，也提供了机遇。我国长远能源安全观应基于新能源科技和产业的振兴，确立具备国际视野和长远战略眼光的能源安全观。

3 我国能源安全的四个战略要素

从以上体现“科学发展”与“生态文明”理念，以及我国国情特点的能源安全观出发，提出以下我国能源安全的四个战略要素：

（1）节能和减排是保证我国能源安全的基本要素之一。加强节能降耗，大力改变“高消耗、高排放、高污染、低效率”的粗放发展模式，抑制煤炭、石油、电力和热能使用中的浪费，抑制不合理需求；加快调整产业结构，引导能源合理消费，限制能源消费过快增长，推广节能技术，淘汰落后产能；认真做好建筑和交通节能；对城镇化提出明确的绿色、低碳的要求，设置“城市排放天花板”，推广“低碳社区”建设；强化“煤炭、石油消费总量”和“排放总量”的双控。国家已经明确2015年能源消费总量控制在40亿吨标准煤，2020年能否定量提出总量控制在45亿吨标准煤左右，其中，主要是对煤炭和石油消费总量的控制。

（2）化石能源的高效、洁净化利用，是我国中近期能源安全的要素。特别是在高效绿色安全开发的基础上，提高煤炭的发电和直燃利用的效率和洁净度，增加天然气（含非常规天然气）的比重（尽早使其在一次能源结构中的占比超过10%），发展石油替代，提高车用燃油的品位等，火电必须脱硫、脱硝，并对煤电提出具体要求：每千瓦时煤电的二氧化碳排放量降至700克左右（目前平均为800多克）。

（3）将“以煤为主自给，以引进油、气为重心”的能源安全战略，逐步转向以低碳新能源技术的进步和新能源产业的发展，作为我国能源安全的长远战略要素。从科技、政策、体制等几方面，推进可再生能源（含水电、风电、太阳能、生物质能、垃圾资源化利用、地热、海洋能）和核电等非化石能源的稳步发展，显著增加它们在我国一次能源中的比重，占领绿色、低碳发展战略制高点。这是我国能源长远竞争力的核心，也是保证我国能源安全的长远大计。国家已明确非化石能源2020年占比大于15%，建议2030年应能~25%，2050年进一步达到~40%。建议成立国家研究中心，加强创新研发，提升核心竞争力。

（4）拓宽国内外两个市场，利用国内外两个资源，特别是与俄罗斯及周边国家的能源合作。积极进口石油、天然气、电力、金属铀、高品位煤炭等，增加供给和战略储备，是我国能源安全不可或缺的要素。

（发表于《光明日报》，第016版，科技天地，2014年1月2日）

中国能源发展空间的国际比较研究[①]

摘　要：本文提出了中国能源发展空间研究的国际比较分析方法。通过比较美国、加拿大、欧洲各国和日本等发达国家能源消费的发展历程发现，尽管达到同等发展水平，不同发达国家的人均能源消费量却差异显著，由此提出了“两类发达国家”的概念，即按能源发展方式可分为“美加模式”和“欧日模式”（后者也可细分为“欧洲模式”和“日本模式”）。然后，从产业、交通、居民生活、商业和服务业4个能源终端消费部门出发，深入剖析了不同模式差异的原因。基于不同发达国家的比较分析研究和我国实际国情，对我国能源发展空间进行了分析，提出我国人均能源消耗在2010年的基础上还有不到一倍的增长空间，并对我国能源的发展提出了几点建议。

关键词：能源；人均能耗；国际比较分析

1　前言

我国是发展中大国，改革开放以来，经济发展取得了举世瞩目的成就，但能源急剧消耗、环境严重污染的矛盾也愈加突出。我国的能源消耗还有多大的增长空间？国内有多家机构进行了研究和预测。就人均能耗而言，如果以美国为标杆，我国还有约3倍的增长空间；以“发达国家平均水平”为标杆，还有约两倍的增长空间，但这样的增长空间是合理的吗？根据科学发展观，研究我国的能源增长空间，需要适当的方法学。本文以国际比较分析方法，给出了一些认识和建议。

以美国、加拿大、欧洲各国和日本等为代表的发达国家，经过多年的发展，经济社会取得了巨大成就，但不同国家所走过的能源消费之路却存在很大差异。因此，总结和借鉴发达国家在发展过程中的经验和教训，科学认识我国能源增长的合理空间，对我国走出一条适合本国国情的可持续发展道路具有重要意义。

2　典型发达国家能源消费比较

20世纪的100年中，全球GDP增长了18倍，人类所创造的财富超过以往历史时期的总和，与此同时，能源消费量迅猛增长。1900年人类消费的能源仅为7.2×10^{8}toe（吨油当量，1toe=41.868GJ），2000年则增加到1.033×10^{10}toe，100年间累计消费能源3.8×10^{11}

---

① 本文作者：杜祥琬，刘晓龙，杨波，王振海，康金城。
基金项目：中国工程院重大咨询研究项目（2011-ZD-4）。

toe[1]。以美国、加拿大、欧洲各国和日本等为代表的发达国家经过几十年至上百年发展，目前已经达到相当高的现代化水平，而能源消费零增长的态势初步显露。

人均能源消耗是刻画一个国家能源消费水平的科学指标之一。从图 1 可以看出，随着经济的增长，即人均 GDP 的增长，发达国家的人均能耗经过较快增长，达到某个值后（不同的发达国家这个值不同），即使人均 GDP 增长，人均能耗也不再增加，甚至有下降的趋势。以美国和加拿大为代表的发达国家，在人均 GDP 达到 20000 美元之前，随着人均 GDP 的增长，人均能耗逐渐增加；当人均 GDP 达到 20000 美元左右时，人均能耗为 7~8toe/(人·年)，之后，即使人均 GDP 继续增长，但人均能耗始终维持在 7~8toe/(人·年)。以英国、法国和德国为代表的欧洲发达国家，在人均 GDP 约为 15000 美元之前，随着人均 GDP 的增长，人均能耗逐渐增加；当人均 GDP 达到 15000 美元左右时，人均能耗为3~4toe/(人·年)，之后，即使人均 GDP 继续增长，但人均能耗始终维持在 3~4toe/(人·年)（约为美国、加拿大水平的一半）。日本的情况与欧洲国家类似，但较欧洲国家在同一经济水平下，能效更高、能耗更低。发达国家人均电力消费量、人均 CO_2 排放量与人均 GDP 的关系也有类似的差异（见图 2、图 3）。

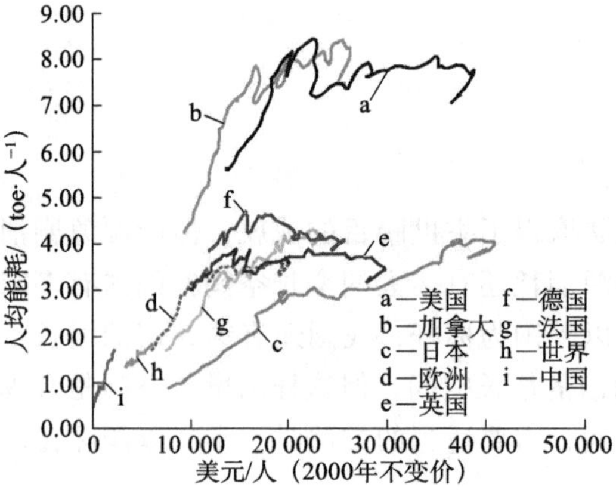

图 1 人均 GDP 与人均能耗关系图[2]

Fig. 1 Per capita GDP and per capita energy consumption[2]

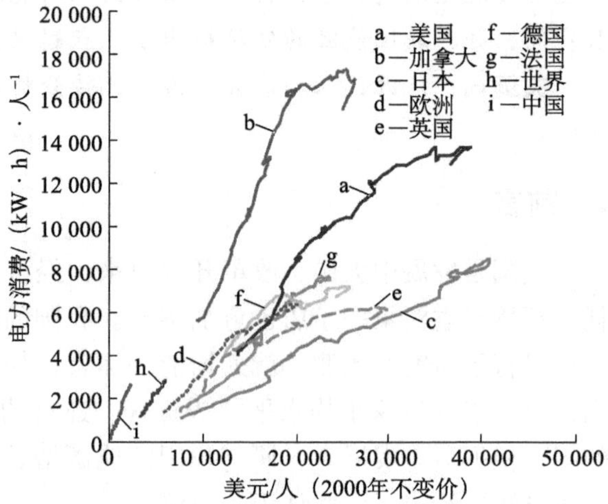

图 2 人均 GDP 与人均电力消费关系图[2]

Fig. 2 Per capita GDP and per capita electricity consumption[2]

从以上分析可得出：尽管达到同等发展水平（人均 GDP 相当），但不同发达国家的能源消费却差异显著，以美国和加拿大为代表的发达国家人均能耗是以英国、法国和德国为代表的欧洲发达国家人均能耗的两倍。而日本较欧洲在同等经济水平下能效更高，但稳定后的人均能耗与欧洲持平，约为美国、加拿大的一半。因此，可以将以美国和加拿大为代表的发达国家的能源发展方式称之为“美加模式”，将欧洲各国和日本等发达国家的能源发展方式称之为“欧日模式”（也可细分为“欧洲模式”和“日本模式”）。可以看出，“美加模式”是一条高耗能、高排放的道路；相比之下，“欧日模式”是较低能耗、较低排放的道路（其中，日本模式是同等经济水平下能耗更低、能效更高的能源发展道路）。

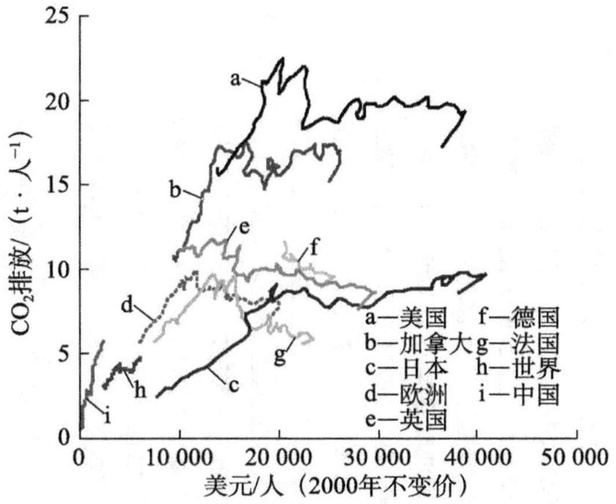

图3 人均 GDP 与人均 CO_2 消费关系图[2]

Fig. 3 Per capita GDP and per capita CO_2 emissions[2]

3 “美加模式”和“欧日模式”能源发展方式差异原因的分析

终端能源消费涵盖了向消费者提供的那些不用于燃料转换或加工转换活动的能源产品。这些能源产品被认为消费殆尽，而没有转化成其他形式[3]。一般地，将终端能源消费分为产业、交通、居民生活、商业和服务业、其他 5 大部门。总体来说，二战以后，发达国家的部门能源消费结构平稳地发生着变化，产业部门能源消费占总能源的比例持续下降，而交通、居民生活、商业和服务业能源消费量及其占总能源的比例稳定上升[4]。

3.1 产业部门终端能源消费

产业部门是指国民经济中物质资料的直接生产部门，包括农业、矿业、制造业和建筑业等，其中制造业和矿业是耗能大户。发达国家产业部门占终端能源消费的比例逐渐降低。2009 年，美国、加拿大、英国、法国、德国和日本产业部门分别占终端能源消费比例为 18%、27%、20%、17%、21% 和 26%。在制造业各部门内部，不同部门的能耗强度差别很大，高能耗、低附加值的原材料制造业的能耗强度为低能耗、高附加值的产品制造业能耗强度的数百倍。总的来看，能耗强度从高到低的前几位分别是化学和石化、钢铁、造纸、有色金属等[5]。从图 4 ~ 图 7 可以看出，美国、欧洲和日本的化学和石化、钢铁、造纸、有色金属的能耗分别占本国产业终端能耗的约 60%、50% 和 50%，加拿大的化学和石化、钢铁、造纸、有色金属和采矿业能耗共占产业终端能耗的近 80%。其中，美国的制造业中能耗强度最高的化学和石化行业占有相当高的比例；加拿大高能耗强度的采矿和造纸占有绝对高的比例。因此，在产业部门，美国和加拿大的人均能耗较日本和欧洲要高出许多。而日本通过实施节能措施，使能源效率得到了很大提升，与其他国家相比，日本制造业单位产品的能耗也较低[1]。

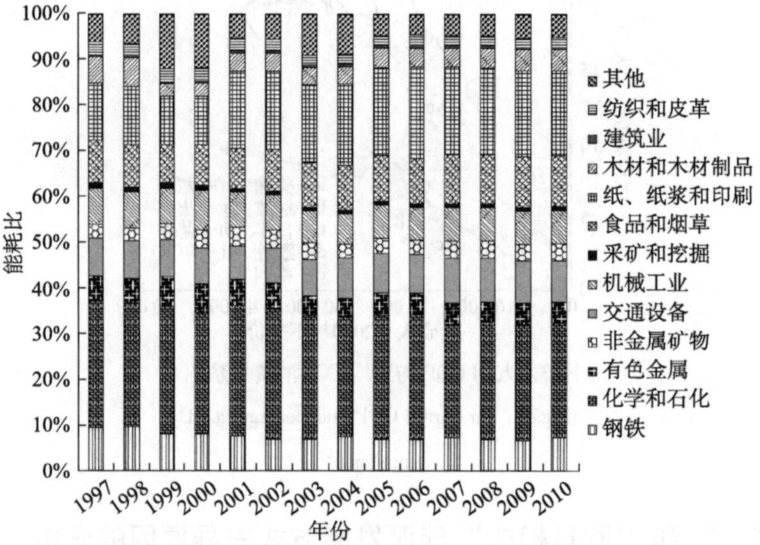

图 4 美国产业各部门终端能耗比[6]

Fig. 4 The proportion of the end-use consumption within the industry sector in America[6]

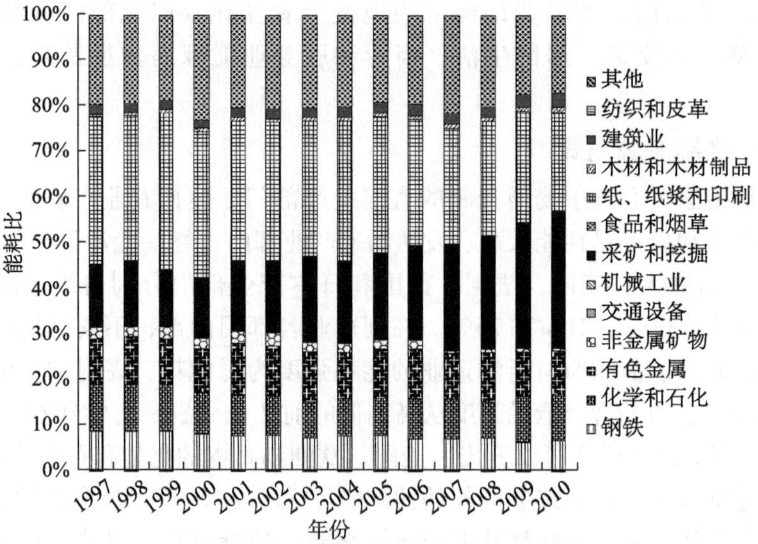

图 5 加拿大产业各部门终端能耗比[6]

Fig. 5 The proportion of the end-use consumption within the industry sector in Canada[6]

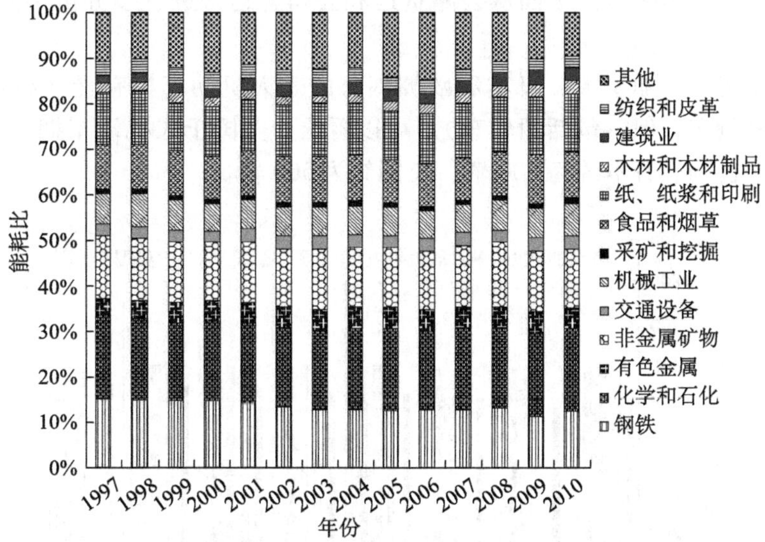

图 6　日本产业各部门终端能耗比[6]

Fig. 6　The proportion of the end-use consumption within the industry sector in Japan[6]

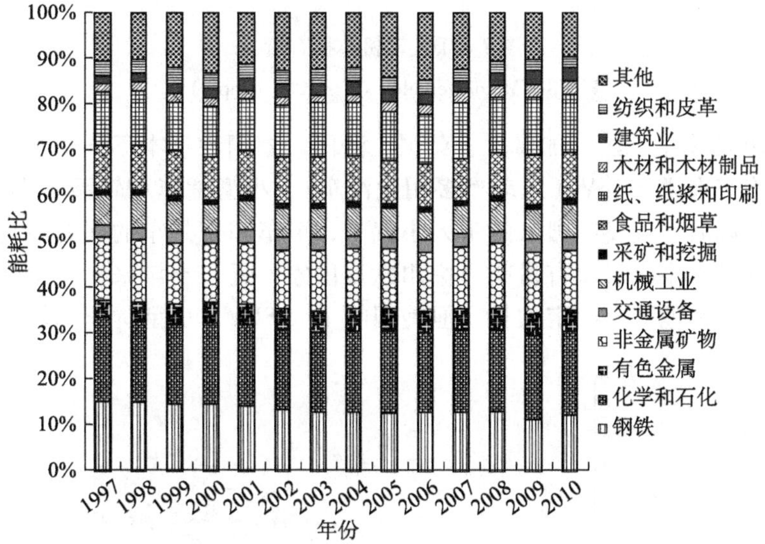

图 7　欧洲产业各部门终端能耗比[6]

Fig. 7　The proportion of the end-use consumption within the industry sector in Europe[6]

3.2　交通部门终端能源消费

交通部门包括航空、公路、铁路、管道、海洋等运输部门。随着经济发展水平的提高，美国、加拿大、欧洲各国和日本交通占终端能源消费的比例逐渐增加。2009 年，美国、加拿大、英国、法国、德国和日本交通部门能耗分别占终端能源消费的 40%、28%、32%、28%、24%和 24%。通过对交通各部门（国内航空、公路运输、铁路运输、管道运输、国内海运等）终端能耗进行比较发现，美国、加拿大、欧洲各国和日本的交通终端能耗的

90%以上集中在公路运输[7]。下面从公路货运和公路客运来进一步分析不同国家的交通终端能源消费情况。

图8给出了美国、加拿大、日本和欧洲国家的千人机动车拥有量（机动车包括轿车、公共汽车、以及货车，但不包括两轮车）。可以看出，美国千人机动车拥有量约为800辆，加拿大、法国、德国、日本约为600辆，英国约为500辆。

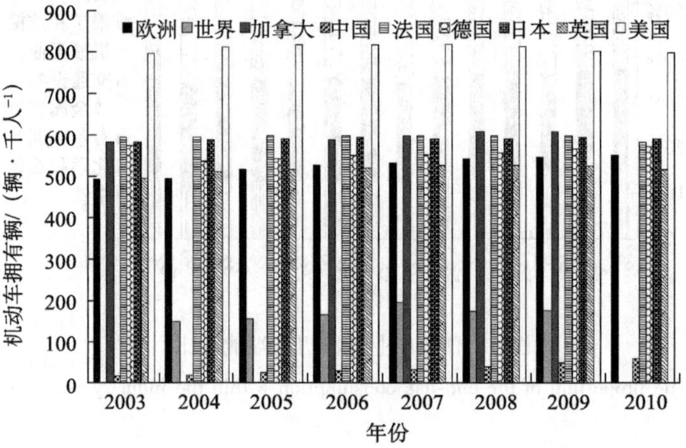

图8 千人动机车拥有量[2]

Fig. 8 Motor vehicles (per 1000 people)[2]

图9、图10给出了美国、加拿大、英国、法国、德国和日本不同类型交通工具的拥有量。相对于小汽车来说，SUV（运动型多用途汽车）、小型货车和轻型卡车的耗油量更高。可以看出，二战以后，各发达国家的千人小汽车、卡车和公共车的保有量持续增加，其中美国和加拿大的千人小汽车保有量明显高出欧日国家；近二十年来，美国的千人小汽车保有量明显下降，而其他国家稳定增长，但美国的千人SUV、小型货车和轻型卡车等高能耗

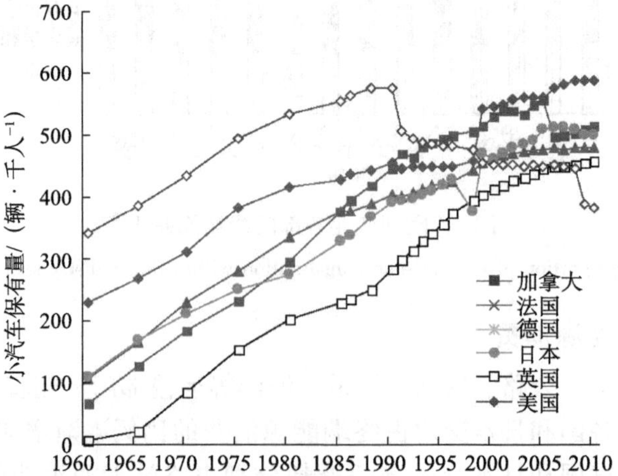

图9 千人小汽车车保有量[7]（不包括SUV、小型货车和小型卡车等）

Fig. 9 Car registrations (per 1000 people) (Not including SUVs, minivans, and light trucks)[7]

机动车保有量快速增加，而其他国家却快速下降。

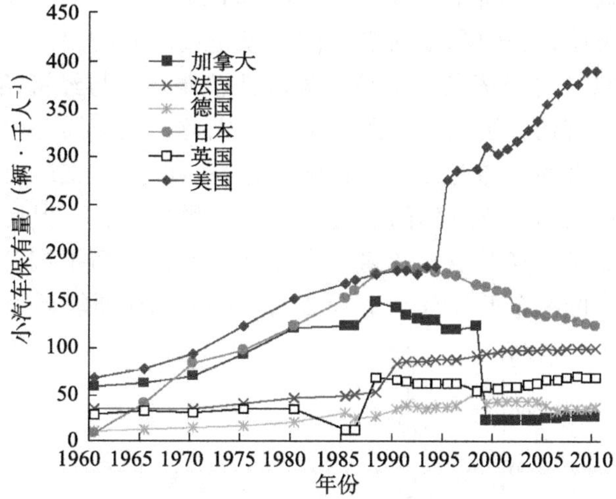

图 10　千人卡车和公共车保有量[7]（包括 SUV、小型货车和轻型卡车等）

Fig. 10　Truck and bus registrations（per 1000 people）（Including SUVs，minivans，and light trucks）[7]

长期以来，美国公路客运能耗占公路交通能耗的比例基本维持在 72% 左右，公路货运能耗约占 28%。2007 年，美国公路客运能耗中，轿车和轻型汽车能耗约占 99%；2008 年，美国公路货运能耗中，中重型卡车能耗约占公路货运能耗的 74%，轻型卡车约占 26%。近年来，日本公路客运和货运能耗结构发生了较大的变化，公路货运能耗持续下降，公路客运能耗持续上升，到 2009 年，公路客运能耗约占公路交通能耗的 60%，公路货运能耗约占 40%[8]。

图 11、图 12 给出了美国、加拿大、英国、法国、德国和日本的公路客运强度和公路货运强度。从图 11 可以看出，近年来，发达国家的公路年客运强度几乎保持不变，美国以

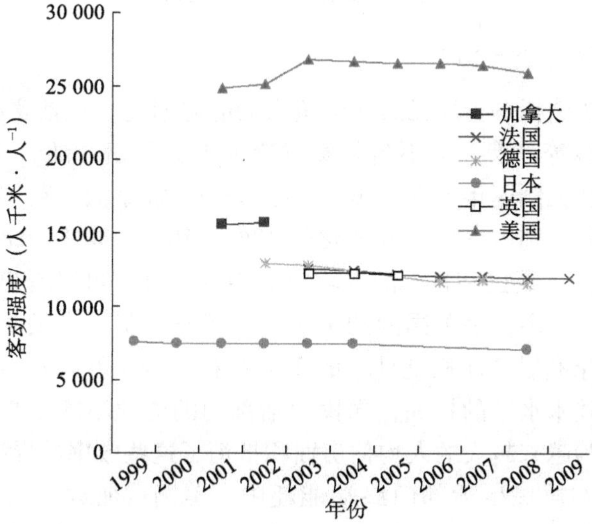

图 11　公路客运强度比较[2]

Fig. 11　Roads，passengers carried[2]

26000 ~ 27000 人千米/人高出英国、法国和德国等欧洲国家约一倍，高出日本近四倍，加拿大的公路客运强度也远高于欧洲和日本。从图 12 可以看出，美国和加拿大的公路货运强度约为日本的一倍，比英国、法国和德国等欧洲国家也高。研究发现，与客运相比，货运强度（即人均货运周转量）与经济发展水平的关联性较弱，而与经济结构、资源禀赋、产业布局等因素的关系更为密切，国别间差距很大[5]。因此，在交通部门，美国比欧日国家人均能耗高出许多，加拿大的人均能耗较欧日国家也高。而日本交通部门采取各种措施降低能耗，比如针对家用小汽车，政府部门通过推进燃油税的征收、促使汽车厂家通过提高发动机效率、降低汽车重量、降低空气及路面摩擦等技术，提高了汽车能效，同等质量的日本汽车能耗要比欧美产的汽车低 20% [1]，所以日本的人均交通能耗远远低于其他国家。

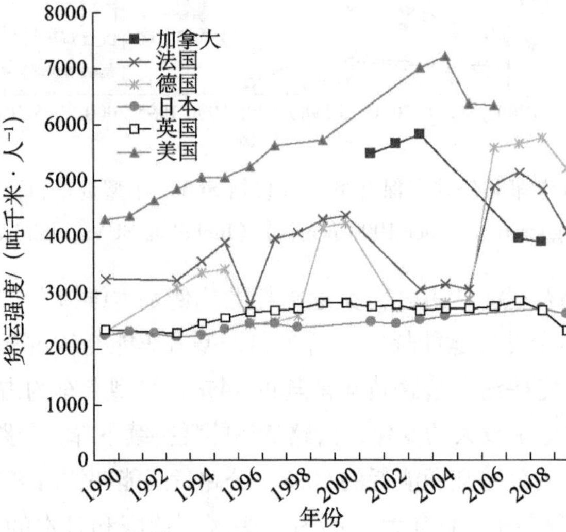

图 12 公路货运强度比较[2]

Fig. 12 Roads, goods transported[2]

3.3 居民生活部门终端能源消费

居民生活部门能源消耗是指居民居住建筑内的能源消耗，包括家庭取暖、制冷、热水、家电以及住宅公共能源等消费，但不包括家庭交通能源消费。随着居民生活水平的提高，居民生活部门能源消费比例逐年上升。2009 年，美国、加拿大、英国、法国、德国和日本居民生活部门终端能耗分别占终端能源消费的 18% 、16% 、30% 、28% 、29% 和 15% 。图 13 给出了美国、加拿大、英国和日本的人均家庭能耗密度。可以看出，美国和加拿大的人均家庭能耗是日本的 2 倍多，是英国的约 1.5 倍。研究表明，居民能耗与家庭建筑面积成正比[5]。美国的人均家庭居住面积是日本的 2 倍左右，由此可以看出两国的单位面积家庭能耗比较接近。随着技术水平的提高，居民生活部门的能效不断提高，但人均家庭能耗却变化不大，主要是因为越来越大的人均住房面积抵消了这些效率的提高[9]。

数据表明[10-13]，在居民生活部门终端能耗中，美国、加拿大和英国的取暖占比大于 60% ，美国近年来的取暖能源消耗比例有所下降。而日本的取暖仅占居民生活能源消耗的 30% 。这是除人均住房面积的差异外，不同国家气候环境的差异造成的[5]。

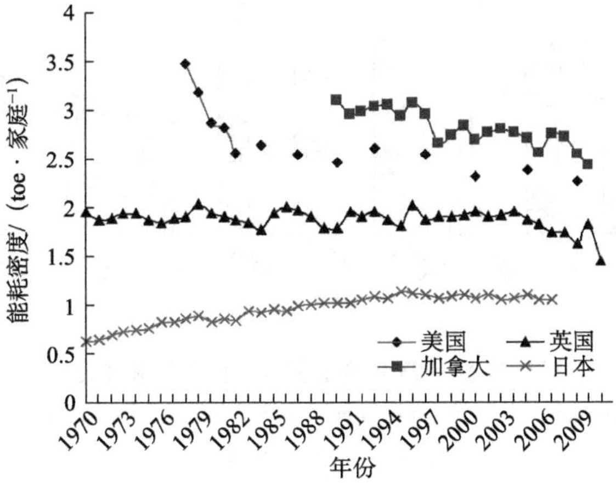

图 13 人均家庭能耗密度[10-13]

Fig. 13 Energy consumption density per household[10-13]

3.4 商业和服务业部门终端能源消费

商业和服务业部门涵盖了除居民住宅、交通和产业部门能源消费外的全部（不含军事），包括商业、卫生、娱乐、办公、餐饮、仓储甚至教堂等，能源消费的主体是商用建筑。2009 年，美国、加拿大、英国、法国、德国和日本的商业和服务业部门终端能耗分别占终端能源消费的 14%、16%、11%、13%、13% 和 21%。研究表明，商业和服务业终端能源消费中供热、空调、照明和通风等占主要部分[9,11-13]，均与建筑面积成正比[5]。美国与日本相比，除了取暖所占比例稍高，其他比例几乎相差无几。而加拿大和英国的取暖比例占商业和服务部门终端能耗的近 50%，这除与建筑面积相关外，还与本国的气候环境有很大的关系。在商业和服务业部门终端能耗中，办公、商业、教育、卫生和餐饮占绝大部分[10-13]。

图 14、图 15 详细分析了 2003 年美国和日本商业各分部门面积比例和能耗密度。与美国相比，日本高密度商业分部门的能效与其相当，而日本建筑面积最大的商业分部门的能效高于美国，这就是美国的商业部门人均能耗高于日本的原因。

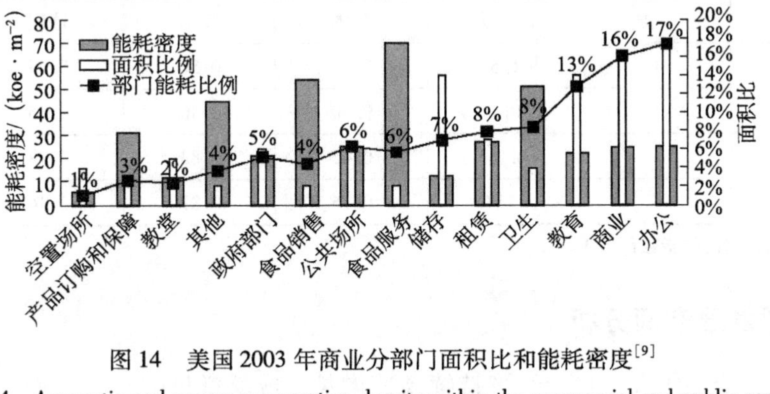

图 14 美国 2003 年商业分部门面积比和能耗密度[9]

Fig. 14 Area ratio and energy consumption density within the commercial and public services sector in 2003 in the USA[9]

注：koe 为千克标油

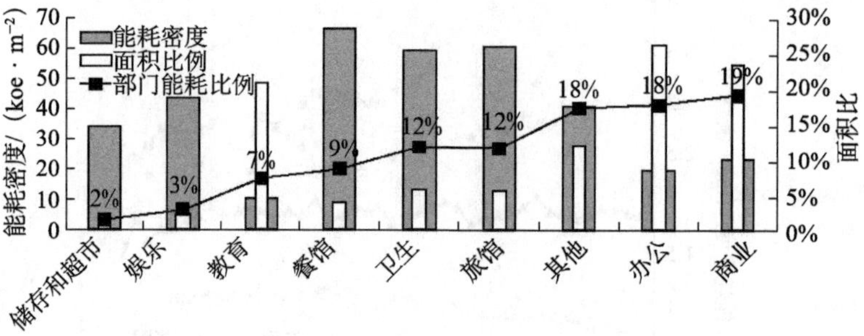

图 15　日本 2003 年商业分部门面积比和能耗度[12]

Fig. 15　Area ratio and energy consumption density within the commercial and public services sector in 2003 in the Japan[12]

注：koe 为千克标油

根据以上分析，发达国家不同能源发展模式人均能耗差异的原因和不同国家各终端部门能耗对比（见表 1）概括如下。

（1）在产业部门，不同产业的能耗强度差异巨大，不同国家间的产业结构，尤其是高能耗产业的结构和比例差异是主要原因，而日本通过大力实施节能措施提高能效，与其他国家相比，单位产品能耗最低。

（2）在交通部门，90% 以上的能源消耗在公路交通，公路运输强度、车型比例和车辆保有量的差异是部门能耗差异的主要原因。在公路客运中，消费观念和生活方式的差异与能耗强度关系最为密切；在公路货运中，经济结构、资源禀赋、产业布局等因素的差异与能耗强度关系最为密切。

（3）在居民生活部门，人均家庭居住面积的差异是主要原因；其次，不同国家气候环境的差异也是一个重要原因。

4）在商业和服务业部门，人均建筑面积的差异是主要原因；其次，不同国家气候环境差异，以及部门内部建筑面积比例和能耗密度差异也是重要原因。

表 1　2009 年不同国家不同终端部门与美国能耗对比表

Table 1　Contrast of different end-use sector energy consumtion of different countries in 2009

	美国	加拿大	日本	英国	法国	德国
产业部门	1	1.5	0.72	0.56	0.47	0.58
交通部门	1	0.7	0.30	0.40	0.35	0.30
居民生活部门	1	0.89	0.42	0.83	0.78	0.81
商业和服务业部门	1	1.14	0.75	0.39	0.46	0.46

注：假设美国各部门的指数都为 1

4　中国能源发展空间分析

改革开放三十多年来，我国经济持续高速增长，成就举世瞩目。然而，能源消费也随之快速增长。2011 年，我国人均 GDP 达到 2640 美元（2000 年不变价），能源消费 2.436×10^9toe，人均 1.8toe。21 世纪以来，能源供应紧随需求拉动，出现超高速增长，我国能源消费总量已成为世界第一。为了实现国民经济和社会发展的宏伟战略目标，必须正确认识我国能源发展的合理空间。

认识 1：高耗能高排放的“美加模式”走不通。根据分析可知，“美加模式”年人均能耗大约稳定在 7~8toe，如果以“美加模式”为标杆，那么我国能源消耗的增长比 2010 年约有 3 倍的空间，即不考虑人口的增长，年均能源消费总量将达到近 1×10^{10}toe。届时，我国年能源消费总量将是 2010 年全球能源消费总量的 79%。如果世界各国都达到美国的年人均能耗，则需要四个多地球才能满足，这是不可能的，所以“美加模式”不可复制、不可推广。但从图 16 曲线的趋势看，如果我国能源消耗按照现在的增长势头走下去，其指向将是高能耗的“美加模式”，这是一条走不通的路。

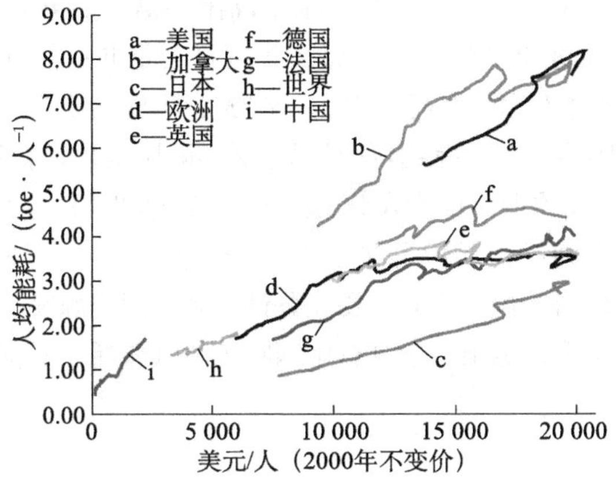

图 16　人均 GDP 与人均能耗关系图[12]

Fig. 16　Per capita GDP and per capita energy consumption[12]

认识 2：我国走“欧日模式”发展之路的能源发展空间分析。根据分析可知，“欧日模式”年人均能耗稳定在 3~4toe，如果走“欧日模式”的能源发展道路，那么我国能源消耗的增长比 2010 年约有一倍的空间，即不考虑人口的增长，年能源消耗总量将需要 4.6×10^{9}toe，这比文献［14］中给出的 2050 年的能源需求量还高出几亿吨油当量。从图 16 可以看出，我国现阶段的能效水平比欧洲相同人均 GDP 下的能效水平还低很多，如果不及时采取有效措施提高能效，控制能耗总量，想控制到“欧日模式”的水平也是很困难的。如果我国走“日本模式”，那么需要比走“欧洲模式”付出更大的努力，必须极大地提高能效水平，切实控制能耗总量才可能会实现。

认识 3：以“发达国家平均水平”作标杆，将会导致比“欧日模式”更耗能的“准美国模式”。如果将“美加模式”和“欧日模式”的年人均能耗取平均值称为“发达国家平均水平”的年人均能耗，那么此值约为 6toe。如果以此作为标杆，那么我国能源消耗的增长比 2010 年约有两倍的空间，即不考虑人口的增长，年能源消耗总量将需要 70 多亿吨油当量，这是比“欧日模式”更高碳的“准美国模式”，也是一条走不通的路。我国需要特别警惕这个现实危险。

认识 4：我国走“可持续发展”的能源发展空间分析。改革开放以来，我国经济发展取得了巨大成就，但粗放的发展方式导致了严重的资源消耗和环境污染等问题，如此下去，发展将不可持续。作为人口众多、人均资源少的发展中国家，我国应充分发挥后发优势，采用先进的科学技术，走出一条比发达国家更为资源节约、环境友好的“新型工业化道路”。因此，我国绝对不能走向“美加模式”或“发达国家平均水平”的能源发展道路，而要走向比“欧日模式”更低能耗、更高能效的能源发展道路，也就是说，我国年能源消耗的增长空间不到2010年能耗的一倍。

因此，为了我国能走出一条更加绿色、低碳、科学的可持续发展道路，充分借鉴和总结发达国家的经验和教训，建议：加快调整产业结构，切实控制高能耗产业比例，转变经济发展方式；通过各种方式节能降耗减排，努力提高能效；全面推行低碳、节能的生活理念。

5 结语

分析了不同发达国家在发展过程中能源消耗的不同模式，并从发展方式上解析了产生这种差异的原因。我国经过多年的发展，经济取得巨大成就的同时，能源消耗急剧增加，不仅总量跃居世界首位，而且单位GDP能耗也比世界平均水平高出一倍。如果继续按照目前这种粗放的发展方式，即以高能源消耗带动GDP的增长，那么我国将会走向高能耗的走不通的“美加模式”或“准美国模式”；如果经过努力，及时采取各种措施，可能会走向“欧日模式”，但要深刻认识到走“欧日模式”的艰巨性。而按科学发展观，从实际国情出发，我国应走中国特色的“新型工业化道路”，建设资源节约型、环境友好型社会，能源增长的空间理应低于“欧日模式”，即年能源消耗的合理增长空间不到2010年能耗的一倍。但目前一些地方粗放发展的冲动仍然很强，高碳发展的现实危险值得警惕。因此，要充分认识到我国能源发展面临的挑战，及时采取措施，大力节能并提高能效水平，走出一条具有中国特色的低能耗、低碳的能源可持续发展道路。

参考文献

[1] 王安建，王高尚，陈其慎，等. 能源与国家经济发展［M］. 北京：地质出版社，2008.

[2] The World Bank World development indicators［EB/OL］. http：//data. worldbank org. cn/indicator/all.

[3] 国际能源署. 能源统计手册［R］.

[4] 国家电网公司. 国际能源与电力统计手册2011（下册）［DB/CD］. 2012.

[5] 吴宗鑫，刘滨，齐志新. 美国和日本能源消费的比较对我国的启示［J］. 能源政策研究，2005，2：7-8.

[6] IEA. Energy balances of OECD countries 历年数据［DB/CD］.

[7] Oak Ridge National Laboratory. Transportation energy data book（Edition 31）［R］. U. S.，2012.

[8] 史立新. 交通能源消费及碳排放研究2011［M］. 北京：中国经济出版社，2011.

[9] Department of energy 2011 buildings energy data book［R］. U. S.. 2012.

[10] Energy Information Administration. Annual energy review 2011［R］. U. S.，2012.

[11] Energy Publications Office of Energy Efficiency. Energy use data handbook 2010［R］. Canada，2011.

[12] The Energy Data and Modeling Center. Handbook of energy & economic statistics in Japan 2009［R］. Japan，2009.

[13] Department of Energy & Climate Change，National statistics. energy consumption in the United Kingdom 2012［R］. United Kingdom，2012.

[14] 中国工程院中国能源中长期（2030、2050）发展战略研究［M］. 北京：科学出版社，2011.

An International Comparative Study on the Scope of China's Energy Development

Abstract: An international comparative analysis aimed at perspectives on China's energy development scope is presented in this paper. By comparing the development course of the energy consumption of the United States, Canada, Europe and Japan, we find that although these countries have achieved the same level of development, they have made major differences in per capita energy consumption. Based on this, we propose the concept of "two types of developed countries", which we describe as "America and Canada model" and "Europe and Japan model" (the latter can be further broken into the "Europe model" and the "Japan model"). The reasons for the consumption differences of the different models are analyzed separately in industry, transport, residential, commercial and public services end-use sectors. In conclusion, based on the comparative analysis of those developed countries and China's actual conditions, the paper proposes that China's growth scope of per capita energy consumption is less than her per capita energy consumption in 2010, and several suggestions for the energy development are given.

Key words: energy; per capita energy consumption; international comparative analysis

（发表于《中国工程科学》，2013 年第 15 卷第 6 期，p. 4－10）

我国能源、电力发展空间研究的方法学问题

随着我国经济的快速增长，能源消费也在较快增长。未来我国能源的增长空间有多大？能以美国的人均能耗或“发达国家平均水平能耗”作标杆吗？如何进行比较科学的研究？这里提出两点方法学的思考。

1 国际比较研究分析

首先分析一下发达国家能源发展和电力发展的历史和现状就会发现，当经济发展达到一定水平后，年人均能耗就保持在一个较稳定的水平上（图 1）。这个水平对美、加等这类发达国家和欧、日等另一类发达国家差别明显，它们在人均能耗、人均电力消耗、人均二氧化碳排放等方面有明显的差异，由此，可以提出“两类发达国家”的概念，它们的能源发展并不是一种模式。

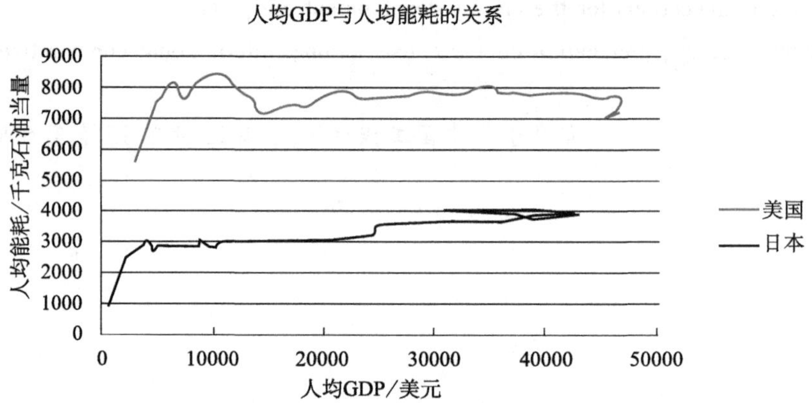

图 1　美日人均 GDP 对应的能源消费轨迹比较（经济角度：排除人口因素）

- 以 2010 年人均能耗为例：

第一类发达国家（美、加）大于 10Tce/人・年（已基本稳定），第二类发达国家（欧、日）约为 5Tce/人・年（已基本稳定），两者约为两倍之差，中国目前为 2.6Tce/人・年（在增长中，暂低于发达国家，但已超过世界平均水平）。

- 2010 年人均电力消耗为：

第一类发达国家（美、加）约为 14000kWh/人・年（已基本稳定），第二类发达国家（欧、日）约为 7000kWh/人・年（已基本稳定），两者也约为两倍，中国目前约为 3500 kWh/人・年（在增长中，暂低于发达国家，但已超过世界平均水平）。

- 而 2010 年人均二氧化碳排放为：

第一类发达国家（美、加）为18～19吨/人·年（在下降中），第二类发达国家（欧、日）为6～9吨/人·年（在下降中），中国目前为6.0吨/人·年，并且趋势在增。

两类发达国家的差异确实反映着发展模式的不同，例如美国人均每年行车里程为3万公里，而日本人均每年行驶1.1万公里，两国的人均客运终端能耗相差3.6倍；美国人均住房面积$62m^2$，日本人均住房面积$34m^2$，两国的人均家庭能耗差一倍。

因此，应以怎样的国际参照，正确认识我国能源合理需求的发展空间，值得认真思考。显然，无论从能源、环境约束还是全球低碳发展的要求看，可得到下面四点结论：

第一，美国、加拿大等国家高能耗、高碳的发展模式不可复制、不可推广。美国的人口占世界总人口的4.5%，却消耗每年能源总量的20%，中国人口是美国的4.4倍，如果人均能耗与美国一样，就要消耗世界九成的能源，如果全世界都达到美国的能源消耗水平，人类需要四个地球，这是不可能的事情；

第二，如果以所谓的“发达国家平均水平”为标杆，那就是把两类发达国家进行大平均，其结果将把我国引向比欧、日更耗能、更高碳的“准美国模式”。这是我国需要高度警惕的一种现实危险性；

第三，如果按照第二类发达国家（欧、日）的水平（达到与美国相同的现代化水平，但耗能、耗电却只有美国的一半），则中国能源消耗总量也只有不到一倍的增长空间；

第四，按照走“新型工业化道路”的理念（以较少的投入、较少的排放达到较好的发展效果），我国理应比欧、日更节能、更低碳。我国作为新兴发展中国家，占有后发优势（如信息技术、新能源技术、节能技术、低碳发展路径等），做得更好是可能的。

2 科学发展观指导下的国内预估方法

进行能源发展国内预估研究的思路是采取惯性外推的方法，还是按转变发展方式的思路？差别会很大。按照科学发展的思路，在能源、电力研究上就要坚持“能源科学发展观”，转变能源供需模式，由“粗放的供给满足增长过快的需求”转变为以“科学供给满足合理需求”。

首先，“科学供给”要确立“煤炭科学产能”的概念，所谓科学产能就是安全、高效、洁净、环境友好，目前我国煤炭的年产量已达30多亿吨，其中只有不到一半符合科学产能的要求，多半产能达不到安全生产和保护环境、生态的国际标准。经努力，预计到2030年，符合科学开采的煤炭产能能力可达到（34～38）亿吨原煤（（24～27）亿吨标煤）；随着页岩气的大量发现，现在美国有一种说法，“人类将进入页岩气时代”。其实，评估一下资源量和开发条件就会知道（我国的页岩气埋藏较美国更深，而且开发页岩气需要水，但我国有页岩气的地方往往少水），包括页岩气在内的天然气是一个战略方向，应努力提高它在我国一次能源中的比例，使其成为我国能源的一个低碳能源支柱。但定量分析表明，天然气在我国能源结构中的比例能从目前的3%提高到百分之十几就很了不起了；对非化石能源的供给能力也可逐一分析，应该鼓励可再生能源和安全核能的发展，使其有一个稳步而较大的发展空间。科学供给还要计及环境容量：国内生态环境制约因素不断强化，近年来，环境污染和生态破坏造成的损失占当年GDP的3%～4%，一些污染严重地区的环境污染损失已经占到GDP的7%以上。环境污染已对人体健康产生明显影响，最近北京和我国中东部地区的雾霾天气就是严肃的证明。

其次，从“合理需求”的角度。第一，我国高耗能产业已趋饱和，不需高速增长，产业结构必须调整，这将是最大的节能潜力。大规模的基本建设对目前我国的发展是需要的，但我们必须认识到高耗能产业（如水泥、钢铁……）的产能已足以满足这一需求。我国经济发展的着力点应该转向传统产业的升级、转型，发展战略型新兴产业和第三产业、服务业。第二，提高能源效率有显著空间。如火电每度电耗煤近十年来已从370克下降到330克就是很大的进步，而做得好的，可达每度电只要270克，这又是20%的节能空间。第三，避免浪费潜力也不小。如制止攀比“摩天大楼”的不良倾向，尽力把堵车浪费的汽油省出来，节约“三公”消费，反对奢华风气等就可以显著抑制不合理需求。

最后，要清楚地认识到中国是人口大国，又是人均资源小国，我国许多自然资源的人均水平远低于世界平均水平。这些都提醒我们：中国没有粗放发展的资本，中国的现代化是需要精心设计的。我国只能用明显低于美国等发达国家的人均能源消耗实现现代化。

综合国际比较研究和科学的国内发展预估研究，若人口不显著增长，则我国的一次能源年需求总量应能在60亿吨标煤左右达到饱和（其中电力应不超过10万亿千瓦时）。能源结构应逐步优化，化石能源的年消耗总量应不超过40亿吨标煤，并在2030年前达到峰值，这不仅必要而且可能，这对我国经济社会的健康发展，环境生态文明建设和提高人民的生活质量和健康水平都具有重要意义。

对中国能源、电力增长空间的研究，要争取用新的思想观念、新的理论方法进一步引导中国科学发展。世界各国正在开展一场绿色、低碳、可持续发展的竞赛，中国要做到不落伍，就要努力推动能源革命，抢占战略制高点，才能争得历史的主动。

（发表于《院士通讯》，2013年4月，p. 26；《科技导报》，2013年，31（28/29），卷首语）

能源发展的哲学观

1 前言

21 世纪中国经济和能源发展的状况提醒我们，中国能源发展必须认真贯彻科学发展观。本文首先从唯物认识论和辩证方法论的角度，分析正确的哲学观对可持续发展的指导意义，以及产生“不平衡、不协调、不可持续”之问题的哲学根源，着重强调“快也是双刃剑”；接着提出以五个维度的“科学发展指数”体系取代“唯 GDP 论”作为政绩考核指标体系的建议，并提出，目前中国能源发展阶段的战略机遇期应理解为“转变发展方式的机遇期”；最后提出中国能源长远发展的“三个阶段、百年图景”的思想，以利于中国能源战略和政策的稳定性。

进入 21 世纪以来，随着中国经济的快速发展，能源消耗增长过快，10 年增长 2.2 倍。2010 年，中国的 GDP 占世界 GDP 总量的约 10%，但消耗了世界年能耗总量的约 20%，即单位 GDP 能耗是世界平均水平的 2 倍。在中国发展的现阶段，单位 GDP 能耗适度偏高是可以理解的。但随着中国经济总量继续增长，应该以较低的能源弹性系数来支撑这个增长，这也是一个普遍的规律。同时，化石能源的消耗也带来了较多的环境问题。2011 年 9 月，世界卫生组织公布的全球 91 个国家的城市空气质量排名，中国是倒数第 15 名。中国的二氧化碳排放量已占到世界年排放总量的 25%，人均排放量已超过世界平均水平，并逼近了欧洲各国和日本的平均水平。这些情况提醒我们：中国能源的发展需要认真贯彻科学发展观。本文基于辩证唯物主义哲学观，对中国的经济和能源发展提出几点思考。

2 从哲学角度看发展“元命题”

“发展”是一个既涉及自然界，又涉及人类社会，而且跨越了广阔时空的深刻而复杂的人类活动，必须遵循自然的规律、社会发展的规律，而哲学正是关于自然界和人类社会普遍规律的科学。所以，对于发展问题，对于能源发展的速度、方向，对这些“元命题”的思考与实践，需要认识论和方法论的指导。从认识论的角度，可得出三个基本观点：

第一，要客观认识物质世界，正确处理人和自然的关系。地球虽提供了我们发展的空间，但也有所制约，环境是有容量的、有极限的，这是一个客观存在。

第二，要按照经济社会发展的客观规律办事。生产力在发展，生产关系、上层建筑就得不断地适应它，深化改革是必然的。

第三，要秉持唯物主义，按国情办事。我们的国情就是人口多，水、土地和矿产能源等人均量少，不可能走美国式的发展道路，需要精心设计现代化道路。

从方法论角度看，发展是“度”的哲学，对快、慢、质、量、当前、长远都要有辩证的把握，哪一方面走过头了，都会片面、无度。中国有不止一次的经验教训是坏在违反规律上，20世纪50年代的“大跃进”就是一个很惨痛的例子。

当前有个现象，好像中国GDP只有实现两位数的增长，人们才觉得是“高增长”，稍微低一些，就说经济下滑了。殊不知，GDP增长的比例是一个与时间相关的函数，是随着时间变化的。经济发展一开始肯定是低端起步，底数小，增长快，逐步从低端到高端，从粗放到创新。比如，现在哪怕5%的增速，相比2000年的10%，其绝对量要大很多，因为经济总量的基数大了，因此，老是用百分数来标志快慢，实际上本身就不是很科学。GDP增长有一个规律性，就是符合曲线形态，先是上升得很陡，接着进入中速增长，最后趋于低速。

我们的文化传统里有“好大喜功”的因素。如果只讲快，只讲量，只讲当前，这样容易导致“不平衡、不协调、不可持续”。“稳中求进”才是正确方针。可有的地方还在比赛GDP的增速，似乎越快越好。其实，快也是“双刃剑”，这是发展的辩证法。发展快的好处容易理解，发展过快会有哪些不好的后果呢？发展过快，至少导致八个“跟不上”。

第一个“跟不上”是科学技术跟不上。以中国主要能源——煤炭为例，现在煤炭界为什么提出“科学产能”的概念？根据国内几个大的产煤基地的实际条件和科学技术水平，能保证生态、环境不破坏，少死人，不浪费地生产，其产能可定义为“科学产能”。目前中国的科学产能总量就是十几亿吨。2010年中国工程院在作中长期能源战略研究的时候，所有参加煤炭课题的专家一致地提出“科学产能”这个概念。该研究认为，随着科学技术的推广、进步，科学产能会提高，到2030年可以达到（34～38）亿吨[1]。而中国现在每年生产的30多亿吨原煤，有一半属于不科学的产能。我们却不得不容忍相当数量的非科学产能，因为发展太快了。矿难频发，本质上就是突破了科学产能的结果。

第二个和第三个“跟不上”是标准跟不上、监管跟不上。以基础设施建设为例（这是当前中国主要的发展特征或者主要的经济增长点），盖房子、修公路、修铁路等都涉及标准，比如节能标准。需要关注的是，标准制定得够不够、标准管不管用、是否有严格监管。现在中国每年盖的楼房，有多少符合节能、低碳的要求？国家住房和城乡建设部曾有消息称，现在盖的房子平均寿命只有30年；一些高速公路，从通行以后就不断地在修，其中巨大的投入和浪费，难以计算；高铁要实现真正的安全，建设的标准、通信和信号的标准都要严格地制定、监管和执行。

第四个“跟不上”是安全管理跟不上。这除了会引发重大安全事故之外，还会造成巨大的社会问题，耗费巨大的社会成本。

第五个“跟不上”是配套措施和平衡发展措施跟不上。如城市“地上”与“地下”发展的不平衡问题——地面上“水泥森林”拔地而起，但雨水一来，地铁站成了“积水潭”。城市地下的防洪排涝工程需要统一设计。但目前的情况却是，每一个开发商设计建筑工程，只管自己所处的地块。另外，城市往前发展了，如何让乡村不被远远地甩在后头？如何做到城乡统筹、协调发展？还有东部和西部的平衡协调发展，这都是重大问题。

第六个“跟不上”是生态环境修复跟不上。过快的发展超出了环境容量的承受能力和自我修复能力。中国2011年的GDP是四十几万亿，按环保专家的数据，环境损失达2.5万亿。这说明，GDP增速的比例里，有很大一块是以牺牲环境为代价换来的。

第七个“跟不上”是社会发展跟不上。经济发展了，但教育、医疗、社会保障等问题没有同步解决，而这些问题的解决效果不像发展 GDP 那样立竿见影，所以更容易被回避。为什么近年来民生问题愈加突出，这里有人们生活水平提高进而诉求增加的因素，但更重要的因素是社会问题解决上的延宕。

第八个“跟不上”是产业结构调整跟不上。经济的快速发展突出表现在第二产业的遥遥领先，尤其第二产业当中的高耗能产业增速居高不下。而耗能产业的发展则是由基本建设带动的，这里面存在一个“带动”与“推动”间的循环问题。第三产业比例上不去，而它是惠民的，是有利于人民生活和社会安定的，特别是在即将到来的老龄化社会，尤其要加强第三产业。一位经济学家指出，第三产业增长 7%，就能够吸纳第二产业需要增长 10%才能吸纳的就业人数。可是有些地方的发展观念未必是这样理性的。第三产业做得再好，也不像政绩工程那样，没有那么显眼的表现度。

由以上八个“跟不上”，就不难解读中共中央指出的“三不”的根源。

(1)“不平衡、不协调”：直接源于缺乏科学的顶层设计和对发展内涵各方面的科学把握。

(2)“不可持续”：增长的驱动力来自五个初级生产力要素（消耗资源、牺牲环境、投资拉动、引进技术和廉价劳力）。靠这五个要素，经济快速增长在一段时间内是可以的，但显然不可长期持续。

3 以“科学发展指数”取代“唯 GDP 论”

现在人们对 GDP 增长过度关注，而对转变经济增长方式、调整经济结构的科学性理解不深，归根到底还是源于缺乏哲学指导下的科学设计。这个科学设计如何体现？就是制定一个“科学发展指数”体系，以引导经济社会的健康发展。在辩证唯物主义哲学指导下，这个指数体系应该是多维的，应包括经济质量、社会建设、民生改善状况、生态环境、科技发展等五个维度，不仅引导发展的数量，更要引导发展的质量。以此进行政绩考核，就会带来比较良性的、平衡协调的可持续发展，使政府部门把注意力放在资源节约型、环境友好型社会的建设上。制定这个指数体系，将使科学发展观具体化和可操作。

其实，GDP 只是联合国公布的衡量社会发展的上百个指标中的一个。有专家指出，低效、浪费、管理不良的部门，反而容易创造比较高的 GDP。为什么呢？比如一条马路，今天修了，明天拆了，后天再修了，全都算进了 GDP。这样的 GDP，既不惠民，也不利国。

对 2012 年国家定下的 7.5%的 GDP 增速目标，有人理解为中国从此告别高增长。是否 GDP 保持两位数才是高增长？GDP 的发展曲线是随时间变化而趋平的，不可能一直陡峭，7.5%这个数值本身已经够高了。GDP 增速的逐渐变化规律需要得到全社会的普遍理解。

中国有些地方不仅还在比赛 GDP 增速，而且伴随着高的能源消费增长。我国正处在人均 GDP 5000 美元的阶段，按“十八大”提出的目标，2020 年要达到人均 GDP 约 10000 美元的水平。在近 10 年内，中国能源消费的合理增长空间该是多少呢？世界各发达国家的数据表明，同样从人均 GDP 5000 美元增长到 10000 美元，人均能耗增长都不多（美国、加拿大、德国约为 12%，法国为 3%，英国、日本增长甚微[2]），值得认真分析研究。在“十八大”预定的这个发展阶段，中国的一次能源结构中，煤炭加石油仍将占五分之四以上，能源消费的高增长必将是碳排放的高增长。只有努力转变经济增长方式、调整经济结构、提高能效、促进节能和技术进步，才能使中国全面建成小康社会，且不至于建立在高碳排放的基础上。

我们经常说要用好“战略机遇期”，但这究竟是“高 GDP 机遇期”还是“转变发展方式的机遇期”？我认为是后者。世界已开始了一轮“绿色、低碳发展，走向生态文明的竞赛”，如果我们再不转变发展方式，错过 10 年、20 年，“不平衡、不协调、不可持续”的矛盾会更尖锐，就要付出更多的不可挽回的资源和环境代价。

4 认清“百年图景”有利于能源战略稳定

中国发展能源要讲认识论，要清醒认识中国能源发展的几个基本点：

第一，要认清家底。我们的煤炭资源相对丰富，但是煤炭的储采比约是 40，而世界平均水平是 100 多。对此，需要有清醒的认识。

第二，要看懂人均量。我们可利用的自然资源包括能源、其他矿产资源、淡水、耕地等，都存在一个很严峻的国情——人均量都在世界平均水平之下。

第三，要看到能源结构的天然不良。中国能源以煤炭为主，而世界上的其他国家大多是以石油、天然气为主，我们的能源密度低、污染排放和碳排放水平高。

第四，环境的脆弱性。中国 960 万平方公里土地，真正可用的地方多在东部，很大一部分国土是山地、荒漠、环境自我修复能力弱。

第五，中国发展现代化的时空环境，已经完全不同于 18、19 世纪美国、英国进行现代化那个时候了。在目前的全球能源格局下，我们的人均能耗提升空间有限。相较于 2011 年欧洲、日本的人均能耗水平，我们不过相差一倍（图 1）。何况按照“走新型工业化道路”的要求，中国应比他们更节能才对。

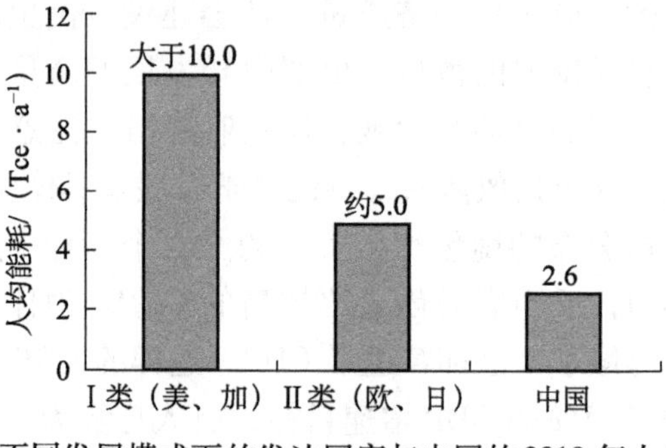

图 1 两类不同发展模式下的发达国家与中国的 2010 年人均能耗比较

数据来源：文献［3］

从辩证的观点看，可得出下面五个结论：

第一，中国只能以人均能耗显著低于美国的水平，来实现现代化。美国有 3 亿人口，约为全世界的 4.5%，却每年消耗全世界近 20% 的能源。中国人口是美国的 4.4 倍，如果人均能耗与美国一样，就要消耗世界 90% 的能源。如果全世界都向美国的能源消耗水平看齐，人类需要四个地球，这是不可能的事情。而我们有些部门在做规划时，往往说我们的人均能源消费水平与美国有很大差距。还有很大发展空间。这种把美国当标杆的思维方式应该反思，地球没有给我们那么多可能性。在现在这个时空环境，我们必须走新型工业化道路。

第二，要坚定“科学产能”的观念，尽量减少非科学产能，不能无度地、粗放地向大自然索取。

第三，必须转变能源供需模式，以科学供给来满足合理需求。所谓“合理需求”，就是在提高效率和节约基础上的能源消费。这个“合理需求”如何判断？高耗能产业的合理发展空间还有多少？这都是非常现实的问题。中国生铁、钢材和水泥产量，目前均占全球产量的50%～60%，应认识到其已趋于饱和（图2）。

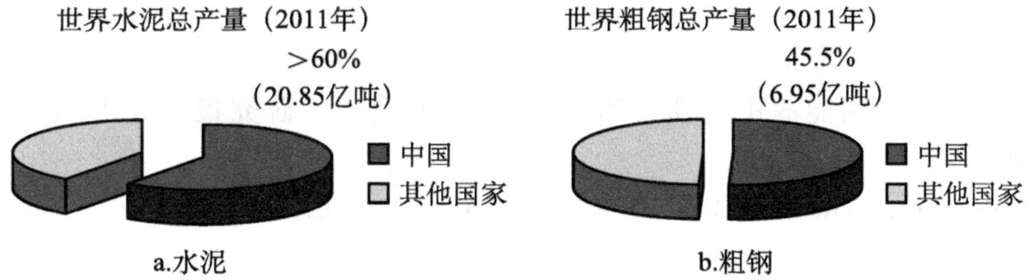

图2　2011年世界水泥和粗钢总产量

图片来源：文献［4-5］

我们也可以把“合理需求”简单地定义为避免浪费的需求，或者以人为本的需求。攀比建造“摩天大楼”，就是应该抑制的不合理“政绩需求”。现在能源需求还在增加，同时污染、碳排放也在增长。如果走绿色低碳的道路，使非化石能源消费比例逐步提高，就可以做到虽然能源消费有所上扬，但是污染、温室气体排放往下走，在他们之间“解耦”是可以做到的。

第四，产业结构必须调整。高耗能产业已经趋于饱和，其增长已逼近顶端，不能长期把它作为经济增长点，就算是西部欠发达地区，当前也要摒弃这种认识，西部的后发优势恰恰是不要重复粗放的老路。中国经济发展真正的着力点，还是传统产业的升级、转型，发展战略型新兴产业和第三产业（包括服务业）。

第五，从哲学的方法论出发，应该有长远的目标来指导当前的经济发展。对中国能源的发展战略，可以构想“三个阶段、百年图景”。目前中国能源结构处在以化石能源为主（占90%以上）的第一阶段；如果以非化石能源在能源总消费中所占比例超过10%作为进入多元能源结构的标志，则中国可能在2015年前后进入多元能源结构的第二阶段；第三阶段就是非化石能源为主（占90%以上）的阶段。其中，第二阶段可能会持续约百年。至2050年左右，煤炭还会占35%～40%，其次是石油，但是可再生能源、核电、天然气等清洁能源加起来会占到50%左右，而且比例会越来越高。这三个大的发展阶段是必然的。如果从战略上把这个长远的发展前景看清楚，对能源政策或者方针的把握，就可以增加很多确定性。

对能源发展三个阶段的认知不够清晰，会导致能源政策和战略的摇摆和起伏。比如：福岛核事故之后，核电发展进入低潮，很多人认为能源发展方向要转向太阳能等可再生能源了。随着页岩气的大量发现，国际上有一种说法，认为天然气足以支撑人类的能源需求，在可再生能源上不必多投入了。其实，评估下资源量和开发条件就会知道，开发包括页岩气在内的天然气应是一个战略方向，应提高它在中国一次能源中的比例，使其成为中国低碳能源的支柱之一。但定量分析表明，天然气（包括各类非常规天然气）在中国能源结构中的比例从目前的3%提高到百分之十几是有可能的，但之后的增长空间有限。因此，对于中国来说，天然气、可再生能源、核能产业之间不存在绝对的竞争和排斥关系，都应积极发展。中国有这么大的能源需求，发展清洁能源等替代能源是重要的解决路径。

百年远虑，能源消费最后的归宿是非化石能源。有这样一个思想基础，我们就会有稳定的战略，积极地推动天然气、可再生能源、核能的发展，大力推进节能措施，同时努力让化石能源的开发利用走向高效、洁净。

参考文献

[1] 中国工程院．中国能源中长期（2030、2050）发展战略研究报告［R］．北京：科学出版社，2010.

[2] The World Bank. Word Data Bank（1961—2010）［DB/OL］．［2012-12］. http：//data. worldbank. org.

[3] 王伟光，郑国光．气候变化绿皮书：应对气候变化报告（2011）［M］．北京：社会科学文献出版社，2011：350-556.

[4] US Department of the Interjer，US Goological Survey. Mincral Commodity Summaries 2012［R］. Washington，DC：USGS，2012.

[5] World Steel Association. Steel Statjstical Yearbook 2012［R］. Brussels：Economics Committee，2012.

（本文主要内容曾发表于《能源评论》和《科学中国人》，2013 年第 6 期，p. 30）

建设洁净、安全、高效、现代化的能源体系

——专访中国工程院原副院长杜祥琬

中国工程院从2008年1月启动了重大咨询项目《中国能源中长期（2030～2050）发展战略研究》，40多位院士、200多位专家参与了项目的研究工作。经过两年多的研讨和撰写，于2011年初完成。研究共包括四卷：综合卷、节能·煤炭卷、电力·油气·核能·环境卷和可再生能源卷，涵盖了我国能源战略的各个领域，提出了中长期发展的“科学、绿色、低碳”总体战略。如今国家的各项能源“十二五”规划逐渐出台，本刊记者对此重大咨询项目的项目组组长、中国工程院原副院长杜祥琬进行专访，回顾该研究出台的过程，了解项目组对中国能源中长期发展的期望和建议。

eo：中国工程院2011年发布了《能源中长期发展战略研究》，这个咨询项目启动的背景和撰写过程是怎么样的？

杜祥琬：我们从2008年开始做中国能源中长期（2030～2050）发展战略研究，有几个很具体的背景。第一是从2002年由侯祥麟院士牵头，做了一项中国油气（2020）的研究，做了一年，向国务院汇报，当时侯老先生已经90多了，他说做到2020不行，得做到2050年，他就带头先做中国油气中长期2050了，工程院这一条线就先走了。

第二，从2015年开始，中国工程院跟瑞典工程院有个国际合作项目，叫做“可再生能源与环境”，是我牵头的。瑞典虽然国家不大，但是这方面比较前卫、先进，这个项目做了好几年，同时利用国际合作，工程院自己开了一个中国可再生能源发展战略研究，又把这条线先做到了2050，做了一个初步的研究，这个做了两年。

第三个背景是国家进入21世纪以后，国家如何长期科学发展，提出来可持续发展这个观念，世界各国都有能源问题，但是中国的能源问题恐怕是最复杂、最丰富，也最需要科学发展的，这是一个基本的动机和背景。

工程院的一个定位或者责任就是给国家做战略性的咨询，或者如胡锦涛同志说的作为国家思想库。我在能源学部，具体到能源学部本身也有责任做好这个战略性的咨询。这样几个背景下，我建议既然有这个客观需求，也有了一点实践，是不是扩大到整个的中国能源，它的发展战略是综合性的，而且是相互联系、相互影响的几个领域。我提出建议以后，学部非常赞成，后来又报到院里面，整个院里也很支持，这个题目的开始就是这样的。

题目开始以后，它的顶层设计课题比较大。工程院跟科学院不一样，它下面没有“腿”，没有研究实体，不做具体的项目，具体技术都在各个院士单位。做这种综合性的、战略性的咨询，它的工作方式就是把有关的院士和专家们都找来，大家以一种咨询课题的方式结合到一起，形成一个咨询团队，这样就超脱了部门。

所以工程院一个弱点是没有“腿”，但是优点也是没有“腿”。只站在国家的高度，打破部门单位的界线，为国家做咨询，就比较容易超脱。虽然个人都有单位，但是开了这个咨询项目，坐在这就是给国家做咨询的。所以我们要经得起时间检验，经得起历史检验。

这个课题涉及的内容上，煤是老大，这不能丢，油气现在是老二，这就是两个课题了，然后可再生能源是新起来的一个大方向，核电又比较有专门的性质，然后是节能，中国不能没有节能，也不光是要增加供给，还要节流，通过节能利益非常大，节能是一个专题。然后还有一个电力，还有一个综合组，一共七个专题。

1　可再生能源发展要注重技术进步

eo：目前可再生能源的发展非常快，但是它在我们的能源消费里面占的比例还是比较低的，您如何看待我国可再生能源的具体发展前景？

杜祥琬：水电比较清楚，它本身已经有了一定的分量，而且资源也清楚，技术也成熟，进而注意有序开发和环境这些问题，水电还是个大头，还会有一定的增长，但是水电的资源就那么多了——四五亿千瓦的装机。

非水可再生能源，前几年还有专家用了“微不足道”四个字来形容它，确实是这样。但是我们研究完以后给它提了另外四个字，未来叫“举足轻重”。开始先充当补充能源，以后再成为主流能源，甚至可能成为主导能源，这样一个战略地位的变化，有一个成长的过程。我们的基础是微不足道，但是为什么会长大呢？因为我们有物质基础，有足够的资源才能说这句话。

首先是太阳能，太阳给中国大地提供的能量很多，但是并不都可用，所以我们就做了一个可利用的太阳能的资源评估。其中有热利用、有光伏、有光热，可利用的太阳能发电资源大约有 20 亿千瓦装机。当然它不像核电的运行时数那么长，年运行时数大约在 1 500 小时，不过有 20 亿千瓦的装机，就算除以几倍也还是很有分量的。

风电资源的估算，是跟气象局结合来做的。我们开始做这个课题的时候，很多媒体和资料上都有个说法：中国的风电资源海上比陆上丰富，海上是陆上的两倍。后来我们把这个话追问了一下，根据观测到的风能，做了一项模拟计算，最后敲定下来的中国风电可利用的资源大约是 10 亿千瓦装机，其中陆上是主要的，六到七亿千瓦，而海上是两到三亿千瓦。两到三亿千瓦也很重要，但是反过来了，陆上大于海上，陆上是海上的两倍。变化的源头在哪里呢？原来那个说法是来自于丹麦。丹麦领土面积很小，海岸线很长，又没有什么台风，所以海上风电大于陆上风电。而我们要以陆上风电发展为主，积极推进海上风电，就是这样一个结论。

生物质能资源方面，现有的生物质能资源主要是农村的秸秆、林业废弃物，折合下来就是三亿多吨标煤。但是还有发展的前景，可以种植一些能源作物，发展能源林业和能源农业。生物质能本身有好几种途径，可以用来发电，做沼气，做固体燃料成型也可以。我们国家本来石油就少，对外依存度高。其他的能源都不好做液体燃料，只有生物质能可以做，所以我们比较倾向于生物质能第一战略目标应该是做液体燃料替代。

至于海洋能，现在几乎是刚开始。海洋能也有好几种，如波浪能、潮汐能等，这都还有待项目去做。还有地热能也很重要。

eo：目前我们完成这些资源的利用需要解决什么问题？

杜祥琬：可再生能源的前景就是这样，我们有资源，但是还得有技术。技术进步是个过程，核电还在开发。风能的技术相对来说比较容易掌握和规模化，经过这几年发展也还不错，但也有诸多需要解决的问题。

太阳能有一个成本问题，成本下不去，规模就上不来，市场没有竞争力，而这个过程就是技术进步的过程。要把成本降下来，靠技术进步，还有靠产业形态的升级。两头在外就便宜不了，引进高纯度的硅，引进别人的生产工艺，虽然生产了很多太阳能电池，可是这些东西的源头在外，就便宜不下来。成本高，外国市场可以接受，因为相对来说中国劳动力便宜，结果都卖到欧洲去了。中国市场为什么不接受？还是贵。

但是它不是一条死路，技术是可以改进的，包括这些高纯度的硅也好，或者非硅的原料做太阳能也好，需要靠技术进步，需要有人研发。都等外国人出一个新东西我们去跟，这样是不行的。因为太阳能转化成为电原理上就是爱因斯坦的光电效应，大家都懂，但是技术上如何实现，效率如何高，经济上如何合算，就是一个技术进步的过程。中国必须要促进技术进步。所以我们强调这些非水的可再生能源一开始不能只着眼于规模的扩张、挣钱、批量生产，而要沉下心来做点基础性研究，用自己的核心能力，就是自主创新，原创能力，新概念、新材料、新工艺去跟国际竞争，不能等着外国突破自己再跟进。

当然，市场的行为都着急，中国是比较急功近利的，不断去搞规模，赶紧挣钱，现在毛病就在这。但是我们到最后还是要规模化才有意义来做商业化，一开始如果技术不牢，将来就很难做到大和强。所以对于可再生能源就是这样一个前景：它有丰富的资源，而技术没有原理性的障碍，但是有一个突破的过程，具体各个可再生能源的情况都不一样。

目前太阳能、风能都遇到一些挫折，我觉得新东西的成长过程曲折很自然，而且我也觉得它们要经受得起这个曲折，然后悟出一个道理：必须自主创新。我们可以到国际上去谈判、去反双反，但是根本出路在国内市场，太阳能尤其如此，中国那么大市场，太阳能没发起电来，几个象征性的太阳能灯泡而已，为什么？就是因为它的产业形态不适合国内，在技术上没有源头性的新东西，便宜不下来，国内不要，市场不接受，但是这个问题是可以解决的。

另外，光热发电在原理上也是没有问题的。至于太阳能热利用，中国做得比较好，也比较早，从70年代就开始，太阳能热水器，大约有两亿平方米，将来还会有更多，很多农村、小城镇房顶都是太阳能热水器。别小看它，它代替了很多电，是很有意义的。

对可再生能源来说，第一是它有资源，第二是它需要一个技术经济瓶颈的突破过程。技术加经济，既要技术可行，又要经济合算，市场接受，这是一个技术进步的过程，也是整个中国进步的过程。中国这么大的能源需求，技术上不领先，光靠着别人给技术，不是长远之计。我觉得可再生能源是中国能否进入创新型国家的一个标志，也是我们要重点推动的一个方向，科技要积极推动，政府政策要倾斜，但是归根到底自己要有核心竞争力。

2 要转变能源供需模式

eo：战略研究报告把能源总体战略表述为“科学、绿色、低碳”，它的含义是什么？

杜祥琬：“科学”的意思就是首先要有科学发展观的指导。第二，要把新的能源战略立足在科学技术进步的基础上。“绿色”是通俗的说法，实际上就是环保，就是降低污染排放。“低碳”是另外一个概念，指的是降低温室气体排放，温室气体指二氧化碳、甲烷，还有带碳粒的东西。污染气体和温室气体不是一个概念，降低污染气体叫环保、叫绿色，降低温室气体叫低碳。

我们还有一个很重要的理念：绿色和低碳概念不同，但是在中国的能源具体情况下走向绿色和走向低碳，工作方向高度一致。要降低污染排放无非就是第一节能，第二化石能源要洁净化、高效利用，第三要发展非化石能源。这三件事既达到绿色又走向低碳，所以绿色低碳高度一致。

研究科学发展观的问题，又提出了一个转变能源供需模式作为能源科学发展观的核心。我们前些年发展很快，成绩很大，这些都不用说，但是我们的能源供需模式，是以粗放的供给，满足增长过快的需求。这句话有两个含义，一个是供给粗放。煤炭是最典型的，我们开采煤矿很低效。另一个是增长过快的需求，也就是有不合理的需求。现在高耗能产业，有一段时间高速发展是需要的，但是它无序的发展就不是合理需求了。所以我们提出合理需求的要求，不要把资源、能源放在不合理的地方，我们还是有很多浪费、低效的东西。

能源供需模式应该转变到以科学供给满足合理需求。科学供给就是要算一算科学供给能力，然后用在合理的需求地方。科学供给里面一个核心的概念就是煤炭科学产能，这也是煤炭组所有专家一致提出来的。现在每年煤炭产量是 30 亿吨原煤左右，按照专家们一致分析，目前的 30 亿吨原煤只有不到一半符合科学产能。

煤炭的科学产能具体来说就是保持对环境没有损害，不要出那么多安全事故。这些条件就取决于煤矿的技术状态。这些煤矿天然的条件在那，经过技术改进以后，大家预测经过 20 年的努力，到 2030 年我们的科学产能能力可以增长到 34 亿到 38 亿吨原煤，这就是很重要的概念。实际的经济运行不得不容忍一定的非科学产能，小煤矿管不住，但是我们概念上要知道，一要强调科学产能，尽可能降低非科学产能，来提高科学产能的能力，降低非科学产能的比例。

中国的人均资源是有限的，而中国这么大的人口，如果不懂得精心设计现代化，是不可行的。供给模式的变化，就是指从粗放的供给满足增长过快的需求转变到以科学的供给满足合理的需求。

eo：报告里面讲到 2030 年前二十年是转型的攻坚期，2020 年的前十年，尤其是“十二五”期间是关键期。这个判断如何理解？

杜祥琬：我们就是想 2050 年的那个时候，能够实现中国能源体系的转型。能源体系现在是一个比较低效、欠安全、欠洁净的体系，我们要把它转变到一个洁净、高效、安全、现代化的能源体系。这个能源体系的转型是要几十年努力的，我为什么说前二十年是攻坚期，甚至可以说是困难期呢？因为中国的节能提效要形成一个成熟的体系，包括技术和制度体系。中国的可再生能源和核电，除了水电以外，没有一二十年的努力，很难做到很大的规模。煤炭的高效洁净化利用、超超临界、IGCC 等技术的突破；然后中国的电力系统，智能电网也罢，超高压也罢，没有二十年也无法建成。

还有农村能源形态的进步。很多农村的能源形态还是像 2000 年前一样烧柴火、烧劈柴。如果不让农村进步起来，农村的能源不能用现代化的能源，还是 2000 年前原始社会的能源，这怎么能叫做现代化。这也需要二十年的建设。

所以像这样一些大事，让能源体系变革，让农村的能源形态改变，没有一件是轻松的。二十年攻关，就要把这几件大事给攻下来。

而这二十年里，“十二五”、“十三五”这十年是关键期，这些攻关能不能大体上走上正轨，取决于转变发展方式。不光是高速发展这个层面上的关键期，更应当理解为转变发展方式的关键期。国际上一轮新的再工业化，都是以绿色低碳为标志，如果我们不住这上面努力，还一味地粗放发展，追求高指标，这样非落后不可。所以我们觉得关键期就是转变发展方式，要让大家有一个很好的理解和现实的行动，调整结构，也得在这十年把结构调过来。现在是什么结构问题突出呢？第二产业过大，第三产业上不来。第二产业里面的高耗能产业过大，高耗能产业在一个阶段里面是需要的，钢铁、水泥、重化工、电解铝等等，但是它现在一定程度趋于饱和了，一定要把这个结构调下来，让它们逐渐地增长。把新的增长点建立在以下三点：第一是传统产业的升级，第二个是战略性新兴产业，第三是服务业，也就是第三产业。这是社会需求的，也是国家现代化的一个标志。这两个五年计划能够把关键的结构调过来就很不错。

eo：今年我国先后发布了可再生能源“十二五”规划和核电中长期战略，您觉得目前我们完成能源转型的前景如何？

杜祥琬：核电是一个单独问题，先说核电。现在国务院经过一年多的安全检查，后来两次国务院的会议，给世界、给全国人民的信息，明确的就是第一中国还是要发展核电的，第二中国高度重视核电的安全性。而且现在“十二五”的提法，只在沿海启动有限项目，这都表明慎重和高度重视安全，我想这是很必要的，这是中国负责任大国的态度。短期内五年、十年速度稍微慢一点，我觉得这个是可以的。

至于能源转型的前景问题，在 2020 年非化石能源占 15%，是中国对国际作的承诺，这个还是要努力。因为核电的比例比原来预计的小一点，这样对可再生能源的压力可能会大一点。但是天然气也是很重要的一个方向，它也可以让我们减排多一点，但它并不解决非化石能源 15% 的目标，这个目标的实现主要靠可再生能源加上核能的发展。

这个努力不光是靠增加产能，因为 15% 是一个分数，上面有分子，下面有分母，分子要尽量做大，分母又不能跑得太大，所以得有一个总量控制。“十二五”提出了一个能源总量控制的目标，因为我们需要总量控制，需要解决一些低效的应用、浪费的问题。一方面增加非化石能源的产能，一方面加强节能，这个前景是没有问题的。但这过程不能指望它很顺利，核能也不能指望太顺利，包括风电、太阳能、生物质能。但是经过一段曲折，人们对问题体会得更深，会做得更好，这一点我是没有怀疑的。

3 能源管理要做好统筹规划

eo：您对我们国家能源的顶层设计有什么建议？

杜祥琬：这方面在战略规划里提了点建议，也希望国家加强能源的统筹管理，现在我们管理体制有点分散，这一块这个部门管，那一块那个部门管，所以这是国家层面的问题。另外就是市场和政府机制的问题。此外，我觉得还要加强国家层面的技术研发。企业是产业的主体，但是有些企业容易有本企业的局限性，只从本企业的效益出发，国家层面的一些共性的研发往往不够。比如刚才说太阳能，如果中国不出新思想、新材料、新工艺，企业只追求产量、利润，国家层面的创新就上不来，所以我们要建立国家级的研发中心，要把这个弄起来。

这样还要导向房地产业、汽车业这两个产业的改进。房地产如何让它做节能低碳的房地产，其中的标准、监管，包括技术，光靠发展商是不够的。汽车也这样，只追求汽车的数量，当然现在中国汽车还要继续发展，但是先进的概念已经不是数量了。像日本比我们人均 GDP 高十倍，他们享受0.6 排量的车，以此为荣，我们现在有人以车越大越豪华为荣，我们要改变这种观念。

最近巴黎提出了一个新概念——汽车共享计划，类似杭州西湖自行车共享计划的思想。他们的提法就是每人都有一辆私车已经是落后的观念，更先进的观念，是汽车要减少，自行车回归，利用公交和公共汽车共享计划，这种观念会带来很大节约。绿色交通出行，这些概念是未来我们也能明白的。如果中国还追求若干年前人家追求的那种东西，中国又要落后了。

（发表于《南方能源观察》，2012 年 12 月 8 日，p. 140，记者韩舒淋）

调整结构　转型发展

摘　要： 在经历了30年高速发展之后，我国已进入了一个调整结构、转型发展的关键期。笔者分析了在GDP（gross domestic product）结构、分配结构、产业结构、能源结构等方面存在的问题和结构调整的方向。在此基础上阐述了转变发展方式的内涵和必要性，以及转变发展方式的五个坚持。指出：不良的经济增长会损害未来，战略机遇期首先是转变发展方式的机遇期。转变发展方式必须转变政绩观，改进政绩评价体系。最后，提出了工程领域转型发展的几个方向。

关键词： 调整结构；转型发展；工程领域

1　前言

中国的现代化进程是一部伟大的历史性工程。在经历了30年高速发展后，我国已经进入了一个转型发展的关键期。在改革发展取得巨大成就的同时，也积累了“不平衡、不协调、不可持续”的深层次问题和矛盾，抓紧凋结构、转方式才能赢得未来。

世界经济所处的复苏与调整并行的态势，国内经济增速的适度放缓，以及国内外正在酝酿的新一轮技术革命和产业转型升级，为调整经济结构、转变发展方式创造了一次难得的机遇。

2　调整经济结构

调整经济结构包括多个方面的调整，以下就GDP（需求）结构调整、分配结构调整、产业结构（供给结构）调整和能源结构调整四方面，基于有关部门发表的数据，做一些分析。

2.1　GDP（需求）结构调整

从国家统计局发表的我国2000年和2010年的投资、消费和出口统计数据（见表1）可以看出，近年来投资对经济增长如此高的贡献率，远高于发达国家和印度等发展中国家的比例，而投资的边际拉动效应大幅下降。投资率过高，GDP表观速度上去了，靠的是资本驱动、资源消耗、环境代价、基建大于快上，拉动高耗能产业过快增长，产能过剩。高投入、高消耗、高污染三高特征明显。而居民可支配收入，2010年增长7.8%，明显低于GDP的增速10.3%，并且我国职工工资总额占GDP比重一直偏低。所以必须提高居民收入在国民收入分配中的比重和劳动报酬在初次分配中的比重，壮大中产，提高低收入者生活水平，内需才能增长，发展才能持续，社会才能稳定。

表1 GDP（需求）结构的变化（统计局）

Table 1 GDP structure

	2000 年	2010 年
投资	21.7%	54.8%
消费	63.8%	37.3%
出口	14.5%	7.9%

因此，必须把以投资拉动为主调整到以内需消费、投资、出口协同拉动。

2.2 分配结构调整

根据国家统计局统计，2004 年我国最高收入 10% 富家庭和 10% 穷家庭财富差 32 倍，到 2009 年已达 40 倍。波士顿咨询集团研究指出，2010 年中国百万美元家庭为 110 万户，超 1 亿美元家庭为 393 户，而贫困人口有 1 亿之多，赤贫者有 1000 万。

在 GDP 每年增 10% 的同时，收入分配差距每年以 1.5% 增速恶化，中国基尼系数已超国际警戒线 0.4，分配不公已触及社会主义本质的底线，成为了重大战略性问题。

因此，以经济建设为中心不应演变为以“GDP 为中心”，而应改变社会建设滞后的局面；共同富裕不仅是价值目标，也应成为可持续发展的工作目标；同时，还应建立“走向共同富裕”的制度体系。分配结构的调整呼唤强有力的深度改革。

2.3 产业结构（供给结构）调整

在三大产业（三大产业产值结构见表2）平均的 GDP 增长中，第二产业一直保持最快，并且在三大产业中，第二产业最大（见表3）。第二产业中，高能耗产业过大，我国二产占去了总能耗的 70%。

2011 年上半年，GDP 增 9.6%，电力增 12.2%，还吵“电荒”？其主要原因是高耗能产业（电老虎）增长过快（见表4）。重工业用电占全社会用电 61.9%，其中六大高耗能产业占 42.7%。其原因是不合理需求的拉动，低端产业的扩张，粗放增长的冲动。

表2 三大产业产值结构

Table 2 Structure of three industries

年份	一产产值/%	二产产值/%	三产产值/%
1978	28	47.9	23.9
2010	10	46.3	43.4

表3 2011 年上半年 GDP 总值及构成

（国务院研究中心）

Table 3 GDP structure in the first half of the 2011

	GDP（亿元）	产业比重/%	比去年同期增长/%
总值	204 459	100	9.6
第一产业	15 700	7.68	3.2
第二产业	102 178	49.97	11.0
第三产业	86 581	42.35	9.2

表4 代表性高能耗产业的增长速度

Table 4 The growth rate of representative high-energy-consumption industries

	水泥	铝合金	钢材	氧化铝
增长/%	19.2	21.9	13	18.9

因此，产业结构必须大力调整，也完全有可能调整，重要的是一些高耗能产业客观上已趋于饱和。

以水泥为例，2000—2010 年，我国水泥年产量从 6 亿吨增至 18.4 亿吨，已占世界水泥总产量的近 60%（钢、铁等高耗能产业情况类似）。快速发展的中国，需要大规模的基本建设，需要大量的水泥等，但是，据专家们计算，现有产能已足以满足每年同时完成 25 亿～30亿 m^2 建筑竣工面积、10 万 km 公路、7000km 高速公路、6000km 铁路、1500km 高速铁路和改建、新建 20 个机场。已超出住房和各种必要社会基础设施建设的合理规模。客观上，这些高耗能产业已趋于饱和，再人为拉高其增长，只会使资源和环境的约束进一步趋紧，而那些既无科技含量又不惠及民众的高楼攀比工程、面子工程、高端投机性建设、高尔夫球场等，本来就是应当抑制的不合理需求。

再看一个宏观数据，2010 年我国 GDP 为世界总量的 9.5%，能源消费总量却已占世界总能耗的 19.5%，单位 GDP 能耗已高出世界平均水平一倍，是日本的 4.9 倍。处在快速工业化阶段的中国，单位 GDP 能耗适度偏高是正常的，但高到如此程度，显然超出了合理范围，这里既有产业结构问题，又有能源利用效率问题。

可见，抑制高耗能产业必要而且可能。而服务业和高科技含量、高附加值的产业应成为新的增长点。

2.4　能源结构调整

目前我国能源存在的主要问题是资源制约、环境制约、结构不良、效率偏低和能源安全，这也是对可持续发展的挑战。

（1）资源制约。根据煤炭科学产能概念，我国目前每年 30 亿吨的煤炭产能只有一半符合科学产能的要求。经过努力，2030 年科学产能的潜在能力可达 34 亿～38 亿吨。如果放纵过高的非科学产能，只会导致更高的环境代价、资源浪费和矿难频发。在石油方面，对外依存度已达 55%，进口石油绝对量超过 2 亿吨，并且还在继续增加。

（2）环境制约。据 WHO 2011 年 9 月发布的全球城市空气污染报告，来自中国 31 个省会及直辖市的 PM10 检测结果显示，中国 PM10 年平均浓度为 98μg/m^3，是 WHO 推荐标准的 4.9 倍。在 91 个国家当中，中国排名第 77 位，仅有 14 个国家的 PM10 年平均浓度高于我国。也就是说，我国城市空气质量总体排队处于倒数第 15 名。我国 31 个城市的人口占全国人口总数的 24%，而这 31 个城市的 94% 的人口暴露在 PM10 年平均浓度 70μg/m^3 以上的空气中，城市居民健康受到很大的威胁和影响。在这 31 个城市中，海口的环境空气质量最好，PM10 年平均浓度为 38μg/m^3，兰州的大气环境污染最严重，PM10 年平均浓度达到了 150μg/m^3。当然，即使是空气质量最好的海口市，其 PM10 的年平均浓度也超过了 WHO 推荐标准（20μg/m^3）约 1 倍。我国目前还没有正式实施 PM2.5 监测和评估体系，若计入 PM2.5，我国空气质量距小康社会的要求差距更大。而空气质量的问题主要来自以化石能源为主的能源结构。同时，我国已成温室气体排放第一大国，且增量最快。

因此，为了解决我国能源存在的主要问题，实现我国能源的可持续发展，必须实行六大能源战略[1]，即节能、提效是首要战略；煤炭的科学、洁净、高效生产和利用；节约油气、大力发展天然气（含非常规天然气）；积极有序发展水电和非水可再生能源；坚定、稳健发展安全核能；发展安全、经济、高效的智能电力系统，从而逐步实现我国能源体系的转变（见图1）。

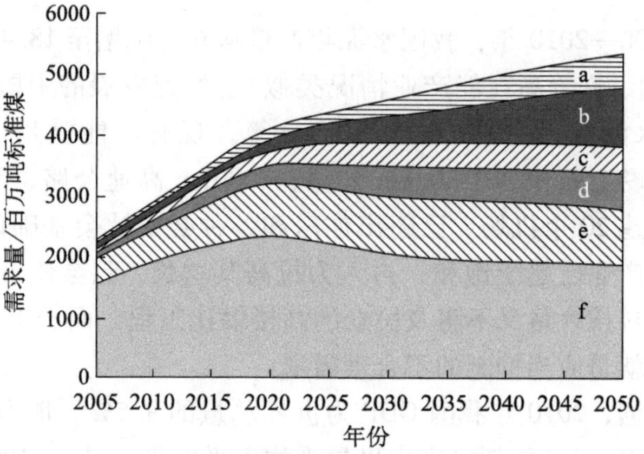

图1 基于科学产能和用能的我国一次能源结构示意图

Fig. 1 Structure scheme of primary energy based on scientific production and use in China

图1中的数据是“以科学的供给满足合理的需求”为基础实现供需平衡的情景，实际的一次能源总量如果显著超出图1，有两种可能：① 煤炭的供需量显著超出了科学产能的实际能力，使我们资源环境和能源安全态势更加趋紧，这是科学发展不希望出现的一种情况；② 清洁能源（核电、可再生能源、天然气）的发展显著超出该战略的估计，这是我们所乐见的。该战略提出的控制总量（“天花板”）是指煤炭、石油的“天花板”，不包括上述各种清洁能源。

3 加快转变发展方式

3.1 战略机遇期是转变发展方式的机遇期

无论从世界大局还是我国全局来看，原有增长模式难以为继，发展格局面临重大调整，发展方式面临深度转变这个大趋势是确定的。调结构与转方式密不可分。

中国经济已走到了一个必须“转型发展”的关键期，即要从比较粗放的发展转变到科学发展；从资源的低效高消耗转变到资源的节约高效利用；从牺牲环境转变到环境友好；从投资、出口驱动转变到内需、创新驱动；从低端产业的规模扩张转变到高附加值高质量发展。在转变发展方式的过程中，要做到五个坚持，即坚持把经济结构战略性调整作为主攻方向；坚持把科技进步和创新作为重要支撑；坚持把保障和改善民生作为根本出发点和落脚点；坚持绿色、低碳发展，把建设资源节约型和环境友好型社会作为重要着力点；坚持把改革开放作为强大动力。

“十二五”开局，转变发展方式形势严峻。一些地方粗放发展大跃进冲动强烈，没有充分认识转变发展方式的深刻性、重要性。因此，首先要在思想上认识：不良的经济增长会损害未来，只有科学发展才能创造未来。要深刻认识到战略机遇期是转变发展方式的机遇期。转型发展必须完善改进政绩评价体系，即政绩观转型，以科学发展指数（包括环境、民生、经济发展的质量、教育、健康和科技进步等）代替单纯的 GDP 增速。为此，必须进一步转变政府职能。

3.2　中国现代工程演化的三个方向

工程领域的转型发展（也可以说现代工程演化）有三个方向：① 从数量增长转变到更加注重质量效益，从而扭转规模大、质量差、创新少的局面，从低端产业扩张转变到高附加值产业，其中包括战略性新兴产业和传统产业的升级改造，从跟踪模仿低水平重复转变到创新驱动提升核心竞争力；② 从资本、资源和环境投入转变到技术进步和管理水平的提升，创新“资源—经济—环境相协调”的工程发展模式，人类工程活动对环境的影响已经超过环境的自然恢复和治理能力，它已成为危及人类生存、阻碍社会进步和稳定、影响经济持续、协调发展的重要因素，同时，应对气候变化这一全球性问题是现代工程演化的新要素，它的影响涉及水安全战略、城市规划、海岸工程设计、绿色低碳制造、绿色低碳的建筑和交通、智能电网、适应气候变化的农业、林业等；③ 转变资源供需模式，促进中国发展道路的创新。从资源（水、土地、矿产、能源）的粗放供给满足增长过快的需求转变到以科学的供给满足合理的需求，走新型工业化道路和城乡和谐的新型城市化和农业现代化之路。

4　结语

调整结构、转型发展的深远意义，在于创造中国科学发展的新型道路。这条道路在探索中，“中国模式”在探索中，应清醒对待国际媒体对“中国模式”的赞扬。中国取得了巨大成就，积累了丰富经验，但也有不少重大问题尚未解决，甚至还不明确应如何解决。我们还没有一个完备的、成熟的、经过实践检验的中国模式。世界上许多国家都有值得我们学习借鉴之处，但没有哪个国家能告诉我们十几亿人的中国如何可持续发展的现成经验，中国人必须用自己的脚走出一条自己的路。

中国虽然历史悠久，但除去外敌入侵、战争、内乱外，认真进行国家建设的经历只有 30 年。如何引导十几亿人口的中国走向可持续发展的现代化，人们对其规律的认识还远远不够。我们只有抱着科学的态度，探索一条适合中国特色的新型发展道路，才能掌握历史的主动。

参考文献

[1] 中国工程院中国能源中长期发展战略研究项目组．中国能源中长期（2030、2050）发展战略研究，综合卷［M］．北京：科学出版社，2011.

Adjust Structure and Change the Mode of Development

Abstract: After 30 years of high speed development, China has entered into a key period of adjusting economic structure and changing the mode of development. This article analyses current problems in structures of GDP, distribution, industry, and energy, and the direction of adjustment. Based on the above analysis, it addresses the content and necessity of changing the mode of development, and five "adherences" in the changing. It points out that unhealthy economic growth is harmful to the future. The strategic opportunity period is in the first place for changing the mode of development. To change the mode of development must change the view on government work and improve its evaluating system. Lastly, it proposes several directions for changing the mode of development in engineering sector.

Key words: adjust structure; change the mode of development; engineering sector

（发表于《中国工程科学》，2012 年第 14 卷第 3 期，p. 4）

对《河南省能源发展战略研究》的几点评议[①]

（1）《河南省能源发展战略研究》报告很重要，不仅关系到河南省未来20年的经济、社会发展，也对全国的科学发展和转变发展方式具有典型意义。完成这份报告的单位、部门和专家们，倾注了大量心血，下了很大功夫，完成了这份高质量的报告。报告体现了较宽阔的视野和长远战略眼光，着力落实“主题”“主线”，注重发展的可持续性，数据详实、分析中肯、结构清晰、重点明确，对进一步制定能源规划具有重要指导作用。

（2）《研究》报告对国际能源发展态势和全国能源发展战略作了较好的分析，着重分析了省情，特别是与能源有关的家底和基础，面临的挑战和机遇。提出的能源发展指导思想、思路、原则、目标、布局和战略重点，总体上是比较合适的。对能源供需进行了预测，并提出了一些重要的措施和建议。报告紧扣中原经济区建设这个中心任务，很有河南特色。是一份比较全面的研究报告。

（3）请考虑：《供需预测》一章似应放在《战略思路》一章之后。因预测不仅要立足现有基础，更要在战略思路的指导下进行。预测不应是按迄今发展轨迹所作的惯性外推，而应是在正确的战略思想指导下做出的，体现转变发展方式、创新发展道路的预测。

几点具体意见：

- “省经济社会发展展望”一节中，似乎仅有经济发展展望，缺了社会、环境的内容。指导思想的一个要点，是经济—环境双赢、能源—环境协调发展。建议在这一节中，补充关于改善环境的标志性指标和内容。
- “省能源需求总量预测”一节给出，全省2030年能源需求总量5.2亿吨标煤，是目前水平的翻一番。人均能耗和单位GDP能耗都偏高（且化石能源主导），如果全国都达到这个水平，则全国的总量将达70亿吨标煤，资源和环境的问题将更尖锐。问题仍在于把环境放在什么地位，在于产业结构调整的力度、转变方式的力度。这个预测也成了发展目标的内容。请斟酌。

（4）“资源节约、环境友好”的两型社会和“生态文明”是中央提出的重要发展目标，而“走新型工业化道路”（及新型城市化和农业现代化）是实现目标的路径。这些思想也是重要的理论创新，是能源战略的重要指导思想。希望在报告中有明确而具体的体现。

（5）报告中提到“钱纳里等经济学家关于工业化进程的理论”。这一理论有实证研究作基础，也有定性的合理性。但是，他给出的发展阶段的定量划分和各阶段三大产业比重的走势是否对各国、各地区都适用呢？这是值得研究思考的。我有两点疑问：第一，如果

---

① 本文写于2012年4月29日。

各国工业化的路径，都照此理论发展，还有“新型工业化道路”可言吗？第二，从能源的角度研究一下发达国家的发展道路，可以发现，欧、日等国的发展与美、加等国的发展是两种不同的类型，其人均能耗和单位 GDP 能耗都有相当大的差异，这恐怕跟这两类国家的发展方式不同有关。我国恐怕不能走比欧、日更耗能、更高碳的现代化道路，中国（河南也一样）只能以显著低于美、加等国的人均能耗实现现代化。我对这个问题缺乏深入的研究，只是把我的疑问提出来，供撰稿同志参考，我也十分希望得到你们的反馈，给以指正。

（6）河南以“天冠集团”为代表的生物质能产业有很好的基础，希望作为农业大省的河南，在突破生物液体燃料的技术经济瓶颈、产业化的模式等方面率先示范，并形成规模化的产业链。

（7）垃圾的资源化利用是一个涉及能源、环境与民生的重大问题，对人口大省，人口大国具有特别意义。经过努力，在未来 20 年间完全有可能成为一个大规模的新兴产业，利国利民。希望作为报告的一个亮点。

以上各点不一定合适，仅供参考。

我们的经济增长，先要——算算能源的“家底”

——访中国工程院院士、国家能源咨询专家委员会副主任杜祥琬

工信部8月初在“2011年上半年石油和化学工业经济运行情况”中披露，今年1—5月，我国原油表观消费量为1.91亿吨，增长8.5%，对外依存度高达55.2%，首次超越美国（53.5%）。这一数据引起了广泛的关注。

8月15日，发改委发布数据称，据有关方面统计数据测算，上半年我国原油对外依存度54.8%，较2010年上升1个百分点，但仍低于美国同期水平。按美国能源部能源信息署（EIA）1—5月份数据计算，美国原油对外依存度61%。发改委对中国原油对外依存度超过美国的否认，可以使人稍稍松一口气，但中国原油对外依存度连年攀升却是不争的事实。

中国社科院2010年发布的《能源蓝皮书》预测，10年后，中国原油对外依存度将达到64.5%；国际能源署更是预言，中国原油需求增速未来若保持不变，石油进口依存度或将升至80%。

在经历了一轮又一轮的“油荒”“气荒”“电荒”之后，中国原油对外依存度不断攀升的事实再次叩击着人们的神经，叩问着中国能源和经济发展的深层次问题。

1 原油对外依存度连年攀升的警示

- 算账一：简单的加减乘除，可以让我们看到真实的能源家底。

“中国是人口大国，也是人均资源的小国，能源更是如此。”中国工程院院士、国家能源咨询专家委员会副主任杜祥琬在接受记者采访时说，“这是通过简单的计算就可以得出的结论。”

杜祥琬说，至少未来十年，传统的化石能源依然是世界能源的主导，那么我国化石能源的家底是怎样的?

我国的原油家底不丰厚，虽然三大石油公司千方百计勘探找油，但为了能够在较长时期内稳定供应，不竭泽而渔，近年来原油年产均在两亿吨左右。由于需求的快速增长，1993年成为原油纯进口国后，我国原油对外依存度连年上升，目前已接近55%；西气东输、川气东送使人们对清洁能源天然气寄予厚望，但目前我国天然气（包括煤层气、页岩气、天然气水合物等非常规天然气）大规模开采还面临着方方面面的难题；即使是我国相对丰富的煤炭资源，储采比也不到40，储采比是已探明储量除以每年的开采量。也就是说，按现在的开采速度我国的煤炭也就不到40年的供给量。而世界平均水平煤炭储采比超过100。同时，现在一年开采30亿吨原煤中，科学产能只有一半，强劲的需求不得不容忍一

定的非科学产能。非科学产能意味着高昂的环境代价、资源浪费和矿难频发。

人均家底薄，整体家底也不厚，支出又是怎样的呢?

来自工信部、国家能源局和煤炭工业协会的信息表明，我国多年来能源供给增长紧跟GDP增长，煤、电、油、气供应长期吃紧。

在国家“十二五”规划中，已明确提出降低单位GDP能耗、降低单位GDP二氧化碳排放量、限制能源消费总量的目标。但“十二五”开局之年，能源增长仍然偏高，“能源荒”仍旧困扰着中国经济。

2 “阶段论”为高耗能保驾护航何时休

- 算账二：美国占全世界人口不到5%，却消耗世界20%的能源。如果全世界都向美国学习，则意味着四个地球的能源才能养活全人类。

“2010年我国GDP为世界总量的9.5%，能源消费总量已占世界总能耗的19.5%。这组数据说明了什么?”杜祥琬分析说，“从这组数据可以看出，一方面，我国的单位GDP能耗已高出世界平均水平一倍；另一方面，以占世界近1/5的人口消耗占世界1/5的能耗，我国的能耗比例与人口比例相当。人均能耗已达世界平均水平。”

然而在现实中，“工业化高速发展阶段的阶段特征论”正在成为粗放发展和高耗能保驾护航的“有力说词”。

“在工业化高速发展阶段，需要大量基本建设，能源消耗适度偏高是正常的，但高到如今的程度是否合理?长期如此高下去是否可能?我们还是用事实和简单计算来说明吧。”杜祥琬说。

杜祥琬告诉记者，即使是发达国家，也因为各自资源禀赋和所处国际环境不同，走出了不同的工业化道路。从世界范围看，以美、英为代表的国家工业化初期确实有一段时间单位GDP能耗很高，甚至比我们现在还要高，但很快就降下来了。德国工业化的过程能耗比美英要低。而日本的发展则可以作为一个反例，由于日本资源短缺，日本不得不选择节能的道路，在高速工业化的同时单位GDP能耗远低于我国目前的水平。

“我们不能与美国这样的国家比人均能耗。美国的发展道路既不是规律，也不是榜样。算算账就可以明白。”杜祥琬告诉记者，美国占全世界人口不到5%，却消耗世界20%的能源，现在美国的人均能耗是中国的4.5倍，如果中国的人均能耗达到美国的水平，就意味着全世界的能源都要由中国消耗，这是绝对不可能的。如果全世界都向美国学习，则意味着四个地球的能源才能养活人类。目前中国的人均能耗已达世界平均水平，要继续发展必须将人均能耗控制到显著低于美国等发达国家的水平。

“经过三十年的高速发展，我国GDP总量已达世界第二，我们有了强大的物质基础，有了底子，也有了经验和教训，从‘不发展是最大的问题’到现在已变为‘不科学发展是最大的问题’。”杜祥琬说。

3 必须抑制粗放式发展的冲动

- 算账三：不合理的能源需求到底有多少，离开“三高”路在何方。

关于发展道路，杜祥琬提出，“以粗放的能源供给满足增长过快需求的能源供给模式”，可简称为 A 模式，A 模式应逐步转变为“以科学的供给满足合理的需求”的新型供需模式，简称“B 模式”。

以水泥为例，来说说“合理需求”：从 2000 年到 2010 年，我国水泥年产量从 6 亿吨增至 18.4 亿吨，已占世界水泥总产量的近 60%（钢、铁等高耗能产业情况类似）。据专家们计算，现有产能已足以满足每年同时完成 25 亿～30 亿平方米建筑竣工面积、10 万公里公路、7000 公里高速公路、6000 公里铁路、1500 公里高速铁路和改建新建 20 个机场，已超出住房和各种必要社会基础设施建设的合理规模。

客观上，这些高耗能产业已趋于饱和，再人为拉高其增长，只会使资源和环境的约束进一步趋紧，而那些既无科技含量又不惠及民众的高楼攀比工程、面子工程、高端投机性建设、高尔夫球场等，本来就是应当抑制的不合理需求。

中国环科院的一项研究表明，我国每年的 GDP 增长中有 3.4% 是以牺牲环境为代价获得的。钱虽然多了，社会质量下降了，就会有违“以人为本”的发展初衷。

杜祥琬边说边画图，用库兹涅茨曲线解释，一条是代表污染的纵轴，一条是代表发展的横轴。我们不要重走西方“爬山包”的倒 U 型老路，要争取发展的同时污染少增加的“隧道效应”，就是有污染的增加也要尽量爬“小山包”，落实“新型工业化道路”。

杜祥琬指出，粗放发展的标志是“高投资、高消耗、高污染，低质量、低效益”，概括起来就是“三高两低”。对于中国这样一个人均资源有限、环境容量有限的人口密度大国，必须精心设计仔细谋划，抑制粗放大跃进的冲动，科学发展才能保证可持续性发展。

我国经济在取得巨大成绩的同时，也积累了一些深层次的矛盾。经济建设有自身的客观规律，长期高速增长是不可持续的，GDP 增速更不是越高越好，“十二五”规划将年均 GDP 增长目标定为 7%，就是最高决策层在主动调整经济发展速度。

“对于 GDP 增长不够高就无法满足就业需求的担心可以理解，但转变经济结构是破解难题的根本途径。”杜祥琬说，“有关专家的研究表明，第三产业 7% 的增长吸纳的就业与第二产业 10% 的增长提供的就业相当。”

面对中国能源家底的现实，杜祥琬呼吁，要大力节能，提高能效，控制总量。同时我们也要努力发展大有希望的可再生能源和核能。在全社会倡导“适度的物质消费，丰富的精神追求”的生活方式，反对“攀比奢华”的不良风气，中国的人均能耗、人均轿车数、人均排污量，单位建筑面积能耗等必须控制到显著低于美国等发达国家的水平，这是节约型社会的必然内涵，也是创新中国经济增长模式的必然要求。

信息链接

我国原油对外依存度变化情况（部分年份）

1993 年　中国首度成为石油净进口国，其原油对外依存度当年仅为 6%，但此后一路攀升

2000 年　对外依存度 26.7%

2003 年　对外依存度 35%

2005 年　对外依存度 42.9%

2006 年　对外依存度突破 45%

2007 年　对外依存度 47%

2008 年　对外依存度49%

2009 年　对外依存度突破50%的警戒线，达51%

2010 年　对外依存度53.8%

今年上半年 对外依存度54.8%

（发表于《光明日报》，2011 年8 月17 日05 版，记者张翼）

由“电荒”透视能源供需模式

“十二五”开局，“电荒”被热议，保电煤、调电价固然必要，但我们似应更多关注表象下的深层次问题。发改委的数据表明，今年前四个月，全国 GDP 增长 9.6%，而电力增长 12.6%，电力弹性系数高达 1.32。可见，并不存在全局性的缺电。

那么，“电荒”从何而来？究其源，就在于高耗能产业增速过快。今年一季度粗钢、焦炭、水泥和钢材四项的增长分别为 13.3%、29.8%、23.7% 和 17.4%，产能创历史新高。如果一味满足这些高耗能企业的胃口，继续“鞭打电牛”，在中国目前以火电为主的电力结构下，只能导致更多挖煤。

而煤炭专家们已经指出：我国目前年产的 30 亿吨原煤，只有一半符合安全、高效、环保的“科学产能”标准。实际的经济运行，不得不容忍一定量的非科学产能，但放纵过高的非科学产能，只会导致更高的环境代价、资源浪费和矿难频发。这种“以粗放的能源供给满足增长过快需求的能源供需模式”，可简称为“A 模式”。

“转变能源供需模式”是转变经济发展方式的重要组成部分。A 模式应逐步转变为“以科学的供给满足合理的需求”的新型供需模式，简称为“B 模式”。让我们对“合理需求”和“科学供给”稍加解析。

以水泥为例：从 2000 年到 2010 年，我国水泥年产量从 6 亿吨增至 18.4 亿吨，已占世界水泥总产量的近 60%（铜、铁等高耗能产业情况类似）。现有产能已足以满足每年同时完成 25 亿～30 亿平方米建筑竣工面积、10 万公里公路、7000 公里高速公路、6000 公里铁路、1500 公里高速铁路和改建新建 20 个机场，大大超出社会基础设施建设的合理规模。对其增长再人为拉高，只会使资源和环境的约束进一步趋紧。而那些既无科技含量又不惠及民众的高楼攀比工程、面子工程、高端投机性建设、高尔夫球场等，本来就是应当抑制的不合理需求。

2010 年我国 GDP 为世界总量的 9.5%，能源消费总量却已占世界总能耗的 19.5%，单位 GDP 能耗已高出世界平均水平一倍，是日本的 4.9 倍。能耗高到如此程度，既有产业结构问题，又有能源利用效率问题。

“科学供给”则是指：坚持煤炭科学产能的理念，在提高科学产能能力的同时，降低非科学产能所占的比例；依靠科技进步、提高能效、发展非化石能源和天然气（含非常规天然气），改善结构、保护环境、应对气候变化，逐步构建洁净、高效、安全、多元的现代化能源体系。

今天的中国面临着历史性的“转型发展”。为实现包括转变能源供需模式在内的这个美好转型，必须扭转以高投资和高耗能产业扩张维系 GDP 高速增长的势头，抑制粗放大跃进的冲动，为此，须从思想上真正理解“转变发展方式刻不容缓”的深刻含义，从行政上调整政绩考核体系，从经济上以体现要素价值的政策，借市场之力促转型发展。

“电荒”在相当程度上就是高耗能企业的“用电慌”，转变能源供需模式才是治本之策。

（发表于《能源评论》·卷首，2011年7月，p.1，《中国科技奖励》等转载）

科学产能与清洁化度应合理搭配

——专访中国工程院前副院长、院士杜祥琬

提高煤炭的科学产能和清洁化度，是中国未来发展绿色煤炭的最佳路径。

广义上的“绿煤”，即煤炭的清洁和高效利用，它不仅仅是提高煤炭的使用效率，而是涵盖了煤炭整个产业链条，即煤炭的全生命周期，因此，从煤炭的开采、洗选、运输到煤炭的转化和利用等众多环节都有节能的必要。

针对高碳能源的低碳化利用，中国工程院在近期的《中国能源中长期（2030、2050）发展战略研究报告》中，将煤炭变绿的路径进行了高度概括，提出了“科学产能”和“清洁化度”的概念。日前，《能源》杂志记者对中国工程院前副院长杜祥琬院士进行了专访。

《能源》：2 月底，中国工程院发布了中国能源中长期（2030、2050）发展战略研究报告，其中在煤炭的开采和利用方面提出了“科学产能”和“清洁化度”的概念，这两个概念提出的背景是什么？

杜祥琬：过去的 30 年，中国经济高速增长，成就巨大，但也积累了一系列不平衡、不协调、不可持续的深层次矛盾。中国经济已走到了一个必须“转型发展”的关键期，即由比较粗放的发展转向科学发展，由资源的低效高消耗转向资源的节约高效利用，由牺牲环境转向环境友好，由投资、出口驱动转向内需、创新驱动，由低端产业的规模扩张转向高附加值高质量的发展。

就能源而言，“十五”以来我国能源消费总量过快增长，10 年增长 2.2 倍，给资源环境带来巨大压力。我国 GDP 目前占世界生产总值不到 10%，但能源消耗已经高于 20%，能源排放的污染气体居世界首位，温室气体占世界总量的 25%，GDP 的能耗、污染排放和碳排放都过高。

国内生态环境制约因素不断加强。环境污染和生态破坏造成的损失占当年 GDP 的3%~4%，一些污染严重地区的环境污染损失已经占到 GDP 的 7% 以上。环境污染已对人体健康产生明显影响。城市空气中颗粒物污染导致的健康危害在城市病死因中所占比例达 13%。环境污染与能源结构和粗放发展方式关系密切。

资源和环境代价过重、结构不良、效率偏低和能源安全是我国能源存在的主要问题。这种背景下，我国能源必须改变粗放的发展方式，开创一条科学的、可持续发展的新型道路，必须“坚持以科学发展为主题、以加快转变经济发展方式为主线”谋划今后的发展。

《能源》：如何理解这“科学产能”的概念，目前我国煤炭的生产是否符合科学产能？

杜祥琬：科学产能是指在持续发展的储量条件下，具有与环境容量相匹配、和相应的安全和环保标准相符合的技术，将资源最大限度高效采出的能力。煤炭科学产能是指在安

全、高效、洁净、环境友好的条件下生产煤炭。

我国现有煤炭产量仅有1/3符合科学产能标准，1/3通过技改和投入能达到科学产能标准，而剩下1/3由于地质条件、技术等限制根本无法实现科学产能标准，应逐步予以淘汰。

根据煤炭组专家的判断，符合科学开采的煤炭产能在20年后预计可达到34亿~38亿吨。假设2020年我国就可实现科学产能34亿吨（24亿吨标煤），再加上水电、油气、非水可再生能源以及核电等可预计产能，则2020年的科学供能约为40亿~42亿吨标煤。当然，实际的经济运行很难完全达到科学产能的要求，可能超过几亿吨，若超过很多，只有靠粗放挖煤来实现，导致资源、环境的约束进一步趋紧。

《能源》：怎样才能做到产能的更加科学？

杜祥琬：首先应该强调节能和总量控制。节能、提效、合理控制能源需求，是能源战略之首。对我国这个人口大国，人均资源短缺的国家，必须确立“人均能耗应控制在显著低于美国等发达国家水平”的战略思想。美国的人口占世界总人口的5%，却消耗世界每年能源总量的20%，这样的人均能耗是不可取的。

其次要努力实现煤炭的科学开发和洁净、高效利用与战略地位。煤炭目前是我国主力能源，煤炭的洗选、开采和利用必须改变粗放形态，走安全、高效、环保的科学发展道路，煤炭在我国总能耗中的比重也可能逐步下降，预期到2030年前后，我国能源发展将出现历史性转折点，煤炭年利用量越过峰值。2050年煤炭在我国总能耗中的比重可望减至40%、甚至35%以下，其战略地位将从主力能源调整为重要的基础能源。

这一过程中，我们应该尽量降低煤炭消费增长速度，使煤炭消费总量较早达到峰值，使一次能源增量尽可能由洁净新能源提供。要树立“煤炭科学产能”新概念，实现煤炭安全高效生产、清洁高效利用。根据科学产能的要求，应该也可以把合理的煤炭安全产能控制在38亿吨以内。

《能源》：您对未来中国实现低碳、高效和绿色发展还有怎样的建议？

杜祥琬：在市场经济的大环境下，在粗放发展的惯性力作用极强的情况下，如果没有一只强有力的宏观调控的大手，就难以实施科学、绿色、低碳的能源战略。必须用强有力的政策手段，抓住“十二五”这个关键期，以降低GDP能源强度，控制能源消费增长速度和数量为抓手，促进发展方式加快转变，尽早走上重质量、重效率、绿色、低碳、节约、创新驱动的发展道路。

在管理体制上，国家应设立能源统一主管部门，全面负责制定能源战略。用战略指导规划，规划落实战略。从经济政策上，要以有力的经济政策为杠杆，倒逼地方和企业节能减排的内在动力。完善能源立法，出台资源税、能耗税、排放税、碳税、物业税、调整能源价格、强化资源管理等政策，完善各类准入标准。

另外，应尽快落实一批关键能源政策，包括进一步发展煤炭集约科学产能，尽快用筛分洗选煤替代动力原煤；除此之外，大力提倡绿色消费和生态文明理念，这些措施也有助于我国低碳、高效和绿色能源的实现。

（发表于《能源》，2011年5月10日）

中国的科学、绿色、低碳能源战略①

摘　要：首先分析了国际能源发展的战略态势和我国能源的形势、存在的主要问题和面临的挑战。接着提出我国能源中长期发展战略的指导思想和原则，强调中国特色的新型能源战略必须体现科学发展观，以科学的供给保障合理的需求。给出了21世纪上半叶我国能源发展阶段的战略定位，阐述了我国“科学、绿色、低碳能源战略”的基本内涵，包括它的6个子战略：a. 强化“节能优先，总量控制”战略，提出了煤炭石油消耗“天花板”的概念；b. 煤炭的科学开采、洁净高效利用和战略地位的调整，提出了“煤炭科学产能”的概念和“洁净化度”的概念；c. 确保油气的战略支柱地位，把天然气作为能源结构调整的重点之一；d. 积极发展水电和非水可再生能源，使之成为我国的绿色能源支柱之一；e. 积极发展核电是我国能源可持续发展的重大战略选择；f. 发展中国特色的适应电源多元化的高效安全智能电力系统，发展非上网等用电方式和储能技术。“科学、绿色、低碳能源战略”是经济与环境双赢的战略，也是应对气候变化国家战略的重要组成部分。“科学、绿色、低碳能源战略”的实施需要强有力的科技支撑，提出了科技支撑的3个层次，给出了21世纪上半叶我国能源发展的展望，最后提出了为实施“科学、绿色、低碳能源战略”的若干重大建议。

关键词：中国能源；中长期；发展战略；绿色低碳

1　前言

能源的科学发展是国民经济和全社会科学发展的基础。21世纪上半期中国经济将经历快速增长阶段、平缓增长阶段，然后过渡到中低速增长阶段并实现第三步战略目标。过去的30年，中国经济高速增长，成就巨大，但也积累了一系列不平衡、不协调、不可持续的深层次矛盾。中国经济已走到了一个必须“转型发展”的关键期，即由比较粗放的发展转向科学发展、由资源的低效高消耗转向资源的节约高效利用、由牺牲环境转向环境友好，由投资、出口驱动转向内需和创新驱动，由低端产业的规模扩张转向高附加值、高质量的发展。就能源而言，“十五”以来我国能源消耗总量过快增长，10年增长22倍，给资源环境带来巨大压力。我国国内生产总值（gross domestic product，GDP）目前占世界生产总值不到10%，但能源消耗已经高于20%，能源排放的污染气体居世界首

---

① 本文作者：杜祥琬，周大地（国家发展与改革委员会能源研究所）。
基金项目：中国工程院重点咨询项目支持。

位，温室气体占世界总量的25%，单位GDP的能耗、污染排放和碳排放都过高。我国煤炭的年产量已达30亿t其中只有不到一半符合科学产能的要求，多半产能达不到安全生产和保护环境、生态的国际标准。我国能源必须改变粗放的发展方式，开创一条科学的、可持续发展的新型道路[1]。需按"坚持以科学发展为主题、以加快转变经济发展方式为主线"谋划今后的发展。

2 能源形势与挑战

世界能源消费由被发达国家主导，开始向发达国家与发展中国家共享市场。且发展中国家的份额逐步上升的格局发展。但发达国家在优质能源（油、气、核电等）消费中仍占主要份额，且人均能耗仍远高于发展中国家。世界化石能源的供需平衡只能满足全球能源需求的低速增长，并进一步趋紧。资源和环境制约、全球气候变化等因素对传统的世界能源格局提出挑战，能源利用将进一步向节能、高效、清洁、低碳方向发展，在今后几十年内，世界能源结构将发生重大变化，进入油、气、煤、可再生能源、核能五方鼎立的格局。世界各主要国家纷纷调整战略，能源新技术成为竞相争占的新的战略制高点，以争取可持续发展的主动权。我国需要在世界能源环境中寻求最优的能源发展战略和路线。

改革开放30年来，我国经济持续高速增长，成就举世瞩目。能源消费也随之增长，能源行业的一系列改革使能源供应能力大幅提高。21世纪以来，能源供应紧跟需求拉动，出现超高速增长，我国会很快成为世界第一能源消费国。如果我国能源消费保持前几年平均89%的增速，则2020年我国能源消耗将达79亿tce，占目前世界能源消耗总量的一半。显然，这种经济增长方式将受到能源资源的严重制约，能源发展趋势必须进行重大调整。为支撑经济社会的科学发展，必须对化石能源消费提出必要的总量控制目标，统筹发展的速度、产业结构和消费模式。

粗放的能源开采与利用导致了严重的环境问题。大气、水、土壤都为经济增长付出了环境代价，随着工业化、城市化进程的加快，环境压力会更大。随着生活的改善，人民的环境诉求也不断提高，要求能源优质化、洁净化。无论对气候变化问题有多少争议，我国能源走向绿色、低碳都是必须的。

资源和环境代价过重、结构不良、效率偏低和能源安全是我国能源存在的主要问题，也是对可持续发展的挑战。同时，我国能源也面临着难得的历史机遇：多年的发展不仅打下了经济和科技的基础，也深化了人们对科学发展观的认识：党中央、国务院进一步强调加快发展方式的转变并采取了一系列重要措施，国家成立了能源委员会；节能减排开始取得进展。可再生能源、核能和天然气等洁净能源发展潜力大……在科学发展观的指导下，制定可持续发展的能源战略，正当其时。

3 我国能源中长期发展战略的指导思想和原则

能源发展战略服务于国民经济和社会发展的宏观战略目标。21世纪中叶，我国将实现中央提出的第三步战略目标，建成中国特色的基本现代化的社会主义国家。这个时期中国的能源如何发展，国内外不同的研究机构给出了各种情景和预测，反映了不同的发展观。按照粗放高速发展的惯性进行外推预测是不科学的。中国特色的新型能源战略必须体现科学发展观。立足国情，总结历史经验，中国的发展模式必须进行重大创新，我国不可能重复发达国家走过的高消耗道路，只能用明显低于发达国家的人均能耗实现现代化。我国能源不可能长期维持前一阶段的增长速度，而必须把资源节约和环境保护作为经济发展的基本目标和制约条件。我国需要逐步降低单位 GDP 能源消费强度，长期支持经济健康发展。尽管我国能源消费总量还将增加，但是发展方式的转变、科学健康合理的消费方式的建立和能源技术的不断进步，将可以使我国用有限的能源消费增长支撑经济和社会发展。我国必须明显提高能效和能源科技水平，并努力引领国际能效和科技水平，为今后长远的发展开创一条可持续的新型道路。

我国可持续发展的能源战略的确定要考虑六项指导原则：科学发展、可持续发展的原则，走中国特色发展道路的原则，节约优先、高效经济、合理调控供需的原则，环境与经济双赢的原则，有差别地确定不同发展阶段、不同地域的战略目标与重点达到总体优化的原则，依靠科技创新支撑和经济手段调控、建设先进能源系统的原则。

4 2050 年前我国能源发展阶段的战略定位

2050 年前的 40 年是我国能源体系的转型期。能源体系的转型指的是：从现在比较粗放、低效、污染、欠安全的能源体系，逐步转型为节约、高效、洁净、多元、安全的现代化能源体系，能源的结构、“颜色”、质量都将发生革命性的变革。2050 年后，我国将拥有一个中国特色的能源新体系，进入比较自由的绿色、低碳能源发展阶段。只要坚持科学发展。我国未来的能源就是可持续发展的，这是一个重要的战略判断。

2030 年前的 20 年，是上述转型期中的攻坚期（困难期）。其间，要花大力气形成节能提效机制，实现新型能源（包括核能、可再生能源等）的突破，确保化石能源的安全环保生产和清洁利用，大力控制污染排放和温室气体排放。还要解决石油安全供应和替代，优化发展电力系统，使农村能源形态显著进步等一系列重大能源发展问题。

2020 年前的 10 年，特别是“十二五”是上述攻坚任务能否完成的关键期，是全面转向科学发展轨道的关键期。在这一时期经济转型应实现重大调整，能源消费增长速度和结构将有显著变化，节能、提效、减排须取得新的明显成效，以能源供需模式的转变推动经济发展方式的转变。

5 能源科学发展观的核心是转变能源供需模式

转变能源供需模式使其由“以粗放的供给满足增长过快的需求”向“以科学的供给满足合理的需求”转变，能源供需模式是转变发展方式的重要组成部分。这里的关键在于对能源供需的科学分析评估，而不是按粗放高速增长作惯性外推预测。为了科学评估能源供需，要回答两个问题：一是能源科学供给能力是多少，其中包括对煤炭科学产能概念的认识、对其他能源发展潜力的技术和经济分析以及对环境容量制约因素的分析；二是未来能源持续高速增长是不是合理的需求。

5.1 能源科学供给能力

以 2020 年为例分析：首先，煤炭科学产能是指在安全、高效、洁净、环境友好的条件下生产煤炭。根据煤炭组专家的判断，符合科学开采的煤炭产能在 20 年后预计可达到

34 亿～38 亿 t 而我国现在每年生产的 30 亿 t 原煤只有不到一半符合科学产煤标准。假设 2020 年我国就可实现科学产能 34 亿 t（24 亿 tce），再加上水电、油气、非水可再生能源以及核电等可预计产能，则 2020 年的科学供能约为 40 亿～42 亿 tce。当然，实际的经济运行很难完全达到科学产能的要求，可能超过几亿 t 若超过很多，只有靠粗放挖煤和增加石油进口来实现，这将导致资源、环境的约束进一步趋紧。

国内生态环境制约因素不断加强。环境污染和生态破坏造成的损失占当年 GDP 的 3%～4%，一些污染严重地区的环境污染损失已经占到 GDP 的 7% 以上。环境污染已对人体健康产生明显影响。城市空气中颗粒物污染导致的健康危害在城市病死因中所占比例达 13%。环境污染与能源结构和粗放发展方式关系密切。

5.2 未来能源需求持续高速增长并不合理

我国单位 GDP 能耗偏高与现阶段的产业结构有关，而产业结构又与我国处在加速工业化、城镇化的发展阶段有关。但应看到，目前已走到必须调整结构转型发展的时刻。表 1 为 2000 年与 2009 年几种高能耗产品产量对比。由表 1 可知，我国高能耗产业已进入饱和期，可以满足相当大规模的基本建设需求。现有产能可满足每年完成 25 亿～30 亿 m^2 建筑竣工面积、10 万 km 公路、7000 km 高速公路、6000 km 铁路、1500 km 高速铁路和改建、新建 20 个机场，已经超出合理建设规模的需求。同时，建筑节能、交通节能等领域节能潜力明显。三大产业结构调整节能潜力大，高能耗产业不应也不可能持续高速增长。

表 1 高耗能产品产量比较

Table 1 High energy consuming products

产品	2000 年			2009 年		
	中国/万 t	世界/万 t	中国占世界比重/%	中国/万 t	世界/万 t	中国占世界比重/%
粗钢	12 770	57 009	22.4	56 800	120 000	47
钢材	14 121	82 847	17.0	69 600	140 000	约 50
水泥	59 700	175 588	34.0	163 000	300 000	54

如果我国 2020 年单产能耗比 2005 年降 44%，2030 年单产能耗比 2005 年降 68%，那时，仍比日、欧的能耗强度高一倍，而今后发达国家的能源强度将继续明显下降。我国能源需求总量还会增长，但不应长期持续保持高增长。我国从人均 GDP 4 000 美元发展到 2 万美元，不能长期依靠初级生产力要素的投入，而要转变到注重质量和效益、创新驱动、内需驱动、健康消费的科学发展轨道上来，必须过渡到以更为先进的产业作为经济增长点的发展方式上来。逐步降低能源弹性系数，既是必要的，也是可能的。

6 我国科学、绿色、低碳能源战略的基本内涵

我国可持续发展的能源发展战略，可概括为“科学、绿色、低碳能源战略”。“科学”是指在科学发展观指导下，在科技进步的支撑下，实现节能提效基础上的科学的能源供需平衡；“绿色”（环保）是指实现环境友好的能源开发和利用；“低碳”是指明显降低温室气体排放强度并控制温室气体排放的增长。污染排放和温室气体排放是两个不同的概念，因而，绿色和低碳也是两个有差异的概念，但在中国能源的具体情况下，二者在工作方向

上高度一致：走向绿色和走向低碳并行不悖。

中国的科学、绿色、低碳能源战略可概括为：加快调控转型、强化节能优先、实行总量控制、保障合理需求、优化多元结构、实现绿色低碳、科技创新引领、系统经济高效。它由以下6个子战略构成。

6.1 战略一：强化“节能优先、总量控制”战略

节能、提效、合理控制能源需求是能源战略之首。对我国这个人口大国和人均资源短缺的国家，必须确立“人均能耗应控制在显著低于美国等发达国家水平”的战略思想。美国的人口占世界总人口的5%，却消耗世界每年能源总量的20%，这样的人均能耗是不可取的。

基于对我国经济结构调整必要性和可能性的分析，对我国单位GDP能耗的分析和结构节能、工业节能、建筑节能、交通节能及社会消费节能潜力的分析，我国的节能提效不仅必要而且可能。这项战略旨在使实现国家第三步战略目标的总能耗（特别是煤炭石油消耗“天花板”）最小化，以较低的能源弹性系数（<0.5，并随时间进一步降低）来支撑经济发展。

把2015年能源消费总量掌握在40亿tce是一个合适的控制目标（这里已经考虑了容忍一定程度的非科学产能）。按2010年能源消费总量325亿tce，“十二五”平均GDP年增长8%、实现5年能源强度下降16%计算，2015年能源消费总量即为40亿tce。16%的节能降耗目标相对保守，实际执行仍然有比较大的提高空间。如果GDP增长速度达到9%，则需适当加大节能力度（能源强度下降19%），仍可把能源消费总量控制在40亿tce。

实现能源消费的总量控制既要控制GDP能源强度，又要控制年均GDP过快增长。“十二五”期间GDP平均增长7%～8%，这已经是一个很积极的高水平增长目标。当前我国面临尽快转变经济发展方式的内外巨大实际需要，从国内经济环境看，目前的高增长率过多依靠投资。投资率过高，一方面过多地挤压了国民收入中的消费比例，使多数普通劳动者的可支配收入增长受到了严重制约，限制了拉动消费性内需。另一方面又进一步扩大产能过剩，使投资效益不断下降。同时由于投资高速增长主要依靠银行信贷扩张，流动性过高问题依然明显，通胀压力持续不减，导致国民财富进一步流失。从国外经济环境看，进一步扩大外需的空间总量有限。同时，继续依靠加工、低价劳动和资源投入从而大量增加进口，已经很难支撑经济增长和提高国民收入。因此，7%～8%的高质量GDP增长既是十分积极的，也是适当的。

6.2 战略二：确立“煤炭科学产能”的概念，努力实现煤炭的科学开发和洁净、高效利用与战略地位调整

煤炭目前是我国的主力能源，煤炭的洗选、开采和利用必须改变粗放形态，走安全、高效、环保的科学发展道路，煤炭在我国总能耗中的比重应该也可能逐步下降，2050年可望减至40%（甚至35%）以下，其战略地位将调整为重要的基础能源。

应该尽量降低煤炭消费增长速度，使煤炭消费总量较早达到峰值。此后，一次能源增量尽可能由洁净新能源提供。要树立“煤炭科学产能”新概念，实现煤炭安全高效生产、煤炭的清洁高效利用。根据科学产能的要求，应该也可以把合理的煤炭安全产能控制在38亿t以内。同时，应普及推广煤炭“洁净化度”的概念和定量描述，使其作为该行业的一个考核指标。

6.3 战略三：确保石油、天然气的战略地位，增大天然气的比重

确保石油在今后几十年的安全供应和能源支柱之一的稳定战略地位。石油国产控制在每年2亿t（或近2亿t）可继续保持几十年，但我国石油储采比较低，对外依存度将进一步走高。石油的战略方针是：大力节约、加强勘探、规模替代、积极进口（消费和战略储备）。

天然气（含煤层气、页岩气和天然气水合物等非常规天然气）是较洁净的化石能源。我国潜在资源较丰富，应该也可能大力发展天然气，并将它放到能源结构调整的重点地位上来，增大其在我国能源中的比重。2030年可达到国内产天然气3000亿m^3，加上进口可达4000亿~5000亿m^2，将占到一次能源的10%以上，天然气将成为我国能源发展战略中的一个亮点和能源结构中的绿色支柱之一。

6.4 战略四：积极、有序发展水电，大力发展非水可再生能源

水电是2030年前可再生能源发展的第一重点。由于其资源清晰、技术成熟，在国家政策上，应在做好生态保护的同时，促进其积极、加快、有序发展。预计2020年、2030年和2050年水电分别达到装机3亿kW、4亿kW和45亿~5亿kW。

因地制宜，积极发展非水可再生能源。太阳能资源丰富，可利用的太阳能发电资源约20亿kW；风能资源大于10亿kW，陆上大于海上；生物质能资源约3亿tce，并有培育的潜力。应尽早使风能、太阳能、生物质能等成为新的绿色能源支柱。

2020年前应重在核心能力的创新和技术经济瓶颈的突破，重点解决风电以提高经济效益、太阳能光伏与光热发电降低成本、间歇性能源并网和纤维素液体燃料技术等，扎实打好基础，做好示范，逐步产业化、规模化。大力推广已有基础的太阳能热利用、生物沼气、积极发展地热能、海洋能。高度重视垃圾的分类资源化利用，实现我国农村的能源形态现代化。

非水可再生能源在2020年、2030年和2050年的总贡献有可能分别达到2亿tce、4亿tce和8亿~9亿tce可再生能源（水和非水）的战略地位将由目前的补充能源逐步上升为替代能源乃至主导能源之一。

6.5 战略五：积极发展核电是我国能源的长期重大战略选择

经过国产和进口并举努力，铀资源不构成对我国核能发展的根本制约因素，核电的安全性和洁净性必须保证也是可以保证的。核能按照压水堆—快堆—聚变堆“三部曲”的基本路线图可实现长期可持续发展。核能绝不仅仅是核电站，而是一个产业链，包括核资源、核燃料循环、核电站、后处理、核废物处置等。在目前压水堆为主的发展阶段，应充分发挥已成熟的二代改进型的作用，发展沿海和内陆电站，同时积极试验和掌握三代技术。推动中国快堆技术加快发展，并支持创新技术。2020年核电可望建成7000万kW，使核能和可再生能源的总和占到总能源的15%以上。2030年核电达到2亿kW，2050年达到4亿kW以上。2050年，核能将可以提供15%以上的一次能源。之后，核电将继续发展，成为我国未来的主要能源之一。

6.6 战略六：发展中国特色的高效安全（智能）电力系统、分布式用电方式和储能技术

在我国能源结构电电力所占的比重将逐步增加，在电力结构中，非火电的比例将逐步增加，而煤电在电力中的比重将逐步下降，2050年可降至35%左右，笔者推荐的电力合理

需求的情景目标见表2。

表2 推荐的电力合理需求情景目标

Table 2 Perspective objective of recommended reasonable electrical power

年份	发电装机/亿 kW	发电量/万亿 kW·h
2020	13 ~ 15	5.6 ~ 6.2
2030	17 ~ 20	1.7 ~ 8.0
2050	25 ~ 28	10.0 ~ 10.8

电力发展面临需求不确定性增大，电源多元化，输配电运行条件日趋复杂。建议政府主管部门牵头。多方参与，分析不同方案，通过科学论证，特别是安全性、经济性论证，做好中国电力发展的规划和电网构架的规划；利用信息技术与电网技术的结合，建设信息化、自动化、互动化的智能电网，达到提高电网的效率、安全性，也使电网有效接纳新能源的目标；做好“风、光、储、输、用”示范工程；重视风电和光电的非上网和分布式用电方式；多种技术并举发展储能技术。

7 科学、绿色、低碳能源战略是经济与环境双赢的战略

实施科学、绿色、低碳能源战略将明显抑制污染气体和温室气体的排放。SO_2 等污染气体的排放，将在目前的基础上逐步下降，并将在2030年前显著解决污染排放问题。中国能源的 CO_2 排放量如果按照近年来的惯性发展下去，将很快突破100亿～120亿 t/a 而按照绿色低碳能源战略会在10～20年后达到峰值（约90亿 t/a）然后下降，在2050年回落到70亿 t/a 以下的水平。之所以确定这样的目标，首先是我国的内在需求，其次这也会在国际舞台上为我国争得战略主动权。

我国承诺2020年比2005年下降40%～45%的碳排放强度主要靠节能、提效来实现，其中以降低能耗强度的贡献为主，发展非化石能源贡献8%～10%，加上化石能源洁净化的贡献共同完成。

8 能源科学发展需要强有力的科技支撑

科学、绿色、低碳能源战略不仅将催生新的经济增长点，也将推动科技创新和抢占新的战略制高点。科技对能源的支撑涉及3个层次：一是基础性研究，包括新材料、新工艺、新概念等的创新，例如，新型太阳能电池、太阳能热发电新概念与技术、纤维素乙醇中酶的研究、微藻液体燃料研究、超导材料的应用、裂变聚变混合堆新概念等；二是新技术的创新，解决发展的技术瓶颈，例如，煤炭的高效安全洁净开采技术、煤气化多联产技术、新脱硫技术、间歇性能源并网和分布式用电技术、核燃料后处理和核废料处置、碳捕捉利用和储存技术、新能源汽车技术、海洋能利用技术、储能技术等；三是重大工程项目和战略性产业的支撑，例如，节能技术与工程、快中子实验堆工程、能源资源的勘探、百（千）万屋顶太阳能工程、“风、光、储、输、用”示范工程、煤的洗选技术推广、水电工程、非常规天然气开发、智能电网等。

“十二五”期间需重点支持的领域和项目包括推进水电、核电和天然气的发展、加快煤炭洁净化和安全生产，支持非水可再生能源的创新发展，采取有力措施改变汽车业和建筑

业的发展模式等。建议国家统筹规划，分渠道落实。

9 21世纪上半叶我国能源科学发展的展望

实施科学、绿色、低碳能源战略，预期到2030年前后我国能源发展将出现历史性的转折点，其标志是：节能、提效达到国际先进水平，开始引领世界节能潮流；煤炭科学高效安全生产和洁净化达到先进水平：煤炭消费量得到控制：核电实现大规模发展并突破实验快堆技术；天然气和水电的开发取得大幅度进展：能源结构得到明显调整，CO_2 的排放量达到峰值；太阳能发电、风电和生物质能等突破技术经济瓶颈，走上大规模快速发展道路；能源科技创新能力显著提高，达到国际先进水平。

实施科学、绿色、低碳能源战略，预期到2050年，我国将基本完成能源体系的变革，实现能源供需模式的科学平衡。能源结构中，洁净能源将占一半以上，并呈继续增加势头，为下半世纪的发展打下坚实而良好的基础。2020年、2030年、2050年我国基于科学产能和用能的一次能源结构如图1和表3所示。

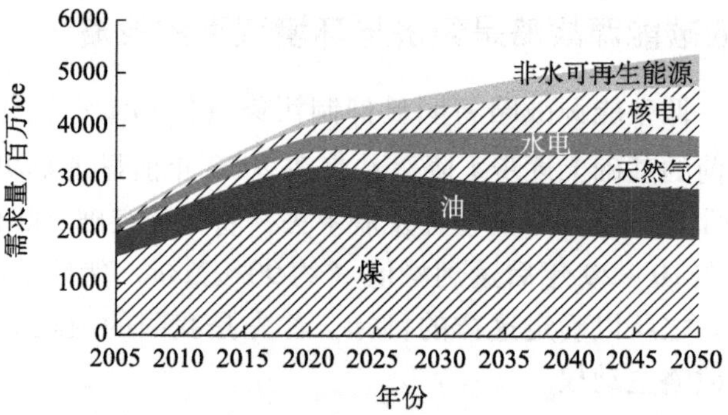

图1 基于科学产能和用能的一次能源结构示意图

Fig. 1 Structure scheme of primary energy based on scientific productivity and utility

表3 基于科学产能和用能的一次能源结构情景

Table 3 Structure scerario of primary energy based on scientific productivity and utility

（单位：亿 tce）

年份	能源总量	煤	油气（含煤层气等）	核电	非水可再生能源	水电
2020	40 ~ 42	22 ~ 24	约11.5	约1.7	约2	约3
2030	46 ~ 48	20 ~ 22	约13.5	约4.5	约4	约4
2050	56 ~ 58	18 ~ 20	约15.5	约9	约8.5	约5

注：表中的数据并非对实际能耗量的预测，而是“以科学的供给满足合理的需求”为基础实现供需平衡的情景，实际的一次能源总量可能超出数亿吨。如果超出过多，有两种可能：一是煤炭的供需量显著超出了科学产能的实际能力，使我国资源环境和能源安全态势更加趋紧，这是科学发展不希望出现的一种情况；二是清洁能源（核电、可再生能源、天然气）的发展显著超出该战略的估计，这是我们所乐见的，该战略提出的控制总量“天花板”不包括上述各种清洁能源

10 实施科学、绿色、低碳能源战略的重大建议

在市场经济的大环境下，在粗放发展的惯性力作用极强的情况下，如果没有一只强有力的宏观调控的大手，就难以实施科学、绿色、低碳的能源战略。必须用强有力的政策手段，抓住“十二五”这个关键期，以降低GDP能源强度、控制能源消费增长速度和数量为抓手，促进发展方式加快转变，尽早走上重质量、重效率、绿色、低碳、节约、创新驱动

的发展道路。需要综合运用体制机制改革、管理调控措施、经济政策、法律、行政措施、科技创新和文化创新推进等手段，形成科学的政绩考核体系和节能减排的长效机制，为绿色、低碳发展提供有力保障。

（1）管理体制。国家设立能源统一主管部门，全面负责制定能源战略。用战略指导规划，规划落实战略。能源政策、法规标准和经济调节手段要按战略和规划的要求调整。以有力的宏观调控手段调整结构、大力节能、转变发展方式；对能源新产业，主动进行优化引导；对争议较大的能源重大决策，通过科学程序主动决策，使我国能源有序健康发展。对各级政府和企业，完善科学的考核指标体系，在 GDP 的增速上，强调又好又快，不宜追求两位数的增长，注重发展的质量、效益，把节能、绿色、低碳的要求作为硬指标，列入考核体系。引进化石能源消费总量控制目标，以防止盲目扩大投资，避免单纯追求 GDP 增速。

（2）经济政策。以有力的经济政策为杠杆，倒逼地方和企业节能减排的内在动力。完善能源立法，出台资源税、能耗税、排放税、碳税、物业税、调整能源价格、强化资源管理等政策，完善各类准入标准、技术标准，提高节能标准，严控高耗能产品出口，鼓励高附加值产品出口，从制度上引导低耗能建筑、节能减排汽车，促进建筑业和汽车业的健康发展，适当控制我国汽车拥有率，严控高能耗产业的增长，大力发展生产性服务业。在“十一五”节能减排工作成效的基础上，“十二五”再实现约 20% 的节能降耗目标是必要的，也是可能的。

（3）尽快落实一批关键能源政策。包括进一步发展煤炭集约科学产能，尽快用筛分洗选煤替代动力原煤；恢复水电项目审批；利用已有成熟核电技术加快内陆核电建设：全面提升天然气加速发展所需要的体制和管理环境：加强可再生能源科技研发投入，解决可再生能源发展的系统瓶颈，调整政策支持方向：对电力发展进行包括电源和电网结构布局的系统优化规划等。

（4）建设国家级的能源科技研发机构和平台，加快能源重大科技攻关。增加能源科技投入，对洁净煤技术、高效能源利用技术、先进发电技术、新型用能技术、新型核电技术等，制定具体的发展路线图并进行国家主导的科技攻关。建立新能源发展专项基金，把支持的重点放到科技研发和工程示范上去，突破技术经济瓶颈，培养能源新科技人才，促进自主创新，增强核心能力，争占能源发展的战略制高点。

（5）大力提倡绿色消费和生态文明理念。把资源承载能力和生态环境容量作为经济活动的制约条件。从各级政府机构带头，到全民素质的提高，倡导适合中国国情的“健康的物质消费、丰富的精神追求”的消费方式、生活方式，加强与生态文明相应的精神和文化建设，使“两型社会”建设落到实处。

“中国模式”在探索中，中国人必须创造一条可持续发展的新型道路，科学、绿色、低碳能源战略是这条道路的要素。这条道路的创新，将是中国对人类做出的最重要的贡献。

参考文献

[1] 中国工程院中国能源中长期发展战略研究项目组. 中国能源中长期（2030，2050）发展战略研究：综合卷［M］. 北京：科学出版社，2011.

China's Scientific, Green and Low Carbon Energy Strategy

Abstract: This article first analyzes the strategic trend of energy development in the world, and the current situation, problens and challenges of energy in China. Then it proposes the guiding thought and principles for China's mid-long term development strategy of energy, emphasizing that a new energy strategy with Chinese characteristics must incorporate the Scientific Outlook on Development and it will secure the rational demand by scientific supply. The article defines the strategic position of different development stages of China's energy in the first half of the 21st century, and sets forth the basic content of "China's scientific, green and low carbon energy strategy" and its 6 sub-strategies. The sub-strategies include a. to strengthen the strategy of "saving first with control of the total", introducing a concept of "ceiling" for the consumption of coal and oil; b. to explore coal in a scientific way and to use it in clean and high efficient way and to adjust its position in China's energy strategy, introducing the concepts of "Scientific Producing Capacity of Coal" and "Degree of Clean Use of Coal"; c. to secure the strategic pillar position of oil and natural gas, taking naturalgas as one of the key points in adjusting the energy composition; d. to actively develop hydro power and non-hydro renewable energy, developing them into one of the green pillars to China's energy; e. to actively develop nuclear energy taking it as a strategic choice for the sustainable development of China's energy; f. to develop highly efficient, safe, and smart grid system adoptable to multi-power sources characterized in China, and to develop off-grid power using and energy-storage technologies. "China's scientific, green and low carbon energy strategy" is an economy and environment "win-win" strategy, constituting an important part in the national strategy addressing the climate change. As the implementation of "China's scientific, green and low carbon energy strategy" requires strong support of science and technology, the article proposes 3 levels of support by science and technology. It also gives the perspective of development of energy in China in the first half of 21st century. Finally, it proposes several critical suggestions to the implementation of the above strategy.

Key words: China's energy; mid-long term; development stategy; green and low carbon

（发表于《中国工程科学》, Vol. 13 No. 6, 2011 年 p. 4;
《人民政协报》《科技日报》《节能与环保》等转载）

再也不能这样过

——由对发展模式的反思谈能源利用之道

能源和环境是跟我们每一个人都息息相关的问题，是为了我们国家的健康发展和民族复兴必须解决好的一个重大问题，也是全球关注的一个焦点问题。但是，这个题目很大，内容也很多。这里，我会尽量给大家提供一些全局性的信息和一些战略性的思考，其中也有一些我自己的提法和认识。

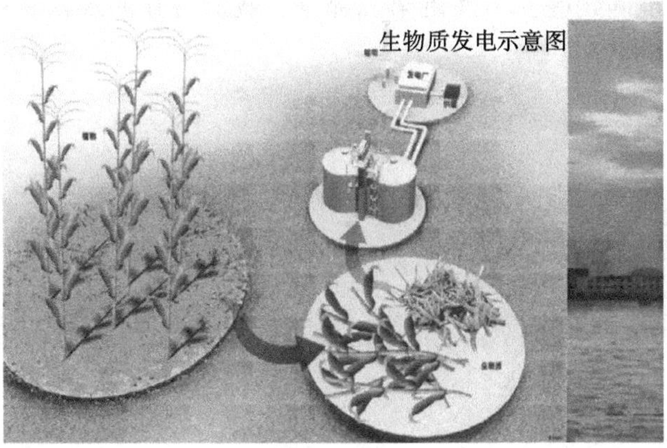

1　对发展模式的再认识

改革开放 30 年来，我们国家的发展非常快，这一点是举世瞩目的。现在世界上大国的标志由几个主要的数字来衡量：一个是国家的 GDP 总量，一个是进出口贸易总量，再一个是它的外汇储备总量。就这 3 个数字来说，我国都发展得非常快，当然还有很多其他的标志。大好形势和重大成绩这里我就不讲了，我要着重讲一讲我们的问题。我认为讲问题不是对国家没有信心，恰恰相反，越是认识到国家存在的问题，并且去思考、解决这些问题，我们就越有信心，所以我今天要着重讲问题和如何解决问题。

我们需要冷静地分析一下，这个阶段的经济成就在很大程度上是依靠几个生产要素的大量投入：消耗了大量的自然资源，付出了沉重的环境代价，靠人为的投资拉动，靠大量引进国外的技术，靠国内廉价劳动力。我就列这 5 条，至少这 5 条因素是起了重大作用的。这 5 条可以说是一种典型的、粗放型的发展模式。

这种经济的本质特征，大家一听就会明白，它是不可持续发展的。或者说是一种低门槛的经济，很容易进入，在一段时间里面可以高速发展，但是长时间是不行的。形象地说，我们现在出口好几亿件衬衫才可以买回一架“空中客车”，也就是说我们的经济是低附加值的比较多。当然高技术也有发展，但非常不够。一旦像资源、环境、能源这些要素出现制约，我们的经济就会出现问题。大家的钱确实多了，人民普遍比较富裕了，但是污染导致人民生活品质、健康状况的下降，也是值得我们重视的问题。廉价劳动力的优势将逐渐丧失，现在已经开始感觉到了，“人口红利”会变为“人口负债”，再过些年，我们国家老龄化社会的负担会非常重，而成本的价格优势会导致对出口的依赖和贸易顺差。我们现在已经感到对本国货币升值的压力。

美国有一个经济学家叫布朗，他把现在这种经济模式称作“A 模式”，他写了一本书叫《B 模式》，他提倡 B 模式。他提出：“西方那种以化石燃料为基础、以小汽车为中心，一次性产品泛滥的经济模式，是一种应该被淘汰的，使人类文明陷入危机的模式。”美国人自己也有这样的认识，问题在于一个国家能不能及时而有效地改变发展模式，从所谓的“初级要素导向阶段”转变到“创新导向阶段”，这就是中央为什么提科学发展观、建设创新型社会的缘故。

经济社会发展的重要瓶颈就是能源和环境，如何在科学发展观的指导下来分析和解决我们国家的能源和环境问题呢？下面讲第二部分，我们现在的现状和存在的问题。

我们国家目前主要发展基于核裂变的PWR电站

2 我国能源、环境现状和存在的问题

从 1978 ~2000 年，中国用能源翻一番支撑了国民经济翻两番，这是一个基本的事实。但我们的能源消费也在不断增长，这里面有一个标志，从 1992 年开始，中国的能源消费超过了能源生产量，就是说，我国的能源开始不能完全自给了。所以，我们的石油安全问题、石油储备问题不解决好，将来会是个大问题。

下面归纳一下我国能源存在的三个基本问题，给大家一点宏观的线条。

第一，人均资源少，供需有差距。现在我国的人均能源消耗约是美国的十分之一，所以我们的人均消费水平应该说还是低的。

第二，能耗强度高，效率低。我国发电、冶金、建材、化工、交通等产业消耗全部一次能源的 80% 左右，单位产品能耗平均高于国际先进水平 20% ~30%。农村能源形态还比较原始、比较落后，也有浪费，而且还污染环境。

第三，结构不良，污染严重。我国的煤炭很丰富，这决定了我国能源长期以来是以煤为主的能源结构。

总而言之，中国国情的最大特点是人口众多，因此尽管人均能耗还远远低于一些发达国家，但是能源需求总量大，而且随着我们的经济增长，能源总需求还在增加；加之我国以煤为主的能源结构不良、能源效率低，结果对环境的污染日趋严重。这既影响人民的生活质量，又面临很大的国际压力。

3 我国能源、环境可持续发展的五大基本战略

发展战略之一：节能、提高能源效率是一项巨大的、廉价的优质能源，是零污染的绿色能源

先给大家一个概念：需控制消耗总量，即“总量控制”。若总量控制不住，就必然导致很多问题。我想可以从以下 4 个方面入手。

一是要真正落实“又好又快”的方针，而不是“越快越好”。要转变发展模式，适当抑制 GDP 的增速，以更有力的措施防止“偏快变过热”。

二是要构建节能的制度体系。制定相应的政策、法规、标准、监督机制和问责制，运用经济的、行政的、技术的和思想舆论的手段，使节能走上法制的轨道，同时使节能成为深入人心的社会文化。

三是构建以技术保障体系为支撑的节能、高效的生产体系，转变增长方式。节能的具体办法很多，这里面有很多具体的技术问题。比如，要调整产业结构，要调整二产、发展三产；要开展工业节能，关、停高耗能、高污染的落后企业，淘汰落后生产力，改造锅炉、电机等，提高能效，发展循环经济。再就是注意建筑节能、交通节能、照明节能。而政府机构带头节能，具有重要的示范、表率作用。

四是在全社会倡导构建节约型的消费体系。要在全社会倡导“适度的物质消费、丰富的精神追求”的生活方式，反对“攀比奢华”的不良风气。归纳一句话：节约是一种发展，我们讲发展是硬道理，节约本身也是硬道理，节能是一种能源。提高全民节约、环境保护的意识和素质是我国可持续发展的大计。

发展战略之二：多元发展，加快发展可再生能源和核能，改善能源结构

发展可再生能源是国际趋势，为后石油时代及早作好准备是明智的。我国可再生能源资源丰富，一部分技术已成熟，有的将通过研发走向成熟。从长远看，洁净的可再生能源在我国能源中的比重将是举足轻重。发展可再生能源是我国能源与环境双赢的正确战略选择。

一是水电有发展潜力，我国到 2020 年可以达 2. 6 亿千瓦。

二是风能，中国风能资源丰富，开发潜力大，可大幅度补充 2050 年所需电力的缺额。风力发电是目前中国最具有大规模产业化前景的可再生能源。

三是太阳能，太阳能资源丰富，而且洁净，有利于环境保护。中国是世界上最大的太阳能光热利用国家，太阳能热水器中国是世界第一。光热也可用于发电，建设上规模的光热电站。2008 年，北京奥运村 80% 的路灯采用太阳能供电。中国正在西部实施大规模的光电计划，为边远地区的居民提供电力，已建立 7 座光电站。

四是生物质能，生物质能资源丰富，以非粮的农、林废弃物和荒地种植作物及垃圾为主。主要发展方向是：沼气、生物质发电、生物乙醇、生物柴油、生物质颗粒燃料等；垃

核电在我国大力发展

圾燃烧发电或以其他方式资源化也是一个重要的方向，用好了是一笔财富。国家已颁布“可再生能源法”和若干配套政策，扶植可再生能源的发展。发展可再生能源可以做到“不与人争粮，不与粮争地，不损坏生态环境”。

五是核能，国家已经明确了积极发展核能的方针，核能不属于可再生能源，因为它要消耗铀，但它是一种洁净能源，比火电要干净得多。现在我们国家目前主要发展基于核裂变的 PWR 电站，例如秦山核电站、大亚湾核电站等。同时，对未来的受控核聚变的前期研究给予了应有的重视。

发展战略之三：大力推进煤的洁净技术，使煤这个黑色能源绿色化

这既是能源战略又是环境战略，使这个可爱又可恨的“黑煤老大”变成人类绿色的好友。

具体怎么让它洁净化呢？有 4 个途径：一是在目前的火电站大力推广脱硫、脱氮技术、污染排放控制技术；二是提高燃煤效率，加强超临界和超超临界火力发电技术应用，淘汰落后的发电机组；三是加强煤燃烧技术的研发和推广；四是研发碳捕捉及封存和整体煤气化联合循环技术及二者的结合。

煤的洁净化利用有多种技术途径，需要更有力的研发推广措施，制定具体定量的发展目标。

发展战略之四：加强国内资源勘探，利用国外资源作补充

国内资源勘查程度很低，目前探明储量占资源量：煤炭 20%，石油 20%，天然气

水青山绿

太阳能在我国得到广泛应用

6.5%，还有相当的潜力。

我们的石油是一个缺口，现在石油探明储量虽然只有20多亿吨，但是据估计有200亿吨的存储量有待开发，完全有开发前景。据专家估计我们天然气的探明率只有6%，所以还有很大的改善和发展的前景。我们解决石油的问题，一方面靠自己节约，一方面靠替代石油，然后适当地进口。

发展战略之五：强化环境保护，建设生态文明

“从一个号令自然的主人，到一个善待自然的朋友，是一次人类意识的深刻觉醒，也是一次人类角色的深刻转换。”要实现在环境方面三个历史性的转变：环境保护与经济发展要并重；环境保护与经济发展要同步发展，互相优化；从主要依靠行政手段，转变为综合运用经济、技术和必要的行政手段解决环境问题。实现“环境友好型社会”的目标：环境友好型社会要在环境文化的支撑下，实现经济与环境双赢，实现社会经济活动对环境的负荷最小化，将其控制在资源供给能力和环境自净容量之内，形成良性循环。

要建立节能减排优先的政绩考核制度。对各地和企业制定强制性的排污总量的控制目标和完成期限，并建立相应的监测、监管、预警和问责制度及执法体系。实施强化前端和中端减排的全过程减排战略。发展CDM，推动学、研、产、官的结合。采取更有力的生态保护与恢复措施，原则是：“谁开发谁保护、谁破坏谁修复，谁受益谁补偿，谁排污谁付费。”从末端治理转向源头治理为主。污染防治的重点是：水、土、大气。对新技术的环境后果进行全生命周期的评价。在能源、环境、生态领域发展国际合作，推动科技进步和创新。

中国能源和环境的可持续发展是有路可走的，但走好这条路并不容易，需要付出巨大的努力。在这个过程中，应在科学发展观的统领下，实现以下三个方面的转变：第一是从“高资源消耗、高污染排放、低经济效益”的“两高一低”发展模式，转变为“资源消耗少、环境污染小、经济效益高”的“两低一高发展”模式；第二是人与自然的关系从对资源掠夺式开发、对生态环境严重破坏，向“人与自然和谐”转变；第三是通过有规模的生态建设，修复受损的生态环境，从“生态赤字”向“生态盈余”转变，走向生态文明。

（发表于《科技潮》，2010 年 3 月 5 日，p. 22）

创绿色低碳能源之路

应对气候变化是一个新的、长期的斗争领域。哥本哈根气候会议既是一个论坛，也是一场没有硝烟的战争，中国练好内功是根本。我国在维护发展权的同时，主动作出降低碳排放强度的承诺，不仅体现了负责任大国的态度，更是我国转变发展方式、真正走科学发展之路的内在需求。其中，核心的内涵就是：绿色、低碳的中国能源发展战略。

中国转变发展方式刻不容缓。中国集中精力建设才 30 年，进展已经非常可观，但分析后发现，此阶段的成就很大程度上是靠几个初级生产要素的大量投入。有数字显示，我国经济快速增长的同时，能源的消耗也过快增长。2000 年，我国的总能耗 13 亿吨标准煤，到 2008 年时已是 29 亿吨标准煤，增长的方式是资源消耗型，压缩性的工业化进程带来复合型环境问题，所以我们的经济增长方式是以牺牲环境为代价的。

我国的 GDP 总量占世界 GDP 的 6%，但是我们消耗了全世界 31% 的煤炭以及 7.5% 的石油。生产同样多的东西，我国的耗能是其他国家的好几倍。因此降低单位 GDP 的能耗不仅是可能的，而且是必要的。我们必须创新自己的发展方式，由粗放型发展转变为创新型发展，要实现经济和环境的双赢。

使中国走向低碳、绿色经济、环境双赢的能源战略，概括为“低碳、绿色能源战略”，降低温室气体排放叫低碳，降低污染气体排放叫绿色。低碳和绿色是两个有差异的概念，但就中国能源的具体情况来看，这是两个大方向高度一致的概念。我们走向低碳的同时，也就走向了绿色。“低碳、绿色能源战略”的具体内涵是：通过三个子战略，发展三种概念的绿色能源，走出一条中国特色的新型能源道路。

战略之一，大力节能，提高能效，控制总量。在中国节能就是一大能源，节能提效使能源总量尤其是煤炭、石油等化石能源总量最小化。我们通过减量法来节能，具体来说就是消耗比较少的能量和资源，通过循环再利用，使产生的废弃物总量减少，这种循环经济在全国很多企业推广，具有很大潜能。

战略之二，洁净化利用化石能源，特别是煤炭，使这一黑色能源“绿色化”。煤炭目前是我国主力能源，贡献大，但较粗放。煤炭在总能源中的比重应逐步下降，其战略地位将调整为重要的基础能源。天然气石油是第二大能源，而且天然气比较干净，利用的方针是大力节约，研发替代，加强勘探，适量引进。

战略之三，加快可再生能源和核能发展，使其成为中国能源的绿色支柱。可再生能源有水电、风能、太阳能、生物能源等。通过三个战略，我们既走向了绿色，也走向了低碳，在中国走向低碳和绿色是高度一致的。

低碳、绿色，中国能源的可持续发展之路始于本世纪上半期，我国宏观经济发展将经历高速增长期、稳定增长期到平缓增长期几个阶段。这个过程中，中国将实现工业化、城镇化，我们必须同步推进以工业文明向生态文明的过渡，以实现能源和环境的双赢，改变我们的社会形态，同时改变我们在国际上的形象。

能源战略的转型，是要把目前中国一个比较粗放污染的能源体系，初步转型为洁净、高效、节约、多元、安全的现代化能源体系和能源结构。节能提效、煤的洁净利用、发展核能，利用可再生能源共同支撑着中国的绿色低碳能源。同时还有低碳的生活方式以及碳的捕获利用和存储，将渐渐使人类走向生态文明的阶段。

（发表于《中国科技奖励》，2010 年第 6 期，p. 7）

智能电网应做“顶层设计”

中国要发展智能电网，首先要做好概念设计、顶层设计。在战略指导下做好规划、规划指导下做好方案，为了实施方案先做好示范。

1　中国能源战略转型势在必行

中国能源需要很好的战略思想，概括地说就是绿色低碳能源战略。绿色低碳能源战略包括中国能源战略的转型，从目前比较粗放、污染、低效、欠安全的能源体系，通过几十年努力转变为比较洁净、安全、高效、现代化的能源体系。这个能源体系包含非常丰富的内容，是个重大的战略。

能源战略一定要成为国家发展方式非常重要的基础性支撑。中央最近比过去任何时候，都更强调加快发展方式转变，加快发展方式转变包含一个能源体系的转变，也包括能源供需模式的转变。我们有一段时间发展很快，供需模式粗放，那种要多少就给多少的需求，不是非常好的模式。应该把它转变成一个“以科学的供给满足合理需求”这样的模式。为什么这样提？因为我们现在社会上需求未必都是合理的，也包含一定的浪费，我们要满足的是真正的需求，合理的需求，同时要有科学的供给。

电力是能源行业的重要部分，随着经济社会发展，电力在整个用能当中的比例可能还要增加。而电网又是电力行业中非常重要的一部分，电网企业作出了重要贡献。

电网的建设是一件大事，在中国发展新阶段，也对电网提出新的要求，电网本身也需要科学发展战略，也将面临新的挑战和机遇。电网公司作为国有大型骨干企业，从国家角度要有一个全面、科学的战略思考，在战略指导下做好规划、规划指导下做好方案，为了实施这个方案先做好示范，因此以较高的社会责任感制定方案、规划都是非常必要的。

2　智能电网应看重内涵

美国人很善于起名字。戈尔提“数字地球”，另外有人提“智慧地球”。无非是把我们生活的星球做个信息化的表达，比如称作“信息地球”也挺好。对于“智能电网”概念，应不重名字，而在内涵，怎么理解“智能电网”？现在有媒体开始有评论，“智能电网”在国外还是“三无”，无实际的应用、无成熟的技术、无标准等。出于科学发展考虑，要重视不同的声音，大家都可能理解不一样，对于国外的东西要参考，但是一定要结合中国的特色、中国的国情。

怎么理解中国的“智能电网”？中国电网发展并不是在一张白纸画一幅新图画，我们面临的是在已有基础上研究如何提高改进、提升电网的问题。我们之所以提“智能电网”，实质是把这20年迅速发展的信息技术和电力技术结合，将信息融入各个领域，因此，我理解“智能电网”就是信息技术和电力技术结合。

具体到特征而言，我理解智能电网目的是实现高效节约、安全可靠、新能源友好，而信息化、自动化、互动化是手段。

这个概念设计里面包含信息技术，比如双向电源端、用户端的测量、控制、互动，其实双向也可以说“三向”：首先，电源端不断变化，比如新能源并网后需要有一定功率预测；而用户端也是在不断变化，峰谷负荷预测也是一个难点；另外，环境同样需要监测，环境极大影响电网本身，对此必须要有信息测量。电源端、用户端、环境端都需要智能信息技术，需要做好测量、预报、控制、互动。电力技术本身又涉及到电源、电网的输送、电能的储存、变电、用电调度，又把信息技术有机融合到了一起。

> 中国电网发展并不是一张白纸画一幅新图画，我们之所以提“智能电网”，实质是把这二十年迅速发展的信息技术和电力技术结合，将信息融入各个领域，因此，我理解“智能电网”就是信息技术和电力技术结合。其特征是高效节约、安全可靠、新能源友好，而信息化、自动化、互动化是手段。

3 第一位是概念和顶层设计

中国要发展智能电网，首先要做好概念设计、顶层设计。我看了很多关于智能电网文章，中国到底建成什么样的智能电网、特高压电网、坚强电网，在现有电网基础上如何发展、如何提高？为了做好这样的概念设计、顶层设计，我觉得一定要科学论证，这个论证应该是综合性的，技术、经济、环境要做综合性的论证。我们建设一个什么样电网在技术上是可行的、经济上是划算的、环境上是友好的，是符合中国国情的。先把概念设计在业内专家层面高度统一思想，为国家决策真正提供很好、比较成熟、可以操作的方案。

> 什么是顶层设计？我的建议是这样，国家主管部门牵头、有关部门共同参加，跨部门、跨单位组成专家群体，提出一个概念和设计，当然，电网公司肯定要发挥重要的作用。

国家能源专家咨询委员会与电力专业委员会，去年年初曾经研讨撰写了一个《关于加强我国电力规划建议》的报告，开始规划包括电网顶层设计的问题。怎样做顶层设计？我的建议是这样，国家主管部门牵头、有关部门共同参加，跨部门、跨单位组成专家群体，提出一个概念和设计，当然，电网公司肯定要发挥重要的作用。

发展智能电网，其标准制定包括技术标准和管理标准，要走在前头，要让标准指导实际工作。如果标准体系的建立能走在国际前列，也是非常值得我们做的事情。

4 新能源与电网如何友好

这个是我们现在没有解决的问题。国家电网公司的张家口风光储示范工程，抓住了一个瓶颈问题，就是间歇性的风、光能源资源，如何与电网互相融合，这本身需要示范。张家口示范成功后，还需要明确，如果有更大、更高功率的风电在内蒙古、新疆发展起来，这一套风光储能技术能否推广？也就是将来面对更大功率的新能源并网，它的可放大性如何？示范项目应必须给出一个答案。让电网对新能源友好，反过来说，如何让新能源对电网友好，我的看法是风电可以自己找其他用途，自己来削峰，让电网少承受一点，用它做别的事情，比如做海水淡化等。

> 国家电网公司的张家口风光储示范工程，抓住了间歇性的风、光能源资源，如何与电网互相融合的瓶颈问题，这本身需要示范。示范成功后，还需要明确，将来面对更大功率的新能源并网，它的可放大性如何？

由此我想到另外一个需要我们扎扎实实攻关的方向，就是储能技术，比如说风很强的时候到底怎么来储能？储能手段有几种？抽水蓄能无疑是很好的储能方式，但中国风电强的地方水都不够，怎么办？一个办法就是化学储能，这显然是重要的途径，但是提高化学储能能力的密度、总量规模还是一个新的挑战。现在从发电潜力来讲，太阳能可以说是最大的，据我们研究成果，扣除不可利用的因素，可利用的太阳能光伏发电装机容量约为20亿千瓦、风能约为10亿千瓦。还有物理储能，比如可以用热的方式，用沙漠、石头储存起来然后放出来等。

实际上，中国的用电方式也需要调整，用电通过电网是大头，这是由中国能源分布不均衡特点决定的，我国能源资源大部分都在西北，用电负荷都在东南，不均衡性造成我们不得不输电、或者输煤加输电。但是用电也不一定全部经过大电网，有其他方式比如分布式用电可以采用，虽然目前能够消耗的总量上不明确，这种用电形式对边疆、新农村建设的重要作用不可小视。又比如边防哨所，可能就只需要一个风电机就可以解决用电问题。而微网在中国也值得关注。

（发表于《能源评论》，总第15期，2010年3月，p. 26）

低碳能源战略：
中国能源的可持续发展之路

全球气候变化和世界金融危机再次警示人们：人类面临着共同的可持续发展问题。世界各国不约而同地把眼光投向新能源，以期为人类创造一个永续发展的基础，同时，通过占领新能源技术这个战略制高点，把人类社会转型到创新驱动的发展方式和生态文明阶段。

对于中国这个人口众多、人均资源短缺的国度，这个转型更为紧迫和意义重大。为此，中国需要制定经济和环境双赢的能源战略：低碳能源战略。

中国的低碳能源战略由以下几个子战略为支撑：

第一，大力节能，提高能效，控制总量。使实现我国第三步战略目标所消耗的能源总量，尤其是煤炭、石油等化石能源总量最小化。研究表明，强化节能，可将年能耗控制到：2020 年小于 40 亿 Tce，2030 年约 46 亿 Tce，2050 年约 56 亿 Tce。

第二，高效、洁净化利用化石能源，使这一黑色能源逐步“绿色化”。煤炭目前是我国压倒性主导能源，贡献大，但较粗放。煤炭在总能源中的比重应逐步下降，2050 年可压至 40% 以下。煤炭年消耗的绝对量，近一二十年内仍会有所增加，经努力，约在 2030 年达到峰值。以后，总能源的增量将由清洁新能源补充。煤炭的洁净度、安全性和利用效率将逐步提高。煤炭的战略地位将调整为重要的基础能源。

第三，加快核能和可再生能源的发展，使其逐步成为中国能源的绿色支柱。核能属于公认的可再生能源，我国的铀资源原则上不构成对中国核能发展的约束。核能必须与产业链和政策配套、协调发展。中国的核电站都是属于热堆，我们已经启动了快堆，再下一步是聚变堆。这是中国核能的三部曲，核能是可持续发展的。

水电 2020 年的装机有可能达到 3.4 亿千瓦，2050 年会达到 5 亿千瓦左右。中国的太阳能、风能资源足够大，也有可能逐步长大；但需逐步突破技术、经济瓶颈，发展新的用能方式，积极、扎实、有序发展；从全寿命分析看，可以达到低碳。另外，从全社会分析来看，生物质能发展应当多种形态，重点应是液体燃料替代和沼气、地热、海洋能等。

总而言之，可再生能源地位可以从现在的补充能源发展到替代能源，进一步发展到主流能源之一，最后发展到主导能源之一。当然，为适应可再生能源发展，需构建智能电网和发展储能技术。

21 世纪上半期是中国能源发展的战略过渡期、转型期，我们要将目前比较低效、粗放、污染的能源体系，逐步转型为洁净、高效、多元、节约、安全的现代化能源体系，能源结构、颜色和质量将发生革命性变革。从半个世纪后的长远看，中国能源是可持续发展的。

（发表于《能源》，2009 年 12 月，p. 18）

以科学供给满足合理需求

——在第四届绿色财富（中国）论坛上的发言

低碳能源战略是经济环境双赢的能源战略，其主要包括3个子战略：一是大力节能、提高能效和控制总量；二是洁净化地利用煤炭，使这一黑色能源绿色化；三是加快可再生能源和核能的发展，使其成为中国能源的绿色支柱。中国能源的主要缺口是石油，必须大力节油，尤其是公路交通节油。中国不能把车多作为现代化的一个指标，要发展各种各样的节能减排汽车；全国每年的照明用量大约是3000亿度电，改为用节能照明可节约1000亿千瓦/年；各级政府机构要带头节能；必须提倡中国特色的消费方式、生活方式，构建节约型消费体系。在全社会倡导“适度的物质消费，丰富的精神追求”的生活方式，反对攀比奢华的不良风气。中国的人均能耗、人均轿车数、人均排污量、单位建筑面积能耗等必须控制到显著低于国际水平，这是节约型社会的必然内涵，也是创新中国经济增长模式的必然要求。现在、美国的人均能耗是中国的6倍。美国人口约占全世界人口的5%，他们消耗了全世界25%的能源。如果中国人每一个人的人均能耗达到美国水平，就意味着全世界的能源都要被中国消耗。中国的人均能源要控制到显著低于发达国家水平，这是建设中国特色社会主义的一个必然内涵，这个问题需要思考。初步判断认为，本世纪上半期是中国能源发展的战略过渡期、转型期。今后20年是这个转型期中的攻坚期或者是困难期。新型的洁净能源需要突破，煤炭的洁净化利用需要付出巨大的努力，节能提效要花大力气，石油替代需攻关，电力系统要解决一系列重大问题。我们要建立新的能源供需模式，以后要转变到以科学的供给来满足合理的需求。

科技经济联手　变危机为机遇

进入2009年，世界金融危机继续成为人们关注的焦点。告别了不平凡的2008年，中国人也在积极应对经济生活中出现的困难。我国经济面临的问题，既来自外部的冲击，也来自我国经济自身在取得巨大进步的同时，多年积累的深层次矛盾。应对危机，既是挑战，更是机遇。采取若干紧急治标之策，无可厚非；但只有治本之策，才具战略性和可持续性。温总理指出：治本主要靠科学技术。科技面向经济，经济依靠科技，科技与经济加强联手，共同应对危机，正当其时。

（1）抓住转变发展方式的机遇。金融危机增强了我们转变经济发展方式的紧迫感，必须把以高消耗、高污染、低效率为特征的粗放的发展方式转变为重质量、重效率、创新驱动的发展方式。中国是处于快速工业化阶段的发展中人口大国，需要保增长。对它的理解，应该是“保先进生产力的增长”。因此，要重视投资的质量，投向新的生产力，形成新的经济增长点，拉动新的消费。例如，以科学技术振兴现代农业，提升农村教育、医疗和基础设施的水平，完善农村的信息网络和交通网络，发展农村资源特点的新形态能源（如生物质能、分布式能源）等，不仅会持续拉动新的消费，还会培育出新的现代农业经济，并有助于缩小城乡差别；再如，垃圾资源化利用是有待发展的一大产业，是人口大国的特色产业，是变废为宝、利于能源和环境双赢的大事，其必要性显而易见，而其可能性也已有了相当的基础，只要大力倡导和扶植，就会成为小康和现代化中国必不可少的标志性产业；再如，在执行科技中长期规划时，既要重视重大专项这几个点，更要重视对科技进步和就业有更大作用的各重点领域和优先主题这个面，推进关键领域的自主创新和产业化；科技创新的意义不仅在于“支撑发展”，也在于“引领未来”，因此，需加强前沿基础研究，如信息技术的前沿、生物技术、纳米技术、超导材料以及交叉学科的前沿，这些研究虽不能“立竿见影”，却是未来经济增长的动力和源泉，因此，科技创新的部署既要有救急的紧迫性，也要有长远的战略眼光：在大力发展新生产力的同时，要抓住机遇淘汰落后生产力，例如在我国已达每年五亿多吨的钢铁产能中，约有一亿吨属落后生产力：应将那些高耗能、高污染的炼铁炉、小煤窑、小造纸、小化工及有色金属的乱采乱挖等实施关、停、并、转，不能靠发展落后生产力去追求GDP增长，要大力发展循环经济，并抓住这个机会，提高产业的集中度、技术水平、生产效率和整体竞争力。

（2）抓住调整产业结构的机遇。在三大产业结构中，除前面提及的农业外，当以更大的力度振兴现代服务业。现代服务业的发展程度是社会进步的重要标志，也是扩大就业、提高全民素质的重要领域。包括：发展与工业企业相辅相成的科技服务业、现代物流服务业、国际贸易服务业等生产性服务业；发展信息网络服务、文化创意服务、教育服务、旅游服务、现代商贸服务等创新型服务业，有利于提升整个经济的国际竞争力。而在工业结构中，需抑制高耗能和高污染行业，以高新技术武装工业，改善工业结构，降低单位 GDP 的资源、能源消耗。以能源结构为例，在今后几十年内，煤炭将仍是我国能源的第一贡献者，但环境的制约，要求煤炭的利用必须走向洁净化。为此，既需要成熟技术的推广，更需要创新技术的研发和产业化，这是在我国实现低碳经济的战略之一。与此同时，需大力提倡节能减排，推广建筑节能、交通节能，发展 LED 照明，发展清洁能源，特别是核能和可再生能源，它们不仅是前景广阔的新能源，将显著改善能源结构，而且是新的经济增长点，并大大有利于环境的改善，以这些新能源替代化石能源，将减少温室气体的排放，落实减排的国内需要和国际责任我国电力产业链的结构也需要要调整，改变“重源轻输不管用”的状况，强化输电技术和电网基础设施建设；在“振兴汽车工业”时，不能只追求拉 GDP，而要发展适合国情的节能环保汽车，例如锂离子电池电动汽车，小排量车，城市交通应引向公交为主的方向。我们这个十几亿人口的大国，绝对不能把人均能耗、人均轿车数……作为小康社会和现代化的先进指标去追求，否则会导致不能持续发展的灾难性后果。

（3）抓住企业转型、升级的机遇。世界金融危机给我国的部分企业带来了不小的冲击，特别是生产低附加值产品的外向型企业，使人们更深刻地感受到，提高产品的国际市场竞争力的重要性和紧迫性。必须把创新的科技成果转化为创新的产品，转化为高人一等、无可替代的品牌产品，使模仿型、跟踪型、低附加值的企业转型升级，增强核心竞争力，才能经得起风吹浪打。我国在工业化与信息化的融合方面有明显的差距，需用信息技术武装和提升制造业的水平，如研发高档数控机床、发展精密仪器等；再如据业内专家介绍，我国电解铝的产量居世界第一，却是一个典型的高耗能、低水平产业，精细产品稀缺，近几个月来受金融危机沉重打击，急需绝地求生，通过重组和强强联合，形成各具特色、竞争力强的铝业集团；我国的太阳能光伏电池产业的产量也居世界前列，但“两头在外”的产业形态也必须通过技术升级实现转型，适应国内市场，为中国的光伏发电作出有分量的贡献。显然，金融危机使企业创新转型的内在需求增强，使创新成本降低，使体现先进生产力的企业获得新的发展空间，有助于使企业创新和优质投资的良性循环成为经济增长的基础。

（4）抓住体制机制改革的机遇。加强科技与经济的联手，必须进一步深化科技体制改革，解决目前仍然存在的一些涉及科技体制改革的深层次矛盾，加强“官、学、研、产、用”的有机而和谐的结合，基础研究—工程技术—企业市场的有机结合。近年来，我国科技论文和专利的数量明显增加，这无异是一个进步，但论文和专利的经济、社会效益却与其数量不相称。成果不少，但原始创新偏少。一些科技工作者申报成果和奖励的观念很强，而对成果如何与企业联手转化为生产力热心不够；也有的企业只要“立竿见影”急功近利的技术，不肯为中试付出，更说不上“风险投资”的眼光。这里既有观念上的原因，也有管理体制、机制和政策上的原因，需加以改善，推动企业真正成为技术创新的主体。科技与经济的联手是硬碰硬的事，振兴实体经济来不得虚假浮夸，科技界和企业界都必须坚持诚信第一，成为不正之风的过滤器，这不仅是振兴经济的必需，也是一批优秀人才成长的必要条件。

来势凶猛的金融之战，归根结底是一场无硝烟的科技之战，核心竞争力之战。金融危机是一个大课堂，值得我们深入学习、研究、思考，吸取深刻的经验教训，得到有益的启迪。金融危机提供了一个大舞台，是科技工作者、企业家和管理者发挥聪明才智、大显身手的机遇。历史表明，每一次经济危机都可能引发一场科技革命，让我们参与创造这个革命，并借这个革命浪潮把国民经济推向一个新的高端和新的繁荣！

（发表于《院士通讯》，2009 年第 2 期，p. 26；并发表于《经济日报》，2009 年）

创新工程技术　支撑科学发展

2008年岁末之际，世界金融海啸和经济寒潮成了人们关注的焦点。中国人在回眸这个不平凡年头的时候，也在积极应对经济形势出现的困难和挑战。我国经济发展中出现的问题，既来自外部的冲击，也源于我国经济在取得巨大进步的同时，多年积累的深层次矛盾。我们面对的既是挑战，也是机遇，是转变发展方式、调整产业结构、企业升级转型的机遇。必须将粗放的发展方式逐步转变为创新驱动的发展方式，真正落实科学发展观。工程技术直接创造生产力，工程科技的创新是实体经济的核心动力，工程技术承载着转变发展方式的重大责任。广大工程科技工作者意识到自己的历史使命，一年来在不同的领域做出了以创新为特征的卓越努力，通过扎实的工作，一步步迈向建设创新型国家的伟大目标。以下仅举其中的几例。

1　信息技术引领创新

近年来，随着龙芯、星光中国芯、信芯等“中国芯”的问世，我国国产芯片实现了从无到有的突破，并逐步推向国际市场，迈出了从弱到强的历史性跨越。而2008年值得一书的是，5年前启动的中国下一代互联网示范工程（英文简称CNGI）已建成包括6个核心网络、22个城市和273个驻地网的IPV6示范网络，远超出项目设计。依托CNGI我国得以开展各种基于下一代互联网的应用研究，为我国参与全球下一代互联网产业竞争奠定了基础。

下一代宽带无线通信关键技术获得突破。移动通信是最大的无线通信产业。在以第四代移动通信相关无线技术和信号处理技术为代表的移动通信技术的进展方面，我国已取得了实质性进展——符合IIU的期望进展，并进入国际先进行列。实现了协同分布式无线网络及高层协议、宽带多载波传输与多址技术、充分挖掘空间资源的MMO无线传输技术、逼近信道容量的信道编译技术与迭代接收技术和新型天线与射频技术五大关键技术的突破。

我国科技人员通过技术创新，制备出我国第一片8英寸键合SOI晶片，实现了SOI晶片制备技术的重要突破，具有广阔的市场前景。有关专家认为，这一突破为大尺寸键合SOI晶片的产业化打下了坚实基础。

在超级计算机研制方面，全球高性能计算机TOP500排行榜的官方网站发布了最新名单。由我国曙光公司研制生产并即将部署在上海超级计算中心的百万亿次高效能计算机——曙光5000A，以峰值速度230万亿次的成绩再次跻身世界超级计算机前10。这一成绩不但代表着中国将拥有除美国本土之外速度最快的计算机（美国已研制出每秒运算速度1000万亿次的超级计算机），同时上海超级计算中心也以此成为世界上最大的通用高性能计算平台之一。作为面向国民经济建设和社会发展重大需求的网格超级服务器，曙光

5000A 可以完成各种大规模科学工程计算、商务计算等。

在量子通信研究领域，中国科学技术大学合肥微尺度物质科学国家实验室持续领先。他们利用冷原子量子存储技术，在国际上首次实现了具有存储和读出功能的纠缠交换，建立了由300米光纤连接的两个冷原子系综之间的量子纠缠。这种冷原子系综之间的量子纠缠可以被读出并转化为光子纠缠，以进行进一步的传输和量子操作。该实验成果完美实现了远距离量子通信中急需的量子中继器，向未来广域量子通信网络的最终实现迈出了坚实的一步。2008年8月28日出版的《自然》志发表了这项重要研究成果，并称赞该工作"扫除了量子通信中的一大绊脚石"。

我国首颗中继卫星天链一号01星在西昌卫星发射中心成功发射。中继卫星被称为"卫星的卫星"，可为卫星、飞船等航天器提供数据中继和测控服务，极大提高各类卫星使用效益和应急能力，能使资源卫星、环境卫星等的数据实时下传，为应对重大自然灾害赢得更多预警时间。

信息技术的普及应用意义重大。我国移动电话的普及程度（人均量）达到了世界平均水平，计算机和互联网使用的普及程度也大为提高。信息化带动了多种装备和企业的技术进步和升级。信息技术使北京奥运会实现了在任何地方、任何时间都能够获得个性化信息服务，我国自主研发的第三大移动通信 TD-SCDMA、IPV6 实时观测的网络系统和自主研发的高清电视等创新技术得到广泛应用。信息技术的快速进步和普及应用，极大地改变着社会的生产方式和人们的工作方式、生活方式，甚至深刻地改变着人的思维方式。在带来社会与经济的极大进步的同时，也提出了一系列新的挑战。过去20年IT的叱咤风云，不禁使人们思考，今后的20年将会怎样。

2 努力突破发展瓶颈

能源与环境是我国可持续发展的重要瓶颈。为了能源也为了环境，2008年在煤的高效和洁净化利用以及绿色新能源发展方面又取得了新进展。

攻克超超临界机组关键技术。2008年7月，上海市科委重大科技攻关项目"电站装备用特种材料研究与开发"项目通过专家验收，这标志着上海超超临界机组关键材料技术研究取得重大突破，为降低造价、推广应用铺平了技术道路。按去年我国火力发电机组的平均煤耗计算，如果我国目前普遍使用的亚临界机组全部由超超临界机组取代，每发1度电便可节省用煤70余克。

洁净煤锅炉技术取得新突破。由东方锅炉自主开发设计制造的国内首台采用不带外置换热器、燃用劣质煤300兆瓦循环流化床3号机组锅炉，在广东荷树园电厂顺利通过168个小时的满负荷运行，锅炉各项技术指标达到了当今世界先进水平，标志着我国在燃用洁净煤大型电站锅炉技术方面取得新突破。

大型循环流化床锅炉（简称 CFB 锅炉）是目前世界公认的高效、低污染的火力发电设备，与普通煤粉炉相比，它具有燃用烟煤、褐煤、无烟煤、煤矸石、油页岩、煤泥等劣质煤，和负荷调节范围大、调节性能好、脱硫效率可长期保持在90%以上等优点，符合国家大力发展低耗、高效清洁煤燃烧技术的环保技术政策。

我国煤矿安全开采技术取得重大突破。煤层群无煤柱快速留巷"Y"型通风煤气共采研究课题，2008 年 3 月通过了行业鉴定。该研究课题采用无煤柱沿空留巷“Y”型通风卸压开采，解决了深井高瓦斯、低渗透率、高地应力等复杂地质条件矿区煤与瓦斯共采的技术难题。创造了深井复杂地质条件下沿空留巷综采月产 36 万吨的纪录，采区瓦斯抽采率 70% 以上。研究成果集成创新了沿空留巷“Y”型通风煤与瓦斯共采关键技术所涉及的理论、技术、材料、装备及工艺系统，初步实施取得了显著的经济、社会和环境效益，达到了国际领先水平。

核电属绿色能源，我国核电发展速度正在加快，核电设备制造技术水平进一步提高。2008 年 8 月 1 日，中国第一重型机械集团公司在京与中国核工业集团公司签订了 4 台百万千瓦级核反应堆压力容器及 9 台蒸发器锻件的供货协议。核反应堆压力容器属于核电站的关键核心设备，属核安全一级要求和质保一级要求的产品，是核电站设备中不可更换的部件，技术含量和制造要求极高。当今世界掌握该设备制造技术的国家屈指可数。

核电站模拟机打破国外技术垄断。2008 年 7 月，中核集团在秦山第三核电公司全范围模拟机升级改造验收仪式上宣布：实践应用和专家验收表明，我国已拥有完全自主知识产权的核电仿真技术平台，并首次承担了全数控、大型核电站模拟机的设备生产。这意味着我国从根本上摆脱了对国外核动力仿真技术和产品的依赖。

2008 年我国又起动了一个大型核电站——福清核电站的建设。该电站将建 6 个压水堆机组，每个 100 万千瓦的装机容量，将分 3 期建成。高温气冷堆核电站开始建设。2008 年 10 月，国家科技重大专项——华能山东石岛湾核电厂高温气冷堆核电站示范工程挂牌。这意味着中国具有自主知识产权的、新一代核反应堆项目的建设取得积极进展。高温气冷堆是国际上公认的具有先进技术特征的新型核反应堆。模块式高温气冷堆核电站具有固有安全性、发电效率高、用途广泛等特点，在国际上受到广泛重视，也是具有第四代核能系统主要特征的新型核反应堆堆型。

在受控热核聚变的前期研究方面，即将用于国际首座热核聚变实验堆 ITER 的高温超导电流引线系统试验，在中科院等离子体所获得成功，达到世界各国获得的最高纪录。这一系统的成功研制，将有利于解决聚变堆巨型超导磁体致冷节能的问题。

可再生能源受到了更大重视。风能发展势头强劲，2008 年的装机容量估计可达 1000 万千瓦。风机的国产化水平有所提高，但风电制造企业数量剧增的局面须加以适当的限制性引导。太阳能电池的产量近几年持续保持高速增长，2007 年中国太阳电池产量达到 1088MW，占世界总产量的 27.2%，一跃成为世界第一大生产国。截至 2008 年 11 月，全国有 11 家企业先后从事多晶硅生产，投产规模达到 1.241 万吨/年。但太阳能电池产业“两头在外”的局面，正遭遇世界经济寒流的袭击，这将促进产业的转型升级。中国工程院完成了历时两年的中国可再生能源发展战略研究，明确了今后几十年我国可再生能源逐步变化的战略定位，提出了当前处于创新攻关的阶段，需要有序发展、政策扶植和支持基础性创新研究。

成功举办北京奥运会是 2008 年中国和世界的盛事，而“科技奥运”和“绿色奥运”是北京奥运的亮点之一。太阳能等绿色能源占场馆用电比例的 26%；规模性地采用清洁汽车，近 500 辆新能源汽车实现了核心区的“零排放”和周边的“低排放”；在奥运场馆观众的水回收利用率达到 100%，园区的水回收率达到 80%，奥运场馆的水质高效净化系统通过120项检测，水质达到世界标准。节点照明、场馆和景观的照明，大量使用我国自主研发、生产的半导体照明L81，节能效果达到60%～70%；智能交通在市区覆盖率达到80%以上；北京奥运采取的多项措施，使世人得以常见北京的蓝天。意义更为深远的是，这一切提升了人们建设资源节约型、环境友好型社会的意识和期望值，有利于为突破能源、环境瓶颈凝聚更多的共识。

3 由“制造业”迈向“创造业”

我国有一个规模宏大的制造业，我们需要做的是通过产学研的结合，提升自主研发能力，提高设计和制造水平，有更多的创新和创造。

中国自主研制ARJ21－700支线飞机首飞。2008年11月，中国首架自主研制、拥有完全自主知识产权的新型涡扇支线客机ARJ21－700首飞成功。我国在50多年民机发展过程中有了一个自行研制、完全具有自主知识产权、具有很强国际竞争力的产品。ARJ21飞机攻克了自动钻铆、壁板喷丸等一系列的技术难关，在数字化制造和复合材料应用方面取得了一定的成果，为大飞机研制积累了经验。

我国大飞机项目启动技术方案论证。2008年7月，随着大飞机公司——中国商用飞机公司的正式组建，大飞机研制工作正陆续展开。大飞机是指起飞重量超过100吨的运输类飞机，它包括军用和民用飞机。大飞机项目是科技和制造产业领域的高精尖项目，它对一个国家的经济、科技、军事和制造业水平有相当高的要求。对大飞机项目，国人寄予厚望。这不仅在于航空市场上的民用干线飞机的国产化拉动国民经济增长，增加就业机会；更在于制造出我们自己的空中堡垒，加强远程作战能力。

铝电解生产节能减排技术获重大突破。“新型阴极结构高效节能铝电解槽试验与研制”以及与此相配套的“铝电解槽火焰——铝液二段焙烧新技术”两个项目的研究成果，通过了中国有色金属工业协会组织的鉴定。考核表明，3台试验槽在4个月的运行期间，氟化物减排2吨多、二氧化碳减排580多吨、二氧化硫减排0.23吨，成为国内外首创，整体技术达到国际领先水平。与此技术相配套的铝电解槽火焰——铝液二段焙烧新技术也获得试验成功，并顺利通过专家鉴定。该技术集中了铝液和火焰焙烧的优点，不仅提高了电解槽的焙烧质量，而且大大缩短了焙烧时间，降低了能耗和焙烧费用，节能效果显著。同时，二氧化碳减排50%以上。

我国自主研发的水下机器人首次亮相北极科考。北极ARV是中国自主研发的首个自主与遥控混合作业模式水下机器人，它将携带多种测量设备，在此次北极科考中开展海洋环境监测活动。这是中国自主研发的智能型水下机器人首次亮相北极科考。北极ARV是中国研制出的首个采用自主与遥控混合作业模式的水下监测系统。它不仅可以在研究人员遥控下作业，也可以通过预编程方式自主作业。北极ARV自带能源，可通过微光缆与水面支持系统相连接。由于采用了鱼雷体和框架体相结合的流线式外形，它不仅可以发挥框架体遥控水下机器人的优势，在海中悬停并进行定点精确观测；也可以发挥鱼雷体自主水下机器人的特长，灵活方便地在一定范围水域里进行测量，获取更为全面的实时观测数据。

高功率脉冲电源技术取得新突破。2008年7月，中国科学院电工所研制成功的“50kW/40kHz高压稳压电源/稳压器”，代表着国内高频大功率开关电源的先进技术水平。

200kW 开关电源的研究，标志着我国的高功率脉冲电源技术翻开了历史性的一页。新型的大功率开关电源（平均功率 200kW）具有体积小、重量轻、效率高、稳压范围宽等优势，而且具有先进的自动控制技术。主要作为高功率脉冲电源的初级电源和大型军用设备的电源系统，也可以应用于大电流快速充放电系统和电子、通信、航天、医疗等领域。

我国激光冲击强化技术实现重大突破。2008 年 11 月，中国第一条激光冲击强化生产线在西安阎良国家航空高技术产业基地建成。这标志着中国激光冲击强化技术向工程化应用迈出了重要一步，使中国成为继美国之后世界上第二个可实现该项技术工业化应用的国家。激光冲击强化技术是利用强激光束产生的等离子冲击波，提高金属材料的抗疲劳、耐磨损和抗腐蚀能力的一种高新技术。它与现有的冷挤压、喷丸等金属材料表面强化手段相比，具有非接触、无热影响区、可控性强以及强化效果显著等突出优点。

4　探索宏观和微观世界的有力支撑

探索宏观和微观世界的未知一直是前沿科学领域的两大方向。工程技术提供的研究平台、工具和探测手段有力地支撑着这个无尽而诱人的探索。

“神七”载人航天及航天员出舱是中国宇航史的标志性事件。2008 年 9 月 27 日 16 时 41 分 00 秒，航天员翟志刚身穿中国研制的“飞天”舱外航天服，从神舟七号载人飞船进入太空。这是中国空间技术发展的一个重大跨越。中国成为继美国、俄罗斯之后世界上第三个实现太空行走的国家。这是中国载人航天取得的又一重大突破和中国人民攀登世界科技高峰的又一伟大壮举。2008 年 9 月 28 日傍晚，神舟七号飞船返回舱载着翟志刚、刘伯明、景海鹏 3 位航天员在内蒙古草原稳稳落地。

我国光学天文望远镜技术取得国际领先成果。2008 年 10 月，完全由我国自主发明的新型大视场望远镜——大天区面积光纤光谱天文望远镜（LAM-OST）在位于河北省兴隆县的国家天文台兴隆观测基地落成，被誉为伸向太空的“千里眼”。在技术上，LAMOST 在其反射施密特改正镜上同时采用了薄镜面主动光学和拼接镜面主动光学技术，突破了世界上光学望远镜大视场不能同时兼备大口径的瓶颈，使我国主动光学技术处于国际领先地位。它采用的并行可控式光纤定位技术解决了同时精确定位 4000 个观测目标的难题，是一项国际领先的技术创新。

在微观世界的探索方面，我国科学家参与工作的大型强子对撞机（IHC）在日内瓦建成并开始实验运行，这可以说是为小小基本粒子研究建立的巨无霸科学工程装置。在国内，北京正负电子对撞机重大改造工程建设任务圆满完成。2008 年 7 月 22 日，北京正负电子对撞机重大改造工程（BEPC Ⅱ）取得重要进展——加速器与北京谱仪联合调试对撞成功，并观察到了正负电子对撞产生的物理事例。这标志着 BEPCII 已圆满完成了建设任务。改造后的 BEPCII 将在世界同类型装置中继续保持领先地位，成为国际上最先进的双环对撞机之一。BEPCII 工程建设大量采用了国际先进的高技术，其中超导磁铁和低温系统研制更是实现了关键性的技术突破。用户急需的硬 X 光强度将提高一个数量级以上，将进一步发挥对社会开放的大科学平台的作用。

兰州重离子加速器冷却储存环（HIRFL-CSR）通过验收。中科院近代物理研究所承建的国家重大科学工程——兰州重离子加速器冷却储存环 2008 年 7 月 30 日通过国家验收。

验收委员会专家认为，中科院近代物理研究所攻克了一系列技术难关，在诸多技术方面实现了创新和突破，在世界上首次研制成功空心电子束冷却装置，实现了空心电子束对重离子束的冷却，从而大幅度提高了束流累积效率和重离子束的能量、流强及品质，使一些极端条件下的高精度测量成为可能，成功产生放射性次级束，并注入实验环进行质量测量实验，达到了10-5的质量分辨率。它将成为放射性核束和超重原子核研究的重要装置。

5 战胜天灾的成就和启示

值得大书一笔的是，2008年中国人民为战胜罕见的自然灾害作出卓越努力。年初南方的冰雪灾害和汶川大地震，牵动了全国人民乃至国际友人的心。在这场战胜灾害和灾后重建中，国家领导、人民群众、解放军和科技工作者共同谱写了可歌可泣的感人诗篇，取得了举世惊叹的成就。电力、交通、信息、水利、医疗、土建、农业、环境……各领域的科技工作者战胜了难以想像的困难，多行业协同作战，为减灾和重建立下汗马功劳。例如，在唐家山堰塞湖抢险中，遥感遥测技术、地质监测机器人、最新溃坝模型以及先进的爆破技术等构建了抢险高科技体系。在医疗救治、防疫、次生灾害避险、心理干预等方面，许多先进的诊疗设备和应急处理手段首次应用。灾后重建选址方面动员了国内众多地质专家、生态专家和建筑专家，制定科学的规划。2008年的抗灾斗争，也给了我们深刻的启示：①更加深刻地认识了我们的国情。我国是多灾害的国家，天然环境条件多难而脆弱，民族振兴之路不平坦，要有坚韧不拔、克服更大困难的精神准备；②灾害的预报和预防是一个重大课题，需要基础科学和技术科学者共同努力、集智攻关；③我国的许多基础设施还比较脆弱，许多工程技术需要更适合国情的标准，项目建设的质量必须提高，监管体系需要完善；④灾后重建是一个复杂的系统工程，要以科学发展观统领，作好规划论证，科学地组织实施。

6 创新工程技术任重道远

上述挂一漏万的回顾，远不能穷尽2008年工程技术各领域的巨大成就。同时，这一年的实践也使我们对问题和使命有了更深入的思考。抬望眼，工程科技的创新发展确实任重而道远。

（1）在走向现代化的征途上，中国还处于初级阶段。我国的工程技术也具有这个初级阶段的特征。一方面，我国工程科技处在历史上最好的发展机遇期，自主创新的意识大大增强，出现了一批创新的成果，并推进了其应用和市场化；另一方面，工程科技的规模大、项目多，但总体水平偏低、原始创新偏少、核心竞争力不强。近年来，我国科技论文和专利的数量明显增加，这无疑是一个进步，但论文和专利的经济、社会效益却与其数量不相称。离“创新型国家”的要求还有相当的差距，我们需要长期努力奋斗，把创新进行到底。

（2）学、研与产的有机结合，基础研究—工程技术—企业市场的有机结合仍有待加强。我国已出现了一些把研发创新和占领市场结合得很好的科技型企业。以星光中国芯工程为例，从多媒体芯片到视频监控，选择有价值的前沿技术强化研发，以核心优势攻占市场。10年来，突破八大核心技术，申请1500多项国内外专利，“星光”系列和“星光移动”系列全球销量分别突破1亿枚，可称学、研、产结合的典型。但我国仍有许多研究成果与企业挂不上钩，不能及时转化为生产力，有的企业只要“立竿见影”的急功近利的技术，不肯为中试付出，更说不上“风险投资”的眼光。这里既有观念上的原因，也有体制、机制上的原因。前面提到的，对风能和光伏发电需要进行有序发展、科学发展的引导，就包括解决好基础研究—工程技术—企业市场有机结合的问题，只有这样，才能使这个前景光明的领域，在自主创新的坚实基础上健康发展。

（3）工程技术是硬碰硬的事，来不得半点虚假和浮夸，建设创新型国家，必须高度重视科技队伍的科学道德与学风建设。在学习、实践科学发展观的座谈会上，许多资深专家强调，教育首先要培养诚信人才。在一批杰出人才成长的同时，“社会上的不正之风也相当深地影响到一些中青年科技人员，弄虚作假者不少”。在各种评估、评审和评奖的过程中，所谓的“包装”“运作”，已不仅挂在口头上，而且落在行动中，并时常奏效，使之成了有传染力的瘟疫。科技领域必须坚持实事求是、诚信第一，科技群体要成为不正之风的过滤器。为此，既要加强自律和教育，也须改进评价机制和管理体制。工程技术是实体经济的核心、是国家富强的支柱，在这个核心和支柱里是不允许掺豆腐渣的。

展望新的一年和更远的未来，在充分意识到可能的风险和忧患的同时，我们有足够的理由对未来充满信心。中国的工程科技必将取得更加丰硕的创新成果，为国家和人类的文明进步作出应有的贡献！

（发表于《中国工程科学》，2009 年第 11 卷第 4 期，p. 4）

节能技术的战略思考

能源和环境是跟我们每一个人息息相关，也是全球关注的一个焦点问题。作为国家能源和环境可持续健康发展的重要一环，节能技术已经越来越受到人们的关注。

当前，构建以技术保障体系为支撑的节能、高效的生产体系，转变增长方式，已成为适应时代发展的一个重要战略。节能的具体途径有很多种，涉及很多具体的技术问题。

一是要调整产业结构。要调整第二产业、发展第三产业。我国“十五”期间主要都投向第二产业，投资占的比例比较大，第二、三产业的投资增速分别为35%和28%；第二产业中，煤炭、油气、铁路，有色采矿等投资增速30%～87%；而我国的产业结构里面，第一产业和第三产业增加的幅度在“十五”期间仅有5.1%和9.4%，而第二产业增加了13.2%，其中工业增加了17.7%，而在这当中重工业占18.5%，钢铁工业增加值仅占GDP的3.1%，而耗能却占15%，所以必须调整产业结构，适当调整第二产业，积极发展第三产业。中国目前处于加速工业化阶段，2006年，耗能高的第二产业在GDP中的比重高达48.7%，而能耗低的第三产业仅占39.5%。将大力发展耗能低的服务业，到2020年，使其在GDP的比重提升至50%左右，淘汰高耗能、高污染的落后企业。

二是开展工业节能。关停高耗能、高污染的落后企业，淘汰落后生产力，改造锅炉、电机等，提高能效，发展循环经济。总而言之，要充分利用能源和资源，尽量少排废物，这样一种生产模式就是循环经济。

三是建筑节能、太阳能建筑一体化，以有力措施推行低能耗建筑。我国的单位建筑面积能耗并不比国际水平高，但是北方采暖地区和大型公共建筑的单位面积能耗高于国际水平。我们不能满足于单位面积能耗达到国际一般水平，因为中国人多，房子多，我们必须让自己的单位面积能耗显著低于国际平均水平才能持续发展，这是我们中国人要树立的一个观念。在唐山做的一个节能建筑试点，单位面积节能效果已经达到35%～37%。

四是交通节能。我国交通运输油耗比先进水平高10%～25%，必须发展新型节能减排汽车；不可把“车多”作为小康标准，应从政策上限制豪华车的生产和销售。必须限制汽车总量。侯祥麟院士92岁高龄出山，领导一个石油天然气的发展战略研究，他研究的结果就是2020年我们可以把石油控制在4.5亿吨，里面有一个条件，就是全国的汽车总量控制在1亿辆。1亿辆什么概念呢？到那时候是15亿人，每百人6辆车的水平，但是在2007年已经超过了这个数字。拿中国每百人占有多少汽车来跟先进国家去比，这不是中国该比的一个数据。还有，我们要从政策上限制豪华车的生产和销售。现在很多豪华汽车在外国卖不出去，中国反而有人买。我们不宜鼓励这样一种消费，必须限制总量。我们要发展一些什么类型的车呢？这一点上要向日本学习，日本是发展小排量车，而且是低排污的车，包括电动、混合动力、燃料电池等多种途径。

五是照明节能。推广节能灯、LED 等，加快 LED 外延、芯片、封装技术的国产化、市场化。半导体照明工程将为节能作出革命性的贡献。我们每年全国的照明用多少电呢？大约是 3000 亿千瓦时。据专家们估计，如果都改用节能照明，一年就可以节电 1000 亿千瓦时。1000 亿千瓦时是什么概念呢？长江三峡每年发电是 800 亿千瓦时，也就是比节约一个三峡的发电量还要多。所以说，节能也是一种绿色能源，可以通过节约，减少能源浪费。

六是政府机构带头节能，具有重要的示范、表率作用。要突出抓好节电、节油、节水，抓好能源计量，强化目标责任，接受社会监督。将节能、增效、减排的目标量化分配给各地、各企业，实行公开报告制度和问责制，以及节能产品的认证和市场准入制度。至 2010 年，要求达到单位 GDP 能耗比 2005 年降 20%，可节约 5 亿～6 亿吨标煤。单位 GDP 排放比 2005 年降 10%。实际上，节能减排的任务比这个指标要求更高。

（发表于《大众科技报》，2009 年 7 月 30 日，第 A03 版）

中国能源发展的战略

摘　要：叙述了我国能源发展目前面临的主要问题，未来的支柱性能源，基于我国国情，在能源利用方面要注意的问题等。

关键词：能源；发展；战略

能源安全和环境保护已成为全球化的问题。目前，许多国家都将缓解能源供需矛盾、应对气候变化列为头等大事，并纷纷制定了发展战略。与其他国家相比，虽然中国化石能源储量在世界上属于中等水平，但人均化石能源拥有量却远低于世界平均水平。随着经济快速发展，能源问题已成为制约中国社会经济发展、人民生活水平提高的瓶颈。

1　强化能源结构调整的规划

目前，中国在能源发展方面主要面临节能优先、调整结构、保证供给等方面的问题。在2006年召开的全国科学技术大会上，胡锦涛总书记就提出“要把发展能源、水资源和环境保护技术放在优先位置，下决心解决制约经济社会发展的重大瓶颈问题”。把能源作为国民经济依托的基石、战略性的重点领域，应是国家发展与改革的基本方针。现在最需要理清的是实现目标的战略。

目前，中国的能源体系基本上还是低效、粗放、污染型的，亟须向高效、洁净、安全的现代化能源体系转变。实现这一转型，一要降低传统化石能源在总能源需求中的比例，并使其洁净化；二要增加清洁能源的供给量。这种能源体系的转变，实际上是能源革命，大约需要几十年的时间。

中国当前以煤为主的能源消费结构使得环境压力日益增大。化石能源特别是煤炭使用产生的SO_2，NO_x和烟尘排放，是造成大气污染的主要来源。目前，中国是世界SO_2第一大排放国，CO_2排放也居世界之首（尽管人均排放远低于发达国家）。两者的排放量已分别达到2500×10^4t/a和55×10^8t/a，若仍不采取有效措施，到2020年将大大超出环境容量。

众所周知，当前和今后一个时期，煤炭仍是中国能源的第一贡献者，环境的制约，这就要求我们必须大力推进煤的高效、洁净化利用，并将之视为一项国家战略。近年来，中国在减少CO_2排放方面受到了越来越大的国际压力。在上述背景下，向更趋合理的能源结构转变就成为必然的发展趋势。

中国目前在能源结构调整方面还处于“有方针，缺规划”的现状。据了解，国家能源局正在着手为2030年以前我国的能源发展制定总体规划。中国工程院也正在组织专家进行“中国能源中长期（2030—2050）发展战略研究”，以为其提供决策支撑。这一项目将于

2009年年底前结题。

2 大力发展核能和可再生能源

包括核能和可再生能源的清洁能源，将逐步成为中国能源的重要支柱。

核能的应用开发要采取“三步走”的方针，即热中子反应堆—快中子增殖堆—受控核聚变堆。当前，核能利用应以开发热中子反应堆技术为主，同时加快开展快中子增殖堆的研究，并前瞻布局受控核聚变堆技术的攻关工作。当前，要立足于二代和二代改进型技术，积极掌握三代技术。二代和二代改进型技术目前已经相对成熟。与之相比，三代核电设备引进的比例和多少，应该取决于消化、吸收该技术的速度。到21世纪中期，核电在中国总能源需求中所占的比例应达到10%以上。

可再生能源主要包括风能、水能、太阳能和生物质能等。中国风能资源丰富的地区主要分布在内蒙古、新疆和甘肃河西走廊，华北和青藏高原的部分地区，沿海及附近岛屿，陆上风能资源大于海上。从资源储量、开发成本以及与负荷中心的距离考虑，中国近中期风电开发应遵循“以陆上为主，因地制宜地开发海上风电”的原则。如果能对风能资源加以充分利用，将能获得总计$7\times10^8\sim12\times10^8$kW · h电力。其中，陆上$6\times10^8\sim10\times10^8$kW · h，海上$1\times10^8\sim2\times10^8$kW · h。

金融危机对中国太阳能产业来说是个机遇。以前，中国太阳能光伏企业从硅材料供应到产品销售多依赖国外市场。此次金融危机迫使人们要面向国内市场，解决两头在外的问题，即技术升级、提高转化效率、降低生产成本。这将推动中国光伏企业更多地掌握具有自主知识产权的核心技术，进一步开拓市场。中国太阳能发展前景光明。

中国常规电力资源以煤炭和水能为主，水能仅次于煤炭，居于十分重要的地位。到2020年，常规水电装运机容量将达到3.2×10^8kW，占电力总装机容量的20%，开发程度达60%。

中国能源的紧张，突出表现在石油上。其对外依存度已达50%，且需求持续高速增长。在众多的可再生和新能源中，生物质能源是目前唯一能对石油液体运输燃料以及塑料等上千种石化产品生产原料进行直接替代的。中国工程院“中国可再生能源发展战略研究”课题组提出，到2020年，中国可以建设一个产能为1×10^8t/a的“生物质油田”，除用液体生物运输燃料、生物质化工产品每年直接替代5000×10^4t石油外，还可通过生物质发电每年替代6000×10^4t煤炭，相当于一个绿色的“神东煤田”。替代下来的煤炭在解决了关键技术问题后可以生产F-T柴油，间接替代石油。

可再生能源将逐步由补充能源变为主流能源。到21世纪中叶，可再生能源对中国总能源的贡献将达30%左右。

3 节能优先是战略性问题

就人均资源占有量而言，中国是一个小国、穷国。美国以占全世界5%的人口消耗了全世界25%的能源，而中国的人口是美国的4.2倍。如果中国的人均能耗跟美国人均能耗一样，那就超过目前全世界总的能源需求量了。因此，对中国来说，节能是最大的战略性问题。与能源开发相比，节能要优先。节能本身就是一种绿色能源，而且是一种零污染的绿色能源。仅以照明节能为例，中国照明用电大约是 3000×10^{8}kW·h/a，如果都改用节能灯，可以节约 1000×10^{8}kW·h，长江三峡电站的发电量是 800×10^{8}kW·h/a，也就是说，改用节能灯，节约的能源比三峡电站的发电量还要多。

节能的方法有很多，包括调整产业结构节能、产能端节能和用能端节能等。其中，用能端节能又包括工业节能、建筑节能、交通节能等。另外，还要构建节约型的消费体系。中国要有越来越多的人达成“现代化不等于奢华”“幸福指数不等于富裕指数”的共识。作为人口大国，切不可把人均能耗、人均电力、人均轿车数等的人均量，作为现代化的指标与发达国家攀比，那是一种不可持续发展的生活方式。

以发达国家为参照，中国最重要的是要加强基础研究，同时加强产、学、研结合，推动企业创新。我们现在，在能源领域的研究以跟踪型为主，而引领未来则要靠基础研究。化石能源的洁净化需要创新，新能源的突破也需要创新，哪个国家先有突破性的创新，哪个国家才能引领未来的战略方向。这是一个国家核心竞争力的重要体现。为此，从科技界到产业界，都应该努力克服浮躁之风，踏踏实实从基础研究做起。毕竟，只有科技的创新才能引领能源革命。

Strategy of China's Energy Development

Abstract: The paper expounds the main problems existed in energy development of China, the pillar energy in future, and the problems which should be paid more attention to in making use of the energy based on national conditions, and so on.

Key words: energy; development; strategy

（发表于《山西能源与节能》，2009 年 4 月，p. 1）

科技引领能源革命

进入21世纪，能源安全和环境保护已成为全球化的问题。许多国家都将缓解能源供需矛盾、应对气候变化列为头等大事，并纷纷制定了发展战略。

与其他国家相比，虽然我国化石能源储量在世界上属于中等水平，但人均化石能源拥有量却远低于世界平均水平。随着经济快速发展，能源问题已成为制约我国社会经济发展、人民生活水平提高的瓶颈所在。

我国能源发展目前主要面临哪些问题？未来的支柱性能源有哪些？基于国情，我国在能源利用方面要注意哪些问题？在能源研究方面还有哪些“短板”？就公众普遍关心的这些话题，在两会召开前夕，国家能源专家咨询委员会副主任、中国工程院副院长杜祥琬院士接受了《科学时报》记者的专访。

1 有方针，缺规划

《科学时报》：你认为目前我国在能源发展方面主要面临哪些问题？

杜祥琬：一是节能优先，二是调整结构，三是保证供给。在2006年召开的全国科学技术大会上，胡锦涛总书记就提出：“要把发展能源、水资源和环境保护技术放在优先位置，下决心解决制约经济社会发展的重大瓶颈问题。”能源应当作为国民经济依托的基石、战略性的重点领域来对待，这项方针已经非常明确了。现在最需要厘清的就是实现目标的战略。

目前，中国基本上还是低效、粗放、污染型的能源体系，亟须向高效、洁净、安全的现代化能源体系转变。要实现这一转型，需要作两方面的改变，一是要降低传统化石能源在总能源需求中所占的比例，并使其洁净化；二是要增加清洁能源的供给量。这个能源体系的转变，实际上是能源革命，大约需要几十年的时间。

我国当前以煤为主的能源消费结构使得环境压力日益增大。化石能源特别是煤炭使用产生的二氧化硫、氮氧化物和烟尘排放，是造成大气污染的主要来源。目前，我国是世界二氧化硫第一大排放国，二氧化碳排放也居世界之首（尽管人均排放远低于发达国家）。两者的排放量已分别达到每年2500万吨和55亿吨，如不采取有效措施，到2020年，将大大超出环境容量。

当前和今后一个时期，煤仍是我国能源的第一贡献者，环境的制约要求我们必须大力推进煤的高效、洁净化利用，并将之视为一项国家战略。近年来，我国在减少二氧化碳排放方面也受到了越来越大的国际压力。在上述背景下，向更趋合理的能源结构转变就成为必然的发展趋势。

《科学时报》：目前我国在能源发展和利用方面是否已有国家层面的规划？

杜祥琬：我国目前在这方面还是“有方针，缺规划”。不过，据我所知，国家能源局正在着手为2030年以前我国的能源发展制定总体规划。中国工程院也正在组织专家进行“中国能源中长期（2030~2050年）发展战略研究”，以为其提供决策支撑。这一项目将于今年年底前结题。

2 大力发展核能和可再生能源

《科学时报》：你认为哪些清洁能源是主攻的方向？

杜祥琬：清洁能源主要包括核能和可再生能源，它们将逐步成为我国能源的重要支柱。

就核能而言，其应用开发应采取“三步走”的方针，即热中子反应堆—快中子增殖堆—受控核聚变堆。当前，核能利用应以开发热中子反应堆技术为主，同时加快开展快中子增殖堆的研究，并前瞻布局受控核聚变堆技术的攻关工作。从当前来看，要立足于二代和二代改进型技术，积极掌握三代技术。二代和二代改进型技术目前已经相对成熟。与之相比，三代核电设备引进的比例和多少，应该取决于消化、吸收该技术的速度。到21世纪中期，核电在我国总能源需求中所占的比例应达到10%以上。

《科学时报》：可再生能源又包括哪些？

杜祥琬：可再生能源主要包括风能、水能、太阳能和生物质能等。我国风能资源丰富的地区主要分布在内蒙古、新疆和甘肃河西走廊，华北和青藏高原的部分地区，沿海及附近岛屿，陆上风能资源大于海上。从资源储量、开发成本以及与负荷中心的距离考虑，我国近中期风电开发应遵循“以陆上为主，因地制宜地开发海上风电”的原则。如果能够对风能资源加以充分利用，将能获得总计7亿~12亿千瓦电力。其中，陆上6亿~10亿千瓦，海上1亿~2亿千瓦。

金融危机对我国太阳能产业来说是个机遇。以前，我国太阳能光伏企业从硅材料供应到产品销售都非常依赖国外市场。此次金融危机迫使它们要面向国内市场，解决两头在外的问题，即技术升级、提高转化效率、降低生产成本。这将推动光伏企业更多地掌握具有自主知识产权的核心技术，进一步开拓市场。我国太阳能发展前景光明。

我国常规电力资源以煤炭和水能为主，水能仅次于煤炭，居于十分重要的地位。到2020年，常规水电装运机容量将达到3.2亿千瓦，占电力总装机容量的20%，开发程度达60%。

我国能源的紧张，突出表现在石油上。其对外依存度已达50%，且需求持续高速增长。在众多的可再生和新能源中，生物质能源是目前唯一能对石油液体运输燃料以及塑料等上千种石化产品生产原料进行直接替代的。中国工程院“中国可再生能源发展战略研究”课题组提出，到2020年，我国可以建设一个年产1亿吨的“生物质油田”，除用液体生物运输燃料、生物质化工产品每年直接替代5000万吨石油外，还可通过生物质发电每年替代6000万吨煤炭，相当于一个绿色的“神东煤田”。替代下来的煤炭在解决了二氧化碳固定问题后可以生产FT柴油，间接替代石油。

可再生能源将逐步由补充能源变为主流能源。到21世纪中叶，可再生能源对我国总能源的贡献将达30%左右。

3 节能优先

《科学时报》：虽然地大物博，但就人均资源占有量而言，我国是一个小国、穷国。基于这样的国情，你认为我国在能源利用方面要注意哪些问题?

杜祥琬：美国以占全世界5%的人口消耗了全世界25%的能源，而中国的人口是美国的4.2倍，如果中国的人均能耗跟美国人均能耗一样，那就超过目前全世界总的能源需求量了。因此，对中国来说，节能是最大的战略性问题。与能源开发相比，节能要优先。

我认为，节能本身就是一种绿色能源，而且是一种零污染的绿色能源。仅以照明节能为例，我国每年照明用电大约是3000亿度，如果都改用节能灯，可以节约1000亿度电，而长江三峡电站每年的发电量是800亿度，也就是说，我们可以节约出一个三峡电站还要多。

《科学时报》：你认为节能要从哪些方面着手呢?

杜祥琬：节能的方法有很多，包括调整产业结构节能、产能端节能和用能端节能等。其中，用能端节能又包括工业节能、建筑节能、交通节能等。另外，还要构建节约型的消费体系。中国要有越来越多的人达成这样的共识，那就是“现代化不等于奢华”“幸福指数不等于富裕指数”。作为人口大国，切不可把人均能耗、人均电力、人均轿车数等人均量作为现代化的指标与发达国家攀比，那是一种不可持续发展的生活方式。

《科学时报》：以发达国家为参照，你认为我国在能源研究方面还有哪些方面需要加强?

杜祥琬：我觉得最重要的是要加强基础研究，同时加强产、学、研结合，推动企业创新。我们现在在能源领域的研究以跟踪型为主，而引领未来则要靠基础研究。化石能源的洁净化需要创新，新能源的突破也需要创新，哪个国家先有突破性的创新，哪个国家才能引领未来的战略方向。这是一个国家核心竞争力的重要体现。为此，从科技界到产业界，都应该努力克服浮躁之风，踏踏实实从基础研究作起。毕竟，只有科技的创新才能引领能源革命。

（发表于《科学时报》，2009年3月6日）

高耗能中国的拐点在哪里

新华网河南频道5月13日讯　大河网—河南日报报道：（李林、李运海）身为中国工程院副院长，他曾三次转换研究领域，均获得了巨大的成就。身为河南人，他无时无刻不关心着家乡的发展。

杜祥琬1938年生于南阳，原籍开封。1964年毕业于苏联莫斯科工程物理学院，1997年当选为中国工程院院士。现任中国科协全国委员会常委、中国工程院副院长、国家能源专家咨询委员会副主任、中国工程物理研究院研究员，兼任《强激光与粒子束》期刊主编、强辐射重点实验室主任、大气光学重点实验室学术委员会主任、短波长化学激光重点实验室学术委员会副主任、清华大学原子分子纳米重点实验室学术委员会主任等。曾任国家863计划激光技术专家组首席科学家。获国家科技进步一等奖一项、二等奖两项。2000年获何梁何利科技进步奖。

“来吧，坐这里。”像是和老朋友打招呼，老人一手递过茶，一手指着摆在正中最宽大的沙发让记者坐下，而自己随身就座偏席。

他就是杜祥琬，中国工程院副院长，曾在中国核试验诊断理论、核武器中子学研究、新型强激光等多个领域扮演开拓者之一的首席科学家。

他的朴实、和蔼、谦逊与他的名气、地位、声望是如此协调地集于一身。而他现在投身的能源研究，更与当年各个领域的辉煌同样冠绝一时。

“如果中国的人均能耗提高到跟美国一样，全世界的能源都给中国也不够用。”

本该在2001年卸任的杜祥琬，2002年被选举为中国工程院副院长，从事院士队伍建设和国家能源发展战略咨询研究工作。

“环保局统计国内522个城市多数空气质量没有达标，400余个城市缺水，180万平方公里土地沙漠化，近4亿人口的耕地和家园受到威胁，4000多种生物濒危，258种动物濒临灭绝。”杜老一口气说出了一连串数字，“中国要可持续发展，需要开发绿色的新能源。”杜祥琬的神情郑重。

今年1月，《中国产经新闻》报道了杜祥琬最新提出的绿色能源“新概念”：第一，节约能源、提高能源效率是一项巨大的廉价的优质能源，是零污染的绿色能源；第二，人们最容易理解的可再生能源、核能等属于绿色能源；第三，推进煤的洁净化技术，使这个黑色能源绿色化。

“每年全国的照明大约3000亿度电，如果都改用节能灯，可节约1000亿度，长江三峡每年是800亿度，就是我们能节约一个三峡啊。”杜老强调，“节能本身就是绿色能源。”

“你知道美国人的能源消耗量吗？知道如果中国照此消耗的结果是什么？知道中国人扭

转高耗能的‘拐点’在哪里吗？美国人口占全世界人口的5%，消耗了全世界25%的能源，中国人口是美国的4.2倍，简单一算就会知道，如果中国的人均能耗提高到跟美国一样，全世界的能源都给中国也不够用啊。”

结论沉重，但杜老的脸上却有着笑容。多年的科研攻关和天生乐观，练就了他极富个性的思维方式：难题是用来解决的，这是它存在的唯一意义。“在能源环保领域发现问题，深入进去，最终解决问题，这是我的兴趣，更是我们的责任。”

杜祥琬说，中国是一个十几亿人口的大国，实现可持续发展，是一个前无古人、“外”无来者的伟大事业，完全照搬他国经验是不现实的，中国必须走出自己的绿色康庄大道。

“事有一弊就有一利，中国13亿人共同树立绿色观念，参与绿色革命，就有了最大的希望。适度的物质享受，丰富的精神生活，这才是具有中国特色的富裕可持续发展之路。”杜祥琬说。

1 “这是我第三次转换领域了”

从核武器到新型强激光，再到如今的新能源，杜老研究领域的跨度和转变实在有些匪夷所思。“这已经是我第三次转换领域了，但都没有离开物理学。”杜祥琬说：“少年时，我的梦想是当个天文学家。”

1956年，杜祥琬报考了当时全国大学中唯一的天文学系南京大学天文学系，他挚爱探索神秘的宇宙与星际，但因国家的需要，他的生活轨迹被第一次改变。

高中毕业，他被选为留苏预备生，后因中苏关系变化，一年后走进了父亲的母校北京大学，直至1959年，在著名物理学家钱三强的积极推动下，30名优秀中国学生到前苏联留学，杜祥琬进入莫斯科工程物理学院学习，组织上为他选择了理论核物理专业。

“新的专业对我一直是个谜，不知道以后能用来干什么，但在我国第一颗原子弹试验成功的消息传出后，我一下明白了。”杜祥琬显得有点激动，脸上笑容漾起，“我，一个普通人的命运已经和国家发展、民族振兴紧紧联系在了一起。”

26岁的杜祥琬回国后，被分配到中国工程物理研究院理论部，在这个中国核武器研究的龙头部门，他受到了王淦昌、朱光亚、彭桓武、邓稼先、周光召、于敏等一批一流科学家的教诲和指导。

没有任何外部资料和信息可以参考借鉴，1966年底，杜祥琬和两个青年科学家组成的热测试理论组，带着预先估算的理论数据赴基地进行试验，并获得成功。实际上，这次核试验是我国掌握氢弹的实际标志。

在新疆戈壁、四川深山20余年，杜祥琬不知辛苦，反觉甘甜，因为知道自己为了什么，要去向哪里，他内心总莫名地喜悦，心境之路越发辽阔。

1987年，杜祥琬迎来了他科学道路上的第二次转折——被选进国家863计划激光专家组。“这意味着你要放弃已经驾轻就熟20年的核研究，从零开始进行新的科学研究，你没有压力吗，为什么毅然决然？”面对巨大挑战的重大转折，记者发问。

“很多人为国家做出了巨大牺牲，换一个专业从头开始又算得了什么？”杜祥琬轻轻地侧了一下头，淡淡地笑了。

又是一个20年。在强激光技术存在不确定技术途径和高风险的情况下，杜祥琬主持研究和制定了符合我国国情的发展目标、研究重点、技术途径等发展战略与实施方案，带领同事们独立自主地开拓出一条我国发展新型强激光技术的技术途径，在较短时间内把我国新型强激光技术研究推进到国际先进水平。

杜祥琬一直将国家民族的需要和对科研的浓厚兴趣视为自己前进的两大动力。“说实话，我走上科学道路时也没想过要当什么，我们那时没有职称制度，没有院士制度，靠什么激励自己呢，就是一心要实现国家意志。靠着这个精神支柱，觉得这是有价值的。”

他说，在市场经济和价值观多元化的时代，可能有的年轻人会觉得这是老话老观念了，“但我坚信：任何社会、任何时代、任何国家，都会有不同的人选择不同的价值观，问题就看你选择什么。这一点永远是不会错、不会过时。”

不久前，杜祥琬在光明日报发表了《享受辽阔》一文，从戈壁到宇宙和历史，再到人类的思维和胸怀，他感受到真正的辽阔。

“如果有一天，你知道自己为什么要经受磨难，你就会享受到辽阔，人生的辗转与挑战，不过付之一笑。”杜祥琬说。

“琬是南阳的美玉，我喜欢自己的名字”

“这样达观平实的性格，是拜家乡厚重的文化积淀所赐。”老人说。

杜祥琬喜欢自己的名字，琬是河南南阳的美玉，1938 年，他就出生在这盛产美玉的地方。

“我在开封受到了初等和中等教育。当时我家住在双龙港，就在不远处的文庙街上小学，那儿原来是孔庙，祠堂很大，里面还摆着牌位，我们就在祠堂当中上音乐课，老师弹琴，我们的歌声嘹亮。”

“中学有一个很不错的操场，足够打垒球用，我也常去练一练单双杠。在校期间还参加了操场改建的劳动，往地下刨不到一米深，就有文物发现，刨出来不少已生锈的金属钱币，外圆内方，在开封叫‘皮钱’。”

“高中的同班同学中有各种人才。与我同桌的一位同学当时就写小说并发表。那时，我们全班都会拉二胡，几十把二胡合奏‘良宵’‘步步高’。”

杜老滔滔不绝，往事里的笑脸与笑声重新浮现，他像一个站在历史影片放映机前的观众，认真咀嚼细节，分外陶醉岁月，连眼角和眉梢也好似伴随当年的旋律起舞。

杜祥琬的父亲毕业于北京大学数学系，是开封高中的著名教师，是一名 1926 年入党的老党员，曾任河南省副省长。受父亲的影响，杜祥琬从小学习刻苦。当时小学升初中分春季和秋季两次招考，上六年级的他，提前半学期参加了招生开始，并以优异成绩获录取。但事后，杜祥琬却主动放弃了提前上初中的机会。

“放弃的理由很简单，数学考卷上有一道因式分解题是六年级下学期要学的内容，我不会，就想学习六年级下半学期的功课。”在他看来，楼盖多高要看地基打有多牢，学习没有什么好办法，就是要打牢基础，一块砖头也不能少。

尽管已经过去了半个多世纪，杜老还清晰地记得：高中教数学的韩静轩老师，讲到重点内容时会加重脚步，甚至会跺脚；教化学的李天心老师家里到处是瓶瓶罐罐、试管试剂；从哈尔滨来的俄语老师郝守勤最开始念俄语字母时的姿势，是多么富有诗意；艾思奇的《大众哲学》怎样深入浅出阐述唯物的认识论和辩证的方法论。

他笑着说，如果没有青少年时代老老实实读书，广猎知识，坚持“一块砖头”的想法，恐怕很难有后来的杜祥琬。

2 “作为河南人，我感到骄傲”

在杜老的办公室里，挂着一幅大号的中国地图，地图的正中，有一块他深情的土地，那就是——河南。

“作为一个河南人，我感到十分骄傲！”杜祥琬感叹。

“河南在历史上曾是一块灾难沉重的土地，但无论命运给予了什么，这块土地所哺育的儿女都有着强大的生命力，并用质朴方式热爱着生活，哪怕最细小的美好，也会珍惜。”杜祥琬说，自己是万千河南人中的一个，却和所有河南人一样有着相同的感受。

“我很想写本书，书名就叫《河南，何以动人?》。在我看来，家乡的‘人’最美、最动人。以前的好干部焦裕禄，家喻户晓；现在的任长霞，人们提起来个个翘大拇指，这些都是河南的骄傲。这几年家乡变化很大，美誉度不断增强。在北京的河南人，都想家乡发展更快，变得更美。”

杜老一直关心河南的发展。近年，他到开封为郑汴一体化进言献策，主张开封大力发展旅游事业，集中优势向西拓进；他几次到郑东新区，认为那里是河南发展的一张新名片，欣喜东区高质快速的变化；他关注河南地下矿产资源的科学开发与合理开采，平顶山的煤矿留下了他串串足迹；他下南阳询问生物质能替代石油的进程，高度关注新能源的开发与研制……今年年初，杜老还赶赴郑州大学传道授业，想把自己多年积累的科研经验多一些传授给家乡的学子。

“河南正在大跨步地实现又好又快发展，这其中需要突出特点和优势。”杜祥琬建议，河南在快速、全面推进城市化进程中，可进一步拔高“节能与环保”战略地位，用棋高一招，先声夺人。比如，率先在城市建设中探索出一条建筑节能的道路，从原材料到空间设计，以节能为先导，充分利用科技，将太阳能、生物质能、中水循环等技术全面投用，将城市化推进从根本上注入超前理念，高层次、优质化发展河南，同时为国家可持续发展做出贡献。

在杜老的心中，河南是中原崛起、中部崛起的脊梁，未来充满希望与光明。采访即将结束时，他提笔写下：“河南的振兴是民族振兴的象征，中原崛起是中华崛起的标志。”

（发表于大河网—《河南日报》，2008 年 5 月 13 日）

中国特色能源发展的战略思考

——上海交大座谈会上的发言①

江泽民同志的论文“对中国能源问题的思考”，深入分析了世界和我国能源的现状和发展趋势，提出了走中国特色新型能源发展道路的战略思想，同时提出了实施这一战略需要采取的政策措施。这些思想是建设中国特色社会主义理论在能源领域的具体应用，是用“三个代表”思想和科学发展观指导能源发展战略的重要成果。对我国能源的研究和实践有重要指导作用。《思考》一文的阐述十分全面，需要深入学习，下面汇报几点初步的学习体会：

（1）节约能源、提高能源效率是一项巨大的优质能源，是零污染的绿色能源。

《思考》一文指出，“能源战略应长期坚持节约与开发并举，把节约放在首位。”这是一项基本国策。

从1990年到2005年的15年间，中国单位GDP的能耗降低了近50%。但，高能耗产业单位产品能耗比国际先进水平仍高出40%；能源系统总效率比国际水平低一倍。浪费严重，节能潜力大。节能既是紧迫需求，又是长期战略。

落实节能，一方面要真正落实“又好又快”的方针，而不是“越快越好”。纠正“GDP是硬道理”的片面观念，确立“科学发展才是硬道理”的观念。适当抑制GDP的增速，过快的增长会刺激粗放的能源开采和利用。必须以更有力的措施防止“偏快变过热”。

另一方面，要构建节能的制度体系。需要有力的“节能法”和执行措施。制定相应的政策、法规、标准、监督机制和问责制，运用经济的、行政的、技术的和思想舆论的手段，使节能走上法制的轨道。政府引导，市场主导，调动各企业、单位节能减排的内在动力。落实“新型工业化道路”。

第三方面，是构建以技术保障体系为支撑的节能、高效的生产体系，转变增长方式。

节能的办法包括：调整产业结构、工业节能、建筑节能、照明节能、交通节能等。

政府机构带头节能，具有重要的示范、表率作用。要突出抓好节电、节油、节水，抓好能源计量，强化目标责任，接受社会监督。

同时将节能、增效、减排的目标量化分配给各地、各企业，实行公开报告制度和问责制，节能产品的认证和市场准入制度。

第四方面，是构建节约型消费体系。在全社会倡导“适度的物质消费、丰富的精神追求”的生活方式，反对“攀比奢华”的不良风气，中国的最大特点是人口众多，这就注定

---

① 2008年4月。

了中国的人均能耗、人均轿车数、人均排污量、单位建筑面积能耗等必须控制到显著低于国际水平，这是“节约型社会”的必然内涵，也是创新中国经济增长模式的必然要求。提高全民节约、环保意识和素质，确立节能是一种绿色能源的观念，是我国可持续发展的大计。

（2）发展可再生能源、核能等新型绿色能源。

正如《思考》一文所强调的，要“多元发展”“优化能源结构”。中国工程院于今年初完成了历时两年的“我国可再生能源发展战略研究”。研究表明：包括水能、风能、太阳能、生物质能、海洋能与地热以及垃圾资源化利用在内的我国可再生能源资源丰富，一部分技术已成熟，有的将通过研发走向成熟。从长远看，洁净的可再生能源在我国能源中的比重，绝不是“杯水车薪”，而将是举足轻重。发展可再生能源是我国能源与环境双赢的正确战略选择。

国家已颁布“可再生能源法”和若干配套政策，扶植可再生能源的发展。发展可再生能源可以也能够做到“不与人争粮，不与粮争地，不损坏生态环境”。应注意因地制宜，科学发展，做好技术、经济和环境的综合可行性论证。

预计到 2010 年，可再生能源将占中国总能源的 10% 以上，2020 年将超过 16% 。以后会有更大的发展，2050 年将占到总能源的三分之一。由补充能源逐步上升为替代能源、主流能源乃至主导能源之一。

国家已明确了积极发展核能的方针，目前主要发展基于核裂变的 PWR 电站。也起动了快堆的研究。同时，对未来的受控核聚变的前期研究给予了应有的重视。

同时，也要重视提高天然气在能源中的比重，以及氢能的开发和利用。清洁能源的开发不仅具有能源本身的意义，而且对生态文明和以人为本、和谐社会的建设具有深远的意义。

（3）推进煤的洁净化利用技术，使煤这个黑色能源绿色化。

《思考》一文强调指出：“清洁环保。治理污染、保护环境、缓解生态压力，是能源发展的重要前提。”并专门阐述了煤的高效清洁利用问题。

与世界能源结构不同，在中国的能源结构中，煤的贡献超过三分之二。今后几十年内，优化能源结构，煤在能源中所占百分比会有所下降，但绝对量仍将上升。在相当长的时间内，煤仍是我国能源的第一大户。因此，必须改变当前煤的低效而高污染排放的利用方式，使其洁净化、绿色化，逐步成为一种绿色能源。煤的洁净化利用技术，是在我国实现能源、环境双赢的一个最关键的战略措施，应视为一个“国策”。

a. 在目前的火电站，大力推广脱硫、脱氮技术、污染排放控制技术；

b. 提高燃煤效率，加强超临界和超超临界火力发电技术应用，淘汰落后的发电机组；我国百万千瓦超超临界发电机组已成功运行，锅炉效率、机组热效率、节煤减排均达到先进水平，值得大力推广。

c. 加强循环床煤燃烧技术的研发和推广。

我国发展了具有自主知识产权的循环床设计技术，可实现煤的洁净化燃烧，控制污染排放，国产循环床已实现了 300MW 的锅炉设计，已运行 200 多台，正研发 600MW 超临界循环床，是一个重要的发展方向。

d. 研发碳捕捉利用及封存和整体煤气化联合循环技术（CCUS-IGCC）及二者的结合。

CO_2的捕捉收集可采用后燃烧系统，预燃烧系统和加氧燃烧三种方式，然后转换成液态、固态化合物或注入地下岩层封存（或利用），目前首先要做示范项目。

IGCC 是将煤气化与净化技术和高效联合循环发电相结合，是利用物理－化学方法达到煤的高效清洁利用的途径；而在 IGCC 中利用 CCUS 方法，有可能使 IGCC 成为未来极低排放发电系统的最佳方法。是中国应该努力去做的事情。

煤的洁净化利用有多种技术途径，对发展低碳经济意义重大，需要更有力的研发推广措施，制定定量的发展目标。

以上三点体会也是三种不同概念的绿色能源。在今后的几十年内，走中国特色新型能源发展道路，不仅解决中国能源的需求问题，而且显著改变中国能源的结构和“颜色”，使其逐步绿色化，以达到“资源节约型、环境友好型社会”的要求。为国家的可持续发展作出贡献！

五大战略推进我国能源可持续发展

生态大讲堂

中国的最大特点是人口众多。因此，尽管人均能耗远低于一些发达国家，但能源需求总量大，加之中国以煤为主的能源结构不良，且能源效率低，对生态环境的破坏日趋严重。基于我国能源、生态环境存在的问题，我想提出五大战略建议，前三个称为三种概念的绿色能源。第四个是针对我国能源缺口，提出加强国内资源勘探，利用国外资源做补充。第五个战略是加强生态保护，建设生态文明。

战略一：节约能源，提高能源效率，是一项巨大、廉价的优质能源，是零污染的绿色能源，也就是把节能作为一种能源。节能怎么是绿色能源呢？我们把很多能源浪费掉了，现在通过节约拿回来，这就是一项巨大的、廉价的优质能源，所以节能是零污染的绿色能源。

关于如何节能，我有四点建议：一是转变观念。真正落实国民经济又好又快的发展目标，而不是又快又好，确立科学发展才是硬道理的观念。二是构建节能的制度体系。需要有力的“节能法”和执行措施，使节能走上法制轨道，并深入人心，切实落实新型工业化道路的方针。三是构建以技术保障体系为支撑的节能、高效的生产体系，转变增长方式。调整产业结构、发展循环经济、推行低能耗建筑、发展新型节能减排汽车、推广节能灯、LED 等。我们不能满足单位面积能耗达到国际一般水平，中国人多房子多，必须让自己的单位面积能耗低于国际平均水平才能持续发展。每年全国的照明大约 3000 亿度电，如果都改用节能灯，可以节约 1000 亿度，比长江三峡每年发电 800 亿度都要多。四是构建节约型消费体系。在全社会倡导适度的物质消费、丰富的精神追求的生活方式，要越来越多的国人有这样的共识，富裕不等于奢华和奢侈。

战略二：多元发展，加快可再生能源和核能发展，改善能源结构。从大规模运用昨日阳光，过渡到大规模运用今日阳光，这是世界能源发展的必由之路。我国可再生能源资源丰富，一部分技术已日趋成熟，包括水电、风能、太阳能在内的可再生能源早晚会成为我国的替代能源、主流能源之一。水电有发展潜力，风力发电是目前我国最具有大规模产业化前景的可再生能源，2020 年装机容量有望达到 3000 万 ~ 8000 万千瓦。

我国太阳能资源丰富，可利用率大。我国的太阳能热水器使用率世界第一，太阳能热利用占了全世界的 70%；太阳能还能通过光电效应来发电，发展太阳能电池。

此外，还有生物质能源，发展方向包括沼气、生物质发电、生物乙醇、生物柴油等。垃圾燃烧发电或以其他方式资源化也是一个重要的方向，是我国今后发展的一件大事。

目前，我国已明确了积极发展核能的方针。核能不属于可再生能源，但是一种洁净能源，到2020年可以占到电力的4%。

战略三：大力推进煤的洁净化技术，使煤这个黑色能源绿色化，使这个可爱又可恨的黑煤老大，变成人类绿色的好友。洁净手段一是目前火电站推广的脱硫、脱氮技术等；二是提高燃煤效率，加强超临界和超超临界火力发电技术应用。淘汰落后的发电机组；三是加强循环床煤燃烧技术的研发和推广；四是研发碳捕捉及封存和整体煤气化联合循环技术及二者的结合，这是值得我国科研人员和企业努力去做的事情。煤的洁净化利用有多种技术途径，需要更有力的研发推广措施，制订具体定量的发展目标。

战略四：加强国内资源勘探，利用国外资源作补充。我国现在探明的可采石油储量有30多亿吨，但专家预测的储量在150亿吨以上，勘探潜力大。同时，加大天然气和煤气层开发对改善能源结构、减少生态环境污染和安全生产都有重要意义。为满足我国经济发展的巨大需求，还必须适当进口，利用国内外两种资源。

战略五：加强生态环境保护，建设生态文明。从一个号令自然的主人，到一个善待自然的朋友，是一次人类意识的深刻觉醒，也是一次人类角色的深刻转变。环境友好型社会要在生态文化的支撑下，实现经济与生态环境的双赢，实现社会经济活动对生态环境的负荷最小化，将其控制在资源供给能力和环境自净容量之内，形成良性循环。党的十七大提出生态文明理念。生态文明的三个重要特征是：较高的生态环境保护意识，可持续的经济发展模式，卫生保健体系和公正合理的社会制度。生态文明是人类文明发展的新形态、新阶段。

我国能源的可持续发展是有路可走的，但是走好这条路并不容易，需要付出巨大的努力。在一个拥有13亿人口的大国中，实现可持续发展，是一个前无古人、后无来者的伟大事业。这不仅仅是解决我们自己的问题，更是对全人类的重大贡献。

（发表于《中国绿色时报》，2008年3月13日）

大力推进能源绿色化

开发绿色能源是落实科学发展观的一项基本战略。我国需要开发三种概念的绿色能源，在今后的几十年内，不仅能够解决我国能源的需求问题，而且可以显著改变我国的能源结构，使其逐步绿色化，以达到“资源节约型、环境友好型社会”的要求。

节能已经成为当下最热门的话题之一，绿色能源、可再生能源、新能源等字眼频繁涌现，需要我们准确界定三者之间的关系。

绿色能源是指低污染或无污染的环境友好型能源；可再生能源属于绿色能源范畴，它的最大特点就是可再生，主要包括水能、风能、生物质能、太阳能等；新能源则是相对于传统能源而言的，主要包括核能、风能、生物质能、太阳能等，而水电发展起步较早，不属于新能源行列。

绿色能源主要有三种类型：第一，节约能源、提高能源效率是一项巨大的廉价的优质能源，是零污染的绿色能源；第二，人们最容易理解的可再生能源、核能等属于绿色能源；第三，推进煤的洁净化技术，使煤这个黑色能源绿色化，也属于绿色能源。

1　节能本身也是一种绿色能源

节能本身也是一种绿色能源。打个比方：有个水龙头漏水，要是我们拿个容器放在下面，原本白白浪费的水就成了可以利用的资源。从 1990 年到 2005 年的 15 年，我国单位 GDP 的能耗降低了近 50%。但是高能耗产业单位产品能耗比国际先进水平仍高出 40%，能源系统总效率比国际水平低一半。正是因为存在浪费，我们才看到了节能的潜力。

我国节能工作还任重道远。按照国家提出的节能目标，到“十一五”末，单位 GDP 能耗降低 20%，但去年的实施情况并不理想。我们应该清楚地看到，节能既是紧迫需求，又是长期战略。国家已经出台了多项配套的节能法规和措施，现在的关键和难点是抓好落实。具体应重点做好以下四个方面的工作。

一是要切实转变思想观念和发展方式。真正做到又好又快，而不是越快越好。过快的增长会刺激粗放的能源开采和利用，所以要科学地控制 GDP 的增速，以更有力的措施防止出现“偏快变过热”的倾向。

二是要构建节能的制度体系。需要有力的《节能法》和可行的执行措施；制定相应的政策、法规、标准、监督机制和问责制，运用经济的、行政的、技术的和舆论等手段，使节能走上法制的轨道，同时使节能成为深入人心的社会文化；政府引导，市场主导，从而调动各企业、各单位节能减排的内在动力，切实落实“新型工业化道路”的方针。

三是构建以技术保障体系为支撑的节能、高效的生产体系，转变经济发展方式。

四是构建节约型消费体系。在全社会倡导“适度的物质消费、丰富的精神追求”的生活方式，反对“攀比奢华”的不良风气。我国的人均能耗、人均轿车数、人均排污量、单位建筑面积能耗等必须控制到显著低于国际水平，这是“节约型社会”的基本内涵，也是创新中国经济发展模式的必然要求。提高全民的节约、环保意识和科学素质，是我国可持续发展的前提。

生态绿色住宅开始走进人们的视野。金阳/摄

2 大力开发可再生能源

如果说节约能源是“节流”的话，那么开发可再生能源就是“开源”。在能源紧张和环境污染双重压力下，开发可再生能源、核能等新型绿色能源显得非常必要。我国可再生能源资源丰富，部分利用技术已经成熟，一些技术将通过研发走向成熟。从长远看，洁净的可再生能源在我国能源中的地位将是举足轻重的。利用可再生能源是我国能源与环境双赢的正确战略选择。

近几年，我国利用可再生能源呈现出逐步加快的势头。可以说，我国利用可再生能源、核能等新型绿色能源的潜力比较可观。预计到2020年，水电可达2.6亿千瓦：风力发电是目前在中国非常有产业化前景的可再生能源，正在改进技术，降低成本，2020年装机容量有望超过3000万千瓦；我国太阳能资源丰富，而且正在技术上取得突破，预计到2020年，太阳能集热面积达3亿平方米，年替代化石能源达4000万吨标准煤，太阳能光伏发电将达数百万千瓦。我国以非粮农、林废弃物和荒地种植作物及垃圾为主的生物质能资源丰富，主要发展方向是沼气、生物质发电、生物乙醇、生物柴油、生物质颗粒燃料等。垃圾燃烧发电或以其他方式资源化也是一个重要方向，而垃圾处理是否得当是我国的一件大事。

另外，我国已经明确了积极发展核能的方针，目前主要发展基于核裂变的PWR电站。预计到2020年，核电装机容量可达4000万千瓦，占全国总装机容量的4%。

我国生物质发电产业也呈现出快速发展的势头，但是，生物质发电产业目前尚处于探索试验阶段，要不断学习总结国外的成功经验，积极争取政策扶持，做好技术、经济和环境的综合可行性论证。我国发展生物质发电产业有两个方面值得注意：一是要因地制宜；二是要充分研究生物燃料收集问题。

3 黑色能源绿色化

与世界能源结构不同，在我国的能源结构中，煤的贡献超过三分之二。今后几十年内，在优化能源结构背景下，煤在能源中所占百分比会有所下降，但绝对量仍将上升。在相当长的时间内，煤仍是我国能源的第一大户。我国以煤为主的能源结构给环境带来了很大压力。因此，必须改变当前对煤的低效、高污染、高排放的利用方式，使其洁净化、绿色化，逐步成为一种绿色能源。

煤的洁净化技术是我国实现节能减排的关键手段之一，主要可以从四个方面着手：一是在目前的火电站，大力推广脱硫、脱氮和污染排放控制技术。

二是提高燃煤效率，加强超临界和超超临界火力发电技术应用，淘汰落后的发电机组。我国百万千瓦超临界发电机组已成功运行，锅炉效率、机组热效率、节能减排指标均达到先进水平，值得大力推广。

三是加强循环床煤燃烧技术的研发和推广。我国发展了具有自主知识产权的循环床设计技术，可实现煤的洁净化燃烧，控制污染排放。国产循环床已实现了 30 万千瓦锅炉设计，已运行 200 多台，正研发 60 万千瓦超临界循环床，这是一个重要的发展方向。

四是研发碳捕捉及封存和整体煤气化联合循环技术（CCS - IGCC）及二者的结合。在 IGCC 中利用 CCS 方法，有可能使 IGCC 成为未来极低排放发电系统的最佳方法，这是值得我国科研人员和企业投放精力去做的事情。

煤的洁净化技术对实现黑色能源绿色化正在发挥着重要的作用，在很多领域还有利用空间，更好地发挥它的功能是我们的一个新课题。煤的洁净化利用有多种技术途径，需要更有力的研发推广措施，制定具体定量的发展目标。煤的洁净化利用技术，是我国实现能源、环境双赢的一个最关键的战略措施，应得到高度重视，并努力取得成效。

（发表于《中国石油企业》，2007 年 12 期，p. 20）

Three Concepts of Green Energy in China

The number one characteristic of China is its huge population. So the total need of energy is enormous, although China is much lower than many developed countries in per capita energy consumption. Along with the economic development, the need of energy is increasing.

In addition, the coal-based defective energy structure in China causes increasing pollution to the environment.

Therefore, it is highly significant to develop green energy in China. It is not only an imperative requirement, but also a long-term strategy. Not only for the its own needs, but also for the assuming its shared responsibility and duty to the world.

China needs to develop three concepts of green energy:

(1) Energy conservation and improving energy efficiency;

(2) Renewable energy and nuclear energy;

(3) Clean coal technology。

1) Energy saving and energy efficiency improving are low-cost, high quality energy sources with huge potential of supply, and can be regarded as "zero-emission" green energy.

Comparing with 1990, energy consumption per unit GDP in China was almost 50% lower in 2005. However, energy consumption per unit product in those high energy-consuming industries is 40% higher than those of the advanced international level. The overall efficiency of energy system is almost half of the international level. It shows a heavy waste of energy, and in the meantime, presents a huge potential for energy saving.

To put energy-saving into effect, we need to make great efforts in the following four aspects:

(1) To apply the principle of "good and fast" in the true sense, instead of "the faster, the better" . The one-sided idea of "GDP is of overriding importance" must be corrected and replaced by "Scientific development is of overriding importance" . To restrain the growth rate of GDP adequately since the excessive growth will stimulate extensive exploration and utilization of energy resources.

More forceful measures should to be taken to prevent "excessive rapid growth turns to overheat" .

(2) To build a regulative system in favor of energy-saving. More powerful "Energy-saving Law" and implementing measures are needed. Related policies, laws and regulations, standards,

monitoring mechanism and accountability system need to be formulated and established. Economic, administrative, technological, and public media and educational measures should be jointly implemented to get energy-saving on a track regulated by law.

On saving energy and reducing pollutant discharge, government should guide, market take leads, and the internal driving force in every enterprise and organization must be mobilized.

We should not take the old road of reverse U curve and try to have a "tunnel effect", so as to realize a "new road of industrialization".

(3) To build up an energy-saving and highly efficient productive system supported by technologies so as to transform the growth pattern.

Measures for energy saving:

- To adjust industrial structures;
- Energy saving in industries: to close, suspend, or transform the enterprises which are high energy consumption and high pollution; to upgrade boilers, electric motors so to improve their energy efficiency;
- Energy saving in building: integrated with the use of solar energy;
- Energy saving in transportation: to develop new energy-saving and less emission cars;
- Energy saving in lighting: to widely apply energy-saving bulbs, LED, etc;
- Government organizations should take the lead in energy saving and play an important role in demonstrating and modeling. The focal points should be on saving electricity, oil and water. Efforts should be made in measuring the use of energy, strengthening the responsibility in reaching targets, and being monitored by society.

The government has set quantitative targets of energy-saving and efficiency-improving for all regions and enterprises. Open report system, authentication and market-access system for energy-saving products have been applied.

(4) To build a saving-oriented consuming system.

We should call for a life style of "moderate material consumption and rich in spiritual pursuit" and be against the unhealthy general mood of "competing for luxury". The figures of per capita energy use, per capita ownership of vehicle, and per capita discharge of pollutants must be controlled significantly lower than those of international level.

We have to make "energy-saving" strike root in the hearts of the people and create such a culture in society. It is a certain content of "saving-oriented society", and a necessity for innovative growth model of Chinese economy. To improve the sense and quality of saving and environmental protection in all of the people is a matter of fundamental importance to the sustainable development of China.

Targets:

- Energy consumption per unit GDP reduces by 20% from the level of 2005 by 2010 (which means saving 240 million ton standard coal).
- Emission reduces by 10% from the level of 2005 by 2010.

2) New green energy such as renewable energy and nuclear energy has to be developed.

Being abundant in renewable energy resources, China has well developed some related technologies, while some more are becoming applicable through further R&D. From a long-term point of view, the share of clean renewable energy in total energy of China will not be negligible, but in a decisive position. Developing renewable energy is a right strategic choice for a "win-win" situation in energy and environment in China.

(1) Hydropower has its potential. It is estimated to reach 260GW by 2020.

(2) Wind power is the most promising renewable energy source to be explored in large and industrial scale in China. By reducing cost through technology progress, it is estimated that the installed capacity will reach 30GW by 2020.

(3) With its abundant resources, solar energy application is expecting breakthroughs in technology so as to improve its competitiveness in market.

It is expected that by 2020:

- Solar heat collecting area: 300 million m^2, replacing 40Mtce fossil energy.
- Solar power generation: 3GW.

(4) Biomass resources are large in amount in China. The major parts are wastes from agriculture and forestry, plants on waste lands, and garbage, etc.

- Major direction: Methane, biomass power generation, bio-ethanol, bio-diesel, biomass pellets, etc.
- Waste incineration power generation, and other ways of using waste as resources are another important direction. It is an important matter in China.

"Law on Renewable Energy" and several related policies have been implemented in China, so as to render policy support to the development of renewable energy.

The cooperative project on "renewable energy and environment" between Chinese Academy of Engineering (CAE) and the Royal Swedish Academy of Engineering Sciences (IVA) has promoted the development of renewable energy in China.

It is estimated that by 2010, renewable energy will account for 10% of total energy of China, and exceed 16% by 2020.

(5) Nuclear energy:

China has made it clear that nuclear energy has to be developed actively. Currently, nuclear-fission based PWR power stations are mainly adopted.

It is estimated that by 2020, the installed capacity of nuclear power generation will reach 40 GW, accounting for 4% of the nation's total power generation.

Besides, research on fast reactor is undertaking. In the meantime, primary study on controllable nuclear fusion energy has been to be attached due importance.

3) Clean coal technology has to be promoted to turn "black" coal green.

Different from the world's energy structure, coal contributes more than two third of energy in

China.

The percentage of coal in China's energy may decline by optimizing the energy structure in the next several decades. However, the absolute amount of coal using will still growing.

To develop "low carbon economy": low carbon emission + carbon sink + carbon capture and use + carbon storage, Among them, clean coal technology is the key.

We have to change the current ways of coal utilization which are of low efficiency and high pollutant discharge, so to make it clean and green, turning it into a green energy.

Clean using of coal is the most critical strategic measure in achieving a "win-win" situation in energy and environment in China.

(1) To widely apply thermal plant desulfurization and denitrification technologies, and emission control technology for coal combustion pollutants;

(2) To increase coal combustion efficiency, to strengthen the development of supercritical power generation technology, and to eliminate out-of-date generators;

(3) To strengthen the R&D and application of coal combustion in a circulating bed. China has developed design technology for the circulating bed with independently owned intellectual property rights to achieve clean combustion of coal and to limit the discharge of pollutants. Over 200 boilers of 300MW designed domestically have been in operation. A research on 600MW supercritical circulating bed, which is an important direction of development, is undertaking.

(4) To research and develop carbon capture, use, and storage technology (CCUS), Integrated Coal Gasification Combined Cycle technology (IGCC), and their combination (CCUS-IGCC).

IGCC technology includes large scale coal-gasification technology, heavy gas turbine using synthesis gas and low in pollution, synthetic technology for liquid products, operation and control technology, and advanced dynamic cycle and system optimization and integration technology. The development of the technology, research on equipment, and pilot power station in China are in progress.

In 2006, 250MW IGCC pilot stations were started to be built at Binhai New District of Tianjin, Banshan of Hangzhou city, and Dongguan city of Guangdong province respectively, and to be completed before 2010. In the meantime, several big power groups begin to develop their own IGCC projects.

The capture and collection of CO_2 can use post-combustion system, pre-combustion system, or oxygen-combustion system. Then transforming it into liquid or solid form of compounds or injecting it into underground terrace to store (or use). A demonstration project is developed presently.

As a combination of coal gasification and cleaning technology and high-efficiency combined cycle of power generation, IGCC is a physical-chemical method of highly efficient and clean use of coal. To add CCUS into the process of IGCC may turn IGCC to be the best way of extremely-low-emission power generation system in the future. China should put more effort into its development.

Conclusion

By developing the above-mentioned three different types of green energy, China is not only to solve its problem in energy demand, but also to significantly change its energy structure and its "color". Energy in China needs to be turned "green" so as to meet the requirement of "resources saving and environment friendly" society.

附中文译文：

发展三种概念的绿色能源

我国的最大特点是人口众多。因此，尽管人均能耗远低于一些发达国家，但能源需求总量大。而且，随着经济发展，能源总需求还在增加。加之我国以煤为主的能源结构，且能源效率低，对环境的污染日趋严重。因此，发展绿色能源是落实科学发展观的一项基本战略，意义重大。这既有紧迫的近期需求，又是重要的长期战略。

中国需要发展3类不同概念的绿色能源：

（1）节约能源、提高能源效率是一项巨大的廉价的优质能源，是零污染的绿色能源。

从1990年到2005年的15年，我国单位GDP的能耗降低了近50%。但是高能耗产业单位产品能耗比国际先进水平仍高出40%；能源系统总效率比国际水平低一半。正是因为存在浪费，我们才看到了节能的潜力。节能既是紧迫需求，又是长期战略。

落实节能，一方面要转变观念。真正做到又好又快，而不是越快越好。过快的增长会刺激粗放的能源开采和利用，所以要科学地控制GDP的增速，以更有力的措施防止"偏快变过热"倾向的发生。

另一方面，要构建节能的制度体系。需要有力的"节能法"和可行的执行措施；制定相应的政策、法规、标准、监督机制和问责制，运用经济的、行政的、技术的和思想舆论的手段，使节能走上法制的轨道，同时使节能成为深入人心的社会文化；政府引导，市场主导，从而调动各企业、单位节能减排的内在动力，切实落实"新型工业化道路"的方针。

第三方面，是构建以技术保障体系为支撑的节能、高效的生产体系，转变经济发展方式。节能的具体办法包括：①调整产业结构，调整二产，发展三产；②工业节能，关、停高耗能、高污染的落后企业，淘汰落后生产力，改造锅炉、电机等，提高能效，以及发展循环经济等；③建筑节能，例如大力推广太阳能建筑一体化，以有力措施推行低能耗建筑；④交通节能，发展新型节能减排汽车；⑤照明节能，包括推广节能灯、LED等，加快LED外延、芯片、封装技术的国产化、市场化，可以预料，半导体照明工程将为节能做出革命性的贡献；⑥政府机构带头节能，具有重要的示范、表率作用，建议突出抓好节电、节油、节水等方面工作，抓好能源计量，强化目标责任，接受社会监督；⑦将节能、增效、减排的目标量化分配给各地、各企业，实行公开报告制度和问责制；⑧做好节能产品的认证和市场准入制度等。

第四方面，是构建节约型消费体系。在全社会倡导“适度的物质消费、丰富的精神追求”的生活方式，反对“攀比奢华”的不良风气。我国的人均能耗、人均轿车数、人均排污量、单位建筑面积能耗等必须控制到显著低于国际水平，这是“节约型社会”的必然内涵，也是创新中国经济发展模式的必然要求。提高全民节约、环保意识和科学素质，是我国可持续发展的大计。

（2）发展可再生能源、核能等新型绿色能源。

我国可再生能源资源丰富，一部分技术已经成熟，一些技术将通过研发走向成熟。从长远看，洁净的可再生能源在我国能源中的比重，绝不是“杯水车薪”，而将是举足轻重。发展可再生能源是我国能源与环境双赢的正确战略选择。

我国可利用的可再生能源及发展潜力如下：①我国水电的发展潜力，估计2020年可达2.6亿千瓦；②风力发电是目前在中国非常有产业化前景的可再生能源，正在改进技术降低成本，2020年装机容量有望超过3000万千瓦；③我国太阳能资源丰富，而且正在技术上取得突破，以提高市场竞争力。预计到2020年，太阳能集热面积达3亿平方米，年替代化石能源4000万吨标煤，太阳能光伏发电将达数百万千瓦；④我国以非粮的农、林废弃物和荒地种植作物及垃圾为主的生物质能资源丰富，主要发展方向是：沼气、生物质发电、生物乙醇、生物柴油、生物质颗粒燃料等，垃圾燃烧发电或以其他方式资源化也是一个重要的方向，而垃圾处理是否得当是我国的一件大事。

大家知道，我国已颁布《可再生能源法》和若干配套政策，以扶植可再生能源的发展。发展可再生能源必须也可以做到“不与人争粮，不与粮争地，不损坏生态环境”。需要指出的是，发展可再生能源应注意因地制宜，科学发展，做好技术、经济和环境的综合可行性论证。预计到2010年，可再生能源将占我国总能源的10%以上，2020年将超过16%。以后会有更大的发展。

另外，我国已经明确了积极发展核能的方针，目前主要发展基于核裂变的PWR电站。预计到2020年，核电装机容量可达4000万千瓦，占全国总电力的4%。

（3）推进煤的洁净化技术，使煤这个黑色能源绿色化。

与世界能源结构不同，在我国的能源结构中，煤的贡献超过三分之二。今后几十年内，优化能源结构，煤在能源中所占百分比会有所下降，但绝对量仍将上升。在相当长的时间内，煤仍是我国能源的第一大户。因此，必须改变当前煤的低效、高污染排放的利用方式，使其洁净化、绿色化，逐步成为一种绿色能源。煤的洁净化利用技术，是在我国实现能源、环境双赢的一个最关键的战略措施，应被提高到“国策”的战略地位。

我们应该从以下4个方面着手：在目前的火电站，大力推广脱硫、脱氮技术、污染排放控制技术；提高燃煤效率，加强超临界和超超临界火力发电技术应用，淘汰落后的发电机组，我国百万千瓦超超临界发电机组已成功运行，锅炉效率、机组热效率、节能减排指标均达到先进水平，值得大力推广；加强循环床煤燃烧技术的研发和推广，我国发展了具有自主知识产权的循环床设计技术，可实现煤的洁净化燃烧，控制污染排放，国产循环床已实现了300兆瓦的锅炉设计，已运行200多台，正研发600兆瓦超临界循环床，这是一个重要的发展方向；研发碳捕捉及封存和整体煤气化联合循环技术（CCS-IGCC）及二者的结合，二氧化碳的捕捉收集可采用后燃烧系统、预燃烧系统和加氧燃烧3种方式，然后转换成液态、固态化合物或注入地下岩层封存（或利用），目前首先要做示范项目。IGCC是将煤气化与净化技术和高效联合循环发电相结合，是利用物理—化学方法达到煤的高效清洁利用的途径，而在IGCC中利用CCS方法，有可能使IGCC成为未来极低排放发电系统的最佳方法，这是值得我国科研人员和企业努力去做的事情。煤的洁净化利用有多种技术途径，需要更有力的研发推广措施，制定具体定量的发展目标。

通过发展以上3种不同类型的绿色能源，在今后的几十年内，不仅能够解决我国能源的需求问题，而且可以显著改变我国能源的结构，使其逐步绿色化，以达到“资源节约型、环境友好型社会”的要求，为国家的可持续发展作出贡献！

（在第三届国际绿色能源大会上的报告，瑞典，2007年6月；
中文载于《经济日报》，2007年7月19日，第002版）

中国能源的问题和可持续发展战略

摘　要：经济与社会可持续发展的重要基础是能源。如何在科学发展观的指导下，解决能源问题是我国需要面对的尖锐和紧迫的问题。文章首先阐明了对发展模式的再认识，讨论了中国能源的供需现状，分析了存在的三个基本问题，提出了解决我国能源问题的四个基本战略思想，简析了我国能源可持续发展的前景。

关键词：发展模式；能源；可持续发展

1　引言：对发展模式的再认识

二十多年来，我国经历了快速的经济增长，成就举世瞩目。

冷静的分析表明：这个阶段的经济成就在很大程度上靠的是基本生产要素的大量投入：消耗了大量的自然资源；付出了沉重的环境代价；靠人为的投资拉动；靠大量引进国外的技术；靠国内廉价劳动力。这是一种典型的粗放型发展模式，不止一个国家走过这样的发展阶段，美战略管理学家波特在《国家竞争优势》一书中，将这个阶段称作“要素导向阶段”。

我国前二十多年的经济发展处于典型的“要素导向阶段”，而这种经济的本质特征注定它是不可持续的。它是一种低门槛的经济。“增收不增利”，“8 亿件中国出口衬衣的利润，只够买一架空中客车”；一旦本国的要素出现制约（如资源、环境、能源的制约），经济将遭遇重创；中国每日耗水量、污水排放量均为世界第一，能源消费和 CO_2 排放世界第二，钱多了，但污染导致人民生活品质、健康状况的下降；廉价劳动力优势将逐渐丧失；“人口红利”会变为“人口负债”；成本价格优势导致对出口的依赖和贸易顺差，带来对本国货币升值压力；美国学者莱斯特．R・布朗将这种经济模式称作“A 模式”：“西方那种以化工燃料为基础，以小汽车为中心，一次性产品泛滥的经济模式，是一种应该被淘汰的，使人类文明陷入危机的模式”。

问题在于：一个国家能否及时而有力地改变发展模式，从“要素导向阶段”转变到“创新导向阶段”。成功的例子有芬兰、韩国；不成功的例子有阿根廷、沙特阿拉伯等。中国正在力求成功。

“创新导向阶段”的特征是：主流产业和企业开始具有创新能力，产品附加值提升，专利增加；产业链脱离粗放形态，走向集约化、专业化，竞争能力提升；现代化的第三产业蓬勃发展；具有更完善的基础设施，高水平的研究机构和教育体系，并与企业密切联系，互动互强。

实现这个阶段转变的途径是："自主创新、重点跨越。"

经济与社会可持续发展的重要基础是能源。要改变过去那种以高度能耗为代价的经济发展模式就必须调整能源经济结构，促进新能源、新技术的开发和推广，跨越到能源广泛再使用、再循环的可持续发展模式。可以说，能源是我国可持续发展需要解决的首要瓶颈问题。下面重点讨论如何在科学发展观的指导下，分析和解决我国的能源问题。

2 中国能源供需现状、发展预测和存在问题

1978—2000年的二十多年来，中国能源翻一番支撑了国民经济翻两番，这是一个基本事实。1978年中国改革开放以来，能源消费不断增长，1992年开始，中国能源消费量超过了能源生产量，能源自给率开始下降，成为世界第二能源消费大国（表1），目前的能源自给率均为93%

表1 中国一次能源生产与消费（亿吨标准煤）

年份	生产	消费	保证程度/%
1957	0.99	0.96	102.6
1978	6.28	5.71	109.8
1991	10.48	10.38	101.0
1992	10.37	10.92	98.2
1996	13.26	13.89	95.4
2004	18.46	19.70	93.7
2005	20.6	22.2	93.0

7%的对外依存度主要是石油。中国1985年曾净出口石油3540万吨，从1993年开始转为净进口，2005年净进口石油达到1.4亿吨，约占需求的40%以上。需要指出的是，这个石油进口量仅为世界石油贸易总量的5.5%，远低于美、日的石油进口量，对世界石油市场并不构成大的影响，更谈不上"威胁"。

中国未来的经济增长目标是，GDP到2020年将比2000年翻两番，基本实现工业化。专家估计，能源消费应比2000年的13.6亿吨标准煤翻一番多，才能保证实现GDP翻两番的目标（表2）。

表2 中国未来一次能源需求预测（亿吨标煤）

年份	2000	2010	2015	2020
一次能源需求	13.6	22～24	26～28	29～33

其中，存在供需缺口的仍主要是石油。在大力节约的前提下，估计2010年和2020年中国对石油的需求和自给情况如下。

表3 中国石油的需求量和自给量预估

	2010年	2020年
需求量（亿吨）	3.4	4.5
自给量（亿吨）	1.86	2.0
自给比例（%）	54.7	44.4

中国能源存在的基本问题是：

2.1 人均能源资源少，供需有差距

表4 中国能源探明可采储量在世界上的位置（2001年）

矿种	世界	中国	占世界	位次
煤（亿吨）	9845	1145	11.6%	3
石油（亿吨）	1430	33	2.3%	11
天然气（万亿米^3）	143	1.4	1.0%	20

中国人口众多，占世界人口的21%，能源矿产人均探明储量相对较少，煤、石油、天然气分别只有世界平均值的56%、11%和4%。

表5 中国能源人均探明可采储量与世界比较（2001年）

矿种	世界人均	中国人均	中国/世界
煤（吨）	160	90	56%
石油（吨）	23	2.5	11.1%
天然气（米^3）	23200	1080	4.6%

中国的煤炭资源可以满足较长期需求，而石油和天然气资源则需要以国外资源作为重要补充，才能满足当前和长远的需求。

中国是世界能源大国，一次能源的生产和消费均居世界前列，但人均能源消费水平还很低。

表6 2000年世界一次能源消费和生产大国（标准煤）

	世界	美国	中国	俄罗斯	日本	印度
消费（亿吨）	121.32	31.24	13.6	8.47	6.76	4.55
人均（吨）	2.02	11.08	1.05	5.80	5.32	0.45
生产（亿吨）	129.52	23.42	12.8	14.12	1.43	3.68
2005人均（吨油当量）	1.63	8.02	1.19		3.82	

2.2 能耗强度高，效率低

近20年来，中国在提高能源利用效率方面取得了显著成绩。2004年与1990年相比，全国每万元GDP能耗下降45%，累积节约能源7亿吨标煤，能源利用效率大幅提高。尽管如此，由于迅速工业化阶段的产业结构和以煤炭为主的能源结构，以及技术落后和管理不善等原因，中国与先进国家相比还有很大差距。我国GDP占世界GDP的4.8%，却消耗了世界31%的煤、7.5%的石油，单位GDP能耗偏高。“十五”期间能源消费弹性系数高达1.0以上，若长此以往，无法承受。

中国产业生产和居民生活中大量使用高耗能的落后技术和产品。中国现有的近400亿米^{2}建筑中，99%属于高能耗建筑，新建筑中，95%以上的仍然是高消费建筑，单位建筑面积能源消耗为发达国家的2～3倍以上，每年要多消耗几亿吨标准煤能源；中国发电、冶金、建材、化工、交通等产业消耗全部一次能源的80%左右，单位产品能耗平均高于国际先进水平20%～30%。

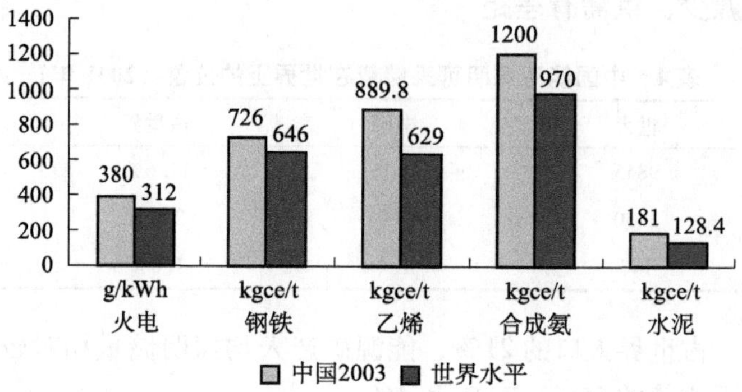

图 1 我国单位产品能耗与世界水平比较示意图（2003 年）

2000 年中国能源系统总效率为 10% 左右，约为发达国家水平的 1/2 左右，其中资源开采回收率 32%，能源使用效率为 33.4%，比国际水平低 10% 左右。

2.3 结构不良，污染严重

能源资源决定了中国能源长期以来是以煤为主的能源结构

表 7 中国一次能源消费结构 （单位:%）

年份	煤炭	石油	天然气	水电/核电
1952	96.7	1.3		2.0
1962	91.4	4.8	0.9	2.9
1970	81.6	14.1	1.2	3.1
1980	69.4	23.8	3 0	3.8
1990	74.2	19.0	2.0	4.8
2000	67.0	23.6	2.5	6.9
2003	67.9	23.3	2.5	6.2
2005	68.8	20.0	3.0	6.8

表 8 给出中国目前的电源结构，情况也类似。

表 8 电源结构（国家电力监管会提供，2005 年）

	装机容量/万 kW	占总电力百分比/%
火电	38413	75.4
水电	11652	22.9
核电	685	1.34
新能源发电	200	~0.4
总计	50950	100

此外，以煤为主的能源结构造成大量污染排放，SO_2 和 CO_2 排放量分别居世界第一位和第二位，必须在发展的同时，下大力控制排放。

3 解决中国能源问题的基本战略

3.1 大力节能，提高能源利用效率，控制需求总量

能耗形势严峻，构筑节能型产业体系是根本之策。降低单位GDP能耗的总体目标是：至2020年，单位GDP能耗降50%；至2010年，降20%；2006年要求降4%。

但国家统计局给出，2006年上半年全国单位GDP能耗同比上升0.8%。源于：煤炭业单位增加值能耗上升5.5%，石化升8.7%，有色金属升0.4%，电业升0.8%。虽然，钢铁、建材、化工、纺织业单产能耗下降。上半年全国总能耗增速高于GDP增速：全国发电量增12%，原煤增12%，原油和成品油进口增16%。“十五”期间，能耗增速与GDP增速接近1∶1这是不可持续的。

节能的主要途径包括：产业结构节能、技术节能、管理节能等不可分割的三方面。

1. 结构问题

（1）投资结构

“十五”期间，二、三产业的投资增速分别为35%和28%；二产中，煤炭、油气、铁路，有色采矿等投资增速30%~87%；

（2）产业结构

一、三产仅增5.1%和9.4%：二产增13.2%，其中工业17.7%（重工业18.5%，钢铁工业增加值仅占GDP 3.1%，而能耗却占15%!）

必须调整产业结构，调整二产，发展三产。

中国目前处于加速工业化阶段，2003年，耗能高的第二产业在GDP中的比重高达53%，而能耗低的第三产业的比重仅占32%。中国将大力发展耗能低的服务业。到2020年，使其在GDP的比重提升至50%左右。

2. 技术上、管理上必须采取有力的节能降耗措施

实施十大节能工程，节能潜力巨大。

（1）燃煤工业锅炉（窑炉）改造工程

工业锅炉：每年耗原煤4亿吨。运行效率比国际先进水平低15%~20%，并且是仅次于火电厂的第二大污染源；工业窑炉：每年耗煤3亿多吨，平均能效比先进水平低10%~50%。

（2）区域热电联产工程

推进分布式能源是一个重要工作方向。分布式能源是指分布在用户侧的能源梯级利用和可再生能源利用设施，可减少中间输送环节的损耗，实现资源利用最大化，且建设成本低，竞争力强。热电联产就是一种。热电联产与热电分产相比，热效高30%；集中供热比分散小锅炉热效高50%；北方采暖城市中，热电联产仅占20%。

（3）余热、余压（余能）利用工程

（4）节约和替代石油工程

电力、建材、化工等工业耗油大，节代油潜力大；交通运输油耗比先进水平高10%~20%，必须发展新型节能减排汽车；必须限制汽车总量。

（5）电机系统节能工程

电机系统用电占全国用电量60%，效率比先进水平低20%～30%。

（6）能量系统优化（系统节能）工程

石化、化工、钢铁行业年耗能5亿多吨煤，占总能耗27%，系统总体用能不合理。

需要一种与环境和谐的经济发展模式：循环经济，它要求把经济活动组织成一个“资源—产品—再生资源—再生产品”的反馈式流程，使物质和能源在不断进行的经济循环中得到合理和持久的利用，从而把经济活动对自然环境的影响降到最小，在物质循环的基础上发展经济，实现整个社会的可持续发展。

（7）建筑节能工程

单位建筑面积能耗比气候条件相近国家高2～3倍，建筑供暖造成的空气污染高2～5倍；建筑用电占总电力22%；要求建筑节能在“十一五”期间实现节约1亿吨标煤的规划目标。

（8）绿色照明工程

照明用电占全国电量12%。采用高效节能灯替代普通白炽灯可节约电60%～80%。LED是一个值得重视的发展方向。

（9）政府机构节能工程

人均能耗高，用能设备能效低。

（10）节能监测和技术服务体系建设工程

通过实施十大工程，逐步实现“十一五”节能总目标。单位GDP能耗降20%，节能2.4亿吨标煤。

能源效率是一项巨大、廉价、清洁的优质能源。我国每万元GDP能耗从1990年的5.3吨标准煤下降到2005年的2.7吨标准煤，下降近50%；从单位产品能耗看2005年与1990年相比，火电供电煤耗由每千瓦时427克标准煤下降到355克标准煤，吨钢可比能耗由997千克标准煤下降到760千克标准煤，水泥综合能耗由每吨201千克标准煤下降到153千克标准煤。1990—2005年期间，能源消费以年均5.5%的增长速度支持了国民经济9.7%的增长速度。石化行业通过节电、节油、节水措施，万元产值能耗（2005年比1998年）下降1.07吨标煤，相当每年节煤2325万吨，成效明显。

节能潜力仍大。高能耗产业单位产品能耗比世界先进水平高出40%，工业能耗占能源消费总量的70.4%，节能首先要调整产业结构并抓好工业节能。建立终端用能设备能耗标准和标识体系，并强制执行是重要措施之一。节能是一种洁净的经济增长。经济增长偏高，而节能降耗不落实，是目前需要高度重视的严重问题。

3.2 多元发展，改善能源结构

根据对中国能源资源潜力分析，在今后20年左右时间内，中国能源发展的多元化前景光明。

中国天然气资源丰富，探明储量仅为资源量的6.5%，水电资源总量居世界第一位，但开发利用率不到2.5%，提高天然气和水电在能源构成中比重有相当潜力。大力发展核能和可再生能源是未来中国能源发展的重要方向。

中国的可再生能源资源也十分丰富，利用先进技术加以开发的潜力巨大。据专家前些年的预测，未来15年中国一次能源消费结构的变化如表9。

表9 中国未来15年一次能源消费构成 （单位:%）

	2000	2010	2020
煤炭	67.9	64.0~66.1	57.9~60.0
石油	23.6	20.2~21.4	21.0~22.1
天然气	2.6	4.6~6.3	6.9~9.4
水电	5.2	6.7~7.3	7.3~8.3
核电	0.4	1.1	2.4~2.8
可再生能源*	0.3	0.4	1.1~1.2

*水电除外

为改善能源结构，中国将大力发展可再生能源和核能，不仅必要，而且可能。

发展可再生能源是国际趋势。为后石油（peak oil）时代及早作好准备是明智的。瑞典提出“为无油世界作好准备”，确立了“农林业是能源生产者”的能源农业概念。巴西提出年底以后将完全摆脱进口石油。美国政府和企业各投资50%大力发展农、林生物液体燃料，到2025年替代75%的中东进口石油。

1. 风能

中国古代就有大量利用风能的风车。初步探明，中国可开发利用的地表风电资源陆地约为2.5亿kW，海上数亿kW，如果扩展到50~60m以上高空，风力资源更多。如果能开发出其中1/2份额，将能提供约8~10亿kW的电力，再加上约5亿kW的水电，将能大幅度补充2050年年需电力的缺额。

近20年来，国际上风能发电发展迅速，2002年，全世界风电装机容量达到3200万kW，平均年增长速度超过30%，近10年成本下降一倍。至2020年，风力发电可提供世界电力需求的12%，创造180万个就业机会，并减少一百多亿吨CO_2排放。中国风力发电十几年来迅速发展，建成了43座大型风电场，2004年并网风电装机容量达到57万kW，2005年达到120万kW，但总体规模仍不大，对国家能源供应的贡献很小。风力发电是目前中国最具有大规模产业化前景的可再生能源，2020年装机容量有望超过3000万kW。目前，国家正在推进大型风电设备的国产化，以大幅降低风电成本，提升产业竞争力。

2. 生物质能

生物质主要有农林产品及加工废弃物、工业废水、城市生活垃圾以及专门种植的能源作物等。开发生物质能是在不破坏环境生态的前提下，利用各种生物质，采用先进技术开发和生产的各种气体、液体和固体能源，电力以及热能，目前主要包括沼气、生物乙醇、生物柴油和生物垃圾发电。

中国生物质能资源量很大。据初步估算，每年可利用的生物质能源总量为5亿吨标准煤。中国是农业大国，农业废弃物资源量巨大，其中秸秆年产量超过6亿吨，可作为能源的3.5亿吨，折合1.5亿吨标准煤。林业废弃物每年均8~9亿吨。但利用中国农村分散的秸秆，也存在效费比的问题。

中国目前农村和工业利用生物废弃物和废水生产沼气，每年产量达45亿m^3。生物质发电的装机容量已经达到190万kW，其中170kW为利用甘蔗渣的热电联产，15万kW是利用垃圾发电，5万kW是利用稻壳发电。近年来，中国生物乙醇和生物柴油等产业不断发展，生物乙醇生产已超过100万吨，并已在全国5个省大规模使用。是有希望的液体燃料和石油替代燃料。生物质还可固化成型作高效燃料。适合荒山、沙地规模化种植的生物柴油木本植物有：黄连木、麻风树、光皮树等；而适合生产生物乙醇的含糖量较高的能源作物有：木薯、甜高粱、玉米秸秆等。生物质能关键要做到不争粮，不争地。生物乙醇的关键技术纤维系水解醇和用于五碳糖发酵的基因工程菌的开发，已取得突破。

预计到2020年生物质发电将达3000万kW；沼气利用量达240亿m^3；生物质颗粒燃料达5000万吨1年；生物质替代石油达1000万吨以上。

3. 太阳能

太阳能在解决能源供应和环境保护上有明显优势。中国2/3以上国土的年日照大于2200小时，年辐射总量平均大于5900MJ/m^2，资源非常丰富，有必要和可能大力发展。太阳能的利用有两大方面：

太阳能光热利用：用太阳能热水器等装置把太阳能转化为热能。中国是世界上最大的太阳能光热利用国家，2003年太阳能热水器产量1200万m^2，使用量5200万m^2，占全世界的40%。北京2008年奥运村90%的洗浴热水将来自太阳能。光热也可用于发电，建设上规模的光热电站。

太阳能光电转换：基于半导体材料的光电效应，用太阳能光电器件把太阳能转化为电能。近年来，中国太阳能光电池产业发展迅速，生产能力从几年前的不足10MW增加到目前的100MW以上，产品大量出口，2003年底，全国已安装的光伏电池容量约50MW。广东深圳最近建成亚洲最大的1MW太阳光电系统，年发电量100万度。2008年北京奥运村80%的路灯将采用太阳能供电。中国正在西部实施大规模的光电计划，为边远地区的居民提供电力，已建立七座光电站。西藏已建成光伏示范电站。

在总体上，中国的太阳能利用，特别是太阳能光电利用，还处于初级阶段，高成本是制约光伏发电大规模应用的主要因素（高纯度硅的制备），上网电价约为常规发电的10倍，缺乏市场竞争力，需要政策支持和技术进步推动。预计到2010年有望下降至每度0.8元，接近常规发电的2倍，竞争力将显著提高。另外，太阳能的能量密度低，集能面积大，需要在科学技术上取得重大突破，大幅提高光电转换效率，降低成本。如薄片太阳能电池是一个出路，用纳米材料（硒化铅晶体）取代半导体光电效率将提高一倍。

预计2020年太阳能发电将达200万kW，这一指标有望大大超过；太阳能集热面积达3亿m^2，年替代化石能源约4000万吨标煤。

可再生能源还有：地热能、海洋潮汐能，我国的潜力也很大。可再生能源的发展呼唤自主创新和政策扶植。

4. 核能

我国核电发展由“适度发展核电”开始进入“加快推进核电发展”的新时期，已形成广东、江苏、浙江等核电基地。2004年7月21日，国务院批准建设浙江三门一期工程，标志着我国的核电建设迈出了新的步伐。2005年12月15日，广东核电集团岭澳核电二期工程正式开工。该工程总投资260亿人民币，建造两座百万瓦级压水堆核电站，自主建设比例达到70%。核电发电量523亿kW时，约占全部发电量2.1%，同比增加19亿kW时，增速3.7%。2020年核电将达4000万kW装机容量，占总电力的4%。

此外，电源的发展还要与电网的发展相匹配。

3.3 加强国内资源勘探，利用国外资源作补充

为了保障能源供给，加强国内资源勘查是很重要的举措。一是国内资源的勘查程度很低，还有相当的潜力，煤炭已探明储量仅占资源量的20%、石油占20%、天然气占6.5%。

与美国相比，中国的沉积盆地面积670万平方公里，比美国沉积盆地面积660万平方公里还大一些；而中国石油探井数仅为美国的8%，探明储量仅为美国的23%。

中国石油的探明储量虽然只有33亿吨，但专家预测的储量在150亿吨以上，勘探潜力大。

据专家预测，天然气资源在50万亿米^{3}左右，而探明储量仅3.6万亿米^3，探明率6.5%；中国还有35万亿米^{3}煤层气资源。加大天然气和煤气层开发对改善能源结构、减少环境污染和安全生产都有重要意义。仅2005年就新探明石油9.43亿吨，天然气5623亿米^3。同时，由于天然气产量由2004年的415亿米^{3}提高到满足2020年消费2000亿米^{3}的难度很大，届时，仍将有三分之一左右的天然气需要从国外进口。

中国必须在积极开发和利用国内资源的同时，以国外石油资源作补充，以满足国家发展的巨大需求。

3.4 大力推进煤的洁净化技术，减少污染

提高燃煤效率，加强超临界发电技术和燃煤污染排放控制技术的研发；推广火电站脱硫脱硝技术；发展煤气化技术、分离和净化技术，开展整体煤气化联合循环发电示范工程；开发以发电、液体燃料合成为主要目标的多联产技术，并进一步研究气化—发电—制氢—液体燃料和化学品合成等过程的合理结合。

多联产技术是利用物理-化学方法达到煤的高效、洁净利用的途径。它以煤气化为中心，可以将95%以上的煤转换成一种称为合成气的可燃气体。主要成分是氧化碳和氢气的合成气，可以：类似于天然气那样用于蒸汽轮机—燃气轮机联合循环发电；它又是一种基本原料，可以用来生产化工产品和合成液体燃料，如氢气、氨气、二甲醚、“费—托”汽油和柴油。因此，多联产就是用单一的合成原料生产品，其中包括电力。

煤炭气化技术主要优点为灵活的原料、高气体产率，以及相对容易的污染控制。减少硫和颗粒物的排放比燃煤锅炉的情况要容易。合成气多联产的另一个突出优点是可能避免二氧化碳的排放。由于合成气中二氧化碳的浓度较高，又是高压，从中分离二氧化碳无论从技术上还是成本上看都比处理燃煤废气容易。

与传统的、分开生产电和其他产品的单元相比，合成气多联产可以降低成本。例如：单独生产甲醇的成本是每升12美分，三联产时甲醇的成本可以降低到每升6.5美分。成本降低是因为在集成的工艺中，合成气原料和过程余热可以被更有效、更充分的利用。在发电方面，将合成气用于联合循环发电可以获得比常规燃煤发电高的能源利用效率。目前，联合循环发电可以达到45%的效率，而且有望在将来接近60%。而大多数中国燃煤电厂的热效率仅30%。多联产、洁净化技术是实现煤基洁净能源的有竞争力的途径。

4 我国能源可持续发展前景

通过实施以上四大战略，中国能源是有希望可持续发展的。

根据粗略的估计，今后50年中国电力结构的发展如下图：

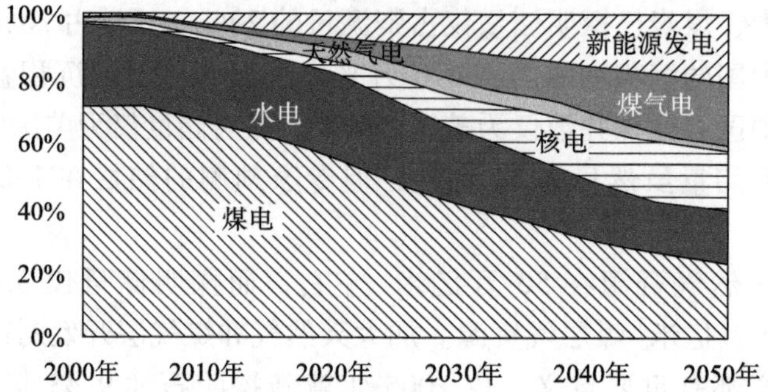

图2 中国电力结构的发展示意图

今后50年中国交通能源的结构的发展如图3：

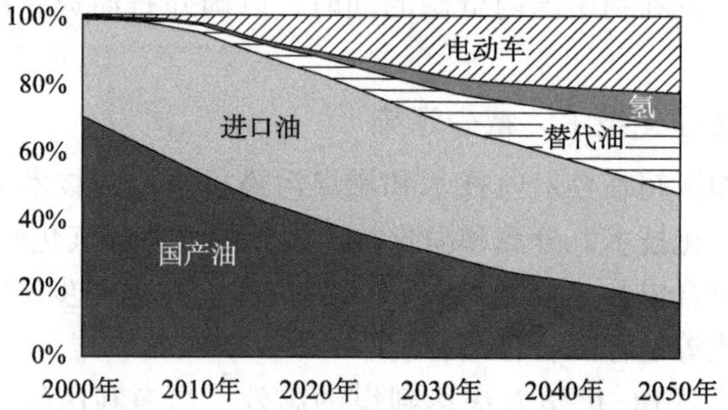

图3 中国交通能源泉结构的发展示意图

中国能源可持续发展是有路可走的，但走好这条路并不容易，需要付出巨大的努力。在这个过程中，应在科学发展观的统领下，实现以下4个方面的转变：一是从“高资源消耗、高污染排放、低经济效益”的“两高一低”发展模式，转变为“资源消耗低、环境污染低、经济效益高”的“两低一高”模式；二是从以牺牲环境为代价追求经济增长的“黑色经济”，转变为经济增长与环境保护协同增效的“绿色经济”；三是人与自然的关系从对资源掠夺式开发、对生态环境破坏严重的“生态侵略”，向“自然和谐”转变；四是通过有规模的生态建设，修复受损的生态环境，从“生态赤字”向“生态盈余”转变。

同时中国应当有不同于西方国家的非传统模式的现代化发展模式。实行低度消耗资源的生产体系；适度消费的生活体系；经济持续稳定增长、经济效益不断提高的经济体系；保证社会效益与社会公平的社会体系；不断创新，充分吸收新技术、新工艺、新方法的实用技术体系；促进与世界市场紧密联系，更加开放的贸易与非贸易的国际经济体系。

中国崛起的概念不仅包含硬实力，还应包含软实力。高度重视国家精神力量建设，在弘扬优秀民族文化的同时，注入具有时代特征的新内涵。中国不仅是人口大国，而且是人口密度大国，是人均资源的小国、穷国。中国必须创造自己的发展道路，并且要有相应的制度、文化和精神支撑，节能要成为国策。发展是硬道理，节约和环保也是硬道理，是要靠政府主导、法律强制和全民参与，才能实现的目标。节约和创新立国要成为一个综合概念，成为民族的智慧，并提升到重建民族精神的高度。

（本文曾在《求是》杂志2006年第22期上发表，刊载时作者特别作了补充和修改，《决策咨询通讯》，2007年第1期，p. 1）

物理学与中国能源可持续发展

——献给 2005 世界物理年①

摘　要： 物理学与工程技术有着密切的相互联系，能源工程技术与物理学的关系具有典型的代表性，物理学的应用可以对我国能源事业的发展做出重要的贡献。文章着重阐述了原子核物理学和核能工程（包括裂变核能和聚变核能），光电效应与光伏发电，风能、生物质能与物理学，物理化学与煤的多联产、洁净化技术，地球物理学与能源资源勘探等能源问题；讨论了物理学在节能中的三个应用：节能照明、建筑节能和交通节能；分析了中国能源的可持续发展前景。

关键词： 物理学；中国；能源；节能；可持续发展

在现代社会进步的历程中，基础性很强的物理学和应用性很强的工程技术扮演着不同的角色。但它们之间却存在着紧密的联系和深刻的相互作用。物理学对许多工程技术领域的开创起着先导、引领的作用，而工程技术不仅直接地创造生产力，而且反过来开拓、深化了物理学研究的领域。能源工程技术与物理学的关系具有典型的代表性。

我国能源的可持续发展引起了广泛的关注。面对我国的能源问题，需要大力节能，以控制能耗的总量；需要大力发展洁净新能源，以改善能源结构；需要积极推进传统能源的洁净化，以减少污染；需加强能源资源勘探，以开发潜在能源。在所有这些方面，物理学的应用都可以做出重要的贡献。

1　原子核物理学与核能工程

1905 年爱因斯坦在“论动体的电动力学”一文中，提出了高速运动下的相对性理论，提出了四维时空的新概念[1]；作为相对论的一个推论，在文献[2]中，爱因斯坦又提出了质能关系及著名表达式 $E = mc^2$，开创了原子核物理和核能应用的新时代。

在此之前，19 世纪末，相继发现了 X 射线、放射性和电子。在此之后，1911 年卢瑟福提出了原子的核式模型；1913 年玻尔完善了原子结构理论；1932 年，查德威克发现中子；同年，海森伯和伊凡宁柯分别独立提出了原子核由质子和中子组成的模型；1934 年约里奥-居里夫妇成功地用人工方法产生了放射性同位素。经过科学家们几年曲折的研究和严谨的分析，1939 年年初，宣布了哈恩和斯特拉斯曼发现在中子轰击下的铀核裂变以及梅特纳和

① 本文作者：杜祥琬，李庆忠（1930—　），男，江苏昆山市人，中国工程院院士，中国石油天然气集团公司物探局教授级高级工程师。

弗里什的理论解释。对核结构和核质量的研究，导致了人们对原子核结合能随原子量变化规律的认识：当一个重核分裂成两个中等质量的核时，会释放能量；释放能量的大小可由爱因斯坦的质能关系式估计，$E = \Delta mc^2$，Δm 即裂变或聚变反应时原子核质量的变化，称作质量亏损，而一次核聚变时放出的能量要比核裂变时大4倍以上。

这些原子核物理的发现，奠定了裂变核能与聚变核能应用的基础。而核能应用的实现还必须进一步解决一系列应用物理学和工程技术上的问题。

在突破了核武器技术之后，遂开始把核能引向和平利用的方向，作为洁净的能源，为人类造福。目前已做出实际贡献的核能是基于核裂变反应堆的核电站。在我国目前主要是压水堆（PWR）核电站。核电站由核岛和常规岛两大部分组成，在核岛内要使核能以可控的、安全的、长期持续的形式释放出来，再通过常规岛转换成电能供人们使用。因此，在核燃料的选择、制备、控制方法、结构设计、安全设计等方面，要解决一系列的工程、技术问题。

目前，在世界电力的结构中，核电已占有总电力的16%。我国发展核电的决策较晚，目前核电的贡献虽然仅有约1%，但国家已明确了积极发展核电的方针，至2020年，这一比例将达到约4%，并将进一步加快发展。

基于核聚变反应堆的聚变电站是解决人类未来能源问题的一个希望，它既要实现热核燃料的“点火”并有净能量输出，还必须控制热核能聚变反应的速率，其中高温等离子体物理的研究具有重要意义。目前较有希望的技术途径是磁约束受控聚变（MCF），这是一项有难度的大科学工程，目前处于前期实验研究阶段。国际上有ITER合作研究计划，我国在国内研究的基础上，也积极参与国际合作。目前是实验堆阶段，然后还要经过演示堆阶段，再进入商用堆开发。据估计，在21世纪后半期，受控聚变核能将开始为清洁能源作出实际贡献。这对能源的长期持续发展具有重要意义。

2 物理学与可再生新能源

2.1 光电效应与光伏发电

爱因斯坦在提出光的量子理论的基础上，进一步提出了光电效应的概念，这是发光二极管的理论基础，也是光伏发电的理论基础。当太阳光的光子被适当的材料吸收后，其能量将转换到电子上。

到达地球表面的太阳光功率强度约为$1000\mathrm{W/m^2}$。当前应用的光伏能量转换器大部分是单晶硅太阳能电池。商用的硅太阳能电池的光电转换效率已达16%，实验室研究中的已达到24%。

太阳能在解决能源供应和环境保护上有明显优势。中国2/3以上国土的年日照大于2200 h，年辐射总量平均大于$5900\mathrm{MJ/m^2}$，资源非常丰富，有必要和可能大力发展。中国太阳能光电池产业发展迅速，生产能力从几年前的不足10MW增加到目前的100MW以上。深圳最近建成亚洲最大的1MW太阳光电系统，年发电量$100\times10^4\mathrm{kW\cdot h}$，2008年北京奥运村80%的路灯将采用太阳能供电，已建立7座光电站。最近，尚德公司生产能力为120MW的晶体硅太阳能电池生产线已正式投入运行。预计2020年，太阳能发电装机容量可达$200\times10^4\mathrm{W}$。

在总体上，中国的太阳能利用，特别是太阳能光电利用，还处于初级阶段，高成本是制约光伏发电大规模应用的主要因素（如高纯度硅的制备），目前，上网电价约为常规发电的10倍，缺乏市场竞争力，需要政策支持和技术进步推动。预计到2010年有望下降至每度0.8元，接近常规发电的2倍，竞争力将显著提高。另外，太阳能的能量密度低，集能面积大，需要在科学技术上取得重大突破，大幅度提高光电转换效率，降低成本。

技术创新的方向之一是提高光电转换效率。硅对光的吸收效率不高，所以需用厚的吸收层，耗费材料。薄片太阳能电池可能是一个出路，其中使用对光吸收性能更好的半导体材料。进一步提高光电效率的途径也在探索中，例如，串列结构的半导体材料、半导体纳米结构迭成的量子阱系统，使用复合材料或有机染料等。这些都有赖于物理上和技术上创造性的努力。我国将在天津建设一条铜铟硒薄膜太阳能电池中试线。太阳能发电事业前景广阔。

说得更长远一些，还有空间太阳能电站的设想。即在地球的静止轨道上建太阳能电站，然后将能量转换成微波，定向发送到地球上加以利用。与在地球上利用太阳能相比，空间利用太阳能的优点是：光强高，光照时间更长，环境比较洁净。但在太空利用太阳能，需要解决一些物理上和技术上的难题，例如，需要提高能量转换效率；要有低成本的地面接受；还有结构、轻量化等很多难题。1997年美国宇航局提出两个太阳能电站方案，即电池阵由数百个圆盘形电站组成的太阳塔方案；用高效薄膜电池阵发电的太阳盘方案，这样一个电站大概需要400亿美元。空间太阳能虽然比煤炭、核能、水电要贵，但比地面利用太阳能要便宜。如果这个方案把造价降到100亿美元以下，它就具有可行性了；联合国第三次外空会议号召加强空间太阳能电站技术与经济可行性的研究，推动国际合作。预计到2030年，第一个试验性的空间太阳能电站可望升空。

2.2 风能

中国古代就有大量利用风能的风车。初步探明，中国可开发利用的地表风电资源，陆地约为2.5×10^8kW，海上数亿kW，如果扩展到50～60m以上高空，风力资源更多，如能开发其中的2/3，就能提供约10×10^8kW以上的电力，再加上约5×10^8kW的水电，将能大幅度补充2050年所需电力的缺额。

近20年来，国际上风能发电发展迅速，2002年，全世界风电装机容量达到3200×10^4kW，平均年增长速度超过30%，近10年成本下降了一半。至2020年，风力发电可提供世界电力需求的12%，创造180万个就业机会，并减少100×10^8t以上的CO_2排放。中国风力发电十几年来迅速发展，建成了43座大型风电场，2004年并网风电装机容量达到57×10^4kW，但总体规模仍不大，对国家能源供应的贡献很小。风力发电是目前中国最具有大规模产业化前景的可再生能源，2020年装机容量有望超过3000×10^4kW。目前，国家正在推进大型风电设备的国产化，以大幅降低风电成本，提升产业竞争力。

降低风能成本，推进国产化，需要解一系列物理和技术问题。例如，风能/轴功率的能量转换过程涉及风轮的空气动力学和气动弹性的稳定性的研究，交速风力机的整体动力学的控制问题等。

2.3 生物质能

生物质主要有农林产品和生产及加工废弃物、工业废水、城市生活垃圾等。开发生物质能是在不破坏环境的前提下，利用各种生物质、采用先进技术开发和生产的各种气体、液体和固体能源，以及电力和热能，目前主要包括沼气、生物乙醇、生物柴油和生活垃圾发电。

中国生物质能资源量很大，据初步估算，每年可利用的生物质能资源总量为 5×10^8t 标准煤。中国是农业大国，农业废弃物资源量巨大，其中秸秆年产量超过 6×10^8t，可作为能源的有 3.5×10^8t，折合 1.5×10^8 t 标准煤。但利用中国农村分散的秸秆，也存在效费比的问题。

中国目前农村和工业利用生物废弃物和废水产生沼气，每年产量达 $45\times10^8 m^3$。生物质发电的装机容量已经达到 190×10^4kW，其中 170×10^4kW 为利用甘蔗渣的热电联产，15×10^4kW 是利用垃圾发电，5×10^4kW 是利用稻壳发电。近年来，中国生物乙醇和生物柴油等产业不断发展，生物乙醇生产已超过 100×10^4t，已在全国 5 个省大规模使用，是有希望的液体燃料和石油替代燃料。生物质还可固化成型作为高效燃料。

在生物质能的产业链条中，有一系列物理问题需要解决。如生物质燃烧过程中锅炉受热面的腐蚀性机理和防治措施的研究；垃圾燃烧发电过程中对不可燃物的处理及燃烧生成气体中的有害物在排放之前的化学、物理处理等。

3 物理化学与煤的多联产及洁净化技术

煤是我国能源中的大户，今后相当长的时期内仍将如此。但目前的燃煤所带来的环境污染，已到了不能容忍的地步。为了可持续发展，必须提高燃煤效率和发展煤的洁净化技术，加强超临界发电技术，控制污染物的排放。这是我国能源可持续发展的战略选择。

多联产技术是利用物理-化学方法达到煤的高效、洁净利用的途径。它以煤气化为中心，可以将 95% 以上的煤转换成一种称为合成气的可燃气体。主要成分是一氧化碳和氢气的合成气，类似于天然气那样可用于蒸汽轮机-燃气轮机联合循环发电；它又是一种基本原料，可以用来生产化工产品和合成液体燃料，如氢气、氨气、二甲醚、“费-托”汽油和柴油。因此，多联产就是用单一的合成原料生产多项产品，其中包括电力。

煤炭气化技术的主要优点是灵活的原料、高气体产率以及相对容易的污染控制，减少硫和颗粒物的排放比燃煤锅炉的情况要容易。合成气多联产的另一个突出优点是可能避免二氧化碳的排放。由于合成气中二氧化碳的浓度较高，又是高压，从中分离二氧化碳无论从技术上还是成本上看都比处理燃煤废气容易。

与传统的分开生产电和其他产品的单元相比，合成气多联产可以降低成本。例如，单独生产甲醇的成本是每升 12 美分，三联产时甲醇的成本可以降低到每升 6.5 美分。成本的降低是因为在集成的工艺中，合成气原料和过程余热可以被更有效、更充分的利用。在发电方面，将合成气用于联合循环发电可以获得比常规燃煤发电高的能源利用效率。目前，联合循环发电可以达到 45% 的效率，而且有望在将来接近 60%。而大多数中国燃煤电厂的热效率仅 30%。多联产、洁净化技术是实现煤基洁净能源的有竞争力的途径。

4 地球物理学与能源资源勘探

地球物理勘探（下简称为物探）是迅速发展的高科技领域，是当前地质研究中的重要手段，寻找各种有用矿藏离不开地球物理探测。例如，石油、煤炭、天然气水合物、铁矿、重金属矿、放射性元素（铀矿藏的寻找）等，而且在环境保护及考古探测方面也有较大的成效。

石油物探工作是专门为国家寻找石油的，物探方法是利用地球表面的引力场、磁场、电场、大地电磁场及弹性波场进行测量、计算，从而获得地下地质结构的信息。

在物探行业中应用最广泛的是反射地震勘探方法，它利用炸药在浅井中爆炸后，用精密的地震探测仪器接收来自地下各沉积岩层的反射波，随后根据回声的原理推断各种沉积地层的埋藏深度及高低起伏的构造情形。精密的“三维地震勘探技术”就像“CT”一样对地下各断面做成解剖，因而成为寻找石油的有力武器。

在我国，地球物理勘探已发挥了重要作用。我国现有的油气田中除老君庙油田、延长油矿及西部少数油田是地面地质调查发现的外，95%以上的油田是物探方法发现的。

海上石油勘探更加重视物探。由于海上钻井成本特别高（每口探井花几千万元，甚至上亿元），所以国内外的惯例是把石油物探放在海洋勘探工作的重中之重。尤其是海上的地震勘探采用拖缆和气枪连续放炮，工作效率高、成本低、精度高，所以被大量采用，成就显著。

在全球范围内，近年来在深海（及冻土层）中找到大量的天然气水合物（gas hydrates）。它是甲烷、乙烷等与水分子在低温及较高压力下凝结成的—种固态物质，简称“可燃冰”。它的储量极大，估计为现有燃料资源的 2 倍，是未来可能的新能源。寻找这种天然气水合物主要还要依靠地震勘探技术。在天然气水合物的底界面附近，常常可以发现一个平行于海底地形的强反射，简称“似海底反射’（bottom simulating reflection，BSR）。我国南海北部的多处陆架边缘以及东海的深处存在可靠的 BRS 数据，预示着我国也存在大量的天然气水合物资源。在南海的陆架边缘通过地震资料波阻抗反演技术，可以清楚地显示固态的水合物分别区，及游离气存在的位置。

近年来在西部寻找油气方面，物探更是大显身手。20 世纪 80 年代后期以来，在我国西部的塔里木、准葛尔及吐鲁番等盆地的油气勘探中，物探技术获得了进一步的发展和提高，发现了一系列新的油气田，说明我国山区地震勘探的技术水平在国际上也是毫无逊色的。

要取得勘探的成功需要加强预探，加强地震勘探以及综合研究工作。三维地震、山地地震、偏移成像、储层预测及砂体描述等都处于不断的发展中，特别是山地地震的勘探技术这几年来我国有长足的进步。随着科技进步，重磁电等地球物理方法也有很大发展，重力仪已由毫伽级提升到微伽级，磁力仪已由质子旋进磁力仪发展出光泵磁力仪，过去一些无法识别的异常，经过线性与非线性方法的计算机处理，都已经可以获得明确的答案。由此可见，在解决复杂地质问题中，更应充分发挥地球物理勘探的综合优势。

此外，原子分子物理学方法对于探测开发能源资源（如利用痕量样品通过高灵敏度的原子分子光谱分析探测海底石油等），也将发挥重要作用。

5 物理学与节能

控制中国能源消耗的总量及大力节能，是中国能源可持续发展的必然战略选择。应用物理学可以为此做出多方面的贡献，下面举三方面的例子。

5.1 发展和推广发光二极管（LID）

全球电力约22%消耗在照明上，因此照明节能是一个重要方面。以化合物半导体材料为发光元件的半导体固态发光二极管（LED）是一种新型照明光源，正引发人类照明史上的一次革命。同样亮度下，半导体灯的电能消耗仅为白炽灯的1/8，而寿命则是白炽灯的100倍。半导体照明具有节能、长寿命、免维护、环保等特性。如同晶体管代替电子管一样，半导体灯替代传统的白炽灯和荧光灯，已是大势所趋：第一，应用非常灵活，可以做成点、线、面各种形式的轻薄短小产品；第二，环保效益很好，由于光谱中没有紫外线和红外线，属于典型的洁净照明光源；三是控制极为方便，只要调整电流，就可以随意调光。不同光色的组合变化多端，更能达到丰富多彩的动态变化效果。需要研究解决的物理和技术问题主要有：提高半导体芯片的发光效率；提高单管最大可发光通量；降低成本以降低价格；延长发光二极管的使用寿命等，以实现规模化的商用。

5.2 发展节能型建筑

我国的能源消耗中，建筑耗能是大户，约占30%，现有建筑的绝大多数是高耗能建筑。发达国家在低能耗，甚至零能耗建筑方面已有大量成功经验，我国也开始了示范工程。许多物理方法有助于建筑节能。

可通过建筑材料和结构设计的改进，利用太阳能发电、供暖（冷）。如皇明集团提出的“太阳能建筑一体化”设计，光伏电站的群控系统和用户电源智能化控制系统（青海、西藏）；聚苯板粘贴外墙保温体系与“低温热水地板辐射供暖（哈密）；被动式太阳能采暖房（甘肃）；太阳能热循环系统采暖、恒温建筑示范工程（北京）；100kWP光伏并网发电系统和360 kW太阳能空调制冷、采暖和热水综合系统（北京）等，都是非常有益的实践。

5.3 交通节能

在中国的能源消耗中，汽车占有相当的比例，且呈不断增长势头，必须限制汽车总量，同时用先进的清洁、低耗能的汽车取代高耗能的大排气量汽车，发展混合动力型汽车、绿色柴油车、电动和燃料电池汽车等。

粗略的估计表明，2020年全国平均每百人中拥有10辆汽车比拥有6辆汽车汽油的消耗要多$6\,000 \times 10^4$ t甚至更多！所以，第一，我国必须控制汽车的总保有量；第二，必须发展小排量、低排放的环保、节能、经济型汽车，鼓励发展轻型车，提高燃油经济性。为此，需要研究不同燃料的燃烧学，发展减排降污技术、燃料电池技术、氢能利用、摩擦学与磨损学的研究等与物理学息息相关的工作，这些对交通节能有重大效益。

总之，物理学对照明节能、建筑节能和交通节能都有实际的意义。控制中国能源消耗的总量，大力节能，是中国能源可持续发展的必然战略选择。物理学将为此做出多方面的贡献。

还有一些物理学的新成果将为未来的能源发展做出有分量的贡献。如低温物理的一个光辉篇章是超导体的研究。20世纪从低温超导到高温超导取得了迅速发展，并开始得到多方面的应用。在能源领域，超导将在电能输运、储能等方面产生显著的效益。

6 我国能源可持续发展的前景[3]

首先，通过大力节能控制总量，达到用能源翻一番多一点，支持国民经济翻两番的目标。同时，发展高效、洁净多元结构的能源，并不断优化。我国能源是有希望持续发展的。

在我国的电力结构中，按所占的百分比排序，在2000年是煤炭（火电）第一，水电第二，其他（包括核电、天然气电、新能源发电）比例极小；至2060年可能变化为煤电与煤气电、核电、水电的发电份额相当，差不多是三分天下的局面。这是一个粗略的预测，有待进一步定量研究。

在中国的交通能源结构中，在2000年是国产油占第一位，进口油第二位，其他交通能源的贡献甚微；至2060年可能变化为替代油、电动与氢能大约各占1/4的份额，而石油（包括国产和进口）将降至不到1/4。这个初步估计有待进一步研究。

中国能源可持续发展是有路可走的，但走好这条路并不容易，需要付出巨大的努力。物理学基础研究与应用的深入发展，可为能源可持续发展做出多方面的贡献，也只有为可持续发展做出贡献的物理学，才更能显现出它的价值和光辉。

在这个发展过程中，值得在全民族大力提倡科学的发展观和节约型社会的消费观、文明观，这也正是物理学家们倡导的理念。

爱因斯坦说过："照亮我的道路，并且不断地给我新的勇气去愉快地正视生活的理想，是善、美、真。人们所努力追求的庸俗的目标——财产、虚荣、奢侈的生活——我总觉得都是可鄙的。"

树立崇尚质朴的、适度的物质生活和丰富的精神追求的人生观、价值观，不仅对能源的可持续发展具有实际意义，而且也是建设高素质社会，实现中华崛起的精神力量。

参考文献

[1] Einstein A. 论动体的电动力学［A］. 范岱年，赵中立，许良英译. 爱因斯坦文集［M］. 北京：商务印书馆，1983.

[2] Einstein A. 物体的惯性同它所含的能量有关吗［A］. 范岱年，赵中立，许良英译. 爱因斯坦文集［M］. 北京：商务印书馆，1983.

[3] 徐大懋，倪维斗，郑洪. 能源战略 多联产 核电［A］. 中国电力发展论文集［C］. 2005.

Physics and Energy Sustainable Development in China

——For the World Year of Physics 2005

Abstract: There is a close correlation between physics and engineering technology, and the relationship between physics and energy engineering is a typical example. Applied physics could make significant contribution to China's energy development. This article discusses some energy problems, such as nuclear physics and unclear energy (including fission and fusion energy), photoeffect and photovoltaic electricity, physics and wind/bio- mass energy, physical chemistry and cleancoal technology, and geophysics and energy resource exploration. The article also discusses three applications of physics in energy saving in fields of illumination, building and transportation. Finally, the article analyses the prospects of energy sustainable development in China.

Key words: physics; China; energy; energy saving; sustainable development

（发表于《中国工程科学》，2006 年第 8 卷第 2 期，p. 1）

清洁能源与中国能源的可持续发展①

摘　要： 在简要概括我国能源的问题和解决问题的基本对策的基础上，首先，讨论了几种洁净的新能源：核能（包括裂变核能和聚变核能）、属于可再生能源的太阳能、风能和生物质能等；其次，讨论了我国传统能源大户——煤炭的洁净化技术；然后，指出，节能也是一种洁净，并分别讨论了照明节能、建筑节能和交通节能。最后，简析了我国能源可持续发展的前景。

关键词： 洁净能源；节能；可持续发展

前言

二十多年来，我国能源的发展有力地支撑了国民经济持续高速的发展，这是一个基本的事实。与此同时，我国能源领域潜在的问题和矛盾也日益突显出来。

我国能源的基本问题是：人均能源资源稀少，供需矛盾日益突出；能耗强度高，效率低，结构不良，污染严重。

解决这些问题的基本出路是：

（1）大力节能，提高能源利用效率，控制总量；

（2）多元发展，改善能源结构，积极开发新能源；

（3）加强国内资源勘探，适当利用国外资源作补充；

（4）大力推进煤炭等能源大户的洁净技术。

不难看出，在这些对策中，洁净能源的发展占有重要的地位。长三角地区作为我国经济发展的一个带头地区，需要也可能对洁净能源的发展作出重要贡献。

下面对几种洁净新能源和传统能源洁净化作简要的讨论。

1　大力发展核能

20 世纪初叶，原子物理学的发现，为裂变核能和聚变核能的应用奠定了基础。在突破了核武器技术之后，人类开始把核能引向和平利用作为洁净的能源，为人类造福。目前已作出实际贡献的核能是基于核裂变反应堆的核电站。在我国目前主要是压水堆（PWR）核电站。核电站由核岛和常规岛两大部分组成，在核岛内要使核能以可控的、安全的、长期持续的形式释放出来，再通过常规岛转换成电能供人们使用。因此，在核燃料的选择、制

① 能源论坛上的报告，2005 年 11 月 15 日。

备、控制方法、结构设计、安全设计等方面要解决一系列的工程、技术问题。

目前，在世界电力的结构中，核电已占有总电力的16%，我国发展核电的决策较晚，目前核电的贡献仅有约1%，现在国家已明确了积极发展核电的方针，至2020年，这一比例将达到约4%，并将进一步加快发展。我国东南部地区是核能应用的重点地域之一。

基于核聚变反应堆的聚变电站是解决人类未来能源问题的一个希望。它既要实现热核燃料的"点火"并有净能量输出，还必须控制热核能聚变反应的速率。目前较有希望的技术途径是磁约束受控聚变（MCF）。是一项有难度的大科学工程，目前处于前期实验研究阶段。国际上有ITER合作研究计划，我国在国内研究的基础上，也在积极参与国际合作。目前是实验堆阶段，然后还要经过演示堆阶段，再进入商用堆开发。据估计，在21世纪后半期，受控聚变核能将开始为清洁能源作出实际贡献。这对能源的长期持续发展具有重要意义。

2 太阳能

太阳能在解决能源供应和环境保护上有明显优势。中国2/3以上国土的年日照大于2200小时，年辐射总量平均大于5900MJ/m^2，资源非常丰富，有必要和可能大力发展。太阳能的利用有两大方面：

——太阳能光利用：用太阳能热水器等装置把太阳能转化为热能。中国是世界上最大的太阳能光热利用国家，2003年太阳能热水器产量1200万米^2，使用量5200万米^2，占全世界的40%。北京2008年奥运村90%的洗浴热水将来自太阳能。

——太阳能光电转换：基于半导体材料的光电效应，用太阳能光电器件把太阳能转换为电能。近年来。中国太阳能光电池产业发展迅速，生产能力从几年前的不足10MW增加到目前的100MW以上，产品大量出口，2003年年底，全国已安装的光伏电池容量约50MW。广东深圳最近建成亚洲最大的1MW太阳光电系统，年发电量100万度，2008年北京奥运村80%的路灯将采用太阳能供电，已建立七座光电站。最近，尚德公司的生产能力120MW的晶体硅太阳能电池生产线已正式投入运行。

在总体上，中国的太阳能利用，特别是太阳能光电利用，还处于初级阶段，高成本是制约光伏发电大规模应用的主要因素（如高钝度硅的制备），目前，上网电价约为常规发电的10倍，缺乏市场竞争力，需要政策支持和技术进步推动。预计到2010年有望下降至每度0.8元，接近常规发电的2倍，竞争力将显著提高。另外，太阳能的能量密度低，集能面积大，需要在科学技术上取得重大突破，大幅度提高光电转换效率，降低成本。

技术创新的方向之一是提高光电转换效率。硅对光的吸收效率并不高，所以需用厚的吸收层，耗费材料。薄片太阳能电池可能是一个出路，其中使用对光吸收性能更好的半导体材料。进一步提高光电效率的途径也在探索中，例如：串列结构的半导体材料、半导体纳米结构迭成的量子阱系统，使用复合材料或有机染料等。这些都有赖物理上和技术上创造性的努力。我国将在天津建设一条铜铟硒薄膜太阳能电池中试线。太阳能发电事业前景广阔。

3 风能

中国古代就有大量利用风能的风车。初步探明，中国可开发利用的地表风电资源陆地约为2.5亿千瓦，海上数亿千瓦，如果扩展到50~60米以上高空，风力资源更多。如果能开发出其中2/3份额，将能提供约10亿千瓦以上的电力，再加上约5亿千瓦的水电，将能大幅度电力的缺额。

近20年来，国际上风能发电发展迅速，2002年，全世界风电装机容量达到3200万千瓦，平均年增长速度超过30%，近10年成本下降一倍。至2020年，风力发电可提供世界电力需求的12%，创造180万个就业机会，并减少一百多亿吨CO_2排放。中国风力发电十几年来迅速发展，建成了43座大型风电场，2004年并网风电装机容量达到57万千瓦，但总体规模仍不大，对国家能源供应的贡献很小。风力发电是目前中国最具有大规模产业前景的可再生能源，2020年装机容量有望超过2000万千瓦。目前，国家正在推进大型风电设备的国产化，以大幅降低风电成本，提升产业竞争力。

4 生物质能

生物质主要有农林产业和生产及加工废弃物、工业废水、城市生活垃圾等。开发生物质能是在不破坏环境的前提下，利用各种生物质、采用先进技术开发和生产的各种气体、液体和固体能源，以及电力和热能，目前主要包括沼气、生物乙醇、生物柴油和生活垃圾发电。

中国生物质能资源量很大。据初步估计，每年利用的生物质能源总量为5亿吨标准煤。中国是农业大国，农业废弃物资源量巨大，其中秸秆年产量超过6亿吨，可作为能源的有3.5亿吨，折合1.5亿吨标准煤。但利用中国农村分散的秸秆，也存在效费比的问题。

中国目前农村和工业利用生物废弃物和废水产生沼气，每年产量达45亿立方米。生物质发电的装机容量已经达到190万千瓦，其中170万千瓦为利用甘蔗渣的热电联产，15万千瓦是利用垃圾发电，5万千瓦是利用稻壳发电。近年来，中国生物乙醇和生物柴油等产业不断发展，生物乙醇生产已超过100万吨，并已在全国5个省大规模使用。是有希望的液体燃料和石油替代燃料。生物质还可固化成型作高效燃料。

5 氢能

包括制氢：可用化石燃料、生物、可再生能源发电及核能电解水等手段制氢。

储氢：如纳米材料储氢；高效液化储氢；压缩储氢等。

可通过氢燃料电池（用氢-天然气混合燃料，用燃料电池制成发电装置）或其他方式用氢。

我理解，氢能是一个方向，会有一定程度的发展，但规模化的商用路途遥远。问题在于：氢能是二次能源，制氢消耗的能量大于氢燃料电池获得的能量。制氢过程还会产生污染，氢还要压缩、运输才能被利用，过程也要耗能。核能制氢代价高。靠可再生能源制氢在中国有局限性，汽车使用燃料电池的要求苛刻，重量体积受限。使用氢燃料，则氢燃料箱巨大，若液化氢，要保持-253℃的低温，且不能行车。氢还有控制和防泄露事故影响环境的问题。目前应重视它的研究。

6 煤的多联产、洁净化技术

煤是我国能源中的大户，今后相当长的时期内仍将如此。但目前的燃煤所带来的环境污染，已到了不能容忍的地步。所以，为了可持续发展，必须提高燃煤效率和发展煤的洁净化技术，加强超临界发电技术，控制污染物的排放。这是我国能源可持续发展的战略选择。

多联产技术是利用物理－化学方法达到煤的高效、洁净利用的途径。它以煤气化为中心，可以将95%以上的煤转换成一种称为合成气的可燃气体。主要成分是一氧化碳和氢气的合成气，可以：①类似于天然气那样用于蒸汽轮机－燃气轮机联合循环发电；②它又是一种基本原料，可以用来生产化工产品和合成液体燃料，如氢气、氨气、二甲醚、“费—托”汽油和柴油。因此，多联产就是用单一的合成原料生产多项产品，其中包括电力。

煤炭气化技术的主要优点为灵活的原料、高气体产率，以及相对容易的污染控制。减少硫和颗粒物的排放比燃煤锅炉的情况要容易。合成气多联产的另一个突出优点是可能避免二氧化碳的排放。由于合成气中二氧化碳的浓度较高，又是高压，从中分离二氧化碳无论从技术上还是成本上看都比处理燃煤废气容易。

与传统的、分开生产电和其它产品的单元相比，合成气多联产可以降低成本。例如：单独生产甲醇的成本是每升12美分，三联产时甲醇的成本可以降低到每升6.5美分。成本的降低是因为在集成的工艺中，合成气原料和过程余热可以被更有效、更充分的利用。在发电方面，将合成气用于联合循环发电可以获得比常规燃煤发电高的能源利用效率。目前，联合循环发电可以达到45%的效率，而且有望在将来接近60%。而大多数中国燃煤电厂的热效率仅30%。多联产、洁净化技术是实现煤基洁净能源的有竞争力的途径。

7 节能也是洁净能源

7.1 发展和推广发光二极管（LED）：节能照明技术

全球电力约22%消耗在照明上，照明节能是一个重要方面。半导体照明是指用半导体发光二极管LED作为新光源的固态照明。同样亮度下，半导体灯的电能消耗仅为白炽灯的1/10，而寿命则是白炽灯的100倍。半导体照明具有节能、长寿命、免维护、环保等特性。如同晶体管代替电子管一样，半导体灯替代传统的白炽灯和荧光灯，已是大势所趋，因为：第一，应用非常灵活。可以做成点、线、面各种形式的轻薄短小产品；第二，环保效益很好，由于光谱中没有紫外线和红外线，既没有热量，也没有辐射，属于典型的绿色照明光源；三是控制极为方便，只要调整电流，就可以随意调光。不同光色的组合变化多端，更能达到丰富多彩的动态变化效果。目前尚需进一步降低LED的成本，以实现规模化的商用。

7.2 发展节能型建筑

我国的能源消耗中，建筑耗能是大户，约占30%，现有建筑的绝大多数是高耗能建筑。发达国家在低能耗、甚至零能耗建筑方面已有大量成功经验，我国也开始了示范工程。许多物理方法有助于建筑节能。

可通过建筑材料和结构设计的改进，利用太阳能发电、供暖（冷）。如皇明集团提出的“太阳能建筑一体化”设计；光伏电站的群控系统和用户电源智能化控制系统（青海、西藏）；聚苯板粘贴外墙保温体系与“低温热水地板辐射供暖（哈密）；被动式太阳能采暖房

(甘肃);太阳能热循环系统采暖、恒温建筑示范工程(北京);100KWP光伏并网发电系统和360kW太阳能空调制冷、采暖和热水综合系统(北京)等,都是非常有益的实践。

7.3 交通节能

在中国的能源消耗中,汽车占有相当的比例,且呈不断增长势头,必须限制汽车总量,同时用先进的洁净、低耗能的汽车取代高耗能的大排量汽车,发展混合动力型汽车。绿色柴油车、电动和燃料电池汽车等。

粗略的估计表明:2020年全国平均每百人中拥有10辆汽车比拥有6辆汽车汽油的消耗要多6千万吨甚至更多!所以,第一,我国必须控制汽车的总保有量;第二,必须发展小排量、低排放的环保、节能、经济型汽车,鼓励发展轻型车,提高燃油经济性。为此,国家需要出台一些必要的政策、法规和技术标准。

总之,通过技术节能、管理节能和结构节能,控制中国能源消耗的总量,大力节能,是中国能源可持续发展的必然战略选择。

8 我国能源可持续发展的前景

首先,通过大力节能控制总量。达到用能源翻一番多一点,支持国民经济翻两番的目标。同时,发展高效、洁净多元结的能源,并不断优化。我国能源是有希望持续发展的。

在我国的电力结构中,按所占的百分比排序,在2000年是煤炭(火电)第一,水电第二,其他(包括核电、天然气电、新能源发电)比例极小;至2060年可能变化为:煤电与煤气电的综合份额与核电相当,是前两位,水电与新能源发电份额相当,差不多并列第三。

在中国的交通能源结构中,在2000年是国产油占第一位,进口油第二位,其他交通能源的贡献甚微;至2060年可能变化为:替代油、电动与氢能大约各占1/4的份额,而石油(包括国产和进口)将降至不到1/4。

在这个发展过程中,值得在全民族大力提倡科学的发展观和节约型社会的消费观、文明观。

树立崇尚质朴的、适度的物质生活和丰富的精神追求的人生观、价值观,不仅对能源的可持续发展具有实际意义,而且也是建设高素质社会,实现中华崛起的精神力量。

参考文献

[1] Deutschephysikalische Gesellschaft e. v. physics. 2002

[2] 徐大懋,倪维年,郑洪弢. 能源战略 & 多联产 & 核电. 中国电力发展论文集,2005.

[3] 国务院关于做好建设节约型社会近期重点工作的通知,2005. 7.

中国的能源问题和新能源发展前景①

摘　要：本文概括了中国能源发展的两个基本问题和三个正在发生的基本变化，讨论了解决中国能源问题的四个出路，分析了五种新能源发展的前景和问题。

1　中国能源发展的两个基本问题

1.1　人均能源资源少，供需矛盾突出

中国能源资源总量较为丰富，但结构不尽理想：煤炭资源较丰富，探明储量不足；石油资源不足，勘察和开发利用难度较大；天然气和煤层气资源较丰富，但仍勘探不足，开发潜力大（表1）。

表1　中国能源矿产探明可采储量在世界上位置（2001年）

矿种	世界	中国	占世界	位次
煤（亿吨）	9845	1145	11.6%	3
石油（亿吨）	1430	33	2.3%	11
天然气（万亿米^3）	143	1.4	1.0%	20

中国人口众多，占世界人口的21%，能源矿产人均探明储量相对较少，煤、石油、天然气分别只有世界平均值的56%、11%和4.6%（表2）。

表2　中国能源矿产人均探明可采储量与世界比较（2001年）

矿种	世界人均	中国人均	中国/世界
煤（吨）	160	90	56%
石油（吨）	23	2.6	11.1%
天然气（米^3）	23200	1080	4.6%

中国的煤炭资源可以满足长期需求，而石油和天然气资源则需要以国外资源作为重要补充，才能满足当前和长远的需求。

中国是世界能源大国，一次能源的生产和消费均居世界前列（表3），但人均能源消费水平还很低。

---

① 在中俄工程科技论坛上的主报告，2005年5月，北京·钓鱼台。

表 3 2000 年世界一次能源消费和生产大国（标准煤）

	世界	美国	中国	俄罗斯	日本	印度
消费（亿吨）	121.38	31.24	12.14	8.47	6.76	4.55
人均（吨）	2.02	11.08	0.96	5.80	5.32	0.45
生产（亿吨）	129.58	23.42	10.23	14.12	1.43	3.68

1978 年中国改革开放以来后，能源消费不断增长，1992 年开始，中国能源消费量超过了能源生产量，能源自给率不断下降，成为世界第二能源消费大国（表 4）。

表 4 中国一次能源生产与消费（亿吨标准煤）

年份	生产	消费	保证程度
1957	0.99	0.96	102.6%
1978	6.28	5.71	109.8%
1991	10.48	10.38	101.0%
1992	10.73	10.92	98.2%
1996	13.26	13.89	95.4%
2004	18.46	19.70	93.7%

中国石油 1985 年曾净出口石油 3540 万吨，从 1993 年开始转为净进口，2004 年净进口石油达到 1 亿吨，约占需求的 1/3，而且未来缺口还将进一步扩大。

中国未来的经济增长目标是，GDP 到 2020 年将比 2000 年翻两番，基本实现工业化。专家估计，能源消费应比 2000 年的 13.6 亿吨标准煤翻一番多，才能保证实现 GDP 翻两番的目标（表 5）。

表 5 中国未来一次能源需求预测

	2000	2010	2015	2020
一次能源需求	13.6	22 ~ 24	26 ~ 28	29 ~ 33

实际上，由于近年来经济社会发展步伐加快，2004 年一次能源消费已经达到 19.7 亿吨标准煤，上述预测中 2010 年的需求目标可能提前实现。中国未来能源供给满足需求的任务很重。

1.2 能耗强度高，效率低，污染严重

近 20 年来，中国在提高能源利用效率方面取得了显著成绩。1985—2000 年，单位 GDP 的能源消耗强度下降了 83%，能源利用效率大幅提高。尽管如此，由于迅速工业化阶段的产业结构和以煤炭为主的能源结构，以及技术落后和管理不善等原因，中国与先进国家相比还有很大差距。

中国产业生产和居民生活中大量使用高耗能的落后技术和产品。中国现有的近 400 亿平方米建筑中 99% 属于高能耗建筑，新建筑中，95% 以上仍然是高消费建筑，单位建筑面积能源消耗为发达国家的 2 ~ 3 倍以上，每年要多消耗几亿吨标准煤能源；中国发电、冶金、建材、化工、交通等产业消耗全部一次能源的 80% 左右，单位产品能耗平均高于国际

先进水平 20% ~30%。2000 年中国能源系统总效率为 10% 左右，约为发达水平的 1/2 左右，其中资源开采回收率 32%，能源使用效率为 33.4%，比国际水平低 10% 左右。

此外，以煤为主的能源结构造成大量污染排放，SO_2 和 CO_2 排放量分别居世界第一位和第二位，必须在发展的同时，下大力控制排放。

因此，从 20 世纪末到 21 世纪初，中国能源发展发生了 3 个基本变化：

（1）从供大于求，变为求大于供；

（2）从国内问题，变为国内、国际双重问题；

（3）从依赖自然资源，变为更加依赖先进技术。

2 解决中国能源问题的出路

中国政府解决能源问题的基本方针是：开发与节约并重，把节约放在首位。

2.1 大力节能，提高能源利用效率

与先进国家相比，中国能源在总体上有大约 20% 的节能空间。节能的途径主要包括：

——产业结构节能：中国目前处于加速工业化阶段，2003 年，耗能高的第二产业在 GDP 中的比重高达 53%，而能耗低的第三产业的比重仅占 32%。中国将大力发展耗能低的服务业，到 2020 年，使其在 GDP 的比重提升至 50% 左右。

——技术节能：它存在于经济社会生活的方方面面，包括采用先进技术降低能耗，大力开发和使用节能产品和节能工艺，取代高耗能的产品、设备和工艺。在产业领域，重点降低发电煤耗以及产业工艺和设备能耗；在居民生活领域，发展节能的照明、建材和家用电器，降低汽车油耗；等等。

——管理节能：主要通过政策和管理措施，建设实施节能的能力和树立节能的消费理念。节能涉及开采、加工、转换、储存、终端利用、产品耗能、产品结构等各个环节，它是全社会各个行业和公众的共同任务。要制定能耗标准和规范，强制淘汰低效高耗能的产品和强制推广使用高效节能产品，系统地更新落后的高耗能装备。在中国的能源消耗中，汽车占有相当的比例，且呈不断增长势头，必须限制汽车总量，同时用先进的清洁、低耗能的汽车取代高耗能的大排气量汽车，发展混合动力型汽车。

2.2 多元发展，改善能源结构

2003 年世界一次能源消费中，石油最多，占 37.3%，煤炭占 26.5%，天然气占 23.9%，核电占 6.1%、水电占 6.1%，而中国目前是以煤为主的多元能源结构，在一次能源消费中，煤炭最多，占 67.9%，石油占 23.4%，水电占 5.4%，天然气占 2.5%，核电占 0.8%。

中国煤炭资源最为丰富，可以满足长远发展的需要，而石油、天然气等资源量虽有一定规模，但难以满足中国长远发展需要，所以资源的国情决定，今后相当长时间内仍将以煤炭为主，而不能以石油和天然气为主。与此同时，要坚持不断优化能源结构，多元发展，并扩大利用可再生能源。多年来，煤炭在中国能源结构中，从总体上呈下降趋势（表 6）。

表6 中国一次能源消费结构 （单位:%）

年份	煤炭	石油	天然气	水电/核电
1952	96.7	1.3	—	2.0
1962	91.4	4.8	0.9	2.9
1970	81.6	14.1	1.2	3.1
1980	69.4	23.8	3.0	3.8
1990	74.2	19.0	2.0	4.8
2000	67.0	23.6	2.5	6.9
2003	67.9	23.3	2.5	6.2

根据对中国能源资源潜力分析，在今后20年左右时间内，中国能源发展的多元化前景光明。

中国天然气资源丰富，探明储量仅为资源量的6.5%，水电资源总量居世界第一为，但开发利用率不到25%，提高天然气和水电在能源构成中比重有相当潜力。大力发展核能和可再生能源是未来中国能源发展的重要方向。核电目前在中国发电量中所占比例仅约1%，2020年这一比例将占到4%左右。中国的可再生能源资源也十分丰富，利用先进技术加以开发的潜力巨大。据专家前些年的预测，未来15年中国一次能源消费结构的变化如表7。

表7 中国未来15年一次能源消费构成 （单位:%）

	2000	2010	2020
煤炭	67.9	64.0～66.1	57.9～60.0
石油	23.6	20.2～21.4	21.0～22.1
天然气	2.6	4.6～6.3	6.9～9.4
水电	5.2	6.7～7.3	7.3～8.3
核电	0.4	1.1	2.4～2.8
可再生能源*	0.3	0.4	1.1～1.2

*水电除外

2.3 加强勘探，利用国内国外两种资源

为了保障能源供给，加强国内资源勘查是很重要的举措。一是国内资源的勘查程度很低，还有相当的潜力，煤炭已探明储量仅占资源量的20%、石油占20%、天然气占6.5%。

与美国相比，中国的沉积盆地面积670万平方公里，比美国沉积盆地面积660万平方公里还大一些；而中国石油探井数仅为美国的8%，探明储量仅为美国的23%。

据专家预测，天然气资源在50万亿立方米左右，而探明储量仅3.6万亿立方米，探明率6.5%；中国还有35万亿立方米煤层气资源。加大天然气和煤气层开发对改善能源结构、减少环境污染和安全生产都有重要意义。同时，由于天然气产量由2004年的415亿立方米提高到满足2020年消费2000亿立方米的难度很大，届时，仍将有三分之一左右的天然气需要从国外进口。

2004年中国净进口石油量已达1亿吨，超过消费总量的1/3。中国已成为世界第三石

油进口大国，仅次于美国和日本。据预测，中国2020年石油消费总量可能将上升到4.5亿吨或更多一些，而国内生产受资源制约，将难以在现有产量上显著提高，缺口将达到60%。因此，中国必须积极开发和利用国内、国外两种石油资源，满足国家发展的巨大需求。

2.4 大力推进煤的多联产技术、结净化技术

提高燃煤效率，加强超临界发电技术和燃煤污染物排放控制技术的研发；发展煤气化技术、分离和净化技术，开展整体煤气化联合循环发电示范工程；开发以发电、液体燃料合成为主要目标的多联产技术，并进一步研究气化－发电－制氢－液体燃料和化学品合成等过程的合理结合。

3 新能源的发展、希望和问题

新能源包括太阳能、风能、生物质能、地热能、海洋能等可再生能源，以及氢能、裂变核能和受控热核聚变能。下面讨论其中的几种：

3.1 太阳能

太阳能在解决能源供应和环境保护上有明显优势。中国2/3以上国土的年日照大于2200小时，年辐射总量平均大于5900MJ/m^2，资源非常丰富，有必要和可能大力发展。太阳能的利用有两大方面：

——太阳能光热利用：用太阳能热水器等装置把太阳能转化为热能。中国是世界上最大的太阳能光热利用国家，2003年太阳能热水器产量1200万米^2，使用量5200万米^2，占全世界的40%。北京2008年奥运村90%的洗浴热水将来自太阳能。

——太阳能光电转换：基于半导体材料的光电效应，用太阳能光电器件把太阳能转化为电能。近年来。中国太阳能光电池产业发展迅速，生产能力从几年前的不足10MW增加到目前的100MW以上，产品大量出口，2003年年底，全国已安装的光伏电池容量约50MW。广东深圳最近建成亚洲最大的1MW太阳光电系统，年发电量100万度，2008年北京奥运村80%的路灯将采用太阳能供电。中国正在西部实施大规模的光电计划，为边远地区的居民提供电力，已建立七座光电站。

在总体上，中国的太阳能利用，特别是太阳能光电利用，还处于初级阶段，高成本是制约光伏发电大规模应用的主要因素，上网电价约为常规发电的10倍，缺乏市场竞争力，需要政策支持和技术进步推动。予计到2010年有望下降至每度0.8元，接近常规发电的2倍，竞争力将显著提高。另外，太阳能的能量密度低，集能面积大，需要在科学技术上取得重大突破，大幅提高光电转换效率，降低成本。

3.2 风能

中国古代就有大量利用风能的风车。初步探明，中国可开发利用的地表风电资源约为10亿千瓦，其中陆地2.5亿千瓦，海上7.5亿千瓦，如果扩展到50～60米以上高空，风力资源将有望扩展到20～25亿千瓦。如果能开发出其中2/3份额，将能提供约15亿千瓦的电力，再加上约5亿千瓦的水电，将能大幅度补充2050年所需电力的缺额。

近20年来，国际上风能发电发展迅速，2002年，全世界风电装机容量达到3200万千瓦，平均年增长速度超过30%，近10年成本下降一倍。中国风力发电十几年来迅速发展，

建成了一批大型风电场，2004 年并网风电装机容量达到 57 万千瓦，但总体规模仍不大，对国家能源供应的贡献很小。风力发电是目前中国最具有大规模产业化前景的可再生能源，2020 年装机容量有望超过 2000 万千瓦。目前，国家正在推进大型风电设备的国产化，以大幅降低风电成本，提升产业竞争力。

3.3 生物质能

生物质能主要有农林产品和生产及加工废弃物、工业废水、城市生活垃圾等。开发生物质能是在不破坏环境生态的前提下，利用各种生物质、采用先进技术开发和生产的各种气体、液体和固体能源，以及电力和热能，目前主要包括沼气、生物乙醇、生物柴油和生物垃圾发电。

中国生物质能资源量很大。据初步估算，每年可利用的生物质能源总量为 5 亿吨标准煤。中国是农业大国，农业废弃物资源量巨大，其中秸秆年产量超过 6 亿吨，可作为能源的有 3.5 亿吨，折合 1.5 亿吨标准煤。但利用中国农村分散的秸秆，也存在效费比的问题。

中国目前农村和工业利用生物废弃物和废水生产沼气，每年产量达 45 亿立方米，利用生物质发电的装机容量为 200 多万千瓦。近年来，中国生物乙醇和生物柴油等产业不断发展，生物乙醇生产已超过 100 万吨，并已在全国 5 个省大规模使用。另外，生物质发电的装机容量已经达到 190 万千瓦，其中 170 万千瓦为利用甘蔗渣的热电联产，15 万千瓦是利用垃圾发电，5 万千瓦是利用稻壳发电。

3.4 氢能

制氢：化石燃料；生物；可再生能源发电；核能电解水。

储氢：纳米材料储氢；金属储氢；高效液化储氢；压缩储氢。

氢燃料电池：用氢—天然气混合燃料，用燃料电池制成发电装置。

氢能会有一定程度的发展，但规模化的商用路途遥远。

问题：氢能是二次能源，制氢消耗的能量大于氢燃料电池获得的能量。冰岛是一个特例，它的 72% 的电力来自地热和水力，故可用电网电解水制氢，且全国只需 16 个加氢站就能满足需要。特例难以推广。制氢过程还会产生污染，氢还要压缩、运输才能被利用，过程也要耗能。核能制氢代价高。靠可再生能源制氢有局限性，如采用风能制氢，输发电机组占面积，上规模的太阳能电池板也占面积。汽车使用燃料电池的要求苛刻，重量体积受限。使用氢燃料，则氢燃料箱巨大，若液化氢，要保持 −253 °C 的低温，且不能行车，氢还有控制和防泄漏事故影响环境的问题。

3.5 可控热核聚变能

受控热核聚变能是解决能源长远问题的最终途径。目前来看，还是磁约束聚变较为现实，国际上有 ITER 计划，中国对国际合作持积极态度。

问题在于磁约束聚变尚需走过试验堆、演示堆阶段，然后才是商用堆。对能源作出实际贡献大约是 50 年以后的事。虽然如此，对它的前期研究仍应予以足够的重视。

4 结语

随着中国经济的发展，能源供需矛盾突出，环境压力巨大。必须通过节能、洁净化、多元化、加强勘探、国际合作等多种途径解决。其中，大力发展各类新型能源是一个重要方面，但每种新能源都有多种利弊因素，需要深入分析并进行示范研究，慎重决策。

中国和俄罗斯是友好邻邦。俄罗斯拥有丰富的能源资源和先进的能源技术。俄罗斯与中国共同建造的2X106万千瓦的田湾核电站一期工程将于年内投入运行，中俄两国在石油方面的合作也在不断发展，中俄两国在能源领域的合作有广阔的前景。我希望，两国能源产业界和工程科技界加强交流与合作，为我们美好的明天共同努力。

大力发展先进汽车技术，推进节约型社会建设①

各位来宾、同志们：

早上好!

今天，由中国工程院主办、中国汽车工业学会承办的“汽车节能技术及新能源汽车发展工程科技论坛”开幕了。我受徐匡迪院长的委托，代表中国工程院向出席会议的院士、专家学者、国家有关部委的领导以及企业代表表示热烈欢迎。向中国汽车工业学会对本次论坛给予的大力支持表示衷心感谢。

汽车作为现代交通工具之一，已成为人类现代文明生活、生产不可或缺的重要组成部分。汽车诞生一百多年来，为人类生活和生产活动做出了重要的贡献。随着人们生活水平的提高和社会经济的发展，对汽车的需求口益增长。汽车产业的发展又为国民经济的发展提供了强大的推动力。发展汽车产业，具有产业关联度高、带动力强、大量增加就业的特点；汽车又是各种工程技术的综合集成，是一个国家科学技术水平和工业化程度的实力象征。因此，发展汽车产业受到世界各主要国家的高度重视。

另一方面，汽车是耗油大户，去年汽车耗油量约7000万吨，已占我国石油消耗量的四分之一。我国现在已成为世界第四大汽车生产国和第三大汽车消费国，在未来十几年中，我国的汽车保有量还将呈较快增长势态。伴随汽车的快速发展，对石油的需求也将大幅增加，预计到2010年，汽车耗油占当年石油总消耗的比重将进一步提高到35%，对我国石油安全的压力将越来越大。

在最近召开的党的十六届五中全会上，通过了“中共中央关于制定国民经济和社会发展第十一个五年规划的建议”，提出要加快建设资源节约型、环境友好型社会，在全社会形成资源节约的增长方式和健康文明的消费模式。并具体提出了十一五期间能耗下降20%的目标。汽车业责无旁贷。我们今天举办这个论坛，大家将围绕未来我国汽车产业发展和汽车消费，探讨依靠先进的科学技术，推进建设资源节约和环境友好型社会的对策。

发展节能汽车，建设节约型社会，主要有以下三个途径。

一是制定正确的发展战略和积极的政策引导。在我国政府宏观调控的指导下，汽车工业作为国民经济的支柱产业之一，必须与其他工业部门协调发展。在其发展战略和政策导向上，需注意以下几点：

① 2005年10月29日。

首先，必须控制我国汽车总保有量。发展是必然的，但不能向西方看齐，到2020年，我们能否以能源翻一番多一点支持GDP翻两番，这是一个重要因素，需用宏观调控政策控制总量。

其次，汽车发动机的优先发展顺序必须结合中国国情，必须与中国炼油工业高品质汽油、柴油和润滑油的生产发展相适应，还要考虑替代石油的比例；城市交通应积极发展节能的公共交通；应尽快开始实施燃油税，引导消费着买车和用车行为；对生产企业采取宏观措施，进行合理的结构调整。轿车发展应鼓励小排量、轻量化车型，限制大排量车型，对大排量车型征收更高的消费税，鼓励消费者购买节油的小排量汽车。我国国家领导十分重视小排量汽车。不久前，温总理在关于建设节约型社会的公开讲话中强调，要“取消一切不合理的限制低油耗、小排量、低排放汽车和运营的规定”。温总理的讲话促使我们大家认真思考各个部门在建设节约型社会中的责任。

二是依靠科技进步、自主创新。人类社会开发利用自然资源是有限的，但科技进步是无止境的。安全、环保、节能是汽车技术发展的永恒主题。近年来，世界上围绕车用能源多元化以及电动汽车和混合动力车的研究开发，大量新技术不断出现，传统汽车的安全性、排放控制水平和燃油经济性也大幅度提高。在我国，汽车节能技术和新能源汽车的研究也取得了进展，一批先进技术开始得到应用，多种新能源汽车进入示范运行，为今后我国相关技术的发展奠定了良好的基础。但这方面的进展和推广还远远不够。

鉴于各种石油替代燃料在短时间内还难以大量取代汽油和柴油，我国近期应重点发展汽油和柴油汽车的节能减排技术，与此同时，要加快发展技术较为成熟、具有近期应用前景的油电混合动力车；以氢燃料和燃料电池为动力的汽车目前仍处在研发或工业示范阶段，应继续跟踪国际上的发展，力争通过自主研发取得突破；乙醇汽油和生物柴油等生物质液体燃料应在加快扩大原料基础的同时，通过技术创新，不断降低成本，提高市场竞争力；甲醇燃料正在部分地区试用，但还需进一步论证推广前景；二甲醚、天然气合成油、生物质合成油、煤液化油等液体燃料的大规模产业化生产和应用时机远未成熟，应继续研究工作。

同时，我国的汽车工业还需加强自主研发能力，提高核心竞争力，逐步实现我国汽车业的技术更新和产业升级。

三是在全社会形成健康文明的消费方式。节约是中华民族的传统美德，在建设节约型社会中，提倡节约不是否定合理消费，关键是要树立健康的消费观念。在汽车消费中，不提倡盲目追求大排量、超豪华的消费观念，反对攀比承豪华车的风气，不是有钱就可以随意消费、无止境的消耗能源和大量的占有社会公共资源。对于那些恣意浪费的行为，全社会都要谴责和鄙视，国家应制定相关的法律、法规予以禁止。

为实现中央提出的战略目际，中国工程院正在组织开展“建设节约型社会战略研究”咨询项目，汽车节能是其中的一项占有很重要分量的内容。我们今天举办“汽车节能技术和新能源汽车发展工程科技论坛”，就是这一咨询项目工作的一项重要活动。

本次论坛邀请了我国相关政府部门、企业和学术界的领导、企业家和专家参加，特别是包括了一批汽车和石化行业的中青年科技工作者。论坛将围绕汽车节能技术和新能源汽车技术发展、提高我国汽车工业自主开发和创新能力及国际竞争能力等方面进行交流和讨论，目的是从科技的角度，探讨汽车技术发展的道路，从而推动我国节约型社会的建设。最后，我衷心预祝本次论坛取得成功。

谢谢大家！

（发表于《院士通讯》，2005 年第 13 期，p. 19）

二、非化石能源让我们拥有未来

发展低碳电力

——为了可持续的未来[①]

1 我国发展的高碳特征

中国单位GDP的能耗比世界平均值高出近一倍，数据显示：2013年，中国GDP是全球总量的12.3%，却消耗了全球21.5%的能源。目前，我国每年人均二氧化碳排放量已达6吨，逼近欧洲、日本的水平，且呈现持续增长态势，一些发达地区则大于10吨，超过一些欧洲、日本等发达国家发展史上的峰值水平，主因是高耗能产业搞的太大、太快，形成了过剩产能，加之诸多浪费和不合理需求。

对发展方式的选择必须注意到“环境容量有限”这个基本国情。中国80%的人口居住在爱辉-腾冲线以东的国土上，东部的土地面积约为全球陆地总面积的不到1/30。我们在这块土地上每年消耗全球煤炭的40%，即在东部的单位国土面积上消耗的煤炭（可称“煤耗空间密度”）是全球平均值的12倍。我国煤炭消耗中，高达一半是直接燃烧（非发电）的，这是最污染的利用方式，据悉，2013年我国共耗煤39亿吨，其中发电18.3亿吨，直接燃烧的超过20亿吨。数据还表明，这块土地上的" 油耗空间密度" 已是全球平均值的3倍；我国东部“碳排放的空间密度”是全球平均值的6倍；我国目前每千人汽车拥有数虽不及美国的1/5，但中国东部的“汽车空间密度”已超过了美国；我国东部人口密度是全球均值的5倍，考虑到我国的能耗和能源状况，东部的环境负荷已比世界均值高出5倍以上。以上最简单的算术，给出了我国最基本的国情：环境容量、气候容量显著小于世界平均值，我国发展的高碳特征已十分显著。如果单独计算京津冀地区的数据，则更为严重，仅以“煤耗空间密度”为例，它又是我国东部地区的2.5倍，是全球平均值的30倍之多！如果我们想呼吸质量说得过去的空气，能去跟美国攀比人均车数、人均能耗吗？显然不能，也不应该！

如果中、西部沿袭东部发展路径，我国会更高碳。高碳与污染有强相关性。环境后果，已踩红线；粗放发展，难以为继。向低碳转型时不我待。“新型城镇化”能否“低碳”，是我国面临的“大考”。

未来中国、乃至地球的可持续发展呼唤着人类由工业文明向生态文明转变，呼唤着转变发展方式，而这个转变的基础是新的能源革命：要求我们的生产由黑色、高碳转向绿色、低碳；消费由粗放、低效转向节约、高效。

中国绿色、低碳能源战略的三个支柱：①节能优先，提高能效；②煤炭和石油的高效、洁净化利用，增加天然气的比重；③发展非化石能源（可再生能源和核电），改善能源

---

① 2015年中国清洁电力峰会报告，2015年4月3日。

结构。

2 化石能源的高效、洁净化利用具有重要的现实意义

化石能源不会很快枯竭，今后几十年间，煤炭和石油在一次能源机构中的占比会逐步下降，但仍将是主导能源之一。因此，化石能源的高效、洁净化利用具有重要的现实意义。

化石能源，特别是煤炭和石油：节能优先、控制总量，需要有“天花板”意识。

“中国富煤”的认识需要重新审视。相对油、气而言，说“富煤”有一定的道理，但相对世界均值，我们并不富煤。中国人均探明可采储量是世界均值的67%；储采比：中国为35，而世界为118。因此，用煤也得悠着点，控量、高效、洁净、低碳、控制不合理需求。煤炭总量控制，煤炭消耗总量五年内见顶；煤炭消耗中，增加发电比例，做好直燃煤的替代（气、电和余热的利用）。

煤电洁净化（脱硫、脱硝、除尘达标）已取得进展，低碳化虽节煤已有成效，但降碳有待创新，只有污染物和温室气体都减下来，才能叫“低排放”。

在煤炭的开采、洗选、加工、运送和终端利用的各个环节中，有一系列的提高能效、较少污染的技术，燃煤电厂的节煤减排尚有明显潜力，低碳有待创新突破；终端能源中直燃煤改电或气，汽车的油改电也是有益的方向，有关的技术、标准、监管都很重要。这方面的进步可使高碳能源可低碳利用，是重要的能源变革。

当前，包括页岩气、煤层气、致密气、天然气水合物在内的非常规天然气是相对洁净的化石能源，对缓解环境污染和应对气候变化会做出贡献，因此要努力提高天然气（含非常规天然气）在一次能源结构中的占比。但同时需要清醒地认识到：中国的页岩气虽然储量不少，但埋藏深、缺水和天然气管道网不足，我国开发页岩气的开采成本会比较高，收支比偏低。因此，要因地制宜、科学发展。最近，开发页岩气技术的国产化取得进展是个好消息。

定量和具体的国情分析表明：天然气的占比能从目前的百分之五提高到 百分之十几，仍需付出巨大的努力。在今后的几十年间，天然气将作为低碳能源支柱和重要的过渡性替代资源。但仅靠天然气不可能完成对煤炭的高比例替代，所以在中国“页岩气革命”或“页岩气时代”的口号并不恰当。

3 让非化石能源逐步成为低碳电力支柱

低碳能源“三匹马”：可再生能源、核能、天然气（含非常规），它们三者并不是互相排斥的关系，而是互相补充互相促进，只有并驾齐驱齐心拉车，这样才有可能较早实现对煤炭的高比例替代。

在可再生能源中，比较成熟的水电尚有一定的发展潜力，然后趋于饱和，在一次能源结构中的贡献可达近10%。

非水可在生能源，包括太阳能、风能、生物质能、海洋能、地热能等，在我国和全球资源足够丰富，技术上没有原理性的障碍，近年来发展较快。当前必须解决的问题有：依靠科技创新，降低成本，使其经济性具有市场竞争力；进一步降低其全生命周期的环境影响，例如：设备制造、运输、运行、维护、退役处理阶段的排放；间歇性的风能和太阳能

如何提高并网率？通过规模化、多地域的风、光能源可缓解“间歇性”，增强相互间的互补性，使其发电出力的时间行为呈现较为平缓的特性，有利于提高并网率。同时，可再生能源、储能技术（包括物理储能和化学储能）、电网技术与互联网技术、信息技术的融合，提高电网的智能化程度，加强对电源侧和需求侧的智能管理，将提高电力系统对可再生能源的吸纳能力。此外，还要发展分布式用能技术、资源的循环利用技术、垃圾分类资源化利用技术（国外瑞典、国内镇江光大国际例）、微网技术和不并网用电、峰电的直接利用（如用于海水淡化、制氢等）。广义智能能源网可能是能源革命的一个标志。

核能是未来地球的可持续发展能源。日本福岛事故对中国和全球的核电发展有一定影响，但各主要核电国家通过认真分析，都确定了继续发展核电的方针，全球核电发展格局基本稳定。究其原因，有以下三点：

（1）对核事故进行科学的分析、总结、吸取经验教训，核电安全的技术水平和管理水平进一步提高，弃核的做法并不理智；

（2）核电作为洁净、低碳、稳定、高能量密度能源，其基本优点并未改变；

（3）人类对低碳能源的客观需求，需要输出稳定的核电与间歇式的可再生能源相结合，是核电发展的动力。

目前，我国已运行核电机组 21 台，装机容量 1902 万千瓦，年发电量仅占全国发电总量的约 2%，在建核电机组 27 台，装机容量 2953 万千瓦。因此，“安全、稳步、规模发展核电”是我国的理性选择。

从目前的核裂变电站到未来的受控核聚变电站，是一个必然的科学发展方向和历史过程，在未来的绿色地球上，核能将成为一个可持续发展的能源支柱。

未来地球必将倚重非化石能源。中国工程院建议：在我国一次能源结构中，非化石能源 2020 年将占到 15%，2030 年应能超过 20%。几十年后，非化石能源占比超过化石能源，可视为能源革命的一个标志。

4 低碳电力成就未来

电力的发展要用发电量来衡量，而不是用装机容量来衡量。装机容量的多少与电源结构有关。不同类型的电源，在单位时间内的运行时长不同，如果是风能、太阳能发电，其装机容量就会相对多一些；如果是煤电、水电，其装机容量就会相应少些；如果是核电呢，装机容量就会更少。所以，不能完全用装机容量来衡量，这与电源结构有关。我们最终需要的是电量，用发电量指标来衡量才是科学的。

电力在终端能源中的比例要提高，直燃煤和直燃油的使用尽量用电能替代。

要发展拥有未来的电力。电力结构中，努力使非化石（可再生和核电）电力达到高比例，人类未来必须依靠可再生能源，这是世界发展的共同趋势，也是我国拥有未来的战略选择。

要制定中国合理的电力发展战略和目标。从能源经济学角度看：经济发展与能耗增加并非绝对正比关系。要注意“两类发达国家”的概念，我国走向现代化，决不能拿美国的耗能和耗电量做标准，否则非常危险，也做不到。

同样发达水平，低能耗才是先进指标，说明能效高，说明国家倡导节能。能源电力的消耗，不是越多越好：如果以欧、日本国家为参照，我们还有不到 1 倍的人均发电量增长空间；欧、日等国的发展经验来看，到一定发达程度后，经济继续发展，但人均能耗、电耗不再提高且基本稳定，甚至还能下降，得益于产业结构调整和能效提高。我们要倡导一种比较高效、节能、低碳的生产和生活方式或者社会发展方式。

5 结语

向低碳、绿色、可持续转型客观上是一场国际竞赛，我们需要以战略眼光和国际视野，积极面对和参与这场竞赛，切实加强基础性和应用性研究，抓住历史机遇，争占能源新科技的战略制高点。在这场竞赛中不落伍，并争取走在前头，这是建设创新型国家，实现中国民族伟大振兴的必要条件。

《能源互联网与智慧能源》序[①]

能源互联网是当前国内外关注的一个热点问题，也是一个正在探讨中发展的概念。

人类发展遭遇的资源、环境制约和应对气候变化的需求，注定了能源体系必须向绿色、低碳、高效转型。终端能源将日益电气化，而电力结构将经历一个化石能源与非化石能源并存的多元阶段，最终走向以非化石能源为主的局面。另一方面，以“大智移云”（大数据、智能化、移动互联网、云计算）为代表的信息技术的发展，也为能源体系的变革提供了新的手段和动力。在这样的背景下，“能源互联网”和“智慧能源”等概念应运而生。我理解，其基本思想是，运用互联网理念及信息技术与可再生能源的融合，构成一个新型的能源网络；同时，通过信息技术对能源体系的动态测控、互联互通，提高能源效率，降低能源成本，推动智能电网和分布式能源的发展，促进能源低碳化，以质的变革，重塑能源。这和我国提出的“能源革命”的思想，在方向上是高度一致的。“能源互联网”的发展将推动能源（特别是电力）技术、管理、体制和商业模式的一系列变革与创新，而分布式的能源“产消者”（生产者与消费者合一）的出现，“智慧低碳社区/乡村”的建设，将带来社会细胞的进步和公民素质的提高，意义不可低估。

今年国务院颁布的《积极推广“互联网+”行动的指导意见》中，专门讲到了“互联网+智慧能源”，标志着我国“能源互联网”的构建已开始提上日程。在我国，“能源互联网”不仅引起了热烈的讨论，也存在着不同的理解。本书作者冯庆东先生基于他多年工作的实践，从我国国情和能源实际出发，全面阐述了他对“能源互联网”和“智慧能源”的理解，介绍了国内外的最新进展与发展趋势，可供大家学习、参考和研讨。

我并不认识本书的作者，他把书的样稿寄给我，给了我一个先睹为快的学习机会。上面写的几行，算是初步的学习心得，也以此表示对他的感谢，并祝愿本书的出版将有助于学界深化共识，扎实推动我国能源革命的发展。

---

① 2015年9月28日。

我国应大力发展低碳能源“三匹马”

低碳能源“三匹马”——可再生能源、核能、天然气（含非常规），将逐步实现快速增长从而替代煤炭等化石能源。应调整电力结构，使非化石发电达到高比例，这是世界发展的共同趋势，也是我国拥有未来的战略选择。国家气候变化专家委员会主任、原工程院副院长杜祥琬在4月1日举办的中国清洁电力峰会上作出如上表述。

1 要逐步提升低碳能源占比

杜祥琬表示，在我国一次能源结构中，存在低碳、高效潜力较大的“三匹马”——可再生能源、核能和天然气，应大力发展。

2014年11月4日，国家发展改革委在发布的《国家应对气候变化规划》中提出，到2020年我国非化石能源占一次能源消费的比重到15%左右；2014年11月12日，《中美气候变化联合声明》发布，中国计划到2030年非化石能源占一次能源消费比重提高到20%左右。

对此，杜祥琬表示，在几十年后，非化石能源占比将超过化石能源，这可视为能源革命的一个重要标志。

针对如何提高间歇性风能和太阳能并网率，杜祥琬认为要规模化、多地域的风、光能源可缓解“间歇性”，增强相互间的互补性，使其发电出力的时间行为显现较为平缓的特性，有利于提高并网率。同时，要加强可再生能源、储能技术（包括物理储能和化学储能）、电网技术与互联网技术、信息技术的融合，提高电网的智能化程度，加强对电源侧和需求侧的智能管理，将提高电力系统对可再生能源的消纳能力。此外，还要发展分布式用能技术、资源循环利用技术、垃圾分类资源化利用技术、微网技术和不并网用电、峰电的直接利用（如用于海水淡化、制氢等）。

杜祥琬同时表示，核能是未来的能源。核电作为洁净、低碳、稳定、高能量密度能源，其基本优点未曾改变，全球核电发展格局目前已基本稳定。我国目前已经对核事故进行科学的分析、总结、吸取经验教训，核电安全的技术水平和管理水平进一步提高，弃核的做法并不理智。

“安全、稳步、规模发展核电”是我国的理性选择。人类对低碳能源的刚性需求，就需要输出稳定的核电与间歇式的可再生能源相结合，这也是核电发展的动力。

此外，针对“页岩气革命”的说法，杜祥琬认为并不恰当。但他同时表示页岩气、煤层气、致密气、天然气水合物等非常规天然气是相对洁净的新能源力量，对缓解环境污染和应对气候变化会做出贡献。因此要努力提高天然气（含非常规天然气）在一次能源结构中的占比。

在今后的几十年间，天然气将成为一个低碳能源支柱和重要的过渡性替代资源。但仅靠天然气一种能源不可能完成对煤炭的高比例替代，所以在中国“页岩气革命”或“页岩气时代”的口号并不恰当。

2 电力发展水平要用发电量来衡量

杜祥琬表示，同样发达水平，低能耗是先进指标，说明能效高，国家倡导节约。能源及电力的消耗，并非越多越好。如果以欧洲、日本国家为参照，我国仅有不到1倍的人均发电量增长空间。

而从欧洲、日本等国的发展经验来看，等到一定发达程度后，经济会继续发展，但人均能耗、电耗不再提高且基本稳定，甚至还会下降，这得益于产业结构调整和能效提高。对此，杜祥琬建议要倡导一个比较高效、节能、低碳的生产和生活方式，或者说是社会发展方式。电力发展水平要用发电量来衡量。因为装机容量的多少与电源结构有关，最终需要是电量，用发电量指标来衡量才是科学的。应提高电力在终端能源中的比例，减少直燃煤和直燃油的使用，更多用于发电和电能替代。

3 向低碳转型时不我待

据杜祥琬介绍，目前我国年人均二氧化碳排放量已达6吨，逼近欧洲、日本水平，并在持续增长。一些发达地区年人均二氧化碳排放量则大于10吨，超过一些发达国家发展史上的峰值。其主要原因是高耗能产业搞的太大、太快，加上诸多浪费和不合理需求等因素共同造成。

我国每年要消耗全球煤炭的50%，而煤炭消耗中，高达一半是直接燃烧（非发电）的，这是最污染的利用方式。杜祥琬还列举了一系列数据：我国的“油耗空间密度”已是全球平均值的3倍；我国东部“碳排放的空间密度”已是全球平均值的6倍；我国目前每千人汽车拥有数虽不到美国的1/8，但中国东部的“汽车空间密度”已接近了美国。按照上述数据，可以判断我国能源当前最基本的国情：环境容量显著小于世界平均值，高碳特征已十分显著。

对此，杜祥琬表示，如果中、西部沿袭东部发展路径，我国将会更“高碳”。高碳与污染有着强烈的相关性，粗放型发展，终究难以为继，向低碳转型时不我待。

此外，他还指出“新型城镇化”能否“低碳”，也是我国面临的“大考”。未来中国乃至全球的可持续发展呼唤人类由工业文明向生态文明转变，呼唤着转变发展方式，而这个转变的基础是新的能源革命，即由黑色、高碳向绿色、低碳转型；由粗放、低效向节约、高效转型。

（发表于中电新闻网，2015年4月2日）

对特高压输电的几点认识[①]

（1）我国特高压技术做得好，在国际上也有了一定的地位。中国工程院曾明确支持了特高压示范线路工程及其扩建工程的建设，示范线路工程运行很好，也带动了相关技术和制造业的进步。中国又是一个能源端和负荷端很不平衡的国家，西电东送是国情的一个特点，在电网的规划和建设中，特高压技术是一定要用的。

（2）信息技术，特高压技术……都是手段，不是目的。目的是建设安全、高效、经济的电网。电网建设总的提法，建议提“智能电网”为好。同时，建议国家考虑广义智能能源网建设。考虑到气候变化以及风能和太阳能的比重会逐步提高，我国智能电网除提高对电源侧和用户侧的实时监测、智能调节、风险防控和应急处置能力外，可使电网、天然气网、供热（冷）网、水网和气象网通过信息技术协同起来，形成“测、报、输、防、控、抗、救”完整的体系链。一个高效、互动的广义智能能源网，成为一个现代化的国家基础设施。

（3）特高压输电论证得成熟的线路可先做起来。长远建设什么样的电网，建议主管部门组织有关方面做好科学论证，主要是必要性、安全性、经济性。要创造让不同见解交流、切磋的氛围，理性谋共识，共商国家大事，及时作出决策。

（4）在发展电网的同时，建议国家重视分布式能源和储能技术的发展，以利可再生能源的高效利用。并以稳定的战略和规划促进我国核电的发展，为我国电力供应提供一个稳定的基础。

（5）关于我国电力需求、用电量增长的规划问题：中国不应攀比“美国水平”和“发达国家平均水平”，而“欧、日类型”可做参考，我国没有理由比欧、日更耗能、耗电。

---

① 2013 年 3 月 31 日，在全国政协召开座谈会上的发言。

《我国非化石能源发展目标及其实现路径研究》·序[①]

当前世界能源电力发展正处于深刻的变革阶段：能源消费正由发达国家主导，开始向发达国家与发展中国家共享市场、发展中国家份额逐步上升的格局转变；能源供应正由化石能源主导，开始向以可再生能源和核能为代表的清洁能源快速发展、比重逐步提升转变。与此同时，能源新技术也正成为各国竞相争占的战略制高点。在这场能源变革中，最核心和最突出的特点就是清洁能源的异军突起，其对未来世界能源格局有着决定性的影响。可以预见，今后几十年内，世界能源结构将逐步进入油、气、煤、可再生能源和核能五方鼎立的格局。

我国由于历史和资源的原因，长期以来能源发展中存在能源结构不良、环境污染严重、碳排放量大、能源利用效率低、区域性供需失衡等一系列问题，保障安全供应和改善环境的压力很大。近年来，在科学发展观的指导下，我国能源发展的战略思路逐渐明朗。第一，要大力节约能源，控制总量，努力提高能源资源的使用效率；第二，要大力优化能源结构，多渠道开源，鼓励和积极推动非化石能源的发展，增加能源供给，减少环境污染。有人问："谁来供应中国的能源?"回答是清楚的：我们固然要积极利用国外的能源资源，但作为能源大国，中国能源可持续发展归根结底得靠自己解决，非化石能源开发利用将对中国能源的科学发展做出日益重要的贡献。

水电、核能、风能、生物质能和太阳能等清洁、低碳的能源，在我国的资源量和开发潜力都非常巨大。由于各种原因，除水能外，我国其他各类非化石能源基本上还处于发展的初期阶段。现在，有了好的基础和更多共识，但科学技术水平和开发程度与发达国家相比还有较大的差距，开发成本还无法与传统的化石能源相竞争。未来我国清洁能源的发展，需要着力解决两个方面的重大问题，一是技术层面，如何依靠科学规划、科技进步和技术创新提高利用效率、降低开发成本；二是政策层面，如何打破现有的体制机制障碍，制定公平、高效的政策激励措施，促进清洁能源的发展。由于水电、核能、风能、太阳能等非化石能源主要依靠转换为电力加以利用，电力在推动非化石能源发展中扮演着关键角色。

本书是有关非化石能源与电力协调发展的著作，由国网能源研究院的专家学者结合多年来研究成果编著。全书以回答"如何安全、经济、清洁、高效的满足国家提出的非化石能源占比目标"为核心，以丰富的能源电力规划、模拟等模型工具为支撑，通过系统化定量研究测算，展示了未来20年我国非化石能源与电力系统发展的多种情景，分析了清洁能

---

① 2012年12月19日。

源的开发、输送与消纳，成本效益与代价等关键问题，提出了实现非化石能源发展目标的路径选择和政策建议。该书研究有几点独特的创新之处：一是将清洁能源发展融入电力规划，所提出的非化石能源发展方案是可实现的、可消纳的，其发展目标是量化可支撑的。二是多情景对比分析，展示了未来20年多种可能的非化石能源发展场景，研究分析的结果具有代表性、针对性、典型性。三是结合非化石能源的特点，提出了电网发展对清洁能源发电高效利用的重要作用。全书观点鲜明、数据翔实、有理有据，可读性强，可信度高。书中所凝聚的电力工作者们对能源电力发展、特别是非化石能源开发利用等方面一些重大问题的深入思考和积极探索，对我国制定科学的能源战略和规划，有重要的借鉴价值。

未来几十年，我国能源发展的变革路径仍在探索中。我们还没有一个成熟的、完备的、经过实践检验的“中国模式”。在借鉴国际经验、立足我国国情的基础上，创新出一条十几亿人经济社会可持续发展的道路，将是中国对全人类的最大贡献，科学、绿色、低碳能源战略是这条道路的要素。本书是一次积极有益的探索，也是一本难得的能源参考书籍。开卷有益，相信广大能源工作者将从中获得许多启发与思考。

是为序。

新能源重在技术突破

技术创新，是中国新能源代替传统能源之路上最有效的加速方法。

改革开放30年来，我国经济持续高速增长，成就举世瞩目，能源消费也随之增长。能源行业的一系列改革，使能源供应能力大幅提高。进入21世纪以来，能源供应紧跟需求拉动，出现超高速增长，我国很快成为全球第一大能源消费国。

如果我国的能源需求保持近几年平均8.9%的增速，则2020年我国能源消耗将达79亿吨标准煤，占目前世界能源消耗总量的一半；即使能持续实现每五年GDP单耗下降20%，但继续保持9%的年经济增长，2020年我国能耗也将占目前世界能耗的三成。显然，未来我国经济增长将受到能源资源的严重制约。因此，应当从现在以粗放的供给满足增长过快需求的模式，逐步转变为以科学的供给满足合理需求的模式，并在此新模式下，实现可持续的供需平衡，以支撑科学发展。

党的十八大提出，2020年我国GDP和人均收入要比2010年翻一番。从人均GDP 5000美元到1万美元的阶段，各个发达国家都走过，研究各个国家在这个历史阶段的能源消耗，人均能耗的增长率，增长最多的美国也仅为12%，日本基本上没增长，而我国即使完成了“十二五”能源总量控制目标，到2015年能源消耗量也将达到41亿吨标准煤，增长率高达26%。我国当前的这个发展阶段，能源消耗还要增长，我们也可以接受适当的增长，但是不能增长过快。

1　发展替代能源

2050年前是我国能源体系的转型期，从粗放、低效、污染、欠安全的能源体系逐步转变成为节约、高效、洁净、多元、安全的现代化能源体系，能源的结构、“颜色”、质量都将发生革命性的变化。

2050年后，我们将拥有中国特色的能源新体系，进入绿色、低碳能源发展阶段。在能源结构中，洁净能源将占一半以上，并呈继续增加势头，为下半个世纪的发展打下坚实基础。

今后的20年，是我国能源体系转型过程中最困难的时期，其间，要花大力气形成节能提效机制、实现新型能源的突破、化石能源的洁净生产和利用、实现污染排放和温室气体排放的控制。今后几年，特别是“十二五”期间，是我国能源转型攻坚任务能否完成的关键期，也是全面转向科学发展轨道的机遇期。“十二五”期间，经济转型应实现重大调整，能源消费增长结构将有显著变化，节能、提效、减排取得新的明显成效，逐步实现能源供需模式的转变。为支撑经济社会的科学发展，必须对化石能源消费提出必要的总量控制目标，统筹发展的速度、产业结构和消费模式。

未来几十年，煤炭依然是我国的主要能源。

在煤炭方面，学界提出了一个科学产能的概念。煤炭的科学产能是指在持续发展的储量条件下，在环境和生态能够承受的条件下，生产人员安全的情况下，资源的最大限度高效采出的能力，也就是指在安全、高效、洁净、环境友好的条件下生产煤炭的能力。现在我国煤炭每年产能达30亿吨，只有不到一半符合科学产能的标准，因此我们不得不容忍一定的非科学产能。转型就是要提高科学产能的比例，降低非科学产能的比例，一部分通过技改和投入使其达到科学产能的标准，对于地质条件、技术等限制根本无法实现科学产能标准的，应逐步予以淘汰。

我国的第二大能源是石油。目前我国石油年产量是2亿吨，而消耗达到4.5亿吨，对外依存度达到56%。一定程度的对外进口是必须的，但是进口来的石油被浪费，那就太可惜了。如何减少浪费，非常关键。我们国内汽油浪费是非常严重的，仅仅交通拥堵这一问题导致每年我国浪费的汽油量就相当惊人。减少石油的浪费，应该研究如何改进提高车辆的效率，降低公里数的油耗，包括提倡轻型车，减少摩擦损失，提高运行效率。

我们国内企业还缺乏提高车辆使用效率这个概念，汽车企业还在推概念、看产量，甚至攀比豪华车阶段，美国和日本比我们富有，他们人均GDP是我们的10倍多，但是他们都在发展小排量车、轻型动力车。在车辆的材料、结构上进行深入研究。石油行业的转型升级，应该研究如何减少浪费，提高利用率。

天然气是洁净的化石能源，天然气现在在我国能源消耗的占比只有3%。天然气及现在炒得很热的页岩气、非常规天然气，这些都是未来的发展方向，在能源消耗中所占比例要不断提高。

未来我国能源使用主要依靠天然气、核能、可再生能源，通过这三类替代能源，可以逐渐实现对传统能源的替代。但是要看到，这三类替代能源不是有一个另外两个就不要了，而是三个共同协作来替代高碳能源。天然气大力发展，可再生能源也要全力突破，风能、太阳能、生物质能、地热能、海洋也要一并发展。

2 技术突破是重点

传统能源主要涉及一个转型升级问题，而新能源则主要面对的是技术突破。

一种新能源要能够得到广泛的应用需要满足两个条件，即技术可行性和经济可行性。不仅要突破技术，还要进行经济性的突破，要做到在技术上可行、经济上划算，有竞争力。在新能源技术方面，世界各国基本处于同一起跑线，谁都没有取得大的突破。理论和实验研究在世界主要国家走向成熟，而经济瓶颈则是普遍面临的问题。谁能率先突破，就能引领这个产业的未来，就能占领新能源这个战略制高点。

新能源过去一年面临一些问题，比如光伏的“双反”，这是逼着我们转型，必须面向国内市场。很多企业不能满产，因为产业两头在外，原材料成本太高，解决这些问题，必须依靠技术进步，通过技术升级，降低成本实现新能源平价上网。新能源发展开始依靠补贴，但是必须走向市场化才有竞争力，这是一个技术进步的过程。现在风能发展快一些，但也存在并网困难等问题，这有赖于技术进步和管理进步来解决。

在发展新能源方面，国家应该重视对新材料、新技术、新工艺、新概念的基础研究，要给予企业支持，鼓励政、产、学、研结合，立足于自主创新，重视国际合作。

除了可再生能源外，核能在中国也是不能放弃的。

核能的发展首先要保证安全。目前核电在我国电力供应总量中的比例大约是1%，由于核能运行效率比太阳能和风能更高，预计它还有很大的发展空间。我国核能发展的技术路线很明确，但是需要重视全产业链的发展，比如金属铀原料、核燃料的循环，核电站的建立、核废料的处理等上下游行业。

中国能源转型升级的方向就是科学、绿色、低碳。科学就是在科学发展观的统领下，在技术进步的基础上，要把供需模式改变为科学供给满足合理需求；绿色指的是环保洁净，降低有毒有害气体的排放；低碳指的是降低二氧化碳等温室气体的排放。

在煤炭、石油等传统能源科学供给合理利用的基础上稳步增加清洁能源的比例，这是中国能源发展的长远之计。

但是，这个过程需要10～20年。到2015年，非化石能源的比例可能超过10%，如果把超过10%叫做能源多元结构的开始，往后非化石能源的比例会越来越大，可再生能源、核能、天然气在能源中的占比逐步增加，温室气体、污染物的排放等环境问题才能够从根源上逐步解决。再加上煤炭的高效洁净利用，污染物和二氧化碳排放减少，就能够实现科学绿色低碳的能源发展战略。

（发表于《中国经济和信息化》，第24期，2012年12月25日，p.40；《经济导刊》转载）

为了我国风电的健康较快发展①

1 几点思考

（1）风能是目前可再生能源中技术相对成熟并具有规模化开发条件和商业化发展前景的一种能源。在我国能源结构由化石能源为主阶段转入多元发展阶段并最终走向非化石能源为主阶段的历史进程中将发挥重要作用。发展风能是我国能源战略中的一个稳定而重要的方向。风能将成为中国能源的一个绿色支柱。

（2）中国风能发展的基本路线是：发电为主，重点是陆上风电，并积极推进海上风电；风能的应用模式是：集中和分散相结合，并网、离网及非并网相结合。风能资源和负荷分布的特点决定了集中开发是较为主要的发展模式。

（3）风电技术的进步，并网率的提高，风电机组价格的逐步下降，风电市场的不断扩展，将使风电的竞争力不断提高。可以预期，未来中国和世界风电产业会呈现稳定发展的良好势头。同时，不能指望风电的发展会一帆风顺，应充分认识、冷静对待和解决发展中的问题，走得更踏实、稳健。

（4）中国风能未来的规模会做得很大。当前是发展的初期阶段，在快速增长的同时，一定要重在突破技术经济瓶颈，增强自主创新能力，增强核心竞争力，着眼长远，打好产业基础，占领战略制高点。

2 几点建议

（1）近年来，我国风电发展成绩显著，当前，需要高度重视“健康发展”。坚持循序渐进的技术研究和产业化道路，统筹解决好技术、政策、管理和体制等一系列问题。各国发展风电的合作和竞赛，最终要靠质量胜出，靠核心能力胜出。在国际风电领域，应促进更多的合作，共同推动全球风电的发展。

（2）我国风电需要强基础：加强对包括风能在内的可再生能源基础研究的投入，夯实创新的基础；培养具有坚实理论基础和实践经验的设计人员；设计高效率、高性能的多兆瓦级实用性风电机组，包括考虑我国不同地区特点的机组；鼓励风机结构的优化及新构形、新概念、新材料、新工艺；降低成本，提高经济性、稳定性、可靠性和寿命。

（3）培育和支持风电服务型企业。建好公共技术服务平台，包括硬件平台（如检测平台）和软件平台（如认证、管理）。特别是在全生命周期内，提供故障频发期的服务与技术

---

① 2012 年北京国际风能大会暨展览会文集。

支持以及保养服务。

（4）地方和企业对风电的发展进一步回归理性。不宜片面追求机组单机容量，新机型下线不能只追求速度和批量，要重视做好样机及其检测，处理好数量与质量、安全与效益的关系。

（5）从技术上和管理与政策上努力，进一步提高风电并网率。发展现代化智能电网和储能技术（包括物理储能和化学储能）。配套发展峰时风能的多种利用。

祝风能带头，促进中国非水可再生能源的健康较快发展！

《能源新材料》·刊首语[①]

随着社会发展对能源需求的不断增长，以化石能源为主的能源结构带来的资源与环境制约日益尖锐。开发和利用新能源、优化能源结构、节能和提高能源利用效率成为世界能源发展的必然趋势。

世界各国纷纷制定新的能源发展战略、规划和政策，美国通过了《能源独立及安全法》，欧盟2011年发布了《欧盟2050年能源路线图》，我国也相继发布了《中国至2050年能源科技发展路线图》和《国家能源科技“十二五”发展规划（2011—2015)》。

新材料对于包括新能源在内的战略新兴产业发展起到关键的基础支撑和推动作用，它本身也是战略新兴产业发展的重点方向之一。世界各国在制定新能源总体发展战略、规划和政策的同时，纷纷研究和提出能源材料的发展路线图和对策。美国为提高发现、开发、生产和应用先进材料的速度和科技水平，提出了材料基因组计划，其中重点关注方向之一就是能源新材料。欧盟在发布《欧盟2050年能源路线图》的基础上，在较短时间内又发布了《欧盟SET-Plan能源材料路线图》，重点推动与能源科技和产业相关的材料发展。我国《国家能源科技“十二五”发展规划（2011—2015)》中所规划的37项重大技术研究、24项重大技术装备、34项重大示范工程等项目中多数都涉及到能源材料问题，制约我国能源产业发展的许多问题集中在材料方面。为了突破材料对我国能源产业与科技发展的约束瓶颈，国家能源局于2012年7月组织启动了《国家能源材料发展指南》编制工作，旨在对我国未来5～10年能源材料发展进行总体规划和部署，体现了对能源材料发展的高度重视。

中国工程物理研究院长期坚持“军民融合”的战略方针，利用自身科技和人才等方面的综合优势，积极开展能源材料研发，取得了一系列创新成果。为加快推动能源材料的研究和发展，由中物院发起成立国家能源新材料技术研发中心（以下简称“中心”），得到了国家能源局的认可与支持，于2011年10月获国家能源局批复设立。中心以国家能源产业结构调整和能源产业发展为导向，以提高我国能源材料科技的自主创新能力与核心竞争力为宗旨，重点发展光伏材料、储能材料、生物质能材料及核能相关材料。

为进一步加强能源材料领域“政、产、学、研、用”同行的交流，推动能源材料的科技创新，更好地支撑中心建设与发展，在中心获批设立一周年之际，由中物院主办、中物院化工材料研究所承办，正式推出《能源新材料》试刊。《能源新材料》试刊阶段

① 2012年9月25日。

主要在内部发行，后续逐渐提升学术水平，办成公开发行的专业科技期刊，并不断致力于提升国内、国际影响力。为了推动《能源新材料》加快成长，真诚期待国家能源局领导、中心专家团队以及国内外能源材料领域同行，特别是中心理事单位同行提出宝贵建议，并不吝赐稿。

祝愿《能源新材料》越办越好，深入国内外能源材料同行们的心中，成为大家沟通和交流的重要平台。

新能源与材料学①

1 中国能源结构发展的三个阶段[1]

目前我国能源结构处在以化石能源为主（占90%以上）的阶段。如果以非化石能源所占比例超过10%作为进入多元结构的标志，则我国可能在2015年前后进入能源多元结构阶段。

在这个阶段初期的几十年中，化石能源仍将占大头，但煤炭和石油年消耗的总和占比将逐步下降。这个年消耗总和的绝对量，将持续一段时间（20年左右）的增加，并达到历史性的峰值，然后缓慢减少。这个变化趋势的必然性由三个原因所决定：一是煤炭、石油带来的环境问题必须得到控制；二是更根本的原因在于煤炭、石油的不易再生性；三是洁净能源（包括可再生能源、核能及天然气）的替代能力将逐步提高。在煤炭与石油年消耗总和的绝对量达到峰值后，我国能源需求总量的增量，将由上述洁净能源来补充，这些洁净能源在我国一次能源结构中的占比将逐步增加。这个多元结构阶段大约会持续百年左右，然后进入非化石能源为主的第三阶段，这个新阶段的标志是非化石能源将占到一次能源总量的90%以上。

涉及一个世纪以后的事，很难定量说准，然而，讨论这个长达百年以上的"能源结构三阶段"的战略意义在于，它可以使我们从方向上定性判断各类能源消长的大趋势，从而增强战略谋划及政策制定的稳定性。例如，包括非常规天然气在内的天然气，属于较洁净的化石能源，从资源和开发潜力看，应成为我国能源发展的重点和亮点之一（重要的过渡性替代能源）。但定量而言，即使通过努力到本世纪中叶，天然气的供应能力比现在增加一倍甚至两倍，也只能占到届时一次能源总量的百分之十几。届时，它将成为一个绿色能源支柱，但不能只靠天然气替代煤炭和石油，欲实现更高比例的替代，必须加上可再生能源和核能的贡献。

可以肯定，在多元结构阶段，天然气将为能源结构的改善起到重要作用，但它和可再生能源及核能的发展并不是相互排斥的，三者共同努力，一个也不能少，才有望使洁净能源在2050年的中国一次能源结构中占到半壁江山（中国工程院的研究报告），并进一步增加。而非化石能源为主的阶段，则须靠可再生能源和核能二者的合力才能较早到来并稳定发展。

产业起动，材料先行。非化石能源的发展涉及一系列材料学的创新，下面作几点有关的讨论。

---

① 本文作者：杜祥琬，刘业翔。

2 太阳能电池的发展

太阳能材料主要有多晶硅、单晶硅、薄膜电池材料，新概念太阳能电池材料，光热发电用高温吸热涂层，低膨胀系数可伐合金等。下面重点讨论光伏电池材料。[2][3]

2.1 太阳能电池发展的三个阶段

• 第一代太阳能电池：基于晶体硅（单晶和多晶），技术较成熟，光电转换效率15%～25%，目前占太阳能电池市场的90%以上。问题是成本仍偏高，需消耗大量高纯晶硅，而晶硅提取的能耗高、污染重。

• 第二代太阳能电池：薄膜太阳能电池省材料、降成本，成为研究重点。如：多晶硅、非晶硅、铜铟硒、碲化镉薄膜电池等，另有染料敏化纳米晶电池、有机聚合物电池等。问题是技术不够成熟，效率偏低，目前10%左右。

• 第三代太阳能电池：由太阳能电池的能量损失机理和极限转换效率的研究，提出的第三代太阳能电池的特点是：薄膜化结构、更高的光电转换效率、原料丰富且无毒等。

目前已提出的第三代太阳能电池有：

叠层太阳能电池；

多带隙太阳能电池；

热载流子太阳能电池；

热光伏太阳能电池；

量子点太阳能电池；

理论转换效率可超过60%，甚至80%。

2.2 太阳能电池发展中的热点问题

我国太阳能发电产业需从外向型转为内向为主型，关键是概念创新、材料创新、工艺创新，以降低成本，突破技术经济瓶颈。具体的热点问题有：

（1）发展多晶硅制备新技术，提高品质、降低能耗；发展高性能大尺寸晶硅、超薄硅片制备技术；发展新型晶硅电池技术，如背接触电池、异质结电池、新敦化技术和无扩散制结技术等。

（2）CdTe和CIGS薄膜太阳能电池的规模化制造工艺及装备，以及薄膜电池的柔性化及其卷绕式连续生产。

（3）新型矿源丰富、环境友好的太阳能电池材料的寻找、制成工艺及其器件的设计与制作技术。

（4）基于有机分子、聚合物和染料敏化的太阳能电池的效率提升与稳定性提高，以及相应的规模化制造工艺技术。

（5）新型光伏器件的结构设计与功能实现，包括前述的各类第三代太阳能电池等。

3 储能器件和材料[2,3]

间歇式的可再生能源的发展呼唤着规模化的储能技术，电动汽车的发展也对化学储能技术提出了新的要求，新概念武器和通信领域中，储能技术也能发挥重要作用。

3.1 高性能锂离子电池

大型的动力电池组是锂离子电池的重要方向，其定位在于高容量、高功率和低成本。目前，动力电池用高性能材料，特别是锂盐和高质量隔膜主要靠进口，国产材料和电池的寿命及安全性待提高。具体：

● 锂离子电池正极材料，包括：橄榄石型材料（如 $LiFePO_4$）；层状化合物（如三元的固溶体材料）；尖晶石型化合物（$LiMn_2O_4$）。

● 锂离子电池负极材料：碳材料是主角，如人造石墨和中间相碳微球。对合金负极材料和锂金属聚合物电池也有人在研究。

● 电解液：主要研究方向是硼系锂盐，如双乙二酸硼酸锂（LiBOB）、草酸二氟硼酸锂（LiODFB）及其他新盐化学结构的优化设计，不同溶剂组分配比筛选，新型电解质体系设计及凝胶电解质研究等。离子液体和固体电解质是另一个可能的方向。

● 今后的研究热点有：

（1）性能更好的新型正极材料、负极材料、电解液和隔膜材料及它们的匹配；

（2）电池的充电、使用和实况监控系统技术；

（3）研制大型锂离子电池组，要求深度放电达 50%，充放电可达万次，工作寿命 15 年以上（用于航天器等）；

（4）开发生物医药用高性能锂离子电池，要求寿命长、可体外充电、可驱动植入体内的微型起搏装置。

3.2 超级电容器

超级电容器是介于传统电容器和电池之间的一种新型储能器件。

● 电极材料：炭电极材料；金属氧化物电极材料；聚合物电极材料。

● 电解液：离子液体是一个新的研究方向；新型聚合物电解质是另一个研究重点。

● 今后研究热点：高性能的电容器器件及其组件技术；超高能量的电容器单体的制备技术，单体的一致性要好；通过采用新型高性能电极材料、功能化的电解液，开发导电性好、高比容量、低杂质含量和低成本的电极材料，以及高安全、长寿命、低漏电流、低内阻、宽温域等以适应多种需求，成为一个重要发展方向。

此外，为了提高储氢材料的储氢量和吸放氢性能，需开展有关合金、金属有机框架材料，共价有机骨架材料，氨硼烷等新型储氢材料的研究。

4 核能应用有关材料[4,5]

在“后福岛”时代，核能的安全性更为国家和社会重视。核能系统中的材料问题已不仅仅是经济性、燃料效率的考量，可能更是核能系统安全性的保障。

4.1 极端条件反应堆材料性能研究

用于核反应堆的材料，如燃料组件、结构材料、堆芯关键部件、屏蔽材料等，都必须经过堆内辐照考验，并达到预期服役寿命所需的累积辐照剂量，验证其在核环境服役条件下的力学强度、结构可靠性和合理性、工艺可行性后，方可投入工程应用。

上述堆用材料研究，不仅涉及目前的第二代和第三代压水堆核电站，还需要考虑第四代核反应堆、聚变-裂变混合能源堆及未来聚变堆的高温、高压、辐照等联合极端条件。

4.2 核电站结构部件在线监测与特种传感器技术及材料

对压力容器和管道的状态（如是否存在缺陷）需监测、分析、判断。在线监测需研究辐射、高温环境下的压力传感器，其中涉及的材料以 SiC、SOI、金刚石和光纤等新型材料为重点。美国、德国、日本等已开展不少工作，我国也起步了相关研究工作。这方面的研究不仅对压力容器的性能优化、制备工艺的改进具有重要意义，而且能深化对辐照损伤机理的认识。

利用中子散射/衍射科学平台可以分析和评价核电站环境中核材料和包壳材料内部微观结构、多尺度应力、结构以及变形机制之间的关系。核燃料包括 U-H-Zr 和 U-Pu-Zr 等，包壳材料包括不锈钢、核级海绵锆、Zr 合金等。测量材料的各种应力及其演化规律，可用于改善材料的抗应力腐蚀、抗辐照肿胀特性，增加材料在高温下的强度，为材料设计和材料处理工艺的制定提供指导。

4.3 核用陶瓷材料的研究

陶瓷及复合材料广泛应用于核反应堆燃料、组件及核废料处理等各方面。一些特种陶瓷还具备抗辐射、低活性及吸收中子的特性，适合在核环境下应用。

- 陶瓷型核燃料研究陶瓷型燃料元件即各种类型的陶瓷芯块或球体，如 UO_2陶瓷芯块、氧化物 MOX 燃料芯块、包覆型燃料颗粒等。
- 硼化物陶瓷吸收体研究为调控裂变反应速率需用控制棒及燃料涂层，现在广泛应用于各型反应堆中的吸收体主要是碳化硼或二硼化锆等陶瓷型材料。
- 耐辐照高温陶瓷材料研究例如 Ti-Si-C 系的三元陶瓷，具有高强度、高韧性、高模量、高导热率、低辐照活性、优良的损伤容限。抗氧化、易烧结以及良好的材料连接性能等优点，有希望用作核反应堆的结构材料。

5 结语

非化石新能源是各国乃至人类永续发展的重要基础，是各国争占的战略制高点，也是新一代工业革命的重点之一，而其中涉及材料学的研究水平和创新能力是核心竞争力的标志。新能源材料是我国战略性新兴产业的基础之一。中国科技工作者要努力在这方面作出国际先进乃至领先的成果，并促进新能源的产业化。

致谢

感谢赖延清教授提出的宝贵修改意见。

参考文献

[1] 杜祥琬．对我国核能发展战略的几点思考．中国科学报，2012-05-10.

[2] 刘业翔．能源新材料的若干发展前沿．《面向 2020 的化工、冶金与材料》．北京：化学工业出版社，2007.

[3] 屠海令，陈立泉等．新材料产业体系建设功能材料分报告．中国科学院、中国工程院．“新材料

产业体系建设”咨询项目组，2012.
[4] 北京大学核科学与技术研究院 . 基于加速器强流中子源的核能相关数据与材料研究 . 王宇刚的学术报告，2012-03.
[5] 中国工程物理研究院调研报告 . 核电基础科学技术研究初步可行性论证报告 . 2012-04.

（发表于《能源新材料》，2012 年 9 月）

我国能源结构发展的三阶段和现阶段洁净新能源的“三匹马”①

1　能源结构三阶段

节能优先、煤炭高效洁净利用，优化能源结构是中国能源转变发展方式的关键，必须转变能源供需模式，防止走高耗能、高碳的道路。

目前我国能源结构处在以化石能源为主（占90%以上）的阶段。

我国可能在2015年前后进入能源多元结构阶段。在这个阶段初期的几十年中，化石能源仍将占大头，但煤炭和石油年消耗的总和占比将逐步下降。这个年消耗总和的绝对量，将持续一段时间（20年左右）的增加，并达到历史性的峰值，然后缓慢减少。

这个变化趋势的必然性由三个原因所决定：

- 煤炭、石油带来的环境问题必须得到控制；
- 更根本的原因在于煤炭、石油的不易再生性；
- 洁净能源（包括可再生能源、核能及天然气）的替代能力将逐步提高。

在煤炭与石油年消耗总和的绝对量达到峰值后，我国能源需求总量的增量，将由上述洁净能源来补充，这些洁净能源在我国一次能源结构中的占比将逐步增加。这个多元结构阶段大约会持续百年左右。

然后进入非化石能源为主的第三阶段。这个新阶段的标志是非化石能源将占到一次能源总量的90%以上。

涉及一个世纪以后的事，很难定量说准，然而，讨论这个长达百年以上的“能源结构三阶段”的战略意义在于：它可以使我们从方向上定性判断各类能源消长的大趋势从而增强战略谋划及政策制定的稳定性。

2　现阶段洁净新能源的“三匹马”和非化石能源两支柱

洁净新能源“三匹马”：天然气、核能、可再生能源。

包括非常规天然气在内的天然气，属于较洁净的化石能源，从资源和开发潜力看，应成为我国能源发展的重点和亮点之一。但定量而言，即使通过努力到本世纪中叶，天然气的供应能力比现在增加一倍甚至两倍，也只能占到届时一次能源总量的百分之十几。那时，天然气将成为一个绿色能源支柱，但不能只靠天然气替代煤炭和石油，欲实现更高比例的替代，必须加上可再生能源和核能的贡献。可以肯定，在多元结构阶段，天然气将为能源结构的改善起到重要作用，但它和可再生能源及核能的发展并不是相互排斥的，三者共同

① “新能源6+1沙龙活动”报告，2012年5月26日。

努力，一个也不能少，才有望使洁净能源在2050年的中国一次能源结构中占到半壁江山（中国工程院的研究报告），并进一步增加。而非化石能源为主的阶段，则须靠可再生能源和核能二者的合力才能较早到来并稳定发展。

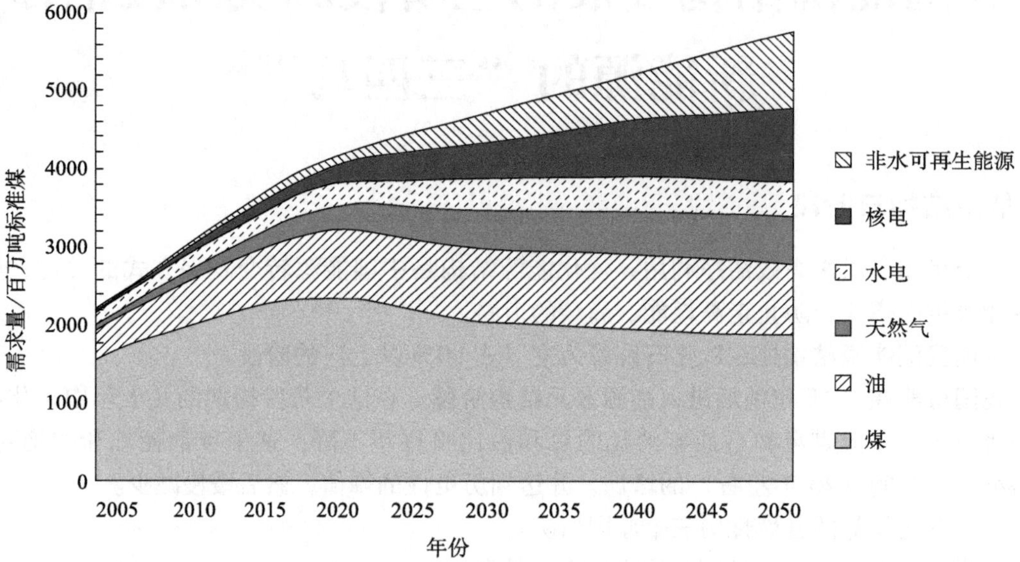

基于科学产能和用能的一次能源结构示意图

核电在战略上具有竞争力，根本原因在于，它有着不可替代的优点：

- 它是高能量密度的能源；
- 输出功率稳定高效；
- 它是清洁、低碳、环境友好的能源；

这些优点的展现又是以核电可以做到安全为基础和前提的。我国需要认真总结、吸取三次核事故的经验教训。

核电与火电的比较：

100万千瓦的火电站每年：

烧煤：300万吨；排放 CO_2：600万吨；排放 SO_2：4万~5万吨。

100万千瓦的核电站每年：

烧：30吨核燃料；排放 CO_2：火电的百分之一；排放 SO_2：火电的万分之一；辐射照射：低于火电。

我国已运行15台核电机组，装机1257万千瓦，几代核电人的卓越努力，使之保持着良好的安全纪录。这既是发展的基础，也是信心的根据之一 。

核电目前在我国电力中所占的比例不足2%，有着很大的发展潜力，在这个战略必争的领域，保持指导思想和方针政策的稳定性和持续性是十分重要的。

历史地看，我国核能事业还很年轻，处在发展的初级阶段。需要清醒认识到：

- 我国核能基础研究薄弱；
- 技术储备不足；
- 对长远发展目标和路线图的论证还不够深入；

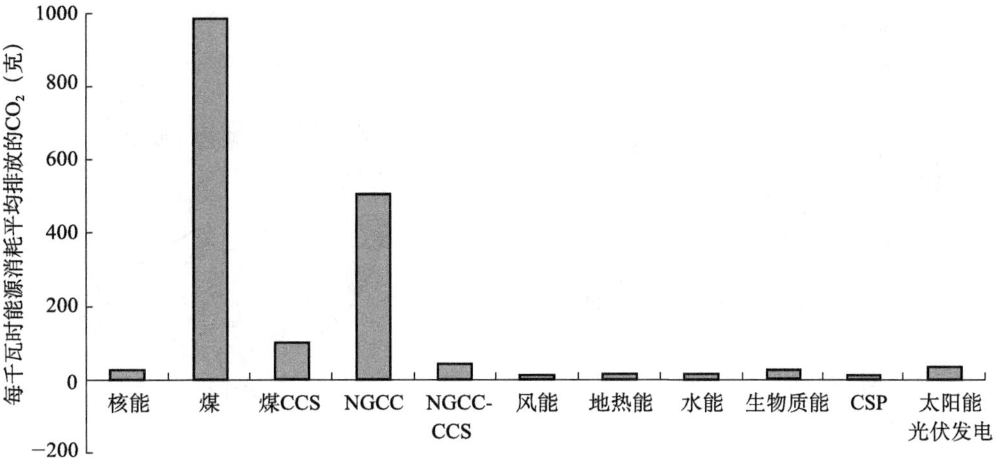

不同发电方式所排放的温室气体强度（中国科技战略院调研报告 . 1341 期 . P. 5）

- 全产业链各个环节的发展尚未协调配套；
- 核能发展的法制建设和管理体制有待改进完善。

在坚定发展核能的同时，需强化风险意识，努力夯实各方面的基础，有一个：**“百年大计、稳扎稳打”的心态和安排。**

“不要大跃进”的意见是对的，其实，各行各业乃至国民经济全局都应避免违反科学规律的跃进。在我国的发展史上，未曾有过因头脑冷静稳步发展造成的失误，倒是有狂热的“大跃进”使国家损失惨重 的深刻教训。我国核能迄今的发展是比较健康的。

中央提出：国民经济要稳中求进。核能今后的发展也应该是这样，为此，须认真做好一系列工作。不可掉以轻心。

非化石能源两支柱：核能、可再生能源。

3 积极推进可再生能源发展逐步实现高比例替代化石能源

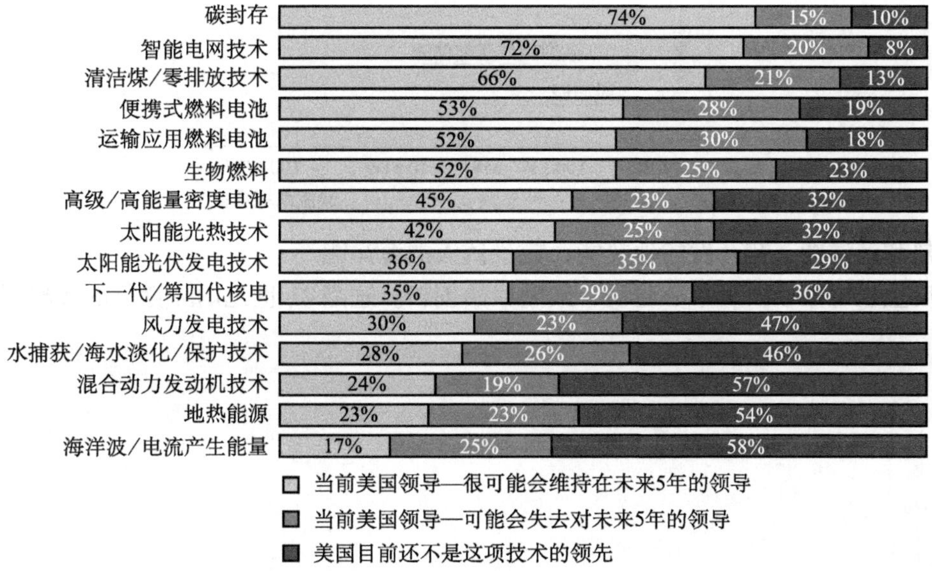

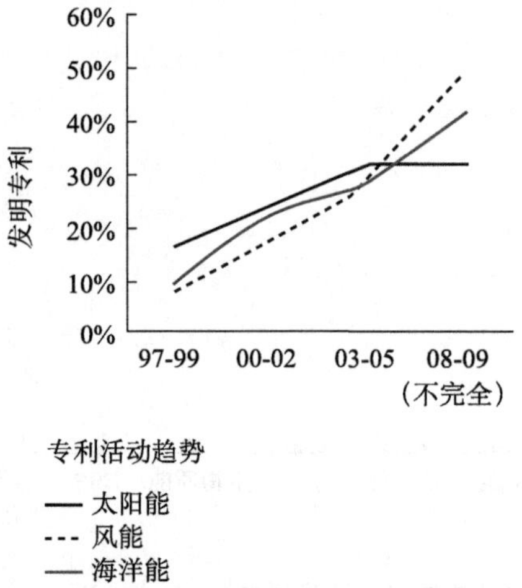

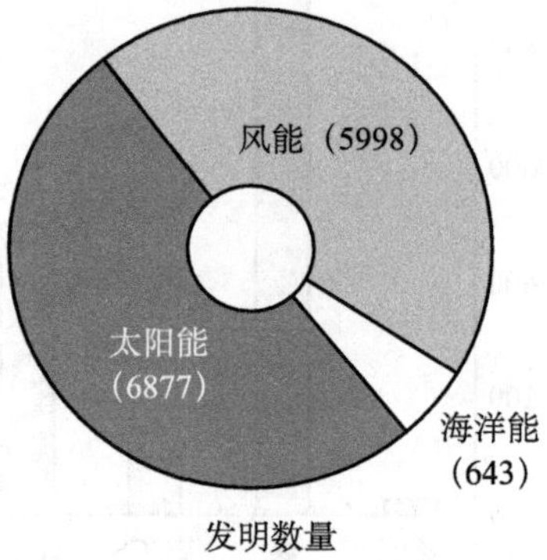

政策扶植研发、培育企业；夯实基础、稳扎稳打、才会有后发优势：

风电：风机质量、寿命；电网友好。

太阳能：转变产业形态：外向型转向内向为主型；物质能液体燃料替代（突破第二代）；沼气与新农村建设结合。

储能技术：物理与化学；风-光-储互补。

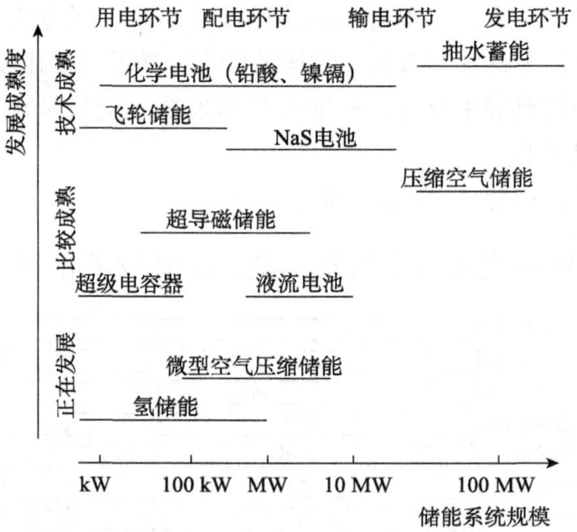

地热和海洋能：待开发的地热能；前景诱人的海洋能。

高度重视国家级研发中心建设，鼓励原始创新。这是21世纪国际竞争的战略制高点。

发展非化石能源　走新型工业化道路

摘　要： 叙述了中国走新型工业化道路，必须把安全作为发展核能的第一原则，且应当逐步提高可再生能源的战略地位，指出，在能源建设方面，科技不领先，国家能源发展就无法领先。

关键词： 发展；非化石能源；新型工业化道路

引言

非化石能源包括可再生能源与核能。中国非化石能源在总能源中的比重，预计“十二五”期末将达到11.4%，2020年达到15.0%，2050年可达到40.0%左右。发展非化石能源是中国能源发展长期重大的战略选择，符合建设“两型社会”的目标和实现经济—环境双赢的国家战略，也是应对气候变化国家战略的组成部分。核能和可再生能源是可持续规模化发展的能源，能够提供洁净能源，优化能源结构，增加能源供给。资源和科学技术使这些新能源发展具有现实可行性，将带动一系列科技创新，支撑战略性新兴产业，占领经济—社会发展的战略制高点。

1　安全是发展核能的第一原则

核能将逐步成为中国能源的绿色支柱之一。核电发展经历热中子堆（如，压水堆）—快中子堆—聚变堆“三部曲”。这“三部曲”衔接得好，是可持续发展的。受控核聚变是核能发展的归宿。前两部曲有赖于铀资源的供应，有国产和进口双重努力，铀资源不构成中国核电发展的根本制约。需要重视各环节的协调配套发展。目前，后端是薄弱环节，亟待加强。核电发展的全产业链包括：核资源—核燃料循环—核电站—后处理—核废物处置。经济性的计算和对环境的影响也应把安全生命周期考虑在内。

安全是发展核能的第一原则。日本福岛核事故有不少值得吸取的经验教训。a）核电站不宜在地震带上选址；b）核电站设计的安全标准要充分考虑可能发生的自然灾害和人为事故情景；c）在出现意外事故的情况下，不仅要确保自动停堆，且要确保冷却手段的有效性；d）乏燃料池的冷却水在事故下未能确保，也是必须改进的；e）在发生超过设计标准的事故情况下，需通过有效的应急预案，使后果可控；f）福岛事故的事后处理很不及时，很不得力，暴露了体制上、管理上和技术上的一系列问题。技术上和体制管理上的进步，将使核电更安全。

2 可再生能源的战略地位上升

可再生能源的战略地位将由目前的补充能源逐步上升为替代能源乃至主导能源之一。2050年可再生能源在中国一次能源中的比重有望达到25%，并为减少温室气体排放作出重要贡献。

水电是2030年前可再生能源发展的第一重点。由于其资源清晰、技术成熟，在国家政策上，应在做好生态保护的同时，促进其积极、加快、有序发展。预计2020年、2030年和2050年水电分别达到装机3.0×10^8kW、4.0×10^8kW和$4.5\times10^8\sim5.0\times10^8$kW。要因地制宜，积极发展非水可再生能源。太阳能资源丰富，可利用的太阳能发电资源约20.0×10^8kW；风能资源大于10.0×10^8kW，陆上大于海上；生物质资源约3×10^8t标准煤，并有培育的潜力；应尽早使风能、太阳能、生物质能等成为新的绿色能源支柱。

非水可再生能源2020年前应重在核心能力的创新、技术经济瓶颈的突破，重点解决风电提高经济效益、太阳能光伏与光热发电降低成本、间歇性能源并网和纤维素液体燃料技术等，扎实打好基础，作好示范，逐步产业化、规模化。大力推广已有基础的太阳能热利用、生物沼气、积极发展地热能、海洋能。高度重视垃圾的分类资源化利用。实现中国农村的能源形态现代化。非水可再生能源在2020年、2030年和2050年的总贡献有可能分别达到2×10^8t标准煤、4×10^8t标准煤和8×10^8t标准煤左右。为适应可再生能源发展，需构建智能电网，发展分布式用电，并发展大规模储能技术。

3 科技不领先 国家就无法领先

中国非化石能源在总能源（包括可再生能源与核能）中的比重，“十二五”期末预计达到11.4%，2020年将达到15.0%，2050年可望达到40.0%左右。分子是15，分母是100，分子要尽量变大，但是，如果分母管不住，15.0%的目标是完不成的。总能耗肯定要发展，因为中国在快速增长。2010年中国GDP占世界GDP的9.5%，而中国能耗占世界能耗的19.5%，中国单位GDP能耗超过了世界平均水平，是日本的4.9倍。日本与我们的GDP差不多，2010年日本消耗了6.6×10^8t标准煤，我们消耗了32.5×10^8t标准煤，差4.9倍。

问题在于，我们现在能不能走美国、英国当年现代化的道路呢？这是不现实的，中国的国情也不允许这样做，我们要走新型工业化道路。再从人均GDP角度看看这个问题。美国人口占世界的5%，消耗了全世界20%的能源，中国的人口是美国的4.4倍，如果人均消耗能源与美国一样，全世界能源差不多都给中国，如果全世界都要追上美国的人均能耗，意味着什么呢？要4个地球上的总能耗才能养活这个地球。简单的算术告诉我们，美国发展道路是事实，但这不是世界的榜样，也绝对不是中国可以走的一条现实道路。几个简单的数据说明，中国一定要现代化，但只能以显著低于美国人均能耗的水平来实现现代化，这是中国注定要走的道路。

非化石能源一定要发展，但非化石能源发展了并不等于占领了战略制高点。如果我们用一些并不先进的技术，只是靠扩大规模，非化石能源的发展不会走在前头，我们只能跟着人家走。这是中国的战略问题。为什么美国商务部长骆家辉在来中国的时候明确反对中国在能源问题上自主创新呢？中国绝对不能放弃自主创新。美国不想让中国自主创新，而是永远跟着美国的技术走。2020 年中国要建设创新型国家，新能源方面的科学技术一定要领先。科技不领先，国家就无法领先。有革命性的创新，才能占领战略制高点。数量增加了不等于就一定占领了战略制高点。

拿太阳能电池来说，我们用别国的方法生产很多，消耗了中国的能源，排放的 CO_2 在中国，生产的很多东西卖出去，中国太阳能发电却没发展起来。而他国在做什么呢？美国、德国、日本 3 个实验室报告，其新型的非硅太阳能电池光电转换效率达到较高水平。突破原来的概念才会引领和占领制高点。如果跟着别人走，规模可以做大，但不能领先。

4　结语

中国未来走新型工业化道路，必须大力发展非化石能源。其中，发展核电必须以安全作为第一原则，且国家的能源结构中非化石能源的地位应当逐步得到提高。在能源建设中，应当坚持科技领先的思路，否则中国就无法成为能源领先的国家。

Developing Non-Fossil Energy Sources and Following the Road of Industrialization

Abstract: China's new road of industrialization were described in this paper, and put out that must take safe as the first principle for development of nuclear energy and should gradually improve the strategic position of renewable energy. Put forward that if science and technology is not leader, national energy development can not lead in the aspect of energy construction.

Key words: development; non-fossil energy; new road of industrialization

（发表于《能源与节能》，第 8 期，2011 年，p. 1）

利用“今日阳光”是能源发展的必由之路

中国国情的最大特点是人口众多，因此尽管人均能耗还远远低于一些发达国家，但是能源需求总量大，而且随着我国的经济增长，能源总需求还在增加，加之我国以煤为主的能源结构不良，而且能源效率低，结果对环境的污染日趋严重，这不但会影响人民的生活质量，而且国际压力很大。

这里重点说一说我国能源、环境可持续发展的五大基本战略。

战略一：节能、提高能源效率是一项巨大的、廉价的优质能源、是零污染的绿色能源

“历览前贤国与家，成由勤俭败由奢。”中国人历来知道持家过日子是要勤俭的，一个国家也要俭，我们现在提倡的节能、节约，自古以来人们就有这个认识。解决中国的能源问题，我觉得应先给大家灌输一个概念：需控制消耗总量，即“总量控制”。若总量控制不住，就必然导致很多问题。那么如何控制总量，落实节能呢？我想提以下四个方面。

第一，要真正落实“又好又快”的方针，而不是“越快越好”。不能把“发展是硬道理”简单地片面理解为“GDP是硬道理”，确立“科学发展才是硬道理”的观念。转变发展模式，适当抑制GDP的增速，过快的增长会刺激粗放的能源开采和利用。产业结构调整难落实，节能减排难落实。必须以更有力的措施防止“偏快变过热”。这才有利于落实节能，这是一个重要的概念问题。

第二，要构建节能的制度体系。不能光靠号召，需要有力的“节能法”和执行措施。制定相应的政策、法规、标准、监督机制和问责制，运用经济的、行政的、技术的和思想舆论的手段，使节能走上法制的轨道，同时使节能成为深入人心的社会文化。

第三，是构建以技术保障体系为支撑的节能、高效的生产体系，转变增长方式。节能的具体办法很多，这里面有很多具体的技术问题。

一是要调整产业结构，要调整二产、发展三产。中国目前处于加速工业化阶段，2006年，耗能高的第二产业在GDP中的比重高达48.7%，而能耗低的第三产业仅占39.5%。将大力发展耗能低的服务业，到2020年，使其在GDP的比重提升至50%左右。淘汰高耗能、高污染的落后企业。

二是开展工业节能。关、停高耗能、高污染的落后企业，淘汰落后生产力，改造锅炉、电机等。

三是建筑节能。太阳能建筑一体化，以有力措施推行低能耗建筑。

四是交通节能，必须发展新型节能减排汽车；不可把“车多”作为小康标准，应从政策上限制豪华车的生产和销售；另外必须限制汽车总量。

五是照明节能。推广节能灯、LED 等。加快 LED 外延、芯片、封装技术的国产化、市场化。半导体照明工程将为节能做出革命性的贡献。每年全国的照明用多少电呢？大约 3000 亿度电。如果都改用节能照明，据专家们估计，一年可以节约 1000 亿度电。1000 亿度电是什么概念呢？长江三峡每年发电是 800 亿度，也就是能节约一个三峡的发电量还要多。

六是政府机构带头节能，具有重要的示范、表率作用。要突出抓好节电、节油、节水，抓好能源计量，强化目标责任，接受社会监督。将节能、增效、减排的目标量化分配给各地、各企业，实行公开报告制度和问责制，节能产品的认证和市场准入制度。

第四，是在全社会倡导构建节约型的消费体系。在全社会倡导“适度的物质消费、丰富的精神追求”的生活方式，反对“攀比奢华”的不良风气，中国的人均能耗、人均轿车数、人均排污量、单位建筑面积能耗等必须控制到显著低于国际水平，这是“节约型社会”的必然内涵，也是创新中国经济增长模式的必然要求。

战略二：多元发展，加快发展可再生能源和核能，改善能源结构

先送给大家一句话，从大规模利用“昨日阳光”过渡到大规模利用“今日阳光”是世界能源发展的必由之路。发展可再生能源是国际趋势，为后石油时代及早作好准备是明智的。瑞典提出“为无油世界作好准备”，确立了“农林业是能源生产者”的能源农业概念；巴西提出以后将完全摆脱进口石油；美国政府和企业各投资 50% 大力发展农林生物液体燃料，到 2025 年替代 75% 的中东进口石油；我国可再生能源资源丰富，一部分技术已成熟，有的将通过研发走向成熟。从长远看，洁净的可再生能源在我国能源中的比重，绝不是杯水车薪，而将是举足轻重。发展可再生能源是我国能源与环境双赢的正确战略选择。

一是水电有发展潜力。我国到 2020 年可以达 2.6 亿千瓦。

二是风能。中国风能资源丰富，开发潜力大，陆上风电资源约为 6 亿～10 亿千瓦海上约 2 亿千瓦；高空（50～60 米以上）风电资源更多。风力发电是目前中国最具有大规模产业化前景的可再生能源。目前，国家正在推进大型风电设备的国产化，以大幅降低风电成本，提升产业竞争力。2020 年装机容量有望超过 3000 万～8000 万千瓦。

三是太阳能。太阳能资源丰富，而且洁净，有利于环境保护。中国的太阳能光电利用，还处于初级阶段：高成本是制约光伏发电大规模应用的主要因素（高纯度硅的制备），上网电价约为常规发电的 10 倍，缺乏市场竞争力，需要政策支持和技术进步推动预计到 2010 年有望下降至每度 0.8 元，接近常规发电的 2 倍。太阳能的能量密度低，集能面积大。需要在科学技术上取得重大突破，大幅提高光电转换效率，降低成本。

四是生物质能。生物质能资源丰富，以非粮的农、林废弃物和荒地种植作物及垃圾为主。主要发展方向是：沼气、生物质发电、生物乙醇、生物柴油、生物质颗粒燃料等；垃圾燃烧发电或以其他方式资源化也是一个重要的方向，大家可别小看垃圾，垃圾弄不好会威胁我们的生活，而垃圾本身是个资源，用得好了是一笔财富。国际先进国家都十分重视垃圾的处理，现在我们国家也有这方面的发展，是我国的一件大事。国家已颁布“可再生能源法”和若干配套政策，扶植可再生能源的发展。发展可再生能源可以做到“不与人争粮，不与粮争地，不损坏生态环境”。应注意因地制宜，科学发展，做好技术、经济和环境的综合可行性论证。

北京中关村广场上的太阳能设备

清洁能源风能前景广阔

五是核能。国家已经明确了积极发展核能的方针，核能不属于可再生能源，因为它是要消耗铀，但是它是一种洁净能源，比火电要干净得多，现在我们国家目前主要发展基于核裂变的 PWR 电站，例如秦山核电站、大亚湾核电站等，预计到 2020 年发电量可以达到 4000 万千瓦，占到当时电力的 4%。也起动了快堆的研究。同时，对未来的受控核聚变的前期研究给予了应有的重视。这个有更广阔的前景，但是还需要大约三四十年的努力。国际上有个“国际热核聚变堆计划”，即 ITER 计划。

电力的发展会逐渐地调整结构，会增加水电、风电、核电、生物质发电的比重，降低火电的比重。此外，电源的发展还要与电网的发展相匹配。

战略三：大力推进煤的洁净技术，使煤这个黑色能源绿色化

这既是能源又是环境战略，使这个可爱又可恨的“黑煤老大”变成人类绿色的好友。与世界能源结构不同，在中国的能源结构中，煤的贡献超过三分之二。今后几十年内，优化能源结构，煤在能源中所占百分比会有所下降，但绝对量仍将上升。在相当长的时间内，煤仍是我国能源的第一大户。必须改变当前煤的低效而高污染排放的利用方式，使其洁净化、绿色化，逐步成为一种绿色能源。

煤的洁净化利用技术，是在我国实现能源、环境双赢的一个最关键的战略措施，应视为一个“国策”。具体怎么让它洁净化呢，这儿给大家提出四个途径。一个就是在目前的火

电站，大力推广脱硫、脱氮技术、污染排放控制技术；第二是提高燃煤效率，加强超临界和超超临界火力发电技术应用，淘汰落后的发电机组；第三个是加强循环床煤燃烧技术的研发和推广；第四是研发碳捕捉及封存和整体煤气化联合循环技术及二者的结合。

战略四：加强国内资源勘探，利用国外资源作补充

“能源的争夺是世界范围内的战争。”保障能源供给，加强国内资源勘查是很重要的举措。国内资源勘查程度很低（探明储量占资源量：煤炭20%、石油20%、天然气6.5%），还有相当的潜力。必须适当进口，利用国内、国外两种资源，满足国家发展的巨大需求。节约油气，发展石油替代。这是我国石油、天然气工作的方针。这个主要指的是石油。我们的石油是一个缺口，现在石油探明储量虽然只有20几亿，但是据估计有200亿吨的存储量有待开发，完全有开发前景。据专家估计我们天然气的探明率只有6%，所以还有很大的改善和发展的前景。

战略五：强化环境保护，建设生态文明

再送大家一句话，“从一个号令自然的主人，到一个善待自然的朋友，是一次人类意识的深刻觉醒，也是一次人类角色的深刻转换。”要实现在环境方面三个历史性的转变：环境保护与经济发展要并重，环境保护与经济发展要同步发展，互相优化，从主要依靠行政手段，转变为综合运用经济、技术和必要的行政手段解决环境问题。实现“环境友好型社会”的目标：环境友好型社会要在环境文化的支撑下，实现经济与环境双赢，实现社会经济活动对环境的负荷最小化，将其控制在资源供给能力和环境自净容量之内，形成良性循环。

核电站

建立节能减排优先的政绩考核制度。对各地和企业制定强制性的排污总量的控制目标和完成期限，并建立相应的监测、监管、预警和问责制度及执法体系。实施强化前端和中端减排的全过程减排战略。发展CDM、推动学、研、产、官的结合。采取更有力的生态保护与恢复措施，原则是：“谁开发谁保护、谁破坏谁修复，谁受益谁补偿，谁排污谁付费。”从末端治理转向源头治理为主。污染防治的重点是：水、土、大气。对新技术的环境后果

进行全生命周期的评价。在能源、环境、生态领域发展国际合作，推动科技进步和创新。

最后就是十七大提出的“确立生态文明观”。人类的文明有几个阶段，从原始文明，后来的农业文明，然后到工业文明，现在提出来，我们要从工业文明过渡向生态文明，什么叫生态文明，就是以生态产业为主要特征的文明形态，人类文明发展的一个新的阶段，它是人类在处理与自然关系的时候所达到的文明的程度。有一个地方政府总结经验，说观念转变了，一开始刚改革开放就知道挣钱，要富起来，只要金山银山不要碧水青山，后来意识到，既要金山银山也要碧水青山，现在认为观念还不够，认为只有碧水青山才有金山银山。生态文明的三个重要特征是，有较高的环保意识，有环境友好意识，有可持续发展的经济发展的模式，有卫生保健体系和公正合理的制度。生态文明是人类社会发展的新形态、新阶段。

通过以上五大战略，特别是发展三种不同类型的绿色能源和建设生态文明，在今后的几十年内，不仅解决中国能源的需求问题，而且显著改变中国能源的结构和“颜色”，使其逐步绿色化，改善中华大地的环境，以达到“资源节约型、环境友好型社会”的要求，为国家的可持续发展作出贡献！

（发表于《科技潮》，2009 年 04 期，p. 28）

Development of Renewable Energy in China: Significance & Strategic Objectives[①]

Abstract: Based on CAE's research report, this paper illustrates the background and purposes of the development strategy research of renewable energy in China, emphasizes the significance of developing renewable energy in China, gives the strategic positions and development objectives of renewable energy in China in the first half of 21st century and contributes to green house gas emissions reduction and environmental protection in China.

Key words: renewable energy; development strategy; China

1 Introduction

CAE officially launched the key consultation program of "China Renewable Energy Development Strategy Research" in Oct., 2005. Over 20 CAS academicians and more than 100 experts from dozens of research institutions, universities, businesses and academic societies have been involved in this program, along with the assistance and support from several governmental departments.

The research is conducted in a context, where the global oil price undergoes drastic changes, energy supply tightens, and the worsening environment draws worldwide attention to renewable energies and where China is faced with increasing gap between energy supply and demand. In the meantime, energy and environment issues arouse wide concerns, and the Chinese government launches the *Law on Renewable Energy*.

The *Law on Renewable Energy* went into effect on Jan. 1, 2006, followed by a number of support laws and regulations. Industries such as wind power, biomass energy and solar energy have been advancing faster than expected. Many problems arise, in particular, early presentations of hasty profit-oriented projects, inappropriately planned work that rushes into implementation, and out of order while ignoring the availability of resources.

The purposes of the research is to provide the state with strategic recommendations on macro decision-making regarding development of renewable energies; to provide businesses and investors with policy directions; and to provide scientific references for the healthy and orderly development

---

① Du Xiangwan, Huang Qili, Li Junfeng.

of renewable energies in China as well.

Technical subjects in renewable energy research are covering wind energy, solar energy, biomass energy, hydro-energy, ocean & geothermal energies and a comprehensive development and policy study.

Through two years' hard work, experts formulated the comprehensive project research report on the basis of survey and analysis, academic exchanges, professional forums, subject research results, and over ten rounds of review and modification. Main contents of the report include strategic significance of renewable energy development; resource conditions and development potentiality; orientations for rational developmen tand utilization; development objectives and technical road map; possible problems encountered in renewable energy development and assurance measures; and important recommendations on renewable energy development, etc.

As the achievement of this project research, one general report is a consultative report on China renewable energy development strategy research and five specialized technical reports, including hydro-energy, wind energy, biomass energy, solar energy, geothermal and ocean energies.

Innovative point for this project is that a comprehensive and systematic research into China's renewable energy development strategy, which will include preliminary understanding of China' s renewable energy resources (e. g. proposing a new idea and data that wind energy resource is on the land greater than it on the ocean, correcting some previous understanding) ; apply an integrated analysis method combining technological, economic and environmental aspects, paying more attention on the entire production chain; and propose a number of novel strategic ideas and recommendations.

2 Significance of developing renewable energy in China

There are five trends for developing renewable energy as the following:

Trend Ⅰ: Many countries are paying high attention to renewable energy development.

On the eve of the 21st century, energy security and environmental protection are becoming global issues. Governments of many countries are paying high attention to development of renewable energies, regarding which as a major measure to relieve energy supply-demand gap, reduce greenhouse gas emission, and a response to climatic change. For example, EU points out that by 2020 and 2050 consumption of renewable energies will have made up 20% and 50% in total energy consumption; US points out that by 2030 wind power generation will have reached 20% of total electric power capacity, and bio-fuel will have replaced 30% of fossil fuels; Japan points out that by 2050 substitute energies such as renewable energy will have accounted for over 50% of energy supplies in Japan; Developing countries such as Brazil and India have also posed magnificent targets for renewable energy development.

Trend Ⅱ: Major advances in renewable energy R&D and equipment production lead to constant lowering of costs. (Fig. 1)

Trend Ⅲ: The technologies are maturing, progress speeding up, and the scale keeps grow-

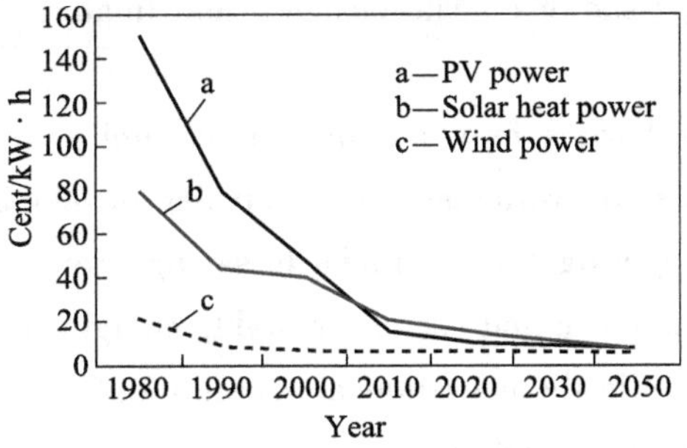

Fig. 1 Lowering trend in costs for renewable energy generation in the world (Source: Integrated World Development Roadmap)

ing.

Trend Ⅳ : Principal part and scale for renewable energy investment continue to rise.

Trend Ⅴ: Policy support still acts as one of the leading drives for renewable energy development.

From Fig. 2, we could find that China will face up to some problems such as China's rapidly growing of energy demand, e. g. the total energy consumption reached 2. 46 billion TCE in 2006 in China, breaking the 2020 forecasting made by several Chinese and foreign institutions; China's grave situation in energy supply, e. g. the energy reserve, production capacity and ensuring ability which will sustain for China' s economic development are in a critical state; and China' s increasing environmental pressure, especially on coalburning dust pollution and green-house gas emissions reduction problems.

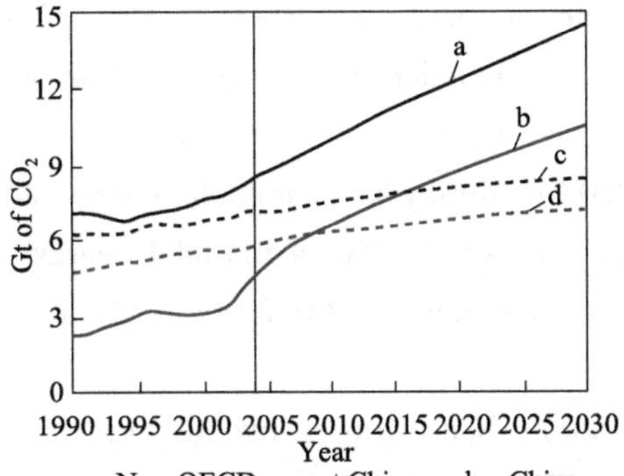

a—Non-OECD except China; b—China;
c—OECD except USA; d—USA

Fig. 2 Trend in global CO_2 emission in reference scenario, 1990—2030 (Source: World Energy Outlook 2006, IEA)

There are 5 necessaries for developing renewable energy in China: first, it is necessary to build an energy-saving society; secondly, it is necessary to adjust energy structure and assuring energy security; thirdly, it is necessary to construct new China' s rural development; fourthly, it is necessary to protect ecosystems, environment and reducing emission of green-house gases as well as a strategic response to the issue of climate change; and finally, it is necessary to explore new areas for economic growth.

We will have some conclusions from the project research: As socio-economic development marches forward at quick pace, constraints over sustainable development due to energy and environment is becoming increasingly tight. It is crucial to saving energy to develop clean energy technologies and to quicken development and use of renewable energies in order to optimize China's energy structure, bridge the gaps in the conventional energies and protect the environment, which is also an inevitable approach to sustainable development. Based on the current trend and the forecast analysis findings, the mid- and long-term energy demands should reach (Table 1):

Table 1 Energy demand from 2010—2050

Year	2010	2020	2030	2050
Energy demand/billion TCE	3.0	3.5	4.2	5.0

3 Strategic positions & development objectives[1]

Four measures to increase energy supplies and assure energy security effectively in China are as follows:

1) Save energy, control total consumption;

2) Explore conventional energies such as hydroenergy, coal, petroleum and natural gas as well on the basis of domestic conditions;

3) Expand international cooperation, utilize international resources (mainly petroleum and natural gas) effectively;

4) Make potent efforts to develop and use nuclear energy and renewable energies as well.

According to our intermediate prediction the strategic position of renewable energy in China will act different role in near future and medium and long term:

Near future (around 2010): Non-hydro renewable energy is meant to be supplementary, meeting 60 million TCE energy, amount to 2% of the total energy demand. With hydro energy on the account, renewable energy will supply about 0.29 billion TCE, nearly 10% of the national total energy demand.

Medium term (around 2020): Non-hydro energy will turn into a substitute sector, providing 0.18 ~ 0.33 billion TCE, about 5% ~ 10% of the national total demand. It will go up to 0.54 ~ 0.69 billion TCE when hydro energy is included, satisfying about 15.5 % ~ 19.7% of the national total energy demand.

Long term (around 2030): Non-hydro renewable energy will become one of the mainstream energy supplies, contributing 0.4 ~ 0.8 billion TCE, about 10% ~ 19% of the national total energy demand. With the share of hydro-energy included, renewable energy will offer 0.86 ~ 1.26 billion TCE, meeting about 20% ~ 30% of the national total energy demand.

Far future (around 2050): Renewable energies should strategically be one of the leading energy supplies, delivering 0. 88 ~ 1. 71 billion TCE, reaching to 17 % ~34 % share of the national total demand or even higher. The supplies reach about 1. 32 ~ 2. 15 billion TCE when the contri-hution of hydro energy is added, and providing 26% ~43% of the national total energy demand.

The development of renewable energy in China is in important strategic measure for green house gas emission reduction (Table 2) .

According to our intermediate prediction, the effect of renewable energy development on green-house gas emission reduction is given in Table 2.

Table 2 Reduction emission from 2020—2050

Year	2010	2020	2030	2050
Reduce emission/Gt	0. 7	1. 2	2. 0	4. 0

It will help to reduce coal-burning air pollution and improve air quality considerably. According to our intermediate predictions, the development objectives of renewable energy and its structure are as following:

By 2020, total utilization of renewable energies reaches 0. 62 billion TCE, of which hydro-energy contributes 58% , biomass energy 19% , solar energy14% , wind energy 8% , and other energies 1% ;

By 2030, total utilization of renewable energies reaches 1. 0 billion TCE, of which hydro-energy contributes 45% , biomass energy 23% , solar energy19% , wind energy 11% , and other energies 2% ;

By 2050, total utilization of renewable energies reaches 1. 7 billion TCE, of which hydro-energy contributes 26% , biomass energy 20% , solar energy 34% , wind energy 18% , and other energies 2%.

Fig. 3 gives the general scenarios of renewable energy development in China in the first half of 21st century.

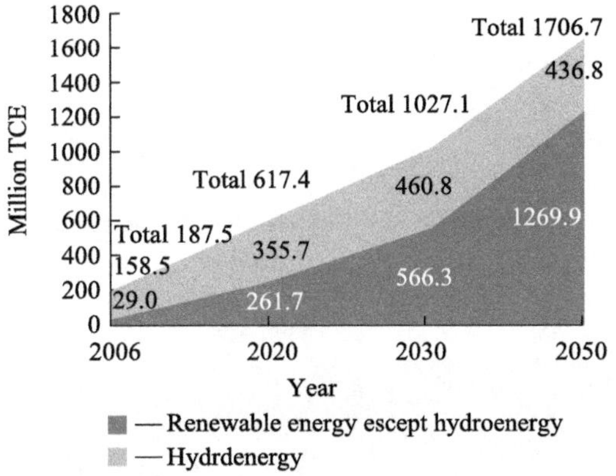

Fig. 3 Trend in development of hydro and non-hydro energies in China (Calculated by the intermediate prediction, Unit: million TCE)

4 Conclusion

Step by step, renewable energy in China is to develop from their current supplementary position to substitute, mainstream and leading energy supplies and act a fundamental role in environment protection!

References

[1] CAE research group. The Development Strategy of Renewable Energy in China [M] . Beijing: Science Press, 2008.

(发表于 *Engineering Sciences*, Vol. 7 No. 2. Jun. 2009, p. 2)

我国可再生能源战略地位和发展路线图研究①

摘　要：我国经济正处于快速发展时期，对能源的需求将持续增长，能源和环境对可持续发展的约束将越来越严重。发展清洁能源技术、加速本地化清洁资源的开发是必然的选择。可再生能源是环境代价小、发展前景明确、争议较少的技术。我国已经颁布了《可再生能源法》，通过立法的方式，建立起强有力的促进发展可再生能源的政策框架，并发布了指导产业发展的《可再生能源中长期发展规划》以及一系列的管理政策，确定大力开发和利用可再生能源为我国能源发展必然的战略选择。

关键词：中国；可再生能源资源；发展目标；可再生能源路线图

1　我国可再生能源的资源条件

根据已有的资源评价结果，我国具有大规模发展可再生能源的资源潜力和保障，风能、太阳能、生物质能等合计可产能量 $40\times10^8\sim46\times10^8$t 标准煤/a。风能资源总的技术开发量可以达到 $7\times10^8\sim12\times10^8$kW（陆上距地面 50 m 高度技术开发量 $6\times10^8\sim10\times10^8$kW，近海风电装机约为 $1\times10^8\sim2\times10^8$kW），如果全部开发，年发电量可达 $1.4\times10^{12}\sim2.4\times10^{12}$kW·h，折合 $6.5\times10^8\sim11\times10^8$t 标准煤；如果用现有建筑屋顶面积的 20%，可安装约 $20\times10^8\text{m}^2$ 太阳能热水系统，能够替代 3×10^8t 标准煤；用现有建筑屋顶面积的 20%，戈壁和荒漠地区 2% 的面积安装太阳能光伏发电约 22×10^8kW，年发电量可达 2.9×10^{12}kW·h，折合 11×10^8t 标准煤；当前各类生物质总量为 5.4×10^8t 标准煤，其中可再生能源利用的生物质资源约 2.8×10^8t 标准煤，随着社会经济发展，废弃生物质资源将不断增加，加上开发利用各类边际土地、规模化种植能源作物和能源林木，到 2030 年可能源利用的生物质资源有望达到 8.9×10^8t 标准煤；水能技术可开发装机容量 5.4×10^8kW，年发电量 2.5×10^{12}kW·h 折合 8.6×10^8t 标准煤，此外，还有 1.2×10^8kW 的小水电资源，开发潜力巨大；高温地热资源潜力约 582×10^4kW，发电潜力 $300\times10^8\sim400\times10^8$（kW·h）/a 近期中低温地热资源可利用量相当于 $1\,440\times10^4$kW 的装机容量和 864×10^8（kW·h）/a 的发电量，折合约 $5\,000\times10^4$t 标准煤；海洋能资源丰富，可开发利用量可以达到 10×10^8kW 的量级，产能量约 5.5×10^8t 标准煤/a。

总之，我国具有丰富的可再生能源资源，可以满足可再生能源未来成为主流甚至主导

① 本文作者：杜祥琬，黄其励（东北电网有限公司），李俊峰（国家计委宏观经济研究院能源研究所，中国可再生能源产业协会），高虎（国家计委宏观经济研究院能源研究所）。

能源的资源需求。

2　我国可再生能源发展现状

我国政府一直重视可再生能源的开发利用，20 世纪 50 年代水电开始蓬勃发展，80 年代起，风电、太阳能、生物质能等非水能可再生能源的技术应用和产业，在政府的支持下稳步发展，小水电、太阳能热水器、小风电等可再生能源技术和产业已经走在世界的前列。自 2005 年《可再生能源法》立法通过以来，可再生能源产业得到了突飞猛进的发展。2006 年，可再生能源在一次能源消费中的比例约为 8%，其中水电提供了约 1.5×10^8t 标准煤，太阳能、风电、生物质能利用等提供了约 5000×10^4t 标准煤的能源。

现在，风电开始进入规模发展阶段，并网风电总装机容量从 2000 年的 35×10^4kW 增长到 2007 年的 590.6×10^4kW，2007 年新增装机容量 330.7×10^4kW，超过过去 20 年的总和。

在国际市场的拉动下，我国太阳能光伏产业出现了跳跃式发展。2000 年，光伏电池组件的生产能力不到 10MW，但到 2006 年年底，光伏电池组件生产能力达到 1087MW，居世界第三位。由于发电成本过高，我国太阳能光伏发电市场较小，光伏电池主要用于出口及解决国内电网覆盖不到的偏远地区居民用电问题。到 2006 年，累计光伏发电容量为 8×10^4kW。目前，我国已开始开展屋顶和大型并网系统的示范。

最广泛应用的太阳能热利用技术是太阳能热水器。2006 年，我国太阳能热水器总运行保有量约 $9000\times10^4m^2$，年生产能力超过 $2000\times10^4m^2$，使用量和年产量均占世界总量的一半以上，居世界第一。

我国的沼气技术成熟，尤其是户用沼气，在政府政策的大力推动下，已经形成了规模市场和产业，户用沼气池达到 2200×10^4 多口。畜禽场、城市污水处理厂等的大中型沼气工程也开始发展，到 2006 年年底达到 2000 多处，年产沼气总计超过 $90\times10^8m^3$。我国其他生物质能技术的应用处于产业化发展初期，基本掌握了农林生物质发电、城市垃圾发电以及生物质致密成型燃料等技术，到 2006 年底，生物质发电装机容量约 300×10^4kW，除蔗渣发电和垃圾发电外，利用农林废弃物等生物质发电项目建设迅速。在生物液体燃料方面，燃料乙醇（以陈化粮为原料）年生产能力约 100×10^4t 并已开始在交通燃料中使用；以甜高粱等非粮作物为原料生产燃料乙醇的技术初步具备商业化发展条件，目前试产规模达到年产 5000t 以餐饮业废油、榨油厂油渣、油料作物为原料生产生物柴油的能力达到年产 10×10^4t 以上。

此外，在地热能利用方面有了一定的规模。目前地热供暖面积达 $3000\times10^4m^3$，为 60×10^4户居民提供生活热水。在潮汐发电等海洋能利用方面也开展了一些试点和示范工作。虽然各类可再生能源的应用处在不同的发展阶段，但总体而言，我国可再生能源市场已经开始进入快速发展时期，可再生能源投入显著增加，装备制造业发展迅速，正朝着规模化方向发展，为未来的大发展奠定了坚实基础。

3　发展可再生能源存在的主要问题

我国可再生能源在发展中面临着很多制约的瓶颈和障碍。主要表现在：

（1）可再生能源资源评估不够。我国已经开展了可再生能源资源评价工作，但是除水能外，其他可再生能源的资源评价工作深度还远远不够。太阳能和风能资源评价主要是资源总量和大致的分布，与可指导可再生能源发展的实际可利用资源和具体的分布，还有一定的距离；生物质能资源评价明显不足，尤其是对于可利用土地和水资源的评价，没有系统、全面的研究；地热能、海洋能资源，大多是估算数据，没有进行全面的资源评价工作。进一步详查可再生能源的家底是必要的。

（2）技术研发落后、创新能力不足。我国在可再生能源利用关键技术研发水平和创新能力方面有所提高，但和发达国家相比仍然明显落后，主要表现在：a. 基础性研究薄弱。我国基础性研究工作开展较少，起步较晚，水平较低，比如光伏发电技术、纤维素制乙醇等技术，缺乏大规模发展所需的技术基础；b. 缺乏强有力的技术研究支撑平台，没有建立国家主导的可再生能源实验室和公共研究平台，以用于支持基础研究和提供公共服务；c. 技术发展缺乏清晰的技术发展路线和长期的发展思路，没有制定自主研发和创新的方向；d. 资金支持明显不足，尤其在人才上的投入少，满足不了可持续发展的需要；e. 没有建立起技术研发的长效机制，没有制定连续、滚动的研发投入计划。

（3）自主技术的产业体系薄弱。自《可再生能源法》颁布以来，我国可再生能源产业有了明显的发展，但和发展的需求相比，产业基础并不够稳固，主要表现为：a. 产业基础薄弱：由于没有长期、持续的基础性技术研发为后盾，不掌握核心的自主知识产权技术；b. 除太阳能热水器外，我国大多数可再生能源技术产业，还没有建立起完整的产业体系，在设计技术、关键设备的制造以及原材料供应方面存在着严重的制约瓶颈；c. 缺乏强有力的企业自律协会组织，很难有力地组织和规范企业健康、科学发展。

（4）与可再生能源相关的政策措施和制度建设还不配套，如项目审批、专项资金安排、价格机制等缺乏统一的协调机制，尚未完全适应可再生能源发展的要求。总之，我国可再生能源虽然有着很好的发展前景，但仍旧面临着较大的挑战。

4 我国可再生能源的战略定位

根据我国社会经济发展需要、能源需求形势、化石能源供应前景、可再生能源的资源和技术条件，以及以上确定的发展目标，中国可再生能源未来战略定位如下：

（1）近期至2010年前后：非水能可再生能源的战略定位是补充能源，可提供 0.6×10^8t 标准煤的能源需求，约占总能源需求比例的2%；含水能则供约 2.9×10^8t 标准煤，接近全国能源需求的10%。

在这个阶段，国家的能源需求主要靠化石能源满足，可再生能源在整个能源系统中起补充作用，但在农村和偏远地区，可再生能源会起主要作用。在政策的激励下进行推广，使现在已经成熟或初步成熟的风力发电、太阳能热利用、沼气、地热采暖等技术达到商业化程度。

（2）中期至2020年前后：非水能可再生能源的战略定位是替代能源，可提供 $1.8\times10^8\sim3.3\times10^8$t 标准煤，占全国能源需求约5%～10%；含水能则可以提供约 $5.4\times10^8\sim6.9\times10^8$t 标准煤，占全国能源需求约15.5%～19.7%。

化石能源仍然是主导能源，但可再生能源的比例不断加大，可再生能源将成为能源总需求中增量部分的主力军。现有可再生能源技术大多趋于成熟，具备更大规模推广条件。

(3) 长期至2030年前后：非水电可再生能源的战略定位是主流能源之一，可以满足 $4\times10^8\sim8\times10^8$t标准煤的能源需求，约占全国能源需求10% ~19%；含水能则可以提供约 $8.6\times10^8\sim12.6\times10^8$t 标准煤，占全国能源需求约20% ~30%。可再生能源在成本等方面的优势已经比较明显，具有较强的竞争优势，可再生能源将得到大规模发展，在新增能源系统中占据主导地位，在整体能源系统中占据重要地位，成为主流能源之一。

(4) 远期至2050年左右：可再生能源的战略定位是主导能源之一，可再生能源可以满足 $8.8\times10^8\sim17.1\times10^8$t 标准煤的能源需求，占全国能源17%~34%以上，含水能则可以提供约 $13.2\times10^8\sim21.5\times10^8$t 标准煤，占全国比例的26%~43%。受资源的限制，化石能源的供应已经不能增加甚至逐步减少，可再生能源供应总量不断增加，在能源构成中的比例不断提高，成为整个能源系统中不可或缺的重要组成部分，逐步实现能源消费结构的根本性改变。

5 我国可再生能源发展的基本原则和发展重点

5.1 基本原则

可再生能源的资源种类很多，能够采取不同的技术方式和利用途径提供多样化的能源产品，不同的技术，商业化水平差异较大，开发条件也会受到各种因素的制约，为此开发利用可再生能源必须遵循以下基本原则：a. 符合我国能源发展的战略需求，能大规模地替代化石能源、减少碳排放、降低石油进口依存度；b. 资源相对丰富，有可靠的资源保障能力，可以大规模开发利用；c. 技术成熟或有成熟发展的趋势，可以实现商业化或具有商业化发展前景；d. 在全生命周期内，技术、经济合理，与环境、生态友好，符合可持续发展的要求。

5.2 制定可再生能源发展路线图的原则

1. 风电

近中期优先发展陆上风电，因地制宜试点海上风电；加快产业化建设和技术服务体系建设。优先发展并网风电场，同时积极实施分布式发电系统、风电直供用电大户并蓄能装置项目的科学研究，时机成熟后推广。

2. 太阳能

降低光伏发电成本：注重太阳能光伏产业链的均衡发展，从产业链的上游入手，努力降低成本；确保高精度硅材料生产过程的环境保护。强制性推广太阳能热利用：实现太阳能热利用与建筑的有机结合。

3. 生物质能

能源与农业协调发展：做到生物质的能源利用“不与人争粮争糖，不与粮争地争水，不与牲畜争饲料”；确保粮食安全。多元起步，非粮液体燃料和替代石油基的生物基产品逐渐成为战略重点；利用方式需技术、经济、环保等综合考虑和分阶段规划。

4. 水能

在保护环境和生态的条件下，积极而有序发展水电；在发展水电同时，实现繁荣当地经济、致富工程移民的目的。实现水电又好又快的发展：以提高水电开发程度为目标，以建设15个大型水电基地为中心，以建设百万千瓦级以上水电站为重点，努力发展水电。

5.3 发展重点

根据我国的资源条件、各种技术的特点以及能源需求，可再生能源发展重点为：

（1）重点发展的发电技术。近、中期主要大规模发展水电、风力发电，适度发展生物质发电，中、远期积极发展太阳能光伏发电、因地制宜地发展太阳能热发电、地热发电和海洋能发电，达到大规模替代和节约煤炭等化石能源的目的，为改善能源结构、改善环境和减排温室气体作出重要贡献。

（2）积极稳妥地发展生物质液体燃料。近期主要是利用相对较成熟的非粮食类淀粉和甜高粱生产生物乙醇技术进行规模化生产，中、远期发展第二代生物燃料技术，即利用农林废弃物和能源植物中的纤维素生产生物乙醇，利用油料林木生产生物柴油，在规模替代石油，保障能源安全方面做出一定的贡献。

（3）大力发展可再生能源供热和沼气技术。近期主要大力发展和普及太阳能热水器技术、地源热泵技术，中、远期积极研究和发展太阳能采暖、制冷等与建筑结合的技术以及工业太阳能热利用技术等，为改善城乡人民生活特别是农村居民生活条件作出较大贡献。在整个可再生能源构成中，近、中期可再生能源供热、供气等占主导地位（占1/2左右）；其次是发电（占1/3左右）；长期和远期，发电将逐步占据主导地位，从原来的约30%逐步上升到50%～60%；生物液体燃料的发展，根据技术和资源条件，将占约10%。

6 可再生能源发展目标和技术路线

6.1 可再生能源热利用

1. 太阳能热水器技术

在2006年太阳能热水器运行保有量$9000\times10^4m^2$基础上快速发展，预计到2020年，2030年和2050年运行保有量将分别达到$5.4\times10^8m^2$，$9.8\times10^8m^2$和$16.8\times10^8m^2$，2050年实现人均$1m^2$太阳能热水器的目标。发展路线是：

（1）2010年前，着力解决太阳能利用与建筑结合的问题，加强新产品的研发及其规模化生产，完善产品质量控制体系，规范市场机制，使太阳能热水器从中小城镇走向大中城市，应用范围由单一的热水供应拓展至热水供应和供暖。

（2）2020年前，完成中高温技术的研发，实现太阳能空调系统和太阳能热水系统的规模化工业应用。

（3）2020年后，太阳能热水供应、供暖和制冷技术成熟，产品形成规模化和系列化生产，太阳能热水器在热水供应、供暖和制冷方面发挥重要作用。

2. 太阳能中高温利用

太阳能中高温利用技术在我国还处于研究阶段，将以“低成本、大规模化、主要部件有自主知识产权”为技术方针，重点研究开发与建筑结合的具有制冷和采暖等主动供能的太阳能成套设备；强调太阳能集热单元与建筑集成技术的研究；建立与国际接轨的和适合我国国情的太阳能热利用产品测试标准和评价体系，突破一批关键材料技术，为扩大太阳能热利用提供技术支撑。

3. 农村能源和民用燃料

除了生物质发电和生物液体燃料外，生物质能源主要是为农村服务，即民用燃料的生产。沼气、生物质气化和生物质固体致密成型技术在促进农村废弃生物质资源综合利用、提供清洁生活燃料方面具有较好的实用价值和广阔的发展空间。沼气发展重点是：在畜禽场、养殖场等有机污水集中地区发展集中处理的大中型沼气工程；适度发展户用沼气系统，解决部分地区的农村能源问题。到 2020 年，2030 年和 2050 年分别达到 440 800m^3 和 $1000\times10^8m^3$。生物质气化、生物质致密成型燃料可广泛用于工农业生产的不同领域，尤其是作为分布式气源、热源、电源，有较大的发展潜力，2020 年后生物质致密成型燃料可以达到 $3000\times10^4\sim5000\times10^4t$ 的发展规模。

6.2 可再生能源发电

1. 风力发电

（1）2010 年前，以国家支持为引导、市场拉动为主体，重点支持研发并解决制约我国风电发展的三大瓶颈问题，包括资源评价、并入电网和自主创新的风电技术。

（2）2020 年前，以建立具有自主知识产权的风电产业体系为主要目标，在确保实现预定的 3000×10^4kW 总装机目标基础上，争取达到 $8000\times10^4\sim1\times10^8kW$ 的规模，届时风电的成本将接近其他常规能源发电成本，风电在电源结构中开始具有一定的显现度。

（3）2020—2030 年，以建立具有国际竞争力的产业体系为核心目标，成熟的风电产业链基本建立。到 2030 年，风电装机超过 1.8×10^8kW，风电的成本低于煤电成本，风电在国民经济和社会发展中的作用日益加强，非并网风电以及风电用于海水淡化、制氢等工业的应用技术和产业化基础较为成熟，成为风电发展的新方向。

（4）在 2050 年左右，风电装机达到 $4\times10^8\sim5\times10^8kW$，在电源结构中约占 1/5，风电成为我国的主力电源之一，并在工业等其他领域也有广泛应用。

此外，在 2020 年后，把近海风电场的发展作为风电开发的一个重点方向，并积极发展风电互补与蓄能等技术，加大风电的分布式开发利用等。

2. 太阳能发电

（1）太阳能光伏发电，近中期仍以晶体硅电池为主，技术发展趋势是以薄膜技术，高效率、高稳定性、低成本是光伏电池发展的基本原则。

（2）2020 年前，晶体硅电池通过减薄电池技术的实现、廉价太阳硅材料的获得以及效率的进一步提高来降低价格，薄膜电池通过多结叠层技术、规模化生产实现价格下降，光伏发电成本将降至 1.5 元/(kW·h)。光伏发电应用规模达到 500×10^8kW 左右。

（3）2020—2030 年，晶体硅电池的发电成本可达 0.85 元/(kW·h)，随着新材料和新电池结构的出现以及规模化生产，光伏发电成本可能降至 0.7 元/(kW·h)。光伏发电产业链趋于完备，太阳能光伏发电成为战略能源，应用规模达到 10^8kW。

（4）2030—2050 年，光伏发电将成为可再生能源的重要技术，具有较大的市场竞争能力。到 2050 年，应用规模达到 8×10^8kW，成为重要的能源供应来源。

3. 太阳能热发电

进行太阳能直接辐射资源调查，支持核心技术研发，关注和跟踪塔式技术、碟式系统以及菲涅耳式等太阳能热发电技术的进展，及时跟进。槽式太阳能热发电技术是目前唯一商业化的太阳能热发电技术，我国在开发中高温真空管技术方面有一定的优势和基础，在国家的支持下，近期内有可能取得突破。

6.3 生物质发电

由于生物质是分散、能源密度小的可再生能源，因此要根据资源条件，在技术经济分析基础上，因地制宜地发展生物质发电。在2010年形成发电装机550×10^4kW的基础上，到2020年，2030年和2050年，生物质发电装机分别为2000×10^4kW，4000×10^4kW和5000×10^4kW，年发电量1000×10^8kW·h，2000×10^8kW·h和2500×10^8kW·h。以中小规模为主，提高发电效率和降低发电成本是生物质发电的研究主题。在广大农村积极发展发中小规模的生物质气化发电技术，建立分布式生物质发电产业。在粮食主产区、大型农场、林场，开发成熟稳定的中型生物质发电技术。在有条件的地区，发展煤与生物质混燃发电技术，实现燃煤电站节能和减排的目标。开发可离网独立使用的生物质发电技术，为未来农村灵活使用生物质电力提供有效途径。

6.4 水力发电

水电技术较成熟，未来水电发展的原则是保护生态环境和致富工程移民。目前全国水电在建和筹建的规模约$7000\times10^4\sim9000\times10^4$kW，预计2010年水电总装机容量将达到约$1.8\times10^8\sim1.9\times10^8$kW，提供电量约$6800\times10^8\sim7200\times10^8$kW·h，折合约$2.3\times10^8\sim2.5\times10^8$t标准煤，水能资源技术可开发程度超过30%。到2020年左右水电装机容量达到约3.2×10^8kW，提供年电量约11400×10^8kW·h，折合约3.7×10^8t标准煤，水电技术可开发程度约50%。争取到2030年将技术可开发容量基本开发完毕，接近4×10^8kW，水电技术可开发程度超过67%。2030年以后，根据国内能源需要的紧缺程度，开发较为边远地区的水电和适宜开发利用的小水电、微水电等，争取2050年前后全部技术上可供开发的水能资源都能够得到开发。

6.5 生物交通燃料

1. 生物乙醇技术

我国生物燃料乙醇的发展目标是：到2020年，2030年和2050年分别实现1700×10^4t，5000×10^4t和8000×10^4t。根据我国资源条件和现实需求，生物燃料乙醇发展路线如下：

（1）近期（2010年）：发展以淀粉类作物（如甘薯）为原料的燃料乙醇，改进常规发酵技术，进一步提高乙醇经济性；进行甜高粱等糖类原料的直接发酵技术示范；加大纤维素遗传技术研发力度，争取在纤维素酶水解技术上有所突破；开展抗逆性能源植物的种植示范；积极改善基础设施，为日后大规模发展应用生物质交通燃料打下坚实的基础。

（2）中期（2020年）：实现并加大以甜高粱等糖类作物为原料的燃料乙醇的产业化开发利用，应用耐高温、高乙醇浓度、高渗透性微生物发酵技术，采用非相变分离乙醇技术；不断提高乙醇与石油的经济竞争性；戊糖、己糖共发酵生产乙醇技术实现突破，2015年后纤维素乙醇进入生产领域；耐贫瘠能源作物在盐碱地、沙荒地大面积种植，提高淀粉作物中淀粉含量、糖作物中的糖含量技术成功，高产、耐风沙、干旱的灌木与草类种植取得突破；配套车辆技术进入市场，使燃料乙醇在运输燃料起到重要的作用。

（3）远期（2020年以后）：燃料乙醇实现稳定规模化替代汽油，并探索利用更高热值产品（如丁醇等）；植物代谢技术取得突破，减少木质素含量，提高纤维素含量，使产业有充足的原料资源保障。

2. 生物柴油技术

我国生物柴油的发展目标是：到2020年，2030年和2050年分别实现500×10^4t，2000×10^4t和4000t主要技术路线为：

（1）2010年前主要以常规技术利用垃圾油、棉籽油生产生物柴油；开展先进酯化技术示范；开展冬闲地高产油菜技术示范，高产木本油料种植技术研究；加快开展费-托（FT）生物柴油、生物质液化制柴油技术基础研究。

（2）到2020年，高压醇解、酶催化、固体催化等生物柴油技术广泛应用于生产；木本油料逐渐成为主要的生物柴油原料，高产、耐风沙、干旱的灌木与草类规模化种植技术取得突破：FT柴油进入示范阶段，生物质液化制柴油技术取得突破。

（3）2020以后，在开发利用以动植物油脂为原料的传统生物柴油基础上，实现FT柴油的产业化规模化应用，并实现联产热电，开始提高替代化石柴油的比例；生物质直接液化技术进行示范；高产、耐风沙、干旱的灌木与草类大面积种植，保证生物柴油的原料供应。

3. 沼气和车用甲烷

2010年前进行大规模沼气生产、净化、压缩后作为车用交通燃料的示范，2020年实现工业化生产沼气，在城市公交、出租车系统广泛使用车用甲烷，努力实现甲烷原料多样化。

4. 生物基工业制品替代石油技术

2010年和2020年，以生物质为原料生产生物降解塑料产量分别达到100×10^4t/a，800×10^4t/a，生物质化工产品分别达到50×10^4t/a，720×10^4t/a。

7 发展可再生能源的保障措施

发展可再生能源是我国一个长期的战略任务，必须持之以恒，建立完整的政策和体制框架，对可再生能源发展予以长期、积极、稳健的支持。需要大幅度增加投入，加大对资源调查、技术研发、产业培育、市场开发等工作的支持力度，加强政策的扶持，应做到以下几点。

（1）科学发展，分类指导。在全面发展可再生能源的同时，做出分类指导：对技术成熟、市场发展条件好的技术，例如太阳能热水器技术、沼气技术等，尽快出台强制应用措施，全面推广；对接近商业化发展的，如风力发电技术、生物质成型燃料技术等，近中期要重点抓好产业化建设，为此后的大规模发展奠定基础；太阳能发电，要扶植发展，解决好上中下游的发展瓶颈，重点放在技术研发上面，以必要的市场规模，促进技术进步与发展；生物液体燃料在开放市场的同时，重点攻克纤维素生产液体燃料的技术和工艺路线。

（2）重视研发，夯实基础。加大支持力度，采取一些必要的措施加强基础研发工作。其一，开设可再生能源专业或技术课程，培养专业队伍；其二，加强公共研发平台建设，整合现有可再生能源研究队伍，组建国家和企业两级可再生能源研发中心；其三，成立中国可再生能源企业协会，发挥其行业组织、协调和自律的作用。

（3）循序渐进，持之以恒。要吸取国际先进经验，编制国家的可再生能源发展技术路线图，依据我国从世界制造业大国向创新大国发展的战略，在可再生能源领域实施技术和体制创新，发挥市场和装备制造业两个优势，设定目标，脚踏实地，循序渐进，持续发展。

（4）集中力量，整体部署。建立专门的可再生能源管理机构和研发机构，统一协调可再生能源发展中的政策和技术问题，对全国可再生能源的开发和利用实施统一管理，统筹规划、整体部署，利用有限的人力和物力，提高可再生能源开发的总体效率。

Research on the Strategic Status and Development Road Map of Renewable Energy in China

Abstract: China's economy is in a rapid development period, demand for energy will continue to grow, energy and environmental constraints on sustainable development will be more and more serious, therefore, developing clean energy technologies and accelerating the localization of clean resources development is an inevitable choice. Renewable energy is a kind of technology with small environmental costs clear developing prospects and less controversy. China has promulgated the *Renewable Energy Law*, passed legislation to establish a strong promotion of the development of renewable energy policy franework, and issued guidance of industrial development of *Renewable Energy and Long-term Development Planning* as well as a series of managenent policies, Strong development and use of renewable energy sources has been identified as the inveitable selection for China's energy development.

Key words: China renewable energy (RE) resource; development target; renewable energy development roadmap

（发表于《中国工程科学》，2009 年第 11 卷第 8 期，p. 4）

大力发展我国的太阳能科学、技术与产业[①]

1 在科学发展观的指导下，我国能源可持续发展的战略思路逐渐明朗

其中，大力发展可再生能源是一个正确的、必然的战略选择。对增加供给、优化结构、改善环境均具重大意义。“可再生能源法”的制定和实施，标志着我国可再生能源的发展进入了新的历史阶段。可再生能源中的很大部分都属于广义的太阳能，直接的太阳能利用也是一个潜力很大、前景光明的领域。

2 国际动向举例

发展太阳能已成为各国高度重视，大力推动的方向。

1998 年以来，世界光伏电池产量以 30%～40% 的增速发展，2004 年创增速 60% 的记录。

美国、欧洲、日本、澳大利亚等发达国家一直把发展光伏电池放在可再生能源的首位，在可再生能源的研究和开发的投资逐年增加。高纯度硅的生产也多集中在这几个国家的几个公司。在示范应用方面，美、欧、日等发达国家都发布了规模为吉瓦（GW）级的“百万光伏屋顶计划”。

截至 2004 年年底，全球光伏电池的生产总量超过 1000 万 kW。光伏技术与产业的腾飞，将逐步改变现有能源组成结构。美国计划到 2020 年光伏发电要占全美届时发电装机增量的 15% 左右，累计安装量达到 3600 万 kW。

以色列 90% 以上的热水来自太阳能。马来西亚也推出了“SURIA1000”计划，即千家万户屋顶计划。

可见，**大国和小国，发达国家和发展中国家都调试重视太阳能的发展。**

3 太阳能是洁净能源，且我国资源丰富

太阳光到达地球表面的功率强度约为 1000 瓦/米^2，我国 2/3 以上国土的年日照大于 2200 小时，年辐射能量强度大于 5900 兆焦/米^2。有很大的市场需求，有大量的工业硅出口，各种形式的利用太阳能的技术在迅速发展，所以**太阳能的利用不仅是需要的，也是可能的。**

---

① 国际太阳能论坛上的报告，2006 年 12 月 15 日。

4 太阳每天给我们的能量可以说是无成本的，“不用白不用”

但要利用现代技术手段规模化利用，就产生了效费比问题。所以**要技术、经济都可行，**采用经济上（价格上）有竞争力的生产技术手段，才能占领市场。这就要求科学技术上的创新和突破，以降低太阳能的利用成本。在初期，还需要政策的扶植。

下面提出几个问题，请大家讨论。

5 太阳能热利用

利用太阳能热水器等装置把太阳能转化为热能。

我国已在很好的基础，是世界上最大的光热利用国家，技术较成熟，2005 年太阳能热水器产量 1500 万米^2，使用量 8000 万米^2。总保有量占全世界的 70%。2008 年北京奥运村 90% 的洗浴热水将来自太阳能。

努力方向：①进一步改进太阳能热水器，创品牌；②发展太阳能采暖系统与设备；③推广大规模应用，特别是更多用于节能建筑，推广低能耗（甚至零能耗）建筑。

6 太阳能热发电

利用集热器将太阳辐射能转换成热能，并通过热 - 力循环过程获得电能。目前世界上的热发电系统有三类：槽式、碟式和塔式聚焦系统，国际上已有 1 万千瓦级的示范电站，尚未进入实际应用。我国“70 千瓦塔式太阳能热发电系统”在江宁建成并成功发电，但总体上光热发电在我国处于中试阶段。

需要解决的问题：①突破关键技术 - 研发核心部件 - 实验室试验 - 中试及成套设备生产，掌握中、高温太阳能发电技术和兆瓦以上大规模太阳能高温热发电系统；②降低成本（运行成本、土地成本）：靠技术进步、规模利用和政策扶植；③解决大规模电能储存或并网技术。

发展潜力十分可观！

7 太阳能光伏发电

基于半导体材料的光电效应，用太阳能光电器件（太阳能电池）转化为电能。世界和我国均发展迅速，2005 年我国太阳能电池产量达 150MW，深圳建成 1 兆瓦太阳能光电系统，年发电百万度，西部光电计划已建七座光电站，西藏建了光伏示范电站。2005 年全国光伏发电能力为 7 万 kW。

产业链：材料科学技术（①高纯度硅的制备→②经铸锭炉成硅锭→③硅材切割、抛光、成硅片→④镀膜、封装→⑤太阳能电池组件→⑥光伏电站）

目前国内已有几家有实力的光电企业，如无锡尚德等，光伏产业发展快，但总体上处于**初级阶段**，突出的问题是**两头在外：**

（1）科技水平制约，使产业链上游这一头在外（进口）；

（2）成本高制约，使产业链下游这一头在外（出口）。

努力方向：

（1）科技创新解决上游问题：

——掌握高纯度硅的制备技术，形成我国硅材工业；

——发展薄膜 S. C. 少用硅材（几百微米→几十微米→几微米）；

——研究新型非硅薄膜 S. C. 如 CIS 薄膜 S. C.，并派生多种体系，如 CIGS；

——用纳米材料（硒化铅晶体）取代半导体材料（$\eta_{光-电}$ 可提高一倍）；

——用复合材料、有机染料敏化电池……等。

几个图：① S. C. 工作原理图（图 1），② 硅 S. C. 结构（图 2），③ 薄膜 S. C. 见物理学与能源……报告（图 3），④ CIS 结构组成示意图（图 4）。

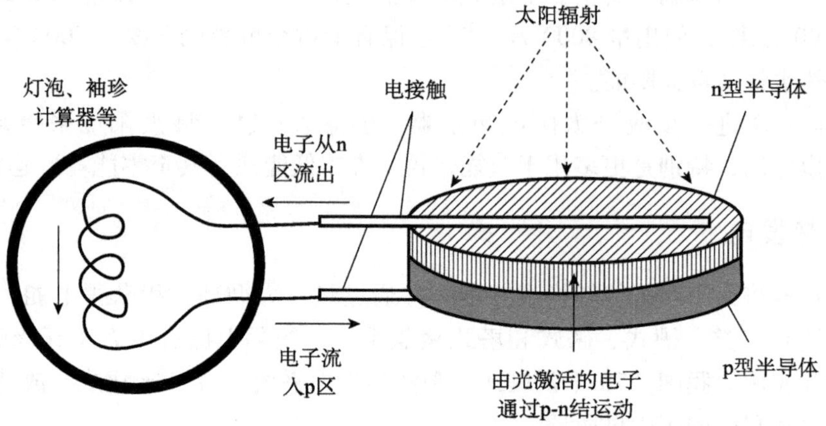

图 1　太阳能光电池的工作原理图

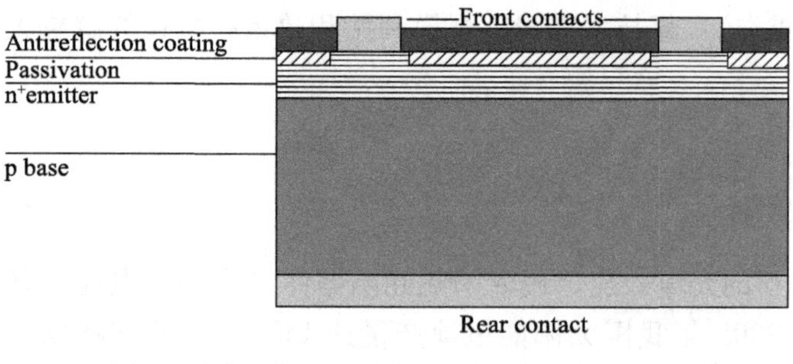

图 2　硅太阳能电池结构图（η = 16% ~ 24%）

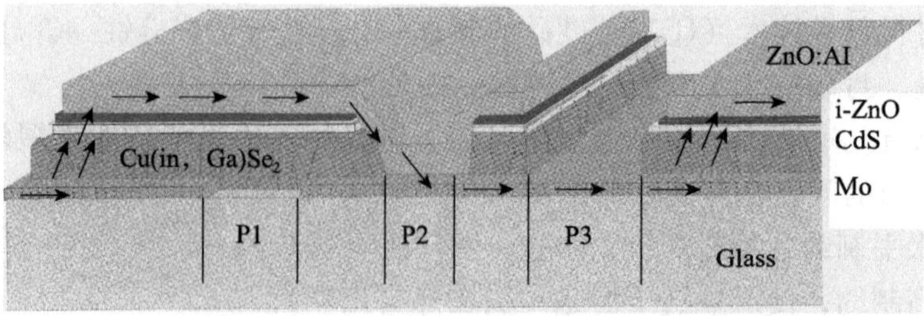

图 3

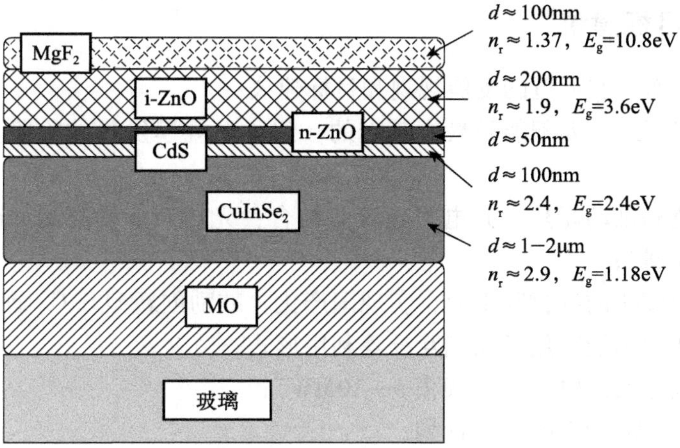

图 4　大面积和低成本的制备工艺是其产业化的关键

（2）研发高效率、低成本、创新型的 S. C.；

（3）研发兆瓦级光伏发电与并网技术与系统，形成完整的产业链，巨大的产业群；

（4）大力发展太阳能建筑一体化（BIPV）技术及西部边远地区不上网光电直接应用。光电成本将呈下降趋势（图 5），直至具有市场竞争力，前景乐观。

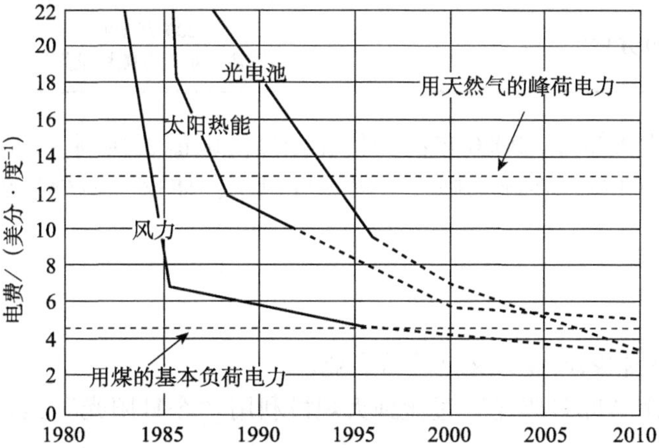

图 5　太阳能发电成本和化石燃料发电成本比较

8　发展太阳能

发展太阳能不仅是紧迫的现实需求，又是一个必将长期持续发展的大产业，因此需加强相应的基础和完善配套措施：

- 要加强相关的基础性研究（基础理论、基础材料、工艺技术）；
- 要落实相应的人才培养；
- 要加强学、研、产、官的结合，逐步推动企业成为主力军；
- 要制定相应的技术标准、技术规范，建立产品认证体系；
- 要出台相应的扶植政策。

9 发展规划和目标建议

提出一个积极而切实可行的发展规划和目标建议：

在可再生新能源中，太阳能是最有基础的，到了上规模发展的阶段。许多专家提出了积极的建议。

- 大规模示范和推动光热、光电与建筑业结合；光热产业提高品牌度；实施“十万—百万—千万屋顶计划”；
- 建立我国规模化的硅材料工业，实现国产化，鼓励创新型 S. C. 研发；
- 推进分布式太阳能利用及风光互补等利用形式；
- 大规模示范光伏发电工程（规模 5—10MW）；
- 实施“百万 kW 沙漠电站”计划；
- 发展太阳能半导体照明。

发展目标：

政府初步明确的发展目标是：

	2010 年	2020 年
光热	1.5 亿米^2	3 亿米^2
光电	30 万 kW	200 万 kW （替代 4 千万吨标准煤）

这一目标应能大大超过，2020 年的光伏和光热发电能否达到 ~1000 万 kW，即达届时全国发电装机容量的 1%。在此基础上，到本世纪中，使这一份额达到可观的 10%~20% 以上。

10 结束语

- 太阳能利用是朝阳产业，又是千秋大业。
- 从大规模利用“昨日阳光”过渡到大规模利用“今日阳光”是世界能源发展的必由之路。
- 中国有必要也有可能成为世界太阳能利用的大国和强国。
- 太阳不仅给人类带来了光明，也带来了能源。让我们努力工作，不愧对这个大自然的馈赠，为中国和全人类文明的永续发展做出贡献！

生物质能源是最具前景的可再生能源之一[①]

生物质能源是最具产业化、规模化前景的可再生性能源，将在我国能源结构中占举足轻重的作用。“中国工程院副院长杜祥琬院士日前表示，生物质产业是真正的朝阳产业，生物质能源是中国能源可持续发展的必然战略选择之一。”

杜祥琬说，虽然我国能源自给率达到了93%，但供需缺口日益严重，如何实现能源的可持续发展，专家提出，要大力节能，提高能源利用效率，控制能源利用总量；多元发展，改善我国能源结构，积极开发新能源；加强国内能源的勘探开发，适当利用国外资源做补充；大力推广煤炭洁净化利用技术，减少对环境的危害。

“可以预见，小水电、太阳能、风能、生物质能源等可再生性能源将呈现迅速发展的势头，到2010年将占到我国能源利用总量的5%到8%，到2020争取能达到10%到15%。”杜祥琬预测，在这些可再生性能源中，生物质能源是最有产业化、规模化前景的可再生性能源，将在我国的能源结构中占举足轻重的作用。

生物质能源能是在不破坏环境的前提下，利用工业化处理技术，把农业生产中产生的秸秆等、工业生产中产生的废弃物、各种城市生活垃圾等，经过工业化处理，转化成气态、固态和液态的能源。

杜祥琬认为，我国生物质能源的蕴藏总量很大，每年可用总量折合约5亿吨标准煤，作为一个农业大国，农业生物质原料丰富，仅农业生产中每年产出的秸秆，就能折合1.5亿吨标准煤，生物质产业大有可为；目前，我国生物乙醇的年产量达到了100万吨，已在全国5个省区大规模使用，是有希望的液态燃料和石油替代燃料。

对如何在有条件发展生物质产业的省区发展生物质产业，杜祥琬提出，要重视生物质产业的标准化研究，建立生物质原料生产、加工工艺、产品管理、市场营销整个产业链的标准体系；对规范化的生物质企业实行一定时期的免税或零税率优惠政策；要加强省区之间以及与其他国家之间从原料到市场的合作；上项目前要做好科学论证，规避风险。

---

① 应用能源技术，2006年3月。

生物质产业大有可为①

摘　要：本文首先概括了我国能源可持续发展的四条战略思路，指出洁净能源的重要地位；分析讨论了可再生能源在我国能源结构中的发展趋势和战略地位；讨论了生物质产业的概念、内涵、发展现状和方向，指出发展生物质能是我们能源发展的必然战略选择之一；并结合广西的区域特点及其生物质产业的发展情况，指出广西发展该产业是正确的战略决策，就此提出了几点建议；希望通过院、地合作，能进一步加快生物质产业在广西乃至全国的发展。

1　我国能源发展的战略思路

在科学发展观的指导下，我国能源发展的战略思路逐渐清晰，其要点可概括为：

（1）大力节能，提高能源利用效率，控制总量；

（2）多元发展，改善能源结构，积极开发新能源；

（3）加强国内资源勘探，适当利用国外资源作补充；

（4）大力推进煤炭等能源大户的洁净化技术。

不难看出，在这些要点中，洁净能源的发展占有重要的地位。而在洁净新能源中，可再生能源是一个重要的发展方向。

1993 年，世界上有人担忧地问："谁来养活中国?"现在中国人已经用实践做出回答："中国人可以养活自己!"1998 年，又有美国人问道："谁来解决中国的能源短缺?"我想答案也是清楚的：我们固然要充分利用境外能源资源，但，作为一个能源大国，中国的能源问题归根到底要靠中国自己来解决。

2　可再生能源的战略地位

可再生能源包括生物质能、水能、风能、太阳能等。可再生能源的利用自古有之，但起初多为原始的直接利用，通过现代技术利用的可再生能源，至今在我国能源结构中占的比例还很小（见表 1）。

表 1　2004 年中国可再生能源开发量[1]

项目名称	开发量	发电量	折合标准煤	简要说明
小水电	34.7 GW	97.8 TWh	34.2 Mtce	按例大中型水电不在此列
风力发电	800 MW	2.22 TWh	0.53 Mtce	包括非并网小型风力发电

① 生物质产业论坛上的报告，2006 年 2 月南宁。

续表

项目名称	开发量	发电量	折合标准煤	简要说明
生物质直接利用	609 Mt		300.00 Mtce	农村用秸秆薪柴无精确统计
沼气	57.7 亿 m^3		4.45 Mtce	包括农村户用沼气和工业沼气
生物质发电	1.2 GW	3.2 TWh	1.10 Mtce	主要为生物质气化炉
生物质制酒精	300 万 t		2.74 Mtce	已开始部分用于汽车燃料
太阳热水器	6200 万 m^2		7.45 Mtce	主要为太阳热水器和太阳房
太阳房	2000 万 m^2		0.40 Mtce	主要为太阳能节能建筑
太阳灶	50 万台		0.30 Mtce	主要在西北地区
太阳能光电利用	65 MW	120 GWh	0.042 Mtce	国内累计安装太阳电池
太阳电池年产量	50 MW			主要出口国外 38MW
海洋能利用	12 MW	110 GWh	0.039 Mtce	主要为潮汐发电
地热能直接利用	3056 MW		35 Mtce	包括地热采暖、种值、养殖等
地热发电	31.7 MW	160 GWh	0.056 Mtce	仅西藏羊八井电站正常运行
地源热泵	640 MW		0.510 Mtce	大部分属于地热利用
总 计			386.817Mtce	

我国可再生能源在世界上所占的比重也比较小（见表2）。

表2 2004年世界可再生能源发展概况[1]

项目名称	数量	单位	中国所占数量
1. 生物质能	约3500	Mtce	约308Mtce 其中绝大部分是直接利用
2. 乙醇燃料（年产量）	32655	百万升	中国约生产300万吨
3. 风力发电	47617	MW	800MW
4. 地热发电	8932	MW	31.7MW
5. 地热直接利用	28268	MW	3056MW
6. 潮汐发电	271	MW	12MW
7. 太阳电池（累计安装）	4331	MW	65MW
8. 太阳电池（年产量）	1200	MW	50MW（其中出口38MW）
9. 太阳热水器（累计安装）	110	Mm^2	68Mm^2产量和累计安装量均居世界之首

从上表可以看出，我国新能源和可再生能源的年开发总量已达3.87亿吨标准煤，这与我国能源总耗约20亿吨标准煤比较，应该说不是一个小数字。但是，其中生物质的直接利用却占3亿吨标准煤，这是不列入商品能源统计的。另外0.87亿吨标准煤的新能源，则是通过现代新技术来开发的可再生能源，目前的这个比重还是太小了。

但可再生能源是世界能源中增长最快的新领域，近年来，年增速达25%，可再生能源是中国重要的能源资源，目前它在中国能源消费结构中所占比例很小。加快可再生能源发展，可改善能源结构，增加能源供应，减少环境污染。为此，中国人大已在2005年上半年出台了“可再生能源法”，今年1月起执行，同时政府已出台一系列政策，扶植可再生能源的发展。重点是小水电、太阳能、风能和生物质能等，争取到2010年，使可再生能源在能源结构中占到5%~8%，到2020年达到10%~15%。

可以预见，可再生能源在我国将呈现迅速发展的势头，在我国的能源结构中，将占有举足轻重的地位。

可以说，人类的能源发展轨迹，从原始的可再生能源起步，经过化石能源高峰发展，又逐步进入了新的可再生能源发展时期。

3 生物质能产业大有可为

在可再生能源中，生物质能的发展是一个重要方向，前景广阔。

生物质主要有农林产品、生产及加工的废弃物、工业废水、城市生活垃圾及种植能源作物等。开发生物质能是在不破坏环境的前提下，利用各种生物质，采取工业化利用技术使之转化为工业能源。包括开发和生产各种气体、液体和固体能源，以及电力和热能，目前主要包括沼气、生物乙醇、生物柴油和生活垃圾发电。

中国生物质能资源量很大。据初步估算，每年可利用的生物质能源总量为5亿吨标准煤。中国是农业大国，农业废弃物资源量巨大，其中秸秆年产量超过6亿吨，可作为能源的有3.5亿吨，折合1.5亿吨标准煤。但利用中国农村分散的秸秆，也存在效费比的问题。

中国目前农村和工业利用生物废弃物和废水产生沼气，每年产量达45亿立方米。生物质发电的装机容量已经达到190万千瓦，其中170万千瓦为利用甘蔗渣的热电联产，15万千瓦是利用垃圾发电，5万千瓦是利用稻壳发电。近年来，中国生物乙醇和生物柴油等产业不断发展，生物乙醇生产已超过100万吨，并已在全国5个省大规模使用。是有希望的液体燃料和石油替代燃料。生物质还可固化成型作高效燃料。

预计到2010年，我国生物质发电装机容量可达500万千瓦，至2020年可达2000万千瓦；生物质成型燃料供热：2020年达5000万吨/年；生物质制气（生物用能）、燃气：2020年可供7000万户用（达120亿立方米）；生物质液体燃料：燃料乙醇和生物柴油（甜高粱、甘蔗、木薯等可用于生产乙醇；麻风树、黄连木、油菜等可用于生产生物柴油）：2020年替代1000万吨成品油。

美国：2020年生物质能替代商品燃油的10%；生物质能替代油气作原料的化学品25%。巴西：五年内让它80%的交通工具使用从甘蔗中提取的乙醇作动力。瑞典：2003年可再生能源已占总能源的26%，提出“从心理上和技术上为一个无石油世界做好准备。”

生物质产业是真正的朝阳产业。生物质能是中国能源可持续发展的必然战略选择之一。

4 广西发展生物质产业是正确的战略选择

我理解，广西发展生物质产业的基本思想是：抓住西部大开发的机遇，因地制宜，综合利用，把发展生物质能源与发展循环经济结合起来，使能源与环境双赢；以市场为导向，以企业为主体，以资源优势为切入点，以科技为支撑，产学研结合，着力自主研发，发挥政府宏观调控与引导作用，促进生物质产业的规模化，并促进生态建设和带动农民奔小康。这体现了中央提出的科学发展观，走新型工业化道路，建设社会主义新农村，建设节约型和环境友好型社会等重要思想。

广西是我国最适宜种植木薯和甘蔗的省区之一，能源作物丰富，生物质能源产业已打下一定基础，木薯酒精、乙醇和沼气的发展已形成一批企业，有良好的学、研支撑。特别是有自治区政府的高度重视，制造了良好的发展环境。我相信，生物质产业一定会成为广西的一个支柱产业，成为广西新的经济增长点，为广西乃至国家的发展做出巨大的贡献。

这里补充几点建议：①重视生物质产业的标准化研究，建立生物质能原料生产—加工工艺—产品管理—市场营销整个产业链的标准体系，建立“原料规范化—生产规模化—运作标准化—利用综合化—营销高效化”的产业体系。以提高市场的竞争力。②对规范化的生物质能企业实行一定时期的免税或零税率政策等优惠扶植政策。③同邻近省和东西亚邻国发展合作（从原料到市场）。

中国工程院将根据我们签订的生物质产业合作协议，大力支持广西发展生物质产业，发挥有关院士和他们的研究团队的作用，提供技术支撑和咨询，并协助自治区开展必要的国际交流与合作，争取国家给以更多的政策和其他支持。

生物质产业在广西和中国的发展是一番意义深远的大事业，是自主创新的肥沃土壤，是科技工作者、企业和政府可以大有作为的用武之地。让我们为这个大事业的发展共同努力奋斗！

参考文献

［1］胡成春．回顾历史持续发展，在可再生能源论坛上的报告．
［2］陈放．加快我国生物质可再生能源产业发展的建议．决策咨询通讯，2006，第1期．
［3］杜祥琬．物理学与中国能源可持续发展．中国工程科学，2006，第2期．

新能源　离我们还有多远

编者按：能源保障是中国全面建设小康社会重要的战略问题。随着我国经济的不断发展，能源也越来越受到人们的重视。为了使广大读者能够系统地了解新能源方面的知识，我们约请中国工程院院士杜祥琬对几种主要的新能源在我国的发展前景进行分析。

新能源和可再生能源的概念和含义是1981年联合国在肯尼亚首都内罗毕召开的新能源和可再生能源会议上确定的。新能源是相对于常规能源来说的，一般是指在新技术基础上加以开发利用的能源，它不同于常规化石能源，可以持续发展，对环境无多大损害，有利于生态良性循环。

新能源包括太阳能、风能、生物质能、地热、海洋能等可再生能源，以及氢能、裂变核能和受控热核聚变能等。

专家预测，19世纪是煤炭能源时代；20世纪是煤、石油、天然气时代；进入21世纪将是煤炭、石油天然气和新能源及再生能源三分天下的时代。

据记载，人类利用太阳能已有3000多年的历史。将太阳能作为一种能源和动力加以利用，只有300多年的历史。真正将太阳能作为“近期急需的补充能源”，“未来能源结构的基础”，则是近来的事。20世纪70年代以来，太阳能科技突飞猛进，太阳能利用日新月异。

1　太阳能——环保优势明显

中国的太阳能利用还处于初级阶段。

当电力、煤炭、石油等不可再生能源频频告急、能源问题日益成为制约国际社会经济发展的瓶颈时，越来越多的国家开始实行“阳光计划”，开发太阳能资源、寻求经济发展的“新动力”。我国受地理位置的影响，蕴藏着丰富的太阳能资源，然而颇受“阳光”厚爱的中国，太阳能资源开发尚且滞后，如何把阳光留住、催生“阳光经济”、是我国科学发展面临的一个严峻课题。

[杜祥琬]：太阳能在解决能源供应和环境保护上有明显优势。中国三分之二以上国土的年日照大于2200小时，年辐射总量平均大于5900百万焦尔/平方米，资源非常丰富，有必要和可能大力发展。太阳能的利用有两大方面。

——太阳能光热利用—用太阳能热水器等装置把太阳能转化为热能。中国是世界上最大的太阳能光热利用国家，2003年太阳能热水器产量1200万平方米，使用量5200万平方米，占全世界的40%。北京2008年奥运村90%的洗浴热水将来自太阳能。

——太阳能光电转换—基于半导体材料的光电效应，用太阳能光电器件把太阳能转化为电能。2003年底，全国已安装的光伏电池容量约50MW（百万瓦）。目前，我们光电池产业生产能力已超过100百万瓦。广东深圳最近建成亚洲最大的1MW太阳光电系统，年发电量100万度，2008年奥运村80%的路灯将采用太阳能供电。中国正在西部实施大规模的光电计划，为边远地区的居民提供电力，已建立7座光电站。

总体上中国的太阳能利用、特别是太阳能光电利用，还处于初级阶段，高成本是制约光伏发电大规模应用的主要因素（高纯度硅的制备），上网电价约为常规发电的10倍，缺乏市场竞争力，需要政策支持和技术进步推动。预计到2010年有望下降至每度0.8元，接近常规发电的2倍，竞争力将显著提高。另外，太阳能的能量密度低，集能面积大，需要在科学技术上取得重大突破，大幅提高光电转换效率，降低成本。由于硅的光电转换效率不够高（目前达24%），人们正在研究基于半导体材料、聚合物及有机燃料的太阳能电池和串列结构的太阳能电池等，这些领域有待突破。

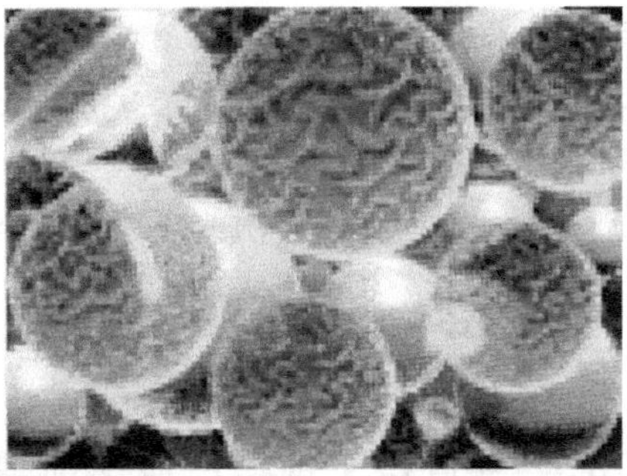

世界上海拔最高、国内装机容量最大的太阳能发电工程——西藏安多光伏电站一年来运行良好。安多光伏电站于1999年3月建成，装机容量达100千瓦。该电站自运行以来，累计发电达131280千瓦小时，日平均发电量达240千瓦小时，充放电基本达到要求。

新华社记者　格桑达瓦　摄

新闻链接

青藏高原成为全国太阳能利用率最高地区

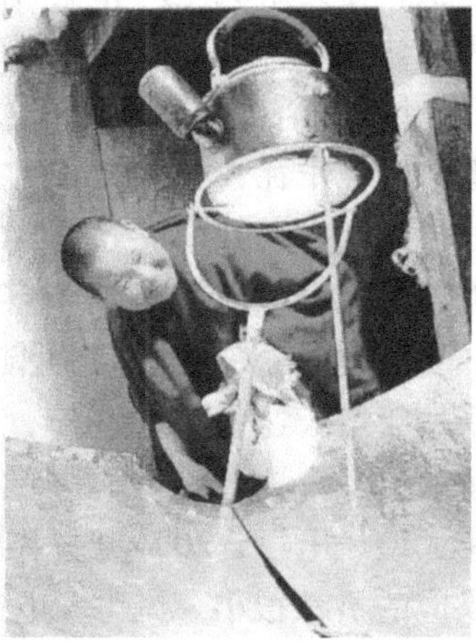

有着“世界屋脊”之称的青藏高原，地广人稀，在许多农牧区，电网无法延伸、水利资源紧缺，过去牧民们大多靠“酥油灯”照明。近年来，他们利用高原上日照时间长，辐射强度大，太阳能资源丰富的优势，开发太阳能资源，在偏远地区建成多个太阳能光伏电站和风光互补电站，成为我国开发太阳能资源的排头兵。目前，青藏高原已成为全国太阳能利用率最高、利用面最大、用途最广的地区。

目前，西藏广大农牧区近50万人利用光伏发电圆了几代人梦寐以求的电灯梦、电视梦。青海农牧区的112个无电乡全部建成太阳能光伏电站，解决了908个无电村农牧民的生活用电，覆盖农牧民人口50多万。青海全省人口550万，如今七分之一的人口靠太阳能告别无电时代，30万农牧民用上了太阳能灶。

知识链接

关于太阳能

太阳能是太阳内部连续不断的核聚变反应过程产生的能量。太阳能是各种可再生能源中最重要的基本能源，生物质能、风能、太阳能、海洋能、水能等都来自太阳能，广义地说，太阳能包含以上各种可再生能源。即使是地球上的化石燃料（如煤、石油、天然气等）从根本上说也是远古以来贮存下来的太阳能，所以广义的太阳能所包括的范围非常大，人类依赖太阳的能量维持生存，狭义的太阳能则限于太阳辐射能的光热、光电和光化学的直接转换。太阳能作为可再生能源的一种，则是指太阳能的直接转化和利用。通过转换装置把太阳辐射能转换成热能利用的属于太阳能热利用技术，再利用热能进行发电的称为太阳能热发电，也属于这一技术领域；通过转换装置把太阳辐射能转换成电能利用的属于太阳能光发电技术，光电转换装置通常是利用半导体器件的光伏效应原理进行光电转换的，因此又称太阳能光伏技术。

太阳能既是一次能源，又是可再生能源。它资源丰富，既可免费使用，又无需运输，对环境无任何污染。但太阳能也有两个主要缺点：一是能流密度低；二是其强度受各种因素（季节、地点、气候等）的影响不能维持常量。这两大缺点大大限制了太阳能的有效利用。

2 风能——具备大规模产业化前景

人类利用风能的历史可以追溯到公元前，但数千年来，风能技术发展缓慢，没有引起人们足够的重视。但自 1973 年世界石油危机以来，在常规能源告急和全球生态环境恶化的双重压力下，风能作为新能源的一部分才重新有了长足的发展。

推进大型风电设备的国产化是重点。

风能作为一种无污染和可再生的新能源有着巨大的发展潜力，特别是对沿海岛屿，交通不便的边远山区，地广人稀的草原牧场，以及远离电网和近期内电网还难以达到的农村、边疆，作为解决生产和生活能源的一种可靠途径，有着十分重要的意义，即使在发达国家，风能作为一种高效清洁的新能源也日益受到重视。

[**杜祥琬**]：中国可开发利用的地表风电资源约为 10 亿千瓦，其中陆地 2.5 亿千瓦，海上 7.5 亿千瓦，如果扩展到 50 ~ 60 米以上高空，风力资源将有望扩展到 20 亿 ~ 25 亿千瓦。如果能开发出其中三分之二的份额，将能提供约 15 亿千瓦的电力，再加上约 5 亿千瓦的水电，将能大幅度补充 2050 年所需电力的缺额。

近 20 年来，世界上风能发电发展迅速，2002 年全球风电装机容量达到 3200 万千瓦，平均年增长速度超过 30%，近十年成本下降一倍。至 2020 年，风力发电可提供世界电力需求的 12%，并减少一百多亿吨二氧化碳排放。中国风力发电十几年来迅速发展，建成了 43 座大型风电场，2004 年并网风电装机容量达到 57 万千瓦，但总体规模仍不大，对国家能源供应的贡献很小。风力发电是目前中国最具有大规模产业化前景的可再生能源，2020 年装机容量有望超过 2000 万千瓦。目前，国家正在推进大型风电设备的国产化，以大幅降低风电成本，提升产业竞争力。

生物质是世界第四大能源，作为能源，在人类历史上曾起过巨大的作用。人类自从发现火开始，就以生物质的形势利用太阳能来做饭和取暖。即使是今天，世界上薪柴的主要用途依然是在发展中国家供农村地区的炊事和取暖。生物质能（植物质）占世界能源消费量的15%和发展中国家能源消费量的38%。

3　生物质能——每年相当5亿吨标准煤

利用生物质能对中国农村更具特殊意义。

中国80%人口生活在农村，秸秆和薪柴等生物质能是农村的主要生活燃料。因此发展生物质能技术，为农村地区提供生活和生产用能，是帮助这些地区脱贫致富、实现小康目标的一项重要任务，开发利用生物质能对中国农村更具特殊意义。

[杜祥琬]：生物质能主要有农林产品和生产及加工废弃物、工业废水、城市生活垃圾等。开发生物质能是在不破坏环境生态的前提下，利用各种生物质、采用先进技术开发和生产的各种气体、液体和固体能源，以及电力和热能，目前主要包括沼气、生物乙醇、生物柴油和生物垃圾发电。

中国生物质能资源量很大。据初步估算，每年可利用的生物质能源总量为5亿吨标准煤。中国是农业大国，农业废弃物资源量巨大，其中秸秆年产量超过6亿吨，可作为能源的有3.5亿吨，折合1.5亿吨标准煤。但利用中国农村分散的秸秆，也存在效费比的问题。

目前中国农村和工业利用生物废弃物和废水生产沼气，每年产量达45亿立方米。生物质发电的装机容量已经达到190万千瓦，其中170万千瓦为利用甘蔗渣的热电联产，15万千瓦是利用垃圾发电，5万千瓦是利用稻壳发电。近年来，中国生物乙醇和生物柴油等产业不断发展，生物乙醇生产已超过100万吨，并已在全国5个省大规模使用。

知识链接

生物质能简介

生物质能是太阳能以化学能形式贮存在生物中的一种能量形式，一种以生物质为载体的能量，它直接或间接地来源于植物的光合作用。在各种可再生能源中，生物质是独特的，具有资源丰富、含碳量低的特点，它是贮存的太阳能，更是一种唯一可再生的碳源，可转化成常规的固态、液态和气态燃料。生物质是仅次于煤炭、石油、天然气的第四大能源，一直是人类赖以生存的重要能源之一。

世界上生物质资源数量庞大、形式繁多、大致可以分为两类——传统的和现代的。传统生物能主要限于发展中国家，广义来说它包括所有小规模使用的生物能，第三世界农村烧饭用的薪柴便是其中的典型例子。

传统生物质包括：①家庭使用的薪柴和木炭；②稻草，也包括稻壳；③其他的植物性废弃物；④动物的粪便。

现代生物能是指那些可以大规模用于代替常规能源亦即矿物类固体、液体和气体燃料的各种生物能。巴西、瑞典、美国的生物能计划便是这类生物能的例子。

现代生物质包括：①木质废弃物（工业性的）；②甘蔗渣（工业性的）；③城市废物；④生物燃料（包括沼气和能源型作物）。

4 氢能——规模化商用路途遥远

随着化石燃料耗量的日益增加，其储量日益减少，终有一天这些资源将要枯竭，这就迫切需要寻找一种不依赖化石燃料的、储量丰富的新的含能体能源。氢能正是一种在常规能源危机的出现后人们期待的新的二次能源。但实际上，就像人类现在还无法攻克癌症一样，氢燃料汽车不会很快步入我们的生活。

中国氢能系统技术与发达国家有一定差距。

氢能是理想的清洁能源之一，已广泛引起人们的重视。氢不仅是一种清洁能源，而且也是一种优良的能源载体，具有可储存、可输送的特性，如在一定条件下将电能转化为氢能，输氢较输电有一定的优越性。目前很多人认为，氢能源可以使人类从依赖矿物质燃料的窘境中彻底解放出来，并将有效抑制空气污染，氢能在21世纪有可能在世界能源舞台上成为一种举足轻重的二次能源。

氢能的开发利用首先必须解决氢源问题，大量廉价氢的生产是实现氢能利用的根本。氢足一种高密度能源，一般说来，生产氢要消耗大量的能量。因此，必须寻找一种低能耗、高效率制氢方法。安全、高效、高密度、低成本的储氢技术，是将氢能利用推向实用化、规模化的关键。

[**杜祥琬**]：氢能来源和利用包括制氢、储氢、氢燃料电池等，其中制氢可通过化石燃料、生物、可再生能源发电、核能电解水等渠道；储氢则包括纳米材料储氢、金属储氢、高效液化储氢、压缩储氢等。氢燃料电池则是用氢与天然气混合燃料，通过燃料电池制成发电装置。

氢能规模化的商用路途遥远，因为问题在于氢能是二次能源，制氢消耗的能量大于氢燃料电池获得的能量。制氢过程还会产生污染，氢还要压缩、运输才能被利用，过程也要耗能。核能制氢代价高。靠可再生能源制氢有局限性，如采用风能制氢，输发电机组占面积，上规模的太阳能电池板也占面积。汽车使用燃料电池的要求苛刻，重量体积受限。使用氢燃料，则氢燃料箱巨大，若液化氢，要保持零下253摄氏度的低温，氢还有控制和防泄漏事故影响环境的问题。

氢弹爆炸

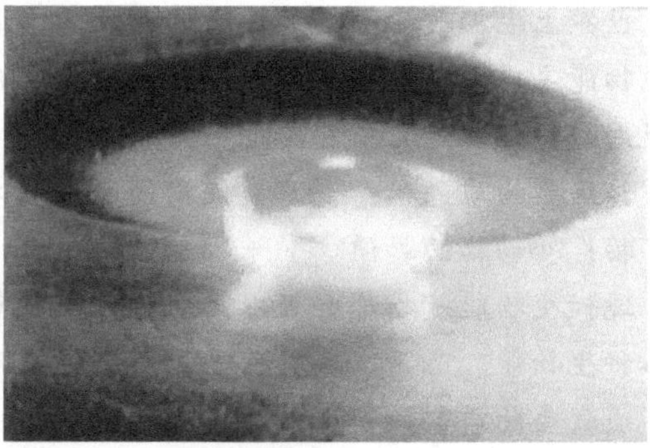
氢弹爆炸形成的凝云

背景链接

中国氢能的发展概况

中国对氢能的研究与发展可以追溯到60年代初，中国科学家为发展本国的航天事业，对作为火箭燃料的液氢的生产，H_2/O_2，燃料电池的研制与开发进行了大量而有效的工作。将氢作为能源载体和新的能源系统进行开发，则是70年代的事。

我国氢能领域的专家和科学工作者在制氢、储氢和氢能利用等方面，取得了不少的进展和成绩，但氢能系统技术的总体水平，尚与发达国家有一定差距。

近年来，我国已初步形成一支由高等院校、中国科学院及石油化工等部门为主的从事氢能研究、开发和利用的专业队伍，拥有一批氢能领域的知识产权，其中有些研究工作已达到国际先进水平。

氢能的困惑

氢是宇宙中最常见的元素之一，光是太阳每秒钟就燃烧6亿吨的氢，但可惜的是，人类生活的地球并不存在大量的氢资源供人类直接利用，大量的氢原子都是与其他元素捆绑在一起以分子形式存在，如水就是由氢和氧两种元素构成的，氢的存在方式和石油完全不一样。由于这种特殊的存在方式，我们要想利用氢原子作为能源，首先必须将氢分离出来之后才能制造出各种氢燃料电池，由于氢分离的过程首先要消耗能量，按照能量守恒定律，我们从这些氢燃料电池获得的能量将永远不会超过氢分离过程中所消耗的能量。

世界现代燃料电池之父杰弗里将这种过程表述为：氢实际上只是一种流通手段，而不是一个首要的能量来源，它只是获得能量的一个途径，这个途径将创造能量的部门和使用能量的部门联系起来。

人类已经实现了氘氚核聚变——氢弹爆炸，但那种不可控制的瞬间能量释放只会给人类带来灾难。人类需要的是在未来模拟太阳，实现受控核聚变，利用热核聚变为人类提供无限的清洁能源，以解决能源危机。

5 可控热核聚变能——解决能源问题的最终途径

中国可控热核聚变实验居世界前列。

核能是能源家族的新成员，它包括裂变能和聚变能两种主要形式。裂变能是重金属元素的质子通过裂变而释放的巨大能量，目前已经实现商用化。因为裂变需要的铀等重金属元素在地球上含量稀少，而且常规裂变反应堆会产生长寿命放射性较强的核废料，这些因素限制了裂变能的发展。

热核聚变是出现最早的一种产生能量的方式，并且能量惊人。遍布天空的恒星就是热核聚变的表现形式，而第一批恒星出现已经超过150亿年。人类研究热核聚变的和平利用的事件要晚于氢弹，之所以关注是来自于它产生的极大的能量以及取之不尽的前景，并且不产生任何污染废弃物。核聚变所使用氘和氚做原料，海水中氘的含量为十万分之三，1升海水中含有0.03克氘，聚变时可释放出300升汽油燃烧的能量。海水中氘的聚变能量足以保证人类使用上百亿年，而更为可贵的是核聚变反应中几乎不存在放射性污染，无需担忧失控，不会发生爆炸，是一种真正无限、清洁、成本低廉和安全可靠的新能源。因此如果能在地球上实现对核聚变的控制，让核聚变能源持续有效的为我们所使用，就相当于人类有了第二个太阳一般，于是科学家形象地将这种能持续稳定输出聚变能的装置比喻为“人造太阳”。世界各国的尖端核试验室一直在为此努力。

[**杜祥琬**]：可控热核聚变能是解决能源长远问题的最终途径。目前来看，还是磁约束聚变较为现实，问题在于磁约束聚变尚需走过试验堆、演示堆阶段，然后才是商用堆。对能源作出实际贡献大约是50年以后的事。虽然如此，对它的前期研究仍应予以足够的重视。国际热核聚变实验堆计划ITER已确定实验堆建在法国，我国在加强国内研究的基础上已开始参与这项国际合作。

随着中国经济的发展，能源供需矛盾突出，环境压力巨大。必须通过节能、洁净化、多元化、加强勘探、国际合作等多种途径解决。其中，大力发展各类新型能源是一个重要方面，但每种新能源都有多种利弊因素，需要深入分析并进行示范研究，慎重决策。

知识链接

浅说可控热核聚变

核聚变是两个较轻的原子核聚合为一个较重的原子核，并释放出能量的过程。自然界中最容易实现的聚变反应是氢的同位素——氘与氚的聚变，这种反应在太阳上已经持续了150亿年。氘在地球的海水中藏量丰富，多达40万亿吨，如果全部用于聚变反应，释放出的能量足够人类使用几百亿年，而且反应产物是无放射性污染的氦。另外，由于核聚变需要极高温度，一旦某一环节出现问题，燃料温度下降，聚变反应就会自动中止。也就是说，聚变堆是次临界堆，绝对不会发生类似前苏联切尔诺贝利核（裂变）电站的事故，它是安全的。因此，聚变能是一种无限的、清洁的、安全的新能源。

我国能源发展的基本对策

- 调整和优化能源结构，建立可持续能源保障体系；
- 发展洁净煤技术，减少能源利用对环境的影响；
- 优先发展水电，提高水电在能源消费结构中的比例；
- 大力促进新能源和可再生能源的发展；
- 给核能发电应有的地位，达到能源消费总量的十分之一；
- 坚持节能和提高能源利用效率；
- 多元化利用国际油气资源，规避能源风险；
- 建立以石油储备为主的能源战略储备体系，保障能源安全。

（主要图片和参考资料来源：www. newenergy. org. cn www. kepu. com. cn）

（发表于《中国三峡建设》，2005年5月，p. 18）

发展核电，不能因噎废食

——专访国家能源委员会专家咨询委员会副主任杜祥琬

《中国电力报》：您是核技术专家，核电这块想请您重点谈谈。您刚才谈到这三个尽量弄，可再生能源大家都没什么大的意见，天然气只要有的话也没有太大的意见，就是这核电还是有争议。

杜祥琬：这是要费口舌的问题。这一次习总书记在安全峰会上阐述中国核安全观，第一句话就是“发展和安全并重”。我看就得充分贯彻总书记这句话，让大家理性对待核能。我们要在安全前提下发展，不能说为了安全就不发展了。

那么到底能不能安全？福岛事故后，对于福岛事件各核电国家都做了认真、具体、深入的分析，像这类事故的序列，我叫它事故的序列，因为它不是简单的核事故。地震、接着海啸，然后把电源冲毁，然后才出现核泄漏。其实在地震发生的时候，它的反应堆做到了正常停堆，只要下面有水供应的话不会出事。水供应需要电，但是它的电源又被海啸冲毁了。专家们分析的一个结论是，中国沿海的海床，不可能有那样大的地震和海啸，像福岛核事故的序列在中国包括美国不可能发生。

《中国电力报》：那会不会有别的意想不到的事故呢？

杜祥琬：那就想吧。大自然的就是地震、海啸、洪水、干旱、山火，还有人为的恐怖事件，是吧……

《中国电力报》：人为的就是另外一回事了。

杜祥琬：所以我们应该充分地考虑到这些非正常的一些事故，一定要做到确保安全。包括我刚才说不会有这么大的海啸在中国的沿海发生，尽管如此，沿海核电站的防波堤都提高了，就在这一两年里，制定了新的安全标准。

《中国电力报》：张国宝同志说电源也提高了位置。

杜祥琬：对！经过安全大检查，提高了安全标准，制定了一系列政策。我们是可以把核电做到安全的。我们有二三十年的核电运行经验，这十几个堆都运行得比较好，也没出过什么事。像法国百分之七八十的电都是核能，它也做得挺好。已经发生的几件事可以说是很好的课本，都可以学习很多东西，吸取经验教训，就可以把这个核电的安全技术做得更好，而且把核电的安全管理完善。日本福岛事故主要是没管好，是东电公司的体制有问题，政府也有问题，后期管理特别差，所以这个影响对我们中国非常负面，老百姓不断地听到脏水往海里跑，这影响是非常负面的，其实完全可以避免。

《中国电力报》：就是说这种事故在中国不是概率的问题，而是根本不可能发生。

杜祥琬：核电安全不是绝对的，但福岛这样的事故序列，在中国不可能发生。至于一般的反应堆，没有哪个说是绝对安全的，所以小概率事件我们也要防止。那么有人可能会问：小概率怎么办？发生了事情我们怎么承受？现在就是要做到这一点：即使发生了小概率事件，后果可控，就这四个字。后果一定要可控，这点通过工程措施是可以做到的。包括可能你没有水了，会不会有这种情况？或者洪水来了要怎么办？这些都要考虑到。

《中国电力报》：我觉得您说的非常有道理。就像您刚才说的，天灾，包括地震、洪水这些东西，甚至核辐射，其实并不是无限制的。安全是可以做到足够保障的。特别是在雾霾对我们的伤害这么严重的时候，就更要系统考虑。

杜祥琬：现在就是你也注意到这个分歧了，有人说发展核电是饮鸩止渴，但是反过来说也不要因噎废食。

《中国电力报》：然后还有一个大家说得比较多的可能是铀资源的问题。

杜祥琬：铀资源的问题我们工程院的专家们都论证过。一个是我们自己有一定的资源，另外国际上铀资源可以进行正常的买卖，有一个成熟的市场。当然，我们对外依存度也不能太高。核电现在是核裂变，将来还是要做核聚变。

《中国电力报》：说到这，我感觉核聚变甚至是超过新能源的革命性技术。您是专家，这个核聚变的前景怎么样？

杜祥琬：核聚变前景用一句话说：没有原理性的障碍，只有技术上的困难。核聚变就是要可控。不可控的核聚变就是氢弹。现在国际上不是在做那个 ITER 么，建在法国，七方一起做，中国也是七家之一。现在是实验堆阶段，成功以后是演示堆阶段，然后才是商用堆阶段。我说可能还得四五十年吧，他们业内的人说不用那么长。我就说哪怕 100 年才能成功，这 100 年里面我们用核裂变，这个燃料是没有问题的。

《中国电力报》：到核聚变阶段几乎就用之不竭。

杜祥琬：用之不竭是这样一个概念。氘氚核聚变相对来说比较容易一点。这个氘呢就在海水里面，就是氢的同位素，几乎是取之不竭。那么氚就不是了，氚是要靠锂来提取，这个锂是有限的。所以在实现了氘氚核聚变以后，要再进一步实现氘氘核聚变，氘氘核聚变的条件比较苛刻，所以它会晚一点实现。如果实现氘氘核聚变那就几乎是取之不尽的了。就是这样几个层次。这个还是要靠不断地创新。好多人包括很多专业的人，跟他讲核聚变都很接受，因为核聚变没有环境后果。

《中国电力报》：只是说能不能做到可控的问题，它不产生核废物。

杜祥琬：我们也可以把核裂变和核聚变结合起来，叫裂变聚变混合能源堆，现在提出了这样的概念。这个概念可以让环境后果大大地降低，而且核事故和现在的性质就不一样。这种东西谁来突破？我们不能总是等着别人把新堆型弄出来我们来学。我就说可再生能源和核电将是未来地球的支柱能源。它们的发展都有赖于技术创新。规模发展核电是我国的理性选择，从核裂变电站到未来的核聚变电站是一个必然的发展方向和历史过程，核能将成为可持续发展的能源。

《中国电力报》：让我们再回到当前的裂变利用。裂变这一块刚才解决了铀资源的问题，另外还有一块大家比较关心的就是乏燃料和核废料的处理。

杜祥琬：铀资源是前端，乏燃料的处理和最后核废料的处理问题是后端。这都是非常重要且非常实际的问题，特别是如果我国的规模做大了，一定要未雨绸缪早作准备。在什么地方处置、如何安全处置这些核废料等等。当然首先是怎么减少这些核废料。

《中国电力报》：我注意到有报道，说美国为了处置核废料，从选址到挖洞，费了很多劲儿，结果老百姓还是反对。

杜祥琬：所以这个问题就要早做准备。瑞典我去看过。他们核电并不多，但是他就先把这些事做好。他们给我讲过很详细的怎么往地下埋，一层一层地屏蔽，把它做得绝对安全。当然在这之前首先要把核废料里的长寿命放射性核变成短寿命核，这就是叫做核嬗变。这个嬗变它是有手段的，快堆，现在科学院在做这个 ADS，通过核反应把长寿命的核变成短寿命的核，这样就会时间短了，不要让它有长时间的后果。在这个前提下面减少了核放射的废料，最后把它安全地处置。这个处置不是像垃圾那样简单地填埋，是一种专业的让它绝对不会出来的一种密封，多层的，安全的，当然这些场所都要早选，早做这个准备。所以我们工程院提了一条：核电全产业链的各个链条要协调配套发展。核电不光是个核电站，就像你刚才说的，前端就是燃料，后面就是乏燃料，然后还有废料。

《中国电力报》：说到全产业链，我注意到还有一个问题，外媒说核电厂的寿命到期之后它的拆解代价也非常高昂，不知道这方面您怎么看?

杜祥琬：这个拆解当然是有一定的程序了，有一定的规定。现在美国人也在做延寿的研究，延长它的使用寿命，但是就是延长之后他还有一个寿命到期的问题，到期后如何安全地拆掉是需要认真解决的问题。

《中国电力报》：说这个拆解它的时间、困难程度、成本都远超当初的预料。

杜祥琬：可能现在，包括这个安全性的提高对成本都有所提高，这是肯定的。但是专家们都有定量计算，就是发展核能整体上经济性仍然是比较好的。

《中国电力报》：就是考虑所有的，一系列的因素在内，它还是比较经济的，而且它是非化石的能源。

杜祥琬：核电是非化石能源。它不排放污染也不排放二氧化碳。而且 100 万千瓦一年只要 30 吨的铀，煤电的话就要 300 万吨的煤。

《中国电力报》：那说到这，在安全的基础上，我们的确应该积极发展核电。现在我们核电只占总发电量的 2%。

杜祥琬：有人开玩笑说 30 年的核电的装机不如 3 年的风电装机，确实是这样。

《中国电力报》：那您认为我国核电应该定一个什么目标？目前的数字从任何一个支持核电的人看来都是偏低的。

杜祥琬：是因为现在有个启动过程，要让大家接受，提高全社会的信心，要费点口舌。就是要理性对待核电。我提了这么个建议“核电发展要转变发展方式”，什么意思呢？过去的发展方式是一种计划经济，政府批项目，企业建核电站，是这样一种做法。现在就不能这么简单地你来批我来做，一定得从一开始项目的酝酿就让公众参与，可以说政府主导，企业、专家、公众从源头，从一开始就参与，让大家认识到发展核电对地方和国家有什么好处，让大家作为利益的分担者，而不是风险的承受者。非要建立起这样一个概念来，大家才会接受这种事情，但是这样做肯定要费口舌，要费劲儿。我是觉得不能不费这个劲儿，要深度地去跟公众沟通，要通过各个渠道广泛地跟群众沟通。你们新闻媒体理性的报道就是一种很好的沟通方式。

《中国电力报》： 前不久就有报道说湖南桃花江电站附近的居民从怕建核电到怕核电不建在他们那儿。

杜祥琬： 这就是一种沟通的结果，这个事我觉得就是要有这样一个观念。现在是一个信息社会，民主化又法制化的发展趋势是谁也阻挡不住的，这种情况下一定要让公众充分地参与，不要弄成PX，一个一个地出事。包括现在PX也在沟通，也要理清这个，中国不能不要PX，但是你要做得让公众放心。

《中国电力报》： 其实仔细探究一下，PX，包括核电，没有那么神秘，并且其重要性随条件变化而变化。就是我们的沟通方式太简单粗暴。

杜祥琬： 比如放射性，一听放射性大家都害怕。其实人们天天都在承受放射性。且不说去医院的X光透视也好，CT也好，坐飞机、走路的过程中都会有。它有一个度的概念。居里夫人是放射性概念的提出者，她都说过："到了应该让大家都明白的时候了，它没有那么可怕。"所以这个事就是人们要理解。辐射是伴随着人们生活的，只不过有个允许量。现在人们担心的是要是出了事怎么办？我们就是要把事做好。第一就是让它不出事，第二就是出了事要后果可控。就这两句话里面有一堆技术问题，工程措施。技术和管理工作都是非常重要的。

《中国电力报》： 现在是沿海新核电刚刚国家能源委员会开会通过了。那内陆核电您怎么看待呢？

杜祥琬： 内陆核电有几个点已经做了很长时间的准备，我们工程院提了个建议，在充分沟通充分准备的基础上，稳步启动内陆核电示范项目。先在两个点上启动，大家来做，把事情做好。我觉得一开始不要太快，要稳中求进，宁可速度慢点儿。要增强全社会的信心，中国不能出核电的问题，一定要做到这样一个地步。

我刚参加完一个低碳行活动回来。我们想要减少煤炭和石油消耗，尽量鼓励可再生能源，但是可再生能源还没那么快。所以现在可选的东西真是不多。再说了，咱们从长远点讲，不光我们这一代要活，我们的子孙还要活，煤炭和石油毕竟是不可再生的，人类早晚要用枯竭了化石能源。所以说，我国还是必须要发展核电，"安全、稳步、规模发展核电"是我国的理性选择。

（发表于《中国电力报》，2014年"能源生产消费变革大家谈"系列文章）

Sustainable Nuclear Power is Wealth of Humankind①

Abstract: Nuclear power is a rational choice as to utilization of nuclear energy. Analysis of and reflection on nuclear disasters should lead to improving nuclear safety techniques and management level instead of irrationally objecting to utilizing nuclear energy. In view of the advantages of and the demand for nuclear power, humankind cannot abandon use of nuclear energy. Transition from current nuclear fission power plants to future nuclear fusion power plants is an inevitable trend, in that nuclear power is sustainable. China, which is still in the early stages of nuclear power development, should adopt the strategic approach of "safe and steady development of large-scale nuclear power". Development of non-fossil energy is one of the main symbols of energy revolution for China and even the world. Renewable energy and nuclear power (and natural gas) are not mutually exclusive, but complementary. Only their resultant force can achieve a high-proportion coal substitution. China should (i) implement new nuclear safety standards and measures; (ii) steadily start the inland nuclear power demo projects which have been fully justified and of which conditions permit; (iii) attach great importance to coordinated and balanced development on the industry chain; (iv) strengthen nuclear power research and development; and (v) realize that nuclear power development has been in a new normal state after the Fukushima disaster and that it is necessary to change development pattern and establish working procedures and mechanisms that are government-led and involve companies, the public and experts to enhance confidence of the whole society.

Keywords: nuclear power, safety; sustainable; industry chain

1 Nuclear power is a rational choice for humankind

Nuclear energy is a great discovery in humankind's effort to learn about the physical world. Tremendous energy release that can be achieved through humankind's design and manufacturing can be used for both damage and construction. Nuclear electricity is a rational choice for humankind in peaceful use of nuclear energy.

Reflection on nuclear disasters should lead to improving nuclear power technology and management level and making nuclear power safer instead of irrationally refusing to utilize nuclear energy. It

① Paper for parallel session on energy, ICEST 2014.

is simply unwise to refuse to utilize nuclear energy. In fact, humankind cannot abandon use of nuclear energy.

After the Fukushima disaster, the nuclear powers made systematic analysis of nuclear safety. China conducted a one-year nuclear safety inspection and has implemented higher safety standards and measures. Such countries as the U. S. , France, Russia, China, India, South Korea and UK have adopted the policy of continuing to develop nuclear power, and the global nuclear power situation is virtually stable (see the global electricity distribution diagram) . The reasons for that include:

(1) Nuclear power is a green/low-carbon, stable and high-energy-density energy, and its features have never changed.

(2) Humankind's demand for low-carbon energy is the driving force of nuclear power development.

(3) Humankind has gone through several nuclear disasters and achieved more mature nuclear power technology and management, and can control consequences even in accident conditions.

Safety is the lifeline of nuclear power development. Ensuring safety is not beyond humankind's ability. Nuclear safety is not only feasible in principle but also achievable in practice, which has been proved by 14000 reactor-years on 437 nuclear power units in 31 countries. China should earnestly draw lessons from nuclear disasters to further improve safety level and extreme external natural disaster and severe accident response and relief capability and nuclear disaster emergency response capability.

"First, we should place equal emphasis on development and security, and develop nuclear energy on the premise of security. The peaceful use of nuclear energy is important to ensuring energy security and tackling climate change. Like Prometheus who gave fire to humanity, the peaceful use of nuclear energy has sparked a flame of hope and opened up a bright future for mankind." Statement by H. E. Xi Jinping (President of the People's Republic of China) .

At the Nuclear Security Summit

2 China should develop nuclear power at a steady pace and achieve large-scale development of nuclear power

In a coming period of time, coal will still hold the highest proportion of China's primary energy, followed by oil. So, efficient and clean utilization of coal and oil is of great significance. This, together with active development of non-fossil energy and vigorous energy saving, constitutes China's green / low-carbon energy strategy.

Development of non-fossil energy is one of the mainmarks of the 21st century energy revolution and one of the common trends for the global energy community. Emphasis on unconventional natural gas does not change this trend. Renewable energy and nuclear power which are non-fossil energy and natural gas which is relatively clean fossil energy are not mutually exclusive but complementary. Only synergism of the three can gradually achieve a high-percentage substitution for coal.

By now, China has inaugurated 17 nuclear power units, with installed capacity of 14.69 GW, accounting for only about 2% of the country's annual electricity generation. So to speak, the past three decades'nuclear power development is no match for the past three years'wind power development in terms of scale. The main reason is that the strategic thinking is unclear or infirm. We suggest China embark on large-scale development of nuclear power under the principle of "making progress whilst ensuring safety, stability and high efficiency".

3 Several issues in China's sustainable development of nuclear power

(1) Currently, China needs to promote independent development and application of third-generation nuclear power technology. This should involve the following areas: the advanced CAP1400 PWR technology which is developed based on reference to the introduced third-generation AP1000 technology, the "Hualong 1#" third-generation nuclear power technology which combines international advanced nuclear power technology design concepts with China's years of experience in design, construction and operation of nuclear power, and the units which were built on the nuclear power plant sites subject to long-standing problems based on second-generation and improvement technologies and have been improved pursuant to new national safety standards. China should seize the opportunity to promote nuclear power development, which is conducive to the country's initiative to enter the international nuclear power market.

(2) China needs to start construction of inland nuclear power demonstration projects where conditions permit at a steady pace. To this end, it is necessary to fully demonstrate inland nuclear power plant siting including seismic safety and water safety and make detailed analysis and explanation on common concerns. In fact, experts have studied and demonstrated inland nuclear power plants' ability to withstand external events, power plant operation's impact on the ecological environment, engineering measures to address floods' and low-water's impact on safety of nuclear power plants, measures to strictly control concentration of liquid effluents and measures to ensure controllability of consequences in accident conditions. Schemes on locating nuclear power plants in underground or cave sites are under study. Accident sequences like the Fukushima disaster can absolutely be prevented.

(3) China needs to realize that nuclear power development has been at a steady pace after the Fukushima disaster. This requires changing the mode of development of nuclear power, namely establishing a democratic, scientific, information-transparent decision-making process and a nuclear power project brewing and demonstration mechanism and working way that is led by the government and involves companies, the public and experts, to seek consensus in a rational manner and enhance the whole society's confidence in nuclear power. This is innovation of development mode. This may be strenuous, but only in this way can China achieve healthy, sustainable and rapid development of nuclear power instead of ending up in the dock.

(4) China needs to strengthen long-term plan and top-level design of nuclear power develop-

ment and attach importance to coordinated, balanced development of the whole industry chain, from uranium resources to production of fuel elements to spent fuel storage & treatment and final disposal of radioactive waste. To this end, the country should give enough attention, make plans as soon as possible and implement effective measures. Only coordinated, balanced development of the whole industry chain can make for sustainable development of nuclear power.

(5) Supply of uranium resources will not place a fundamental constraint on China's nuclear power development. In the long term, China should rely on both domestic and international uranium resources in development of nuclear power. In fact, this is true of the major nuclear powers in the world. The earth has unconventional uranium resources in addition to proven uranium resources, and has more potential uranium resources in seas. China itself needs to strengthen exploration of uranium resources.

(6) For healthy and sustainable development of nuclear power, China shall strengthen basic research and technical innovation related to nuclear power. China will have the world's largest scale of nuclear power, and therefore it must reach the world's most advanced levels of nuclear power technology and talent development. In addition to basic research, China should enhance manufacturing of high-end equipment, software and instrumentation. Encouragement of advanced nuclear reactor research is also very important. To date, research on sodium-cooled fast reactor and high temperature gas-cooled reactor has been included in relevant national programs. ADS reactor, small reactor, fission-fusion energy hybrid reactor, use of thorium and offshore floating nuclear power plants have also been under study and are calling for scientific evaluation and demonstration.

(7) Preliminary study on thermonuclear fusion reactor is an important area. Transition from nuclear fission to controllable nuclear fusion is an inevitable trend, which will make nuclear energy a sustainable energy mainstay for humankind. Nuclear energy will evolve on higher-level technical, institutional, cultural and social foundations.

(8) China needs to address institutional and management issues, including establishing a strong nuclear safety regulation and industry management system, strengthening nuclear disaster emergency management system and capacity, improving the nuclear safety ultimate responsibility system, sharpening the legal system and the standard system on nuclear power and conducting nuclear safety culture education and promotion throughout development of nuclear power. There is still much room for innovation in management of nuclear power development.

4 Conclusion

Future energy should be in new forms that reflect human wisdom. Humankind has the wisdom to create a new path of safe and efficient nuclear power that leads man to sustainable energy development.

附中文译文：

可持续发展的核电是人类的财富①

摘　要：发展核电是人类和平利用核能的理智选择。对几次核事故的分析、总结，应该导致核电安全技术和管理水平的提高，而不应导致非理性的反核。核电自身的优点和客观需求，使人类不可能弃核。从核裂变到核聚变电站，是一个发展方向和历史过程，使核电成为可持续发展的能源。中国核电目前仍处在发展的初级阶段，战略方针应该是“安全、稳步发展规模核电”。发展非化石能源是中国乃至世界能源革命的主要标志之一，可再生能源与核能（以及天然气）的发展不是互相排斥的，而是互补的，它们的合力才能实现对煤炭高比例的替代。当前中国核电的发展要认真把新的安全标准和措施落实到位；稳步启动已经过充分论证、条件成熟的内陆核电站示范项目；高度重视全产业链条的协调配套发展；加强核电科技研发；意识到福岛后核电发展已进入新的常态，要创新发展方式，建立政府主导、企业、公众、专家共同参与的工作程序和机制，提升全社会的信心。

关键词：核电；安全；可持续；全产业链

1　发展核电是人类的理智选择

核能是人类认识物质世界过程中的重大发现，是通过人的设计和制造可以实现的巨大能量释放，既可用于破坏，也可用于建设。发展核电是人类和平利用核能的理智选择。

对核电站的几次事故的分析、总结，应该导致核电技术水平和管理水平的提高，使核电更安全。而不应导致非理性的反核。弃核并不明智，实际上人类不可能弃核。

福岛事故后，各核电大国做了系统性分析，中国做了一年的核电安全大检查，提出了更高的安全标准和安全措施，重在认真落实。美、法、俄、中、印、韩、英等国都采取了继续发展核电的方针，全球核电发展格局基本稳定。（见世界电力分布饼图）究其原因在于：

（1）核电是绿色、低碳、稳定、高能量密度的能源，它的基本优点并未改变。

（2）人类对低碳能源的客观需求，是核电发展的动力。

（3）经历了几次核事故，核电技术和监管更趋成熟，即使在事故工况下，也可做到后果可控。

安全是核电发展的生命线。确保安全并不超越人的能力的范围，核电安全不仅原理可行，世界31个国家、437座核电机组、1.4万堆年的实践经验也证明：核电是可以做到安全的。我国核电应切实吸取福岛等事故的经验教训，进一步提高自身安全水平，提高应对

---

①　2014国际工程科技大会能源分会论文。

极端外部自然灾害与严重事故的缓解能力和核事故应急响应能力。

2 中国核电要稳中求进实现规模发展

在当前和今后一段时期里，煤炭仍是中国一次能源中占比最高的，石油次之，所以，煤炭和石油的高效、洁净化利用意义重大。这个方向和积极发展非化石能源以及大力节能共同构成我国的绿色、低碳能源战略。

发展非化石能源是21世纪能源革命的主要标志之一，是全球能源共同的发展方向之一，对非常规天然气的重视并不改变这一方向。非化石能源中的可再生能源与核电，以及相对洁净的化石能源天然气，三者并不是相互排斥的，而是互补的。三者的合力才能逐步实现对煤炭的高比例的替代。

目前我国已运行核电机组17台，装机容量1469万千瓦，年发电量仅占全国发电总量的约2%。可以说，三十多年核电发展至今的规模，还不如风电近三年发展的规模。其主要原因在于战略思想不明确、不坚定。我们建议：按照“战略必争、确保安全、稳步高效”的方针，发展规模核电。

3 我国核电可持续发展的几个问题

(1) 当前需努力推进自主创新的第三代核电技术的开发应用。这应该包容几个方面的工作：以引进AP1000三代技术为参考研发的CAP1400大型先进压水堆核电站技术；融合了国际核电技术的先进设计理念和我国核电多年设计、建造、运行经验开发的“华龙一号”第三代核电技术；以及在作为遗留问题的几个核电厂址上，建设以二代加改进技术为基础，并按国家制定的新安全标准作了改进的机组。抓住时机，合力推进核电建设，也有利于走向国际市场。

(2) 我国还需稳步启动条件已经成熟的内陆核电示范工程的建设。为此，需对内陆核电厂的选址，包括防地震安全、用水安全等做好充分的论证，对人们关心和担心的问题作细致的分析、解答。实际上，众多专家已详细研究论证了内陆核电厂抵御外部事件的能力、电厂运行对周围环境生态的安全保障问题、解决洪水、枯水对核电厂安全影响的工程措施、严格控制液态流出物浓度的措施，以及在事故工况下，保证后果可控的措施。把核电站置于地下和山洞中的方案也在研究中。像福岛那样的事故序列完全是可以防止的。

(3) 需要认识到，福岛后核电的发展进入了一个“稳中求进”的新的常态。这要求改变核电的发展方式，即建立民主、科学、信息透明的决策程序，建立政府主导、企业、公众、专家共同参与的核电项目酝酿、论证机制和工作方式，理性谋共识，提升全社会对核电的信心。这是发展模式的创新。这样做，可能比较费劲儿，但只有这样才能防止被动，使核电健康、持续、较快发展。

(4) 加强我国核电发展的中长期规划与顶层设计，重视核电全产业链的协调、配套发展，包括从铀资源到燃料元件的生产，直到后段的乏燃料贮存、处理及放射性废物的最终处置，需高度重视，及早筹划，落实措施。只有产业链各环节的协调、配套，核电才能持续发展。

(5) 铀资源的供应不会对我国核电发展形成根本制约。从长远考虑，我国核电对铀资源的需求既要立足国内，又要放眼全球。世界主要核电国家的铀资源保障基本也是靠“两个市场、两种资源”。世界上除探明的铀资源外，还有非常规铀资源，海水有更多潜在的铀资源。我国自身铀资源勘查也需要加强。

（6）为了核电的健康可持续发展，我国必须加强核电有关的基础研究和技术创新能力。我国核电的规模将来会是世界最大的，相应地，核电的科技水平和人才培养都必须达到世界最先进水平。除基础性研究外，要做强高端设备制造，软件和仪器仪表制造。鼓励先进型核反应堆的研究也十分重要。目前，钠冷快堆、高温气冷堆的研究已列入有关国家计划。ADS 堆、小型堆、裂变—聚变混合能源堆、钍的利用、海上浮动式核电站等也在研究中，需适时进行科学的评估和论证。

（7）热核聚变堆的前期研究也是一个重要的方向。从核裂变走向未来的受控核聚变，将是一个科学的发展方向和历史过程，使核能成为可持续发展的、人类未来的能源支柱。核能将在更高水平的科技基础、制度基础、文化基础和社会基础之上走向未来。

（8）体制、机制问题。建立有力的核安全监管和产业管理体制；加强核事故的应急管理体系和能力建设；完善核电最终安全责任体制；完善核电法制建设和标准体系建设；使核安全文化的教育和建设贯穿核电发展的全过程。管理方面的创新还有很大的空间。

4 结语

未来能源应该是体现人类智慧的新形态。人类有智慧创造安全高效核能发展的新型道路，为人类能源的可持续发展作出贡献。

人类期待大同文明

——中国核学会2013年年会，中国工程院院士杜祥琬访谈实录

记：此次大会您做了题为《核能发展的历史观》的报告，您为何选择历史观这一词？

杜：核能发展到今天，开始进入了一个新的时期，我把它称之为新常态。在这样的一个时期里，无论是国外还是国内，人们对核能发展的思维，应该说是比较分散。虽然此次年会上大家一致认为，发展核能是必然的趋势，但社会上仍然存在着对核能发展的质疑、担心，包括国际上有些国家也提倡弃核的观念。在这样的时期里，如何使大家以一个更超脱的视角，从核能科学发展的历史，甚至哲学的高度，冷静又理性地做出判断尤为重要。

记：从核能发展百年历史来看，您个人对当前核能发展持怎样的态度？

杜：从历史发展的角度来看，对核能的和平利用，是人类文明史的一大进步。煤炭、石油等化石能源的发现和利用，使人类由农耕文明进入了工业文明阶段，现在是人类从工业文明迈向生态文明迈进的时期。那么，人类靠什么进入生态文明，要靠非化石能源。所以，人类不可能放弃和平利用核能。

全球已有二十多个国家发展核电，共建成四百多座核电反应堆，积累了1.4万堆年的运行经验，为全球电力需求每年作出约14%的贡献，同时，还有核动力与核技术应用的发展对人类作出贡献。核能作为能源本身可以给人类提供一种巨大的能量，人类为什么要选择放弃呢？任何事物都有两面性，科技进步本身就是“双刃剑”。我们没有因为煤脏，就选择放弃使用煤，对待核能的发展也同样要客观。

记：您在报告中提到“驯服核能”一词，您认为驯服核能的主力是谁？该如何驯服？

杜：因战争和政治的需要，使大规模核能的释放首先以武器形式出现，使人类感受到核能巨大的破坏性，再加上核电发展的几十年里，又出现过三次事故，使老百姓谈核色变，所以有人提出弃核才最安全。然而，前面已提到，人类不可能放弃核能。那么，对核能发展，最根本的办法只能是驯服，而不是放弃。只有驾驭核能才是能源安全的根本之道，也只有驯服核能，我们才能进入一个核电发展的自由王国。我认为驾驭的主体应该是企业，从事这一行业的企业是实际工作者。

各企业作为科技企业，首先要从人类科学发展的历史观出发，站在国家利益上，而不是只从企业本身利益出发，核行业内部各企业要增强合力，更好地统筹、协调、配合，和谐发展，使我国核能科学技术逐步走上国际先进乃至领先水平。

记：从核能发展百年史来看，我国核能发展目前存在的问题是什么？该如何解决？

杜：我国核能发展到今天，存在的问题是发展有规模、原创性差。创新有很多种，基

础研发是创新，引进、消化、吸收、再创新也是一种创新，我们国家目前基本都是应用型创新，基础研发很少，中国这么大一个国家，没有知识产权，光靠应用规模还是不行的。企业有企业的优势，但也有它的局限性。解决这个问题，我想应该有一个更超脱企业、学校的科研单位或研发中心，来集中全力搞基础性科研会更好一些。

记：您在报告中提出，核能将在更坚实的科技基础、制度基础、文化基础和社会基础之上走向未来。我们该如何理解您提到的文化基础和社会基础?

杜：所谓的文化基础和社会基础，其实就是文明。说得深刻一点，一个国家不能只有物质和货币，还要有文化和精神。公众参与国家大事的程度及对待国家大事的理性、科学态度，本身就是一个国家文明的标志。如何把我们国家建设好，从工业文明走向生态文明，发展核能不能只靠企业，还需要从国家领导到一般老百姓，共同达成一个共识。经过各方持续、坚韧、细心的努力，全社会对发展核电及核能的信心逐步提升。建立政府主导，公众、企业、专家协同的，责、权、利清晰的发展方式，对项目的科学性及其利益与效益达到高度共识，是核电及核能平稳发展的基础。

记：您认为对于核能发展，我国公众应当是参与者，我们该如何理解“公众参与”这个词?

杜：去年我一直在做一项工作，就是科普。一年下来，我发现，不能只把公众当成科普的对象，还应当让他们参与进来，不仅要让公众在科学上长知识，还要让公众切实地成为核能的利益共同体。核电项目成立的最初酝酿、沟通和论证阶段，就应该让公众代表来参与，在这个过程中企业对公众讲清楚这是个什么项目，项目的利益是什么，风险是什么，如何防范风险等等这些问题，公众也可以在研讨中提出有哪些担心或不同意的地方。只有这种参与，才会让公众真正明白，发展核能对他们自己、对当地、对国家、对人类有益。

公众参与的意义在于，从根源上让公众感觉到他们是利益的分担者，而不是后果的承受者。

记：您在报告中提到一个词“大同文明”，如何理解这样一种提法?

杜：“大同文明”这个词是我自己的一个提法，受孙中山先生“大同社会”思想的启发，我在报告中提出“大同文明”这个概念。人类从“农耕文明”到“工业文明”再到“生态文明”，我想终会走到“大同文明”。

一百年前，1913 年玻尔提出了原子的核式结构理论，爱因斯坦称赞玻尔提出的原子模型是“思想领域中最高的音乐神韵”。1932 年，英国物理学家查德威克发现了中子，同年，海森堡和伊凡宁柯分别独立提出了原子核由质子和中子组成的模型。1938 年，哈恩和斯特拉斯曼等发现了核裂变。后来又发现了核聚变，以及原子核结合能随原子量变化的规律和质量亏损的概念。

这一个个历史性的重大发现与爱因斯坦提出的质能守恒方程式（$E=MC^2$），都是科学技术极美、重大的创造，是科学技术史上的辉煌篇章，对世界文明进程带来了多方面的、深刻而长远的、战略性的影响。

然而，到了 20 世纪中叶，在第二次世界大战这个特殊的历史背景下，核技术被率先用于发展核武器，让人们认识到了核能巨大的破坏杀伤力。理智的科学家从一开始就提出了反对制造核武器。

尽管核武器的存在使人类难以摆脱核战争的阴影，但时至今日，一些国家还是不愿放弃核武器，并且存在着核扩散的现实危险。今天的人类还需要一个很长历史时期的进步，直到真正进入“大同文明”，到那时，人类将远离核武，核能将只用于为人类造福。

（发表于《中国核工业》，第09期，2013年，p. 20，记者叶娟）

核能发展的历史观

20 世纪初期，是引人入胜的核科学发现时期，人们对核结构和核能的一系列原创性的发现，引起了物理学乃至整个科学技术领域的革命性变革，把人类对物质世界的认识提高到一个全新的水平。

一个标志性的事件是：1913 年，玻尔提出了原子的核式结构理论，爱因斯坦称赞玻尔提出的原子模型是“思想领域中最高的音乐神韵”。1932 年，英国物理学家查德威克发现了中子，同年，海森堡和伊凡宁柯分别独立提出了原子核由质子和中子组成的模型。1938 年，哈恩和斯特拉斯曼等发现了核裂变。后来科学家又发现了核聚变，以及原子核结合能随原子量变化的规律和质量亏损的概念。

这一个个历史性的重大发现与一个最简明方程式（$E = mc^2$）的结合，奠定了核能的理论基础。核科学揭示了微观世界的结构和规律，也揭示了宏观世界的某些内在规律（如太阳内部的核聚变）。

在核科学的开创阶段，以钱三强、赵忠尧、吴有训、王淦昌等为代表的中国科学家，也曾作出了一系列重要贡献。核科学技术是 20 世纪人类最重大的创造之一，是科学技术史上的辉煌篇章，对世界文明进程带来了多方面的、深刻而长远的、战略性的影响。

1 战争和政治的需要，使大规模核能的释放首先以武器形式实现

20 世纪中期，以核武器研制成功为标志的震撼世界的核能释放，在军事、政治、外交、科技等领域都产生了重大而深远的影响。

核裂变发现不久，第二次世界大战在欧洲战场全面爆发，武器成了当时人们最需要的东西。在这种特殊的历史背景下，核技术被率先应用于发展核武器，出现了一系列惊世的新概念：原子弹、氢弹、核武器；核试验、核潜艇、核导弹；大规模杀伤性武器；接着又出现了核威胁、核威慑、核战略、核扩散与核军备控制等概念。

人们在认识核能作用空前巨大的同时，也认识了它巨大的破坏杀伤力。理智的科学家从一开始就提出了反对制造核武器，政治的需要与科技能力的结合使其很快成为现实。1964 年，中国首先提出了“无核武世界”的思想，诚恳表明不首先使用核武器并致力于全面禁止和销毁核武器。

世界范围内“禁核试”和“核不扩散”步履艰难，在“无核武”这个理想世界未实现之前，我国保持有限核力量有效性的重要性和必要性不言而喻。我国从一开始就制定了“不比数量，要争质量；适合国情，可以承受；不背包袱，持续发展；战略威慑，可靠有效”的“一点儿”发展方针，这就使“两弹”的发展与经济发展相一致，走出了一条中国

特色的高效的发展道路。

尽管核武器的存在使人类难以摆脱核战争的阴影，但一些国家还是不愿放弃核武器，并且存在着核扩散的现实危险。今天的人类还需要一个很长历史时期的进步，才能进入真正的“生态文明”乃至“大同文明”，到那时，人类将远离核武，核能将只用于为人类造福。

2 核能的和平利用，进入“稳中求进”的新常态

核武器成功研制后不久，各国纷纷推进了核能的和平利用，核技术得到广泛应用，社会效益和经济效益显著。

核能的应用是基础物理研究的成果迅速转化为工程应用的范例。全球已有20多个国家发展核电，已经建成400多座核电反应堆，积累了1.4万堆·年的运行经验，为全球电力需求每年作出约14%的贡献。同时，核动力与核技术应用成就显著。

以历史眼光来看，像任何工程科技领域的创新一样，核电的发展也有一个发育成熟的过程，不可能一帆风顺、一路轻松。航空、航天的先行者，有人为成功献出了生命；驯服核能，也不免付出代价和牺牲。当然，核电毕竟有它的特点，一旦出现事故，其后果具有扩散性和后效性，因此要格外慎之又慎，安全应该是核电文化的核心。

核电在发展的几十年历程中，曾发生过三哩岛、切尔诺贝利和福岛三次核事故，特别是切尔诺贝利和福岛核事故，陡增了对核电安全性与环境后果的质疑和担心，重挫了核电发展的势头；同时，这些事故也提供了宝贵的经验和教训，对事故的认真、深入分析，将带来核电安全技术和安全管理水平的提高。驾驭核能才是核安全的根本之道。

需要意识到，福岛核事故后核电的发展已进入“稳中求进”的新的常态：

（1）核电发展的速度会适度放慢，“百年大计，安全第一”，对核电安全更多投入，才会使核电发展的步伐更稳健。

（2）面对资源、环境的制约和能源需求，具有洁净、高效、稳定、高能量密度等特点的核电，是绿色、低碳能源的战略选择之一。人类不可能放弃核能的和平利用。在中国的电力结构中，核能的占比将逐步从小到大，成为一个非化石能源的支柱产业。

（3）无论是沿海还是内陆，核电都要切实做到安全。稳扎稳打，核电厂发生事故的概率会进一步降低，在事故工况下，对造成环境和社会后果的可控能力会进一步加强，做到实际可控。经过持续、坚韧、细心的努力，全社会对发展核电的信心会逐步提升。

（4）核电的发展方式需要转型，以适应福岛核事故后的新的常态：完善、改进体制机制，使国家利益最大化；核行业内部增强合力，更好统筹、协调、配合；完善科学、民主、信息透明的决策程序，公众不仅是科普的对象，更应成为参与的主体之一，从头参与立项的酝酿、沟通和论证。建立政府主导，公众、企业、专家协同的，责、权、利清晰的发展方式，对项目的科学性及利益与效益达到高度共识，是核电平稳发展的基础。

（5）加强我国核能发展的战略谋划，在发展战略的指导下，制定近、中、长期的发展规划，其中包括加强我国核电的基础性和应用性研究，使我国核能科学技术逐步走上国际先进乃至领先水平。

（6）认真谋划核电全产业链条（从前端到后端，包括最终核废物处置）各环节的统

筹、协调发展。这不仅是长远的、全局的需要，也有利于当前“理性谋共识，科学谋发展”，引导我国乃至世界核电进入一个健康发展的新的常态。

3 创新驱动，创造核能可持续发展的未来

煤炭、石油等化石能源的发现和利用，使人类由农耕文明进入了工业文明阶段，而人类从工业文明迈向生态文明的过程，也必将伴随着能源的变革与发展。

百年展望，非化石能源必将逐步成为主导的能源，可再生能源和核能将会共同为此作出贡献。

从核裂变能走向未来的可控核聚变，将是一个科学的发展方向和历史过程。在这一过程中，要努力加大新概念、新堆型、新材料研究力度，并通过检验和选择，逐步走向成熟和自主化制造后，才能进入实际应用和批量建设。核能将在更坚实的科技基础、制度基础、文化基础和社会基础之上走向未来。

未来能源应该是体现人类智慧的新形态。中国人有智慧创造安全高效核能发展的中国道路，并为人类能源的可持续发展作出贡献。

（发表于《中国核电》，2014 年 3 月，第 7 卷第 1 期，p. 2）

未雨绸缪谈核能

编者按：今年5月31日，国务院常务会议原则通过《核安全与放射性污染防治“十二五”规划及2020年远景目标》，并同意公布《关于全国民用核设施综合安全检查情况的报告》。报告显示：我国核电的发展保持着良好的安全纪录。中国为什么要发展核能？发展核电的战略意义在哪？近日，中国工程院原副院长杜祥琬院士在天津举行的中国工程科技论坛上作了《对我国核能发展战略的几点思考》的报告，提出“人类不可能弃核，发展核能既是战略必争，又是百年大计，需务实基础、稳扎稳打”的观点，得到潘自强等14位中国工程院院士和全国近百名核能专家的赞同。本版特刊发报告原文，略作删节，标题为编者所加。

1 发展核能有助于优化能源结构

目前我国能源结构处在以化石能源为主（占90%以上）的阶段。如果以非化石能源所占比例超过10%作为进入多元结构的标志，则我国可能在2015年前后进入能源多元结构阶段。

在这个阶段初期的几十年中，化石能源仍将占大头，但煤炭和石油年消耗的总和占比将逐步下降。这个年消耗总和的绝对量，将持续一段时间（约20年左右）的增加，并达到历史性的峰值，然后缓慢减少。这个变化趋势的必然性由三个原因所决定：一是煤炭、石油带来的环境问题必须得到控制；二是更根本的原因在于煤炭、石油的不易再生性；三是洁净能源（包括可再生能源、核能及天然气）的替代能力将逐步提高。在煤炭与石油年消耗总和的绝对量达到峰值后，我国能源需求总量的增量，将由上述洁净能源来补充，这些洁净能源在我国一次能源结构中的占比将逐步增加。这个多元结构阶段大约会持续百年左右，然后进入以非化石能源为主的第三阶段，这个新阶段的标志是非化石能源将占到一次能源总量的90%以上。

讨论这个长达百年以上的“能源结构三阶段”的战略意义在于，它可以使我们从方向上定性判断各类能源消长的大趋势，从而增强战略谋划及政策制定的稳定性。例如，包括非常规天然气在内的天然气，属于较洁净的化石能源，从资源和开发潜力看，应成为我国能源发展的重点和亮点之一。但从定量而言，即使通过努力到本世纪中叶，天然气的供应能力比现在增加一倍甚至两倍，也只能占到一次能源总量的百分之十几。届时，它将成为一个绿色能源支柱，但不能只靠天然气替代煤炭和石油，欲实现更高比例的替代，必须加上可再生能源和核能的贡献。

在多元结构阶段，天然气将为能源结构的改善起到重要作用，但它和可再生能源及核能的发展并不是相互排斥的，三者共同努力，一个也不能少，到 2050 年才有望使洁净能源在中国一次能源结构中占到半壁江山（根据中国工程院的研究报告），并进一步增加。而非化石能源为主的阶段，则须靠可再生能源和核能二者的合力，才能较早到来并稳定发展。

2 发展核能不可“大跃进”

核电在战略上具有竞争力，根本原因在于，它有着不可替代的优点：它是高能量密度的能源；输出功率稳定高效；它是比较清洁、低碳、环境友好的能源；这些优点的展现又是以核电可以做到安全为基础和前提的。我国发展核能和可再生能源是为了逐步替代化石能源，而高比例的替代要求其最终必然发展到一个相当大的规模。同时，核能是一个科学技术要素很多的产业，其安全和规模化的发展必将带动多方面的科学、技术和工程领域的进步，对国家来说，这是一个争占科技优势制高点的大战略，也是创新型国家的重要标志之一。

至 2010 年年底，全球共有 441 座运行的核裂变反应堆，总装机 3.75 亿千瓦，年发电量占全球电力的 15%。30 个拥有核电的国家累计已有 1.4 万堆年的运行经验。我国已运行 15 台核电机组，装机 1257 万千瓦，几代核电人的卓越努力，使之保持着良好的安全纪录。这既是发展的基础，也是信心的根据之一。核电目前在我国电力中所占的比例不足 2%，有着很大的发展潜力，在这个战略必争的领域，保持指导思想和方针政策的稳定性和持续性是十分重要的。实践证明，裂变核电站是可以做到安全的。

历史地看，我国核能事业还很年轻，处在发展的初级阶段。需要清醒地认识到，我国核能基础研究薄弱，技术储备不足，对长远发展目标和路线图的论证还不够深入，全产业链各个环节的发展尚未协调配套，核能发展的法制建设和管理体制有待改进完善。在坚定发展核能的同时，需强化风险意识，努力夯实各方面的基础，有一个“百年大计、稳扎稳打”的心态和安排。“不要大跃进”的意见是对的，其实，各行各业乃至国民经济全局都应避免违反科学规律的跃进。在我国的发展史上，未曾有过因头脑冷静稳步发展造成的失误，倒是有狂热的“大跃进”使国家损失惨重的深刻教训。我国核能迄今的发展是比较健康的。

3 发展核能的几点建议

发展核能是国家行为，需更好地理顺和完善管理体制和机制。发展核能的根本目的是造福人民，有关的科学普及工作和公众参与需要制度化、常态化，这对赢得公众的信心和支持是十分重要的。为此，需认真做好一系列工作：

切实落实安全大检查提出的各项整改措施，提升核安全文化素养和水平；研究和制定更高的核安全标准，从选址、设计、堆型选择、建造、运行、管理等各环节确保运行安全，提高预防或缓解事故的能力，使放射性释放的潜在风险切实可控。

科学制定我国核能发展战略，并在战略的指导下调整和制定核能发展规划及实现规划目标的路线图和具体措施。中国工程院核能研究课题组建议，在 2015 年装机约达 4000 万千瓦规划的基础上，2020 年我国核电运行装机达 6000 万 ~7000 万千瓦，在建约 3000 万千瓦，可供研究和决策参考。对进一步实现更大规模核电的目标和时间表，有关单位和专家已有一些定量的研究和建议，尽管各家的估算存在着差异，却有一个共同点，即规模与时间表要和铀资源的可供性相匹配。获取铀资源有几种途径，完全可以通过科学调研与分析，对技术可行性、市场可能性、供应安全性、经济性及提高铀资源利用率的途径，得到更中肯的认识，并使相应的研发投入和政策措施的制定，也建立在更充分的科学论证的基础上。

沿海和内陆核电站都要做到安全，对内陆核电站确定严格的设计标准，且对排放约束更严是必要的。在场址的选择上需作更充分的论证，特别是对避开地震带和保持水源的稳定可供性应予以高度重视。欧美 60% 的核电机组建在内陆，美国 104 座运行中的反应堆，100 个在内陆，我国可充分借鉴其经验。

关于核能长远发展的技术路线，涉及热中子堆以后如何发展的问题。我国目前启动了实验快堆的研究，但快堆的发展战略尚不清晰，商用快堆采取何种技术路线，后处理技术如何选择，其他堆型（包括裂变—聚变混合能源堆、小型核反应堆、核动力堆等）前景如何……这些问题，宜多做研究，多进行论证。与此相关的是，需加强与核能有关的基础性研究，如与反应堆质量和寿命有关的材料学研究、核反应堆新概念、新技术、新工艺研究、从海水中提取铀的研究等。我国未来的核能规模可能是世界上最大的，它必须建立在最先进而又可靠的科学技术基础之上。

高放废物的分离—嬗变技术和核废物的最终处置问题，需早做研究和工程技术上的准备。高放废物的地质处置，需保持长期与生物圈隔离，避免对环境的危害。在已有工作的基础上，应加强研究和部署。

（发表于《光明日报》，2012 年 7 月 23 日）

核能：绿色能源支柱

——对我国核能发展战略的几点思考

作为一种清洁能源，核能已在全球得到广泛认可和利用，中国核能“走出去”也是业内一直以来的呼声。面对全球广阔的核电市场，中国核能“走出去”成为必然的选择。核电发展正当时，作为产业链条中关键的建造环节也迎来机遇，正加快步伐“走出去”。同时，在雾霾肆虐全国的大背景下，选择既清洁又经济的核电，将对大气污染的治理做出重大贡献。

目前我国能源结构处在以化石能源为主（占90%以上）的阶段。如果以非化石能源所占比例超过10%作为进入多元结构的标志，我国则可能在2015年前后进入能源多元结构阶段。

在这个阶段初期的几十年中，化石能源仍将占大头，但煤炭和石油年消耗总和的绝对量在持续一段时间（约20年左右）的增加并达到历史性的峰值后，将缓慢减少。这个变化趋势的必然性由三个原因所决定：一是煤炭、石油带来的环境问题必须得到控制；二是煤炭、石油的不易再生性；三是洁净能源（包括可再生能源、核能及天然气）的替代能力将逐步提高，在我国一次能源结构中的占比将逐步增加。这个多元结构阶段大约会持续百年左右，然后进入非化石能源为主的第三阶段，这个新阶段的标志是非化石能源将占到一次能源总量的90%以上。

1　驯服核能必然是一个实践过程

非化石能源包括可再生能源和核能。可再生能源中的太阳能、风能、生物质能等可以看作是广义的太阳能。而太阳能源于核能，是太阳内部发生的核聚变释放能量的一种形式。可以说没有核能就没有人类，人类与核能天然地结下了不解之缘。

另一方面，地球上可控的核能发展，大体上将经历由利用核裂变能走向利用核聚变能两大阶段，目前是利用核裂变能，而未来的核聚变电站将为人类提供可永续发展的核能，成为受控核能的归宿。从以上两重意义上说，人类无法弃核。

现阶段有现实意义的是核裂变能。在它发展的几十年历程中，曾发生过三里岛、切尔诺贝利和福岛三次大事故。尽管因核电事故死亡的人数远少于煤炭的矿难事故和交通事故，但是由于核事故具有一定的后效性和扩散性，每一次事故都增加了人们对核电安全的担忧，甚至使人谈核色变，因而给核电的发展势头带来负面的冲击。福岛事故后，德国、瑞士等国宣布逐步弃核，但这些国家的弃核对世界核能的全局影响不大。

美国对本国核电安全性重新进行了评估，美国核管会评估的结论是，像福岛事故这样的事件序列在美国不可能发生。因此，在役核电机组继续运行，并继续进行核电站延寿和新建核电站的审批。我国在福岛事故后，及时开展了核电安全大检查。检查结果一方面肯定了我国核电站具备对严重事故的预防和缓解能力，应对极端外部事件具有一定安全裕度，安全风险处于受控状态，同时指出，要充分吸取各次核事故的教训，采取进一步加强核安全的措施，改进和提升安全水平。

英、法、俄、韩、印等国和国际原子能机构也对福岛事故进行了认真分析，对核电的安全性重新进行了评估，做出明确结论，确认了继续发展核电的方针。世界核能发展的基本格局是稳定的。

这种战略上的稳定性，有以下三方面的深层次原因：第一，发现和认识核能是20世纪人类最伟大的科学成就之一。人类既然认识了核能的巨大潜力和价值，就不可能把它锁在抽屉里，必然会努力使之成为人类的驯服工具，不驾驭核能才是真正的危险。第二，实践已经证明核裂变能是可以驾驭和控制的。至2010年年底，全球共有441座运行的核裂变反应堆，总装机3.75亿千瓦，年发电量占全球电力的15%。30个拥有核电的国家累计已有1.4万堆年的运行经验。实践证明，裂变核电站是可以做到安全的。第三，三次事故分别从内部风险和外部风险不同角度提供了互相补充的丰富经验教训和启示，深化了人们对核安全的理解。这表明核事故是可分析、可认识的，而且每次核事故都带来了核安全技术和核安全管理水平的提高。驯服核能必然是一个在实践中不断总结、提高、改进的过程。驯服核能，确保安全，是人类的历史使命和责任。

2 抢占科技优势制高点

核电在战略上具有竞争力，源于它有着不可替代的优点：它是高能量密度的能源，输出功率稳定高效；它是比较清洁、低碳、环境友好的能源，这些优点的展现又是以核电可以做到安全为基础和前提的。我国发展核能和可再生能源是为了逐步替代化石能源，而高比例的替代要求其最终必然发展到一个相当大的规模。同时，核能是一个科学技术要素很多的产业，其安全和规模化的发展必将带动多方面的科学、技术和工程领域的进步。对国家来说，这是一个抢占科技优势制高点的大战略，也是创新型国家的重要标志之一。

我国已运行17台核电机组，几代核电人的卓越努力，使之保持着良好的安全纪录。这既是发展的基础，也是信心的根据之一。核电目前在我国电力中占比不足2%，有着很大的发展潜力。在这个战略必争的领域，保持指导思想和方针政策的稳定性和持续性是十分重要的。

从历史的角度看，我国核能事业处在发展的初级阶段。需要清醒地认识到，我国核能基础研究薄弱，技术储备不足，对长远发展目标和路线图的论证还不够深入，全产业链各个环节的发展尚未协调配套，核能发展的法制建设和管理体制有待改进完善。坚定发展核能的同时，需强化风险意识，努力夯实各方面的基础，有一个“百年大计、稳扎稳打”的心态和安排。我国核能迄今的发展是比较健康的。中央提出，国民经济要稳中求进，核能今后的发展也应该是这样，为此，需认真做好一系列工作。

第一，切实落实安全大检查提出的各项整改措施，提升核安全文化素养和水平。研究和制定更高的核安全标准，从选址、设计、堆型选择、建造、运行、管理等各环节确保运行安全，提高预防或缓解事故的能力，使放射性释放的潜在风险切实可控。

> 核电在战略上具有竞争力，源于它有着不可替代的优点：它是高能量密度的能源，输出功率稳定高效；它是比较清洁、低碳、环境友好的能源，这些优点的展现又是以核电可以做到安全为基础和前提的。

第二，科学制定我国核能发展战略，并在战略的指导下调整和制定核能发展规划及实现规划目标的路线图和具体措施。中国工程院核能研究课题组建议，在2015年装机约达4000万千瓦规划的基础上，2020年我国核电运行装机达6000万～7000万千瓦，在建约3000万千瓦，可供研究和决策参考。对进一步实现更大规模核电的目标和时间表，有关单位和专家已有一些定量的研究和建议，尽管各家的估算存在着差异，却有一个共同点，即规模与时间表要和铀资源的可供性相匹配。获取铀资源有几种途径，完全可以通过对情况的科学调研与分析，对技术可行性、市场可能性、供应安全性、经济性及提高铀资源利用率的途径，得到更中肯的认识，并使相应的研发投入和政策措施的制定，也建立在更充分的科学论证基础上。

第三，沿海和内陆核电站都要做到安全。对内陆核电站确定严格的设计标准，且对排放约束更严是必要的。在场址的选择上须作更充分的论证，特别是对避开地震带和水源的稳定可供性应予以高度重视。欧美60%的核电机组建在内陆；美国104座运行中的反应堆，其中有100座在内陆，我国可充分借鉴其经验。

第四，关于核能长远发展的技术路线，涉及热中子堆以后如何发展的问题。我国目前启动了实验快堆的研究，但快堆的发展战略尚不清晰，商用快堆采取何种技术路线，后处理技术如何选择，其他堆型（包括裂变—聚变混合能源堆、小型核反应堆、核动力堆等）前景如何……这些问题，宜多作研究，多进行论证。与此相关的是，需加强与核能有关的基础性研究，如与反应堆质量和寿命有关的材料学研究，核反应堆新概念、新技术、新工艺研究，从海水中提取铀的研究等。我国未来的核能规模可能是世界上最大的，它必须建立在最先进而又可靠的科学技术基础之上。

第五，高放废物的分离—嬗变技术和核废物的最终处置问题，需早作研究和工程技术上的准备。高放废物的地质处置，须保持长期与生物圈隔离，避免对环境的危害。在已有工作的基础上，应加强研究和部署。

第六，发展核能是国家行为，须更好地理顺和完善管理体制和机制。发展核能的根本目的是造福人民，有关的科学普及工作和公众参与需要制度化、常态化，这对赢得公众的信心和支持是十分重要的。

（发表于《中国科学报》，2012年5月10日B3能源周刊）

核能的本质是以人为本的美丽事业

发展核能的根本目的是造福人民，有关的科学普及和公众参与需要制度化、常态化。

目前我国能源结构处在以化石能源为主（占90%以上）的阶段，如果以非化石能源所占比例超过10%作为进入多元结构的标志，我国可能在2015年前后进入能源多元结构阶段。这个多元结构阶段大约会持续百年左右，然后进入以非化石能源为主的第三阶段，这个新阶段的标志是非化石能源将占到一次能源总量的90%以上。

虽然能源结构的“三阶段”历程涉及一个世纪以后的事，很难定量说准，然而，讨论这个的战略意义在于，它可以使我们从方向上定性判断各类能源消长的大趋势，从而增强战略谋划及政策制定的稳定性。

可以肯定，在多元结构阶段，天然气将为能源结构的改善起到重要作用，但它和可再生能源及核能的发展并不是相互排斥的，三者共同努力，一个也不能少，才有望使洁净能源在2050年的中国能源结构中占到半壁江山（根据中国工程院的研究报告），并由此得到进一步增加。而以非化石能源为主的阶段，则须靠可再生能源和核能二者的合力才能较早到来，并得以稳定发展。

1 驯服核能是一个在实践中不断改进的过程

非化石能源包括可再生能源和核能。可再生能源中的太阳能、风能、生物质能等可看作是广义的太阳能。而太阳能源于核能，是太阳内部发生的核聚变释放能量的一种形式。可以说没有核能就没有人类，人类与核能天然地结下了不解之缘；另一方面，地球上可控的核能发展，大体上将经历由利用核裂变能走向利用核聚变能两大阶段，目前是利用核裂变能，而未来的核聚变电站将为人类提供可永续发展的核能，成为受控核能的归宿。从以上两重意义上说，人类无法弃核。

现阶段有现实意义的是核裂变能。在它发展的几十年历程中，曾发生过三里岛、切尔诺贝利和福岛三次大事故。尽管因核电事故死亡的人数远少于煤炭的矿难事故和交通事故，但由于核事故具有一定的后效性和扩散性，每一次事故都增加了人们对核电安全的担忧，甚至使人谈核色变，因而给核电的发展势头带来负面的冲击。福岛事故后，德国、瑞士等国宣布逐步弃核，就是放弃本国核裂变电站的发展，但这些国家的弃核对世界核能的全局影响不大。世界核能发展的基本格局是稳定的。

这种战略上的稳定性，有以下三方面的深层次原因：第一，发现和认识核能，是20世纪人类最伟大的科学成就之一。人类既然认识了核能的巨大潜力和价值，就不可能把它锁在抽屉里、关在笼子里，必须努力去开发它、掌握它，使之成为人类的驯服工具，不驾驭核能才是真正的危险。第二，原理上，核裂变能是可以驾驭、可以控制的，实践上也已证明了这个可控性。至2010年年底，全球共441座运行的核裂变反应堆，总装机3.75亿千瓦，年发电量占全球电力的15%。30个拥有核电的国家累计已有1.4万堆年的运行经验。实践证明，裂变核电站是可以做到安全的。第三，对每次核事故，经过仔细的、全面的研究，对事故发生的具体原因、给出的经验和教训，都有明确的结论。三次事故分别从内部风险和外部风险不同角度提供了互相补充的丰富经验教训和启示，深化了人们对核安全的理解。这表明：核事故是可分析、可认识的，而且每次核事故都带来了核安全技术和核安全管理水平的提高。驯服核能必然是一个在实践中不断总结、提高、改进的过程。

核能是一个科学技术要素很多的产业，其安全和规模化的发展必将带动多方面的科学、技术和工程领域的进步，对国家来说，这是一个争占科技优势制高点的大战略。需强化风险意识，努力夯实各方面的基础，有一个“百年大计、稳扎稳打”的心态和安排。

2 发展核能既是战略必争又是百年大计

核电在战略上具有竞争力，我国发展核能和可再生能源是为了逐步替代化石能源，而高比例的替代需求其最终必然会形成相当大的规模。同时，核能是一个科学技术要素很多的产业，其安全和规模化的发展必将带动多方面的科学、技术和工程领域的进步，对国家来说，这是一个争占科技优势制高点的大战略，也是创新型国家的重要标志之一。

核电目前在我国电力中所占的比例不足2%，有着很大的发展潜力，在这个战略必争的领域，保持指导思想和方针政策的稳定性和持续性是十分重要的。历史地看，我国核能事业还很年轻，处在发展的初级阶段。需要清醒地认识到，我国核能基础研究薄弱，技术储备不足，对长远发展目标和路线图的论证还不够深入，全产业链各个环节的发展尚未协调配套，核能发展的法制建设和管理体制有待改进完善。在坚定发展核能的同时，需强化风险意识，努力夯实各方面的基础，有一个“百年大计、稳扎稳打”的心态和安排。

“不要大跃进”的意见是对的。其实，各行各业乃至国民经济全局都应避免违反科学规律的跃进。在我国的发展史上，未曾有过因头脑冷静稳步发展造成的失误，倒是有狂热的“大跃进”使国家损失惨重的深刻教训。但是我国核能迄今的发展是比较健康的。中央提出，国民经济要稳中求进，核能今后的发展也应该是这样，为此，需认真做好一系列工作。

关于核能长远发展的技术路线，涉及热中子堆以后如何发展的问题。我国目前启动了实验快堆的研究，但快堆的发展战略尚不清晰，商用快堆采取何种技术路线，后处理技术如何选择，其他堆型前景如何，这些问题，宜多做研究，多进行论证。与此相关的是，需加强与核能有关的基础性研究。我国未来的核能规模可能是世界上最大的，它必须建立在最先进而又可靠的科学技术基础之上。同时，高放废物的分离—嬗变技术和核废物的最终处置问题，需早做研究和工程技术上的准备。

发展核能是国家行为，需更好地理顺和完善管理体制和机制。发展核能的根本目的是造福人民，有关的科学普及和公众参与需要制度化、常态化。火电站的放射性其实比核电站还要大，但公众对核电的忧虑却更多，这需要核能工作者对自己的本职工作有一个更为广义的认识，科普也是核能工作者的工作内容之一，而核能事业的本质，是以人为本的美丽事业。

（发表于《中国核工业》，2012 年 06 期）

核电既要发展又要安全

图为秦山三期重水堆核电站（资料照片）

核能的利用主要是发电。6 月 6 日，环保部公布，中国核能电力股份有限公司 IPO（首次公开募股）环保情况初审过关。不久前，国务院常务会议原则通过《核安全与放射性污染防治“十二五”规划及 2020 年远景目标》，并同意公布《关于全国民用核设施综合安全检查情况的报告》。此外，俄罗斯总统普京访华期间，中俄两国共同签署了核领域合作文件。中国核电发展，迎来了一个又一个利好的消息。

“人类不可能弃核，我国发展核能既是战略方针，又是百年大计，需稳扎稳打，不能‘大跃进’。”近日，在天津举行的“我国核能发展的再研讨”科技论坛上，中国工程院原副院长杜祥琬院士提出这一观点，得到与会的其他 10 多位院士和近百名核电专家的肯定。院士专家们表示，我国核电既要坚定发展，又必须夯实安全基础。

1 世界核电的发展格局稳定

截至 2010 年年底，全球共有 441 座运行的核裂变反应堆，总装机容量 3.75 亿千瓦，年发电量占全球发电总量的15%。2011年，日本福岛核事故给原本发展势头强劲的核电业带来严重冲击，日本54个核反应堆停掉了52个。德国、瑞士等国宣布放弃核能发电。人类利用核电的前景日渐模糊。

“福岛核事故改变不了‘核能是安全、环境友好能源’的基本结论。”中国核工业集团公司潘自强院士表示，“场内应急相对薄弱，防治放射性废水产生和处理废水的设施缺乏，监管机构独立性不够，应对外部事件的工程抢险措施不够等是福岛核事故酿成恶果的主要原因。”

“未来巨大的能源需求，决定了人类不可能弃核。一些国家放弃核电，这对世界核能的全局影响不大。”杜祥琬说，“福岛核事故后，美国、英国、法国、俄罗斯、韩国、印度等国家和国际原子能机构对核电的安全性进行了重新评估，得出了明确的结论：核裂变能是可驾驭、可控制的，裂变核电站可以保证安全。以美国为例，美国核管会重新评估得出的结论是：像福岛核事故这样的事件在美国不可能发生。因此，在役核电机组将继续运行，并继续进行核电站延寿和新建核电站的审批。”

杜祥琬表示：“世界上30个拥有核电的国家累计已有1.4万堆年的运行经验。实践证明，裂变核电站是可以做到安全的。世界核能发展的基本格局仍是稳定的。中国要调整能源结构，就一定要在安全的情况下发展核电。”

2 中国核电发展安全可靠

福岛核事故后，中国及时对正在运行的核电站进行安全大检查，同时对在建的核电站是否存在安全隐患也进行了大检查。“这两个检查现在都已完成，检查的结果都是安全的。”杜祥琬说，“我国目前已运行的核电机组为15台，总装机容量1257万千瓦，至今保持着良好的安全纪录。这既是我国发展核电的基础，也是信心的根据之一。”

“核电是一个科学技术要素很多的产业。核能在战略上具有竞争力，有着其他能源不可替代的优点，它是有高能量密度的能源，输出功率稳定高效，具有清洁、低碳、环境友好的特性。核事故是可分析、可认识的，而且每次核事故都带来了核安全技术和管理水平的提高，人类驯服核能必然是一个在实践中不断总结、提高、改进的过程。”杜祥琬说。

“核能对我国突破资源环境制约、保障能源安全将发挥不可替代的作用。”中国工程院院士叶奇蓁表示，中国电力企业联合会预测2012年全社会用电量约5.14万亿千瓦时，电力缺口4000万千瓦时。目前，我国在建核电有26台机组，装机2884万千瓦。而已批准尚未开工的还有5台机组，装机422万千瓦，只有以一定比例和规模发展才能满足未来对能源需求和减排的需要。在加强管理和提高技术的基础上，我国每年装备5~6台核电机组是完全可能的。

3 核电发展不能“大跃进”

“中国核电站目前15台核电站机组正常运行，26个核电站机组在建设，保持着安全的纪录”杜祥琬说，“但历史地看，我国核能事业还很年轻，处于发展的初级阶段。需要清醒地认识到，我国核能基础研究比较薄弱，技术储备不足，很多装置都是引进的，现在仍在努力实现国产化过程中。而且，我国对核电长远发展目标和路线图的论证还不够深入，全产业链各个环节的发展还没有协调配套，核能发展的法制建设和管理体制还有待改进完善。在坚定地发展核能的同时，要强化风险意识，努力夯实安全基础，有一个‘百年大计、稳扎稳打’的心态和安排，不要大跃进。”

杜祥琬建议，对内陆核电站确定严格的设计标准，且对排放约束要更加严格，在场址的选择上需作更充分的论证，特别是要避开地震带和水源地。他说，欧美60%的核电机组建在内陆；美国104座运行的反应堆，100个建在内陆，我国可充分借鉴其经验。

“核电要可持续发展，必须消除放射性的大规模释放，同时加强放射性废物的处理处置，减小公众后顾之忧。”清华大学何建坤教授认为，“新建核电站要实行国际上最严格的核安全标准，并增强预防和缓解核安全事故的能力。例如提高应对长时间全场断电的能力，提升应对外部灾害的能力等。”他建议，我国应建立完善的民用核安全设备标准体系，设立实体化、独立的国家核安全监管机构，建立专业化核事故应急救援队伍。

（发表于《光明日报》，2012年6月11日06版）

人类无法弃核

尽管有些国家宣布弃核，但国际核电格局相对稳定。中国核电发展应稳中求进，谨防跃进和冒进。

非化石能源包括可再生能源和核能。可再生能源中的太阳能、风能、生物质能等可看作是广义的太阳能。而太阳能源于核能，是太阳内部发生的核聚变释放能量的一种形式。可以说没有核能就没有人类，人类与核能天然地结下了不解之缘；另一方面，地球上可控的核能发展，大体上将经历由利用核裂变能走向利用核聚变能两大阶段，目前是利用核裂变能，而未来的核聚变电站将为人类提供可永续发展的核能，成为受控核能的归宿。从以上两重意义上说，人类无法弃核。

1　国际核电格局稳定

现阶段有现实意义的是核裂变能。在它发展的几十年历程中，曾发生过三里岛、切尔诺贝利和福岛三次大事故。尽管因核电事故死亡的人数远少于煤炭的矿难事故和交通事故，但由于核事故具有一定的后效性和扩散性，每一次事故都增加了人们对核电安全的担忧，甚至使人谈核色变，因而给核电的发展势头带来负面的冲击。福岛事故后，德国、瑞士等国宣布逐步弃核，就是指的放弃本国核裂变电站的发展。这些国家的弃核对世界核能的全局影响不大。

美、中、英、法、俄及韩、印等国和国际原子能机构对福岛事故进行了认真分析，对核电的安全性重新进行了评估，做出了明确的结论，确认了继续发展核电的方针。世界核能发展的基本格局是稳定的。

这种战略上的稳定性，有以下三方面的深层次原因：第一，发现和认识核能，是20世纪人类最伟大的科学成就之一。人类既然认识了核能的巨大潜力和价值，就不可能把它锁在抽屉里、关在笼子里，必然会努力去开发它、掌握它，使之成为人类的驯服工具，不驾驭核能才是真正的危险。第二，原理上，核裂变能是可以驾驭、可以控制的；实践上，也已证明了这个可控性。至2010年年底，全球共441座运行的核裂变反应堆，总装机3.75亿千瓦，年发电量占全球电力的15%。30个拥有核电的国家累计已有1.4万堆年的运行经验。第三，对每次核事故，经过仔细的、全面的研究，对事故发生的具体原因、给出的经验和教训，都有明确的结论。三次事故分别从内部风险和外部风险不同角度提供了互相补充的丰富经验教训和启示，深化了人们对核安全的理解。

2 理性发展核电

核电在战略上具有竞争力，根本原因在于，它有着不可替代的优点：它是高能量密度的能源；输出功率稳定高效；它是比较清洁、低碳、环境友好的能源；这些优点的展现又是以核电可以做到安全为基础和前提的。我国发展核能和可再生能源是为了逐步替代化石能源，而高比例的替代要求其最终必然发展到一个相当大的规模。同时，核能是一个科学技术要素很多的产业，其安全和规模化的发展必将带动多方面的科学、技术和工程领域的进步，对国家来说，这是一个争占科技优势制高点的大战略，也是创新型国家的重要标志之一。

我国已运行15台核电机组，装机1257万千瓦，几代核电人的卓越努力，使之保持着良好的安全纪录。这既是发展的基础，也是信心的根据之一。核电目前在我国电力中所占的比例不足2%，有着很大的发展潜力，在这个战略必争的领域，保持指导思想和方针政策的稳定性和持续性是十分重要的。

历史地看，我国核能事业还很年轻，处在发展的初级阶段。需要清醒地认识到，我国核能基础研究薄弱，技术储备不足，对长远发展目标和路线图的论证还不够深入，全产业链各个环节的发展尚未协调配套，核能发展的法制建设和管理体制有待改进完善。在坚定发展核能的同时，需强化风险意识，努力夯实各方面的基础，有一个“百年大计、稳扎稳打”的心态和安排。

在我国的发展史上，未曾有过因头脑冷静稳步发展造成的失误，倒是有狂热的“大跃进”使国家损失惨重的深刻教训。我国核能迄今的发展是比较健康的。未来核电发展，需做好一系列工作。

首先，切实落实安全大检查提出的各项整改措施，提升核安全文化素养和水平；研究和制定更高的核安全标准，从选址、设计、堆型选择、建造、运行、管理等各环节确保运行安全，提高预防或缓解事故的能力，使放射性释放的潜在风险切实可控。

其次，科学制定我国核能发展战略，并在战略的指导下调整和制定核能发展规划及实现规划目标的路线图和具体措施。中国工程院核能研究课题组建议，在2015年装机约达4000万千瓦规划的基础上，2020年我国核电运行装机达6000万～7000万千瓦，在建约3000万千瓦，可供研究和决策参考。

对进一步实现更大规模核电的目标和时间表，有关单位和专家已有一些定量的研究和建议，尽管各家的估算存在着差异，却有一个共同点，即规模与时间表要和铀资源的可供性相匹配。获取铀资源有几种途径，完全可以通过对情况的科学调研与分析，对技术可行性、市场可能性、供应安全性、经济性及提高铀资源利用率的途径，得到更中肯的认识，并使相应的研发投入和政策措施的制定，也建立在更充分的科学论证的基础上。

再次，沿海和内陆核电站都要做到安全，对内陆核电站确定严格的设计标准，且对排放约束更严是必要的。在场址的选择上需作更充分的论证，特别是对避开地震带和水源的稳定可供性应予以高度重视。欧美60%的核电机组建在内陆，美国104座运行中的反应堆，100个在内陆，我国可充分借鉴其经验。

最后，关于核能长远发展的技术路线，涉及热中子堆以后如何发展的问题。我国目前启动了实验快堆的研究，但快堆的发展战略尚不清晰，商用快堆采取何种技术路线，后处理技术如何选择，其他堆型（包括裂变—聚变混合能源堆、小型核反应堆、核动力堆等）前景如何……这些问题，宜多做研究，多进行论证。与此相关的是，需加强与核能有关的基础性研究，如与反应堆质量和寿命有关的材料学研究、核反应堆新概念、新技术、新工艺研究、从海水中提取铀的研究等。我国未来的核能规模可能是世界上最大的，它必须建立在最先进而又可靠的科学技术基础之上。

发展核能是国家行为，需更好地理顺和完善管理体制和机制。发展核能的根本目的是造福人民，有关的科学普及工作和公众参与需要制度化常态化，这对赢得公众的信心和支持是十分重要的。

（发表于《能源》，2012 年 6 月，p. 56）

安全核电，人类文明进步之果

1　福岛值得关注，也值得借鉴

日本福岛核电站发生的核泄漏，使日本大地震和强海啸造成的灾难雪上加霜，也引起了人们对核电站安全的关注、担心和诸多议论。作为日本的近邻且正在积极发展核电的中国，自然格外关心。我们应仔细研究，吸取必要的经验教训。

世界核电发展50多年，目前有400多座核电机组在运行。在发生过的几次“核事件”中，有三次属于“核事故”：1979年的美国三里岛事故属于五级，1986年前苏联的切尔诺贝利事故和这次的福岛核泄漏事故均属最高级别——七级，但福岛事故与切尔诺贝利事故有重大不同。切尔诺贝利核电站事故是由完全可以避免的低级错误造成的。此外，它在设计上有先天的缺陷——没有安全壳。

福岛核电站建于40年前，选用“沸水堆”，属于二代反应堆初期的水平。应该说，福岛核电站的设计是有较高的抗震标准的，但对破坏性如此强的海啸预料不够。客观地说，在这次9级地震且复合强海啸冲击的情况下，反应堆的几层护罩虽有损坏，却还能基本保存下来，使有限的核泄漏仅影响局限的范围，已是很不容易了。

但是，根据核电必须“确保安全”的原则，仍有不少值得吸取的经验教训。例如：核电站不宜建在地震带上；核电站设计的安全标准要充分考虑可能发生的天然和人为的事故情景；在出现意外事故的情况下，不仅要确保自动停堆，而且要确保冷却手段的有效性；乏燃料池的冷却水在事故情况下未能确保，也是必须改进的；应制定应对发生超过设计标准的事故的应急预案，使后果可控；福岛事故的事后处置不及时、不得力，暴露了体制上、管理上和技术上的问题等。相信从事核电站设计、建设和管理的专家们会有更深入细致的研究总结，从中得到启示，引以为鉴。不必因这次事故“谈核色变”，福岛核事故造成的损失，将由核电技术和管理的进步来补偿。

2　核能的发现和利用是20世纪人类最重大的科学技术成就之一

20世纪初叶，是物理学取得革命性发现的年代。人们认识了原子的结构、原子核的结构和性质，认识了重核裂变、轻核聚变的规律，认识了质—能关系等。关于核裂变的首篇论文，发表于1939年。在第二次世界大战的时代背景下，这个基础研究的重大发现，首先被用于军事目的。六年之后，就试爆了世界第一颗原子弹，以后又成功制备了氢弹，出现了几个核大国，这是核科学技术的惊世之作。

核能的和平利用，是人类理性的正确选择。核电站、核动力相继问世，核电成了人类拥有的一种新型洁净能源，是基础研究的成果转化为先进生产力的杰出典型，是一种战略性的新兴产业。

应该说明，核电站不可能发生原子弹那样的核爆炸，这不仅是因为二者使用的核材料的级别不同，更重要的是物理设计原理完全不同。这次福岛核电站出现的不是核爆炸，而是氢气爆炸和冷却系统一度失效，从而造成了一定量的核泄漏。当然，这样的事故也是应当避免的。

以历史眼光来看，像任何工程科技领域的创新一样，核电的发展也有一个发育成熟的过程，不可能一帆风顺、一路轻松。安全应该是发展核电的前提和最高原则，也是核电文化的核心

我国目前运行中的核电站，选用的是压水堆型，技术水平属二代改进型，安全性高于福岛核电站。压水堆具有三道安全屏障：燃料包壳、反应堆压力边界或称压力容器和反应堆安全壳。这三道屏障能有效地防止放射性物质泄漏。

以历史眼光来看，像任何工程科技领域的创新一样，核电的发展也有一个发育成熟的过程，不可能一帆风顺、一路轻松。航空、航天的先行者，有人为成功献出了生命；驯服核能，也不免付出代价和牺牲。当然，核电毕竟有它的特点，一旦出现事故，其后果具有扩散性和后效性，因此要格外慎之又慎，安全应该是发展核电的前提和最高原则，也是核电文化的核心。

3 21世纪将见证安全的核电对人类的贡献

在目前世界的电力中，核电占14%，但在我国，核电才占1%。积极发展核电是我国能源发展的长期重大战略选择，它符合建设“两型社会”、实现经济—环境双赢的国家战略，它将提供洁净能源、优化能源结构，是应对气候变化国家战略的组成部分，它将带动一系列的科技创新、支撑一个战略性新兴产业、占领一个战略制高点。

今后几十年，核电仍将靠裂变反应堆发展，包括燃烧铀-235的热中子堆（如压水堆等）、可利用铀-238的快中子堆等堆型。再往后，有可能将由受控热核聚变堆来接力，以实现长期可持续发展。必须强调，核电的发展绝不仅仅是建核电站，而是一个产业链，包括核资源、核燃料循环、核电站、后处理和核废物处置等，是一个科技含量高的行业，必须进行缜密的统筹安排。福岛的核事故不应动摇我国发展核电的基本战略。根据中国工程院的咨询研究，到2050年，核电在我国一次能源结构中，可能占到15%，成为中国多元能源体系中的一个绿色支柱。

为了核电的科学发展，建议：

（1）尽快制定我国的《原子能法》，并进一步完善核电有关的标准、法规、条例等，使完备的核电法制体系成为我国法制建设的有机组成部分。

（2）核电建设应是国家行为。从体制机制和管理上要进一步理顺，制定好中国核电的发展战略，战略指导下的规划，包括人才的培养、科技的研发、产业的培育等。

（3）加大与发展核电有关的科普工作力度。我们每天都生活在辐射的环境中，构成危害的辐射量是有科学标准的。从各级政府、社会各界到广大群众，对核电的发展凝聚更高的共识。科技工作者对此有义不容辞的责任。

本质上，核电的发展是以人为本的美丽事业，它是科学技术发展的产物，是人类文明进步的标志，也将是人类共享的财富。

（发表于《中国核工业》《光明日报》等，2011年）

试论我国能源长远发展的战略问题

——关于核能在我国能源结构中的地位①

1　21世纪我国能源需求预估和我国能源现状

为实现我国国民经济发展的宏伟目标，能源需求的增长量将会很大。根据有关部门的预测（见表1）可以看出，2000年的能源需求量约为1980年的两倍多，2030年则接近1980年的6倍。从人均能耗来看，我国人均能耗很低，1985年为0.8吨标准煤，仅为世界平均水平的1/4，日本的1/8，苏联的1/10，美国的1/20。根据国内外学者的研究，现代社会小康生活（人均产值达到1000美元左右）所需的人均能耗约为1.5吨标准煤。而我国到2000年，预计人均能耗也只能达到1.13吨标准煤。如到2050年，我国生活达到中等发达国家的平均水平时，人均能耗要达到5吨标准煤左右，能源总需求量要达到60亿标准煤以上，这是非常艰巨的。

表1　中国中长期经济、能源需求指标预测

指　　标	年　　代				
	1980	1985	1990	2000	2030
国民生产总值（亿美元）	2736	4597	6600	12030	51990
能源需求量（亿吨标准煤）	6.02	8.41	9.91	14.14	34.5
电力需求量（亿度）	3006	4073	5500	12000	51860
产值能耗（吨标准煤/万美元）	22.0	18.3	15.0	11.8	6.6
发电能源在一次能源总量中的比重%	20.6	19.3	21.1	30.5	49.6
人均年GDP（美元/人·年）	277	439	593	962	3710
人均年能耗量（吨标准煤/人·年）	0.61	0.8	0.89	1.13	2.46
人均年用电量（千瓦小时/人·年）	304	389	494	690	3700

注：1. 产值按1660年价格计
　　2. 预测时1美元=1.55元人民币
　　3. 1990年数值为“七五”计划数

目前，我国电力短缺现象十分严重。虽然这几年来我国电力工业发展很快，1987年发电量达4973亿千瓦，超过加拿大，仅次于美、苏、日，跃居世界第4位。发电装机容量突破1亿千瓦（约10292万千瓦），超过联邦德国，跃居世界第5位，但我国电力供应仍非常紧张。由于我国人口多（占世界人口的23%），人均占有年发电量水平很低，只有469千瓦时，是加拿大的2.96%，苏联的7.87%，日本的9.57%，美国的4.34%，比全世界平均

① 本文作者：杜祥琬，竺家亨，刘成安，李曼莉。

数 1957 千瓦时还低得多，因此，我国明显地显示出了电力的短缺，尤其是人口相对集中，工农业比较发达的沿海地区和东北各省市，能源供应非常紧张。农村缺电更为严重，农村的人均用电量仅为 56 千瓦小时，不到苏联的 1/50。

我国能源不仅供需缺口很大，而且能源结构上比例失调。我国一次能源消费中有 70% 以上是来自煤，而核电长期以来没有及时发展，这在世界主要国家中是罕见的。

2 改变以煤为主的能源结构势在必行

应该认识到，这种以煤为主的能源结构目前已蕴育严重问题，对我国的长远发展极为不利，以煤作为主要能源的主要弊端是：

2.1 后续生产能力不足

我国煤炭储量虽然比较丰富，但经过精查的可采储量只占 1/4，而且不少已被现有矿井占用。前几年由于乡镇煤矿的大量增产，煤炭供应曾一度缓和。但有不少乡镇煤矿主要是采浮煤，可以说是有产量而无生产能力，上得快，下得也快。而近年因大型统配煤矿投资不足、需求增加、运输限制等原因，我国煤炭供应趋于紧张，预测到 1990 年，我国每年用煤约有 1 亿吨缺口。由于每年投产的燃煤电站将达 1000 万千瓦，煤炭供应的紧张状态将比现在更加突出。况且目前开采的为浅层煤，以后不得不往深层开采，这将使成本、代价更高，困难更大。

2.2 运输紧张

我国能源资源分布的地理位置极不均衡。全国煤炭储量近 80% 分布在北方，而江南八省只占 2%。水力资源 70% 分布在西南。华东、东北、中南三大区的能源资源合计只占全国能源蕴藏量 15% 左右。江南八省加上山东、河北、辽宁、吉林、河南共 13 个省的能源资源蕴藏量只占全国的 13%，但人口则占全国的 63%，能源消耗量占 65%，形成了我国经济重心偏东、能源重心偏西的不合理局面。为了对付这种东部经济发达和人口稠密的地区缺乏常规能源，因此形成西煤东运、北煤南运、煤炭出关的强大煤流。煤占铁路货运量的 40%，水路运输量的 1/3 以上。由于煤炭运量大、运距长，给交通运输带来繁重压力。长期以来交通运输紧张，主要表现之一是能源运输紧张；另一方面我国能源紧张、电力不足，很大程度上也是运输能力不足造成的。1988 年 8 月以来，江苏省 40% 的统配发电机组停机，发电用煤告急，就是因为运输限制了煤炭供应。今后几年我国每年近 1000 万千瓦发电机组投产，每年增加 3000 多万吨发电用煤，将使已经繁重的煤炭运输更加困难。

我国东北部地区电力增长快、煤炭运输的矛盾更为突出。预计 2000 年发电用煤将达 5.5 亿吨，2010 年将达 10 亿吨以上。如不改变以煤炭为主的能源结构，这么繁重的运输任务是难以想象的。我国煤炭运输任务繁重的津浦、京沈、京汉等铁路，也是客运最繁忙的线路。如果发展核电减少煤炭运量，可腾出运力，扩大旅客运输。而且煤电的运输费用昂贵，每千瓦煤电的年运输费，在上海为 60～78 元，厦门为 65～98 元，广州为 97～115 元。每千瓦煤电的运输建设投资，上海为 500～650 元，厦门 1000 多元，广州为 750～880 元。

2.3 污染严重

我国大气污染严重，全国部分城市监测的数据表明，有 89.4% 的城市大气中颗粒物浓度超过国家标准。重庆、贵阳、长沙、南昌等城市已出现酸雨的污染，并呈发展趋势。从1980年至1984年全球环境监测系统监测的40个城市，除中东的科威特大气中颗粒物浓度居第一外，我国参加监测的沈阳、西安、北京、上海、广州五城市，分别居第二、三、五、九、十位。我国是世界上大气污染最严重的国家之一。辽宁的本溪市，由于大气污染，全年近一半的时间能见度只有30~50米。

我国以煤为主的能源结构，是造成大污染的根本原因。煤和水能、核能、石油、天然气相比，是一种对环境污染最严重的能源。100万千瓦煤电站每年排出烟尘100万吨、二氧化硫6万多吨，强致癌物苯并芘630公斤。加之我国煤炭加工转化技术落后，66%的煤是原煤散烧，燃烧效率低，不仅浪费了能源，而且加重了污染。我国排入大气的飘尘和二氧化硫，有73%和90%来自煤的燃烧。如果仍以煤为主要能源，烧煤产生的烟尘及有害气体将成倍增长，从而使环境的污染达到令人难以忍受的地步。以后煤的深层开采，含硫量更高，污染将更为严重。

2.4 对地球气候影响较深

大量煤炭的直接燃烧将引起严重的酸雨现象和导致全球性的温室效应。

随着煤、石油、天然气的大量使用，大气中二氧化碳等会引起地球表面温度升高的气体的浓度正急剧升高。据国内外专家、科学家估计，到下世纪30年代，大气中二氧化碳浓度将增加一倍，从而使世界气温50年内升高1.5~4.5℃。而在短期内气温的大量升高，给人类带来的威胁将比核战争更值得重视。

由于气温升高将使海平面上升0.2~1.4米，从而严重影响沿海地区经济开发；气温变化引起降雨量分布的改变，特使副热带、中纬度地区，例如我国缺水的华北、西北地区更加干旱，从而加速该地区的沙漠化，如此迅速的气温变化引起的沙化面积的扩大和雨带迁移，使工业、农业和城市建设难以同步调节。

目前只有减少煤、石油、天然气等燃料的消耗量，才能减少二氧化碳向大气的排放。

因此，我们必须采取有力措施，有计划地改变现有能源结构。

3 对各种常规能源的分析

3.1 石油和天然气资源

根据目前国内外学者的估计，我国石油资源大致介于300~700亿吨，石油的总储量占世界第10位，按人口平均只占世界第29位。1987年我国石油产量为1.33亿吨。为在2000年达到年产2亿吨的目标尚需做出巨大的努力。不仅已探明的储量不足以保证国民经济增长的需要，而且很多油田已进入开发的中晚期，出现了产量自然递减的趋势。容易找的油田都已被逐步发现了。找油转向西部沙漠和东部海滩，难度越来越大，投资越来越多，而且没有把握。

据估计，在我国下世纪的能源构成中，石油、天然气最多能达到1/4的比例，而且从2030年以后，这个比例将开始下降（见表2）。

3.2 水能资源

我国水能资源是世界上最丰富的国家，全国理论蕴藏量达6.8亿千瓦，年可发电量合

5.9万亿度；其中可开发的为3.7亿千瓦，年可发电量为1.9万亿度，相当于7亿吨标准煤。

水能是常规一次能源中最干净的能源，大力开发水电将是我国能源开发战略目标的重要部分之一。

表2 能源构成比例发展趋势预测（核能为补充能源前提下的预测）

	能源消费总量（万吨标准煤）	能源构成%			
		煤炭	石油天然气	水电	核能及其他
1980	60275	71.81	24.19	4	
1985	76426	75.85	19.34	4.81	
2000	140000	71.43	21.32	6.00	1.25
2015	220000	64.00	26.81	6.83	2.36
2030	310000	57	25	8	10
2050	500000	50	20	10	20

我国水能目前存在的主要问题是：水能蕴藏量取决于河道的落差及径流，我国地势西高东低，由西南部的青藏高原向东逐步下降，而降水量则由东南向西北逐步减少。西部地区河流落差大，南部地区径流丰富，形成水能资源在地区分布上的不均匀性。各大区分布，以西南地区最高，约占全国70%，西北地区占12.5%，中、南地区占9.5%，华东地区占4.4%，东北和华北地区各占1.8%。

其次，由于技术上和经济上的种种限制，水能不可能全部得到利用。

据估计，发展到下个世纪50年代我国的能源结构中，水能资源有希望达到10%的比重（见上表），但这已接近其极限值了。在局部地区，水能可成为主要能源，但就全国来说，它只能是一种辅助能源。

3.3 新能源和可再生能源

新能源和可再生能源包括地热能、太阳能、风能、潮汐能和海洋能。这些既是未来的能源之一，又是当前解决我国农村能源需求的很有发展前途的能源。

新能源和可再生能源资源非常巨大，取之不尽，用之不竭。可再生能源中，尤其是太阳能将是持久能源系统基础之一。如设想到2000年我国农村依靠薪炭林、沼气、太阳灶、部分风能、小水电、地热能等解决50%能源，这样就可使农村生态系统转向良性循环，可为实现农业现代化奠定基础。但是，在本世纪余下的时间不多，这些能源对解决中国能源短缺问题还起不到重要作用。在下个世纪的我国能源结构中，这些能源应占有一定比重。但由于技术和经济条件的限制，它仍成为替代能源的可能性不大。

4 最现实的替代能源——核能

为了从根本上解决我国能源的问题，必须从发展战略上重新估价核能的作用和地位。核能是最现实的替代能源。同其他许多发达国家一样，我国必须走和平利用核能的道路。

我国核能的利用，在国家能源结构中已开始有了一定的地位，压水堆电站正在加紧建设。但是，我国核能长远发展的指导思想问题并未完全解决。在我国未来的能源结构中，核能仍将只是补充能源呢，还是可以成为替代能源？在今后的50～100年间，核能是否可能逐步发展成为我国能源的主要支柱？这些问题有必要进一步明确。

这里有两个问题需要分析：一是核能的经济性问题，二是对我国“核能资源”的认识问题。关于核电的经济性问题，国外已有统计资料。世界上几个主要发展核电国家，其核电成本分别比煤电成本低16.6% ~40%。就印度而言其核电成本也比煤电成本低28%。两者竞争力的差异与各国的具体情况有关，这里不作详细论述。我们着重讨论对我国核能资源、核能潜力的认识问题。

目前，国内不少同志形成这样一个概念，我国的核能资源只能满足1500万千瓦核电站运行30年的需要，因此，对核能在我国能源发展中的地位和作用估计不高。他们认为：“核能是要发展的，但发展不了太多，因为我国核资源有限”。国家科委1985年出版的《中国技术政策》能源卷中，在论述我国核能发展前景时写道：“我国……现已探明的铀矿储量，除军用外，可供1500万千瓦核电站运行30年之用”。

这是一个需要澄清的概念。如果我们只发展压水堆电站，这个论断也许是不错的。但是，如果我们及时着手发展增殖堆，“核能资源”的概念就变活了。至于将来发展起纯聚变核电站，那么，核能资源就几乎是无穷尽的了。

我们知道，热堆电站（如压水堆电站）只用了天然铀中含量0.7%的铀-235，其中99.3%的铀-238在热堆中无法加以利用。如何利用铀-238资源，这是维持裂变能源经济继续发挥作用的关键。其核心问题是，要有一个强中子源，用中子将铀-238（或钍-232）转换成可作热堆燃料的钚-239（或铀-233）。可以完成这种转换核燃料的堆，叫核燃料增殖堆，或简称增殖堆。因为它消耗核燃料的同时，可生产更多的核燃料。聚变—裂变混合堆（简称混合堆）和快堆就是两种较好可行的增殖堆。

混合堆和快堆可以提高天然铀的利用率60~100倍。而且还可以将自然界中大量存在的钍-232转变为可裂变燃料铀-233。

我国的高技术计划中，已将混合堆和快堆同时作为先进核反应堆技术预研论证的课题。我们在“我国核能新技术发展战略初探”一文中，对此作了较详细的讨论。

此外，中国早在60年代就开始了聚变技术的研究，现在已有了相当的基础，今后不应该，也不会停止开发聚变能源的努力。

世界先进核电国家，都已集中了相当的人力、财力从事聚变技术的研究。1986年美、苏、日、欧州共同体达成了政府间协议，共同出资，协同建造聚变工程实验堆（IETR）。计划于1988年至1992年完成工程设计。1998年开始进行，演示全部的技术可行性。2000年之后在商业规模上演示经济可行性。

中国没有参加四方的国际合作，但在混合堆领域与美国已达成了非政府级的双边合作协议，与日本在积分中子学实验方面也有间接的合作关系。

聚变技术已处于攻关的关键阶段，金属燃料快堆也还在研究过程中。中国究竟采用什么样的过渡堆型方案作为向聚变能源时代过渡的桥梁，现在还存在很多不确定的因素。随着聚变技术的飞速发展，也不能排除把聚变裂变混合堆作为解决核燃料短缺问题的过渡堆型，同时也作为向纯聚变堆过渡的中间阶段。或者快堆和混合堆并存，构成合理的能源结构，既解决过渡阶段核燃料不足的问题，又为向纯聚变过渡作准备，这是一举两得的事情。

值得一提的是，激光聚变的技术近年来有了重大的进展。美国已在实验上验证了激光聚变反应堆的可行性。美、苏等国都在加强这个领域的研究工作。如果说，裂变堆电站是原子弹技术向国民领域的延伸，则聚变堆电站是氢弹技术向民用领域的延伸。聚变堆电站的成功将解决人类长远能源的问题，值得我国予以充分的重视。

5　对我国能源发展战略的建议

为满足国民经济发展对能源的迫切需求，从我国能源工业的实际基础出发，在今后相当长的一段时间内，煤炭仍将是我国能源中的主角。但是，由于前面分析过的多方面原因，必须注意逐步**改变以煤为主的能源结构**，使我国下个世纪的能源工业建立在科学的、有远见的发展战略的基础上。

为此，除人们已普遍认识到的重视水、油、气的开发，风能、太阳能的利作，以及注意大力节能、提高能源利用效率外，我们认为，一个重要的问题是要解决对**核能的作用与地位的认识问题**。

必须**澄清“我国核能资源有限”的模糊认识**，切实**纠正“核能发展潜力有限，只能作为补充能源”的不科学的观点**。**确立大力发展核能的方针**，将压水堆电站—增殖堆电站—聚变堆电站作为一个发展系列来考虑，要明确核能必须也能够成为我国未来能源结构中的主角，发挥**替代能源**的作用。这一点，对制定我国的长期能源战略具有重要而现实的意义。

参考文献

[1] 核科学与工程，第1期，1988.

[2] 人民日报（海外版）9月27~29日，1988.

[3] 国外高技术进展预测一百例．科技文献出版社，1987.

[4] 陈书云．试验核电的经济性．1987.

[5] 国家科委编．中国技术政策——能源．1985.

[6] 世界能源导报，1987，1988.

（发表于《国际技术经济研究》，1989年3月，p. 23）

生态环境篇

三、能源与生态环境

谈治霾：10 年应该见成效

“近几年来，中国很多城市地区遭遇灰霾天气，更多的人关心的是治霾速度和力度能否更快更见效。有关人士提出治霾最快需要 15～20 年，对此您如何看?”初春，《科技日报》记者在中国工程院专访现任国家能源咨询专家委员会副主任、国家气候变化专家委员会主任杜祥琬院士时问道。

“治霾是必须的，肯定需要时间，但太长了让人没有信心。我认为 10 年应该见成效。中国总是在不断进步的。”杜祥琬语气凝重地回答。

“如何能够做到治霾 10 年见成效?”记者追问。

杜祥琬说，雾霾的出现，说明我们以前的发展方式存在粗放的问题，若要治霾较快见效，迫切需要我国在未来发展方向和路径上做精心设计，因为国内的环境容量比国际平均水平低好几倍。我们的发展没有本钱粗放，需要认真设计现代化、城镇化，以及同步设计分布式低碳能源方案。

经过 30 年的发展，我国现在客观上面临着两场竞赛，一是国内粗放型发展方式与转变这种发展方式的较劲；二是国际上，不管发达国家还是发展中国家，展开了走绿色低碳之路的竞赛，中国要参与其中，不能落伍落后。所以在这两场竞赛中，中国要胜出，才能拥有未来，这就需要把发展方式转变的路径走好。

“其实我国不缺乏有想法的人，也不匮乏措施和办法，而在生态环境损害问责方面，一直没有强制性的铁腕政策，未来在环境方面是不是应该建立一个长效的监督机制?”记者问道。

杜祥琬说，终身追究，这是很好的思想。国际上有比较成功的经验，比如企业责任延伸制度，就是对其产品负责到底，包括产生的污染物。强制性措施，包括行政性、经济性和教育性，这是一套改变环境、生态和社会的组合拳。

目前在很多国家成立了一种包括政府、企业、专家和公众的联合环境协调委员会，就是让民众自由表达心声的权利和体现，这也是政府的一个抓手，一种社会治理的模式。

“煤的燃烧对于灰霾的贡献非常大。鉴于国际上很多国家对煤炭已清洁生产和利用，而我国煤炭用量在能源总量上比重很大，今后是否会在煤的开采、生产和消费等用量及使用方式上加以限制?”记者问。

杜祥琬指出，我们寄希望于在“十三五”期间，这是一个转型发展方式的关键期。煤炭在能源上具有标志性，它的消耗总量将见顶，即不再增长。

通过研究，我国煤炭专家一致提出“煤炭科学产能”的概念，即摸清各大煤矿科学产煤的能力情况，基本上做到不破坏生态环境，减少人员伤亡。再有，提高煤炭用于发电的比例（现在基本是一半），把非发电直接燃烧的部分用气和电替代。同时，燃油车要用电替代。还将提倡把煤燃烧转变成电的各个环节“吃干榨净”的做法，在全球做得非常好的是上海外高桥三厂。

然而，中国总的能源需求量还会继续增长，这要靠低碳能源“三匹马”拉车补足，分别是可再生能源、核能和天然气（包括非常规天然气），如果其中一匹马能够把我国低碳能源拉上去，足以替代煤炭，其他马车当然就省劲了。实际上，需三者齐努力。我们希望到2020年天然气能够超过10%，而非化石能源超过15%，这是在国际上已经承诺的。

“如何看待德国能源转型，欧洲可再生能源策略有哪些值得我国借鉴？‘新型城镇化’如何利用新能源？”记者问。

杜祥琬答道，在可再生能源方面，欧洲一些国家的经验值得借鉴。丹麦国土面积不大，不过海岸线很长，因此风电海上多于陆上。德国虽然和法国比邻，但是能源政策情况差异很大，法国核电占发电比例的75%，而德国准备“弃核”发展高比例的可再生能源，未来这是大势所趋。我国现在与丹麦、德国、法国合作得非常密切。

从某种角度而言，我国有这么多的省相当于欧洲很多国家，各地蕴含的可再生能源不一样，像西南地区以水电为主。所以要因地制宜、高比例的发展可再生能源，需要有关部门统筹制定发展规划，不断实施一些鼓励政策。中央已明确要继续发展核电，而且要深入论证内陆核电站。

对于城市的发展，我们现在不叫城市化，该叫城镇化，其内涵是，不能都建成北上广这样的大城市，造成人口高度聚集，这种发展模式必然是高碳的。城镇化如何低碳发展？这涉及能源要采用分布式低碳能源的方式，例如用天然气加上可再生能源（特别是太阳能和生物质能）。这样在发展的过程中，不再增加二氧化碳和污染物的增量，让人们切实感受到空气污染的状况在逐渐改变。

（发表于《科技日报》2015年4月22日，第03版）

车油路三管齐下防雾霾

——访国家能源专家咨询委员会副主任、国家气候变化专家委员会主任、中国工程院原副院长杜祥琬院士

雾霾，已经成为国际关注、政府重视、百姓关心的重要问题。虽然我国政府和有关部门为此加大投入、加紧治理，但仍未达到理想效果。严重的机动车尾气污染甚至令北京市不得不在重大和特殊情况下，采取特别的限行措施。为了让山更青、水更秀、天空更湛蓝，更加切实有效地治理大气污染势在必行。

近日，12 部委联合编制印发了《加强“车、油、路”统筹，加快推进机动车污染综合防治方案》（以下简称《方案》）。此《方案》不仅是对去年 9 月国务院发布的《大气污染防治行动计划》的响应，而且对机动车污染综合防治提出了更加切实有效的措施。加强“车、油、路”统筹对推进机动车污染综合防治的意义有哪些？“车、油、路”应如何统筹，共同降低机动车尾气排放对大气的污染？油品质量升级对机动车污染综合防治能起到什么关键作用？为了求解这些问题的答案，记者采访了国家能源专家咨询委员会副主任、国家气候变化专家委员会主任、中国工程院原副院长杜祥琬院士。

1　统筹治理“车、油、路”兼顾

中国石油石化：现在因为各种原因大气污染非常严重，其中，有多少是机动车尾气排放造成的？加强“车、油、路”统筹对推进机动车污染综合防治的意义是什么？

杜祥琬：根据最新的数据，北京机动车尾气排放已超过 PM2.5 来源的 31%，杭州机动车尾气排放占 PM2.5 来源的 40%。当然，数据会随时随地变化，早上和夜晚的数据都不一样。虽然各个研究组的数据有差异，但是从 PM2.5 的来源看，源于煤炭和石油的约占 2/3，是共同的、几乎没什么差异的研究结果。除了煤炭和石油这两个大头之外，PM2.5 的来源还有工业和扬尘等等，所以，抓霾污染的大头还是要解决能源问题。

“车、油、路”统筹的意义，实际上是从能源的源头（油品）、车的类型、道路和出行方式几个方面并举，达到对机动车污染的综合防治。

中国石油石化：《方案》提出，“车、油、路”统筹治理的主要目标是加快淘汰黄标车和老旧车、大力推广新能源汽车、加快油品质量升级、加强城市交通管理。您认为，“车、油、路”应如何统筹，共同降低机动车尾气排放对大气的污染？

杜祥琬：加强“车、油、路”统筹，涵盖如何管车、如何管油和如何管路三项工作。我认为这三项工作是一套“组合拳”。车的问题在于我们现在主要还是用石油做燃料，将来要发展新型车、电动车，提倡发展低排量车；油的问题在于同样的车用油，低品质油品排

放的污染物要多一些；路的问题在于如何解决堵车问题，堵车浪费汽油并且加重尾气排放。所以，“组合拳”中的三者要共同采取措施，减少机动车尾气排放带来的温室气体和大气污染等环境问题。

例如，对我国小汽车的总量要有一个科学发展的规划战略目前，我国每千人汽车拥有量为100辆左右，约为美国的1/7，北京市的这一数字还要更高。而我国东部地区的汽车密度（每平方公里的汽车数量）甚至已经超过美国。我国东部平均人口密度是美国的8倍。同样的空间，我们的汽车密度超过美国，加上低品质燃油、再加上堵车，所以我们不可能享受到好的空气。北京市交通部门曾发布过一个报告，2011年堵车造成的各项经济损失达1056亿美元，占GDP的7.5%。堵车影响工作、浪费汽油，还造成我们的健康问题。所以，管理好道路交通，发展清洁燃料为动力的公交车，甚至于提倡多用自行车作为交通工具，这些认识和做法有利于“车、油、路”三个体系的改进，让“组合拳”共同发挥效用。

2 源头治理 油品升“新标”

中国石油石化：国家有关部门要求，2015年年底前，京津冀、长三角、珠三角等区域内重点城市全面供应符合国家第五阶段标准的车用汽、柴油，停止销售第四阶段标准的车用汽、柴油，并在2017年年底前，将这一做法推广至全国。您认为，油品质量升级对机动车污染综合防治能起到什么关键作用？

杜祥琬：提高车用汽、柴油的品质是对的，是必须的，可以减少因为车用油带来的包括温室气体和污染气体等环境问题和对人类健康的损害。将来我们的加油站都将采用高标号的车用汽、柴油，低标号的油品将逐步被淘汰。国外对车用汽、柴油也有严格的质量标准和要求，这是必须遵守的。

另外，国家非常鼓励发展新能源汽车，但是以电力等清洁能源为特征的新能源汽车的推广有一个过程。国家有计划在若干年内逐步增加新能源电动车的比例，但在现阶段不可能一下子都换为电动汽车。所以，使用化石燃料的汽、柴油车还会在相当长的时间占相当的比例。在这种情况下，车用汽、柴油必须有质量上的改进和提升，从而降低尾气排放污染。

中国石油石化：车用汽、柴油油品质量升级使油品生产企业面临新的技术要求和成本压力，并且增加了消费者的燃油成本。您认为，企业和消费者应怎样配合油品质量升级行动？

杜祥琬：虽然油品质量升级给企业造成了成本加重的负担，但这是企业履行环境保护、低碳减排的社会责任所必须花费的代价；对消费者来说，这是一个公民意识问题，即使高标号的油可能贵一些，但是为了保护环境，我们需要花这个代价，甚至于考虑转变出行方式，减少开车出行。我听说无车日那天还有不少人开车。所以，提高油品质量、选择高质量油品，降低对环境的污染是企业社会责任和公民环保意识的体现。

3 发展新能源 利在长远

中国石油石化：《方案》提出大力推广新能源汽车，您认为在我国推广以清洁能源为动力的新能源汽车的必要性和重要性是什么？

杜祥琬：发展新能源汽车是由我国的国情决定的，我国不该与发达国家攀比大排量豪华车，我们没有这个本钱也没有这样的必要做这样的攀比。日本丰田公司已经生产出0.6排量的汽车。中国本来就缺油，但是人们还抢着买大排量的车。日本的人均GDP是我们的8倍，我们的人口比他们多10倍，我们的发展还没有达到日本的先进程度。所以，我们应该提倡发展新能源电动车和小排量车，走低碳发展的道路。

中国石油石化：在您看来，新能源汽车在我国的普及和发展应注意哪些问题？

杜祥琬：目前，新能源电动汽车本身没有完全发展成熟，还有一个电池的改进和充电桩等配套设施的建设和完善过程。老百姓对它的接受也需要时间。另外，现在的新能源电动汽车如果仍是以煤炭发电代替燃油就等于用煤替代油，不是一个长远之计。我国能源现代化发展的目标是调整能源结构，减少煤电，增加低碳电力。所以，利用可再生能源和核电等非化石能源发电，使新能源电动车真正成为新能源低碳车，才是一个长远的、可持续发展的目标。

（发表于《中国石油石化》，2014年12月3日）

再说霾污染及其破解

必须坚决改变政绩考核指标体系，把环境保护和生态文明建设前置到国家发展目标的前位，纠正“GDP 主义”，以“科学发展指数”考核各地的发展，变粗放发展为科学发展，更注重发展的质量和效益。

首先让数据说明问题。关于 PM2.5 的成分和来源，虽然各研究组发表的结果有些不同，但有一个共同点是最重要的：源于煤炭和石油燃烧的颗粒物（包括一次和二次颗粒物）占 PM2.5 总量的 2/3 以上。这个宏观的结论很清楚，很重要。明确了这一点，就抓住了霾污染的源头和大头。

问题的严峻性到了什么程度呢？请看数据：

我国东部地区（爱辉—腾冲线以东）的国土面积约为全球陆地总面积的 1/30，我们在这块土地上每年消耗了全球煤炭的约 40%，即单位国土面积上消耗的煤炭（可称“煤耗空间密度”）是全球平均值的 12 倍。这块土地上的“油耗空间密度”也已是全球平均值的 3 倍。东部的“碳排放空间密度”已是全球平均值的 6 倍。我国每千人拥有的汽车数，虽是美国的几分之一，但东部的“汽车空间密度”已超过了美国！

如果单独计算京津冀地区的数据，则更为严重，仅以“煤耗空间密度”为例，它又是我国东部地区平均值的 2.5 倍，是全球平均值的 30 倍之多！可见，我国发展的高碳特征十分显著，大范围重度污染的原因不难理解。霾污染成为常态，表明发展超出了环境容量，是对发展方式触碰了环境红线的警示。

如此高倍数的高碳数据的成因也很清楚，它由 4 个因素叠加所致：①人口密度高。京津冀地区的人口密度是全球人口密度均值的近 10 倍。②单位 GDP 能耗高。2012 年，我国 GDP 总量是全球的 11.6%，却消耗了全球能源的 21.9%，即单位 GDP 能耗超过全球平均值的近一倍。主要原因是高耗能产业比例过高，能效低，浪费大。③我国能源结构中，煤炭比例高，占约 70%，化石能源一起则占到 90%。④煤炭使用中，直接燃烧的比例高，超过一半，而这一块是最污染的。2013 年，我国共耗煤 39 亿吨，其中，发电用 18.3 亿吨，直接燃烧的超过 20 亿吨。

破解霾污染问题，最根本的是切实转变发展方式：我们用几十年的时间压缩实现了发达国家约二百年的经济增长，成就巨大。但在没有走出“新型工业化道路”的情况下，粗放发展必然导致了压缩型、复合型的环境污染和碳排放增长过快。在这样的现状下，要实现经济—环境双赢，就不得不把低碳发展提前压缩到高速发展阶段中来。而不能像发达国家那样，先发达再低碳。我国转向低碳、绿色发展，必须下大的决心。

必须坚决改变政绩考核指标体系，把环境保护和生态文明建设前置到国家发展目标的前位，纠正“GDP 主义”，以“科学发展指数”考核各地的发展，变粗放发展为科学发展，更注重发展的质量和效益；以“碳排放尽早达到峰值”为抓手，促进新型发展，特别是东部要切实转向低碳发展。同时，大力倡导低碳消费方式，反对奢华风。应强调中西部开发的实质是“科学开发”，不搞“同步小康”，保护生态区的特色，中西部不能再走先污染后治理的老路。

关于具体措施，“大气十条”已相当全面，但仍想补充以下建议：①节能。抑制不合理需求和巨大的能源浪费（如大量空置房、盖摩天大楼、过剩产能、低端产业不断扩张等属于不合理需求）。②直燃煤的气替代和电替代。把有限的天然气用到该用的地方（民用和部分替代直燃煤）。③汽车的电替代。倡导小排量车，汽车总量慢增长。④坚决实施煤炭、石油总量控制。煤电高效、洁净利用煤炭（推广上海外高桥三厂的经验，在脱硫、脱硝、除尘的同时，煤电厂可节煤约 20%）。⑤大力发展非化石能源：可再生能源、核能（包括在京津冀地区建小型堆），只要下决心，几年就能见效。⑥城镇化以建设美丽农村为着眼点，使城镇化成为农业现代化的自然结果，不要人为“造城”。发展分布式能源和生物质循环利用。防止化石能源高增长，以低碳标准考核城镇化。⑦决心调整产业结构，高耗能产业已经饱和。科技推动产业升级转型。大力发展三产、服务业，既节能又保增就业。⑧努力推进垃圾分类资源化利用，大力将其做成产业。镇江企业“光大国际”已有成功经验，既利于环境、节能，又增就业。⑨建筑节能：促进建筑节能技术和建筑总量控制，解决空置房的利用问题，是重大的节能减排措施。⑩交通节能：倡导绿色、低碳出行，抑制豪华车增长，汽车的油品必须提高和达标。

总之，以行政的、经济（市场）的、文化的、舆论的、技术的措施，形成制度化的环境改革的组合拳破解污染，是作为国家全面改革的重要组成部分。

链接：他山之石

英国

【第一部空气污染防治法案】英国人反思空气污染造成的苦果，催生了世界上第一部空气污染防治法案《清洁空气法》的出台。这一法案规定城镇使用无烟燃料，推广电和天然气，冬季采取集中供暖，发电厂和重工业设施被迁至郊外等。1974 年的《控制公害法》囊括了从空气到土地和水域的保护条款，添加了控制噪音的条款。

【绿色评级　税收优惠】2007 年 9 月，英国政府宣布将在全国建设 10 个生态镇。同年 11 月，英国政府宣布将对所有房屋节能程度进行“绿色评级”，以提高房屋能源利用率和减少排放。政府要求从 2016 年开始，所有新建住宅都必须是“零排放”，此类环保住宅将享受免缴印花税的政策优惠。

美国

【清洁空气法】美国的《清洁空气法》是经过一个世纪反复修改形成的，不仅有效地改善了空气质量，也为许多国家设立清洁空气法提供了有益的经验。最近的一次修订中，要求所有进入一氧化碳“未达标区”的机动车必须使用氧化剂汽油。仅此一项，美国环保署预测，到 2020 年，《清洁空气法》将防止 23 万多人因心脏疾病、哮喘和慢性支气管炎过早死亡。

【公民参与听证会】美国公民可以对PM2.5的标准监控程序进行监督，根据公布的全年监测统计和日常监测数据，参与所在州的环保机构举行的公共听证会。

德国

【环保区域】德国超过40个城市设立了环保区域，只允许符合环保标准的车辆驶入；二是通过技术手段减少排放，例如给汽车安装微粒过滤装置。德国于2007年立法补贴安装微粒过滤装置的柴油发动机汽车，并对未安装过滤装置的车辆征收附加费。

【环保贴】德国一些城市采取了“环保贴”措施，即在车玻璃贴上不同颜色的“环保贴”，同时把城区分成4个不同区域，竖起标牌标明贴有何种颜色“环保贴”的车辆可以通行，违规者将被罚款40欧元。

日本

【楼顶绿化】城市绿化是日本治理污染的重要措施。东京规定，新建大楼必须有绿地，必须搞楼顶绿化。

【强制加过滤器】2003年，东京立法要求汽车加装过滤器，并禁止柴油发动机汽车驶入该市。东京所有出租车使用的都是天然气。

【立法】日本应对污染与环境污染控制的法规检讨始于1967年，一年后制定了“大气污染防治法”，对废气中的一氧化碳、碳氢颗粒、氧化氮等排放指标做出了规定。1992年制定了“汽车氧化氮·碳氢颗粒法”，鼓励发展小型车及低排放车种。

（发表于《中国科技奖励》，总第179期，2014年5月，p.7）

健康应列入环境影响评价

近20多年来，我国经济保持高速增长，取得了长足的进步和发展。但是，在一定程度上，这个发展是以粗放地消耗资源和牺牲环境为代价的。我国日益深刻地意识到，这种增长模式是不可持续的。我国的资源相对匮乏，环境容量有限，并伴随着严重污染和生态恶化，威胁着人民的生命和健康。因此，减少污染，改善环境不仅是改善人民健康状况、生活质量的紧迫需求，是我国可持续发展的迫切需要，也是中国作为一个世界大国应尽的义务和责任。

要把环境提高到国家发展更高的战略地位上来，为此，首先要求认识要到位。人们常议论经济与环境两难、经济与环境有很强的对立性，是这样吗?

从哲学观高度看，应该说二者是对立的统一，是根本上的统一，长远利益的统一。因为，第一，在认识上，经济与环境统一在以人为本，二者都是为了人。第二，在实践上，经济和环境也可以统一。只有把经济放在环境容量内发展，在环境的自修复、自净化能力允许下发展，在守护环境底线条件下的发展才可持续。破了容量、踩了底线，就会受到大自然的惩罚，导致发展不可持续，损害当代和未来。

其次，在认识到位的基础上，要进一步完善中国环境管理的规范、法规、标准体系。为此，笔者提出三点建议：

第一，在建设生态文明、坚持科学发展理念的指导下，制定一个包括经济质量、社会建设、民生改善、环境生态、科技进步5个可量化维度在内的科学发展指标体系，以此作为政绩、业绩考核的指标，以改变单纯追求GDP增速的倾向，使科学发展观具体化和可操作。

第二，在环境影响评价中，将环境对健康的影响纳入评价、制定标准，像对空气、水、土壤污染的评价一样，将环境对健康的影响量化，如环境致病和致死人数，都有量化数据。更深刻的是对中国人口生育质量的影响，需引起高度重视。

第三，将温室气体排放纳入环境评价指标，有两个理由：一是温室气体排放和气候变化引起的水安全、粮食安全、生态脆弱地区的环境安全、生命安全和生物安全已越来越引起全球重视，尤其是生态秉赋比较脆弱的我国，更应高度重视。二是在目前能源结构下温室气体排放与污染排放在很大程度上同根、同源、同步。所以，绿色、低碳二者高度一致。应对气候变化和环境生态保护可以相辅相成、相互促进。

（发表于《中国环境报》，2013年2月27日）

资源环境与能源战略[①]

非常高兴来到著名的天津大学，能够做客北洋大讲堂。我就开门见山，今天给大家说说这个题目，资源环境和能源战略。

同学们是要在21世纪在中国工作和生活的一代，所以我想尽可能通过这个报告多给大家一点信息，就是你们这一辈子可能会处在一个什么样的国情的国家，可能会有些什么问题，同时讲讲怎样更好地可持续发展。

1 从哥本哈根说起

气候变化问题跟资源环境关系很密切。那么我就先从哥本哈根会议的故事开始，给大家讲一点。从这里说起，咱们再来一步一步地讲我们国家，主要是能源问题。哥本哈根会议是联合国关于气候变化的第15次会议，过去宣传力度没有这么大。这一次可概括为“世界媒体云集炒作，各国政要纷纷表态，非政府组织推波助澜，真假信息会内交织、全球扩散”。这次会后，全世界的人都在谈论气候变化。本来它是一个自然科学的问题，但是由于它可能涉及经济民生社会和国家利益，它就被进一步政治化了。

先说一说气候变化究竟是怎么一回事。这个图：底下是我们的地球，地球上面盖了“三层毛毯”，画得像毛毯。实际上是环绕地球的三层物质。在上面的平流层这一层是臭氧层。下面在对流层里面是水汽啊、云彩啊，这样一层东西。下面就是以二氧化碳为主的温室气体层。那么三层毛毯改在地球的身上，起到什么作用呢？如果我们的地球在太阳的直接照射下，没有这几层毛毯，地球表面的平均气温本来应该是零下20℃。有了三层毛毯的作用，给我们增加了35℃，这样现在地球上的表面气温平均是15℃。这是一个非常适合我们生活的平均气温。我们地球上的最高温度是多少呢？最高气温是曾经在利比亚沙漠上测到过的58℃。最低气温是在南极洲的Vostok站（即东方站）上测到过的－89℃。但是平均气温是15℃。它们这三层毛毯各自增加了一定温度，水汽其实作用更大，加了21℃；二氧化碳为主的温室气体这一层加了7℃。

那么现在问题出在哪了呢？就是大气里二氧化碳的浓度在最近几百年来，特别是工业革命以来明显增加。这样导致了对温度升高的担忧。我把几个大的里程碑说一下。在一百年前有人发表了第一篇关于气候变化问题的文章。在1979年正式列入联合国大会，1988年成立了一个IPCC（联合国政府间气候变化专门委员会）。然后再1992年，订立了一个气候变化框架公约。1997年签订了京都议定书，京都议定书的功劳是什么呢？就是它定了各个

---

① 天津大学·北洋大讲堂报告，2010年11月5日

发达国家在2012年前必须减排二氧化碳的义务。然后2007年有确定了巴厘路线图。巴厘路线图明确了发达国家和发展中国家是共同而有区别的责任，这个原则非常重要。另外发达国家要提供资金和技术来应对气候变化。2009年哥本哈根会议是第15次会议，那么刚才我一开始打出的cop，也就是Conference of the Parties，缔约国的第15次会议。马上再过不到一个月，就要在墨西哥的坎昆开下一次会议了。

这次哥本哈根会议之前，人们对它寄予很大的期望，焦点是这么四个：一是希望它坚持刚才说的共约和议定书的原则；二是，因为京都议定书只管到2012年，马上就到了，对于这些发达国家要进一步承担多少义务，大家要不要制定一个到2020年的计划；另外，我们全球气候变化，要不要有一个控制目标，比如说，不能再升高两度了，因为平均气温升高两度会给全世界带来很多灾难性影响，这是要讨论的问题；最后呢，相应的二氧化碳的浓度要控制多少，也是一个需要讨论的问题。另外这些承诺的目标是不是可以测量、可以报告、可以核查，我们发展中国家，虽然没有硬的义务，要不要承担相应的责任，要讨论。还有呢，就是要落实发达国家提供多少资金和技术这样一个问题，也是大家所希望能够达成的，期望值是这么高。

在整个气候变化的讨论当中，刚才提到的共同但有区别的责任这个原则非常的重要。用几个数据来说明这一点。从1750年到1950年这200年工业化的过程中，人类排放的总的二氧化碳当中，发达国家占了95%，他们贡献大。从1950年到2000年这50年当中，发达国家的贡献仍然占77%。这些数据是不能忽略的。今天，占全世界人口只有22%的这些发达国家，消耗了全世界70%的能源。即使按照现在的承诺，到2050年以后的40年当中，美国的人均二氧化碳排放仍然比我们这些发展中国家高出两倍到五倍，各个国家情况不一样。这也可以体现共同但有区别的责任。

大家可能会注意到气候变化，有很多不同的观点。实际上气候变化问题非常复杂，不光是中国的科学家，世界上的科学家到现在也还有很多说不清的问题。有很多辩论、质疑也是很自然的。那么我想给大家一点介绍，看看哪些是确定的因素，还有哪些是不确定的，有待后人去研究的问题。有一个数据是确定的，1750年以前，大气里的二氧化碳浓度是250ppm，那么到了现在呢，因为全世界有好几十个测量站，现在的浓度是385ppm，这个升高是相当明显的，而且是继续上升的趋势。再一点就是二氧化碳有升温的作用，这一点在物理的研究上也是肯定的，也没有多大争议，只是升高多少，作用大小，这个是有争议的。另外呢，工业革命以来的气温总体上是一个上升的趋势，但是有震荡。现在说是至少升高了0.74℃。这里也确实有一些不确定的、可以辩论的东西，一个就是上升的原因。二氧化碳浓度的上升是不是完全因为人类对化石能源的燃烧，煤炭啊、石油啊这些贡献，还有没有别的因素。另外，这个敏感度是多少，比如说世界上有很多研究小组，他们现在发表的研究结论非常不一样。一个研究组的报告说，从现在开始，到2100年，就是本世纪末，如果我们继续现在这样一个发展模式的话，地球上的气温要升高6℃。但是也有一些研究组的报告称顶多升高0.6℃。这个估计可以有十倍之差。好在没有哪个小组说二氧化碳会导致气温降低，升温作用是肯定的，只是这个敏感度大小，估计差别很大。这个他们计算所用的气候模型有关。因为大家知道要把温度算出来，要解一个方程组。地球和大气是一个系统。这个系统不是一个封闭系统，它是一个开放系统，边界条件怎么取法。太阳是地球最主要的一个热源。太阳本身的活动有什么变化，都对我们会有影响。所以气候变化的自然因素，就是说太阳的因素，还有人为的因素到底如何定量估计。还有长周期和短周期的变化。长远来说，根据现在人们的认识，太阳还能健康地工作 40 亿年，是没有问题的。但是太阳它有短周期活动，比方说太阳黑子运动大概平均是 11 年一个周期。最近不是一直在议论 2010、2013 年，实际上就是太阳到那时候可能有一个比较活跃的时期，对地球会有影响，绝对不是世界末日的问题。但是就是这个长周期短周期的问题，还有很多人们并不认识的方面。

现在的主流认识还是变暖，那么这个变暖到底会有什么后果呢？有一些估计说可能会导致很多人缺水，海平面上升，北极融化，南极融化，我们喜马拉雅的雪线上升，这些都会导致海平面上升。这里面有些说不清的地方，也有一些确定的地方。中国海洋局今年年初发表了一个三十年统计的结果，就是三十年来中国的海平面上升了 7 厘米。另外对于农业啊生态啊，都会有很复杂的影响。这里面也不完全都是负面的，也有正面的，但是总体上会导致灾难性的一些负面影响。从全世界来说，特别是一些小岛国，非常担心海平面上升，它们可能就没了，这是存亡的问题。这里面有很多不确定因素。但确实是这样，如果上升得太多，对全球的影响肯定是负面的。

问题尽管复杂，我们要看破这个问题背后深刻性是什么，就是二氧化碳浓度的显著上升还是在相当程度上反映了资源能源的高消耗这样一个模式。实际上金融危机和气候变化，都告诫了全世界，人类面临着共同的能不能持续发展的战略问题。资源，尤其是这些有限的化石能源，煤也好石油也好，尽管还可以用很多年，但它毕竟是有限度的。还有环境的容量，能容忍多大的二氧化碳浓度。同时还有排放的很多污染气体。因此面临这样一个问题，要走绿色环保低碳的方向，各国没有很大的争议，没有很大的分歧，这是各国的共同利益。但是矛盾很尖锐，就在于谁承担多少义务，对各国的发展是有一定制约的。所以说，利益的冲突，特别是发达国家集团和发展中国家集团之间的基本矛盾。

会前，原来咱们只有中国的谈判团，后来温总理说还要组织一个顾问团，利用中国新闻中心，在哥本哈根宣讲中国的立场，就把我放在了这个顾问团里头。开了几天会，后来我总结了“三大”：第一大是大论坛，第二是大集市，第三是大战场。开了不知道多少国内外的会了没有这么大的。我们去的没人做一个通行的牌子，做牌的就有 3.4 万人，有一百九十几个国家参加，光首脑就去了 119 位。大论坛呢，是会内会外书面材料每天一大堆，口头讨论，讨论什么呢，讨论气候，讲绿色，讲低碳。右边这个照片是哥本哈根会议中心的一个最大的会场，这个会场也是最后开首脑会议的场地。一排能坐一百多人，前后一百多排位子，可以坐一万多人。这个顶也是个搭起的顶，顶很高。剩下的地方都是用隔板临时隔起来的小房子，一个新闻中心啊，一个工作间啊，也都非常简易。说它是大集市呢，每天早上三四万人去赶这个集。不光是会场上，还有会外游行示威的人，每天有人拿着标语，写着“我们要求气候正义”，他们都穿得挺厚的。这个会议讨论气候变暖，结果碰到北欧寒流，哥本哈根大雪，冷得要命。人们开玩笑说到底是变冷还是变暖。

有一点没有想到就是，我以为我们谈判团来的应该是外交家、搞气候的、能源的专家们，结果企业家去了很多。他们去干什么呢？他们在寻找商机，21 世纪的新的商机。新能源、节能、绿色环保这些技术，是 21 世纪的一个制高点，它们在争占新的战略制高点。小小丹麦，我那时候才知道，有三百三十几家企业在中国做生意，现在都在往新能源上走。我们在那里期间，丹麦方面主动地要跟中国代表团举行两次聚会，也就是想发展两国的贸易关系。我这顺便说一下哥本哈根的交通，我以前是没去过哥本哈根的，这次去了有个印象，跟大家说说这三四万人每天早上怎么赶去开会。它主要是依靠轨道交通，架起来的轨道交通。几分钟一趟，坐得满满的，下午散会以后坐这个走。还有人骑自行车。汽车倒也有，也就是两车道，一来一回，下来人之后就走车。那个停车场一共也就停一百辆车，基本上并不是主要靠车。哥本哈根这个城市也不大，一下来了三四万人，宾馆爆满了，后来去的一些代表团的成员都住在了瑞典最南端的一个小城叫马尔默，那个小城与哥本哈根之间就隔了一个海峡，海峡大桥一共就只有十七公里，从丹麦到瑞典来回一趟就像上班一样，仅仅需要半小时，也不要边界检查护照之类的。马尔默居民出行的主要交通方式是自行车，人们认识到节能的重要性，而且对健康有好处。所以社会发展到一定的程度会回归，北京原来是自行车城市，现在是汽车城市，堵车已经成为一个很严重的问题，首都现在被称为“首堵”，所以交通发展的模式属于社会发展的模式，值得我们去思考。

会场上很多人在讲太阳能、风能的知识，旁边的宣传台上有很多关于节能减排的资料。只要有人在上面发表演说，下边往往会有许多人认真地听讲，还有人利用多媒体宣传气候变暖对地球的影响。

再一点，会议现场，就像一场没有硝烟的战争，特别是首脑会议的时候。第一位请温总理讲话，第二位请巴西的卢拉，第三个请奥巴马，但他在哪儿呢？正当大家都困惑的时候，奥巴马从旁边一个小门进来，讲完后又从那个小门出去。后来上台的查韦斯，一上台就批奥巴马。奥巴马讲，他们是世界上最大的发达国家，是世界第二大排放国。查韦斯说他强调美国式第二大排放国，那不是隐讽中国是第一大排放国吗？他为什么不看中国的人口是美国的五倍，而美国的人均排放量是中国的五倍呢？发展中国家中国、巴西、印度和南非四个国家，称基础四国，大家的利益基本上是一致的。另外的四十几个小岛国，他们最急迫，或者可以说最激进，因为他们非常在意海平面上升的情况。在谈判的过程当中，谈判大厅日夜不休，谈判的人都年富力强，工作量非常大。一般都是谈判团谈，谈成一个协议，让首脑来签字确认。但这一次温总理去的时候还没有个书面文件，非常地胶着。温总理 16 号来，本该 18 号走，就因为这个直到 19 日凌晨 3：30 才走。他在哥本哈根待了整整六十个小时，举行了六十场会见。奥巴马也没有按时离开，也是直到 19 日凌晨才离开。温总理讲话时说，我们作出的承诺一定会兑现，并且争取超过，不与其他任何国家的技术资金挂钩，也不与任何国家的承诺挂钩。

我对这个会议有几点评价。第一点：基本成功。最后协议出来了，并遵循了京都议定书，把不能超过两度的指标写进了哥本哈根协议里，坚持共同有区别责任的原则，表达了共同的愿望。在会议期间，有个美国的博士，他看了我们的主张，就写文章说：“中国作出的承诺怎样衡量都是强有力的，没有哪个发展中国家在自己的发展历史上，对与能源有关的温室气体排放作出如此深度的长周期的承诺。”“中国对哥本哈根会议的贡献是卓越的。”这个评价是很客观的。

第二点，应对气候变化是个长期的过程，各国都要努力。不过发达国家尽量地逃避责任，而且要发展中国家一起承担责任，以后的压力会越来越大。实事求是地说，我们的历史排放要小得多，人均排放要小得多，但总排放量已是最多。中国和美国两国加起来占到了世界的40%，这里有公平正义的问题。

第三点，哥本哈根只能算个逗号，不能算是一个句号，连分号都不能算，因为许多具体的东西都没有达成。对中国主要有三点：第一要维护我们的发展权，这是合情合理的，我们正处于高速发展的阶段。第二我们是一个大国，在国际上要有一个负责的大国形象，要主动承担自己的义务。第三是最核心的，就是我们要走科学发展的道路，减少污染气体、温室气体，这是我们国家自己要做的东西，核心的问题是优化国家的绿色低碳节能能源战略。

2 中国的绿色、低碳能源战略问题

应对金融危机和全球气候变化的挑战，实质上是对人类发展方式的挑战，也是人类转变生存方式的契机。这是最核心的问题，也是你们一生会关心的关于国家发展方式的问题。

首先，就是转变发展方式。我们有五千年的历史，但只有最近的三十年集中精力发展经济，进展非常可观，但是现在的人均 GDP 是 3700 美元，比日本整整低了十倍，比美国低十三倍，世界排名在一百名之后。我们国家还有 1.5 亿贫困人口，所以中国是典型的发展中国家。有个别的媒体文章，把中国看作准发达国家，这种提法不够清晰。我们三十年的发展靠了几个要素，第一，大量消耗自然资源，像煤、矿产；第二，环境付出很大代价；第三，靠投资拉动；第四，引进大量国外技术；第五，就是廉价劳动力。这五个因素对三十年的发展起了很大的作用，但这是一种典型的粗放型的发展方式。科学技术也是生产力要素，但科学技术对发展的贡献没有那么大。美国有个经济学家叫布朗，写了一本书叫《B 模式》，批判美国的模式，“以化石燃料为基础、以小汽车为中心，是人类应该摒弃的模式，是一种会陷入危机的模式”。后来的经济危机被他言中了，可见这种模式不值得效法。在经济发展的同时，能源也在高速消耗中，在本世纪的头几年，比例是 1，也就是说 GDP 增长多少，能源消耗同样增长多少。在 2000 年全国的总能耗是 13 亿吨标煤，2008 年到 28 亿吨，现在已经到了 30 亿吨，增长过快，我们的经济发展方式是能源消耗型。同时快速扩张的经济发展是以牺牲环境为代价。我给大家看几个数据，中国的能源中，煤炭占 70%，但煤炭的利用效率比世界先进水平低了一倍多。单位 GDP 占的能耗高，2008 年，中国的 GDP 占世界的 7%，但是我们消耗了全世界 17.7% 的能源。单位 GDP 能耗过高，比美国高三倍，比日本高得还要多一点。再说一个数据，二氧化碳排放量，也坐到世界老大位置，每年排放 63 亿吨。二氧化碳、氮氧化物、可吸入颗粒物等污染物排放，中国也是世界第一。屏幕上这个图是专家们研究发表论文的关于酸雨分布的图，发现北方和南方五年来的酸雨次数和酸雨量都在上升。所以这些都说明中国的发展方式十分粗放，必须转变粗放的发展方式。我们中国不可能也不能像美国那样依靠掠夺性占有全球资源，依靠奢侈式消费拉动经济的发展方式。中国拥有十三亿人口，我们能像美国那样去发展吗？大家看这个数据，美国的人口是世界的 5%，它却消耗了世界 25% 的资源。有数据表明它开始下降，但还是在 20% 以上。中国不可能采用这种发展模式，不能有这样的消费方式，这样的人均能耗。人均能耗高，不是一个值得追赶的现代化目标，这一点中国人必须清楚认识，中国肯定还要增长的，但是不能把人均能耗提高到美国的水平，我们的国情，必须走一条新的道路。拿电力来说，我们是人均六百瓦，美国是三千瓦，是我们的五倍，有报道说我们的电力还有很大的发展空间。不错，我们的电力还要发展，但我们能不能发展五倍达到美国的水平呢？这是不可能也不需要的。所以像这样一些问题，必须冷静地认识。我国是人口大国，但是人均资源小国，我们的人口是世界的22%，但我们的耕地是世界的7%，淡水7%，石油4%，天然气2%，这些数据不是太准确，但也不会误差太大。这样一种国情，我们必须创新自己的发展方式，由粗放的发展转向创新的发展，注重发展的效率，实现发展环境的双赢。在我去挪威工程院访问的时候，挪威接待的人就非常客气地说中国是大国，挪威是小国家。我就给他们说，如果按照人均资源，挪威就是大国，中国就是小国。他们一听，这倒还是一个真实情况。挪威是什么情况呢？全国只有450万人，全国的能源问题可简单了，电力只一个水电就用不完，然后又发现了一个油田，用不完还可以出口了。它的人均能源比我们多好多倍。现在它的人均GDP为九万多美元，接近我们的近三十倍。这里画一个图，横轴是GDP，纵轴是污染排放。发达国家都是这样倒U型的情况，一边发展一边污染，然后再来治理。中国想的是发展，但是少污染一点，少花一点代价来实现发展，所以提出了科学发展观。但是我们的实际工作距离科学发展还相去甚远。为什么讲转变科学发展方式刻不容缓，如果我们的发展已经够科学了，就没必要转变。这就说明我们有很多地方做得不符合科学发展的要求。另外，面对国外媒体对中国模式的赞扬，一定要冷静，我们的发展是成就巨大，积累了不少经验，但是还有不少重要问题还没解决好，甚至还不清楚如何解决好。应该说，我们还没有一个完备的、成熟的、经过实践检验的中国发展模式。中国人正在以科学的态度探索适合中国发展的模式，掌握发展的主动权。这样认识我们的现状更为合适一点。

这是第一部分谈谈发展方式，第二点就集中谈谈我们的科学、绿色、低碳能源战略。这三个词什么含义呢？科学就是在科学发展观的指导下，在技术进步的支撑下，实现技能的基础上，科学地发展，不能是粗放的。所谓绿色，这概念和环保差不多，就是要降低污染排放，减少生态的破坏。低碳，本意是降低温室气体的排放，比如说减少二氧化碳排放，简单地说就叫低碳。为什么我们用这三个形容词呢？应该从概念上讲，污染的排放和温室其他的排放是两个不同的概念。从环保专家严格的定义说，污染排放指的是二氧化硫、氮氧化物、可吸入颗粒物这样一些对人体有害的物质的排放。而温室气体是指二氧化碳还有其他气体等。温室气体不是污染气体，这个概念很不一样。我们大气里不能没有二氧化碳，例如植物呼吸还需要二氧化碳参与循环，问题在于二氧化碳浓度上升过快，所以这是两个概念，降低污染叫环保，叫绿色，降低温室气体叫低碳。但是我想强调的是在中国能源的具体情况下，这两件事在工作方向上高度一致，也就是说走向绿色和走向低碳并行不悖。

这个能源战略，它有六个子战略。

第一是强化节能，这是战略之首。刚才给大家讲那些数据，就说明节能提效是必要的也是可能的。对我们这样的人均资源小国，必须把人均能耗控制在显著低于美国这样的发达国家之下，要用一个明显比他们低的人均能耗实现中国的现代化，这是必须做的。分析这个可能性，经济结构调整，节能潜力很大，单位GDP能耗的降低，潜力很大。再具体说我们的工业节能、交通节能、建筑节能、社会消耗节能。说到建筑，比如说清华学堂是一百年前建的，每平方米每年耗电是34度电，美国宾夕法尼亚大学大楼每平方米每年消耗

350 多度电。同样都是建筑物每年能耗相差十倍。看了建设部部长的报告我才知道，我们国家现在耗能最大的是公用建筑，都是国家买单，这些建筑，符合节能要求的很少，多数建筑还是高耗能。交通节能，不说别的，就这堵车，北京在堵车上浪费大量汽油，还有排放的尾气、耽误的工作时间。不只是北京，各个省会基本是按北京模式跟进，造成了堵车。这样一种情况下，交通节能的潜力还是很大的。还有一点社会消费节能，现在有些人的收入提高了，攀比奢华，住大房子，开大排量汽车。北京的车展，上百万英镑的车都畅销，在中国这种情况很令人深思。我去过丰田的生产厂参观，现在这厂生产 0.6 排量的小车，车小排量也小，也省空间，车跑起来几十迈就够了，日本人以用这种车为荣，而中国有人现在以谁的车大，谁的车豪华为荣，这种观念是一种落后的观念。日本人非常懂得节约，日本能源很有限，是一个缺资源的国家，节约的理念深入人心。未来我们国家要控制总量，要在 2050 年实现国家第三步战略目标，要控制能耗，特别是其中的煤炭和石油，以较低的能耗，支撑发展。我们国家现在 30 亿吨标煤，到 2020 年希望能控制在 40 亿吨标煤或稍微多一点，到 2050 年 55 亿吨标煤左右这样一个目标。在接下来的十年，能不能控制住，特别是十二五期间，再降低能耗 20%，把这个总能耗控制住是非常有意义的事情。前几年我们都是粗放式发展，这惯性很厉害。金融危机后，国家投资四万亿救市，刺激经济增长，正像我们国家领导人讲的，这四万亿投资使得高耗能产业大发展，钢铁水泥涨得特别快。所以必须调整产业结构，特别是高耗能产业。在这同时，GDP 的每年增长，现在大家都习惯每年 9% 或 10%，个别省 13% 或 15%，GDP 为每个省长的政绩，这就刺激了“GDP 主义”的激增，而我们应该更多地注重质量、效率、环境友好，在这 10% 里面，3% 甚至 4% 都是牺牲了环境的。如果把这 3%、4% 去掉呢？科学的发展增长，每年也就 6% 到 7%。所以科学增长，每年保持 7% 到 8% 就相当不错了，现在改变这样一种发展趋势，刻不容缓，说起来容易做起来就不那么容易了，现在正在努力这样去做。说一下照明节能，每年全国花在照明上的用电约为 3000 亿度。专家估算过，照明节能如果能实现，每年节约 1000 亿度电。1000 亿度电是什么概念，我们三峡电站每年发电 850 亿度，我们能节约的比一个三峡电站还多，从这些例子中能看到节约巨大的潜力和必要性。

战略之二是关于煤炭的高效洁净化利用。中国现在能源的主要支撑是煤炭，占能源供应的 70%。但是煤炭的洗、选、开采、利用是粗放的，浪费较大。曾经有一个煤炭专家说：“一个小煤窑挖一个煤矿丢三个煤矿。”意思就是容易开采的没都开采了，剩下难以利用的煤炭资源都放弃了，浪费三分之二。所以要改变粗放的形态，走安全、高效、科学、环保的发展道路。下面说一个“煤炭科学产能”的概念，煤炭现在占到能源比例的 70%，但是以后煤炭的地位要逐步下降。预计到 2050 年，煤炭的比例会下降到 40% 以下，甚至 35%，但地位仍然很重要，占三分之一强。煤炭消耗的绝对量在最近几年还会有所增加，但我们希望在 2030 年之前达到这个峰值水平，煤炭的绝对量要慢慢下降。总能源需求的继续增长需要清洁新能源的补充。要采用先进的煤炭生产和高效利用技术，提高煤炭生产的安全性和利用效率。中国的煤并不是没用，其实采用新技术还有很多可以利用的煤炭资源。但是，所有参加煤炭研究的专家说：我们现在开采的原煤，有一半以上不符合“科学产能”的标准。也就是说煤炭生产企业的条件达到现代化、比较安全、比较环保的开采不到一半，剩下的一般是粗放型的、不安全的、不环保的，所以大家经常听到矿难频发。用科学的生产满足供给合理的需求，那就得符合“煤炭科学产能”的概念。

当然我们可以不断改进煤矿的条件，让越来越多的煤矿符合科学产能。但是专家们估计，即便改造之后，在20年之后，符合科学产能的要求的煤产量不到38亿吨，或者也就稍微多一点。所以要控制总量。煤炭洁净化度的概念也给了明确的概念和定量的描述。

战略之三是石油、天然气。油气现在是占到20%的能源。首先是石油，要确保在今后几十年的安全供应和能源支柱的地位，稳定的战略地位。中国现在每年消耗4亿吨石油，这4亿吨里边中国自己生产2亿吨，从国外进口2亿吨。为什么每年国产2亿吨不要超过呢？不能竭泽而渔，要给子孙后代留一点儿，所以我们要控制国内生产不超过2亿吨。那么消耗多的部分就要从国外购买。

但是车在增加，耗油在增加，增加多少，就从国外买多少。预计对外依存度可能增加到60%，甚至更高。所以三大石油公司好不容易跑到中东，跑到北美，跑到俄罗斯弄来一些石油。如果都用到关键点上，倒也罢了。但是我们把辛辛苦苦弄来的石油去堵车排放、浪费了。所以说实在是需要在石油上大大节约。

天然气（含煤层气、页岩气、致密气和天然气水合物等非常规天然气）是较洁净的化石能源，我国潜在资源较丰富，应该也可能大力发展，应把它放在能源结构调整的重点地位上来，增大其在我国能源中的比重。2030年可达到国内产天然气3000亿方，加上进口可达4000～5000亿方，将占到一次能源的10%以上，使其成为我国能源发展战略中的一个亮点和能源结构中的绿色支柱之一。

战略之四是发展可再生能源。水电是2030年前可再生能源发展的第一重点。资源清晰、技术成熟，在国家政策上，应促进其积极、加快、有序发展。2020年、2030年和2050年可望分别达到装机3亿千瓦、4亿千瓦、4.5亿～5亿千瓦。

因地制宜，大力发展非水可再生能源。资源丰富，可利用的太阳能发电资源约20亿千瓦；风能资源大于10亿千瓦，陆上大于海上；生物质能资源约3亿吨标煤，并有培育潜力。尽早使风能、太阳能、生物质能等成为新的绿色能源支柱。2020年前应重在核心能力的创新、技术经济“瓶颈”的突破，重点解决风电提高经济效益、太阳能光伏与光热发电成本降低、间隙性能源并网与纤维素液体燃料技术等，扎实打好基础，做好示范，逐步产业化、规模化。大力推广已有基础的太阳能热利用、生物沼气，积极发展海洋能、地热能。

包括水电和非水电可再生能源，到2050年可再生能源总贡献可以达到13亿吨标煤以上，即可再生能源可以在总能源中占近四分之一，这样就举足轻重了。那么，可再生能源的战略地位，将会由现在的补充能源上升为替代能源、主导能源之一，这个是非常重要的方向。大家可以看看这幅关于可再生能源的图片。红色部分为水电，可见可再生能源主要份额都是水电。灰色部分是太阳能、风能、生物能。这样一系列加起来现在也只是一点点。但是随着时间的发展，到2020至2030年之间，这些非水电的可再生能源会有很大发展。到2050年，这些新的可再生能源会超过水电，它们加到一块会占到总能源的20%～25%。可再生能源的发展，对减少温室气体的排放有很大的作用。依靠能够替代煤和石油的可再生能源还可以减少许多的二氧化碳排放。这幅图是2050年的情况，光是可再生能源就能让我们减少40亿吨的二氧化碳，所以说效益是很大的。

生物质能中包括垃圾的再利用。目前国内主要采用填埋处理。但是垃圾填埋绝对不是一个长远之计，现在限于科技水平不得已采用填埋处理。但是填埋以后，会污染地下水，还会发出臭气出来，污染环境。当然还有一个做法——垃圾发电，垃圾发电确实是可行的，但是垃圾燃烧以后，排放的气体里面，还有很多有害气体，对于有害气体，如何做好物理化学的处理，如何降低到国家规定的标准之下，都是需要解决的问题，不过这个方法大体来说是可以的。最好的办法就是分类资源化，分成不同的类型可以变成不同的资源。还可以做到减量化，这件事情，在中国应该说是个大问题，甚至，说是战略性问题都不过分，因为中国是垃圾大国。垃圾处理不当是一个污染源，也是一个社会争端，是社会不稳定的因素。如果能够有合适的处理办法，垃圾就是一个丰富的、宝贵的资源。值得一提的是农村能源形态的现代化，实现农村能源形态的现代化还是有很重的任务的。

战略之五，就是积极发展核电。发展核电是我们国家能源战略长期重大的选择。核电可以成为国家能源的一个绿色支柱。首先，要发展核电，必须有原料，也是就金属铀，金属铀在我们国家有相当的存储量。当然，在国际市场上应该也能买。有这两个铀的来源，原料并不会成为我们国家核能发展的根本性制约。另外，其实核电的安全性和洁净性是可以保证的。这里得重点说一下，我们发展核电的原则，第一就是安全。老百姓听说过许多关于核电的安全事故，比如切尔诺贝利事件是个完全可以避免的低级错误。它从设计开始就犯了不该犯的错误。它首先涉及设计的问题。所以说核电是可以做到安全的。再说说对环境的影响。比如说放射性是可以处理的。其实煤电厂排放的气体里边，也含有放射性的。人每天都要接受放射性，它来自宇宙线等。我们有一个可以接受的水平。所以我们国家的核电排放标准，不论是沿海的还是内陆的，水的排放和气的排放都有严格的标准，这是一个前提，是放在第一位的。中国发展核电，技术路线图是什么？是三部曲。咱们来演奏下这个三部曲。

第一部曲是热中子堆，所谓热中子堆就是比较低能量的中子，它可以利用的是金属铀里面的一种同位素铀 235，只占铀的 0.7%。但现在我们发展核电站的都是这种热中子堆，我们选的是压水堆。

那么第二部曲呢，就是发展快中子堆。可以利用铀矿里的另外一种同位素铀 238，使铀的利用率高出 60 倍以上。如果说第一部曲可以维持几十年，那么第二部曲可以维持几百年至上千年。也有别的堆型。

第三部曲是核聚变，前两部曲都是核裂变，金属铀核的裂变。大家知道原子弹原理就是核裂变，氢弹原理是核聚变，核聚变放能更高。第三部曲就是发展可控制的核聚变，而不是氢弹那种爆炸性核聚变。核聚变原料是什么呢？就是氢的同位素是氘，也就是重氢。海水里面的氢含有一定的氘，总的来看含量是相当可观的。不过核聚变还要走好几步棋。这里面还有别的类型可以选择，比如说，裂变、聚变相结合，先用要求不要太高的聚变的堆芯，外面包上核裂变的铀，这样裂变与聚变的结合也许比直接的核聚变能够早日实现。如果大体按照这个路线图，可以实现长期的可持续发展。但是发展核电绝不止是建设核电站的问题，它是一个完整的产业链。这产业链的源头是核资源，然后是核燃料循环、核电站建设。然后是后处理，核废物的处置。这样一个产业链每一环缺一不可，从头到尾必须做到非常协调，保证洁净、安全、有效地进行。到 2050 年，核电能贡献 15% 以上，也就是说可以代替 15% 的煤。所以说，这个是举足轻重的绿色支柱。

战略之六是电力。首先在能源结构当中，电是比较好用的一种能源形态，电力的比例将会逐渐增加。那么在电力的能源结构中，非火电的比重要增加，火电的比例要下降，到2050年，将降到35%以上。如果在这个同时，利用信息技术和电网技术的结合，建设信息化、自动化的智能电网，目的是达到电网的高效率、高安全性，尤其是电网能够接纳新能源。我刚才就说了，风能一会儿有一会儿没，潮汐能也有这个问题。那么如何能让电网适应新能源呢？这是需要智能电网的。用户需求和能源供给（例如太阳、风）能够通过信息化及时的测量，能够有效地调整工作的变化。现在已经开始做示范性工程，另外，像这种不均匀的发电，其实也可以不进入全国性的电网，可以采用分布式的供给，比如边岗哨所，十几个解放军在那么远、那么孤避的边岗，其实不用一个电网通过去，就是一个小风机，再加上一点储能设备，他们十几个人的吃饭、看电视、洗澡都解决了。偏僻的农村都可以这样做，当然这需要一定的储能技术。风能很大的时候，电网消耗不完，能不能把它储存起来？这个问题还没有得到很好的解决。因为这个需要存储的能很大，不管是化学储能、物理储能，都是有限的，但是以后技术可能会发展起来。另外一个问题就是风能很强的时候，能不能单独用来做其他的事情？比如海水淡化，电网能接受的就接受，不能接受的就用来做海水淡化、电解水制氢等。

我们把这六个战略讲完了。再回头讲讲中国的承诺。我们是怎么承诺的呢？主动承诺降低碳排放的强度，强度不是指绝对量。我们单位GDP的能耗也好，二氧化碳的排放量也好，需要降低。中国承诺到2020年，单位GDP的二氧化碳排放量比2005年降低40%到45%。中国要实现这个目标是十分不容易的，要努力努力再努力。实现这个承诺需要依靠什么呢？第一是节能提效，这个能把碳排放量降低30%以上。第二是发展非化石能源，包括核电、可再生能源，依靠这些到2020年能降低八到十个百分点。第三是靠化石能源本身的洁净化，降低排放。第二项承诺是，到2020年，非化石能源在国家总能源的比重要大于15%。把以上几个加起来，占百分之四十几。我们就靠这三个方面的努力来降低污染气体的排放。大家看这三件事就会明白，绿色和低碳虽是两个概念，但是工作方向高度一致。这三件事情既能够使污染减少，也能够使温室气体减少。为了科学的严谨性，为什么说是高度一致，而不是完全一致呢？绿色和低碳还是有差别的，绿色环保、降低污染，它不只是大气的问题，还有减少水污染，减少土壤污染，所以它有很多其他方面的内容。这个不能单单依靠低碳来解决。

低碳主要是降低温室气体的排放，它和绿色的概念一致。但是有一项，就是二氧化碳的捕捉、利用和存储技术。比如把火电厂排放出的二氧化碳通过一种膜把它们捕捉存储起来，还可以送到地下的油田去，提高采收率，现在已经在试验了。所以这两个概念里还各有独立的内容，但大体上，工作方向是一致的。

最后，我们再说说绿色低碳能源的战略展望。中国的宏观经济将会经历一个高速增长的时期，然后过渡到一个稳定的增长时期，接着进入平缓的增长时期，这样几个阶段是符合规律符合逻辑的。在这个过程中也就是今后的40年吧，中国社会注意现代化、工业化、城镇化要同步进行，同时也实现要向生态文明的过渡，这是改变我们社会形态所必需的。经济的增长不只是工业化、城镇化，还要把向生态文明的过渡同步进行下去，而不是越城镇化越工业化越污染直到搞得大家不适合居住，而是要让城市越来越适宜人类居住。

关于中国的城镇化应该是什么样的模式，有过许多讨论。大都市是必须有的，但是不能每个省都要建立一个千万人口的大都市啊，一个城市的发展，有一个容量的问题。北京市就是一个鲜明的例子，北京市能容纳多少人，能容纳多少汽车，要进行科学的计算和规划，不能只是一味地追求发展。于是，北京现在已经达到一个环境极限容纳的状态。如果发展到汽车都走不动的地步，汽车还有什么用呢？所以我们城市化的模式必须要好好考虑，改变我们的社会形态和生活模式，并且让企业在国际舞台上更有竞争力。

从现在以后40年，我们将这段时间称为中国能源发展的战略过渡期、转型期。就是要把目前的低效、粗放、污染的能源体系逐步转型为现代、洁净、高效、节约的能源体系。能源结构要发生革命性的改变。从长远来看，中国的能源是可持续发展的。

这40年的转型期间，我们把前20年称为攻坚期、困难期。在这个阶段中，我们要克服一系列困难，比如新型洁净能源的突破，电力系统要解决许多重大问题，石油替代也要发展。而这20年中的前十年，是转变发展方式的关键期。要把能源的供需模式从粗放供给模式转变为科学供给满足合理需求的模式。在座的同学们，你们都要经历这几个时期，让未来的中国有一个比较好的能源体系。大家看到的PPT中的这个图片，是我们做完这个研究以后画出的示意图，这些数字不一定是完全准确的，未来的40年很难预测，连我自己都不知道这幅图有多大的误差，所以说这只是一个示意图。纵轴以标准煤为单位，蓝色代表煤炭，在现在的能源结构中煤炭是主要的，在今后比较短的一段时间内，煤炭消费量还要上升，然后下降，直到2050年才可以回到和现在差不多的水平。上面的黄色代表油和天然气，占到20%，这个份额以后还会多一些，但是增长的主要是天然气。上面的绿色代表核电，现在份额非常的小，到2050年会可以到15%。红色代表可再生能源，到2050年会占到25%左右。有些同学可能会问，这示意图只是画到2050年，再往后呢？关于以后，我很难预测，不过有个定性的预测：蓝色的煤炭会继续缩小，剩下的洁净能源要继续增长。这是我现在的看法，应该不会错。如果错了呢？你们可以纠正我。

前面讲的意思，一个是节能提效，一个是化石能源的洁净使用，还有一个是核能和可再生能源的开发，这些事情一起支撑中国的绿色低碳能源发展战略。还有一件事情是碳汇，吸收二氧化碳，造森林造草地，还要发展低碳的生活方式，比如循环经济，再加上碳的捕获利用存储技术，还有倡导低碳的生活方式。社会发展到这个阶段，人们渐渐地富起来，有人追求奢华的生活方式。不过我们还得理性地思考中国的生产生活方式。我们应该提倡一种健康的物质消费，丰富的精神追求，物质是基础，但并不是越多的物质消费越幸福，比如说晚饭吃多了胃肯定不会舒服，同时要树立生态文明的观念。大家知道，我们人类的文明经历了这么几个阶段：原始文明、农业文明，现在正处在工业文明。但是我们要由工业文明逐步进入到生态文明，刚才说的绿色低碳的能源战略是由工业文明步入到生态文明的绿色通道。最后说一点感想，中国古代出现了不少伟大的哲人，譬如老子、孔子，但是不能要求这些哲人告诉我们这样一个大的国家怎样可持续发展。世界上有许多先进的发达国家，各有所长，都有我们需要学习的地方。但是没有哪一个国家能够创造十几亿人口可持续大战的经验。考虑到这一点我感觉到作为一个中国人很不容易，我们要坚持发展还要实现现代化，怎么办呢？只有用我们的脚走出自己的一条路！创造一条可持续发展的新型道路。其中，这个绿色低碳能源是这条道路的一个要素。

说几句以色列，这个国家非常小，自然条件不好，政治环境也很差，但是这个国家这个民族有它自己求生存求发展的方法，它的教育科研水平很发达。获得过多次诺贝尔奖，还有 7 所世界一流大学。曾经有一个女性诺贝尔奖获得者被提问为什么能够获得诺贝尔奖，她说：“我们这个科研团队经历了 25000 次的失败。”这就可以看出这个民族是如何求生存求发展的。每个国家都应该有一批能够坐下来潜心研究的人，要有一些原创的科研创新，这样才能引领发展方向。现在国家发展很快，包括论文和专利增长都很快，但是对经济发展的贡献没有相应的那么大。我们的引进消化吸收再创新也不少，但是原创比较少。所以，大家从这么多国家的发展史中应该有一些启发，我们青年一代，要有一批潜心研究的人真正作出原创性的成果，为我们国家科学技术的发展作出自己的贡献。

今天给大家谈了这么几个方面，是考虑到在座的同学们是国家未来的栋梁，很多问题都需要你们来解决。如果有讲得不当的地方，还希望大家多多指正。

对我国能源和环境可持续发展的战略思考（上）[①]

杜祥琬，应用核物理与强激光技术专家，中国工程院院士。

1964 年毕业于莫斯科工程物理学院。曾主持核试验诊断理论和中子学的系统性研究；是我国新型强激光研究的开创者之一。获国家科技进步一等奖一项、二等奖两项，部委级一、二等奖等 10 多项，出版专译著多部。

近年来，参与国家中长期科技发展规划制定和我国能源发展战略研究，任国家能源专家咨询委员会副主任。

中国国情的最大特点是人口众多，因此尽管人均能耗还远远低于一些发达国家，但是能源需求总量大，而且随着我们的经济增长，能源总需求还在增加，加之我国以煤为主的能源结构不良，而且能源效率低，结果对环境的污染日趋严重，这不但会影响人民群众的生活质量，而且国际压力很大。

这里重点说一说我国能源、环境可持续发展的五大基本战略。

发展战略一：节能、提高能源效率是一项巨大的、廉价的优质能源，是零污染的绿色能源。

“历览前贤国与家，成由勤俭败由奢。”中国人历来知道持家过日子是要勤俭的，一个国家也要勤俭，也就是我们现在提的节能、节约，自古以来人们就有这个认识。解决中国的能源问题，我觉得应先给大家一个概念，需控制消耗总量，即“总量控制”。若总量控制不住，就必然导致很多问题。那么如何控制总量、落实节能呢？我想提四个方面。

第一个方面，要真正落实“又好又快”的方针，而不是“越快越好”。不能把“发展是硬道理”简单地片面理解为“GDP 是硬道理”，要确立“科学发展才是硬道理”的观念。转变发展模式，适当抑制 GDP 的增速，过快的增长会刺激粗放的能源开采和利用。产业结构调整难落实，节能减排难落实。必须以更有力的措施防止“偏快变过热”。这才有利于落实节能，这是一个重要的概念问题。

第二个方面，要构建节能的制度体系。不能光靠号召，需要有力的“节能法”和执行措施。制定相应的政策、法规、标准、监督机制和问责制，运用经济的、行政的、技术的和思想舆论的手段，使节能走上法制的轨道，同时，使节能成为深入人心的社会文化。

第三个方面，是构建以技术保障体系为支撑的节能、高效的生产体系，转变增长方式。节能的具体办法很多，这里面有很多具体的技术问题。

---

① 首都科学讲堂报告，2008 年 2 月 24 日。

一是要调整产业结构，要调整二产、发展三产。中国目前处于加速工业化阶段，2006年，耗能高的第二产业在GDP中的比重高达48.7%，而能耗低的第三产业仅占39.5%。应大力发展耗能低的服务业，到2020年，使其在GDP的比重提升至50%左右。淘汰高耗能、高污染的落后企业。

二是开展工业节能。关停高耗能、高污染的落后企业，淘汰落后生产力，改造锅炉、电机等，提高能效；发展循环经济（4R经济），如下图所示。总而言之，要充分利用能源和资源，尽量少排废物，这样一种生产模式就是循环经济。

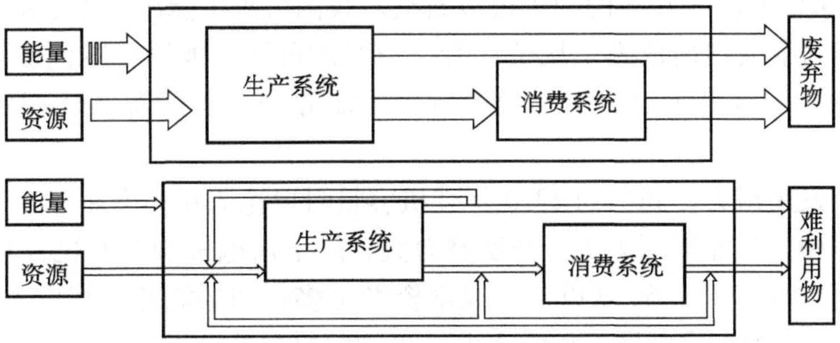

线形经济模式（上）与循环经济模式（下）示意图

三是建筑节能。太阳能建筑一体化，以有力措施推行低能耗建筑。我国的单位建筑面积能耗并不比国际水平高，但是北方采暖地区和大型公共建筑的单位面积能耗高于国际水平，这个可能是客观的，并且我们不能满足于单位面积能耗达到国际一般水平就可以了，因为中国人多、房子多，我们必须让自己的单位面积能耗显著低于国际平均水平才能持续发展，这是我们中国人要树立的一个观念。

四是交通节能。我国交通运输油耗比先进水平高10%～25%，必须发展新型节能减排汽车，不可把“车多”作为小康标准，应从政策上限制豪华车的生产和销售。必须限制汽车总量。我们要发展一些什么类型的车呢？这一点上要向日本人学习，日本是发展小排量车，而且是低排污的车，包括电动的、混合动力的、燃料电池的等多种类型。

五是照明节能。推广节能灯、LED等。加快LED外延、芯片、封装技术的国产化、市场化。半导体照明工程将为节能做出革命性的贡献。我们每年全国的照明用多少电呢？大约3000亿度电。据专家们估计，如果都改用节能照明可以节约，一年可以节约1000亿度电。1000亿度电是什么概念呢？长江三峡每年发电是800亿度，也就是能节约一个三峡的发电量还要多。

六是政府机构带头节能，具有重要的示范、表率作用。要突出抓好节电、节油、节水，抓好能源计量，强化目标责任，接受社会监督。将节能、增效、减排的目标量化分配给各地、各企业，实行公开报告制度和问责制，节能产品的认证和市场准入制度。至2010年，要求达到单位GDP能耗比2005年降20%，可节能5亿～6亿吨标煤。单位GDP排放比2005年降10%。实际上，节能减排的任务比这个指标要求高。

第四个方面，是在全社会倡导构建节约型的消费体系。在全社会倡导“适度的物质消费、丰富的精神追求”的生活方式，反对“攀比奢华”的不良风气，中国的人均能耗、人均轿车数、人均排污量、单位建筑面积能耗等必须控制到显著低于国际水平，这是“节约型社会”的必然内涵，也是转变中国经济增长模式的必然要求。

归纳一句话，节约是一种发展，我们讲发展是硬道理，节约本身也是硬道理，节能本身就是一种能源。提高全民节约意识和环境保护意识是我国可持续发展的大计。

发展战略之二：多元发展，加快发展可再生能源和核能，改善能源结构。

先送给大家一句话，从大规模利用“昨日阳光”过渡到大规模利用“今日阳光”是世界能源发展的必由之路。发展可再生能源是国际趋势，为后石油时代提早作好准备是明智的。瑞典提出“为无油世界作好准备”，确立了“农林业是能源生产者”的能源农业概念；巴西提出年底以后将完全摆脱进口石油。美国政府和企业各投资50%大力发展农、林生物液体燃料，到2025年替代75%的中东进口石油。我国可再生能源资源丰富，一部分技术已成熟，有的将通过研发走向成熟。从长远看，洁净的可再生能源在我国能源中的比重，不应该是杯水车薪，而应是举足轻重。发展可再生能源是我国能源与环境双赢的正确战略选择。

一是水电有发展潜力。我国到2020年装机容量可以达2.6亿千瓦。

二是风能。中国风能资源丰富，开发潜力大，陆上风电资源为6亿~10亿千瓦，海上约2亿千瓦；高空（50米~60米以上）风电资源更多；如果能开发其中1/2，将能提供约5亿千瓦的电力，再加上约4亿千瓦的水电，可大幅度补充2050年所需电力的缺额。风力发电是目前中国最具有大规模产业化前景的可再生能源。目前，国家正在推进大型风电设备的国产化，以大幅降低风电成本，提升产业竞争力。2020年装机容量有望超过3000万~8000万千瓦。

三是太阳能。太阳能资源丰富，而且洁净，有利于环境保护。中国的太阳能光电利用，还处于初级阶段：高成本是制约光伏发电大规模应用的主要因素（高纯度硅的制备），上网电价约为常规发电的10倍，缺乏市场竞争力，需要政策支持和技术进步推动。预计到2010年，其上网电价有望下降至每度0.8元，接近常规发电的2倍。太阳能的能量密度低，集能面积大，需要在科学技术上取得重大突破，大幅提高光电转换效率，降低成本。如薄膜太阳能电池是一个出路，用纳米材料（硒化铅晶体）取代半导体光电效率将提高一倍。太阳能电池有多种创新的途径，有望突破。

（发表于《大众科技报》，2010年6月8日）

对我国能源和环境可持续发展的战略思考（下）[①]

四是生物质能。生物质能资源丰富，以非粮的农、林废弃物和荒地种植作物及垃圾为主。主要发展方向是：沼气、生物质发电、生物乙醇、生物柴油、生物质颗粒燃料等；垃圾燃烧发电或以其他方式资源化也是一个重要的方向，大家可别小看垃圾，垃圾处理不好会威胁我们的生活，而垃圾本身是个资源，用得好了是一笔财富。发达国家都十分重视垃圾的处理，现在我们国家也有这方面的发展，是我国的一件大事。我国已颁布“可再生能源法”和若干配套政策，扶植可再生能源的发展。发展可再生能源可以做到“不与人争粮，不与粮争地，不损坏生态环境”。应注意因地制宜，科学发展，做好技术、经济和环境的综合可行性论证。

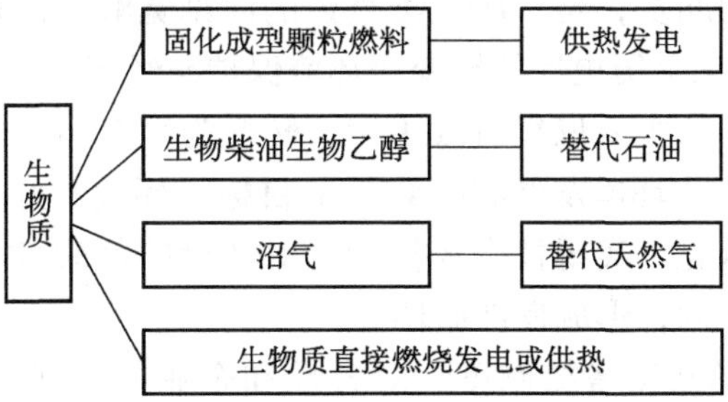

各种形态的生物质能利用

五是核能。国家已经明确了积极发展核能的方针，核能不属于可再生能源，因为它是要消耗铀，但是它是一种洁净能源，比火电要干净得多，现在我们国家目前主要发展基于核裂变的 PWR 电站，例如秦山核电站、大亚湾核电站等，预计到 2020 年发电量可以达到 4000 万千瓦，占当时电力的 4%。也启动了快堆的研究。同时，对未来的受控核聚变的前期研究给予了应有的重视。这个有更广阔的前景，但是还需要大约三四十年的努力。国际上有个“国际热核聚变堆计划”，即 ITER 计划。

电力的发展会逐渐地调整结构，会增加水电、风电、核电、生物质发电的比重，降低火电的比重。此外，电源的发展还要与电网的发展相匹配。

发展战略之三是大力推进煤的洁净技术，使煤这个黑色能源绿色化。这既是能源又是环境战略，使这个可爱又可恨的“黑煤老大”变成人类绿色的好友。与世界能源结构不同，

---

① 首都科学讲堂报告，2008 年 2 月 24 日。

在中国的能源结构中，煤的贡献超过三分之二。今后几十年内，优化能源结构，煤在能源中所占百分比会有所下降，但绝对量仍将上升。在相当长的时间内，煤仍是我国能源的第一大户。必须改变当前煤的低效而高污染排放的利用方式，使其洁净化、绿色化，逐步成为一种绿色能源。

煤的洁净化利用技术，是在我国实现能源、环境双赢的一个最关键的战略措施，应视为一个“国策”。具体怎么让它洁净化呢，这儿给大家提出四个途径。第一是在目前的火电站，大力推广脱硫、脱氮技术、污染排放控制技术；第二是提高燃煤效率，加强超临界和超超临界火力发电技术的应用，淘汰落后的发电机组；第三是加强循环床煤燃烧技术的研发和推广；第四是研发碳捕捉及封存和整体煤气化联合循环技术及二者的结合。

发展战略之四：加强国内资源勘探，利用国外资源作补充。“能源的争夺是世界范围内的战争。”保障能源供给，加强国内资源勘查是很重要的举措。国内资源勘查程度很低（探明储量占资源量：煤炭 20%，石油 20%，天然气 6.5%），还有相当的潜力。必须适当进口，利用国内、国外两种资源，满足国家发展的巨大需求。节约油气；发展石油替代。这是我国石油、天然气工作的方针。这个主要指的是石油。我们的石油是一个缺口，现在石油探明储量虽然只有 20 几亿吨，但是据估计有 200 亿吨的存储量有待开发，完全有开发前景。据专家估计我们天然气的探明率只有 6%，所以还有很大的改善和发展的前景。

最后一个战略是强化环境保护，建设生态文明。再送大家一句话，“从一个号令自然的主人，到一个善待自然的朋友，是一次人类意识的深刻觉醒，也是一次人类角色的深刻转换。”要实现在环境方面三个历史性的转变：环境保护与经济发展要并重；环境保护与经济发展要同步，互相优化；从主要依靠行政手段，转变为综合运用经济、技术和必要的行政手段解决环境问题。实现“环境友好型社会”的目标：环境友好型社会要在环境文化的支撑下，实现经济与环境双赢，实现社会经济活动对环境的负荷最小化，将其控制在资源供给能力和环境自净容量之内，形成良性循环。

建立节能减排优先的政绩考核制度。对各地和企业制定强制性的排污总量的控制目标和完成期限，并建立相应的监测、监管、预警和问责制度及执法体系。实施强化前端和中端减排的全过程减排战略。发展 CDM，推动学、研、产、官的结合。采取更有力的生态保护与恢复措施，原则是：“谁开发谁保护，谁破坏谁修复，谁受益谁补偿，谁排污谁付费。”从末端治理转向源头治理为主。污染防治的重点是：水、土、大气。对新技术的环境后果进行全生命周期的评价。在能源、环境、生态领域发展国际合作，推动科技进步和创新。

最后就是党的十七大提出的“确立生态文明观”。人类的文明有几个阶段，从原始文明，后来的农业文明，然后到工业文明，现在提出来，我们要从工业文明过渡向生态文明，什么叫生态文明，就是以生态产业为主要特征的文明形态，人类文明发展的一个新的阶段，它是人类在处理与自然关系的时候所达到的文明程度。有一个地方政府总结经验，说观念转变了，一开始刚改革开放就知道挣钱，要富起来，只要金山银山不要碧水青山，后来意识到，既要金山银山也要碧水青山，现在认为观念还不够，认为只有碧水青山才有金山银山。生态文明的四个重要特征是，有较高的环保意识，有环境友好意识，有可持续发展的经济发展模式，有卫生保健体系和公正合理的制度。生态文明是人类社会发展的新形态、新阶段。

通过以上五大战略，特别是发展三种不同类型的绿色能源和建设生态文明，在今后的几十年内，不仅能解决中国能源的需求问题，而且能显著改变中国能源的结构和“颜色”，使其逐步绿色化，改善中华大地的环境，以达到“资源节约型、环境友好型社会”的要求，为国家的可持续发展作出贡献！

（发表于《大众科技报》，2010 年 6 月 15 日）

中国与能源有关的环境问题与对策①

环境，它环绕着我们，拥抱着我们。每个人都身处其中，环境问题与每个人都息息相关。

全人类共生在一个地球村里，呼吸着同一层大气，拥有相通的水域。每个国家的环境都和全球环境密切相关并互相影响，每个国家都对全球环境负有责任。

近二十多年来，中国保持了持续的高速经济增长，取得了长足的进步和发展。但是，在一定程度上，这个发展是以粗放地消耗资源和牺牲环境为代价的。中国日益深刻地意识到：这种增长模式是不可持续的。中国的第一个特点是人口众多，因而它很容易成为全球污染排放最多的国家。诚然，人均的温室气体与污染排放，中国远低于一些发达国家，但中国人不能以此自我安慰。中国的环境容量有限，减少污染、改善环境不仅是改善中国人民生活质量的紧迫需求，是中国可持续发展的呼唤，也是中国对世界应尽的义务和责任。

中国的环境污染是复合型的，原因是多方面的。其中，能源结构不良和效率低下是重要原因。本文着重讨论中国与能源有关的环境问题及对策。

1　问题

中国与能源有关的环境问题主要来自两方面：

（1）以煤为主的能源结构。

与世界能源结构不同，中国能源结构中，煤的贡献超过2/3，这是由造物主决定的。

表1　中国一次能源消费结构表　（单位：%）

年　份	煤　炭	石　油	天然气	水电/核电
1952	96.7	1.3	—	2.0
1962	91.4	4.8	0.9	2.9
1970	81.6	14.1	1.2	3.1
1980	69.4	23.8	3.0	3.8
1990	74.2	19.0	2.0	4.8
2000	67.0	23.6	2.5	6.9
2003	67.9	23.3	2.5	6.2

① 北京中瑞论坛，2007年5月。

下表给出中国目前的电源结构，情况也类似：

表 2　电源结构表（国家电力监管会提供，2005 年）

	装机容量/万 kW	占总电力面分比/%
火　电	38413	75.4
水　电	11652	22.9
核　电	685	1.34
新能源发电	200	~0.4
总　计	50 950	100

以煤为主的能源结构导致大量污染排放。

煤矿的超强度开采，使废水和固体废弃物污染加剧，而火电生产使 SO_2 和 CO_2 排放量分别居世界第一位和第二位。NO_2 排放也在增长。

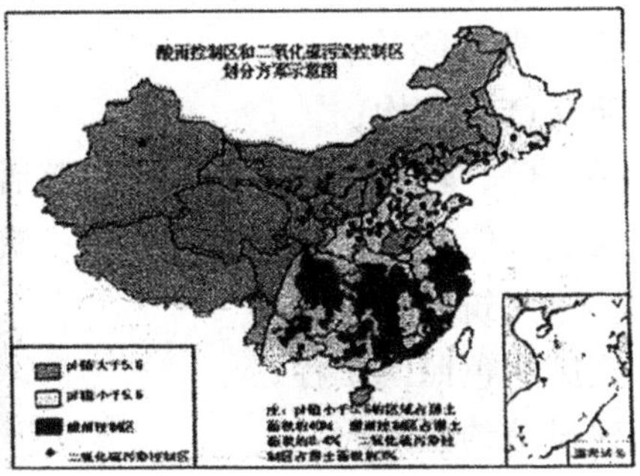

既污染了环境，又恶化了生态。

（2）能耗强度高，效率低，浪费严重。

中国 GDP 占世界 GDP 的 4.8%，却消耗了世界 31% 的煤、7.5% 的石油，单位 GDP 能耗偏高。

这与中国目前所处的发展阶段有关，中国正处于加速工业化阶段。2006 年，耗能高的第二产业在 GDP 中的比重高达 48.7%（工业能耗占能源消费总量 70%），而低能耗的第三产业仅占 39.5%。

产业生产和居民生活中大量使用高耗能的技术和产品。

现有近 400 亿 m^2 建筑中 99% 属于高能耗建筑，新建筑中仍有 95% 属于高能耗建筑。北方采暖能耗和大型公共建筑能耗高于国际先进水平。

发电、冶金、建材、化工、交通等产业消耗全部一次能源的 80% 左右，单位产品能耗平均高于国际先进水平 20% ~30%。

农村能源形态落后，不仅浪费了资源，而且污染了水、土和大气。

能源利用效率低。

2000 年能源系统总效率为 10% 左右，为发达国家水平的 1/2 左右，其中资源开采回收率 32%，能源使用效率为 33.4%，均比国际水平低 10% 左右。

中国的自然环境本来就有着先天的脆弱性，而以上两个问题更造成了紧迫的环境问题。酸雨加剧了荒漠化、大面积的植被死亡、蓄水能力下降、生态环境退化；环保总局 2005 年对 522 个城市监测结果显示，有 207 个城市的大气处于中度或重度污染，293 个城市空气质量处于国家二级标准，大多数城市空气质量未达标；

国家气象局公布了各城市 1951 年至 2000 年平均气温的变化，无一例外均呈明显上升态势。

中国缺水，而且水质在持续恶化。土壤和水的污染相互恶性影响，并已影响到近海水质。

中国生态与环境现代化的整体水平和多数指标，都有明显的国际差距。

2 对策

国家从战略上提出了建设“资源节约型、环境友好型”社会的目标。环境友好型社会要在环境文化的支撑下，实现经济与环境双赢，实现社会经济活动对环境的负荷最小化，将其控制在资源供给能力和环境自净容量之内，形成良性循环。在能源方面努力做到：

（1）节约能源、提高能效。

办法是：
- 调整产业结构；
- 关、停、转高耗能、高污染的落后企业；
- 交通节能：发展新型节能、减排汽车；
- 实施建筑节能工程；
- 实施绿色照明工程；
- 建设节约型政府；
- 发展节能技术，改造锅炉、电机等，提高能效；
- 大力发展循环经济。

综合以上内容，政府已发布了“中国节能技术政策大纲”。节能、提效在中国是一项巨大、廉价、清洁的优质能源。政府已将节能、增效的目标量化分配给各地、各企业，并实行公开报告制度，节能产品认证和市场准入制度。中国正在制定“能源法”和“节能法”。

至 2010 年要求达到单位 GDP 能耗比 2005 年降 20%（可节能 2.4 亿吨标煤）。排放比 2005 年降 10%。

（2）推进煤的洁净化技术。

- 推广火电站脱硫脱氮技术，燃煤污染排放控制技术；
- 提高燃煤效率，加强超临界发电技术应用，淘汰落后的发电机组；
- 研发碳捕捉及封存技术和整体煤气化联合循环技术（CCS-IGCC）及二者的结合。

CO_2的捕捉收集可采用后燃烧系统、予燃烧系统和加氧燃烧三种方式，然后转换成液态、固态化合物或注入地下岩层封存（或利用），目前首先要做示范项目。

IGCC 是将煤气化与净化技术和高效联合循环发电相结合，是利用物理-化学方法达到煤的高效清洁利用的途径；而在 IGCC 中利用 CCS 方法，有可能使 IGCC 成为未来极低排放发电系统的最佳方法。是中国应该努力去做的事情。

（3）发展可再生能源及核能等洁净能源，优化能源结构。

- 水电有发展潜力，需要处理好的是对流域生态影响的问题；
- 太阳能、风能、生物质能资源丰富，发展潜力大。

需要 a. 解决若干关键技术问题，降低成本，提高市场竞争力；

b. 初期需要政策扶植，国家已颁布“可再生能源法”和若干配套政策。

预计到 2010 年，可再生能源将占中国总能源的 10% 以上，到 2020 年，将超过 16%。

- 积极发展核能。预计到 2020 年，核电装机容量将占全国电力的 4%。

（4）对各地和企业制定强制性的排污总量的控制目标和完成期限，并建立相应的监测、监管、预警和问责制度及执法体系。

采取更有力的生态保护与恢复措施，原则是：

“谁开发谁保护，谁破坏谁修复，谁受益谁补偿，谁排污谁付费。”

污染防治的重点是：水、土、大气。

（5）在能源、环境、生态领域发展国际合作，推动科技进步和创新。学习包括瑞典在内的先进国家的经验。

瑞典是一个对人类文明做出了重要贡献的国家，在能源和环境方面也多有值得中国借鉴之处。

人类的未来是可持续发展的吗？答案取决于多种因素。为了得到正面、乐观的回答，需要各国人民做出巨大的、坚持不懈的共同努力。中国的责任不轻松，它既是压力也是动力。

建设环境友好型、节约型社会

摘　要：实现全面协调、可持续发展是全球性的问题。中国既处于历史机遇期，又处于矛盾凸显期。环境友好和节约资源问题已成为我国十分尖锐和紧迫的问题。文章分析了环境方面存在的八个问题和建立友好型社会的对策，并就建设节约型社会的水资源、土地、矿产资源、能源和中国人的消费结构和生活方式等问题进行了阐述，分析了目前存在的问题和应对的措施等。建设环境友好型、节约型社会，不仅要依靠政府行政的努力，也不仅是一个科学技术问题，要有赖于全民素质的提高和精神文明的建设

能否实现全面、协调、可持续发展，是一个全球性的问题，对我们这样一个人口大国，又是人口密度大国，问题更为尖锐。

中央提出的科学发展观，指明了方向。但，把它变成全面、协调，可持续发展的现实，任务十分艰巨。我国还处在一个快速发展的历史时期，既要看到形势大好，又要看到危象丛生。如十六大报告所说："全党同志要增强忧患意识，清醒地看到前进道路上的困难和风险……。"下面我们着重讨论建设环境友好型、节约型社会的问题，这是一个具有全局性、紧迫性、战略性的重大问题。

1　生态环境问题

1.1　生态环境形势严峻

随着社会经济的迅速发展和人口的急剧增加，加之我国生态环境的先天脆弱性，我国的生态环境问题显得越来越突出，不仅影响了人民群众生活水平的提高，而且也严重限制了社会经济的可持续发展。总的估计是：我国已进入大范围生态退化和复合性环境污染的新阶段。

2001 年全国 341 座城市实施的大气污染监测结果显示，有 101 座城市粒子状物质的年平均浓度超过了起码的环境标准。2002 年全国二氧化硫排放 1927 万吨，90% 是燃煤造成，我国已有 1/3 国土受酸雨污染。

我国国土面积的 65% 是山地或丘陵、70% 每年受季风影响、33% 是干旱或荒漠地区、55% 不适宜人类生活和生产。我国 600 多个城市中有 400 多个缺水，其中 110 个严重缺水，废水排放量为 439.5 亿吨，超过环境容量的 82%，河流的污染也很严重，在全国设立的 752 个观测点中，未能达到最低水质环境标准的占 44%。七大江河水系劣 V 类水质占 40.9%，75% 的湖泊出现不同程度的富营养化。我国的中低产田比例由上世纪五六十年代的 2/3 增加到上世纪 90 年代的 4/5。从上世纪 50 到 90 年代，每年沙化土地扩大面积从 560 平方公

里增加到2460平方公里，我国18个省的471个县、近4亿人口的耕地和家园正受到不同程度的荒漠化威胁。

乱伐、乱采、乱挖，小煤窑、小炼焦等对矿产资源的无序开采，造成对森林、草原、矿产、野生物资源及环境的严重污染和灾难性破坏。

15年来，我国GDP的平均年增长率为9.5%。如果“名义国民财富”等于100%，其中一部分是以牺牲环境生态为代价取得的，若扣除这部分后，则15年来，中国的“真实国民财富”只是名义财富的78.2%，财富虚数是21.8%，这意味着GDP的实际年平均增长率只有7.4%，即每年有2.1个百分点为“虚数”。

根据世界发展进程的一般规律，当一个国家和地区的人均GDP处于500美元至3000美元的发展阶段，往往对应着人口、资源，环境等瓶颈约束最为严重的时期。

与环境有关的一个重大问题就是中国人的卫生和健康问题。何大一先生强调公共卫生问题对中国的挑战：中国有近100万HIV感染者，其中有90%不知道自身感染情况，近一半中国人对HIV/AIDS知之甚少。UNAIDS把AIDS在中国的流行喻为“中国泰坦尼克号式的危险”，预计2010年底，中国将有1000万HIV感染者。比较非典和AIDS，AIDS将对中国构成更大的健康威胁。

如何在发展经济的同时，保护并逐步恢复已遭破坏的生态环境，这个问题尖锐地摆在我国面前。

1.2 可持续发展实践的新探索：生态省建设

生态省是一个全新的概念，目前还没有一个严格的和统一的定义。从现在实践的共识，可归纳为：生态省建设是一种在省域水平上以可持续发展为目标的发展模式。在实践过程中，从系统的观点出发，统筹并协调省内外的自然-社会-经济-技术条件，从体现现代文明的生态文化建设、促进人与自然和谐的生态环境建设、在循环经济思想指导下的生态产业建设三个方面入手加以实现。

生态省建设不是短期就可以实现的目标，而是一个动态的发展过程。

综合利用科学技术研究本省（区）的整体生态系统的存在和演化规律，在生态省建设中获得更大的主动和自由。

1.3 绿色GDP核算概念

所谓绿色GDP是指尝试将环境和生态等要素纳入国民经济核算的一种新体系。它是对GDP指标的一种调整，是扣除经济活动中投入的环境成本后的国内生产总值。

绿色GDP的启动，面临着技术和观念上的两大难点。如何来衡量环境要素的价值？难点是环境要素并没有进入市场交易，不受市场供求规律的影响；其次是观念的难点。绿色GDP建立在以人为本、协调统筹、可持续发展的观念之上。一旦实施绿色GDP，人们心中的发展内涵与衡量标准就变了，扣除了环境损失成本，当然会使一些地区的经济增长数据大大下降，必将带来干部考核体系的重大变革，因此会形成诸多阻力。但，绿色GDP核算体系的建立和实施，不能过于迷信技术手段，因技术手段总是在不断完善的；一定要强调公众的参与。因人们既需要经济的增长、社会的公正和谐，又需要一个良好的生态环境。

自上世纪70年代以来，众多国家就绿色GDP核算进行了多方位研究与摸索。挪威于

1978 年开始了资源环境的核算，建立了包括能源核算、鱼类存量核算、森林存量核算，以及空气排放、水排泄物（主要人口和农业的排泄物）、废旧物品再生利用、环境费用支出等项目的详尽统计制度，这些为绿色 GDP 核算体系奠定了重要基础。1995 年，世界银行首次公布了用“扩展的财富”（“自然资本”、“生产资本”、“人力资本”、“社会资本”）指标作为衡量全球或区域发展的新指标。2003 年，我国国家统计局对全国的自然资源进行了实物核算，这也是我国绿色 GDP 核算的重要基础。2004 年，国家统计局和国家环保总局成立了绿色联合课题小组，4 月 9 日，“中国森林资源核算及纳入绿色 GDP 研究”在北京正式启动。

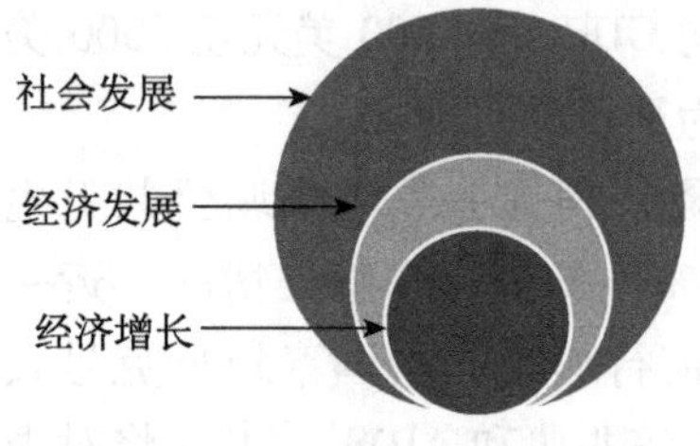

图 1　可持续发展内涵简图

可持续发展的目标，本身就包含着经济增长、环境保护、经济结构的改革与社会协调发展几个方面的内涵（图 1）。建设一个以人为本的社会，就必须实现科学发展观提出的几个协调发展。因此，无论有多少困难，都应当逐步建立符合我国国情的绿色 GDP 核算体系。从衡量经济增长的 GDP，到增加了资源环境因素的绿色 GDP，是一个充满挑战与希望的事业，需一步一步地推进。

1.4　推广循环经济

循环经济实质上是一种生态经济。传统经济是一种由“资源-产品-污染排放”单向流动的线性经济，在这种传统经济的理念下谈可持续发展，只能是进行“保护”和“末端治理”。与此不同，循环经济是一种与环境和谐的经济发展模式，它要求把经济活动组织成一个“资源-产品-再生资源-再生产品”的反馈式流程(图 2)，使物质和能源在不断进行的经济循环中得到合理和持久的利用，从而把经济活动对自然环境的影响降到最小，在物质循环的基础上发展经济，实现整个社会的可持续发展。

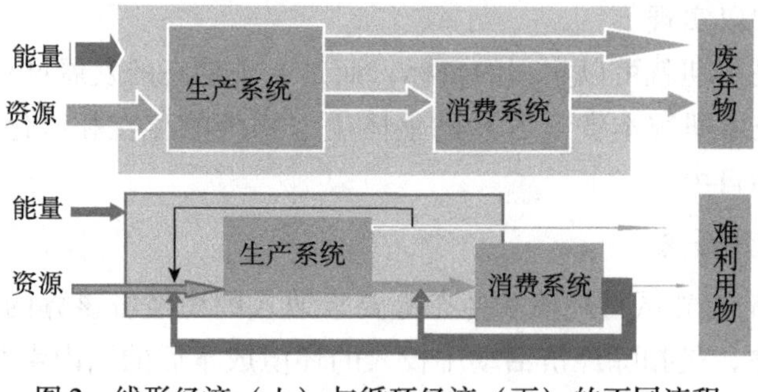

图 2　线形经济（上）与循环经济（下）的不同流程

循环经济又称 3R（或 4R）经济：Reduce（减量）、Recycle（再循环）和 Reuse（再利用）、Remanufacture（再制造）。

在循环经济中，废弃物的回收利用发挥着十分重要的作用。据美国全国物质循环利用联合会公布的数字，全美共有 5.6 万家公私企业涉及该行业，为美国人提供了 110 万个就业岗位，每年的毛销售额高达 2360 亿美元，为员工支付的薪水总额达 370 亿美元。在一定程度上，该行业的规模已经与美国的汽车业相当。

德国政府规定，玻璃、塑料、纸箱等包装物回收利用率为 72%，1997 年已达到 86%；

废弃包装物作为再生材料利用1994年为52万吨，1997年达到了359万吨；包装垃圾已从过去每年1300万吨下降到现在的500万吨。此外，德国在冶金行业，95%的矿渣、70%以上的粉尘和矿泥已得到重新利用；废钢回收率也十分高，2002年，德国有2000万吨废旧钢铁被利用。

日本的循环经济发展也十分迅速。据1997年日本通产省产业结构协会提出的《循环型经济构想》，到2010年，发展循环经济将使日本新的环境保护产业创造近37万亿日元产值，提供1400万个就业机会。2002年，日本回收家电850多万台，资源循环利用率空调为78%、电视为73%、冰箱为59%、洗衣机为56%。现在日本又在回收旧电脑。随着新的环保技术的开发，日本的目标是循环资源回收率达100%。

总之，作为一种新型的、先进的经济形态，循环经济和知识经济一样，是社会进步的产物，经过十几年的实践，如今已逐渐成为社会经济发展的一种潮流。发展循环经济并不要求经济活动按照生态规律进行，而需要运用经济规律来减少资源消耗和保护生态环境。循环经济的伦理观应是经济伦理和环境伦理的结合，应是公益性伦理观与市场伦理的结合。只有走以最有效利用资源和保护环境为基础的循环经济之路，可持续发展才能得到实现。

1.5 完善疾病预警系统重视卫生保健基础设施的建设

拓展疾病监控系统的范围，有效应对全球性感染病和生物及其它恐怖袭击。改善环境卫生，提高民众的卫生知识水平，增强自我保健意识。

人民的健康是民族振兴个崛起的前提。人民的卫生和健康既是大事业，也是大产业。

1.6 确立生态文明观

人类文明的发展大致经历了原始文明、农业文明和工业文明三个阶段。目前，人类文明正处于从工业文明向生态文明过渡的阶段。如果说以工业生产为核心的文明是工业文明，那么，生态文明就是以生态产业（或产业生态化）为主要特征的文明形态。从广义上讲，生态文明是人类文明发展的一个新的阶段，即工业文明之后的人类文明形态。从狭义上讲，生态文明则是指文明的一个方面，即人类在处理与自然的关系时所达到的文明程度，它是相对于物质文明、精神文明和制度文明而言的。无论是广义的还是狭义的生态文明都包含着三个重要的特征：较高的环保意识，可持续的经济发展模式，更加公正合理的社会制度。

因此，生态文明是人类文明发展的新形态、新阶段。

2 水资源问题

水资源是基础自然资源，是生态环境的控制性因素之一；又是战略性经济资源，是一个国家综合国力的有机组成部分。新中国成立后，水利建设成绩巨大，随着人口迅速增长，经济高速发展，我国水资源出现了一些新情况和新问题：工农业和城市生活都缺水；水环境恶化问题日趋严峻；而且在生产、生活各领域都存在着结构型、生产型和消费型的浪费现象，这些都成为经济社会可持续发展的制约因素。因此迫切需要人们正确认识水资源。

2.1 严重缺水的国家

我国的水资源总量占全球淡水总量的5.77%左右，众多蜿蜒的大江大河孕育了中国

5000年的文明。但是，由于人口众多，我国的人均水资源处于较低水平，根据世界银行的数据，我国人均水资源占有量只有2200立方米，这个数字仅相当于世界人均水资源占有量的1/4。专家预测，当我国人口增至16亿时，我国的人均水资源将降到1750立方米，已接近国际公认的水资源紧张标准，水资源的形势十分严峻。水资源短缺问题，已成为我国实现全面小康社会目标所面临的重大挑战之一。

随着城市和城镇规模越来越大，用水量在迅速增加。在全国600多城市中，有400多个城市供水不足，其中严重缺水的城市有110个，全国城市缺水年总量达60亿立方米。

我国北方尤为缺水。黄河、淮河、海河、辽河流域所代表的北方地区人均水资源量仅是全国平均水平的三分之一，河川流量仅为长江、珠江流域所代表的南方地区的六分之一左右，耕地亩均水量只相当于十分之一，属于重度缺水。青海约2000处河湖干涸。同时，天津、河北、山西、内蒙古、甘肃、青海、宁夏和新疆等8个省、自治区、直辖市水资源量，不足以维持全境有植被的生态系统，总面积达442.6万平方公里，占我国总面积的46%。随着全球气候变迁这种态势不会有较大的变化。现在其它一些水资源较为丰富的省份也开始面临缺水问题，如风景如画的湖北省被称为“千湖之省”，但工业化已经使其3/4以上的湖泊不复存在。

综合利用开发水资源成为我国政府的一项重要国策。

2.2 建设节水型社会

水资源的紧缺，是世界性的难题，许多发达国家也都有过相同的经历。我国是人口大国，也是世界上最缺水国家之一。长期以来，由于缺乏水资源保护意识，以及体制和历史的原因，水资源没有得到充分的保护和利用。今天，节水型社会已经成为我国可持续发展的战略选择。我国水资源利用方式粗放，用水效率不高，节水潜力巨大。近年来节水工作以取得了一些成效，但目前的节水水平与严峻的水资源形势还很不相称，传统的主要依靠行政措施推动节水的做法以不适应形势的要求。胡锦涛总书记指出：“节水，要作为一项战略方针长期坚持。要把节水工作贯穿于国民经济发展和群众生产生活的全过程，积极发展节水型产业，建设节水型城市和节水型社会。”温家宝总理明确要求：“加强水资源管理，提高水的利用效率，建设节水型社会，应该作为水利部门的一项基本任务。”要进一步提高认识，扎实工作，积极实践，稳步推进。

开展节水型社会建设，是一项系统性、综合性、原创性很强的浩大工程，它涉及农业、工业、服务业和生活、生态节水的方方面面，涉及到群众思想观念、价值尺度、行为方式转变的各个层面。节水型社会建设是一场社会革命，是一个复杂的系统工程，要创新和建设节水的制度、节水的经济、节水的科学技术和节水的文化。节水型社会的本质特征即是建立以水权、水市场理论为基础的水资源管理体制，是实现水资源可持续利用与经济社会可持续发展的根本性措施，形成以经济手段为主的节水机制，不断提高水资源的利用效率和效益，促进经济、资源、环境协调发展。

发展节水农业是保障我国人口高峰期食物安全、水安全、生态安全及整个国家安全的重大战略。未来20年我国农业节水的区域重点仍然是在北方，特别是西北和黄淮海平原地区。我国农业节水的重点在田间。

如何缓解谈水资源的短缺，一些发达国家纷纷走上了依靠科学管理的节水之路。加拿大政府非常重视水资源的开发、利用和管理，先后经历了开发、管理和可持续水管理三个阶段。其中，可持续水管理工作不仅为当代人服务，也为后代人服务，体现了加拿大水管理理念的长远性。日本政府实施节水措施：防止管道漏水，并使用节水阀，大力提倡使用“杂用水”。提高国民的节水意识，规定每年8月1日是“水日”，8月1日~7日是“水周”，每年这个时候都进行关于水的教育活动，普及节水方法的宣传活动。

值得注意的是，我国水利部门已选定了三个不同类型的地区：地处西部干旱少雨的甘肃张掖市，水资源相对丰沛的四川绵阳市，严重缺水的辽宁大连市作为全国首批节水型社会建设试点。同时，地方水资源立法工作也在紧锣密鼓地进行。广东、江苏出台了水资源管理条例，天津、山东出台了节约用水管理办法；大连、呼和浩特、长春、青岛、哈尔滨、南京、郑州、宁波等城市，也相继出台了节水和水资源管理地方法规。这些法规和规章，为建设节水型社会奠定了法律基础。

建设节水型社会是解决中国水资源问题的根本出路，是贯穿节约保护资源基本国策的战略措施，是实现可持续发展的必然要求。

2.3 保护水源，防污净化

我国经济的迅速发展，用水量急剧增加，污水排放量也相应增加，加剧了淡水资源的短缺和水环境的污染。此外，我国农村的部分水资源污染也相当严重，许多农田施用大量的化肥、农药包括有机磷、有机氯农药，其中有些是高毒性、难降解、高残留的农药，在食物链中有富集作用，对水环境的污染和对人体的危害较大。根据2001年我国七大水系断面监测，达到三类水质（可以进入自来水厂的最低要求）的仅占29.5%，而劣五类水质却高达44%；另外，我国浅层地下水资源污染比较普遍，全国浅层地下水大约有50%的地区遭到一定程度的污染，约一半城市市区的地下水污染比较严重。我国污水处理设施落后，污水处理率低，是造成我国水环境污染的主要原因之一。

保护水资源，首先要全社会动员起来，改变传统的用水观念。农业用水战略要从传统的粗放型灌溉农业和旱地雨养农业，转变为建设节水高效的现代灌溉农业和现代旱地农业。通过这样的建设，我国可以基本立足于现有规模的耕地和灌溉用水量，满足今后我国人口的农产品需要。而城市和工业用水方面，也要从不够重视节水、治污和不注意开发非传统水资源，转变为实施节流优先、治污为本、多渠道开源的城市水资源可持续利用战略。改革目前的用水制度，加强政府的宏观调控，加大治理污染和环境保护力度，是水资源保护利用的有效途径。打破行业垄断，健全组织结构，统一管理，在全国建立起一个自下而上的水督察体系；充分利用市场机制，发展有中国特色的水务市场，从而优化配置水资源，也是保护利用水资源的重要内容。

为了更快地改善我国的水环境，保护水资源，在学习国外成功和先进经验的同时，应汲取国内外的失败教训并结合我国的实际情况，对我国水污染防治和水资源保护采取综合治理措施。制定规章：政策措施应包括设立河流、湖泊及地下水的环境质量标准，制定减少排放的规章，建造污水处理设施，进行环境影响评估等。提高资源利用率，促进资源回收利用，这些社会行为也是通过预防的方式进行水环境保护。因地制宜，采用处理与利用相结合的措施，利用生态处理系统，在污水处理的同时实现污水的无害化和资源化，实现水的良性循环和水资源的可持续利用。

3 土地问题

3.1 地大，人均地不大

我国国土面积约为世界的7%，乐观的算法，耕地面积约为世界的9%，森林面积约为世界的4%，而我国人口密度却是世界平均值的3倍。人均可耕地仅1.3亩，不到世界平均水平的40%。到2020年我国人口可能突破14亿，而粮食总产量按5000亿公斤，人均消费粮食400公斤计算，只能养活12.5亿人口。此外，改革开放以来，我国城乡居民人均消费粮食量（包括非直接性粮食消耗）已增长1倍多，肉类消费量增长2倍多，但按人均计算，肉类消费只及西方国家的1/10。

我国土地资源绝对数量大，人均数量少，对发展农业是一种不利因素，因此我们必须十分珍惜和合理利用每一寸土地，想方设法提高土地利用率。

3.2 不合理占地，土地荒漠化严重

由于对土地缺乏宏观调控和计划管理，加上长期掠夺式的生产方式，造成非农建设和农业内部结构调整过多占用耕地，使耕地面积急剧减少。乱占滥用耕地，浪费土地的问题不断发生。有些单位受利益驱使，多征少用，早征迟用，甚至征而不用，造成土地浪费。不合理占地，使耕地大幅减少，近7年减少一亿亩。

村镇建设违法用地现象严重。有些村镇随意扩大宅基地面积，旧房不拆盖新房，导致村镇内部废弃宅院增多，形成了“空壳村”；农业的基础性地位没有得到根本性改善，不合理的农业结构调整挤占了大量耕地，为了提高“农业经济效益”，一些地方一哄而上，盲目大量退耕养鱼、养虾、种果树，致使大量耕地被占用。

前几年，各地盲目建立各个级别的开发区，大量占用耕地成为浪费土地的新现象。新增加的开发区，所占土地绝大多数是农用地或耕地。多则占地上百公顷以上，甚至几十平方千米，少则也有几公顷左右，大部分分布在沿江、沿海、沿湖、城郊和农村水陆交通便捷的地区。有些开发区征用了土地后未能使用，造成良田撂荒，若将其整顿和优化利用，至少可以节约出现有耕地面积的1/2。城市无限制地外延扩展，盲目开发建设，占有了大量耕地。如富饶的珠江三角洲，面积仅有1.1万平方千米，而城镇规划面积就已达到9500平方千米，占土地面积的86.4%。

全国6015个开发区，规划面积3.54万平方公里，相当于现在全国城市面积的总和。目前全国已建高尔夫球场176个，在建或即将完工的高尔夫球场大约还有500个到1000个。以一个标准的18洞高尔夫球场，至少需占用土地1200亩计算，这些高尔夫球场就占地上千万亩。2002年底，全国累计收取土地出让金7300亿元。一些城市、县的土地出让金收入已经占到当地财政收入的35%，有的竟然高达60%。在巨大的利益驱动下，有的地方政府批地的规模越来越大。

荒漠化、盐碱化土地面积不断扩大，1999年已达267.4万km^2，超过国土面积的1/4。西北是我国荒漠分部面积最广的地区，占全国沙漠、戈壁的68%以上。耕地荒漠化现象也日趋严重，目前我国耕地荒漠化面积累计已达1000万公顷，约占我国耕地面积的10%以上。我国广大农村长期以来大量使用化肥，而忽视了传统农业生产中“秸秆还田”的有益

做法，也使耕地土壤中有机质含量越来越少，土壤板结严重。此外，我国已经成为世界上水土流失最严重的国家。有4200万公顷耕地出现了不同程度的水土流失，占我国耕地总面积的43%左右；每年有约50亿吨泥沙流入江河湖海，其中62%左右来自耕地表层。

3.3 必须保护赖以生存的土地

土地资源是我们赖以生存的物质基础，但是它又是有限的资源，一旦破坏很难恢复，而且我国又是一个有12亿人口的国家，要解决这些人口的吃饭问题，必须保护有限的土地资源。

由于我国面积辽阔，地形、气候、土壤等条件复杂多样，加上各地农业发展的历史、生产水平、土地利用方式等的差异，形成了多种多样的土地类型。65%是山地或丘陵、33%是干旱或荒漠地区，55%的国土面积不适宜人类生活和生产。可见，我国山地的比重大，山地一般不利于农耕，利用不当容易引起水土流失，交通运输也比较困难；如何合理开发山地，保护耕地，增加林地，是我国土地资源开发利用面临的问题之一。

以法律为准绳来保护我们的家园是我们共同的心声。在发展经济建设我们的家园时，一方面应从我国有13亿和将有16亿人口出发，要做到切实保护耕地，不得随意占用，积极推进土地整理工作应根据各地自然、社会、经济的差异，区别不同条件，统筹安排土地整理方式、范围和深度，因地制宜地制定土地整理专项规划和设计。如严格控制非农业建设占用耕地，优化配制城镇土地资源，农村建房时应将住宅建在荒坡上，平房应改为楼房以减少占用耕地等。另一方面我们要在风沙危害比较严重的地区建设防护林体系，为保护草场应建立人工草场。运用现代化科技，加强对耕地利用的动态监测为各级政府制定耕地保护战略及时提供信息。宣传我们的国策“十分珍惜每一寸土地，合理利用每一寸土地”，提高全社会的认识。

4 矿产资源问题

人口、资源、环境是当今世界经济、社会发展面临的主要问题，它们相互联系、相互影响、错综复杂，但核心是资源问题。矿产资源是人类社会赖以生存和发展的重要物质基础，是经济发展的原材料和动力。据统计，现阶段我国95%以上的能源、80%以上的工业原料、70%以上的农业生产资料来源于矿产资源，30%以上的农业用水和饮用水来自属于矿产资源范畴的地下水。矿产资源是几千万年及至数亿年漫长地质演化中形成的，一旦用完，短期内不可能再生的，这进一步加剧了矿产资源的危机。

4.1 矿产资源匮乏

近200年来，工业文明的普及、科技的发展和生活方式的变革确实带来了物质的丰富和社会的高度繁荣，但也造成了资源匮乏、能源短缺。

中国是世界上少数几个矿产资源大国之一，但人口基数过大，矿产资源人均拥有量很低。根据《各国矿产储量潜在总值》的估算，我国矿产资源储量潜在总值为16.56万亿美元，居世界第三位，但人均矿产储量潜在总值为1.511万美元，只有世界平均水平的58%，排世界第53位，而且人均资源数量和资源生态质量仍在继续下降和恶化。如：35种重要矿产资源人均占有量只有世界人均的60%，石油11%，铁矿44%，铝土矿10%，金矿70%。某些重要资源长期依赖进口，增加了国民经济和社会发展的不确定因素，也影响到国家安全。据地矿专家论证，按实现第二战略目标需求来看，我国45种主要矿产中有10多种矿产探明储量不能满足生产发展的需要。到2020年，除煤炭、钨、钼、稀土和某些非金属矿外，大部分主要矿产将缺乏必要的储量保证。

国民经济与社会发展对矿产资源的需求仍将保持强劲势头，一些大宗支柱性矿产供需矛盾将日益加剧。资源短缺已经成为了一个制约我国经济发展的重要因素。保护和合理利用自然资源、研究开发新资源、实现废旧产品资源化已成为实施可持续发展必须重点解决的迫切问题。

4.2 资源利用率低、浪费大

自上世纪五十年代，我国已建成了比较完整的工业体系，但走的是一条高投入、低产出的道路，主要原材料的消耗大大超过了国民收入的增长。尤其是我国正处于工业化成长阶段，各种基础建设需要大量的自然资源进行论证，这进一步加重了原生矿产资源的开发速度。在矿产资源本身短缺的同时，还由于技术经济等方面的问题，我国的资源利用率比较低，而且废旧机电产品的资源化率也比较低，造成了大量的资源浪费。

我国资源开采和利用方式粗放，浪费严重。据测算，目前我国可以回收而没有回收利用的再生资源价值达300亿～350亿元。每年约有500万吨左右的废钢铁、20多万吨废有色金属、1400万吨的废纸及大量的废塑料、废玻璃等没有回收利用。

另外，我国进行资源化的途径多采用以材料有限再循环为主的简易形式，缺乏以产品再利用、再制造等高层次资源化方式，资源化利用率低，造成大量可用资源不能得到回收。如对于汽车，通过简单循环所回收的汽车原材料的价值仅相当于新车价格的15%；如果将发动机旧机回炉，其得到的再生原料价值只相当于原机价格的3%，而通过发动机的再制造利用，就可以使第一次制造过程中消耗在产品上的所有资源的近85%得到保留应用。

4.3 机电产品报废惊人：浪费资源，危害环境

随着生活水平的提高和经济的快速发展，面临越来越严重的废旧机电产品的压力。机电产品制造业是最大的自然资源使用者，也是最大的环境污染源，废旧产品可造成严重的“汽车垃圾”、“电子垃圾”等社会公害。

世界上废旧机电产品的报废数量巨大。欧洲每年约有900万辆汽车报废；美国每年大约有1000万～1200万辆汽车报废；日本车辆平均寿命为9年，废旧汽车量逐年增加。我国是世界上最大的家用电器生产和消费大国之一，废旧电器处理的压力日趋严重。每年报废的汽车将在200万辆以上；电冰箱报废量年均400万台；洗衣机、电视机年均各在500万台以上，旧电脑年淘汰量估计在500万台以上，每年总计将有2000余万台达到报废年限。随着科技的发展、人们消费水平的提高、产品更新换代频率的加快，机电产品的年报废量数量也将会激增。但废旧机电产品的资源化率非常低，这也造成了大量资源的浪费。

废旧产品如果处理不当，会危害生态环境。废旧家电及电子产品与普通垃圾不同，由于制造材料复杂，部分材料还含有不少对人体有害的化学物质或有害的重金属，随时都有可能通过呼吸、食物链甚至皮肤等进入人体，给人们的健康带来极大的威胁。据专家介绍，如果对个人电脑不加处理的填埋，有害元素会对土壤和地下水造成严重污染；但如果只是进行焚烧，原材料中释放的大量有害气体也将对空气造成污染，乃至形成酸雨。还有一些本应报废的废旧产品从经济发达地区流向不发达地区继续适用，造成了能源过度浪费、噪

声污染、环境污染、效率低下等问题。

4.4 废机电产品资源化，潜力大

废旧机电产品中蕴含了大量的资源和能源。每个机电产品零件从原料、加工到最后形成，均需要经过多道工序，零件本身蕴含的价值远远超过原材料本身的价值。发展废旧机电产品资源化可以实现“人口、资源与环境”三者的协调发展，实现“资源－产品－再生资源”的良性循环，建立“循环型社会”发展模式。

废旧机电产品资源潜力巨大。资源化利用可减少对原生资源的开采，从而减轻我国人均资源匮乏的压力，满足经济可持续发展的需要；生成的产品可以成为工业生产的重要的原材料和人们生活的产品；资源化技术得当，含有多种材料的“汽车垃圾”“电子垃圾”也可以变废为宝；资源化可以创造显著的工业经济效益和环境效益；资源化产业被称为“都市矿山”“第二矿藏”的开拓者，功不可没。

废旧机电产品资源化横跨了物质资源的各个领域，是可持续发展战略中的重要环节。废旧机电产品资源化在机电产品全寿命周期中的位置如图3所示。

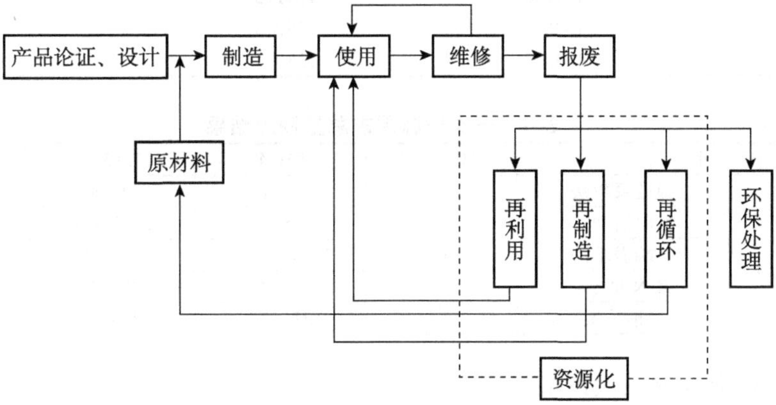

图3 资源化在产品全寿命周期中的位置

废旧机电产品的现状迫切需要我们以废旧机电产品为对象，探索开发第二资源的途径，化废为宝，在产品的整个生命周期中，合理利用资源，降低生产成本，保护生态环境，构建循环经济，推动整个社会走上生产发展、生活富裕、生态良好的文明发展道路，保持社会的可持续发展。

5 能源问题

5.1 人均拥有能源资源少，能源供需矛盾突出

表1 中国能源探明储量在世界上的位置

矿种	世界	中国	占世界%	位次
煤/亿吨	9842.11	1145.00	11.6	3
石油/亿吨	1402.25	32.74	2.33	9
天然气/万亿米^3	149.38	1.39	0.91	20

由于我国人口多，人均拥有探明资源就很少。煤占世界人均的55.67%，石油占11.14%，天然气占4.38%（表2）。除煤炭外，石油、天然气均需要以国外资源作为补充，

才能满足当前和长远的需要。

表2 中国人均拥有探明储量与世界比较

矿 种	世界人均	中国人均	中国/世界/%
煤/吨	162.48	90.45	55.67
石油/吨	23.25	2.59	11.14
天然气/米^3	24661.32	1079.90	4.38

1992年开始，能源消耗总量已经超过了能源生产总量，能源自给率由自给有余下降为85%（表3），成为世界第二能源消费大国。原油从1993年开始也有净出口转化为净进口，2000年进口原油达7100万吨，已占消费总量的30%，而且缺口将会进一步扩大。

表3 中国能源供需变化情况 （单位：万吨标准煤）

年 份	生产总量	消费情况	保证程度/%
1957	9861	9644	102.25
1978	62770	53144	109.84
1991	104844	103783	101.02
1992	107258	109170	98.24
1996	132616	138948	95.04
2000	109000	128000	85.15

表4 一次能源需求总量预测结果

时 间		2000年	2010年	2015年	2020年
一次能源需求总量（亿吨标煤）	弹性系数法	13.6	22.1	27.8	34.2
	部门活动法		19.5~22	22.7~26	26~30
	终端需求法		21.4~25.6	26~29	29.6~33
	基本方案*		22~24	26~28	29~33
	节能方案		21~23	24~26	27~29

5.2 解决能源问题三大策略

1. 煤炭为主，强化洁净，多元发展，优化结构

就世界而言，目前在能源消费构成中石油占40.5%、煤炭占25.0%、天然气占24.2%、核电占7.6%、水电占2.7%。我国目前是以煤为主的多元能源结构。2000年能源消费总量构成中，煤炭占67.05%、石油占23.4%、天然气占2.5%、水电占6.9%。由于煤炭资源最为丰富，可以满足长远发展的需求；石油天然气等资源量随有一定规模，但难以满足我国长远发展需要，所以今后仍应以煤炭为主，而不能以石油为主。在实行以煤炭为主的同时，要注意优化结构，还要扩大利用新能源。目前煤炭在我国能源结构中已呈下降趋势（表5），但以煤炭为主的格局在实行第三战略目标过程中，不可能有根本的改变。

表5 中国能源结构变化情况 （单位:%）

年 份	煤 炭	原 油	天然气	水 电
1952	96.7	1.3		2.0
1962	91.4	4.8	0.9	2.9
1970	81.6	14.1	1.2	3.1
1980	69.4	23.8	3.0	3.8
1990	74.2	19.0	2.0	4.8
2000	67.0	23.6	2.5	6.9

在实行煤炭为主多元发展方针时，要努力优化我国能源结构。根据对我国能源资源潜力分析，提高天然气和水电在能源构成中比重有相当潜力，提高核能和其它新能源的比重也是应该加以重视的一个方面。特别是天然气资源，据专家们的预测在50万亿m^3以上，而探明的仅3.6万亿m^3，探明率6.5%。此外煤层气还有35万亿m^3资源量。加大天然气和煤层气开发对改善能源结构、减少环境污染和安全生产都有重要意义。实行以煤为主的方针，还要注意推广使用洁净煤技术和煤转化技术，以减少对环境的污染和减轻对运输的压力。

表6　一次能源消费结构组成

能源种类		2000年	2010年	2020年
煤炭	数量（亿吨标煤）	9.2	14.4～15.3	17.4～19.1
	所占比例（%）	67.9	66.1～64	60～57.9
石油	数量（亿吨标煤）	3.2/2.32	4.45.1/3.1～3.6	6.1～7.3/4.3～5.1
	所占比例（%）	23.6	20.2～21.4	21～22.1
天然气	数量（亿吨标煤/亿m^3）	0.35/245	1.0～1.5/700～1000	2～3.1/1400～2200
	所占比例（%）	2.6	4.6～6.3	6.9～9.4
水电*	数量（亿吨标煤）	0.7	1.6	2.4
	所占比例（%）	5.2	7.3～6.7	8.3～7.3
核能*	数量（亿吨标煤）	0.05	0.25	0.8
	所占比例（%）	0.36	1.1	2.8～2.4
新能源	数量（亿吨标煤）**	0.04	0.1	0.35
	所占比例（%）	0.29	0.4	1.2～1.1
一次能源总量（亿吨标煤）		13.6	22～24	29～33

注：*核能、水电计入一次能源时按照燃煤发电效率折算成标煤。**新能源仅指风电、太阳能和生物质能发电

积极发展风能、太阳能、生物质能、氢能等新能源。

2. 国内为主，国外为辅，利用两种资源

2002年我国净进口石油量已达7000万吨以上，约占消费总量的1/3。我国已成为世界第三石油进口大国，仅次于美国和日本。据预测，到2020年，我国石油消费总量可能将有目前的2亿吨上升到4亿吨或更多一些，缺口将达一半，所以必须同时利用国内国外石油资源。

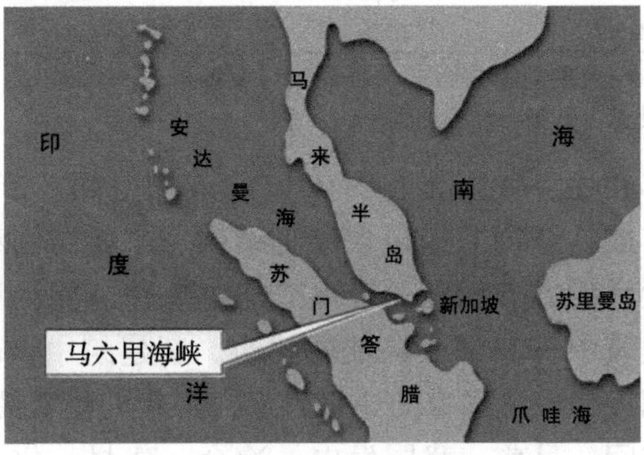

图4　马六甲海峡地理位置

3. 加强勘查，降低能耗，提高效率，节约能源

为了保障能源供给，加强国内资源勘查是很重要的举措。一是国内尚待勘查的资源还有相当的潜力，而勘查程度很低，煤炭已探明储量仅占资源量的20%、石油占20%、天然气占6.5%。与美国相比，我国的沉积盆地面积670万平方公里，比美国沉积盆地面积（660万平方公里）还大一些；而我国石油探井数仅为美国的8%，探明储量仅为美国的23%。2003年我国GDP占世界GDP的4%，但是消耗占世界的比重，石油为7.4%，原煤为31%，钢铁27%，氧化铝25%，水泥40%。同时要大力贯彻节约与保护资源的基本国策，走“资源节约型”发展道路，努力降低消耗。这一方面我国已经作出了显著成绩。1985年每亿元国内生产总值消费能源8.55万吨标准煤，而2000年每亿元GDP仅消费能源1.43万吨标准煤，能源利用效率几乎提高了近6倍，但与其它国家相比差距还很大（表7）。

表7 亿元国内生产总值能耗变化情况

年份	1985	1990	1995	2000
国内生产总值/万亿元	8964	18548	58478	89404
能源消费总量/亿吨标准煤	76682	98703	131176	128000
亿元能耗量/万吨标准煤	8.55	5.32	2.24	1.43

1980年我国能源效率为25.9%，1992年为29%，12年期间能源效率提高3.1个百分点；实施金融、税收、价格以及投融资改革后的1995年，我国能源效率就达到34.1%，短短3年提高了5.1个百分点。从节能率看，1981年~1990年十年间我国年均节能率为3.6%，上世纪90年代以来，随着能源价格的逐步理顺和市场机制的完善，“八五”期间，年均节能率达到了5.6%，“九五”期间，年均节能率进一步提高到7.1%。

表8 1998年中国能源利用效率与世界比（购买力评价表）

国家	购买力评价GDP总量（单位：亿美元）	能源消费总量（单位：万吨标准煤）	每吨标准煤产出GDP（单位：美元）	1亿美元GDP消耗能源（单位：万吨标准煤）
中国	40596	113923	3563.5	2.81
德国	17291	46082	3752.2	2.67
印度	16316	42267	3860.2	2.59
日本	28372	65966	4301.0	2.33
俄罗斯	9900	82984	1193.0	8.38
美国	87288	298696	2922.0	3.42
澳大利亚	3703	15076	2456.2	4.07
巴西	10623	17042	6233.4	1.60
世界	381881	1086462	3514.9	2.85

注：数据来源：购买力评价GDP的数据来自于《世界银行发展报告99/2000》World Development Report 99/2000 “Entering 21st Century”，能源消费总量数据参考朱训先生的文章

由表8可见，与日本相比，我国还有约20%的节能空间。节能的途径包括结构节能、技术节能和政策性管理节能。结构节能包含经济结构、产业结构和产品结构调节节能，技术节能存在于经济社会生活的方方面面，管理节能体现在节能消费理念及实施能力。我国既有的近400亿平方米建筑中99%属于高能耗建筑，新建筑中，95%以上仍然是高消费建筑，单位建筑面积能源消耗为发达国家的3倍以上，每年要浪费几亿吨能源。

技术节能有较大的空间。目前，我国发电、冶金、建材、化工、交通、建筑等行业能耗总量占一次能源的80%左右，单位产品能耗平均高于国际先进水平20%~30%（见表

9)。2000 年我国能源系统总效率只有 9.9% (其中开采率 32%、中间转换效率 68.8%、终端利用率 45%，开采回收率最低)，是国际水平的 1/2。能源使用效率为 31.2%，比国际水平低 10%。

目前发达国家百人汽车拥有量为 30 ~ 70 辆，我国目前仅 1.7 辆。表 6 中 2020 年石油需求量低限 4.3 亿吨对应的是届时我国百人拥有家庭小汽车 6 辆的预测，若百人拥有汽车 10 辆，则预测石油需求量将达到 5.1 亿吨。所以必须限制汽车总量，特别是高排气量汽车。

面对严峻的能源形势，要从政策和管理入手，建立全民节能的社会理念和规范。节能要从开采、加工、转换、储存、终端利用、产品耗能、产品结构各个环节做起，是全社会各行业的共同任务。要制定能耗标准和规范，强制淘汰高耗低效的产品，大力推广高效节能产品，系统更新落后的高耗能装备。通过对结构节能、技术节能和管理节能的趋势分析，我们认为，未来 20 年我国综合节能潜力约为总能耗的 20%！

表 9　国内外主要耗能产品能耗对比（2000 年）

名　称	单　位	国内水平	国际先进水平	节能空间
火电供电煤耗	克标煤/KWh	392	317	19.1%
吨钢可比能耗	千克标煤/吨	781	629	19.5%
水泥综合能耗	千克标煤/吨	181.3	124.6	31.3%
乙稀能耗	千克标煤/吨	1210	870	28.0%
载货车油耗	升/百吨公里	7.6	3.4	55.2%

注：资料引自国家发改委能源研究所

表 10　美国、日本、中国的产业能源利用效率对比

（单位：万吨标准煤/亿美元）

国　家	第一产业	第二产业	第三产业	总体
美国	—	5.57	3.26	3.79
日本	—	2.31	1.21	1.57
中国	0.794	4.20	1.92	2.98

日本是节能型国家的典范。我国西部大开发，更需要重视节能：西部地区所有部门每产生 1 万元人民币产值所消耗的能源量来看，上海是 0.583 吨/万元，而西部地区是 0.947 吨/万元，在产值相同的情况下，西部地区的能耗是上海的 1.63 倍。从单个部门来看，在所有的“大量能源消耗型”部门中，西部的能源利用效率都比上海低。

引进节能技术，可使西部能源投入量减少 33%，全国的能源投入量减少 5%。

6　中国人的消费结构和生活方式问题

不健康的生活方式不仅造成了大量浪费，也危害自身健康。大吃大喝、公款请客，浪费极大。据中国金融学会的数字：我国每年公车开支达 3000 亿元，公款请客吃饭开支大于 1000 亿元，迎来送往几百亿。

倡导“科学的消费观”，把它看作科学发展观的重要组成部分；倡导东方健康的消费结构，美国人的消费结构不可取。

倡导“节约型生活方式”，把它看作“节约型社会”的重要组成部分，也是先进民族文化、优良民族传统的组成部分。作为一种消费伦理，节约可以推动我们珍爱本已十分紧缺的资源，确立一种简单质朴的生活方式和永续发展的消费方式，树立崇尚适度物质生活和丰富精神追求的人生观、价值观，真正做到可持续发展。

7 西部大开发需要四个创新

7.1 观念创新

思想保守，不善于接受新事物。

经济意识差，冒险精神，开拓精神，学习能力差，导致优秀管理人才少，企业家少。

农村人口的商品经济意识淡薄，自给即安，小富即安。

7.2 制度创新

制度创新首先是一个市场问题，西部市场化程度低，市场发展严重滞后。没有市场化机制，就没有经济发展的适宜土壤。没有制度创新，有资金、有人才，也会流失。

7.3 技术创新

技术创新是经济竞争、市场竞争的焦点，西部如果跟在东部后面按部就班的发展，就永远落后，需要实施以开发人力资源、推进技术创新为重点的科教兴国战略。要使技术创新形成一种良性的循环机制。

信息化有助于西部地区用信息技术改造传统产业，特别是农业和一般加工业；用信息资源增强企业竞争力，使企业通过信息交流和共享而获益。信息化还有助于西部地区在产业结构调整中达到生产要素配制优化和产业升级的目的。

7.4 环境创新

环境创新可划分为生态环境创新、投资环境创新和人文环境创新。

水资源的合理开发、高效利用是生态环境建设的龙头。水资源与生态环境建设应相提并论。投资环境创新主要包括投资的软（政策、文化、人文）和硬（基础设施）环境创新。西北地区的投资环境差，投资回报率低。要想把东部的资金吸引过来，既要抓基础设施建设，又要抓投资的软环境建设。人文环境创新建设主要需要研究东、西部的合作问题。

8 依靠科技进步建设环境友好型、节约型社会

工程科技的不断进步，将大大增强人类高效利用自然资源、保护环境和生态的能力。用先进技术武装我国经济社会的各个领域，可以大大减少资源消耗和环境污染。

（1）世界上以信息技术为代表的高技术迅猛发展，为中国走新型工业化道路提供了新的机遇。

通过对各种生产和消费过程进行数字化、智能化的实时监测和调控，可以大大降低成本和资源消耗。如我国自上世纪 90 年代以来，在大型重点钢铁企业的生产工艺中广泛采用信息技术，实现了高度的自动化和最优工艺控制，大大降低了能源和材料的消耗，2002 年重点企业的吨钢能耗达到 753 公斤标准煤，比 90 年代初降低了 1/4，污染排放也大大降低。

（2）先进的工程技术也为实现清洁生产和消费、废物循环利用提供有力保证。

我国废旧物资回收、再生和无害化处理应作为优先发展的循环经济产业大力促进。当前在我国城市地区活跃着数以百万计的废旧物资和产品回收大军，但是，他们处于非常散

乱的无序状态。尤其是回收废旧物资缺乏专业化处理体系，在对可直接变为再生资源的废旧物资进行商业化处理后，缺乏对无利用价值的废弃物进行无害化处理的配套设施，存在着二次污染的隐患。政府应该对这些产业进行规范，提供相应的配套技术支持和优惠政策，鼓励形成规模化的配套产业。

（3）大力提高水循环利用和节约用水。

各地区，尤其是缺水地区，应该分门别类的制订明细的循环用水技术标准和废水排放标准，要制订水污染控制达标的时间表。如天津市通过建立农业环境监测中心、大型污水处理厂等措施，在水的净化、污水资源化和节水方面取得明显进展，工业用水重复利用率达80%，高于发达国家水平。又如我国提出的“控制性作物根系分区交替灌溉技术”可节水36%。

（4）以污染大户和重点排污行业为主要控制对象，促进其降低资源和能源消耗强度，控制污染排放。

目前，特别要加强对冶金、化工、食品、造纸等行业的技术标准、消耗和排污的控制，要强制淘汰高消耗的落后技术，推广清洁生产体系。以此为基础，排污许可，持证排放，污染物排放总量控制制度必然应运而生。以降低排放强度为核心，用经济和技术手段强力推进循环经济。

（5）按区域特点确定循环经济发展重点。

城市地区应以清洁生产、节约资源和资源再生利用为重点；农村地区应以生态农业、有机农业和绿色产品、有机产品为重点；西部地区应以生态保护和恢复为出发点，结合本地区资源、环境特点，调整产业结构，发挥后发优势，所有新建项目都应体现科技含量高、经济效益好、资源消耗低、环境污染少的新型工业化特点，实现跨越性发展。东北老工业基地则应以新型工业化标准调整经济和产业结构；按清洁生产的标准对工业企业进行技术改造；用循环经济的要求建设和改造工业区和开发区；逐步进行我国原材料工业基地改造和建成经济与环境协调发展的现代化工业体系。

（6）发展经济提高生产力水平，需要工程科技。

我国农业的整体技术水平相当落后，农业机械化、农村电气化和信息化水平较低，1999年我国农村每个农业劳动力创造的附加值和养活的人口，分别仅为美国的1/26和1/20;我国有着巨大的民用航空市场，但由于自己不能制造大型飞机，目前500多架大中型运输飞机全部由国外进口；我国的第三产业，运输仓储、邮电通信、金融保险等现代服务业所需的大量先进技术装备也主要从国外购买。在我国未来20年工业化建设的高潮中，工程科技面临着严峻挑战。

（7）全面、协调的发展，要求在物质文明建设的同时，大力建设社会主义的精神文明和政治文明。实现这个目标，也需要工程科技的支撑。

精神文明和政治文明的建设对信息的产生、加工、传播和接收，以及人和物的流动的数量、质量和速度提出了越来越高的要求。“烽火连三月，家书抵万金”，在古代，人们只能靠人力或畜力等原始手段传递信息和流动。今天，我们甚至能够和远在地球另一方的亲友或业务伙伴进行直接、即时的图像和语音交流。目前，我国的广播和卫星电视覆盖广泛，十几亿人民可以及时听到党和政府的声音，了解国家和世界上发生的重大事件，还可以进行远程教育、医疗和会议；我国自主发明的激光照排技术，带来了印刷技术的革命，极大地提高了信息传播的数量和质量。

（8）坚持以人为本，代表最广大人民的利益，也需要工程技术的支撑。

科学发展观的落脚点在“人”，在如何让广大人民过上更美好的生活，吃穿住行更舒适方便，身体更健康，实现这些目标离不开工程科学技术。随着我国居民居住状况的大大改善，房屋建设从设计、施工到装修，都涉及大量工程科技问题；家居生活中存在的诸如食物中有害农药残留、建筑材料有害气体超标等让人担忧的问题，也要靠先进的工程科技加以解决；我国自己研制生产、并普遍接种的各种传染病疫苗，已成功消灭了天花、骨髓灰质炎和鼠疫等严重危害人民身体健康的疾病，有效保护了人民的身体健康。我们正在依靠科学技术战胜 SARS、艾滋病等。建立全民医药卫生体系。

9 结语

中国正以历史上最脆弱的生态环境承载着历史上最多的人口，担负着历史上最空前的资源消耗和经济活动。既不能沿袭传统的高能耗、高污染、低效率的苏联式重工业化模式；也不能模仿和采用高消费、高消耗、高排放的发达国家现代化模式。中国应当有不同于西方国家的非传统模式的现代化发展模式。实行低度消耗资源的生产体系；适度消费的生活体系；经济持续稳定增长、经济效益不断提高的经济体系；保证社会效益与社会公平的社会体系；不断创新，充分吸收新技术、新工艺、新方法的实用技术体系；促进与世界市场紧密联系，更加开放的贸易与非贸易的国际经济体系；合理开发利用资源，防止污染，保护生态平衡。

国家和社会是复杂的大系统，要用复杂系统科学的方法分析、解决问题。建设生态环保型、节约型社会，不仅要依靠政府行政的努力，也不仅是一个科学技术问题，要有赖于全民素质的提高和精神文明的建设。

生态环境和节约资源问题，已成为我国一个十分尖锐和紧迫的问题，必须尽快迈出实质性的步伐，几年内要开始见实效。并要求一代一代的中国人持续付出巨大的努力。

中国的崛起需要强有力的精神支柱，特别是青年一代的价值观、人生观和世界观具有特殊的意义。需要进一步培养全民（特别是青年）的国家意识、民族意识、世界眼光和历史责任感。高度重视国家精神力量建设，在弘扬优秀民族文化的同时，注入具有时代特征的新内涵，使“重生态、保环境、懂节约、善节约”成为新时代中华文化的重要内涵。高度重视精神产品的质量和文化氛围的培养，促进人的全面而健康的发展，建成一个高素质社会。这是保证中华崛起的百年大计、千年大计，是意义深远的重大战略性问题。

（发表于《科学新闻》，2004 年第 15 期，p. 14）

关于建设节约型社会的思考

首先要建立节水型社会。这是一项系统性、综合性、原始性很强的浩大工程，它涉及农业、工业、服务业和生活、生态节水的方方面面，涉及到群众思想观念、价值尺度、行为方式转变的各个层面。

节水型社会建设是一场社会革命，是一项复杂的系统工程，要创新和建设节水的制度、节水的经济、节水的科学技术和节水的文化。节水型社会的本质特征是建立以水权、水市场理论为基础的水资源管理体制，这是实现水资源可持续利用与经济社会可持续发展的根本性措施。同时，发展节水农业是保障我国人口高峰期食物安全、水安全、生态安全及整个国家安全的重大战略。

同时，必须保护赖以生存的土地。在发展经济建设我们的家园时，一方面应从我国有13亿和将有16亿人口出发，做到切实保护耕地，不得随意占用，积极推进土地整理工作。应根据各地自然、社会、经济的差异，区别不同条件，统筹安排土地整理方式、范围和深度，应地制宜地制定土地整理专项规划和设计。另一方面要在风沙危害比较严重的地区建设防护林体系。运用现代化科技，加强对耕地利用的动态监测，为各级政府制定耕地保护战略及时提供信息。

第三，废机电产品资源化潜力大。废旧机电产品中蕴含了大量的资源和能源，资源化利用可减少对原生资源的开采，从而减轻我国人均资源匮乏的压力，满足经济可持续发展的需要；生成的产品可以成为工业生产的重要原材料和人们生活的产品；资源化技术得当，含有多种材料的“汽车垃圾”“电子垃圾”可以变废为宝；资源化可以创造显著的工业经济效益和环境效益；资源化产业可称为“都市矿山”“第三矿藏”的开拓者。

第四，节能。与日本相比，我国还有约20%的节能空间。节能的途径包括结构节能、技术节能和政策性管理节能。目前，我国发电、冶金、化工、交通、建筑等行业能耗总量占一次能源的80%左右，单位产品能耗平均高于国际先进水平20%~30%。由于汽车耗能在我国能源消耗中占有相当比重，所以必须限制汽车总量，特别是高排量汽车，发展混合动力汽车等。

面对严峻的能源形式，要从政策和管理入手，建立全民节能的社会理念和规范。节能要从开采、加工、转换、储存、终端利用、产品耗能、产品结构各个环节做起，是全社会各行业的共同任务。要制定能耗标准和规范，强制淘汰高耗能低效的产品，大力推广高效节能产品，系统更新落后的高耗能装备。

第五，提倡节约型生活方式。要倡导“科学的消费观”，把它看作科学发展观的重要组成部分；倡导东方健康的消费结构，美国人的消费结构不可取。

倡导“节约型生活方式”，把它看作“节约型社会”的重要组成部分，也是先进民族文化。优良民族传统的组成部分。作为一种消费伦理，节约可以推进我们珍爱本已十分紧缺的资源，确立一种简单质朴的生活方式和永续发展的消费方式，树立崇尚适度物质生活和丰富精神追求的人生观、价值观，真正做到可持续发展。

（发表于《发明与创新》，2005 年 06 期，p. 07）

四、经济与环境双赢

How to Make the Urbanization Process Low-Carbon①

1 High-carbon Risks of Urbanization

From the present year to 2030, China's urbanization rate could be raised by 15% ~ 20% to reach 65% ~ 70%. Whether the urbanization process can maintain a low-carbon development course remains a severe challenge entailing high-carbon risks. Specifically:

(1) The substantial increase in building areas in the course of urbanization and the reconstruction of existing urban infrastructures will lead to considerable energy consumption from building (including the energy consumption from construction material manufacturing and construction activities), which accounted for 41% of the gross energy consumption in China in 2012, with the construction industry consuming 915 million tons steel, 3.73 billion tons of cement, 64 million tons of aluminum, and 4.48 weight boxes of glass. [1] With urbanization rate increasing by 1%, new building areas will increase by 800 million ㎡, and hence the new building areas will reach 16 billion ㎡ by 2030, becoming a critical source of carbon emission.

(2) During the urbanization process, the energy consumption of residents will increase notably, including those hundreds of millions of peasants staying in rural areas who will also increase the level of energy consumption due to agricultural modernization. According to World Energy Council, China's household electricity consumption averaged at 1349 kWh in 2010, with global average reaching 3471 kWh, which was exceeded by all developed countries. However, if China's energy structure sees no significant improvement, the domination of coal power will certainly lead to the increase in coal consumption and carbon emission with the growth in the living standards of residents.

(3) Should cites continue to expand their size in a rough manner, the coefficient of urban land use growth elasticity (ratio of urban land use growth rate to urban population growth rate) will continue to soar (reaching 2.28 in China, with 1.12 being the internationally recognized reasonable limit), and unscientific urban planning will aggravate the separation of work from residence, thus leading to the increase in vehicle traffic and the recurrent "tidal traffic". Such passive transport needs give rise to long travel distance and time, which will in turn lead to emergence of hundreds of millions of new vehicles and the substantial increase in fuel consumption and carbon emission in the

① F. E. International Symposium on Co-design for Urbanization in China and Asia-Pacific Region 20-23 October, 2015 Xiamen, China.

course of urbanization.

(4) If the development model cannot be effectively transformed, combined with the adverse guidance from rough development, the above-mentioned risks will be aggravated. In regard to the guiding policy, if all provinces vie with each other for the urbanization speed and urbanization rate instead of truly taking green and low-carbon as the hard indicators for new urbanization, and in regard to the lifestyle guidance, if all provinces fail to advocate a low-carbon lifestyle but to vie with each other for luxury, it will not only lead to high carbon emission but also jeopardize the social morality, spirits and culture.

2 Roadmap of Low-carbon Urbanization

It's possible to avoid the high-carbon risks of China's urbanization and embark on the road of low-carbon development. To this end, we must make an atomic effort and take the following measures:

(1) To identify the philosophy and guiding ideology of new urbanization and announce "low-carbon" as a key feature of new urbanization and a criterion for evaluating urbanization.

(2) Scientific planning of urbanization: We must develop the specific planning and design for low-carbon urbanization to reflect the intensive and compact urbanization model, provide necessary functions, allow convenient public transport, avoid "separation of work from residence" and reduce the energy consumption from transport. We shall also avoid "mass-demolishing and mass-construction" and the construction of short-life buildings with poor quality, and define and monitor the standards for low-carbon buildings.

(3) Readjusting industrial structure. We must reduce the number of high energy consumption industries, boost the service industry and other emerging industries, control the total energy consumption, and achieve low-speed growth of total energy consumption (to reduce the total energy consumption to about 1% by 2030).

(4) Optimizing energy structure. We must significantly reduce direct coal burning (to be replaced with gas, electricity or industrial exhaust heat), curb the growth in motor gasoline, develop mini-type electric motor vehicles, and reinforce the development of three low-carbon energy sources: natural gas (including non-conventional gas), renewable energy sources (water energy, wind energy, solar energy, biomass energy, terrestrial heat, ocean energy) and nuclear power, thus increasing the proportion of low-carbon electricity in power supply structure to 50% or more.

(5) Elaborate design and implementation of the distributed low-carbon energy network. We shall allow "on-site and cyclic" provision of the energy needed in the course of urbanization. Which energy source to be used shall give consideration to local realities, such as natural gas, solar energy, biomass energy, terrestrial heat, etc, and we shall also allow the recycling use of agricultural, forestry and domestic wastes. Correspondingly, efforts shall be made to develop micro-grid and energy storage technologies.

(6) Successive realization of: peak industrial discharge -> peak construction emissions ->

peak transport emissions -> peak domestic emissions, thus basically achieve peak carbon dioxide emissions in China by 2030.

(7) Advocating low-carbon lifestyle: We must construct low-carbon communities and low-carbon villages, develop low-carbon product certification, logo and service, gradually improve the carbon trade and carbon market, and enable broad participation of urban and rural areas.

(8) Developing biological carbon sink and urban forest and protecting grassland and wetland. The urbanization process shall be accompanied by the construction of beautiful rural areas.

(9) Vying with each other for low-carbon rate and urbanization quality instead of urbanization speed and urbanization rate.

(10) Drawing on the experiences of respective countries in low-carbon urbanization.

低碳发展：为了可持续的未来

1 转变高碳发展方式，实现经济环境双赢

三十几年前，我们觉悟到要发展，要以经济建设为中心，这是一个历史性的进步。经过三十多年的发展，我国经济发展成就瞩目，但发展的高碳特征也非常明显：中国现在年人均二氧化碳排放已达7.2吨，达到欧、日水平，并且还在增长；一些发达地区已经超过10吨/人·年，超过欧、日发展史上的峰值水平。我国单位GDP能耗比世界均值高出近一倍：2013年，中国GDP是全球总量的12.3%，却消耗了全球21.5%的能源。我理解原因有三点：①产业结构不合理，高耗能产业比例过大，需大力调整结构；②能效低、技术落后（也有先进的技术需推广，需要能源新技术和信息技术的深度融合，协同发展）；③浪费大及众多不合理需求。

从数据的比较分析可以发现，从能源经济学的角度发达国家可以分成两类：（见文末图）一类像美国、加拿大等国家，现在人均能耗近10吨标准煤，而欧洲和日本等国家却是5吨左右，两类国家相差一倍之多，对应的人均电力消耗也相差一倍，人均排放相差不止一倍，这就对我们国家有很大启发。我们经常以美国为标准，如果全球各国都达到美国能耗，那就得4个地球才能养活人类，所以美国的这种高能耗发展方式不能去模仿、不可推广。

今天我们进一步认识到光讲“发展”是不够的，要讲究发展方式，要选择好发展路径。中国必须转向低碳发展，我们不要说耗能比欧、日更低，就是能够达到欧洲、日本这样较低的能耗水平也需要做出很大努力。所以中央提出转变发展方式，刻不容缓。习总书记强调，“发展必须是遵循经济规律的科学发展，必须是遵循自然规律的可持续发展，必须是遵循社会规律的包容性发展”。这个重要论述体现在了政府工作报告里，就是对“经济发展新常态”本质性的把握。“新常态”就是要按照规律发展经济，把经济和环境有机结合，实现良性循环这样一个新的思路，新的目标。最近习总书记指出，“要像爱护眼睛一样爱护生态环境，要像对待生命一样的对待生态环境”。因此，我们要更加认识到经济和环境必须双赢，也可以双赢。

2 中国发展方式选择不光要考虑资源（能源）问题，更要注重“环境容量有限”这个基本国情

中国东部（爱辉—腾冲线以东）的人口密度是全球平均值的近五倍，我们在这个地区消耗了全球40%的煤炭，其单位面积年煤炭消耗是世界平均值的12倍，我们在这个地区消

耗了全球40%的煤炭，油耗空间密度已经是全球平均值的3倍，碳排放空间密度已是全球平均值的6倍。如果单独计算京津冀地区的数据，则更为严重，仅以“煤耗空间密度”为例，它又是我国东部地区的2.5倍，是全球平均值的30倍之多！这几个数字足以说明：我们的环境负荷已经数倍于全球平均值，也就是说我们的“环境容量”比世界平均值小数倍。如果中、西部沿袭东部发展路径，我国会更高碳。高碳与污染有强相关性。环境后果，已踩红线；粗放发展，难以为继，向低碳转型时不我待。因此，“新型城镇化”能否“低碳”，是我国面临的“大考”。

让我们分析一下煤炭，常说“中国富煤”。相对油、气而言，说中国“富煤”，有一定的道理。但相对于世界平均水平，我们并不富煤。让数据说话：中国煤炭人均探明可采储量是世界均值的67%；中国煤炭储采比是35左右，而世界煤炭平均储采比是118。所以，用煤也得悠着点，“控制总量、高效、洁净、低碳，抑制不合理需求”将会是我国能源革命和低碳发展非常重要的内涵。

可再生能源、核能、天然气（含页岩气、煤层气、致密气、天然气水合物等非常规天然气）可形容为低碳能源“三匹马”。这三个相对低碳的能源之间的关系并不是相互排斥的，而需并驾齐驱，形成一种合力，才能高比例替代煤炭。

3 低碳路径可通向现代化

国际上，欧、日实践至少表明，它们以美国、加拿大1/2的人均能耗，1/2到1/3的人均碳排放，实现了同水平的现代化，这是一个很有说服力的佐证。在国内，也有许多低碳方面的实践。近几年，调整产业结构力度很大，淘汰落后产能；“十一五”能源强度下降19.1%；2014年碳强度降5%；能源梯级利用（工业余热替代北方传统供暖，规模试点成功）也有很大进展；低碳城市试点初见成效等等。低碳使经济增长速度更理性，质量、效益更高。

所以，无论是国际还是国内的实践都表明：低碳可通向富裕，可通向现代化。低碳发展是以新的增长点，以一种新的经济增长方式重塑经济，实现高质量和高效益的发展。它限制的是粗放、奢华，限制的是不合理需求。所以，我们可以说高碳并非现代化的必由之路，而是一条不可持续的路径。

4 低碳发展将带来社会治理的深刻变革

低碳社会的基础是城乡一个个的低碳“细胞”，要培育好这些“细胞”，包括低碳社区、低碳企业、低碳乡村、低碳家庭等，假如每一个“细胞”都能达到低碳水平，将会带来社会治理、公民素质、生活方式和观念的深刻变革，意义非常重大。低碳社会的建设和发展，一定要倡导一种新生活方式和理念，即“健康的物质享受、丰富的精神追求”，这种生活方式（包括吃、住、行）和理念的变革都是非常深刻的。现在，中央提出的“八项规定”已经开了一个好头。

这里举一个例子来说明低碳影响的深刻意义。比如废弃物分类资源化利用，这是低碳非常重要的一个产业，是意义重大的战略性新兴产业，更是需要人人参与的、美丽城市和美丽乡村的基础性产业。中国是人口大国，必然也是生产和生活废弃物排放的大国。废弃物不是无用的东西，而是放错了位置的资源。国内外经验也充分表明，废弃物减量化和资源化利用具有可行性，还可以带来巨大的环境、经济和社会效益。废物分类资源化利用程度是生态文明和社会进步的标志。

5 赢得两场竞赛 建设低碳强国

经过30多年的改革开放，应该意识到目前我国面临着两场竞赛：一场是国内竞赛。一方面是要刻不容缓地加速转变发展方式，另一方面是粗放发展的惯性仍相当强。我们的经济发展方式能否有效地转向以资源节约型、环境友好型社会为方向的科学发展轨道，是我们国内面临的一场竞赛。

另一场是国际竞赛。在世界范围内，无论是发达国家还是发展中国家，都在切实转向绿色低碳发展，这是一个总趋势，也可以说是一种竞赛。在这场竞赛中，我们国家能否不落伍、不沿袭老路，尽快占领新的战略制高点，切实迈向生态文明，值得我们关注和努力。

低碳既是为了应对气候变化，更是为了国家和人类的可持续发展。中国应对气候变化的国际责任和国内转型发展的内在需求高度一致，应对气候变化的国内外两个大局是相互促进，相互支持的。

中国没有粗放发展的资本，更没有粗放发展的理由！世界上有些国家已经做到相对低碳、低能耗而同样实现了现代化。中国作为后发国家，拥有更多的信息技术、低碳技术、节能技术、新能源技术的优势，我们理应比欧、日本更节能，至少不应比他们差。

我国的现代化应该是在守护环境底线基础上精心设计的发展过程。所以，我们要用新的观念和新的素质，来理解“新常态”，创造“新未来”，创造新的发展方式和新的生活方式。

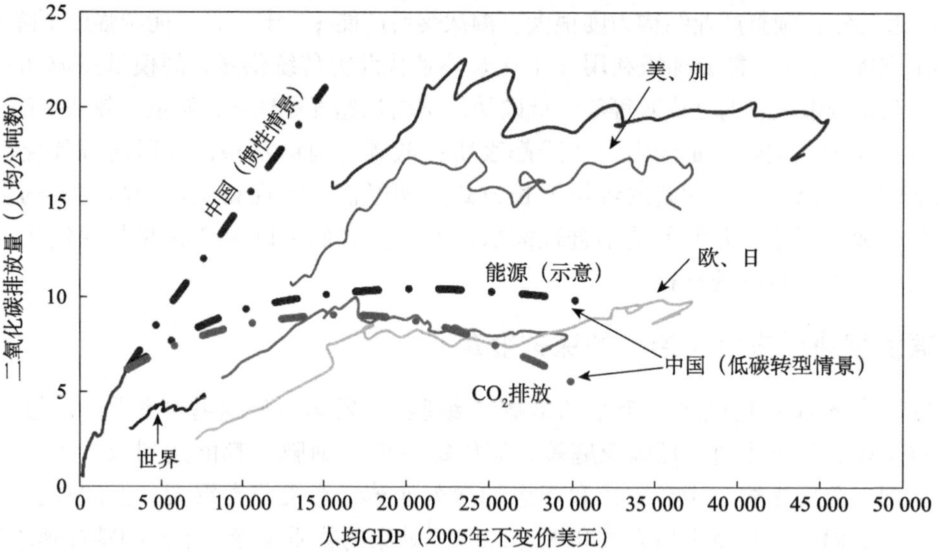

典型发达国家在相同发展水平下 CO_2 排放的比较①

（几条虚线是对中国发展情景的表达）

（发表于《人民日报》，07版·大家手笔，2015年4月22日）

① 本图为作者在编著文集时所加。

中国要走低碳发展之路

今年两会值得关注的话题有很多，我最关注的问题是我们国家转变发展方式和选择发展路径的问题。这不仅关系到整个国家的未来，还关系到千家万户百姓的福祉。

三十多年前，我们认识到，要以经济发展为中心，经过三十多年的发展，我们进一步认识到，不能只要发展，还要选择好发展方式和发展路径。这个认识，是我们几十年的收获。习近平总书记曾经深刻指出："发展必须是遵循经济规律的科学发展，必须是遵循自然规律的可持续发展，必须是遵循社会规律的包容性发展。"这一重要论述，是对中国经济发展新常态的科学把握和理性思考，是对推动经济持续健康发展新思路、新目标的高度概括。

为什么要重视发展方式和发展路径呢？因为，这些年来我们发展虽然取得了很大的成绩，但是粗放的发展方式也带来了很多的问题。以往的发展是建立在高能源消耗和高碳排放的基础上的。2013 年，我国的 GDP 是全球总量的 12.3%，却消耗了全球 21.5% 的能源，二氧化碳的排放量超过了世界的 1/4，人均二氧化碳的排放量也超过了世界平均水平。转变发展方式已经刻不容缓。国家领导人、公众对于改变以往粗放性发展方式的认识不断提高。在今年政府工作报告中，李克强总理提出，加大结构调整力度，增强发展后劲。我们不断看到这样的进步。

今年两会期间，大家都在说"新常态"。有人在提到经济发展增速时，是用"下滑"来描述的。多年以来，很多人习惯了两位数的经济增长，但却忽视了经济增速里人为拉高的因素。在经济学里有一个概念叫作"潜在经济增长率"，指的是，一国（或地区）经济所生产的最大产品和劳务总量的增长率，或者说一国（或地区）在各种资源和生产力要素得到最优和充分配置条件下，所能达到的最大经济增长率。这里讲的资源包括自然资源，也包括人力资源、技术和管理，还包括制度安排和经济政策。人为拉高经济增长率会出现产能过剩的问题，比如现在很多地方靠房地产拉动经济，导致了很多空置房，白白消耗了很多的资源能源，像水泥和钢铁。现在提出下调经济增长率，是回归了对潜在增长率的认识，是符合科学规律的，符合劳动力、资源、能源、环境等各种因素的承载力。

长期以来，我们习惯用百分比来计算经济增长率。但是这里面有一个简单的算术问题，举个例子，大蛋糕的百分之五会比小蛋糕的百分之十还要大。现在的经济总量大了，在经济增长率下调的情况下，增加量并没有减少。如此计算今年增加的国民生产总值并没有比去年少，依然可以保证就业，保证实现到 2020 年国内生产总值和城乡人均居民收入比 2010 年翻一番。

我们现在常常提到新常态，我认为，新常态并非单指发展速度而是指新的发展方式和路径。经济发展需要讲求质量，需要找到新的经济增长点，这就需要新的产业和产业结构。

新的发展方式和路径必须是经济和环境的双赢，一定要双赢，而且能够双赢。我们发展的目的就是以人为本，如果空气、水、土壤都被污染了，人们的基本生活保障不了，这样的发展还有什么意义？以前我们是踩着环境容忍的红线发展，现在我们要在环境的容忍度内发展。能不能低碳发展需要分析、借鉴国际经验教训。同样是发达国家，美国的人均能源消耗是欧洲、日本的一倍，二氧化碳排也是欧洲和日本的一倍。我们应该以欧洲、日本为参照系进行发展而不是美国。如果按美国的方式发展，四个地球的能源都难以承受。我们要认清中国的国情，那就是人均资源少、环境容量有限、气候容量有限，我们没有理由和资本进行粗放性发展。我们能够通过比较低的能耗和碳排放实现发展和富裕，这一点发达国家已经证实。

现在我们处于城镇化的爬坡、过坎阶段，这既是契机又是挑战。城镇化是不是资源节约型、环境友好型城镇化？能不能实现低碳发展？新型城镇化能不能走好？我建议在城镇化的同时，采用分布式低碳能源。就是用分布式的天然气、太阳能、生物能等这些能源来满足城镇化对能源增长的需要。而这一切都需要科技支撑，需要新的创新驱动，来进行一场能源革命。这更需要科技界做出巨大的努力。

（发表于《光明日报》两会特刊·名家看两会，2015 年 3 月 12 日）

新常态是创新发展路径的历史机遇[①]

杜院士观点摘要：

“‘经济发展新常态’就是要按照规律发展经济，把经济和环境有机结合，实现良性循环这样一个新的思路，新的目标，这样一个高度的概括。”

“我国东部地区的耗煤空间密度是全球平均值的12倍，二氧化碳排放空间密度是全球平均值的6倍。……低碳转型的必要性就体现在我们要走出惯性情景，转变高碳发展路径。‘十三五’是实现这一转变的关键时期。”

“‘十三五’期间要实现煤炭消耗总量峰值，大力发展低碳能源，并节能提效。”

“‘十三五’期间城镇化要增加能源的消耗。能源的需求增加用什么来满足？我的建议是用分布式低碳能源来满足，甚至是移动式的低碳能源。”

1 关于“发展”的认识日渐清晰

发展方式的转变和发展路径的选取，是我国经济发展道路中的重要问题，李克强总理就在《政府工作报告》中提出“实现有质量有效益可持续的发展”。三十几年前我们认识到要以经济发展为中心，今天进一步认识到光是“发展”两字是不够的，要讲究发展方式，要选择好发展路径。习总书记强调，“发展必须是遵循经济规律的科学发展，必须是遵循自然规律的可持续发展，必须是遵循社会规律的包容性发展”。这个重要论述体现在了政府工作报告里，就是对“经济发展新常态”本质性的把握。“经济发展新常态”就是要按照规律发展经济，把经济和环境有机结合，实现良性循环这样一个新的思路，新的目标，这样一个高度的概括。

最近习总书记指出，“要像爱护眼睛一样爱护生态环境，要像对待生命一样的对待生态环境”。因此，我们要更加认识到经济和环境必须双赢，也可以双赢。

2 应该把“十三五”定为低碳转型的关键期

当前，我国发展的高碳特征明显。目前我国人均二氧化碳排放约为6吨/年，已经超过世界平均水平；我国部分发达地区人均二氧化碳排放达到10吨/年，达到了欧洲、日本实现碳排放峰值时的人均排放水平。造成高碳特征的主要原因可以概括为：一、产业结构中，高耗能产业比重较大；二、能源结构中，煤炭比重较大（这点是天然秉赋）；三、煤炭消费方式中，煤直燃比重较大。通过耗煤空间密度（单位国土面积上的煤炭消耗数量）分析可

① GDTP，2015年3月18日，绿色低碳发展智库伙伴整理。

以看出：我国东部地区的耗煤空间密度是全球平均值的12倍，二氧化碳排放空间密度是全球平均值的6倍。不光是空气，水污染、土壤重金属污染、粮食污染等问题的严重性已经日益明显。二氧化碳排放和污染排放，基本是同根同源，高碳特征跟高污染伴随在一起。

因此，低碳转型的必要性就体现在我们要走出惯性情景，转变高碳发展路径。“十三五”是实现这一转变的关键时期。

3 “十三五”期间要实现煤炭消耗总量峰值，大力发展低碳能源，节能提效

2014年数据显示，我国单位GDP能耗强度下降4.8%，碳强度下降6.2%，第三产业比重超过第二产业。以此推算，“十二五”制定的能源强度和碳强度目标应该能够实现。“十三五”是转变发展方式的关键期，其中一个标志性目标就是需要实现煤炭消费总量达到峰值。2014年我国煤炭生产与消费实现双降，但这个双降是否稳定，煤炭是否已经达峰，还需要看“十三五”期间的情况，特别是中西部如何发展。由于能源结构问题，我国煤炭占比还是很高，仍然是很重要的能源。但作为不可再生能源及相关的环境问题，降低煤炭在能源结构中的比例是首要前提。其次，在煤炭利用方式上，我国的发电和直燃煤比例几乎相当，而直燃煤的效率和环境问题都要低于发电。因此，未来还应着眼于降低直燃煤比例，通过天然气和电替代直燃煤。此外，在发展低排放燃煤电厂，二氧化碳的捕获、利用与存储等方面都还有很多工作需要推广与创新。

实现煤炭峰值目标，还要着眼于调整能源结构。目前我国的能源弹性系数（能源增长率与经济增长率的比值）已经小于0.5。而未来经济增长对应的能源增长需求，应更多的依靠非煤能源的增长来满足，其中主要包括天然气、可再生能源和核能。其中天然气是相对洁净的化石能源，对于减缓环境污染和气候变化都能做出贡献，会成为低碳能源的支柱和重要的过渡性替代能源。可再生能源应该是未来地球的支柱性能源，但需要降低成本，与智能电网和储能技术结合，才能获得规模化发展。而核能是未来地球可持续发展的能源。安全、稳步、规模发展的核电应该是中国核能战略的理性选择。到“十三五”末，我们希望天然气比例能够超过10%，而非化石能源比例能够达到15%。

4 新常态——创新发展路径的历史机遇

有人一说到新常态就说到经济下滑，我认为这种提法并不科学，理由如下：第一，我们的GDP经济总量每年保持增长。第二，以百分比表示的增速在趋缓，但是每年增加的GDP的绝对量在增加。第三，我们习惯了两位数增长，似乎两位数是常态，但是两位数的增长有人为拉高的因素，超出了潜在增长率（各种生产力要素的最佳组合能够给予的增长率），结果就是过剩产能。所以现在的经济不是下滑，是回归潜在增长率，即习总书记说的按照规律发展。过分地讲“下滑”，还是想“拉高”，又会产生有后遗症的粗放增长。保就业是对的，但就业并不正比于增长的百分比，2014年的数据很好地说明：它与增长内容的结构有关。

所以，新常态是一种周期性回归，是由追求数量向追求质量转变，是由传统发展路径向创新发展路径转变，是由传统产业向创新产业转变。目前，我国处在一个岔路口上，一条道是转变发展方式的历史机遇，用新的增长点、新的创新、新的结构、新的产业来拉动

中国的发展；另一条道是“中等收入陷阱”，如果不能利用好这个新的机遇，则有可能落入“中等收入陷阱”。

5 “新型城镇化”要走低碳道路

“十三五”期间影响能源一个非常重要的因素是城镇化。城镇化要增加能源的消耗。能源的需求增加用什么来满足？我的建议是用分布式低碳能源来满足，甚至是移动式的低碳能源。主要能源类型包括天然气与可再生能源，特别是太阳能和生物质能，还有工业余热利用。此次《政府工作报告》提出“大力推进工业废物和生活垃圾资源化利用”，废弃物资源化利用既是一个非常好的增长点，也是一个新兴产业。如果能够因地制宜的利用好我国农村地区的生物质能、太阳能等基础条件，结合新城城镇化下的能源消费特征，创新能源利用方式，将有利于引导城镇化进程向低碳发展路径发展。

“十三五”将成为低碳转型关键期

• 经济发展“新常态”就是要按照规律发展经济，把经济和环境有机结合，实现良性循环的新思路、新目标。

• 我国东部地区的耗煤空间密度是全球平均值的12倍，CO_2 排放空间密度是全球平均值的6倍……“十三五”是实现从高碳到低碳转型的关键时期。

• “十三五”期间要实现煤炭消耗总量峰值，大力发展低碳能源，节能提效。

• “十三五”期间城镇化要增加能源的消耗。能源的需求增加用分布式低碳能源来满足。

国家能源局局长努尔·白克力近日表示，2015年是实现“十二五”目标任务的最后一年，也是谋划“十三五”能源发展的关键一年，为此要做好顶层设计，制定能源中长期战略规划。以2030年前后 CO_2 排放达到峰值、2030年非化石能源消费比重提高到20%左右为基准，拟订2030年能源生产和消费革命战略；编制能源发展“十三五”规划及煤炭、电力、油气、核电、可再生能源、科技装备等配套专项规划。

在新常态背景下，该如何看待能源消费？“十二五”既定的能源消耗指标能否完成？“十三五”能源消费又会面临怎样的新形势？带着这些问题，中国经济导报记者近日走访了中国工程院院士、国家能源咨询专家委员会副主任、国家气候变化专家委员会主任杜祥琬。

1 “新常态”下“发展”认识日渐深入

中国经济导报：您如何理解在“新常态”下的经济发展与环境保护的关系？

杜祥琬：有人一说到“新常态”就说到经济下滑，我认为这种提法并不科学，理由如下：第一，我们的GDP经济总量每年保持增长。第二，以百分比表示的增速在趋缓，但是每年增加的GDP的绝对量在增加。第三，我们习惯了两位数增长，似乎两位数是常态，但是两位数增长有人为拉高因素，超出潜在增长率（各种生产力要素的最佳组合能够给予的增长率），结果导致产能过剩。所以现在的经济不是下滑，是回归潜在增长率，即习总书记说的“按照规律发展”。过分地讲“下滑”，还是想“拉高”，又会产生有后遗症的粗放增长。保就业是对的，但就业与经济增长并不是简单的正比关系，2014年数据很好地说明，它与增长内容的结构有关。

所以，“新常态”是一种周期性回归，是由追求数量向追求质量转变，是由传统发展路径向创新发展路径转变，是由传统产业向创新产业转变。目前，我国处在一个“岔路口”上，一条道是转变发展方式的历史机遇，用新的增长点、新的创新、新的结构、新的产业来拉动中国的发展；另一条道是"中等收入陷阱"，如果不能利用好这个新的机遇，则有可能落入"中等收入陷阱"。

发展方式的转变和发展路径的选取，是我国经济发展道路中的重要问题。李克强总理在《政府工作报告》中提出"实现有质量有效益可持续的发展"。三十几年前我们认识到要以经济发展为中心，今天进一步认识到光是"发展"两字是不够的，要讲究发展方式，要选择好发展路径。习总书记强调，"发展必须是遵循经济规律的科学发展，必须是遵循自然规律的可持续发展，必须是遵循社会规律的包容性发展。"这个重要论述体现在政府工作报告里，就是对"经济发展'新常态'"本质性的把握。"经济发展'新常态'"就是要按照规律发展经济，把经济和环境有机结合，实现良性循环这样一个新的思路，新的目标。

最近，习总书记指出，"要像爱护眼睛一样，爱护生态环境；要像对待生命一样，对待生态环境"。因此要更加认识到经济和环境必须双赢，也可以双赢。

2 应把"十三五"定为低碳转型的关键期

中国经济导报：有人认为，目前我国发展高碳特征十分明显。您如何看待这一观点？

杜祥琬：当前，我国发展的高碳特征明显。目前我国人均 CO_2 排放约为 6 吨/年，已经超过世界平均水平；我国部分发达地区人均 CO_2 排放达到 10 吨/年，达到了欧洲、日本实现碳排放峰值时的人均排放水平。造成高碳特征的主要原因可以概括为以下几点：第一，产业结构中，高耗能产业比重较大；第二，能源结构中，煤炭比重较大（这点是天然禀赋）；第三，煤炭消费方式中，煤直燃比重较大。通过耗煤空间密度（单位国土面积上的煤炭消耗数量）分析可以看出，我国东部地区的耗煤空间密度是全球平均值的 12 倍，CO_2 排放空间密度是全球平均值的 6 倍。不光是空气污染，水污染、土壤重金属污染、粮食污染等问题严重性已经日益明显。CO_2 排放和污染排放，基本是同根同源。高碳特征跟高污染伴随在一起。

因此，低碳转型的必要性就体现在我们要走出惯性情景，转变高碳发展路径。"十三五"是实现这一转变的关键时期。

中国经济导报：您认为"十二五"制订的能源消耗相关指标能否实现？

杜祥琬：2014 年数据显示，我国单位 GDP 能耗强度下降 4.8%，碳强度下降 6.2%，第三产业比重超过第二产业。以此推算，"十二五"制订的能源强度和碳强度目标应该能够实现。"十三五"是转变发展方式的关键期，其中一个标志性目标就是需要实现煤炭消费总量达到峰值。2014 年我国煤炭生产与消费实现双降，但这个双降是否稳定，煤炭是否已经达峰，还需要看"十三五"期间的情况，特别是中西部如何发展。由于能源结构问题，我国煤炭能源消费占比还是很高。但作为不可再生能源及相关的环境问题，降低煤炭在能源结构中的比例是首要前提。其次，在煤炭利用方式上，我国的发电和直燃煤比例几乎相当，而直燃煤的效率低于发电，带来的环境问题往往比发电多。因此，未来还应着眼于降低直燃煤比例，通过天然气和电替代直燃煤。此外，在发展低排放燃煤电厂，CO_2 的捕获、利用与存储等方面都还有很多工作需要推广与创新。

实现煤炭峰值目标，还要着眼于调整能源结构。目前我国的能源弹性系数（能源增长率与经济增长率的比值）已经小于0.5。而未来经济增长对应的能源增长需求，应更多的依靠非煤能源的增长来满足，其中主要包括天然气、可再生能源和核能。其中天然气是相对洁净的化石能源，对于减缓环境污染和气候变化都能做出贡献，会成为低碳能源的支柱和重要的过渡性替代能源。可再生能源应该是未来地球的支柱性能源，但需要降低成本，与智能电网和储能技术结合，才能获得规模化发展。而核能是未来地球可持续发展的能源。安全、稳步、规模发展的核电应该是中国核能战略的理性选择。到“十三五”末，我们希望天然气比例能够超过10%，而非化石能源比例能够达到15%。“新型城镇化”要走低碳道路。

中国经济导报：对于新型城镇化道路中带来的能源消耗增加，您如何看待？

杜祥琬：“十三五”期间影响能源一个非常重要的因素是城镇化。城镇化要增加能源的消耗。能源的需求增加用什么来满足？我的建议是用分布式低碳能源来满足，甚至是移动式的低碳能源。主要能源类型包括天然气与可再生能源，特别是太阳能和生物质能，还有工业余热利用。此次《政府工作报告》提出“大力推进工业废物和生活垃圾资源化利用”，废弃物资源化利用既是一个非常好的增长点，也是一个新兴产业。如果能够因地制宜地利用好我国农村地区的生物质能、太阳能等基础条件，结合新型城镇化下的能源消费特征，创新能源利用方式，将有利于引导城镇化进程向低碳发展路径发展。

（发表于《中国经济导报》，2015年3月21日；绿色低碳发展智库伙伴（GOTP）对本文亦有贡献）

废弃物“变身”促发展

——访国家能源专家咨询委员会副主任、国家气候变化专家委员会主任、中国工程院原副院长杜祥琬院士

废弃物分类资源化利用是中国现代化的标志和“中国梦”的要素。

中国是人口大国，也必然是有大量垃圾产生的大国。作为一个人均资源有限，环境容量远低于世界平均水平的发展中国家，更要珍惜资源和环境。垃圾不是无用的废物，而是有用的资源、宝贵的财富。废弃物具有可再生性，总量还在增长中，值得生态文明建设给予高度重视。因此，国家能源专家咨询委员会副主任、国家气候变化专家委员会主任、中国工程院原副院长杜祥琬院士提出建议，将废弃物资源化利用产业列入“十三五”战略性新兴产业。

废弃物分类资源化利用产业横跨能源、环境、生物、化学、材料、农业、林业、制造业等众多专业领域，产业规模大，空间跨度大，包括我国城乡各地，以及不同企业和每个家庭都需要积极参与。那么，在他看来，可以进行分类资源化利用的废弃物有哪些呢？为什么要对废弃物进行分类资源化利用呢？建设废弃物分类资源化利用产业对我国现代化发展和建设生态文明的重要意义是什么……为解答这些问题，本刊记者对杜祥琬院士进行了专访。

1　废弃物就是资源

中国石油石化：杜院士，您好。在您看来，可以进行分类资源化利用的废弃物有哪些呢？为什么要对废弃物进行分类资源化利用呢？

杜祥琬：废弃物（垃圾）主要分六个类型：一是厨余垃圾；二是电子垃圾，也就是“城市矿山”；三是工业固体废物，包括尾矿、冶炼渣和煤矸石等；四是建筑垃圾。如我国家家户户搞装修，粗装修带来很多的浪费和建筑垃圾；五是农林废弃物。研究显示，我国用农林废弃物做生物质气体能源潜力可观，比如利用秸秆和稻杆等制造沼气，资源量估计可达3000亿方/年；六是生活垃圾，指厨余垃圾之外的废纸、包装、塑料、木材（木头家具）等。这六类废弃物内容不一样，处理技术也不同，像电子垃圾需要制造业的相关技术，厨余垃圾需要焚烧工艺技术。

由于废弃物每年不断地在产生，使我国的垃圾总量持续增长。对废弃物处理不当，会带来几个方面的问题：一是资源浪费。垃圾不是无用的废物，绝大部分是有用的资源，甚至是宝贵的财富，可以说垃圾是放错地方的资源；第二个问题是环境污染，即因为垃圾处理不当而引发环境问题；第三个问题是影响社会稳定。解决不好废弃物分类资源化利用的问题，是不可能做到我们提出的生态文明目标的。

中国石油石化：您认为，将废弃物分类资源化利用、变废为宝，能为国家创造哪些效益？

杜祥琬：有一种说法说低碳会限制发展，可是如果将废弃物分类资源化利用发展成一个新兴产业和新的经济增长点，能产生多种效益和资源：

首先是能源效益，即做生物质能源发电和供热（如沼气、生物液体燃料、固体成形燃料），以及制成肥料等。第二是环境效益。改善和美化环境是建设“美丽中国”不可或缺的要素，同时还有助于减少温室气体排放。像过去那样简单地填埋垃圾会产生很多甲烷，而甲烷的温室气体效应比 CO_2 还要强，对空气、水和土壤造成的污染很难治理，但如果把这些废弃物变废为宝，转化为沼气、乙醇或者其它燃料，可以减少对环境的污染。第三个效益来自于资源回收，如贵重金属（电子垃圾中）、建材、有机废物和木材等资源。第四个效益是增加就业。作为新的经济增长点，废弃物进行分类资源化利用不仅需要投入（包括经费、人力和心力），更要取得回报（包括经济和社会回报）。第五个效益是提高公民素质，推动社会进步。

2 生态文明和社会进步的标志

中国石油石化：在您看来，建设废弃物分类资源化利用产业对我国现代化发展和建设生态文明具有怎样的意义？

杜祥琬：从发达国家的实践看，废弃物分类资源化利用程度（水平和规模）是生态文明和社会进步的标志。中国要走向现代化，必须越过废弃物分类资源化利用这个坎，这是我的体会。有了三十多年经济发展的基础，我国现在应该把环境保护和生态文明前置到国家发展工作的前列，把废弃物分类资源化利用提高到一定高度来认识。所以，我认为应该将废弃物资源化利用产业列入“十三五”战略性新兴产业。

党的“十八条”提出了“两个一百年”的奋斗目标，废弃物分类资源化利用这一新兴产业的发展也可据此设想如下目标：到 2020 年（第一个百年）全面建成小康社会时，废弃物分类资源化应达到形成产业的坚实基础和初步规模；到 2049（第二个百年），废弃物分类资源化利用成为中国现代化的标志和“中国梦”的要素。

中国石油石化：在您看来，现阶段我国发展废弃物分类资源化利用产业的可行性如何？

杜祥琬：国际和国内的经验都已经证明了废弃物分类资源化利用产业的可行性和可推广性。

从国际经验看，这一产业在发达国家起步较早，欧洲不少国家的废弃物资源化利用率较高，有的已达到90% ~99%；我们的邻国韩国和日本在发展这一产业时注重经济性和效益，已得到社会的普遍认可。韩国提出环境保护是第一要务，我认为这句话特别有新意，很值得我国参考。我国现在仍是要发展经济，但是要把保护环境作为发展的底线，在环境容量下理性、可持续的发展。从国内看，台湾经过几十年的努力，现已达到全社会较为普及的废弃物资源化利用程度；大陆一些省市和企业也进行了成功试点。目前，这项工作在全国虽然还处在发展阶段，距离国际先进水平尚有一定的差距，但这是产业发展必然要经历的过程。我们已具备了很好的工作基础，同时也意识到发展这一产业是非常必要的，所以，“十三五”时期是将废弃物分类资源化利用产业列入战略性新兴产业来强烈推动的合适时机。

3 提高认识和转变观念

中国石油石化：废弃物分类资源化利用在我国尚处于发展初期，您认为，这一产业的发展需注意哪些问题？

杜祥琬：首先要解决认识和观念到位问题。如果一个单位的领导现在仍是GDP挂帅，注重政绩工程，那就不太可能会重视和关心垃圾资源化处理这项耗时长、进展慢，不很显示政绩的工作。只有认识到这是以人为本发展的基础性工作，真正为老百姓着想，才会重视这件事；第二是制度政策问题。需进一步完善和解决生产者责任延伸制度和违法成本低等问题，例如，生产者责任延伸制度明确了企业（或者交由相关产业）对生产过程中产生的废弃物进行跟踪处理，将企业的环境成本转化为内部成本。第三是技术标准问题。由政府负责标准制定和监管，企业来开展具体项目，这要求制定的标准要引领新技术，企业的技术水平也要过关（比如垃圾焚烧排放物的技术指标达标）。第四是资本投入问题。来自环保部的数据显示：我国每年投入20亿~30亿治理固体废弃物，而由于赢利模式不清晰，社会资本投入积极性还不高。第五是监管问题。据我所知，在美国有大约2000人从事固体废弃物资源化工作，日本有大约105人，而我国国家层面只有4个人负责这项工作。因此，要配备一定的人力来执着地推进这项工作。第六是社会参与问题。这项工作少了社会参与，是毫无意义的。

中国石油石化：据您了解，目前我国废弃物分类资源化利用工作的进展如何？有什么成功经验值得推广？

杜祥琬：之前所述的六类废弃物，由于资源化利用技术不同，可以形成多个产业链条。

数据显示，美国进行电子垃圾处理的企业有5.6万家，提供就业岗位110万个，毛销售额可达2360亿美元/年；日本和我国台湾都基于这个产业回收金、银、钽等金属，台北的工厂把回收的金、银、钽等金属做成各种各样的制成品。大陆的一个典型是湖南永兴县，该县从全国各地收集来的32类废弃治炼渣（矿业渣）中回收黄金7吨、白银2000吨、铋4300吨、铅19万吨，被称为“中国银都”。

我国的生活垃圾焚烧产业发展进入快速通道，发展空间很大。研究表明，生活垃圾清运量与城市人口和GDP呈明显的正相关性，我国城镇化率的不断提高和经济快速增长决定了城镇垃圾产生量呈现逐年递增态势。数据显示，2012年，我国垃圾清运量超过1.7亿吨，已运营垃圾焚烧厂138座，焚烧处理量超过3500万吨/年，跃居世界第一。预计到2015年底，投产和在建的生活垃圾焚烧发电厂有望超过300座，生活垃圾焚烧处置能力将达到1亿吨/年。

我国的一些企业也有成功试点的经验值得推广。江苏镇江光大环保能源有限公司采用物理和化学的方法把垃圾吊到焚烧炉中焚烧，可是却闻不到一点垃圾焚烧的气味。他们的经验主要有三方面：①产出大于投入，能够赢利，即产生的能源（电）大于消耗的能源；②环境指标达标（包括二噁英在内的各种排放都严格达到国标和欧标）；③设备国产化。设备开始从比利时引进，现在已实现国产化。

4 培养公民意识和加强公众对话

中国石油石化：废弃物分类资源化利用是一个大产业，发展这一产业对公民素质和社会参与提出了很高的要求，您对此有何看法呢？

杜祥琬：废弃物分类资源化利用产业是一个内涵跨度大、产业链条长、社会影响深、需要人人参与的、“美丽城市”和“美丽乡村”的基础性大产业、大事业，做好这项工作对提高公民素质、推动社会进步和社会治理意义重大。

浙江余姚市东风小学从1992年“环境日”起，自发地做了二十多年的金融环保教育，小学生们在学校学会了不要乱丢垃圾，节约用电、用水和垃圾分类，回家以后也这样要求父母。作为中国的一个典型，他们还走进联合国介绍经验。我们的低碳试点和节能减排工作虽然主要由政府自上而下地推动，但也需要有群众自下而上地来推动，让每个家庭和企业都参与进来，成为一个大面积的全国的行动，促进每个社会细胞绿色、低碳、循环发展。

废弃物分类资源化利用一旦形成产业，规模和空间跨度都很大，包括我国城乡、东西部都必需参与进来。因为老百姓对这件事的认可需要有一个过程，所以要靠政策、技术和宣教的组合拳来推动。

中国石油石化：据您了解，国际上有什么废弃物分类资源化利用的先进经验可供我国借鉴和参考？

杜祥琬：为解决废弃物分类资源化利用中出现的一些问题，国外产生了一种社会治理的新模式——由公众、企业、政府和专家共同组成环境协调委员会。这个委员会是常设机构，群众可以通过选举代表向其提意见，在委员会中先行协调。我觉得我国转变发展方式，就是要从一开始向公众咨询并征求意见、与公众深度对话，只要做好这些工作，让大家认识到老百姓不是风险的承担者而是受益者，才能取得社会的支持。

目前，世界上废弃物资源化利用的成功典型是瑞典，现在已做到了99%的垃圾再利用。瑞典的工厂把生活垃圾甚至厨余垃圾用吊车吊到焚烧炉中，用上千度的温度烧掉，用于发电和供热，在这个过程中还能够有效控制二噁英的产生。根据瑞典大使馆提供的数据：在瑞典，垃圾总量的36%被转化为沼气等进行回收再利用；14%经生物技术处理制成化肥；49%通过工业焚烧来进行热电联供；最后只剩下1%的垃圾被加以掩埋。瑞典的垃圾资源化利用现在已经发展为专门从邻国购买垃圾，进行处理后赚钱的产业。

针对废弃物资源化利用，德国有一系列经济政策促使废弃物减量化（即将固体废弃物压缩或者液体废弃物浓缩，或将废弃物无害焚化处理，烧成灰烬，使体积缩小，便于运输堆填），然后严格加以分类，并有相应的奖惩措施。

（发表于《中国石油石化》，2015年9月24日，记者：郑丹）

废弃物资源化利用潜力巨大

“垃圾是一把双刃剑，处置得当是财富，处理不好会贻害万年，其所造成的环境污染问题，甚至引发的社会问题值得关注。”中国工程院院士、国家气候变化专家委员会主任杜祥琬近日表示，废弃物资源化利用能产生巨大的经济社会效益，我国应下更大力气促进废弃物资源化利用产业发展壮大。

环保部固体废弃物管理中心提供的资料显示，目前，全国每年仅在城市中就会产生1.7亿吨垃圾，很多都被简单焚烧或填埋。很多地方频频出现“垃圾围城”现象。

杜祥琬认为，我国人均资源有限，环境容量及气候容量均远低于国际平均水平。“三大污染”严重，环境就会失去自净能力；温室气体排放过多，气候也将失去其恢复能力。如若不在环境和气候容量下发展，就会带来污染物的恶性增长，发展就不可能持续。因此，减少污染，改变能源结构，提高环境承载力和气候恢复能力是目前的当务之急。而废弃物资源化利用与解决这些问题息息相关。

“如果能够将废弃物进行合理的资源化利用，不仅不会污染环境，还能带来低碳能源，有助于减少温室气体排放。”杜祥琬说。

目前，瑞典已有99%的垃圾实现了再利用，其中，多数被转化为能源或电力。因本国垃圾不够用，瑞典还在向邻国买垃圾。“瑞典买垃圾说明，垃圾资源化利用能产生巨大的经济效益，有其可持续发展的内在动力。”杜祥琬说。

在中国，废弃物资源化利用虽然没有形成规模化效应，但已燃起“星星之火”。“在参观江苏镇江光大环保能源有限公司厂房时，我看到吊车将垃圾放入炉火中进行燃烧，转化成能源。令人吃惊的是，厂区闻不到一点味，比一些发达国家做得还好。”杜祥琬兴奋地表示。

据光大环保能源有限公司负责人介绍，该厂垃圾处理产生的电力几倍于消耗的电力，有盈利；环境指标达到国标甚至欧标；设备实现国产化。“这就满足了垃圾分类资源化利用的三大条件。”杜祥琬说。

“这些成功案例说明，中国进行废弃物资源化利用的潜在条件已经存在，星星之火，必将燎原。”杜祥琬认为，废弃物资源化利用的特质决定了它能够发展成一个规模巨大的产业，生活垃圾、工业废物、电子垃圾、建筑垃圾、农林废弃物等六类废弃物的资源化途径不同，可催生多个不同的产业链，横跨能源、环境、生物、化学、材料、农业、林业、制造业等众多专业领域，产业规模大、内涵跨度广、产业链条长、社会影响深，还能增加就业，是新的经济增长点。

据统计，2013年，我国废钢铁、废塑料、废有色金属等七大品种回收量接近1.6亿吨，回收量和回收总值分别比2000年增长约3倍和12倍。国内再生资源回收企业有10多万家。

杜祥琬认为，我国提出大力加强生态文明建设，是认识人与自然关系的重大突破。解决废弃物资源化利用问题，还要进一步提升认识，转变观念，该把环境保护和生态文明前置到国家发展目标的前位。

“‘十三五’是把废弃物资源化利用产业列入战略性新兴产业的合适时机。”杜祥琬建议。他认为，废弃物资源化利用产业不像有的政绩工程那样立竿见影，需要很长时间才能显现效益，因此需要确立“以人为本”的理念，鼓励全社会积极参与。同时，政府还要转变职能，主要负责标准的制定，并严格进行监管，把项目交给企业和市场。

“废弃物资源化利用是治理环境污染、减少温室气体排放和制造可再生能源的重要举措，它是一个耗时耗力的长期工程，考验我们的智慧和眼光。同时，做好这件事，有助于全民素质的提高，是建设美丽中国不可或缺的要素，我国走向现代化必须过这道坎。”杜祥琬说，“不要忘了我们为什么而发展，如果本末倒置，我们的子孙后代将会为此而埋单。”

（发表于《人民日报》·生态周刊，第10版，2015年1月31日）

把垃圾资源用起来

每天，每个人都在生产着垃圾。“垃圾围城”“垃圾填埋”“垃圾焚烧”及其引发的一系列公共事件总会引起社会广泛关注。

当国人正为如何处理垃圾发愁时，有些国家却视之为一种资源，正在变废为宝。

据我国驻瑞典大使馆提供的数据，在瑞典，通过回收再利用、生物技术处理、焚烧处理和掩埋四种方式，垃圾可以实现99%循环再利用。其中，多数被转化为能源或电力。不仅如此，为了低成本获取资源，瑞典还向邻国买垃圾。这说明，垃圾资源化能产生巨大的经济效益，有其可持续发展的内在动力。

中国是人口大国，也是垃圾大国。全国每年产生的大量垃圾，很多都被简单焚烧或填埋于地下。埋在地表层下的垃圾，其有机成分发生分解时会产生大量硫化物以及二氧化碳、甲烷等温室气体；而简单的垃圾焚烧则会产生 PM2. 5、PM10、二噁英等有害物质，进而引发环境污染甚至社会问题。

当下，减少污染、降低温室气体排放、改变能源结构和提高气候恢复能力是当务之急。如果通过创新技术将垃圾进行资源化利用，不仅不会污染环境，还能产生低碳能源，有助于减少温室气体排放。例如，垃圾中能提取出诸如沼气或乙醇等能源，而这仅仅是垃圾分类资源化利用的效益之一。

目前，我国正在大力发展天然气，计划 2030 年将供应量提升到 5500 亿立方米，而有专家估计我国仅生物质能源的潜力就能达到约 3000 亿立方米。因此，将垃圾中的生物质做成气体能源的工作值得重视。

如今，欧洲不少国家垃圾资源利用化率已达 90% 以上，亚洲的韩国和日本则坚持经济性和社会效益并重，得到了普遍认可。

而在我国，垃圾资源化利用虽没有形成规模化效应，和上述国家尚有一定差距，但“星星之火”已经燃起。我曾经参观过江苏镇江光大环保能源有限公司：隔着透明的玻璃墙，看到吊车将垃圾放入炉火中进行燃烧后转化成能源，厂区中却闻不到一点异味，这比瑞典做得还好。此外，有中国“银都”之称的湖南永兴对来自各地的 32 类废弃冶渣再利用，每年回收黄金 7 吨、白银 2000 多吨……

这些成功案例说明，中国进行垃圾资源化利用的潜在条件已经存在，而且已经具备了较好的工作基础。目前，国内再生资源回收企业已经有 10 多万家。仅就 2013 年为例，废钢铁、废塑料、废有色金属等七大品种回收量接近 1. 6 亿吨，回收量和回收总值分别比 2000 年增长约 3 倍和 12 倍……

废弃物分类资源化利用的水平和规模是生态文明和社会进步的标志之一，垃圾分类资源化可以发展成跨越厨余、电子、建筑、工业、农林和生活等六大领域的产业链条。“十三五”期间，把废弃物资源化产业列入战略性新兴产业是一个合适时机，中国必须过这个坎。

针对我国的现状，政府要转变职能，主要负责标准制定和全程监督，具体项目可以交给市场。例如，对于废弃物的“责任延伸制度”，政府制定这个制度，就是要规范企业对其生产的废弃物跟踪到底的生产行为，将外部成本转化为内部成本。

不仅如此，政府在营造好的投资环境方面还需努力。由于目前垃圾资源化利用的盈利模式尚不清晰，社会资本投入的积极性并不高，这非常需要政府加大支持力度。

在废弃物分类资源化利用方面，我认为还需要加大公众参与度。在开展任何项目时，政府都应当将公众考虑其中，例如，一些地区可以尝试组建由公众、企业、官员、专家共同组成的调解委员会，作为常设机构。

每一位公众都和垃圾及其资源化利用息息相关，如何有效提高公众的废弃物分类处理意识？宣传教育是一个非常好的方式，比如，浙江省余姚市东风小学的做法就非常令人赞赏，值得推广。1991 年，恰逢我国首次开展“节能宣传周”活动，这所学校以此为契机开始了“环保之旅”，至今已经坚持了 24 年。他们开设的“节能环保课程”“带动家庭共同行动”“创建易拉罐爱心工程”“实施绿色评价机制”等做法很好，尤其是传统项目“携手‘1+6’，呵护我地球”系列宣传活动甚至得到了联合国的认可。

这个项目的具体做法是师生共同组成手拉手护卫队，每一个学生，要求带动 6 个以上家人或邻居参与节能环保活动，从而带动周围群众的节能环保意识。2011 年 4 月，应第六届全球人居环境论坛邀请，手拉手护卫队队长方涵同学发表了《携手 1+6，呵护我地球》主题演讲，得到了热烈的掌声，联合国前秘书长及高级代表为她颁发了“全球绿色环保小卫士”奖杯。

这个事例说明，宣传教育可以起到“随风潜入夜，润物细无声”作用。如果每一位公民都能提升环保意识，那么星星之火，必能燎原，我对我国废弃物分类资源化利用的前景充满了希望。

（发表于《光明日报》，11 版，2015 年 1 月 16 日，记者金振娅采访整理）

废弃物资源化利用是战略性新兴产业和新的经济增长点[①]

中国是人口大国，也必然是垃圾大国。作为一个人均资源有限，环境容量远低于世界平均水平的发展中国家，更要珍惜资源和环境。固体废物不是无用的废物，在一定的条件下，可以变为有用的资源、宝贵的财富。我国固体废物数量不断增长，需要在“生态文明”建设中予以高度重视。

1 固体废物资源化利用现状

我国固体废物从来源上主要分为工业固体废物、农林废物、社会源废物（生活垃圾、建筑废物、污水污泥、再生废弃资源等）。

1.1 我国固体废物产生量逐年增加，综合利用率整体偏低

1. 我国工业固体废物产生量与第二产业 GDP 呈现正相关，综合利用率仅为60%

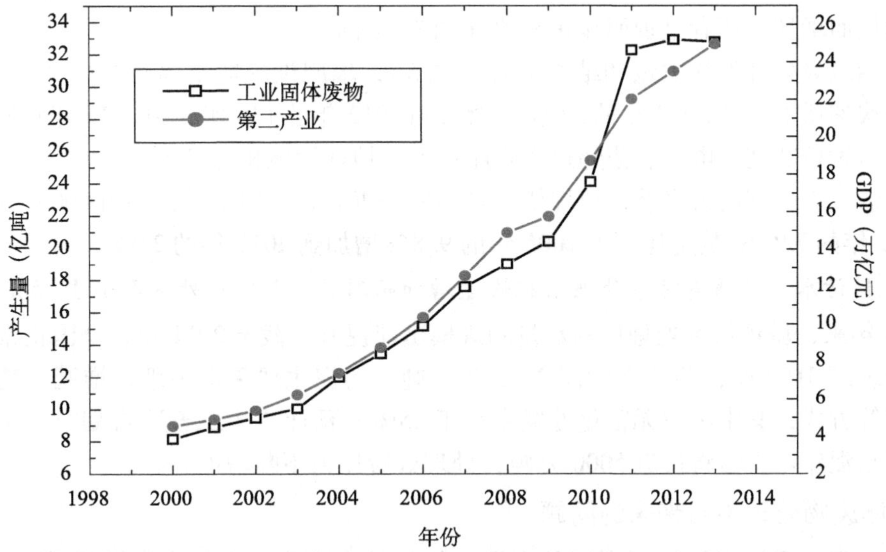

图1 工业固体废物与第二产业 GDP 之间的关系

2000 年我国第二产业 GDP 为 4. 56 万亿元，工业固体废物产生量为 8. 16 亿吨；2013 年第二产业 GDP 为 24. 97 万亿元，工业固体废物产生量增加到 32. 77 亿吨。2001—2013 年，

① 本文作者：凌江，温雪峰，周强，张俊丽，胡华龙，杜祥琬。2014 年 12 月，为工程院咨询课题开题准备的材料。

第二产业 GDP 与工业固体废物产生量年平均增长率分别为 14% 和 11. 3% 。

从工业固体废物综合情况来看，自 2001 年至 2013 年，工业固体废物综合利用量、处置量在逐年增加（图 2）。但综合利用率并不高，以 2013 年为例，综合利用率为 62. 3% 。从产生的种类来看，尾矿、粉煤灰、煤矸石和冶炼废渣占据了总产生量的近 70% 。

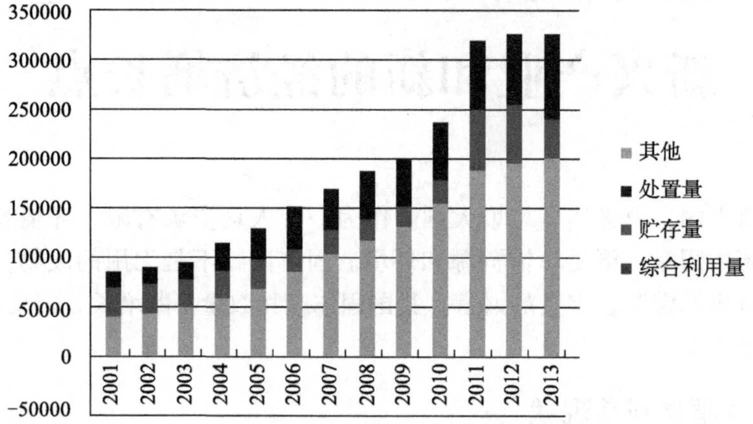

图 2　工业固体废物利用情况（2001—2013 年）

2. 城镇生活垃圾清运量随着城镇化扩大增加，其中 70% 仍是填埋处置

2000 年，城镇人口为 4. 59 亿，全国设市城市生活垃圾清运量为 1. 18 亿吨；2012 年城镇人口为到 7. 31 亿，生活垃圾清运量增加到 1. 73 亿吨。2000—2012 年，城镇人口和生活垃圾清运量年增长率分别为 3% 和 3. 65% 。城市生活垃圾清运量随着城镇化进程加快、城市人口增加而增加。两者呈现明显正相关（图 3 ~ 图 4）。

从生活垃圾处理设施数量和结构上看（图 5），堆肥设施数量逐渐减少（萎缩）；焚烧设施数量快速增加，从 2000 年的 23 座，增长到 2012 年的 138 座，到 2015 年年底，投产和在建的生活垃圾焚烧发电厂有望超过 300 座；卫生填埋设施相对稳定。

从生活垃圾处理能力来看，填埋依然是主要处置方式，但是其比例由 2005 年的 85% 降低到 2012 年的 72% ；焚烧比例由 2005 年的 9. 8% 增加到 2012 年的 25% 。

3. 城镇污水污泥随着污水处理设施快速增加而增长，无害化处置率小于 25%

2006 年来，城镇污水处理厂的数量和规模迅速提升。截至 2011 年，全国正常运营的城镇污水处理厂 3189 座，共产生污泥 2483. 7 万吨。污泥主要采取填埋、堆肥、焚烧、建材综合利用等方式，其中污泥无害化处置率小于 25% 。预计“十二五”规划末，全国城市污水处理厂污泥年产生量将接近 5000 万吨，处理处置压力不断增加。

1. 2　固体废物处理不当带来的问题

相当一部分固体废物是可利用的资源，如果处理不当，会带来资源浪费、环境污染、影响社会稳定三大问题。

1. 固体废物对生态环境的影响

固体废物处理不当，会对水体、大气和土壤造成污染。固体废物特别是第Ⅱ类一般工业固体废物和危险废物，在污染防治不善的情形下，会对地表水和地下水造成污染。如呈

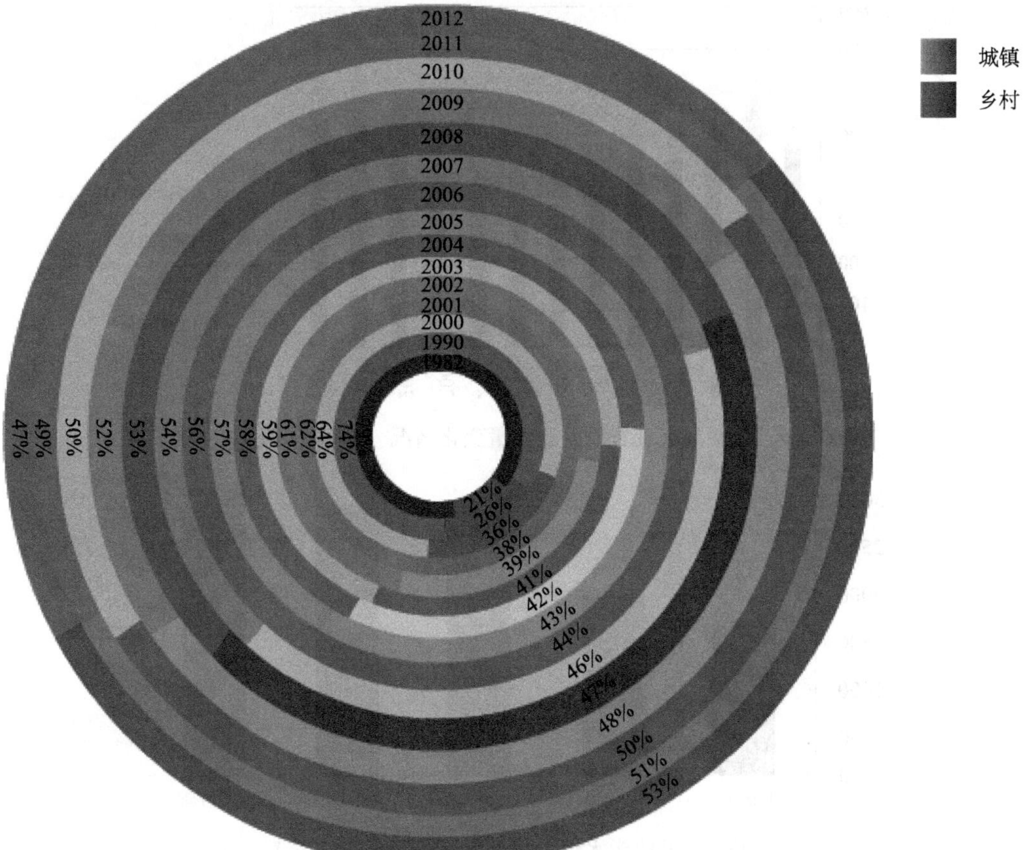

图 3　城镇化进程（1982—2012 年）

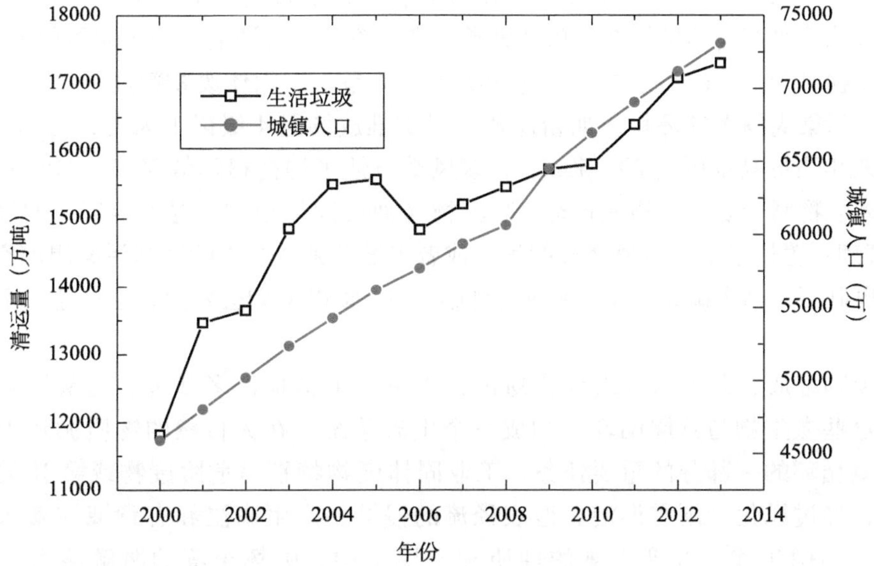

图 4　生活垃圾清运量（2000—2012 年）

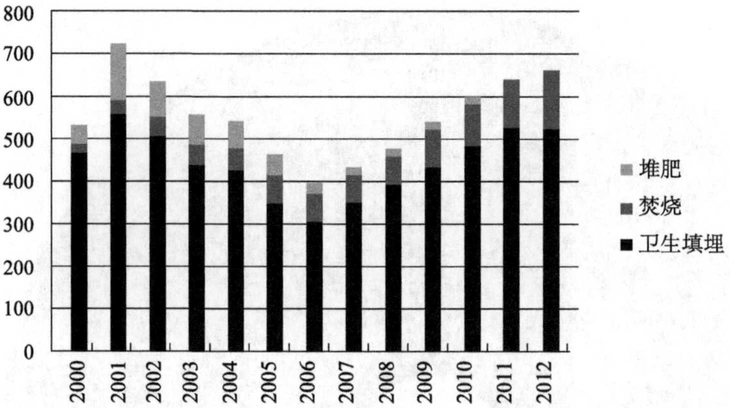

图 5 生活垃圾处置设施和数量变化情况（2000—2012 年）

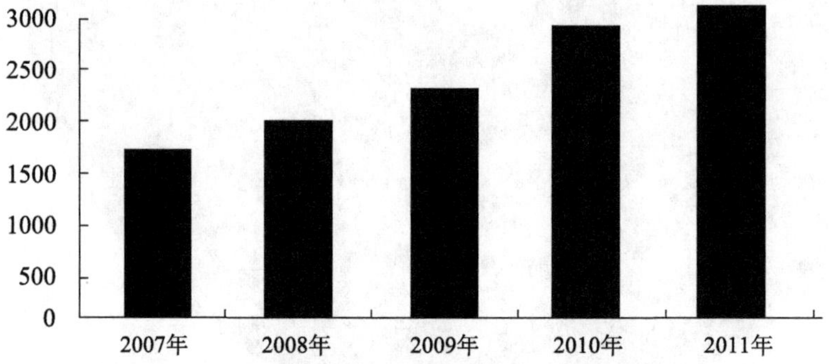

图 6 城镇污水污泥产生量（2006—2011 年）

现强碱性的电石渣、呈现较强酸性的磷石膏或者含有重金属的矿渣，会通过降水等多种途径污染水体：流入到农田、毁坏农作物和污染农田；渗入到地下水中，造成饮用水污染；流入到养鱼池等水产业养殖场造成鱼虾贝类污染；流入江河湖泊，造成大面积水污染。

固体废物对于空气的污染主要分为两类。一类是由于固体废物粒度很细，受风吹日晒产生扬尘，污染周围大气环境。如粉煤灰、尾矿堆放场遇 4 级以上风力，可剥离表层 1 ~ 41.5cm，灰尘飞扬高度可达 20 ~ 50m，在多风季节使平均视程降低 30% ~ 70%；另外一类是由于固体废物属于易燃废物或者有气味废物（液态固体废物、置于容器中的气态固体废物），在管理不善情形下，自燃释放的气味或者飞散性逃逸产生的气体污染周围空气。如长期堆放的煤矸石，当含硫超过 1.5% 即会自燃，达 3% 以上即会着火，会产生二氧化硫空气污染。

固体废物堆放，其中有害组分容易污染土壤。土壤是许多细菌、真菌等微生物聚居的场所，这些微生物与其周围环境构成一个生态系统，在大自然的物质循环中，担负着碳循环和氮循环的一部分的重要任务。工业固体废物特别是危险废物或第 II 类一般工业固体废物，经过风化、雨雪淋溶、地表径流的侵蚀，产生高温和有毒液体渗入土壤，能杀害土壤中的微生物，改变土壤的性质和土壤结构、破坏土壤的腐解能力，导致草木不生。

2012 年粉煤灰堆场专项调查结果表明，粉煤灰堆场对周边土壤、水环境都造成不同程度的环境影响，对全国雾霾贡献较大；个别堆场的地表水总氮超标 410%、氟化物超标 240%、硒超标 280%。

2. 固体废物处理不当导致资源浪费

固体废物大量贮存处置一方面导致自然资源浪费，另外一方面也导致宝贵资源的浪费。

我国工业领域的资源消耗量不断加大，由于资源开采和利用带来的环境问题与过度依赖资源进口引起的资源供应安全性问题将日益突出。2013 年，我国主要金属矿产资源仍然保持着较高的对外依存度，其中铁矿石、铝土矿、锌精矿对外依存度分别为 73%、53.74% 和 30%，资源短缺愈加成为瓶颈性制约因素。回收利用尾矿、冶炼渣等大宗工业固体废物中所含有的有价金属组分，可以有效补充金属矿产资源，提高国内资源保障力度。我国城镇化建设每年需要 160 亿吨以上的非金属矿物资源，充分利用大宗工业固体废物代替天然矿物资源，可以大幅减少天然非金属矿物资源的开发。

表 1 为 2011 年主要大宗工业固体废物产生和综合利用情况。从中可以看出，大宗工业固体废物产生集中在少数企业，但其产生量较大，综合利用率低，累计的堆存量更大。这些堆存大宗工业固体废物占地约 1064 平方公里，相当于整个香港的陆地面积。

表 1　2011 年主要大宗工业固体废物产生和综合利用情况

	产废企业数/家	产生量/万吨	综合利用率/%	累积堆存量/万吨
铜尾矿	306	30 700	15. 7	185 000
铅锌尾矿	604	1260		50 000
赤泥	40	4 260	5. 2	30 000
电解锰渣	190	1000	1	9 000
磷石膏	90	6800	24	30 000

3. 固体废物处理不当影响社会稳定

近年来，固体废物处理不当影响社会稳定的事件时有发生。一是固体废物处置设施选址建设引发的社会影响。以生活垃圾焚烧设施为例，近几年来，在全国各地加快兴建垃圾焚烧厂的同时，由于沟通工作不到位，频频产生争论、冲突。反对建设垃圾焚烧厂的理由，也从最初单纯的周边居民担心污染自家环境的“邻避现象”，逐渐演变到房地产开发商等利益群体推波助澜，再到公众对政府决策、监管产生的信任危机。

二是固体废物非法运输、处置导致的重大环境污染事件。以危险废物为例，近年来，危险废物非法转移和倾倒频发，成为突发环境事件的重要诱因。2009 年至 2011 年三年内，仅安徽省就发现近 10 起非法倾倒危险废物污染事件。2011 年，因铬渣非法转移、倾倒铬渣造成环境污染并导致周边村民放养的牲畜死亡的问题，引起社会公众的广泛关注。2012 年，因含重金属危险废物非法倾倒，引发广西龙江河镉污染事件，让龙江河及其下游柳江两岸的人们在新年伊始便陷入了恐慌，环境污染问题再次被推到风口浪尖，成为新闻媒体和社会关注的热点。

2　固体废物资源化利用的五大好处

固体废物分类资源化利用可以带来经济效益、环境效益和社会效益，具体而言体现在以下五个方面。

一是可以回收资源，比如回收贵重金属（城市矿山）、建材、有机废物、木材等资源。以再生资源为例，截至2012年年底，我国废钢铁、废塑料、废有色金属、废纸、废轮胎、报废船舶、报废汽车、废弃电器电子产品8大品种回收量约1.6亿吨。再生资源回收与利用原生材料的能耗、物耗和污染物排放相比，具有明显节能、降耗、减排的效果，以2012年为例，再生资源回收共节能1.7亿吨标准煤，占全国总能耗量34.8亿吨标准煤的4.7%，减少废水排放112.7亿吨，减少二氧化硫排放374.6万吨，减少固体废弃物排放33.9亿吨。

二是可转化为能源。以固体废物为原料，作为生物质能源，如沼气、发电、供热、生物液体燃料、固体成型燃料以及肥料等。农作物秸秆、树木枝叶、畜禽粪便、工业有机废水、城市生活污水和垃圾等均是优质的生物质能资源。

三是增加就业，成为新的经济增长点。据测算，2013年我国资源循环利用产业总产值超过1.5万亿元，从业人数2000万人。

四是改善和美化环境（空气、水、土壤），是建设美丽中国不可或缺的要素。

五是可以提高公民素质，促进每个社会细胞绿色、低碳、循环，推进社会进步。以台湾垃圾分类为例，台湾从1992年开始推行资源回收政策，将家庭垃圾分为“资源垃圾”、“厨余垃圾”和“一般垃圾”三类。在推进“垃圾零废弃”方面，台湾采取了很多措施，其中很重要的一条就是通过多层次的宣传教育，使得垃圾源头分类理念深入人心。许多垃圾分类政策都是在非政府组织及居民的共同努力下才得以推进的。经过20余年不断努力，人均垃圾清运量随着资源回收率的不断增加，呈逐年下降趋势，由过去的1公斤/天，下降到2011年0.45公斤/天。通过源头分类，显著提高了进入垃圾焚烧炉垃圾的热值，提高了焚烧效率和焚烧设备使用寿命，同时也减轻了污染物排放强度。

3 固体废物资源化产业的可行性

3.1 发达国家固体废物产业发展现状

自20世纪70年代始，发达国家就开始关注环保产业。90年代以来随着各国公众环保意识的增强，环保需求不断上升，环保产业得到了快速发展。全球环保产业市场规模已从1992年的2500亿美元增至2012年的6000亿美元，年均增长率8%，远远超过全球经济增长率，成为各国国家十分重视的“朝阳产业”。美国、欧盟和日本环保产业成为全球环保市场的主要力量。在部分发达国家，环保产业的产值大约占到了国内生产总值10%～20%，是国民经济的支柱产业。在环保产业中，固体废物处理产业占到环保产业的40%，地位十分重要（图7）。

1. 美国固体废物相关产业

美国环保产业起始于19世纪的城市供排水系统管理、卫生工程和废物收集。1980—2010年美国环保产业和固体废物利用与处置产业收入持续增长，如图8所示。1980—1990年是美国固体废物利用与处置产业的快速发展时期，年均增长率为12%；1990年以后，美国固体废物利用与处置产业进入平稳增长期，1990—2003年的年均增长率为3%；2003—2008年，美国固体废物利用与处置产业迎来年均7%的中速增长期；经过2009年的短暂衰退后，美国固体废物利用与处置产业重新平稳增长。2010年，美国固体废物利用与处置产业产值为974亿美元，占到环保产业总值30.8%。

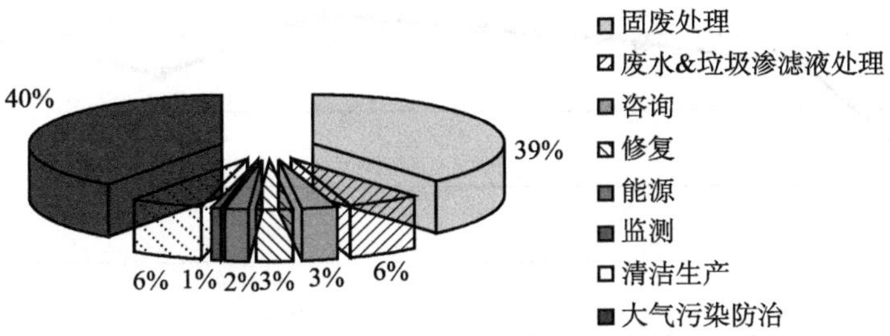

图7 全球环保产业市场中各要素比例（2009年）

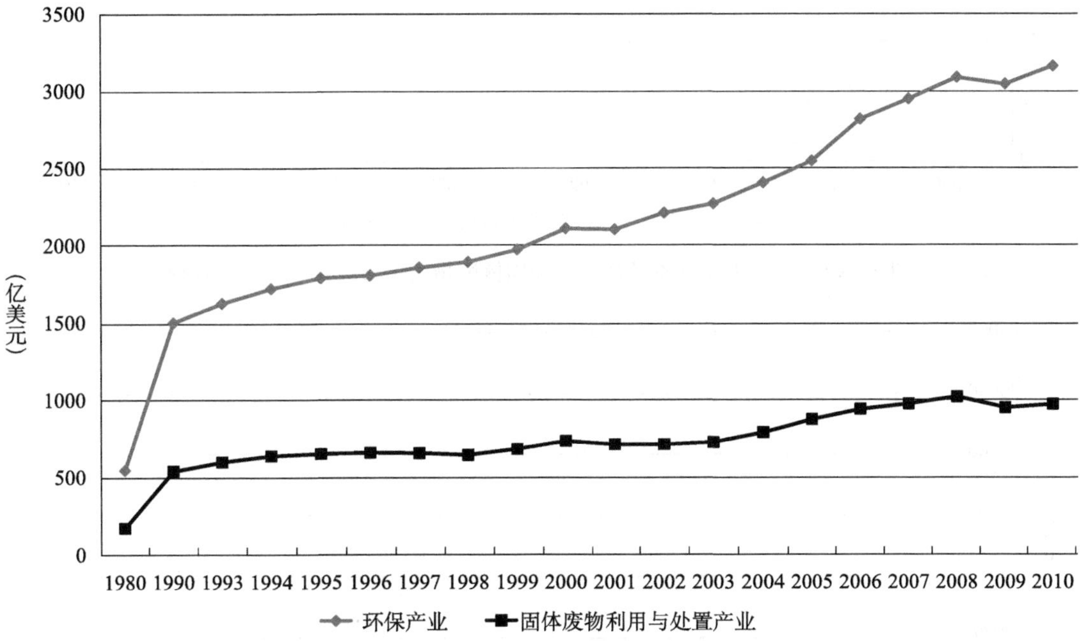

图8 1980—2010年美国环保产业和固体废物利用与处置产业收入情况

2. 日本固体废物相关产业

日本自2000年开始实施建设循环型社会战略，通过固体废物的减量化、再循环、再利用，减少固体废物的最终填埋量是建设循环型社会的主要目标之一。如图9所示，2000—2011年日本固体废物利用与处置市场规模以年均3.1%的速度增长，与停滞不前的日本经济形成鲜明对比。2011年，日本固体废物利用与处置产业规模达到44万亿日元，占环保产业规模的54.3%。

3.2 我国固体废物资源化利用产业发展潜力

随着固体废物污染问题日益突出和环境法律法规的不断完善及标准的不断提高，固体废物利用与处置产业得以快速发展，如图10所示。2011年，中国固体废物利用与处置产业收入8153.8亿元，比2004年增加了一倍。固体废物利用与处置产业比例占到当年环保产业总额的26%。

从固体废物利用与处置产业发展历程来看，发达国家固体废物利用处置产业发展趋于

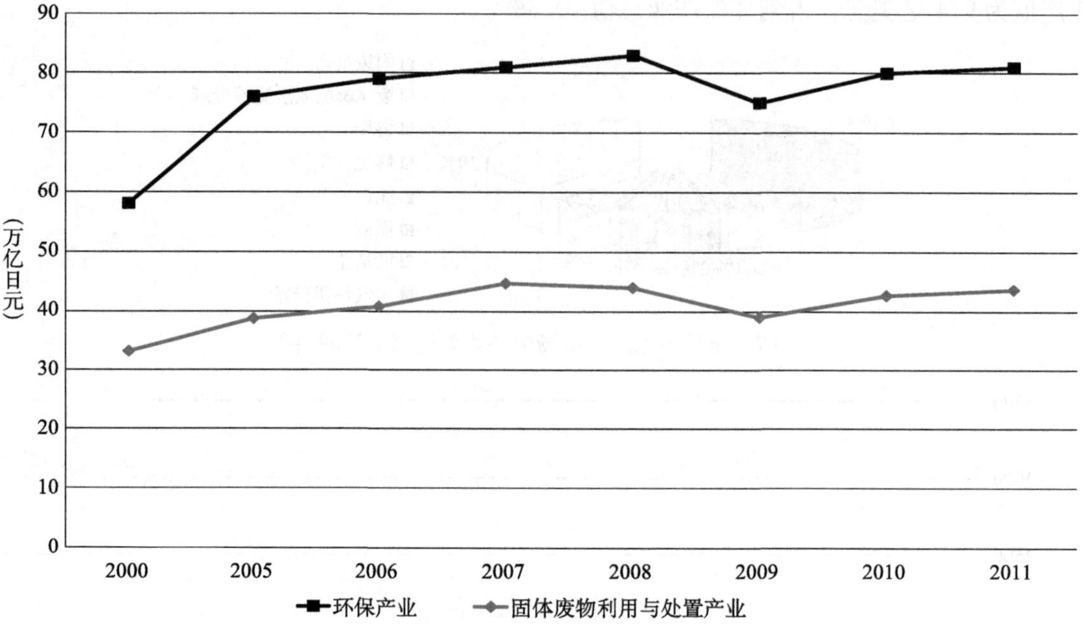

图 9　2000—2011 年日本环保产业和固体废物利用与处置产业市场规模

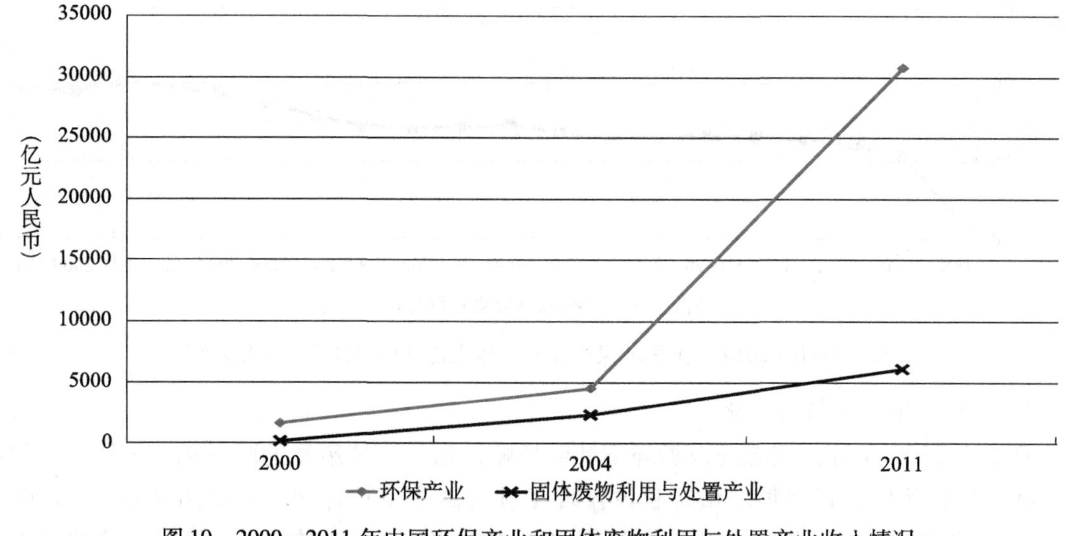

图 10　2000—2011 年中国环保产业和固体废物利用与处置产业收入情况

稳定。发达国家未来重点是向发展中国家转移，包括越来越多的固体废物利用处置设备制造厂商（如生活垃圾焚烧设备、污泥脱水设备）选择将设备制造环节设立在发展中国家。

中国作为典型的发展中国家，固体废物利用处置产业处于加速发展的关键时期，其中固体废物治理处置等基础设施建设处于快速发展期，后续包括设施运营管理在内的环境服务业将逐步发展成为固体废物利用与处置环保产业的主导力。

下面具体分析一下我国再生资源、大宗工业固体废物、生活垃圾、污水污泥、能源类废物利用产业的发展前景。

1. 再生资源利用产业发展迅速

2013 年再生资源回收量接近 1.6 亿吨，回收总值接近 6000 亿元，分别比 2000 年增长 3 倍和 12 倍。其中废弃电器电子产品回收量从 2012 年的 1274.6 万台增加到 2013 年的 4277.8 万台，拆解重量从 15.9 万吨增加到 81.35 万吨，按当年价值估算，拆解产出物资源价值从 22.4 亿元增加到 100.1 亿元。未来随着源头分类、回收体系进一步完善和延伸生产责任制贯彻实施，再生资源回收比例和数量将进一步提高。

2. 大宗工业固体废物综合利用潜力大

2013 年，我国工业固体废物产生量为 327701.9 万吨，其中年产生量超过 1000 万吨以上的大宗工业固体废物主要有尾矿、煤矸石、粉煤灰、冶炼渣、工业副产石膏、赤泥等。"十一五"期末，我国大宗工业固体废物综合利用量达到 11 亿吨，综合利用率达到 40%；从事大宗工业固体废物综合利用的企业超过 15000 家，产值达到 3000 亿元，从业人员达 200 万人以上。依照《大宗工业固体废物综合利用"十二五"规划》，到 2015 年，大宗工业固体废物综合利用量达到 16 亿吨，综合利用率达到 50%，年产值 5000 亿元，提供就业岗位 250 万个。

3. 生活垃圾焚烧产业发展进入快通道

2012 年，城市生活垃圾清扫量达到 1.71 亿吨，其中填埋 1 亿吨、焚烧 0.36 亿吨；焚烧处置能力为 3500 万吨/年，仅占无害化处置能力的 27.5%。"十二五"期间，生活垃圾焚烧发电设施建设处于高速发展期，依照《"十二五"全国城市生活垃圾无害化处理设施建设规划》，预计到 2015 年底，投产和在建的生活垃圾焚烧发电厂有望超过 300 座，生活垃圾焚烧处置能力将达到 1 亿吨/年。2013—2015 年间，每年需新增垃圾焚烧项目超过 50 座，按照每座垃圾焚烧厂日平均处理能力 1200 吨，平均投资规模为 40 万元/吨日测算，每年垃圾焚烧项目投资规模约为 240 亿元。因此，生活垃圾焚烧发电具有巨大发展空间和投资机会。

4. 城市污水污泥处置产业潜力巨大

2011 年，全国全年城镇污水处理厂湿污泥（含水率 80%）产生量约 2188 万吨，污泥无害化处置率小于 25%；依照《"十二五"全国城镇污水处理及再生利用设施建设规划》，污泥处理和处置设施投资为 347 亿元，新增污泥处理能力 2590 万吨/年（含水率 80%）。截止 2013 年底，污泥处理处置设施建设规模仅完成 43.4%，城市污水污泥处置产业潜力巨大。

5. 固体废物能源化利用产业潜力巨大

固体废物来源广泛，其中许多工业固体废物具有一定的热值，使得将废物作为燃料或从中回收能量成为可能。其中包括以工业有机废物为原料的生物质能源化利用，即利用可再生能源技术，将农作物生产及粮食加工、林业生产和木材加工、畜禽养殖、工业生产、城市生活污水、垃圾处理等过程中产生的有机废物转换为电力、燃气、固体成型燃料等清洁能源。固体废物燃料化目前主要有三种途径：

（1）废物直接燃烧：垃圾焚烧发电、秸秆焚烧发电、污泥焚烧；

（2）有机废物（农、林、畜牧业废物）能源化：沼气发电、甲烷发酵发电、垃圾填埋气收集发电、集约式养殖场废物发电、污泥厌氧发酵、秸秆发电、污泥焚烧发电、地沟油利用等；

(3) 生物质燃料：生物酒精、生物柴油、甲烷发酵发电。

固体废物能源化潜力巨大。以废物沼气资源为例，通过2002年对沼气资源的估算，我国约有25亿吨工业废物和4900万吨畜禽粪便可用于沼气生产，每年可生产工业规模沼气145亿立方米，其中工业沼气约为106亿立方米，大型养殖场产生的沼气为27亿立方米。预计到2020年沼气的产量还有可能大幅度上升，工业规模沼气产量可达到415亿立方米，其中包括215亿立方米工业沼气和200亿立方米畜禽养殖场产生的沼气。如通过发电方式加以有效利用，2020年装机总量将达到13.8兆瓦。

3.3 我国固体废物资源化利用产业发展面临的挑战

1. 制度政策问题

中国以《固体废物污染环境防治法》为基础，基本建成了固体废物环境管理制度体系。《循环经济促进法》实施又在很大程度推动了资源再生利用产业的发展。但在制度设计方面还存在很多不足，在一定程度上影响甚至是制约了中国固体废物利用与处置产业的健康发展。主要表现在以下几个方面：一是自然资源价值，尤其是生态价值被低估。一种废物的资源化程度在很大程度上取决于废物所替代的原材料的价格，因为原材料价格过低，远低于废物的再利用成本，就导致了一方面大量开采和使用原生资源进行生产，继续产生大量固体废物，另一方面大量废物无法得到有效综合利用，占用大量土地资源，影响周边环境。二是固体废物处置的责任不明确。生产者负责固体废物处置责无旁贷，而现行法律规定企业不处置或者处置不符合国家有关规定的，由环保部门指定单位代为处置，造成责任混乱。三是激励性政策不足。现阶段除了少数固体废物综合利用产品享受减免税的政策优惠外，缺少规范和支持固体废物利用与处置整个行业发展的切实可行的激励政策。

2. 技术标准问题

固体废物利用处置产业发展特别是综合利用需要强有力的技术支撑。目前固体废物综合利用尚存在许多技术瓶颈，尤其缺乏稀有贵金属提取、有害物质去除、特定固体废物的综合利用等技术；固体废物综合利用环境控制标准缺失影响固体废物利用产业发展。

3. 资本投入问题

在资本投入方面，主要存在以下两方面问题。

一是政府资本投入偏低。图6为2000—2012年中国治理固体废物投资金额及其占工业污染治理完成投资比例。从中可以看到，治理固体废物投资金额在20亿~30亿，仅占工业污染治理完成投资比例的10%左右。

二是市场机制不健全。企业规模小、资源整合能力差，无法获得明显的规模效益，社会资本进入固体废物利用与处置行业积极性不高。2012年，目前中国与固体废物利用与处置相关的上市企业仅约14家，仅占400家环保上市公司的3.5%。从事固体废物综合利用的企业以中小型为主，其中大宗工业固体废物综合利用企业平均产值不到2000万元。

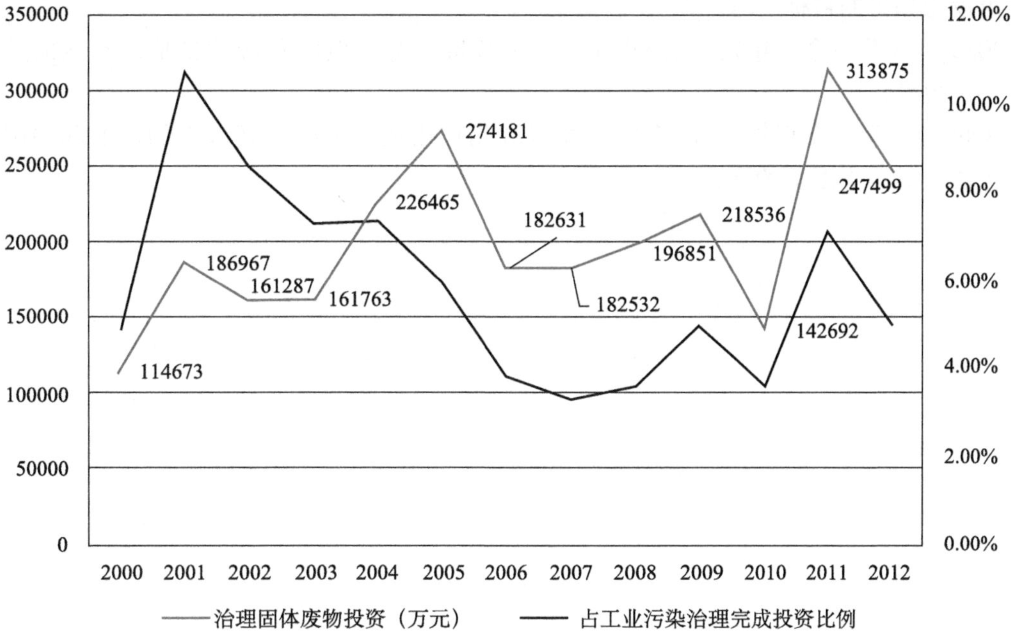

图 11 治理固体废物投资金额及其占工业污染治理完成投资比例

4. 监管能力薄弱

一是监管机构人员少，业务水平低，缺乏有效的监管手段，许多固体废物的环境问题监管不到位，影响固体废物利用与处置产业健康发展。二是对于违法行为的处罚太轻。如《固体废物污染环境防治法》对行政处罚规定的最高罚款额为 100 万元，对于大企业起不到威慑作用。

5. 社会参与问题

固体废物利用与处置本与民众生活生产息息相关，民众广泛参与是推动固体废物正确分类、管理与监督的有效途径。但长期以来，政府和企业对于固体废物分类收集、利用与处置相关信息公开不够，加上利用处置过程污染防治水平不高，政府监管不到位，导致"邻避效应"凸显。以生活垃圾处理为例，一方面民众对于生活垃圾源头分类支持度不高，导致垃圾减量化低，循环利用率低，最终焚烧或填埋处置量高；另一方面民众又强烈反对在周边建设生活垃圾焚烧、填埋设施。

4 结论与建议

国际和国内的经验已经证明了废弃物分类资源化利用产业的必要性、可行性和可推广性，我国目前处在起步阶段，距离先进尚有一定的差距，但发展有过程，我们已具备了很好的工作基础。"十三五"是大力发展废弃物分类资源化利用产业的合适时机。

固体废物分类资源化利用程度（水平和规模）是生态文明和社会进步的标志。固体废物资源化利用产业是一个内涵跨度大、产业链条长、社会影响深、需要人人参与的、美丽城市和美丽乡村的基础性大产业、大事业，是我国现代化必须迈过的一道坎，需要政策、技术、宣教的组合拳大力推动。

可设想如下的目标：

2020 年（第一个百年）：全面小康时，固体废物分类资源化应达到形成产业的坚实基础和一定规模；

2049 年（第二个百年）：废弃物分类资源化利用成为成熟、高水平的产业和中国现代化的标志，成为中国梦的要素。

垃圾：错位放置的能源

“瑞典正在向邻国买垃圾。”当“垃圾围城”及其所引发的一系列公共安全事件成为我国民众的“心腹大患”时，中国工程院原副院长杜祥琬院士讲到这一事实，让记者颇感震惊。

“瑞典买垃圾一事说明，垃圾资源化能产生巨大的经济效益，有其可持续发展的内在动力。”杜祥琬说。据中国驻瑞典大使馆提供的数据，目前，瑞典已有99%的垃圾实现了再利用，其中，多数被转化为电力、沼气和肥料。

“减少污染，改变能源结构、提高气候恢复能力是目前中国社会的当务之急。而能否实现垃圾资源化处理与解决这两大矛盾休戚相关。”杜祥琬说。

1 垃圾：一把“双刃剑”

“垃圾是一把双刃剑，处置得当是财富，处理不好会贻害万年，其所造成的环境，尤其是大气污染问题尤为值得关注。”杜祥琬说。

目前，全国每年仅城市就会产生大量垃圾，很多都被简单焚烧或填埋于地下。而据《南方周末》报道，早在2007年，上海的生活垃圾就相当于5个金茂大厦的体积，2006年，把北京的生活垃圾堆起来，相当于一个景山那么大，而垃圾量还在增长之中。

在进行垃圾填埋时，垃圾中的有机成分发生分解时会产生大量硫化物以及甲烷等温室气体。简单的垃圾焚烧会产生PM2.5、PM10以及二氧化碳等。此外，在垃圾焚烧过程中会排放出“臭名昭著”的二噁英。受到了污染的沉默的大气和土壤，也会伺机“报复”人类。近年来，污染导致的健康问题不断见诸报端。

“如果能够将垃圾进行资源化利用，不仅不会污染环境，还能带来低碳能源，有助于减少温室气体。”杜祥琬认为，垃圾分类资源化利用的一大效益，就是能够产生低碳的生物质能源（如沼气）、生物液体燃料（如乙醇）等。

“早在10年前，我就在瑞典看到，他们将生活垃圾用原始吊车扔到炉子里，用上千摄氏度的温度焚烧，而后将产生的能源进行发电和供热。”据悉，在瑞典，垃圾中的36%经回收利用做了沼气，产生了能源；49%进行了工业焚烧，转变为电力和供热，焚烧产生的二噁英已大大低于允许的标准；14%作成了化肥。

中国社科院—中国气象局气候变化经济学模拟联合实验室在京发布的2014年气候变化绿皮书显示：最近10年是温室气体排放量增多最快的时期。其中，化石燃料和工业过程中产生的二氧化碳是温室气体增长的主要来源，要在本世纪末实现2℃的温控目标，需要大规模改革能源系统。

“我国正大力发展天然气，准备到2030年将其产量提升到5500亿方，而研究发现，生物质能源的潜力就能达到约3000亿方。因此，将垃圾中的生物质能做成气体能源的工作尤为值得重视。”杜祥琬强调，如果通过创新技术进行垃圾资源化处理，就能不断提供低碳能源，削减温室气体的排放量。可谓“功在当代、利在千秋”。

2 垃圾资源化利用：星星之火

在中国，垃圾资源化利用虽然没有形成规模化效应，但已燃起“星星之火”。

“在参观镇江光大环保能源有限公司（以下简称光大环保）时，隔着玻璃墙，我看吊车将垃圾放入炉火中用进行燃烧，转化成能源。令人吃惊的是，厂区中闻不到一点味道，比瑞典还好。”述说这一情景时，杜祥琬的眼睛瞬时明亮起来。

据光大环保负责人介绍，该厂垃圾处理产生的电力几倍于消耗的电力；环保条件甚至满足了苛刻的“欧标”；设备最先从比利时引进，目前全部为本国生产。“这就满足了垃圾规模化处理的三大条件。”杜祥琬说。光大环保的例子虽不多见，也并非首创。有中国“银都”之称的湖南永兴就对来自各地的32类废弃冶渣再利用，每年回收黄金7吨，白银2000多吨。

“这些成功案例说明，中国进行垃圾资源化利用的潜在条件已经存在，而星星之火，必将燎原。”垃圾资源化的特质决定了它能够发展成一个规模巨大的产业，厨余、电子、建筑等六类垃圾可以产生六大产业链条。垃圾资源化处理横跨能源、生物、化学、农林业、制造业等多领域，每个家庭都要参与，其内涵跨度大，产业链条长，社会影响深远。还能增加就业，是新的经济增长点。

尽管处于起步阶段，基础已经存在。据统计，2013年，废钢铁、废塑料、废有色金属等七大品种回收量接近1.6亿吨，回收量和回收总值分别比2000年增长约3倍和12倍。国内再生资源回收企业有10多万家。

“‘十三五’是把废弃物资源化产业列入战略性新兴产业的合适时机。”杜祥琬告诉记者，“如若废弃物资源化不能达到一定的水平，就难以实现建成小康社会这一目标。”

3 实现途径：转变观念 多措并举

多年来，对于垃圾治理等问题，人们习惯与从技术等单一角度进行思考，而忽略了用多元化视角解决问题的可能性。

杜祥琬认为，我国提出的生态文明，是认识人与自然关系的重大突破。目前，要实现垃圾资源化，还要进一步转变观念，将“生态文明”放在首位。因为，如若不在环境和气候容量下发展，就会带来非线性的恶性增长，发展就不可能持续。“生态文明是一种思维方式，应将其贯穿于推动其他四个文明建设的过程中。“杜祥琬如是说。

“垃圾资源化工作是一项基础性工作，不像有的政绩工程那样立竿见影，需要很长时间才能显现效益。”因此，需要确立“以人为本”的理念。同时，政府要转变职能，主要负责标准的制定，并严格进行监管，把项目交给市场。

要得到社会支持，宣教的力量不可忽视。光大环保垃圾处理工作可以顺利开展，而杭州一个厂家想要效仿却以失败告终，就是宣传不到位的结果。“宣教的力量就是用每一个社会细胞的低碳循环推动全社会的进步。”杜祥琬说。

他认为，宣教同样是一种社会治理的模式。“随着公众维权意识的觉醒，需要加大公众参与度，在开展任何项目时，都应将公众考虑其中，如组建一个由公众、企业、官员、专家共同组成的委员会，作为常设机构。在工程项目开展之初，和群众深度对话，消解信任危机。”建立合理的制度和责任体系也不可或缺，例如国家可制定对于废弃物的责任延伸制度，即企业对其生产的废弃物要跟踪到底，将外部成本转化为内部成本。

目前，垃圾资源化处理的盈利模式尚不清晰，社会资本投入的积极性不高。需要有强大的政府力量注入，在其“幼年期”大力培植，这一产业才不致“夭折”。

“归根到底，垃圾资源化处理是减少温室气体排放、制造可再生能源和治污的重要举措，是一个社会性、基础性工作，也是一个耗时耗力的长期工程，考验的是当代人的智慧和眼光。”杜祥琬说。

（发表于《中国气象报》，记者贾敏，2014 年 11 月 17 日）

废弃物分类资源化利用是道必过的"坎"

"废弃物分类资源化利用产业是一个内涵跨度大、产业链条长、社会影响深、需要人人参与的基础性大产业、大事业。"中国工程院院士杜祥琬 11 月 6 日接受《中国科学报》采访时如是说。

目前，我国城市生活垃圾累积堆存量已达 70 亿吨，占地约 80 多万亩，近年来又以平均每年 4.8% 的速度持续增长。全国 600 多座城市，除县城外，已有三分之二的大中城市陷入垃圾的包围之中，且有四分之一的城市已没有合适场所堆放垃圾。

日趋严重的"垃圾围城"现象，令杜祥琬备感担忧。他表示，作为一个人均资源有限，环境容量远低于世界平均水平的发展中国家，更要珍惜资源和环境。"垃圾不是无用的废物，而是放错地方的资源，具有可再生性。"

对此，杜祥琬提出，将废弃物分类资源化利用产业列入战略性新兴产业。"如果处理不当，垃圾问题会造成资源浪费、环境污染，甚至影响社会稳定。相反，如果对垃圾进行分类资源化利用，还会产生不少效益。"

以瑞典为例，该国 99% 的垃圾都做到了资源化，其中 49% 工业焚烧热电联供、34% 回收制沼气、14% 经生物技术处理成化肥，剩下只有 1% 进行掩埋。

在杜祥琬看来，垃圾分类资源化利用除了能够得到生物质能源、回收贵重金属等资源外，还可以增加就业，提高公民素质，是建设美丽中国不可或缺的要素。

在欧洲，不少国家资源化率已达 90% ~99%。"尽管我国的废弃物分类资源化利用产业还处在发展阶段，距离先进尚有一定的差距，但发展有过程，我们已具备了很好的工作基础。"杜祥琬说。

其实，在垃圾分类资源化利用方面，我国已有一些成功的企业。杜祥琬举了个例子：光大环保能源（镇江）有限公司焚烧垃圾热电联供，产出大于投入，有盈利；环境指标达到国标甚至欧标；设备实现国产化。

2012 年，我国生活垃圾清运量超过 1.7 亿吨，已运营垃圾焚烧厂达 138 座，焚烧处理量超过 3500 万吨/年，跃居世界第一。环保部预计，到 2015 年年底，投产和在建的生活垃圾焚烧发电厂有望超过 300 座，生活垃圾焚烧处置能力将达到 1 亿吨/年。

杜祥琬表示，生活垃圾、电子垃圾、建筑垃圾等废弃物的资源化利用技术不同，可形成多个不同的产业链条，横跨能源、环境、生物、化学、材料、农业、林业、制造业等众多专业领域，产业规模大，城乡、企业、家庭都要积极参与，空间跨度大，需要政策、技术、宣教的组合拳来推动。

"首先是认识观念要到位。有了 30 多年经济发展的基础，该把环境保护和生态文明前置到国家发展目标的前位。”杜祥琬针对目前存在的问题，提出了自己的建议。

他建议：通过建立企业责任延伸制度，解决环境违法成本过低问题；加强技术攻关和推广，完善技术标准制定；由于废弃物分类资源化利用的盈利模式尚不清晰，社会资本积极性不高，国家应加大资本投入；改变“GDP挂帅”的政绩观，确立“以人为本”的发展理念；鼓励全社会积极参与。

“‘十三五’是将废弃物分类资源化利用产业列入战略性新兴产业的合适时机。”杜祥琬说，“废弃物分类资源化利用，中国走向现代化必须过这道坎。”

（发表于《中国科学报》，记者陆琦）

推动低碳发展，迈向生态文明[①]

1　发展的哲学和哲学的发展

相对宇宙史和地球史而言，人类史只是短短的一瞬。然而人类从原始的野蛮人进化成文明的现代人，却也经历了上万代人的漫漫之路。起初，人类的演进基本上是自然的、自发的，对自身及其生存的外部环境的认识十分有限。在很长的时期里，人类存在着，却没有“人类”的概念；地球存在着，人们却不知晓它的模样。仅仅在几百年前，人们才获得关于地球的初步知识，才有了对人类如何进化而来的初步理解。

人类区别于其他物种的一个特征，是较为发达的大脑、较高的智力。人类在生活和生产实践中不断进步，在与自然界的相互作用中发展，不断改善着自身的生存条件，推动着社会的变革。与此同时，人类也是在思考中发展的，从以符号记录的古文明，到有文字记载的历史，人类也曾涌现出一批批早期的思想家、哲学家、教育家、科学家……。在全球的不同地区，由于地理和历史条件的差异，逐步形成了各种既有差异、又有人类共同特征的文明形态。但是，不同历史时期人类由思考产生的思想成果，又有着显然的时代局限性。涉及全球的、全人类发展高度的思考，也只是在近几百年才逐渐萌芽。

人类在经历了漫长的原始文明和农耕文明之后，在距今二百多年前步入了工业文明，这是一个意义重大的历史性进步。它的一个重要的物质基础是煤炭、石油等化石能源的发现，加之已逐步积累的科学技术知识，使人类有能力开发和利用这些沉睡在地球内部的能源。蒸汽机、内燃机相继诞生，接着又有了电，劳动生产率大为提高，一批国家率先发达起来。物质生活水平大为改善的人们，在享受发展带来的生活品质的同时，对“改造自然”信心满满，甚至产生了“征服自然”的欲望。但是，在亘古厚重的大自然面前，年轻的人类毕竟还是未知多于已知，对客观世界发展的规律性理解相当浮浅，在“战天斗地”中，仍有不少的盲目性，缺乏足够的理智。对自然的粗放开发，对化石能源的过度使用，不仅使人们感受到资源可供性的危机，更暴发了严重的环境危机。人类赖以生存的基本条件——大气、水、土壤的质量显著下降，直接损害着人们的健康乃至生命。这种有违发展初衷的恶性反馈，提出了关于发展方式的警告：**发展也是双刃剑。**

在这样的背景下，20 世纪中期以后，人类关于发展的思想成果有了质的提升。1962 年，美国生物学家蕾切尔．卡逊出版了《寂静的春天》一书，揭示了工业繁荣背后人与自然的冲突，敲响了工业社会环境危机的警钟。1972 年罗马俱乐部出版了《增长的极限》一

① 《低碳发展总论》一书的序论。

书，指出“人口和污染呈指数增长，地球的资源锐减，自净能力又十分有限，”“人类必须改变生产和生活方式，否则地球现有资源难以满足人类的持续发展。”同年，在瑞典斯德哥尔摩召开了人类环境会议，通过了纲领性文件《联合国人类环境会议宣言》，指出了环境破坏为世界人民带来的挑战，强调人类只有一个地球，保护环境需要世界各国共同努力。1987 年，挪威布伦特夫人在《我们共同的未来的报告》中，首次正式提出了“可持续发展”的概念。同年，世界环境与发展委员会发表了《我们共同的未来》的报告，进一步明确了可持续发展的内涵：“在满足现代人需求的同时必须以不损害后代人的需求为代价”，要把环境保护与人类发展切实结合起来。可持续发展概念的确立，标志着人类有关环境与发展的思想实现了重要飞跃。

19～20 世纪，关于人类活动排放的温室气体对全球气候变化的影响，也逐渐形成了一个基于观测和理论分析的学科。在前人对有关分子的辐射物理特性和大气层中辐射输运规律研究的基础上，1896 年，瑞典化学家阿仑尼乌斯提出，人类大量燃烧化石燃料将会使大气中二氧化碳的浓度增加，从而导致全球气候变暖。这一认识逐渐得到大量科学数据的支撑。1992 年 6 月在里约热内卢召开的联合国环境与发展会议，将《联合国气候变化框架公约》提交各国签署。《公约》明确指出，发达国家和发展中国家负有“共同但有区别的责任”，最终目标是“将大气中温室气体的浓度稳定在防止气候系统受到危险的人为干扰的水平上。”基于对气候变化问题的高度关注，形成以减少二氧化碳等温室气体为特征的“低碳发展”的概念和共识，并开始低碳发展的积极实践。随之，为发达国家设定减排目标的《京都议定书》等文件相继签署。2003 年，英国政府发布《我们未来的能源——创建低碳经济》的白皮书[1]，第一次提出了“低碳经济”的概念，并提出了“从根本上把英国变成一个低碳经济的国家”的目标。这些概念和目标迅速产生了全球范围的影响。

改革开放的中国，突出了“以经济建设为中心”，经济持续高速增长，成就举世瞩目。但是，对于如何按经济、社会发展的客观规律来发展，理解有限。至世纪之交，粗放发展的负面效应逐渐显露，资源—环境的制约日益严峻。于是，“转变发展方式”被明确提上日程，国家提出了一系列兼有理论性和实践性的新型发展理念：“走新型工业化道路”“建设资源节约型、环境友好型社会”，明确指出发展的“不平衡、不协调、不可持续”，提出了“科学发展观”、“转变发展方式刻不容缓”，明确了“绿色发展、低碳发展、循环发展”的路径，逐渐深化了“生态文明”的概念和内涵，并将其上升到国家战略的高度[2]。这些发展理念，为人类关于发展的哲学思想宝库作出了贡献。问题在于，不少方面的实践与这些新型发展理念相去甚远。

“发展”始终是人类社会的一个主题。走出原始，摆脱贫困，进一步追求更高的物质生活水平和高品味的精神生活境界，是人类社会进步的动力。但是，在人类发展的初级阶段，关于“发展路径”，不可能有系统而深入的思考。远古至今，全球人口总数已增长了千万个数量级，发达程度也已不可同日而语，而作为家园的地球却还是那么大点儿。由此，“环境容量”的概念开始植入到了发展的观念之中。在没有找到可栖居的“新家园”之前，人类只能在“我们只有一个地球”的语境下讨论问题，于是不得不直面工业文明高度发展带来的黑色困惑和愈益尖锐的环境矛盾与冲突。发展会解决不少问题，但也会产生新的问题，利弊多少与发展方式有关。比经济增长速度更重要的是发展方式。人们开始认识到，就像

“科学技术是双刃剑”一样，“发展也是双刃剑”，这是对客观世界发展规律的辩证唯物的理解，是人类关于“发展”的文化自觉。前面概述的人类对“发展观”思考的几个里程碑，是关于发展路径和目标的思想成果。

- “可持续发展”，它的另一面是对发展不可持续风险的警示；
- “低碳发展”，它的另一面是告诫人们高碳发展之路走不通；
- “科学发展”，意味着不科学的、粗放的发展会损害人类自身；
- “生态文明”，指明了人类需沿着“绿色、低碳、循环”的路径，告别“工业文明”，迈向一个更高的文明形态。

人类的创新，首先是观念和思维的创新，上述思维的成果形成了关于“发展”的哲学，同时，也不断丰满和深化着人类认识社会和自然界的哲学观。

2 低碳发展的内涵和意义

低碳发展的直接含义在于减少以二氧化碳为代表的温室气体排放，以便减缓气候变化。而对低碳发展的广义理解，则是一种新型生产方式和生活方式，包容了绿色发展、循环发展的内容，通过可持续的新型发展道路，引导人类迈向生态文明的社会形态。减少污染、保护环境被通俗称为“绿色”。显然，在能源结构以化石能源为主的情况下，绿色和低碳有很强的协同性。数据表明：我国大气的PM2.5的构成中，源于煤炭和石油燃烧的粒子占了一大半，而我国的CO_2排放中，煤炭和石油的燃烧排放也占了一大半。这充分说明了“绿色”和“低碳”虽是两个不同的概念，但在工作方向上却有着高度一致性。

气候变化和大气污染相伴成了全球性的重大环境和发展问题。远望未来，认清方向，低碳发展已成为超越国家、地区和民族的人类发展的共同趋势。不仅各发达国家纷纷提出了“低碳过渡计划”、“低碳社会情景”、“低碳经济发展蓝图”、“低碳经济法案”、“气候能源一揽子计划”等，以促进低碳转型。各发展中国家、甚至尚未脱贫的国家也把“脱贫”和“可持续发展”结合起来，制定自己的发展战略。其中，有普遍意义的有：节能、能源低碳化、低碳技术创新、培育低碳产业等，占据未来低碳技术和产业的制高点，以新的增长点作为经济持续发展的推动力。可以说，低碳发展已成为一场全球性的竞赛。

低碳发展对于中国而言，既有上述普遍意义，更有特殊意义。认清国情，中国尤其需要低碳发展，也可能实现低碳发展。

国情一：人口众多，人均资源短缺。

人均淡水量为世界平均水平的30%，人均耕地为43%；中国石油的探明可供储量只占全球的1.1%，天然气的探明可供储量只占全球的1.9%[3]。我国煤炭的年开采量，已明显超出了“科学产能能力”。石油、天然气、煤炭的对外依存度延续呈现攀升的态势，其中石油的对外依存度已经逼近60%，天然气的对外依存度也已上升至31.6%。这个基本国情告诉我们：中国的现代化是需要精心设计的，我们没有粗放发展的资本，也没有粗放发展的理由。

国情二：能源结构中，煤炭的比例显著高于世界平均水平。

我国传统能源的天然禀赋是以煤为主。至今，煤炭在一次能源中的比例仍高达68%，显著高于全球平均值~30%[4]。而且，在我国煤炭的终端利用中，只有约一半是用于发电，而另一半是直接散烧的（锅炉、窑炉、民用煤炉等）。加之煤炭开采、洗选、运输过程的粗放，使得源于煤炭的污染排放和温室气体排放偏高。煤炭洁净化利用所追求的“低排放”，不仅应包括各项污染物的低排放，还应包括温室气体的低排放，这个煤炭利用的低碳化是一项重大挑战，对我国尤其如此。

国情三：环境容量有限。

环境的制约比资源的制约更甚。中国80%多的人口居住在爱辉—腾冲线以东的国土上，东部的土地面积约为全球陆地总面积的不到1/30，我们在这块土地上目前每年消耗全球煤炭的约40%，即在东部的单位国土面积上消耗的煤炭（可称“耗煤空间密度”）是全球平均值的12倍。数据还表明：这块土地上的“耗油空间密度”已是全球平均值的3倍。我国东部“碳排放空间密度”已是全球平均值的6倍多。我国目前每千人拥有的汽车数虽不到美国的1/5，但中国东部的“汽车空间密度”已超过了美国！单独分析京津冀地区的数据可见，这一地区的“耗煤空间密度”是全球平均值的30倍之多！由此，我国东部的霾污染成为世界之最，不是很容易理解的吗？如果我们想呼吸质量说得过去的空气，能去跟美国攀比人均能耗、人均车数吗？显然不能，也不应该！我国东部的人口密度是全球平均值的五倍，再计及上述的能耗和能源结构状况，我国东部的环境负荷已比世界平均值高出五倍以上！水污染和土壤污染的形势也很严峻。这些简单的分析，给出了我国的一个基本的国情：我们的环境容量显著小于世界平均值，相应的气候容量也显著小于世界均值。中国迫切需要改变粗放的发展方式，推动能源革命；迫切需要开创一条新型的发展之路，才能拥有可持续的未来。

国情四：生态环境的天然禀赋比较脆弱。

我国干旱、半干旱地区占国土面积52%，水土流失严重的黄土高原面积64万平方公里，高寒缺氧的青藏高原达200万平方公里，石漠化的岩溶地区面积90万平方公里[5]……极易受到气候变化的不利影响。我国每年的自然灾害70%与气象有关。应对气候变化的低碳减缓行动和有序适应行动是统一相伴、相辅相成的。这个天然禀赋的特点提醒我们，中国更需要重视“在保护中发展”，并认真应对气候变化。

国情五：后发优势。

我国现代化的进程显著晚于世界上的先发达国家，因而我们有可能借鉴他们的经验和实践，吸取他们的教训；而且，不同类型的发达国家发展路径的差异也为我们提供了重要的参考和启发；再者，21世纪的今天，比先发达国家的当年，有了先进得多的信息技术、互联网技术、节能技术、环保技术、低碳技术、新能源技术等。我国理应充分利用这些后发优势，规避后发劣势，实现更高效能和高质量的发展，走出更为绿色、低碳的发展道路。

国情六：中华文化精华的传承和弘扬。

中国自古有“天人合一”的观念，有“历览前贤国与家，成由勤俭败由奢”的节约观念。本世纪以来，我国又提出了“科学发展观”，特别是“生态文明”和“美丽中国”的文化理念和治国的指导思想。这些思想和应对气候变化引导的绿色、低碳与可持续发展高度契合。认真把这些古人和今人的充满哲理的优秀理念真正变成全国上下的实际指导思想，落实到各地的发展实践中，才能真正有效地推动低碳发展。

经过三十多年高速发展的中国，客观上面临着两场竞赛：一场是在国内，转方式的努力与粗放发展的惯性在比赛，看看是否能较快地转向以资源节约、环境友好型社会为方向的科学发展轨道；另一场是在国际，在世界范围内的绿色低碳发展的竞赛中，中国能否不落伍、不沿袭老路，尽快占领新的战略制高点，切实迈向生态文明。

3 低碳转型的紧迫性和战略性

国际上已形成了减排温室气体，以控制全球的温升不超过2℃的政治共识。而随着IPCC第五次评估报告的出台，人为排放的温室气体与全球变暖之间的关系进一步被印证。作为温室气体累积的主要排放者，发达国家有责任率先承担温室气体绝对量减排的义务。同时，由2℃升温所允许的剩余排放总量已十分有限，发展中国家也要作出与自己发展阶段和能力相应的减排贡献。中国已是新兴的最大排放国，作为负责任的发展中大国，也正以积极务实的态度履行自己的国际义务，参与全球气候治理。重要的是，中国减排的国际义务和国内低碳发展的内在需求高度一致，是中国转变发展方式的紧迫需求和长远战略需求。

中国过往的发展带有明显的高碳特征，发展方式的粗放性，首先表现在发展的驱动力主要依靠五个初级生产力要素：消耗过多资源、牺牲环境、投资拉动、引进技术、廉价劳力。而科技驱动不足、内需拉动不力，只靠这五个要素的发展显然是不可持续的。

其次是产业结构问题。第二产业长期占比过高，特别是第二产业中的高耗能产业比例过高，如中国2012年生产的钢铁已占到世界总量的45.7%，水泥已占到57.8%，靠低端产业的扩张推高GDP的增长。结果是造就了一个高耗能、高碳的产业体系（其中包括过剩的落后产能）。以2012年数据为例，中国的GDP占全球的11.6%，却消耗了全球21.9%的能源[6]，即单位GDP的能耗比全球平均水平高一倍，其中的煤炭消耗占到了全球总量的50.2%。

这样的发展方式造成了复合型、压缩型的环境污染问题。中国东部严重的雾霾成了世界之最。2011年WHO公布的全球1082个城市的空气质量排名中，北京居第1035位，2012年世界银行公布的全球112个最污染的城市中，中国占25个。污染物排放超出环境自净化能力的情况具有普遍性。

与此同步，以二氧化碳为主的温室气体排放迅速增加[7]。1990年，中国的温室气体排放只占全球的11%，2012年已增加到26%，从1990年到2012年，全球的碳排放增量中，中国占了66%。在中国的温室气体排放中，来源于化石能源燃烧的贡献约占80%。中国的人均二氧化碳年排放（6吨/人·年）已逼近欧、日等发达国家的水平。中国东部一些主要城市的人均年二氧化碳排放已达10吨/人·年以上，超过了欧、日等国历史上人均年排放的峰值，而且还在增长中。如果中、西部都追随东部的发展模式，中国温室气体排放必将进一步走高，中国发展的高碳特征十分明显。“十六大”以来，中央多次强调“走新型工业化道路”，而事实上，由于路径缺失，我们并未走出“新型道路”，而是重复着“先污染后治理”的老路，甚至更为高碳。

高碳发展的社会原因是：高碳能源的易获取性；高碳低端产业可短、平、快驱动增长；客观上处于初级发展阶段；国际上有美国等高碳发展的先例，使人误以为这种模式是“发展的必然规律”。

实际上，国际经验已表明：高碳发展并非走向现代化的必由之路。对发达国家的能源经济学分析给出：发达国家可分为两种类型。数据表明：相对美国而言，欧、日等国已经走出了一条较为节能和低碳的现代化之路[8]。而中国实现现代化的时空环境也不允许中国走美国式的老路。各国的环境—经济库兹涅兹曲线的模样虽然有一定的普遍性，但那个“倒 U 形”曲线的顶部高度却可相差不止一倍！这对我国选择发展路径是极有启示意义的。我国在实现现代化的过程中，应该认真借鉴欧、日等国的有益实践，并发挥自身的传统文化优势和后发优势，避免盲目跟随美、加模式，走“先高碳后迫降”的冤枉路。

中国通向现代化的路径必然是有中国特色的、新型的、低碳的，这条路要靠中国人民自己创造。

转向低碳发展并不容易。三十多年高碳发展的惯性很强，尽管后遗症已很明显，“GDP 比赛”仍有市场。但同时，三十多年经济的发展，也为转型提供了物质基础，“科学发展观”、“生态文明”、“美丽中国”等理念的日益深入人心，也为转型提供了一定的思想基础。通过非凡努力，转向低碳发展是可能的，这正是应对气候变化对推动中国新型发展的重要现实意义。为此[7]：

——需要明确强调，当前的战略机遇期，首先要理解为转变发展方式的机遇期，2020 年前是转方式的关键期。

——要切实落实中央提出的“完善经济社会发展考核评价体系，把资源消耗、环境损害、生态效益等体现生态文明状况的指标纳入评价体系，使之成为推进生态文明建设的重要导向和约束”。以多维的“科学发展指数”考核评价各级的政绩。

——在经历了三十年的高速发展之后，应把环境保护与生态文明建设前置到国家发展目标的前位。

——新型城镇化：切忌攀比“城镇化率”和“速度”，要倡导智慧城市和低碳城市建设的结合，把低碳作为城镇化的约束性考核指标，创建低碳建筑和低碳交通的中国发展道路。

——需要明确“西部大开发的实质是科学开发”，不应沿袭东部的高碳路径，应强调“在环境容量内的发展”，“在保护中发展”。

——加大产业结构调整的力度。高耗能产业已经饱和，要继续淘汰落后产能，大力发展既能吸纳就业又低碳的服务业。努力推动战略性新兴产业，把垃圾分类资源化利用发展成一个战略性新兴产业，这方面国内外都已有成功的案例和可推广的技术。

——大力推动能源革命，重塑中国能源。节能和提效优先，限制煤炭和石油的消耗总量，并使之低碳化。增加天然气（包括非常规气）的比重，尽可能大力发展非化石能源，包括可再生能源和核能。发展储能技术、智能电网和分布式用能。

——把尽早实现温室气体排放峰值作为中国的中期战略和低碳发展的具体抓手；发挥治理霾污染和减少碳排放的协同效应。

——实施自然生态系统增汇减排战略：包括农业、林业、海洋、草地、湿地、土地利用等领域。

——以行政的、经济政策的、金融市场的、文化舆论的、科学技术的措施，形成制度化的低碳转型组合拳。

中国走向现代化的时、空环境不同于美、欧等国当年的时候，不可能依靠掠夺全球资源、先高碳后治理。我们主要靠本国资源，而且把他们二百年的发展压缩到几十年中，自然会带来严峻的资源状况和压缩型、复合型、结构型的环境污染，因而我们也不得不把强化的绿色、低碳压缩到快速发展的阶段，才能避免社会机体的灾变，保持健康科学发展的可能性。

低碳发展还将带来社会形态的创新和转变，对实现民族伟大振兴的长远战略目标意义深远。

低碳发展必须设计和实施低碳的生产模式，强化科技创新的支撑。由于持续的高投资，中国形成了大量闲置的过剩产能、空置建筑物，造成了高额的资源与环境债务及生产与消费的失衡，生产体系大而不强，每年净出口的隐含能源、隐含碳排放已占到国内消耗量的20%以上。以扩大各种高耗能产品产量、依靠低附加值产业扩张和重复建设，这种高投入、高消耗、高污染的传统生产方式，维持经济高增长的模式，不可持续，必须改变。节能降耗减排不仅推动生产方式的变革，并将带来广泛的观念创新、技术创新和基础科学研究的进步，例如CCUS、受控核聚变正在孕育着一系列的新概念和新技术。

低碳发展还必须设计和实施低碳的消费模式。社会进步的一个标志是高效和节约。中国社会需倡导“健康的物质消费、丰富的精神追求”的生活方式和低碳文化，煞住攀比奢华之风，遏制各种不合理消费。

低碳发展的深入，将造就一个低碳社会。它的细胞是低碳社区、低碳企业、低碳村镇、乃至低碳家庭……这不仅直接有利于美丽城市和美丽乡村的建设，而且会极大地提高公民的素质和文明水平，而这一点对于中华民族自强于世界民族之林，具有基础性的意义。

放眼未来，低碳发展更是中国实现长期战略目标的重大机遇。如果从现在起着手形成并推进一个保证中国在国际低碳竞争中立于不败之地的长远战略，经过30～40年的不懈努力，在建国百年之际，将会使我国成为世界上具有较强创新能力和竞争力的国家。反之，在可持续发展的国际竞赛中会失去后发优势，造成长期缺乏核心竞争力的被动局面，这是我们应该极力避免的。

低碳发展战略的坚定实施，不但有益于当代人生存环境的改善，也将惠及子孙后代的根本利益，对实现中华民族伟大振兴的战略目标并为全人类的进步作出贡献都具有深远意义。

参考文献

[1] DTI. Energy White Paper: Creating a Low Carbon Economy. 2003.
[2] 习近平. 中国共产党第十八次全国代表大会的报告. 2012.
[3] 王安建. 国土资源部报告会上的数据. 2015.
[4] BP Statistical Review of World Energy. 2012.
[5] 傅伯杰. 在2013年中国科协年会上的报告.
[6] BP和World Bank的数据.
[7] 中国工程院研究组.《应对气候变化的科学技术问题》咨询项目研究报告. 2014.
[8] 杜祥琬等. 中国能源发展空间的国际比较研究. 中国工程科学. 2013年15卷6期，P4.

低碳重塑中国经济

现在我国每年人均二氧化碳排放量已经达到 6 吨，逼近欧洲、日本等地区和国家的水平。但是，欧洲、日本的排放量已经比较稳定，我国的排放量还在增长。更需注意的是，我国东部一些发达地区的碳排放量已经达到了每年人均 10 吨，超过了欧洲、日本经济发展史上的最高碳排放水平。

为什么我国的碳排放数据这么高？这主要是因为我国的高耗能产业规模太大以及不合理的能耗需求太多。

当然，我国现在不管是人均 GDP 还是人均能耗都比发达国家低，但如果按照现在这种高碳排放方式发展下去将远超欧洲和日本，直至超过美国和加拿大这类国家的碳排放水平。习近平总书记说我国的经济发展要进入“新常态”。我认为“新常态”不仅是经济发展的增速进入一个新的常态，而且我们发展的质量方式一定不能再沿着老常态，一定要向低碳发展转型。

相对油气而言，中国富煤有一定道理。但是，相对世界平均值来说，中国人均煤炭探明可开采储量是世界均值的 67%。所以，一方面中国要控制煤炭消耗总量，对煤炭进行高效利用、洁净化利用，抑制不合理需求，这是能源革命的一个重要内涵；另一方面，利用低碳能源“三匹马”实现对煤炭高比例的替代——加大对可再生能源（太阳能、风电、水电等）、核能以及天然气（含非常规）的利用。“三匹马”不是互相替代的关系，也不是只凭哪一个就能解决问题，要一起努力。

国际实践经验已经表明，欧洲、日本、美国和加拿大这类地区与国家 1/2 的人均能耗和 1/3 ~ 1/2 的人均碳排放实现了同水平的现代化，对我国很有启示作用。我国这些年在降低能耗、低碳发展方面已经取得了成绩：调整产业结构、淘汰落后产能；“十一五”期间能源强度下降 19. 1%；今年上半年全国单位 GDP 能耗同比下降 4. 2%，碳强度下降 5%；能源梯级利用（工业余热来替代北方的煤炭供暖）在山西规模试点成功；低碳城市试点初见成效。

国内外的经验表明，低碳发展让经济增长速度更理性，质量和效益进一步提高，也就是说低碳可以通向富裕，通向现代化。这条路是可以走得通的。低碳是以新的增长点来重塑中国经济，实现高质量的发展。它限制的是粗放型和奢华的发展。低碳既是为了应对气候变化，又是为了国家和人类的可持续发展。

低碳社会的基础是城乡一个个的低碳“细胞”：低碳企业、低碳村镇、低碳社区、低碳家庭，培育好这些低碳“细胞”会带来社会治理、公民素质、生活方式和观念的深刻变革。比如，全社会要普及垃圾分类资源化。这是一项需要人人参与的建设“美丽城市”和“美丽乡村”不可缺少的基础性产业。它不仅能够让我们的环境变得美丽，而且能够减少煤炭消耗，更重要的是能够提高每个家庭的素质。

倡导“健康的物质享受、丰富的精神追求”，中国要采取一种新的低碳生活方式，包括我们的吃住行。中央的八项规定开了一个好头。现在我们已经开始践行这样的新生活方式，这对中国公民素质的提高意义深刻而重大。

（发表于《中国石油石化》，2014 年 20 期，p. 33）

谈经济与环境双赢[①]

摘　要：讨论了经济发展与环境保护的辩证关系和非线性相互作用，它们既有博弈的一面，更有统一的一面，“以人为本”的宗旨使它们从根本上统一起来。经济与环境必须也可以实现双赢。讨论了实现双赢的发展路径和战略措施，提出了从行政、经济、社会、金融、科技、法制、文化教育等方面综合推进双赢的八个抓手。“双赢”将开创新的发展方式，导向可永续发展的未来。

关键词：经济；环境；双赢；发展方式

1　经济发展与环境保护的对立统一关系

经常听到“经济和环境是两难，二者有很强的对立性。”这种“两难论”，不是完全没有道理。经济发展→资源能源→工业文明→污染排放→环境问题，仅从形式上看这个线性链条，经济增长带来环境污染似乎是因果关系，而保护环境会制约经济增长，似乎也有因果关系。如此看来，二者在博弈，经济与环境似乎是对立的。

问题在于：经济与环境的关系并不是简单的线性关系，而是非线性的。我理解，这是一个重要的经济环境学观点。

非线性之一：“环境容量”是一个重要概念，环境有一定的自净化、自修复能力，即可消纳、化解一定量的污染排放。在环境容量下的经济增长与排放，并不带来环境问题；而一旦经济增长的排放超过环境容量，就会积累乃至爆发，成为环境恶化问题。

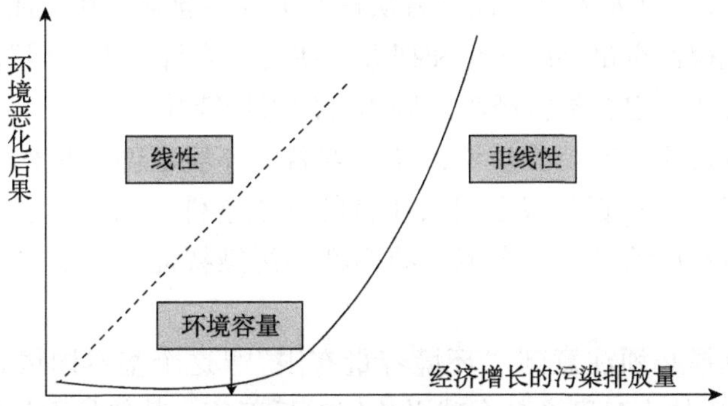

经济增长—环境后果的非线性关系

---

① 2014 年 9 月两岸环保高层专家论坛论文。

非线性之二：环境并不单纯是经济后果的被动承担者，它对经济也有反馈作用。这种反馈可以是正的，也可能是负的。成功的环境保护、绿水青山给人健康、吸引人才，就会给新型经济增长提供人才资源；反之，环境恶化、疾病多发会导致贫困加剧，后者又迫使经济发展更加依赖低端产业扩张，使环境更加恶化，这一恶性循环称为“环境贫困”陷阱。[1]同时，对恶化环境的治理、不得不付出加倍的人力、财力，其结果是挤占了正常发展的资源，这种“挤出效应”也是对经济发展的负反馈。

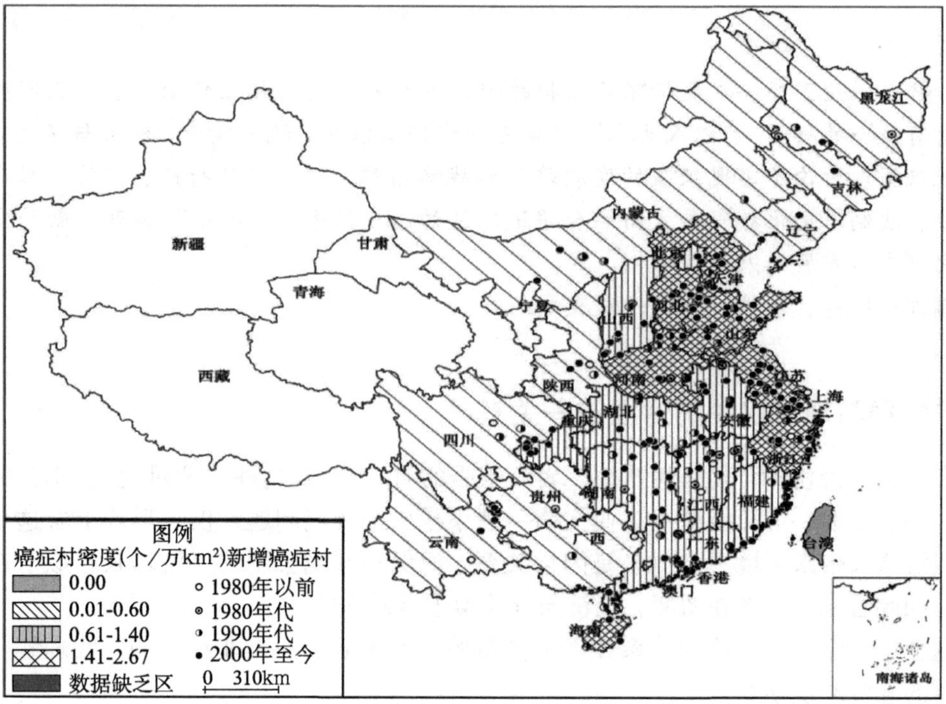

中国大陆癌症村分布与密度分级图

可见，经济—环境的关系是辩证的，它们之间有着深层次的对立统一联系。我想，它们之间的统一性更具根本性和战略性。这是因为，从根本宗旨出发，经济发展是为了人，环境保护也是为了人，“以人为本”使二者从根儿上统一起来。在关注经济发展时，必须对经济—环境的内在规律性有足够的认识和把握，使之“在统一中发展”。否则，不良的经济发展不仅会使环境恶化，也会损害经济发展本身的可持续性。

世界发达国家有过这样的经验教训，几大著名的环境事件就是代表。中国大陆也出现了类似的状况，不仅“北京霾”成了引人注目的环境事件，而且，空气、水、土壤并列成为三大环境问题，呈现压缩型、复合型、结构型的污染特征。这是对发展触碰了环境红线的警示。

对发展方式的选择必须注意到“环境容量有限”[2]这个基本国情。中国大陆东部地区（爱辉—腾冲线以东）的人口密度是全球平均值的近五倍，其单位面积的年煤炭消耗是世界平均值的十二倍，油耗空间密度也达全球平均值的约三倍，碳排放空间密度已是全球平均值的六倍。北京 PM2.5 的构成中，源于煤炭和石油燃烧的粒子占三分之二以上。这几个数字足以说明，环境负荷已数倍于全球均值，换句话说，环境容量比全球均值小数倍。在这样的背景下，经济发展和环境保护必须走出一条新型道路。

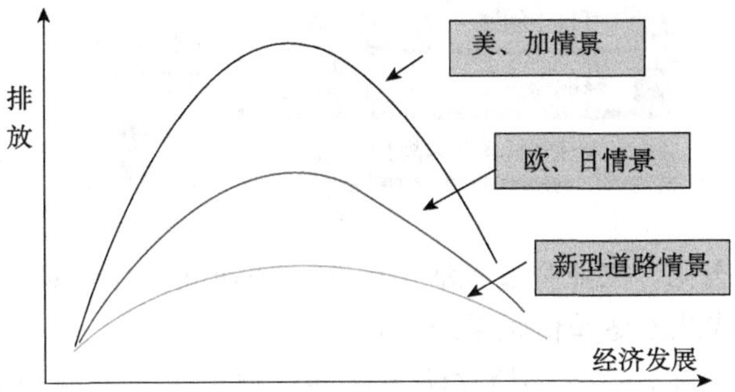

经济—环境污染库兹涅茨曲线

2 经济与环境能够实现双赢

经济—环境必须双赢是“以人为本”的要求；

经济—环境实现双赢则要求：精心设计和实施符合经济社会发展规律的发展路径和一整套战略、政策、措施。实现“双赢”的抓手很多，例如：

（1）改革观念，转变发展方式。在科学发展和生态文明理念的指导下，使经济在环境容量下发展，扭转粗放比拼 GDP 的冲动，使经济回归客观的“潜在增长率”；做好建设“资源节约、环境友好”型社会的顶层设计。

■ 人均GDP与人均能耗关系图（注意图上黑圈）

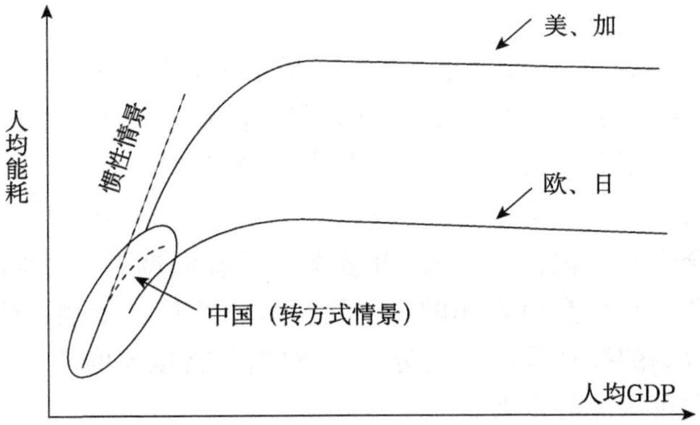

（2）调整产业结构。高耗能产业不再增长；促进第三产业和战略性新兴产业，其中，把垃圾分类资源化利用作为一项战略性新兴产业，对城乡环境改善意义重大，这方面台湾的经验值得学习。

（3）优化能源结构。**煤炭、石油高效、洁净化利用**：中国大陆 GHG 的排放总量中，以化石能源为源的占到3/4 以上；北京 PM2.5 的构成中，源于煤炭和石油燃烧的粒子占 2/3 以上。**大力发展洁净能源“三匹马”，逐步实现高比例替代煤炭**（见下图）。

（4）低碳城镇化。城镇化的能源增量和农村能源形态的进步，尽可能采用可再生的循环利用与分布式能源。

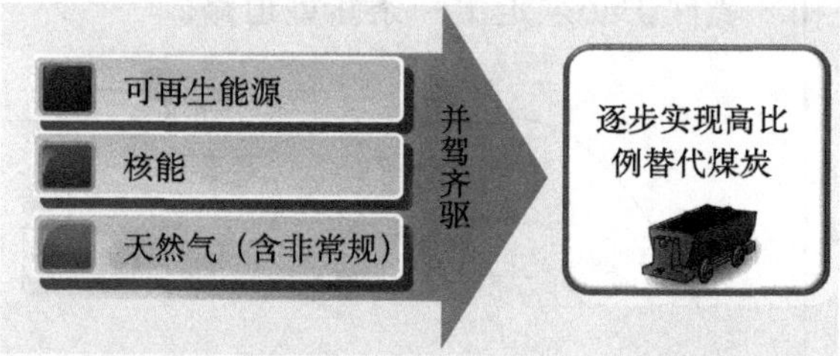

（5）推进工业生态化。工业全过程清洁生产；企业间共生代谢、循环利用；能源梯级利用（如工业余热替代北方冬季供暖系统）。

（6）法制与经济措施。完善环境立法与标准，健全水、土壤和大气质量的监测系统，强化监管；通过经济手段使企业排污的外部成本内部化，建立生产者责任延伸制度（至回收再利用）、追责制度，向公众公布环境数据的制度，对排污者的惩治制度，完善相关税收、绿色信贷和排污权交易制度等。

（7）改进社会治理模式。建立政府、公众、企业、社会协调互动互补、激励约束兼容的“环境利益共同体”“环境纷争调解委员会”等形式，做好沟通、透明、共同参与，使环境矛盾解决在苗头期，这也是一种社会稳定、健康发展的保险阀。

（8）明确“西部大开发”的实质是“西部科学开发”。不沿袭东部“先污染、先高碳”的老路，明确“在保护中发展”，把环境保护和生态文明前置到战略目标的前位，走新型发展道路。

（9）科技创新驱动。能源的低碳、高效、节约，交通和建筑的低碳化，新兴产业和环保产业的发展，都要建立在创新驱动的基础上。争占绿色、低碳科技的战略制高点，是一场真正的国际竞赛。

（10）强化舆论、教育，革新生活方式。“历览前贤国与家，成由勤俭败由奢”，倡导“健康的物质享受，丰富的精神追求”，抑制奢华、浪费，每个家庭、每个公民都成为环境的主人。生活方式的革新会带来全民素质的提高，意义深远。

以上各方面，两岸有许多可交流、互助之处，互利合作空间广阔，且易于操作。希望两岸在环保领域的合作常态化、制度化、重实效。让我们携手大力推动！

总之，经济—环境双赢是可操作的，依靠行政、经济、金融、社会、科技、法制、文化教育等制度化组合拳的推动是可以成功的。“双赢”将以新的增长点和发展方式推动我们的社会进步，并引向可永续的未来。

参考文献

[1] 卢洪友．新型城镇化建设须警惕“环境贫困”陷阱．光明日报，2014-08-11.

[2] 杜祥琬．能源革命——为了可持续发展的未来．中国人口·资源与环境，2014，24(7)：2.

转变发展方式　迈向生态文明

作为世界上新兴的发展中大国，中国正处在转变发展方式的重要历史关口，以过度消耗资源和牺牲环境的发展难以为继。应对气候变化，以节能减排为主的减缓战略和以水安全、粮食安全、环境安全为主的适应战略，同“转变发展方式”这条主线高度一致，为转型发展提供了一个长远的视角和动力。

1　发展方式分析

我国生态禀赋比较脆弱。干旱和半干旱地区占国土面积的52%，水土流失严重的黄土高原面积有64万平方公里，高寒缺氧的西藏高原达200万平方公里，石漠化的岩溶地区面积有90万平方公里。我国遭遇大范围、长时间的重度雾霾的污染天气，是对我们的发展触碰了自然底线的警告，它强烈而直观地提醒我们反省自己的发展方式是多么的不可持续。当我们为发展成就沾沾自喜的时候，恶劣的环境、破碎的生态和多发的灾害已经在惩罚着我们。

从霾污染看发展方式。关于PM2.5的来源，有很多研究组。各组研究数据虽有差异，但一个共同点是，源于煤炭和石油燃烧的颗粒物占总的PM2.5总量的2/3以上，这个结论很重要。所谓同根同源就是这个问题，二氧化碳排放来自煤炭和石油，PM2.5也是。再看一组数据，我国80%人口居住在东部，从爱辉到腾冲一条线，这块面积占全球土地面积不到1/30。我们在这块土地上每年消耗了全球煤炭的40%，即单位国土面积消耗的煤炭（煤耗空间密度）是全球平均值的12倍。数据还表明，这块土地上的油耗空间密度已是全球平均值的3倍；碳排放空间密度已是全球平均值的6倍；“汽车空间密度”已超过了美国。如果单独计算京津冀地区的数据，则更为严重，仅以“煤耗空间密度”为例，它又是我国东部地区的2.5倍，是全球平均值的30倍之多！我国大范围重度污染的原因不难理解。霾污染成为常态，表明发展超出了环境容量，是对发展方式触碰了环境红线的警示。如此高倍数的高碳数据，是由四个因素叠加所致：第一，人口密度高：京津冀地区是全球人口密度均值的近10倍；第二，单位GDP能耗高，2012年我国单位GDP能耗超过全球平均值的近一倍；第三，我国能源结构中，煤碳比例高，占约70%，化石能源一起占到90%；第四，煤碳使用中直接燃烧的比例高，超过一半，这一块是最污染的。坦率地说，咱们没有走出新型工业化道路。

由此可见，转变发展方式的迫切必要性。我国用了几十年时间压缩实现了发达国家约200年的经济增长，成就巨大，但在没有走出“新型工业化道路”的情况下，也导致了压缩型、复合型的环境污染和碳排放增长过快。在这样的现状下，要实现经济、环境双赢，就不得不把低碳发展压缩到高速发展的阶段中来。我们不可能像当年美国那样的发展模式，先掠夺全球资源发展然后再低碳。我们只有早早地转变发展方式，用“生态文明”的理念指导发展。必须坚决改变政绩考核指标体系，把保护环境和生态建设前置到国家发展目标的前位，纠正“GDP 主义”；以人为本，变粗放发展为科学发展，更加注重发展的质量和效益。

人类文明的下一站：生态文明。生态文明是以可持续发展为核心的一个观念。它以尊重和维护生态环境为主旨，以未来人类的幸福和永续发展为出发点，以建立可持续的生产方式和消费方式为内涵，是人类对工业文明形态进行反思的成果，是人类对文明形态和发展道路的新的觉醒。用“生态文明”的理念指导发展，就是把对自然的开发和消费限制在环境容量限度之内，维护自然生态系统的自我修复、自我净化能力。从哲学观的角度说，就是发展有度。当务之急是调整产业结构和推动能源生产和消费革命。中国没有粗放发展的资本，也没有粗放的理由。我国的现代化应该是在守护环境底线基础上精心设计的发展过程。我们要有“生态文明、永续发展”这样的自觉，这不仅是一种新的理论自觉，也是一种新的文化启蒙，更是一种有力的实践导向，是把“两难”变“双赢”的钥匙。我们目前所处的战略机遇期的内涵和改革开放初期有了很大的变化，这是发展方式转变的新机遇，是深度转型调整的新机遇。特别是在今后 5 ~ 10 年要抓住新的机遇来实现发展方式的根本转变。

2 应对气候变化为中国发展带来机遇

把 2030 年前尽早达到化石能源消耗的峰值和排放峰值作为一个国家目标，这不仅是应对气候变化和改善环境的需要，更是促进转方式和新型城镇化的具体而有力的抓手。应对气候为中国发展带来了新的机遇。实现峰值目标，中国的经济总量增长在 2030 年前还有 3. 5 倍到 4 倍的增长空间；制约粗放发展，推动科学发展，促进发展方式的转型，缓解资源和环境的制约，也推动我国能源体系的变革乃至革命。

（1）推动实施绿色低碳能源战略。一是节能，中国对降低单位 GDP 能耗和碳排放作出承诺，首先是自身转型发展的需要，同时也具可操作性：调整产业结构、实施节能工程、各级政府带头节能。二是化石能源的高效、洁净化利用，改善能源结构，逐步降低煤碳所占比例。三是发展非化石能源，可再生能源的战略地位将由目前的补充能源逐步上升为替代能源乃至主导能源之一；在安全的条件下，积极稳妥地发展核电。

（2）推动低碳社会建设。我国的社会建设滞后于经济建设，低碳社会的细胞是低碳社区、低碳村镇和低碳企业，建好了社会就有了低碳基础。低碳社会需要从最基层建立：碳核查体系、低碳评价标准、低碳指标体系、相应的组织和制度。

（3）适应气候变化的农业。发散性的变暖趋势，反常气候和灾害大气增多，可能对农业带来灾难性的影响。研究这些影响、研究可能的适应和减缓措施为农业决策提供科学依据。

（4）减缓气候变化的林业。林业广义的包括草原、森林和湿地。搞好了是碳汇，搞得不好就是碳源，增加污染气体的排放。中国的可持续发展、人民对环境宜居的诉求，要求保护和发展林业，这和应对气候变化要求发展碳汇的方向完全一致。

（5）促进垃圾分类资源化。农林废弃物、生活垃圾的就地焚烧和简单填埋是温室气体和可吸入颗粒物的排放源、地下水污染源。中国是人口大国，也是垃圾大国，垃圾处理问题处理不好会造成很大的环境问题、资源浪费问题，甚至成为社会问题。必须在全社会倡导垃圾的无害化处理，根本出路是做好源头分类和资源化处理，将带动一系列技术进步甚至培育出一个很大的产业。

（6）创新城镇化模式。全球一半多人口居住在城市，消耗了全世界75%的能量，排放出全球80%的温室气候，城市尤其是大都市是全球变暖和环境恶化的始作俑者和牺牲品。如城市建设贪大求快，对环境容量缺乏全局性、前瞻性评估，基础设施滞后，对生态环境投入不足，等等。出路在于不能把重点放在几个大都市的发展，而应以建设宜居的中小城镇群为重点，以利于人与自然和谐，城乡和谐和应对灾害，并使人们得到尽可能公平的公共服务。

（7）推动国家基础设施完善。加强水安全基础设施建设，包括节水工程、留水工程、水利工程等等。解决好与水有关的防灾、减灾、水安全和水环境问题，必须城乡统筹，逐步加强农村的基础设施建设。青藏公路、青藏铁路、西气东输、海岸线建设、南水北调、国家电网等重大工程，都是百年大计，需要计及气候变化的影响，采取适应策略。此外，水土保持和山体脆弱地区的安全、环境与气候监测体系的完善、将气候变化因素纳入环境评价体系、广义智能能源网建设、基础数据库的发布能力建设等，都非常重要。

总之，应对气候变化，限制落后产能，推动技术进步；限制粗放发展，促进科学发展；限制环境污染，推动生态文明，并带动基础设施的完善和基础研究水平的提高。

应对气候变化是关系国家和全人类宏观发展的重大问题，让我们敏锐地感受到这个时代的脉动，以务实的行动推动中华民族走上可持续发展的振兴之路，把美丽中国之梦变成现实，并对人类的文明进步做出更有分量的贡献。我们讲创新，归根到底就是创新自己的发展道路。如果我们能创造出一条14亿中国人可持续发展道路必然是新型道路，这将是我们中国对人类最大的贡献。

（发表于《浙江经济》2014年第9期，p. 25）

实现低碳发展目标须三步走

“改革开放三十年来，中国经济成就巨大，但也存在明显问题，概括起来便是：不平衡、不协调、不可持续。”近日，在由北京工业大学主办的第二届亚欧能源政策研究网年会上，国家气候变化专家委员会主任、中国工程院院士杜祥琬表示，为实现我国低碳、可持续发展的目标，我国需要实施“三步走”战略。

杜祥琬说，在目前我国的产业结构中，第二产业增长过快，而第三产业发展相对滞后。这种主要依靠高投入、牺牲环境、廉价劳动力，以及引进技术、出口低端产品等要素加以驱动的产业发展模式，具有不可持续性。

“我国目前正处于转变发展方式的关键期，粗放的发展模式已经难以为继。应对气候变化的‘减缓’和‘适应’战略，与中国发展所需要的绿色、低碳能源战略高度一致。”杜祥琬说，而上述战略需要若干要素的支撑。

在杜祥琬看来，这些要素中，首先就是对现有能源进行节约利用，通过调整产业结构，推广节能技术，达到转变能源供需模式的目的。其次，要对煤炭、石油进行高效、洁净化利用。此外，还要大力发展以可再生能源与核能为代表的非化石能源，改善能源结构。

“目前，我国能源结构尚处在以化石能源为主（占90%以上）的阶段，但如果以非化石能源所占比例超过10%作为进入多元阶段的标志，则我国可能在2015年前后进入能源多元结构阶段。”杜祥琬说，在此期间，煤炭和石油年消耗量的总和占比将逐步下降，但年消耗总和的绝对量，将在一段时间内继续增加，并达到历史峰值，之后缓慢减少。“这个峰值也将是二氧化碳排放的峰值。当然，我们希望它尽早到来。”

杜祥琬同时表示，在多元结构阶段，我们要实现低碳发展目标，需要实施“三步走”战略：“首先，在2020年前后，通过积极降低单位GDP的CO_2排放强度，使得东部地区CO_2排放达到峰值；其次，在2020～2025年间，通过实施CO_2排放总量控制，使全国工业部门CO_2排放达到峰值；最终在2025～2030年间，实现全国CO_2排放总量达到峰值。”

当煤炭与石油年消耗总和绝对量达到峰值后，我国能源需求总量的增量将由洁净能源补充，其在我国一次能源结构中的占比也将逐步增加。“这一多元结构阶段大约会持续百年左右，然后进入非化石能源为主的第三阶段，进入这个阶段的标志便是非化石能源占到一次能源总量的90%以上。”

对于一个世纪以后的事情，目前的定量预测尽管难以做到十分准确，但在杜祥琬看来，这样的讨论同样具有重要的战略意义。

“这种讨论和预测可使我们从方向上定性判断各类能源消长的大趋势，从而增强战略谋划及政策制定的稳定性。”杜祥琬说，例如，包括非常规天然气在内的天然气资源属于较洁净的化石能源，应成为我国能源发展的重点和亮点之一。但定量而言，即使通过努力，到本世纪中叶，天然气的供应能力比现在增加一倍甚至两倍，也只能占到届时一次能源总量的百分之十几。

“届时，天然气将成为绿色能源的支柱之一，但不能只靠天然气来替代煤炭和石油；要实现更高比例的替代，必须加上可再生能源和核能的贡献。”杜祥琬说，可以肯定的是，在多元结构阶段，天然气将对能源结构的改善起到重要作用，但它和可再生能源及核能的发展并不是相互排斥的，三者共同努力，才有望使我们早日进入非化石能源为主的新阶段。

（发表于《中国科学报》2013 年 12 月 10 日，记者陈彬）

创新驱动 转型发展[①]

1 中国的进步与发展方式问题

改革开放30多年来，我国经济快速增长，成就举世瞩目。就科学技术领域来看，我国也有很大的进步。首先，规模、数量进展大：科研队伍人数增多，投资增长；科技论文数量增加；专利数量也有明显增长。其次，局部创新能力提高。在基础研究方面，中微子振荡、量子反常霍尔效应的发现等等；在工程技术方面，特高压技术、载人航天工程及“蛟龙”深潜等进展也都有目共睹；此外，我国的科技企业（华为等）也在茁壮成长。

然而，经济的发展也伴随着问题的出现。长久已来，我们的发展方式一直是粗放式，这种效率比较低下的发展方式是以资源消耗和牺牲环境为代价的。如今环境问题日益突出，我国中东部在今年1月份发生大规模雾霾污染事件，在全球范围内，我国也是全球PM2.5污染的高值区。

我国的许多产业都是低端的高耗能重化工产业，比如水泥、钢铁，中国的水泥现在每年生产23亿吨，这就意味着全世界水泥的60%在中国生产，很显然我们不能长期靠这种低端高耗能产业的扩张继续发展。而在国际分工当中，我国的制造业也是处在低端制造的水平，如果一个ipod卖299美元，那么中国只能赚4美元。

此外，我国的科技创新能力弱，核心竞争力差。具体表现在缺乏原创（如新材料），缺乏品牌，缺乏核心技术，转化机制也比较差。比如在信息技术方面，我国的数量第一，但操作系统是别人的；全球13个互联网根域名服务器中有10个在美国，1个在日本。综上所述，我们必须要从初级的要素驱动转向创新驱动发展，充分发挥科技创新的支撑和引领作用。科技创新也将引导全人类的可持续发展。

2 世界科技发展趋势

在我看来，当今世界科技的发展趋势主要有以下五个方面。

第一，全球特别是各大国，都高度重视基础研究。这种纯科学，对于探索未知，解放思维，激励兴趣，引领方向，都可以起到非常重要的作用。这样一种原创性的创新是非常重要的，是核心竞争力的标志。

第二，大力发展信息技术，比如移动互联网、智能终端、大数据、云计算、数字化、

---

① 文中引用了一些科技媒体提供的信息，特致谢意。本文根据作者在科学中国人2012年度人物颁奖礼上的发言整理，略有删改。

高端芯片等，它们会带动众多产业的创新，例如智能化、数字化的制造业。

第三，以绿色低碳为特征的战略性新兴产业，对人类应对气侯变化和促进可持续发展有重要的作用，比如说新能源（非化石能源），节能、垃圾的资源化利用、太阳能、风电的智能管理等等方面。

第四，重视空间和海洋开发的技术创新，包括军民的两用，逐步走向深空和深蓝（远洋和深海）。

第五，生命科学、生物技术带动庞大的现代农业、生物制造、转基因作物、再生医学、健康、环保产业等。

五个方面的交叉、结合（如互联网与新能源的结合）也是一种发展趋势，由此有人提出“再工业化”“第三次工业革命”，进而出现了一些新的产业形态，3D 打印就是一个典型。

在全球综合国力的竞争当中，中国别无选择，非走自主创新道路不可。在绿色、低碳、可持续发展的世界潮流当中，我们必须掌握核心技术，占领新的战略制高点，由跟跑者向并行者乃至领跑者转变，这是我们面临的一场国际竞赛。

创新有很多类型。原始创新，引进、消化、吸收再创新，集成创新，这是现在比较常见的几种创新类型；从创新的形式来看，又有所谓协同创新，这是指管理机制的创新；同时也有体制机制的创新，如用服务代替销售；还有绿色创新，这类创新是指为降低环境影响的，使经济—环境协调发展，达到双赢效果的创造性活动，包括生态创新、环境创新等；也还有一些不同的视角，如包容性创新，指的是利用科学、技术与商业模式的创新，来满足低收入人群的需要、实现包容性增长（如指纹数字识别的 ATM 机、脚踏动力洗衣机等）。

面对国际竞争，抓住各种可能的创新机会，构建产业创新的链条，提升国家的全球竞争力，这是科技界现在必须努力去做的事情。

3　创新驱动　转型发展

首先从产业转型的方向上看，消费需求中，对住房、交通、道路与相应制造品的需求，在经历了一段井喷式增长后将趋于减少；而对于服务业及相应的产品的需求将会大幅度上升，比如健康食品、保健物品、医疗服务、护理服务、金融服务、家政服务、继续教育、文化娱乐、精神慰藉等。

其次，企业升级转型也有几种不同的类型，可以供不同的企业参考。大企业要提升科技创新的核心能力，要提高品牌产品的研发能力，使产品的附加值、市场竞争力得到提高。小企业要重新定位，通过增加产品的技术和文化内涵，切实走出差异化、个性化的发展道路；小企业加入一些龙头企业领导的产业分工协作体系，走专业化的配套加工道路也是一种转型途径。另外也会有一些企业将退出现有制造业，而进入消费服务业。需要注意的是，这些不同的转型类型都内涵着绿色、低碳的方向。

再次，技术创新体系。这个体系既包括起主导作用的政府，作为系统核心的企业，也包括高校、科研单位、市场这些不可或缺的因素。自主创新能力作为国家竞争力的核心，我们要大力推进以企业为主体的自主创新活动，打造以企业为核心，集研究、开发，市场价值的评价，产业化、商品化，中试、示范于一体的产业技术创新链条。

在产业创新中有一个很重要的部分，就是服务体系。例如美国“硅谷效应”就是一个典型。在这个创新体系里有一个完备的中介服务体系，包括人力资源服务体系、技术转移服务体系、金融资本服务体系、管理信息服务体系、财务服务体系以及法律服务体系，这些完善的体系都值得我们参考借鉴。

那么，什么是自主创新型企业的标志？我认为有以下几个标准：是否拥有自主知识产权的核心技术，是否拥有持续的创新能力（研发力量），是否拥有自主品牌和行业发展的引带性，是否拥有较强的赢利能力和较高的管理水平。

除此之外，培育企业的创新环境也非常重要：

（1）在完善知识产权保护制度的同时，营造一个公平竞争的市场环境。

（2）支持企业组建各种形式的战略联盟，形成核心专利和技术标准。

（3）国家的经济政策和科技政策，如财税、投资、金融、消费和政府采购等政策，应有利于企业自主创新。

（4）人才是竞争的至高点，要支持企业培养和吸引优秀人才。

（5）倡导创新文化。“创新来自忧患”“打一个盹儿就会落后几千年”“封闭、保守、僵化、浮躁是创新之敌”“唯一不变的，是一切都在变，变就是创新”。这些话都非常有哲理，很有启发性。

需要注意的是，我们要看到中小企业，包括小微企业的重要性。一个国家的发展，不仅要有能够走进世界的大企业，也要有众多生机勃勃的中、小、微企业。中小企业已成为推动经济社会发展的重要力量：在经济发展当中的作用不断加强（创造 GDP58%），在扩大就业中的地位举足轻重（75%的城镇就业），在技术创新中的活力引人瞩目（65%的发明专利），在经贸合作中影响逐步加大（出口创汇占68%）。

在 OECD 国家当中，中小企业占企业总数的95%，它们创造了这些国家60%～70%的总就业和55%以上的 GDP。中国改革开放以来，65%的发明专利、75%以上的技术创新、80%的新产品是由中小企业完成的。

对于创新也要实行“计划生育”，要少生、优生，要聚焦核心，快、准、省；要“优质抚养”，集中投入；要“优生优育”，提高成功率。也有一些企业这样总结，“先人一步，快人一拍，高人一筹”，从投资驱动转向创新驱动。

举一个最近报道的例子，柳州曾经是一个重工业城市，污染非常严重，经过了几年的努力，可以说实现了工业和环保的相生相长。它是如何做到的？简而言之，三方联动——政府真正重视生态文明，企业践行“生态、绿色”文明，市民精心呵护自己家园。具体而言，有以下几个方面。

第一，在传统产业改造上，柳钢脱硫90%以上；余热、余煤气等余能发电达电量70%，实现了循环经济；制造业（材、化、机）向“智造”升级转型，数字化运用。

第二，新兴产业的发展形势乐观，在机电一体化、新能源环保、生物制药、新材料（铟的深加工）这些方面进展良好。

第三，大力推进环保工程，柳州的环保工程下了很大工夫：为了实现全面截污，建立污水处理厂；实现热电联产，提供高温蒸汽和水；将工业余渣、污泥用于水泥生产；化工中间品液氨用于电厂脱硝。

这样一系列的措施与实践共同促进了经济与环境的双赢。经常会有人说经济与环境有很强的对立性，自古难两全，但是我们能舍弃其一吗？不要经济还是不要环境，这都是不可能的。所以一定要双赢，而柳州的成功经验表明经济与环境是可以实现双赢的。柳州也仍有改进的空间。

还有一个非常典型的创新经验——垃圾的回收再利用。瑞典的垃圾，99%可以再利用，得益于先进的垃圾处理循环系统：36%回收再利用（如沼气），14%生物技术处理成化肥，49%焚烧处理，热电联供，最后仅剩的1%进行掩埋。“垃圾就是能源，4吨垃圾等于1吨石油”，垃圾的回收再利用已经成为获利的产业，现在瑞典甚至要去邻国购买垃圾，通过垃圾处理循环系统，垃圾变成了财富。瑞典认为经过二三十年的继续努力，他们可以摆脱对石油的依赖。此外，电子垃圾等城市固体废弃物的资源化利用，可称“城市矿山开发”，已成为一个新兴的朝阳产业。美国有5.6万家企业涉及，提供了110万个就业岗位，每年毛销售额高达2360亿美元；日本也基于此产业，回收了可观的金、银、钽等金属（摘自工程院刘鸿亮院士等《院士建议》）。这些创新经验非常值得我们借鉴学习。

4　结语

中华民族曾有过历史辉煌，又有着充满灾难和屈辱的近代史，现在则面临着全人类共同的永续发展的挑战和机遇。让中华民族靠科技创新实力的增强走在这场新变革的前列，走出一条中国特色的可持续发展的新型道路，实现中华民族伟大复兴的“中国梦”，这将是中国对人类的最大贡献。

（发表于《中国科技奖励》，2013年9月，p.6）

抓住创新发展新机遇

“我国正处在一个关键的历史阶段，发展道路、发展方式的选择至关重要。”岁末年初，中国工程院院士杜祥琬接受《中国科学报》采访时说，我国目前所处的战略机遇期的内涵和改革开放初期相比已有了很大变化，这是发展方式转变和深度转型调整的新机遇。

杜祥琬认为，经历了30多年高速发展的中国，客观上面临着两场“竞赛”。

一场是国内，转变发展方式的努力与粗放发展的惯性在比赛，看看能否较快地转向以资源节约环境友好型社会为方向的科学发展轨道。

另一场是国际，在世界范围的绿色低碳发展竞赛中，中国能否不落伍、不沿袭老路，尽快占领新的战略制高点，切实迈向生态文明。

“今后5到10年，是能否抓住‘新机遇’的关键期。”在杜祥琬看来，推进城镇化是此期间我国的发展内涵之一。

由于城镇化模式不同等原因，导致美国人均每年行车里程是日本的3倍，人均住房面积是日本的近两倍……两国达到了人均GDP相近的现代化水平，但人均能耗和人均排放方面，美国却是日本的两倍。

“4人拥有3辆车，不是美梦，而是噩梦。”杜祥琬表示，若以美国做标杆去追赶，会使我们走进高碳发展的死胡同。以过度消耗资源和牺牲环境为代价的粗放发展难以为继，我国如何走出自己新型的、健康的城镇化道路，对未来影响深刻。

为了创新发展道路，杜祥琬建议，在科学发展观的指导下，应制定一个科学发展指标体系，以引导经济社会的健康发展。

他解释说，这个指标体系应该是多维的，包括经济质量、社会建设、民生改善、环境生态、科技发展等5个维度，不仅引导发展的数量，更要引导质量和效益。“以此进行政绩考核就会带来比较良性的、平衡协调的可持续发展。”

杜祥琬相信，制定这个指标体系，将使科学发展观具体化和可操作，有利于发展方式的有效转变。

（发表于《中国科学报》，第18版展望，2013年1月1日，记者陆琦）

浙江·桐庐“君山引凤”科技人才周活动开幕式讲话

各位领导、朋友们：大家上午好！

我非常高兴应邀来到桐庐，参加浙江·桐庐“君山引凤”科技人才周活动，请允许我代表中国工程院和国家气候变化专家委员会对活动的开幕表示热烈的祝贺。

在前不久召开的全国科技创新大会上，胡锦涛总书记、温家宝总理强调建设创新型国家是全党全社会的共同任务。今天，桐庐县委、县政府把科技、人才结合起来，举办“君山引凤”科技人才周活动，实施人才强县战略具体措施，这既是创新发展的重要举措，也是一种非常好的科技人才工作形式。通过这种形式，让科技走近大众，让大众走近科学。我们有幸参与其中，非常高兴。

“十二五”时期，是我国在新的起点上全面建设小康社会的关键时期，是深化改革开放、深入推进经济发展方式加快转型的攻坚时期。中国是当今世界上最大的发展中国家，发展绿色产业经济，坚持走低碳环保之路，摆脱贫困，振兴中华，是我国政府和人民在相当长一段时期内的主要任务。我国是目前世界上第一位能源消费大国。同时，与发达国家相比，我国人才资源，特别是高端人才资源的竞争力不强，煤炭等传统能源消耗过快，直接影响着国家环境安全和子孙后代的可持续发展。坚持“发展是硬道理”的本质就是要求坚持科学发展。要以科学发展为主题，以加快转变经济发展方式为主线，更加注重以人为本，更加注重统筹兼顾，更加注重改革开放，更加注重保障和改善民生，加快科技进步和创新，加快建设资源节约型、环境友好型社会，促进社会公平正义和社会和谐，注重经济发展的质量和效益，不断在生产发展、生活富裕、生态良好的文明发展道路上取得新的更大成绩，为全面建设小康社会、实现中华民族伟大复兴打下更为坚实的基础。

一方山水养一方人。我们一走进桐庐，不禁眼前一亮，桐庐这么美的地方，山清水秀、人杰地灵，确实是名副其实的中国画城、“潇洒桐庐”。使我们感触最深的是，新一届桐庐县委、县政府的发展理念非常正确。以建设中国最美山水型现代化中等城市为目标，着力做好风景桐庐、低碳桐庐、人文桐庐、开放桐庐、幸福桐庐五篇文章，提出“三个宁可”理念，坚持把转型升级作为经济发展的主要任务来抓，紧扣“绿色、低碳、高效”要求，构筑生态型现代化产业体系，发展低碳经济，实现经济发展与生态建设的双赢，把科学发展观的要求变成了桐庐活生生的现实。桐庐人民是在用自己的双手创造一个中等城市科学发展的典型。

这次桐庐“科技人才周”的主题是“君山引凤栖画城，创业创新在桐庐”，很有特色。特别是刚才听了几位人才的发言，我也很受启发。当今国际竞争的根本是人的素质的竞争，人才的竞争。只要我们重视人才，尊崇科学，引导社会各界共同参与，将会产生无穷无尽的发展动力，真正实现科技振兴强基础，人才引进争跨越的良好局面。

感谢县政府聘请我和沈院士为科技顾问，我们会尽力。以“科技人才周”活动作为一个新的良好开端，按照“人才质量转化为经济能量、科技优势转化为有效供给”的要求，充分发挥高端科技人才的作用，推动人才、技术、信息等创新要素源源不断流向企业，推动政、产、学、研、用结合向广度和深度挺进，有效促进企业核心技术瓶颈的突破以及桐庐的产业升级。同时，要为做好招才引智工作献计出力。强化科技进步和自主创新，加快科技企业孵化器、科技创新公共服务平台、科技中介服务平台建设，增强企业持续创新能力和核心竞争力。并努力促进农业、农村、农民的现代化，实现城乡统筹，城乡和谐。

我们相信，在桐庐县委、县政府的正确决策下，全县上下坚持抓好科技人才不放松，可以预见，一座城乡统筹、人民幸福的“中国最美山水型现代化中等城市”必将出现在中华大地上。

谢谢！

环境与发展方式[①]

1　地球和人类

在没有找到另一个宜居的星球之前，地球是人类唯一的家园。

● 地球是一个开放系统。地球（包括它的大气甚至伴星月亮在内）不是封闭系统，宇宙的其他部分（如太阳、郧石、宇宙线……）对地球的环境有重大影响，特别是太阳，是地球上光和热的主要来源，太阳状态的变化，是影响地球环境（包括气候、温度）的首要自然因素。

● 地球是个复杂的巨系统。地球本身的自然因素已十分复杂，陆地、海洋、绿地、沙漠、极地、冰川等，它们之间还存在着相互作用。地球绕太阳旋转的轨道及地球自转的摆动也会影响地球的环境。再考虑到人类和各种动物的存在，使这个巨系统就更加复杂了。

● 地球与人类的互作用。地球为人类提供了基本的生存和发展条件：空间、资源等；同时也制约着人类的发展，我们只有一个地球，环境有容量，空间和资源有限；另一方面，人类的活动对地球环境有重大的反作用。一万年前，地球人口约百万量级，本世纪末，将达百亿，人口密度增加万倍之多！作为地球上最强有力的生物群，人类在改造地球，希望生活得更好。但有些“改造”也在破坏地球的环境，上万倍的人口增长，化石能源大量使用，“废弃物”处理不当，对环境（含气候）的影响必然成万倍增加。所以，在分析地球环境变化时，把一切都归因于自然因素是不科学的，人为因素至少是重要影响之一。人的活动会使环境恶化，同时，如果人类改善自己的行为，也可能使环境优化。

把一切都归于自然因素，只会导致无所作为的宿命论。人类既是环境问题的始作俑者，又是环境永续发展的救世主。

2　转变发展方式是环境永续发展的根本策略

全球气候变化和世界金融危机的挑战，实质上是对人类发展方式的挑战。

对这一点，东西方学者有广泛的共识。美国经济学家莱斯特·R·布朗在他写的“B 模式”一书中，指出了所谓“A 模式”将带来麻烦：“西方那种以化石燃料为基础，以小汽车为中心，一次性产品泛滥的经济模式，是一种应该被淘汰的，使人类文明陷入危机的模式”。

正是资本主义的无限扩张和享乐主义、消费主义的泛滥，追逐金钱→过度消费→满足无边的欲求成为有的发达大国的基本生活方式。超前消费恰恰是发生次贷危机的重要诱因，

---

① 2012 年·台北．两岸环境论坛上的报告。

而过度消费恰恰是化石能源过多消耗、导致气候变暖和大气污染的主要诱因。一个高度发达的美国人口不到世界人口的5%，每年消耗全球20%的能源，这种发展方式引发的金融问题和气候与环境问题，对中国等发展中国家有重要的警示作用。

中国三十年来经济高速发展，成就巨大，但也存在着明显的发展方式问题，可概括为“三不”：不平衡、不协调、不可持续。例如：

在产业结构中，第二产业增长过快，特别是其中的高耗能产业的扩张支撑着大规模的基本建设，也包括一些重复建设和低质量建设；第三产业发展滞后。同时，在国际分工中，中国被激发的也是低端生产力。而上述低端生产力的繁荣、消耗着大量中国的资源、能源和环境，威胁着中国健康、可持续发展的基础。

环境污染问题是伴随着经济增长出现的一个重大问题。尽管为改善环境作出了卓有成效的努力，但大气、水、土壤、三大污染的形势仍然严峻：年GDP的增长中，环境污染和生态破坏造成的损失约占3%～4%。

去年九月，WHO公布了世界91个国家城市空气质量检测报告，中国是倒数第15名。因大气污染造成的城市病（特别是呼吸道疾病）明显增加。最近，已正式批准公布了新的空气质量标准，把PM2.5和O3纳入其中，这是一个重要的进步。

城市化模式也值得深思。全球一半人口居住在城市，消耗了全世界75%的能量，排放出全球80%的温室气体，城市，尤其是大都市是全球变暖和环境恶化的始作俑者和牺牲品。目前，大陆的城市化存在着贪大求快，低成本扩张倾向，对环境容量缺乏评估，社会保障不强，对生态环境投入不足。地面上的靓丽和地下管网基础设施不到位，是一种不协调。城市化不宜把重点放在几个大都市的发展，更不该攀比摩天大楼，而应与农业现代化同步，以建设宜居的中小城镇群为重点，以利于人与自然的和谐和城乡和谐。

2010年：中国的GDP占世界GDP的9.5%，而能耗却占世界总能耗的19.5%，说明单位GDP的能耗比世界平均水平高出一倍。因此，中国大陆提出了“转变发展方式”的战略，其内涵是由粗放的发展，转向高质量的发展，建设“资源节约型、环境友好型社会”，“走新型工业化道路”（即争取以较低投入、较少消耗、较少的污染排放，实现较高的效益和效率）。通过经济的、行政的、技术的、教育的、舆论的手段，大力推进“技能减排和生态文明”。过去五年节能减排，改善环境的进展和今后五年新的目标和措施，在2011年11月发表的气候变化白皮书和“十二五”规划中已载明。中国努力兑现自己作出的承诺，因为转变发展方式首先是中国自身可持续发展的需求，同时也是一个负责任大国对国际责任的自觉。

世界上最大的发达国家和最大的发展中国家，处在不同的发展阶段，面临着不同的问题，但是都必须转变发展方式。前者是必须改变高消耗的模式，后者则必须改变粗放低效的模式。能否有效实现发展方式的转变将深刻影响着人类环境的可持续性。

3 以科学发展指数引导发展方式的转变

GDP的健康增长是需要的，但必须扭转单纯追求GDP数量增长的观点（效率低、浪费大、污染重的建设单位会形成较高的GDP）。实际上，GDP只是世界银行公布的经济社会200多个指标中的一个。以人为本的发展是一个复杂的社会工程，应该有一个体现以人的幸福为宗旨的科学而完整的指标体系。这方面已有不少有益的探索，如人类发展指数(HDI)、真实进步指数（GPI)、幸福指数（不丹是一个代表）等。这些指数的一个共同特点是它们既包括经济的总量和质量，也必须包括民生的改善、社会的进步、环境的优化。具体说，要反映城乡居民可支配收入的提高，城乡二元经济差异的缩小，基尼系数，人均寿命，社会保障体系的健全，食品安全，教育和医疗卫生水平的提高，生态的改善，环境的宜居（体现各个环境评价指标上)。需要完善这样一个包括经济、社会、民生、环境等四个账户的多维度评价指标体系，引导建立健康的发展方式。

全球化和信息化使世界扁平化。这个扁平化并不意味着向英、美模式的趋同，资源的制约、环境容量的限制使这种趋同成为不可能。出路何在？经历了原始文明（渔猎文明)、农业文明和工业文明的人类，需要实现文明阶段的转型升级——走向生态文明（绿色文明)，以尊重和维护生态环境为主旨，建立在物质文明和精神文明高度发展的基础上，以未来人类的幸福和永续发展为出发点。生态文明以建立可持续的生产方式和消费方式为内涵，是人类对工业文明形态进行反思的成果，是人类对文明形态和发展道路的新的觉醒。当前世界的现实离生态文明距离尚远，不良的发展会损害未来，甚至导致发生灾变的临界点，只有服从科学规律的良性发展才能创造未来。进步的、理智的人类需要完善生态文明的理念并描绘实现生态文明的路线图。

转变发展方式、走向生态文明需要科技创新的支撑。在能源领域，人类必须突破非化石能源（包括可再生能源和核能）的技术经济瓶颈，使人类从利用化石能源为主逐步过渡到以非化石能源为主；再如，垃圾的分类资源化利用，也有待技术进步的支持，以形成一个成熟的现代化产业链条。

未来在人的手中。

开展循环经济发展咨询研究

加快推进循环经济发展，是落实科学发展观，实现“十一五”节能减排目标，建设“两型社会”的重大举措，也是扩大内需，保持经济平稳较快增长，促进可持续发展的有效途径。中国工程院的重要任务之一就是为国家的经济建设和工程科技发展提供咨询建议，为中央的决策提供参考。

我国在当前及今后一段时期内仍然处于工业化和城镇化加速发展阶段，面临的资源和环境形势十分严峻。国家“十一五”规划把大力发展循环经济，建设资源节约型和环境友好型社会列为基本方略，《循环经济促进法》也于今年生效实施，循环经济建设将迎来一个新局面。目前全国上下形成了贯彻落实科学发展观，发展循环经济，构建资源节约型和环境友好型社会的热潮。在这一背景下，深入研究发展循环经济的有关理论与实践，探讨循环经济发展战略，对正确理解中央精神，指导实践是十分必要的。对于如何进一步推动循环经济，中国工程院有如下看法。

1 循环经济是一项系统工程，不是单纯的经济或技术问题，但要着眼于经济

从长远来看，循环经济本质上是一种生态经济，是可持续发展理念的具体体现和实现途径，强调社会经济系统与自然生态系统和谐共生，是集经济、技术和社会于一体的系统工程。

循环经济不是单纯的经济问题，也不是单纯的技术问题和环保问题，它要求遵循生态学规律和经济规律，合理利用自然资源和环境容量，以“减量化、再利用、再循环”为原则发展经济。在经济与生态协调发展的思想指导下，立足于生态，着眼于经济，使经济系统和谐地纳入到自然生态系统的物质循环过程之中，实现经济活动的生态化，以期建立与生态环境系统的结构和功能相协调的生态型社会经济系统，从而实现经济发展、资源节约、环境保护、人与自然和谐四者的相互协调和有机统一。

2 因地制异，发展有中国特色的循环经济

循环经济为传统经济转向可持续发展的经济提供了战略性的理论范式，从而为从根本上消解长期以来环境与发展之间的尖锐冲突提供出路。

由于国情不同、发展阶段不同、科技文化发展水平和传统不同，制度、体制、机制不同，所以各国在循环经济的认识与实践方面有较大差异。如发达国家已经完成工业现代化，他们所提的循环经济，主要是面向高附加价值制造业的清洁生产，以及社会废弃物的资源化循环利用。而我国尚处于工业化进程中期，还需要经历一个资源消耗阶段，投资率高，

原材料工业增长速度快，特别是粗放型经济增长方式没有根本改变，资源浪费大，单位产值的污染物排放量高，所以我们应根据中国国情形成中国特色的循环经济发展模式，在发展目标、实现途径、基本方法等方面应有别于其他国家。必须注重两端，一方面从资源开采、生产消耗出发，提高资源利用效率；另一方面在减少资源消耗的同时，相应地削减废物的产生量，探索生产、流通与消费关键环节的生态转型。

3 通过技术创新，努力推进循环经济

以发展循环经济为重要抓手，加快研发循环经济的决策支持、产业升级等技术，加强生态工业、系统工程等相关科技的深入研究，运用“4R”原则指导科技研发。

要加大科技投入，支持循环经济共性和关键技术的研究开发。积极引进和消化、吸收国外先进的循环经济技术，组织开发能源节约和替代技术、能量梯级利用技术、废物综合利用技术、循环经济发展中延长产业链和相关产业链接技术、有毒有害原材料替代技术、可回收利用材料和回收处理技术、绿色再制造技术等，提高循环经济技术支撑能力和创新能力。建立健全循环经济技术咨询服务体系，及时向社会发布有关循环经济技术、管理和政策等方面的信息，开展信息咨询、技术推广、宣传培训等。充分发挥行业协会、节能技术服务中心、清洁生产中心等中介机构和科研单位、大专院校的作用。

4 加强宣传教育和培训，将循环经济观念贯穿于社会生活各个环节中

大力发展循环经济，需要实行最广泛的社会参与，充分调动人民群众保护和改善环境及节约的积极性，引导社会各方面的力量共同推动资源的循环再利用。

努力在全社会树立善待地球、保护生态资源的理念，树立需求无限而资源有限的忧患理念，树立节约就是增加社会财富的理念。要动员社会各方面力量，大力开展形式多样的节约资源和保护环境的宣传活动，提高全社会对发展循环经济重大意义的认识，把节约资源、保护环境变成全体公民的自觉行为。要将树立资源节约和环境保护意识的相关内容编入教材，开展国情教育、节约资源和保护环境的教育。要组织开展相关管理和技术人员的知识培训，增强循环经济建设的意识。编写消费行为导则和资源节约公约，引导合理消费，逐步形成节约资源、保护环境的消费方式。

目前我国发展循环经济还方兴未艾，在理论和实践上还有待于进一步深入探索。同时，我们还可学习借鉴发达国家的经验教训，形成后发优势，以科学发展观为指导，以优化资源利用方式为核心，以技术创新和制度创新为动力，加强法制建设，完善政策措施，形成“政府主导、企业主体、公众参与、法律规范、政策引导、市场运作、科技支撑”的运行机制，逐步形成中国特色的循环经济发展模式，推进“环境友好型、资源节约型”社会建设。

（发表于《学习时报》，2009 年 6 月 29 日）

气候变化篇

五、应对气候变化——国内战略

应对气候变化　给力低碳发展

中国走向现代化的时空环境不同于美欧，不可能依靠掠夺全球资源、先高碳后治理。我们主要靠本国资源，而且把他们一二百年的发展压缩到几十年中，自然会带来严峻的资源状况和压缩型的环境污染，因而，我们也不得不把强化的绿色、低碳措施压缩到快速发展的阶段

我国政府发布了“强化应对气候变化行动——中国国家自主贡献”，阐明了中国强化应对气候变化的行动目标与相应的政策措施。这不仅积极推动国际气候谈判，促进合理的国际气候制度的建立，也将有力推动我国经济社会发展的绿色低碳转型，推进生态文明建设和可持续发展。

1　新常态是创新发展路径的历史机遇

人类在经历了漫长的原始文明和农耕文明之后，在距今 200 多年前步入了工业文明，这是一个意义重大的历史性进步。但在亘古厚重的大自然面前，年轻的人类对客观世界发展规律的理解毕竟相当肤浅，对自然的粗放开发、对化石能源的过度使用，不仅引发了资源可供性危机，更爆发了严重的环境危机。

19—20 世纪，关于人类活动排放的温室气体对全球气候变化的影响，逐步形成了一个基于观测和物理分析的学科。越来越多的人认识到现代气候变化的科学性，感受到气候变化对生存环境安全的威胁。1992 年联合国环发大会形成的《联合国气候变化框架公约》明确指出：发达国家和发展中国家负有“共同而有区别的责任”，最终目标是“将大气中温室气体的浓度稳定在防止气候系统受到危险的人为干扰的水平上”。可持续发展和低碳发展的理念应运而生，并迅速产生了全球范围的影响。

30 多年来，中国经济快速增长，成就显著。同时，粗放的发展方式积累了“不平衡、不协调、不可持续”的问题。这样的发展方式造就了复合型、压缩型和结构型的环境污染问题，同时以二氧化碳为主的温室气体排放迅速增加。

处在现代化初级阶段的发展中国家，产业结构适当偏重，单位 GDP 能耗适度偏高，有一定的正当性。但随着国家进入“中等收入”水平，还继续以 GDP 论英雄，依旧粗放发展，那就会落入不可持续的困境。我国在实现现代化的过程中，应该避免盲目跟随美、加模式，走“先高碳后追降”的冤枉路。

显然，高碳发展不是通向现代化的必由之路。认清国情，我国尤其需要低碳发展。目前，我国的经济发展进入新常态，这不仅是一个符合经济发展客观规律的变化，而且是转变发展方式的历史机遇：实现由追求数量向追求质量的转变；由低端产业向新型产业的转

变；由传统发展路径向创新驱动路径的转变。转向低碳发展并不容易，粗放发展的惯性很强，要转变对高碳发展的路径依赖需要作出非凡努力，积极应对气候变化是推动低碳转型的重要动力，是我国自身的战略需求。

2 应对气候变化是低碳发展的有力推手

"强化应对气候变化行动——中国国家自主贡献"提出了我国采取的政策和措施，从战略高度和实施层面，表明了我国应对气候变化积极而务实的态度。

中国走向现代化的时空环境不同于美欧等国当年的时候，不可能依靠掠夺全球资源、先高碳后治理。我们主要靠本国资源，而且把他们一二百年的发展压缩到几十年中，自然会带来严峻的资源状况和压缩型的环境污染，因而，我们也不得不把强化的绿色、低碳措施压缩到快速发展的阶段，才能避免社会机体的灾变，保持健康科学发展的可能性。所以，党的十八大不仅把生态文明建设提到了新的战略高度，而且明确了绿色发展、循环发展、低碳发展的路径。最近国家发布的推进生态文明建设的意见，进一步强调了这一发展路径。

低碳发展必须设计和实施低碳的生产模式。以扩大各种高耗能产品产量、依靠低附加值产业扩张和重复建设，这种高投入、高消耗、高污染的传统生产方式，维持经济高增长的模式，不可持续，必须改变。近年来，我国作出了极大努力，节能降耗，淘汰落后产能，发展现代服务业和战略性新兴产业，发展低碳建筑、低碳交通，努力形成节能低碳的产业体系。

低碳发展必须推动能源革命。提高能效、化石能源的洁净化利用、发展非化石能源取得明显进展，目标在于逐步建立一个高效、清洁、低碳、安全的现代化能源体系。

我国在实施自然生态系统增汇减排战略方面也取得显著进展，包括发展农、林、海洋、草地、湿地、土地利用的碳汇能力。

低碳发展还必须设计和实施低碳的消费模式。把低碳城市建设与智能城市建设结合起来，把低碳作为新型城镇化的约束性考核指标，使公众成为低碳发展和生态文明建设的主人。

应对气候变化的适应战略对保障国家安全意义重大。适应是以降低脆弱性和改善发展条件为目标的，采取必要的、因地制宜的适应行动可以减缓气候风险。减缓和适应是统一相伴、相辅相成的。主动有序的适应举措主要在于推动国家基础设施建设的完善和适应能力建设，减灾防灾，减轻气候变化给国家带来的危害，保障国家安全，包括水安全、粮食安全、人体健康和生命安全、生态环境安全、沿海城市及海岸带安全、重大工程的安全等，增强发展的可持续性。

应对气候变化需要强有力的科技支撑，也将带动我国基础科学和应用性工程技术的进步。首先要提高气候变化基础科学的研究水平，提高对气候变化的监测、预测能力和对气候变化影响的评估能力；提高对能源革命的科技支撑，包括节能、提效、化石能源的高效洁净化利用，发展非化石能源、智能电网、分布式低碳能源网、储能技术和 CCUS（碳捕集、利用与封存）技术等；各类废弃物的减量化和分类资源化利用技术。使我国成为一个低碳发展的科技创新型国家。

低碳发展的深入，低碳试点的推广，将造就一个低碳社会。它的细胞是低碳社区、低碳企业、低碳村镇乃至低碳家庭……这不仅直接有利于美丽城市和美丽乡村的建设，而且会极大地提高公民的素质和文明水平，这对于中华民族自强于世界民族之林具有基础性意义。

我国在2009年主动提出了应对气候变化的2020年3项工作目标，这次“国家自主贡献”进一步提出了2030年的目标和系统性的政策与措施，必将推动我国的低碳发展进入新的历史阶段，也将使我国在应对气候变化领域的国际合作更加深入和富有成效。

放眼未来，低碳发展更是中国实现长期战略目标的重大机遇。如果从现在起着手形成并推进一个保证中国在国际低碳竞争中立于不败之地的长远战略，经过30至40年的不懈努力，在建国百年之际，将会使我国成为世界上具有较强创新能力和竞争力的国家。反之，在可持续发展的国际竞赛中会失去后发优势，造成长期缺乏核心竞争力的被动局面，这是我们应该极力避免的。

中国应对气候变化的国际责任和国内需求高度一致，国内外两个大局互相促进、互相支持。低碳发展战略的坚定实施，不但有益于当代人生存环境的改善，也将惠及子孙后代的根本利益，对实现中华民族伟大振兴的战略目标并为全人类的可持续发展作出贡献都具有深远意义。

（发表于《经济日报》，2015年7月1日）

科学认识和积极应对气候变化[①]

科学认识和积极应对气候变化主要涉及以下三个方面。

1 对气候变化的科学认识，包含三个层次

（1）对气候变化本身的认知，即气候在发生着什么变化？观测事实：变暖趋势、极端天气频发等大量观测数据；现代气候变化科学的理论基础：19 世纪的几个里程碑式的规律性认识，以分子的辐射特性为核心的物理学进展。科学基础是坚实的。

（2）现代气候变化的原因：

人为因素：人类活动导致大气温室气体浓度的升高等；

自然因素：海洋对 CO_2的吸收、太阳活动的变化等；

及二者的相互作用与叠加。

（3）气候变化的后果：弊和利，灾变的临界点问题等。

这三个层次都涉及到随时间、空间变化的问题。时间：过去、现在、未来的趋势和规律；空间：全球的、国家的、不同纬度地区的共性和差异。

同时，由于气候变化的复杂性，这三个层次都有其确定性和不确定性。因而，科学的认识需要科学的表达（IPCC 第一工作组 AR－5 给出了有代表性的表达），有科学的表达才能做好科学的传播和普及。

2 应对气候变化的战略和行动，它包含两个方面

（1）减缓气候变化：如减少温室气体排放、发展碳汇等。它要求节能和能源向绿色、低碳转型，引导低碳经济、低碳社会的发展，低碳发展是一场意义深远的变革和革命。我国将经历从降低单位 GDP 碳强度到控制 CO_2 排放总量，然后达到排放峰值并开始下降等三个阶段。

（2）适应气候变化：为保证气候变化大背景下的水安全、粮食安全、环境安全、健康与生命安全、保护生物多样性、海岸线及沿海城市安全等，需要进行一系列基础设施建设和应用性的基础研究。

实际上，减缓和适应气候变化的应对战略是相互补充的，将深刻地影响到国家和人类发展方式的转变。应对气候变化战略的实质是引导人类走绿色、低碳、可持续的发展道路，引导人类由工业文明形态迈向生态文明。

---

① 中国宋庆龄基金会气候变化国际圆桌会议报告，2015 年 6 月 24 日。

在我国能源结构的现状下，温室气体排放与污染气体排放基本同根、同源，因而，应对气候变化与治理大气污染所要求的节能减排高度一致。减排、低碳不是陷阱，而是我国自身可持续发展的内在需求。节能、减排不是制约发展，而是促进科学发展、健康发展、可持续发展。

我国应对气候变化战略和行动的实施：与建设美丽中国、实现中国梦高度一致，与转变发展方式、实现科学发展高度一致，与完善法制建设、规范社会治理高度一致，与迈向生态文明、并为人类的可持续发展作出贡献高度一致。

3 应对气候变化的国际合作和建立合理的国际气候制度

气候变化是全球性问题，要求全球的人们共同应对。

（1）不同发展程度的国家负有共同而有区别的责任，需要通过国际谈判和合作，建立合理的国际气候制度，促进有效的减缓和适应，共同应对气候风险。

（2）需要通过国际双边和多边的交流，促进各国、特别是帮助欠发达国家加强应对气候变化的能力建设，相互借鉴绿色、低碳发展的经验，力求合作共赢，促进共同的可持续发展。

应对气候变化国际合作方面的传播，既要让人们了解中国的发展阶段与困难，又要了解我国为应对气候变化采取的积极务实行动和负责任的态度；相互借鉴各国应对气候变化的先进理念和经验，传播建立合理国际气候制度的正确原则和合作共赢的思想理念，为气候风险的全球应对做出贡献。

中国积极务实的态度和行动：2009 年作出了应对气候变化的 2020 年三项工作目标；2015 年又发布了国家自主贡献的目标和措施，包括 2030 年达到碳排放峰值等。中国应对气候变化的国内需求与国际责任高度一致。

加强气候变化的研究和应对，将加深对人类共同面对的气候问题的认识，加强应对气候变化的共识和共同行动，将提高我国的科技水平和国际话语权，也将有利于履行我们的国际责任并推动新型国际秩序的建立。

关于应对气候变化立法[①]

经过三十多年的发展，中国提高和深化了关于“发展”的认识：要讲求发展方式，选择发展路径，遵循发展规律。提出了“转变发展方式”，明确了“绿色、低碳、循环”的路径，确立了“生态文明建设”的目标。

应对气候变化是全球性、战略性的环境和发展问题，它所引领的“低碳发展”，直接含义是减少温室气体排放，更为广义的则是一种新型发展方式，一种节约、高效、环境友好的发展方式，一种质量效益型、促进新型增长、可持续的发展方式。所以，低碳发展是科学发展观的本质特征之一，是生态文明建设和实现现代化的必然选择。对我国这样一个环境容量有限，自然生态禀赋比较脆弱的国家，应对气候变化更有着特别重要的意义。

近年来，我国领导人明确强调，应对气候变化“是我们自己要做，不是别人要我们做”，明确了“2030年前后实现二氧化碳排放达峰”并争取提前，我国向联合国提交的INDC全面勾勒了我国应对气候变化和低碳发展的目标与措施，我国应对气候变化的国际责任和国内转型发展的目标高度一致。

实现低碳绿色发展的国家目标，需付出巨大努力，需要行政的、经济的、法律的、金融的、宣传教育的组合拳。十八届三中、四中全会强调了建设完备的法制体系，依法办事。五中全会上习近平同志把“生态环境保护”列为全面建成小康社会的“短板”之一，更增强了气候立法的紧迫感。

实际上，2009年8月，十一届人大常委会已作出了关于“积极应对气候变化的决议”，指出要把“相关立法作为形成和完善中国特色社会主义法律体系的一项重要任务，纳入立法工作议程。”国务院也作出决定：请有关部门和单位，研究拟定有关应对气候变化的法律草案工作。

国际上，不仅英国、日本、澳大利亚、新西兰、瑞士等发达国家制定了应对气候变化的专门法律，墨西哥、菲律宾、巴西等发展中国家也通过了专项法律，为应对气候变化提供了法律保障。

我国在推动低碳发展方面做了大量工作，各级公务员和公众的意识也有了提高。在碳交易制度、低碳产品认证等方面也有规章制度的基础，进一步深入则需要法制的支撑。

（1）应对气候变化涉及多个部门，需加强顶层设计、整体规划，有共同的制度依据，这同时也是转变发展方式的制度依据。

（2）客观上，我国有应对气候变化立法的空间。如环境法未涉及温室气体排放问题，

---

① 在“应对气候变化立法高级别研讨会”上的讲话，2015年11月11日。

森林法未涉及碳汇问题，节能法未涉及碳排放总量控制问题，碳排放交易制度也需进一步纳入立法序列。

（3）立法是社会组织化程度、文明成熟度和社会治理模式现代化的体现，立法和依法行事的过程也是提高公众认知和公民素质的过程，对我国社会进步具有深远作用。

国家气候变化专家委员会曾于 2013 年 4 月提出了关于促进气候变化立法的建议。其中，包括立法的基本思路，“中华人民共和国应对气候变化法”或“国家低碳发展促进法”的框架建议，并建议尽早起动草案的拟定。可供参考。今天，在十二五收官之时召开这个会很重要，我们可以期望，在十三五期间应对气候变化立法工作将取得里程碑式的进展。

《应对气候变化的科学技术问题研究》摘要[①]

中国工程院2010年初开设了“应对气候变化的科学技术问题”咨询研究项目，经三年多的研讨，现已基本完成了研究报告，内容包括：对气候变化的科学认识、我国应对气候变化的战略研究、我国参与国际气候谈判的战略思考，并提出了若干战略建议。其要点为：

（1）气候变化是全球性重大环境问题，现代气候变化科学得到了大量观测事实的支持，应对气候变化的实质是引导绿色、低碳的发展方向，推动人类发展方式的转变，实现可持续发展。建议我国进一步明确，把应对气候变化和低碳发展作为国家经济社会发展的重大战略。

（2）以过度消耗资源和牺牲环境为代价的粗放发展方式难以为继。建议我国确定更为积极的低碳发展目标，实施对污染排放和温室气体排放协同控制的策略。研究表明，我国二氧化碳排放可以在2025年前后达到峰值，实现这一目标是把经济发展与环境保护由“两难”变为“双赢”的有力抓手。为此，建议将2020年国内碳强度下降目标调整到45%～50%，同时，在落实“十二五”能源消费总量控制在40亿吨标准煤目标的基础上，进一步确定2020年能源总量，特别是煤炭消费总量控制目标，使煤炭的年消耗量在2020年见顶。

（3）坚决落实习近平同志提出的“要完善经济社会发展考核评价体系，把资源消耗环境损害、生态效益等体现生态文明建设状况的指标纳入经济社会发展评价体系，使之成为推动生态文明建设的重要导向和约束。”为此建议：把二氧化碳减排目标和峰值目标纳入各级政府政绩考核体系，强化目标责任考核，实行问责制。

（4）为切实转变发展方式，建议进一步明确：我国当前的战略机遇期是加快转变经济发展方式的机遇期，“十二五”和“十三五”是转方式调结构的关键期。将GDP增速回归到7%左右的合理较快水平，强调发展的质量和效益；强调新型城镇化要走绿色、低碳、城乡统筹的路径；强调“西部大开发”的实质应是“西部科学开发”，而不是重复“先污染，后处理”的老路；切实抓好并逐步推广低碳示范试点。

（5）积极推动能源低碳变革和革命。强化节能，以较低的能源消费和更优化的能源结构，实现我国的现代化，防止走向比欧、日更高耗能、更高排放的“准美国高碳模式”；促进化石能源的高效、洁净化利用；以更大的力度推进可再生能源、核能和天然气等低碳能源的发展，显著提高它们在一次能源结构中的比例；普及建筑节能标准，控制城镇建筑总

---

① 本文是作者为中国工程院咨询研究报告《应对气候变化的科学技术问题研究》写的摘要。

量；抑制小汽车过快增长，推动汽车低碳化发展。

（6）实施自然生态系统增汇减排战略；强化适应气候变化的行动，多部门联合主动有序地应对气候变化。

报告也对我国参与国际气候谈判、推动建立合理的国际气候制度的策略提出了建议。

《气候变化对我国重大工程的影响和对策》简介[①]

1 课题背景

● 全球气候变化大背景下，中国百年来气候变化实测特征：

（1）地表温度升高，中国大于全球均值；

（2）降水量变化分布不均，年均降雨日数减少，暴雨日数增多；

（3）极端天气气候事件频率多、强度大；

（4）海平面上升，近30年来约9厘米。

对未来气候变化的模型情景预测尽管有不确定性，但上述趋势的继续，值得高度关注。

● 我国生态环境的自然秉赋比较脆弱：

干旱、半干旱地区占国土面积52%；

水土流失严重的黄土高原面积64万平方公里；

高寒缺氧的青藏高原达200万平方公里；

石漠化的岩溶地区面积90万平方公里……

极易受到气候变化的影响，每年的自然灾害70%与气象有关。

● 我国众多的大型工程，事关国计民生，是国家的生命线工程。

重大工程立项的科学基础之一是适应气候变化，重大工程运行的安全性、可靠性、耐久性及运行效益也会受到气候变化的影响。（如建在冻土带地区的交通运输大动脉在气候变化背景下的安全性。）而重大工程都是百年大计、千年大计，为了发展的可持续性，必须认识、评估气候变化对工程的影响及重大工程如何适应气候变化。适应是以降低脆弱性、降低气候风险为目标的，主动有序的行动，趋利避害，增强减灾防灾的能力，对保障国家安全和人民利益，具有现实而长远的重大意义。

2 研究内容

（1）我国气候变化的观测事实和预估；

（2）对青藏铁（公）路、高铁、水利水电、电网工程、生态工程、沿海岸工程、能源工程等七类工程的气候变化影响与对策；

（3）综合影响与对策。

---

① 本文是工程院咨询研究报告《气候变化对我国重大工程的影响和对策》发布会上，作者所作的简介，2014年。

3 主要综合性结论

（1）气候变化的观测事实是清晰的，计及不确定性的对未来的预测有科学性和高的置信度。

（2）重大工程类型多，气候变化对其有多方面的影响。课题分别对前述七类重大工程研究、凝炼了值得关注的气候变化的影响；并分别提出了应对这些影响的适应措施和建议。

（3）综合各专题的研究，建议加强我国气候变化与重大工程相关联的科学研究工作。包括：对我国气候变化的评估和预测；分别研究不同类型工程可能受气候变化影响及对策研究；气象灾害后重大工程的快速恢复和重建机制研究；修订适应气候变化的工程技术标准。

（4）应将气候变化作为重大工程立项论证的一个要素。工程的必要性、可行性，顶层规划、方案制定、技术标准等都需考虑气候变化因素。

（5）加强重大工程应对气候变化的综合管理，复核已建工程应对极端气候灾害的能力；建立和完善气象灾害的预警和实时监测系统；多部门联动的长效协调机制和工程管理机制；将气候风险管理纳入工程管理的全生命周期等。

Mitigation and Adaptation

——China's Strategy Addressing Climate Change①

1 Mitigation based on energy revolution

High-carbon characteristic of China's development: Annual per capita CO_2 emissions have already reached 6 tons and continue to increase, approaching European and Japanese levels. Some developed eastern regions have annual per capita emissions greater than 10 tons/year, more than the historical peak levels of Europe and Japan.

Chinese energy consumption per unit of GDP is nearly twice the world average. In 2012, China made up 11.6% of the world's total GDP, yet consumed 21.9% of global energy.

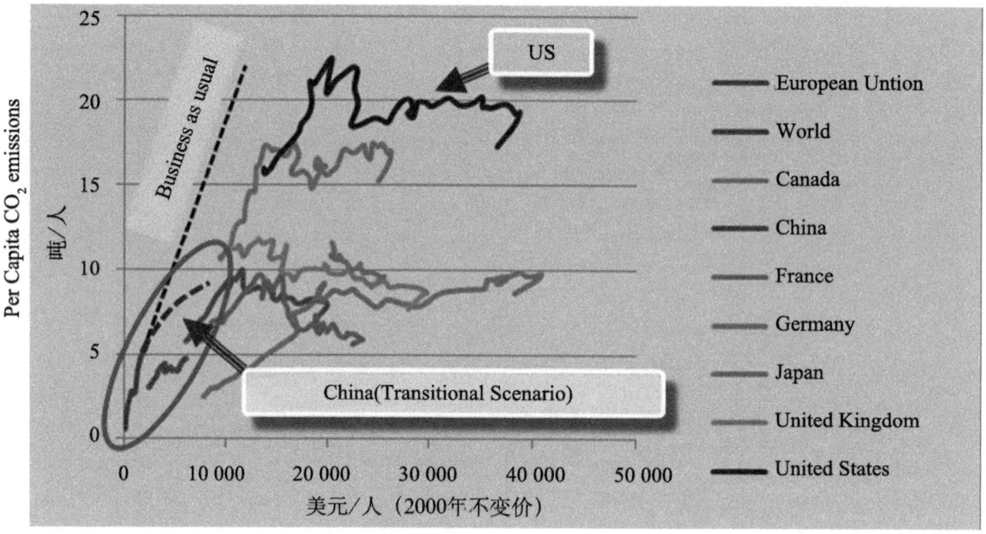

Per Capita GDP

Fig. 1 Energy-Economics analysis (Notice the red circle)[1]

Three Pillars of China's green and low-carbon energy strategy: Priority to energy saving; Efficient and clean use of coal and oil; Development of non-fossil energy and optimization of energy structure.

The "three horses" of low-carbon energy: Renewable Energy, Nuclear Energy, Natural Gas (Including Unconventional) . and they are on par with, progressively achieving a higher proportion

---

① For HK conference on Climate Change, 2014.

of coal alternatives.

Renewable energy are the main future energy of the Earth and China. Among all the renewables, the relatively developed hydropower has certain potential of development, and in the primary energy structure, the hydropower's contribution can reach to nearly 10%.

The non-hydropower renewable energy sources, like solar energy, wind energy, biomass energy, ocean energy, geothermal energy, etc., are abundant in China and around the world, and have no obvious theoretical or technical barriers, thud have a rapid development in recent years.

Tab. 1 China's renewables, 2013[2]

Renewables	China Installed capacity GW	World Installed capacity GW
hydropower	285.0	1000
wind power	81.23	31.8
photovoltaic	22.42	13.3

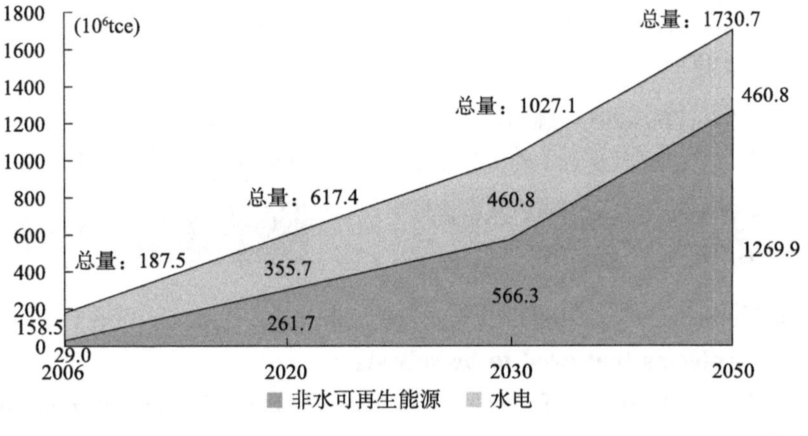

Fig. 2 China's possible scenarios of renewable energy resources development[3]

The advantages of renewable energy:

a. Low Carbon, Mitigation of Climate Change.

Tab. 2 Reduction GHG Emission from 2020—2050 by Renewable Energies.[3]

year	2010	2020	2030	2050
Reduce Emission	0.7	1.2	2.0	4.0

b. Sustainable, Leading energy for future earth.

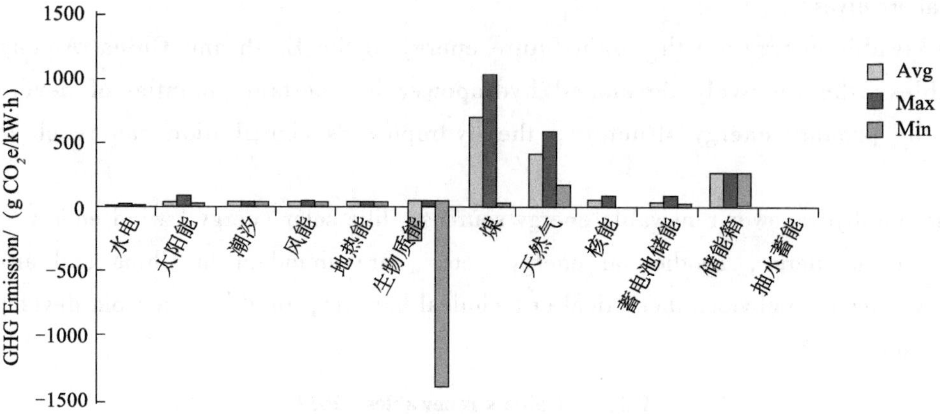

Fig. 3 GHG Emission of different electrical energy

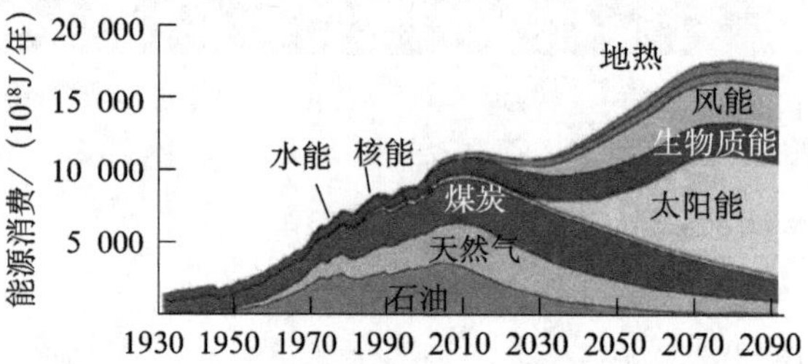

Fig. 4 The possible tendency of global primary energy consumption structure[4]

■ Solar energy in China:

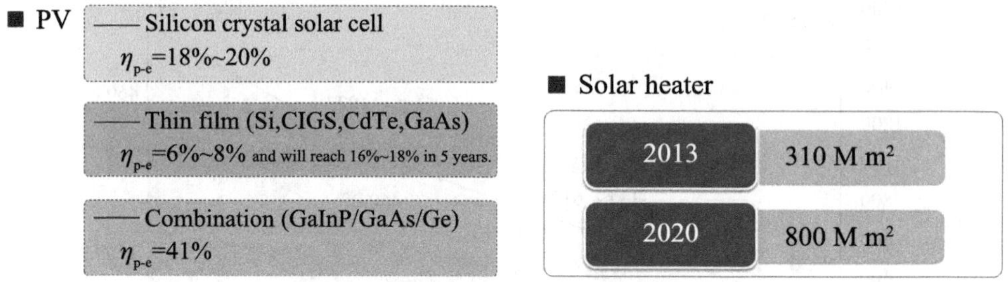

c. Water saving for wind and solar energy, possible rapid response time in case of storms.

The critical problems that need to be solved:

■ Further reducing its entire life cycle environmental impact, like reduction of the emission during equipment manufacture period.

■ Reducing cost through technological innovation, making it economy competitive on the market.

■ Improve of grid-connected rate for intermittent wind and solar power, etc. Thus smart grid and high-capacity storage (physical and chemical) technologies are top priorities of development.

■ So does the distributed energy consumption technology, micro-grid tech technology, off-grid electricity distribution and direct use of peak electricity (like desalination, hydrogen production etc.).

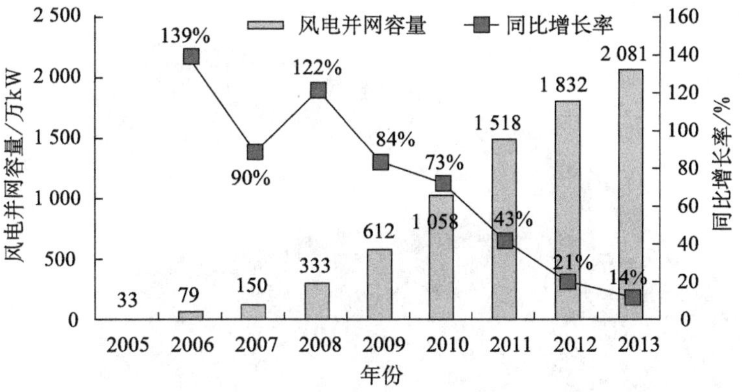

Fig. 5 Annual wind power capacity in Northeast China[5]

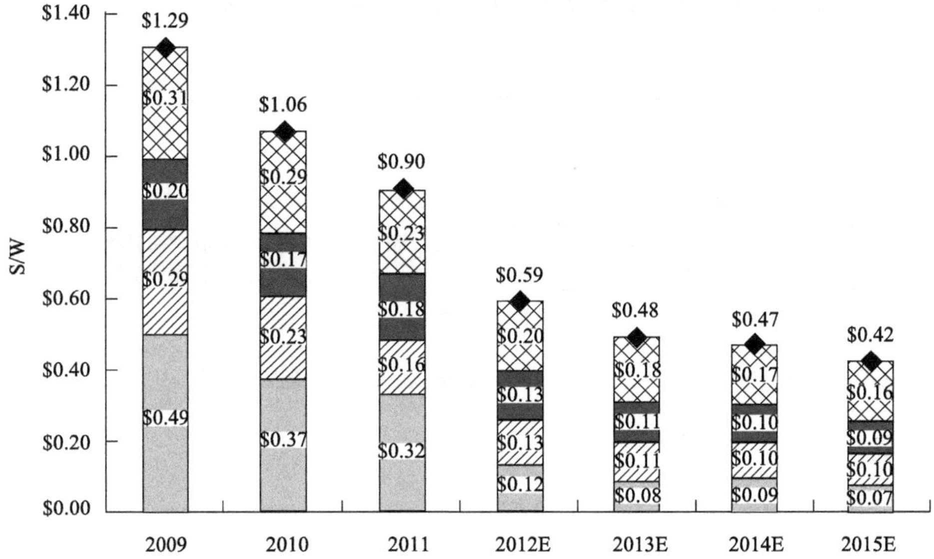

Fig. 6 The cost decreasing of solar cells (2009—2015)[4]

Market prediction of solar energy:

- World market (2014—2018):

——Lower 35-39 GW/Y

——Higher 52-69 GW/Y

2013: PV export	US$ 10 billion
2014: (first half of year)	US$ 8.2 billion

Total installed capacity will reach 321-430 GW. (Eur. PV. Association)

- China:

Minsheng Investment Management Co., Ltd will invest 30-50 billion Yuan to built 3-5 GW For Ningxia province.

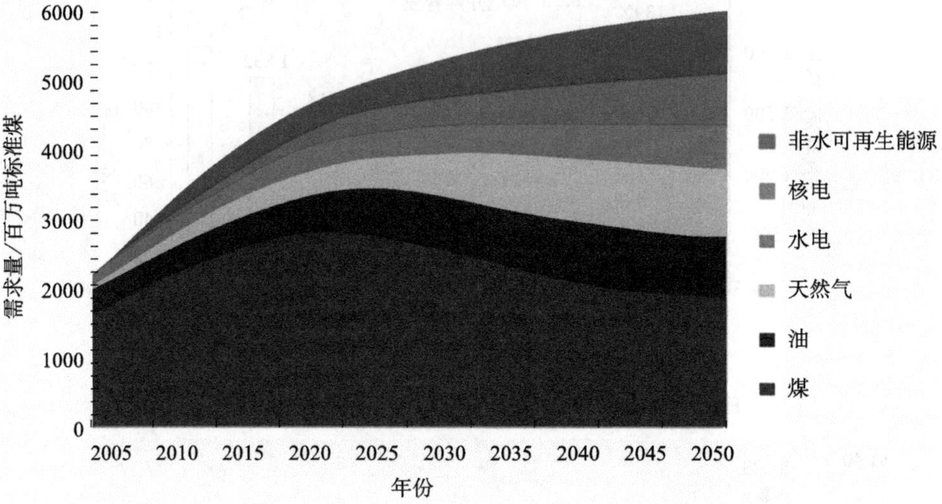

Fig. 7 The scenario of China's primary energy structure[6]

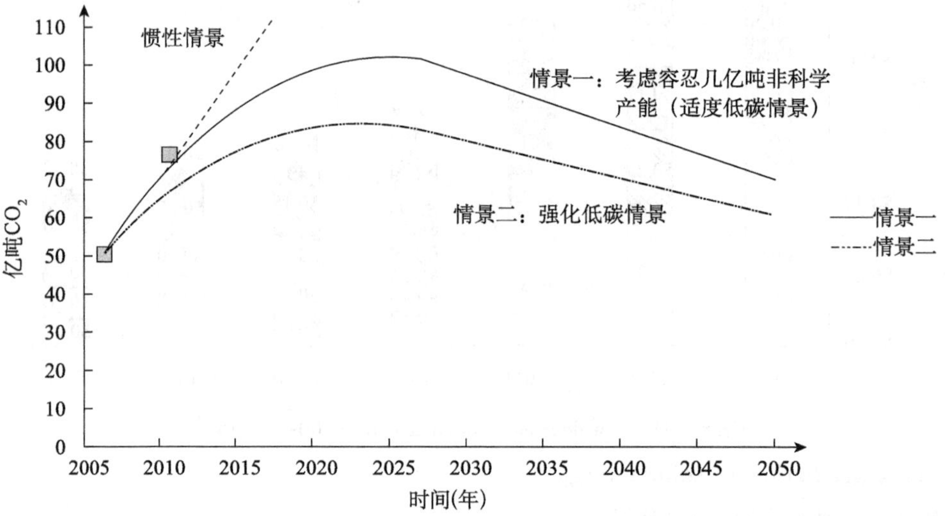

Fig. 8 Several scenarios of CO_2 emissions in China

The future world will rely on non-fossil energy sources, like the renewable energy and nuclear energy. CAE suggests that: The non-fossil energy will take account for 15% in 2020, and reach to >20% in 2030, of the primary energy structure in China.

If the proportion of non-fossil energy sources becomes larger than fossil fuels, this can be seen as a sign of the energy revolution.

2 Adaptation by strengthening the infrastructure construction

Example: To improve water security infrastructure, such as water-saving project, water-leaving project, water quality protection and pollution control and so on.

Safety of coastal cities under the Climate Change background.

■ Impact of climate change on safety of coastal cities

The most direct impactis sea level rise. According to the *China Sea Level Bulletin* 2013 by the State Oceanic Administration, in 1980—2013, China's coastal sea level showed a rising trend on the whole, at an average rise speed of 2. 9mm / year.

Estimatesfor future: According to different models, in the case of once-in-a-century high tide in 2050, China's three vulnerable areas (Pearl River Delta, Yangtze River Delta and Yellow River Delta Bohai Bay) will suffer loss of RMB5. 3 trillion, RMB17. 3 trillion and RMB30. 8 trillion caused by flood in case of average sea level rise of 35cm, 65cm and 100cm respectively. Reclaimed land is easier to sink.

Climate change leads to increase in short-duration heavy rainfall, which in turns leads to more frequent and more intense waterlogging disasters and more difficult draining in cities.

Sea level rise will affect seaworthiness of some ports and further intensify the risk of exposure to flood for ports.

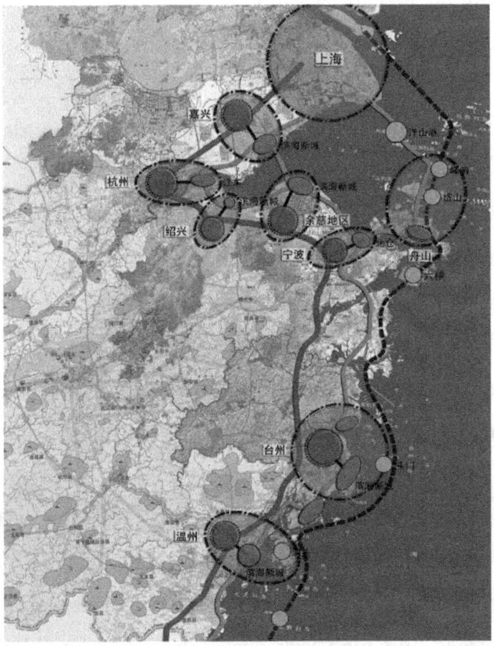

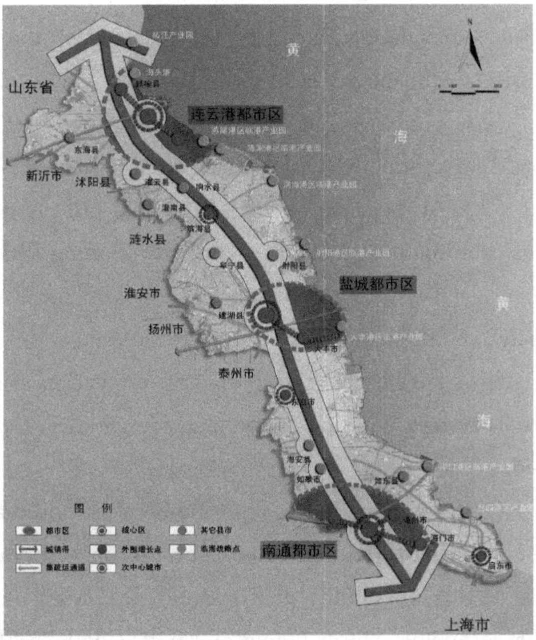

Climate change may also trigger or exacerbate the following marine disasters:

(1) Storm surge. Global warming will lead to increase in intensity and frequency of storm surge, tide and other marine disasters. This, in combination with impact of sea level rise, will greatly increase destructiveness of storm surge disasters.

(2) Coastal erosion. With sea level rise, sea water will intrude upon land, which will cause retreat of shorelines, flooding and swampiness of coastal plains and lowlands and intensification of inshore waves. In combination with increased intensity and frequency of storm surges, coastal erosion will intensify.

(3) Saltwater intrusion. Precipitation anomaly and rapid growth of water consumption caused by climate change as well as inter-basin water transfer will reduce runoff into sea and weaken the ability to withstand saltwater intrusion. Sea level rise will cause trace-back of estuary saline wedges, which will intensify saltwater intrusion, increase water supply difficulties for estuarine areas and threaten water supply security of cities.

(4) Seawater intrusion. Due to excessive exploitation of underground water, coastal areas have seen that underground water level is declining and getting below sea level, which has caused seawater's infiltration to groundwater. Sea level rise will increase saltwater intrusion and salinization of groundwater, which will affect supply of drinking water and water supply for production and result in desolation of fertile land.

■ Measures for coastal cities to address climate change

Coastal areas should focus on strengthening climate change and sea level rise impact assessment and vulnerability zoning and taking the strategy of laying equal stress on shoreline protection, ecological protection and development.

(1) For areas that have been developed, adaptation measures such as protection, draw-back and accommodation should be taken based on the degree of economic and social development, and priority should be given to protection.

(2) Forareas that have not been developed, moderate development and rational avoidance should be conducted based on a risk assessment.

(3) At the macro level, rational, orderly development should be achieved through inter-sectoral coordination, enhanced unified planning and management of coastal zones, more strict control over coastal development activities, control over scale of ocean development and avoidance of excessive development.

(4) For coastal cities, coastal protection works standards should be improved and coastal protection system building, land subsidence prevention and urban flood control should be strengthened.

(5) Sea level rise monitoring network and marine disaster monitoring and early warning system should be improved and emergency response service capabilities should be enhanced.

(6) Vulnerability analysis and risk assessment should be carried out for key coastal projects such as nuclear power plants and ports; vulnerable areas and high-risk areas should be avoided in site selection; and safety protection standards should be improved and protection works should be

reinforced according to standards.

To deal with global environmental problems and climate change, all countries need to work together. Since there is only one earth, we all share actual and potential common interests.

The ultimate way out is the international cooperation and achieving the win-win result.

References

[1] World Bank Data.
[2] Energy Review, 2014-10.
[3] Du Xiangwan et al. Development of renewable energy in China: significance and strategic objectives. Engineering Sciences, 2009, 7(2): 2.
[4] Science and Technology Review. 2014, 28/29.
[5] China Electric Power. 2014-10.
[6] 中国工程院研究组．中国能源中长期（2030、2050）发展战略研究．北京：科学出版社，2011.
[7] 中国工程院研究组．气候变化对中国重大工程的影响与对策，北京，2014.

应对气候变化的两个基本问题

——应对气候变化战略的科学性及对中国发展的意义

摘　要：气候变化是涉及全球可持续发展的科学问题。在分析对气候变化认识的差异和共识的基础上，归纳了不确定性中的确定性，从而明确了应对气候变化战略（包括减缓和适应）的科学性。阐述了应对气候变化对国家当前发展的现实意义，包括促进发展方式的转变，推动新型发展；推动国家多方面基础设施建设的完善；有力带动国家基础研究的进步，推动科技创新。进一步，提出了应对气候变化对国家长远发展的战略意义，包括清醒地认识和表述国家现代化的第三步战略目标和实现这个目标的战略路线图。应对气候变化战略的坚定实施，不但有益于当代人生存环境的改善，也将惠及全球子孙后代的根本利益。

关键词：气候变化；应对战略；科学性；战略意义

1　应对气候变化战略的科学性

尽管对气候变化的认识已有大量科学依据，但仍然存在一些质疑和不确定性，而应对气候变化必须有一个确定的战略，采取实际的行动，这些行动必须建立在科学判断的基础上。为此，厘清对气候变化科学性及其不确定性的认知，有利于进一步取得科学共识，坚定积极应对气候变化的政策取向。

1.1　对气候变化的科学认识的主要差异和共识

（1）对气候变化现象的认知。以 IPCC 为代表的主流认识是：气候变暖和反常气候活动增加是气候变化的基本趋势，变暖是一个全球范围的总趋势，它在空域的分布上并不均衡，在时域的变化上也并不单调，而是波动式上升的。这个认识是以科学观测得到的大量科学数据为依据的。有些学者对变暖是不是主要趋势提出质疑，也能举出一些依据。但从科学界已掌握的全球观测资料看，确定近百年全球变暖的总体趋势应是没有问题的[1]。

（2）对气候变化原因的认识。导致气候变化的原因既有自然因素又有人类活动的因素，主流的认识是：近代（特别是近百年来）气候变化主要是由于人类活动排放的温室气体增加导致温室效应增强所致；另一些学者则认为自然因素是主因。这里有一个确定的事实是大家都不否认的，即全球观测表明：近 200 多年来，全球大气中的二氧化碳浓度在逐步显著增加，而这显然与人类大量利用化石能源等人为因素有关。尽管对二氧化碳的温室作用及其导致升温的敏感度有不同的估计，对气候变化后果的严重程度也有不同的预测，但没有人否认大气中二氧化碳浓度明显增加的事实，没有人希望二氧化碳浓度继续增加。

(3) 对气候变化后果的认识。变暖对农业和生物生存环境的影响有利有弊，但持续的气候变暖特别是在短期内变暖过快可能导致弊多利少。而反常气候导致灾害增多已经是各大洲都难以幸免的客观事实，防止走向导致灾变的临界点，是人类共同关注的重大问题，也是人类共同利益所在。

1.2 不确定中的确定性

(1) 能源和其他自然资源的制约要求我们建设资源节约型社会，目前我国能源结构中化石能源占90%，节能本身就有减少碳排放的直接效果。要节能是大家的共识，没有人主张高碳发展。

(2) 我国面临严峻的常规污染治理需求（世界卫生组织最近公布的世界91个国家城市空气质量检测报告显示，中国是倒数第15名），我国东部的重度雾霾已发出严重警告。大家都主张减少污染排放，赞成绿色、环保。绿色（环保）要求减少污染排放，低碳要求减少温室气体排放，虽然污染排放和温室气体排放是两个不同的概念，但它们基本同根、同源，走向绿色和走向低碳要采取的实际行动是高度一致的。

(3) 反常的极端天气气候事件增加是全球人们共同的切身感受，必须积极采取措施防灾减灾是重要的共识，符合各国的利益，而且时不我待。

简言之，节约资源、保护环境、降低气候风险三者并行不悖。这些重要共识是采取明确应对行动的思想基础。

1.3 应对气候变化国家战略的科学性

(1) 减缓：以节能减排为主的，包括增加非化石能源比例、增加森林土地碳汇等措施的减缓气候变化的行动。在化石能源仍占据重要地位的阶段，节能直接带来3个方面的效果：①对不可再生的煤炭和石油等资源的节约；②减少化石能源开发和利用过程中的环境影响和污染物排放，包括二氧化硫、可吸入颗粒物等危害人体健康的污染气体的排放；③减少二氧化碳为主的温室气体的排放。这个“一石三鸟”的效果是同时产生的，它很好地表明了绿色环保和低碳发展在方向上的一致性。减缓行动还包括保护和增加碳汇，培育森林、草地、湿地等绿色植被。这一行动也同时产生双重效果：保护生态与水资源、绿化环境、净化空气的作用和吸收二氧化碳的碳汇作用，它从另一侧面印证了绿色和低碳的同向性。发展非化石能源不仅能缓解能源供应的压力，并且能改善能源结构。因此，尽管对气候变暖的趋势与温室气体的作用存在歧见，节能减排（包括护育森林等）应该是一个确定无疑的国家战略，是国家健康发展的实际要求，是一个不可撼动的国家战略，这是一种战略上的确定性。

(2) 适应：以建设防灾减灾的基础设施和提高人类及生物适应气候变化的生存能力为主要内容的行动。我国是一个水旱等自然灾害频发的国家，人均水资源和土地资源十分有限，改善防洪抗旱的基础设施，从技术和管理上强化水安全战略，已成为迫切的实际需求。

同时，在有限的土地上为我国提供充分的粮食和其他农林产品也面临着不断改进品种、土壤和栽种技术，适应气候变化的长期任务。生物进化的历史告诉我们，人类和动植物具有不同程度的自我塑造以适应渐变的生存环境的能力，对此如果能有更深入的规律性认识，则人们就可以更自觉地去提高这种适应能力，改进保护生命健康的社会体系，更有意识地保护生物多样性，创新适应气候变化的农业。同时，适应气候变化的能力是有限度的，由此产生了“气候容量”的概念，使人们觉悟到：人类活动对气候的影响必须有所控制，即存在“气候红线”。

再者，适应气候变化必然要求人与自然的关系更加和谐。为此，需创新城镇化的模式，把低碳作为考核指标，防止在城镇化过程中大幅拉高化石能源的消耗和排放：把优化（至少不恶化）生态环境作为城镇化的优先考虑，体现以人为本，以人的可持续发展为本：通过优化产业结构和发展循环经济，遏制大气、水和土壤受到污染的态势，使天人友好。这些原本就要持续努力的事业和适应气候变化的措施完全一致。适应气候变化，从本质上说，就是增强人类在不断变化的气候条件下的可持续生存和发展的能力。显然，对气候变化认知上的不确定性并不影响“适应战略”的确定性。

节能减排也好，改善和建设防灾减灾的基础设施也好，都是国家科学发展的内在需求，是国家可持续发展战略的有机组成部分。只是从应对气候变化的角度表述为“减缓战略”和“适应战略”，或者说，客观上顺应了应对气候变化的需要。2007 年发布的“应对气候变化国家方案”提出应对气候变化的总体目标是“减缓”与“适应”并重。这一目标也体现了国家可持续发展的需求与应对气候变化要求的一致性。

应对气候变化的措施，实质上是经济—环境双赢、绿色—低碳双赢的行动，同时也为今后更大强度地减排和适应进一步的气候变化作好技术和发展方式的准备。这是一种经得起时间推敲的、历史无悔的战略，有着坚实的理论基础和战略上的确定性与科学性。

2 应对气候变化对国家发展的现实意义和长远战略意义

2.1 限制发展还是促进发展?

减少以二氧化碳为主的温室气体排放制约着化石能源的使用，因而人们很容易把应对气候变化和制约发展联系起来。甚至有人把气候变化问题视为发达国家为了限制发展中国家经济发展而人为制造出来的伪科学，认为低碳是一个陷阱。国际上的确有人企图要我们承担过分的减排义务，以此限制中国的经济发展。但重要的是：节能减排并不是源自国际气候谈判的舶来品，而是建设“资源节约型环境友好型社会”的必然要求，是中国自身健康、科学、可持续发展的内在需求，何况气候变化本身是一个现实而严肃的科学问题。

1. 为加快转变经济发展方式带来机遇

推动我国实施绿色低碳能源战略。简单的数据表明：中国只能以显著低于美国等发达国家的人均能耗实现现代化，这就是为什么我国要走“新型工业化道路”，而不能走美国式的工业化道路[2]。显然，中国的科学发展呼唤绿色、低碳能源发展道路，它的 3 个要素是：节能；化石能源的高效、洁净化利用；发展非化石能源。这些战略要素既绿色又低碳，是经济—环境双赢的战略。

（1）推动低碳社会建设：低碳社会的基础是低碳村镇、低碳企业和低碳社区，需要从最基层建立碳核查体系、低碳评价标准、低碳指标体系以及相应的组织和制度。

（2）适应气候变化的农业：气候变化对农业的影响是复杂的，变暖对农业可能有正、负两方面的影响，但如果是发散性的变暖趋势，反常气候和灾害天气增多，则可能对农业带来灾难性的影响，研究这些影响可能的适应和减缓措施能为农业决策提供科学依据。

（3）减缓气候变化的林业：中国的可持续发展、人民对环境宜居的诉求，要求保护和发展林业、草地和湿地，这和应对气候变化要求发展碳汇的方向完全一致。

（4）促进垃圾分类资源化：农林废弃物、生活垃圾的就地焚烧和简单填埋是温室气体和可吸入颗粒物的排放源。中国是人口大国，也必然是垃圾大国，垃圾处理不当不仅造成严重的环境问题，而且是重大的资源浪费，甚至造成社会矛盾和冲突。走绿色、低碳发展道路，必须在全社会倡导垃圾的减量化和无害化处理，根本出路是做好源头分类和资源化处理，这将带动一系列技术进步，甚至培育出一个很大的产业。

（5）创新城镇化模式：应对气候变化也为我们提供了一个思考的视角。全球有一半人口居住在城市里，城市消耗了全世界75%的能量、排放出全球约80%的温室气体，城市、尤其是大型城市是全球变暖和环境恶化的始作俑者和牺牲品。目前我国的城镇化存在贪大求快，低成本扩张的倾向，对环境容量缺乏全局性、前瞻性评估，基础设施滞后，公共服务缺失，社会保障不强，对生态环境投入不足。地上的靓丽和地下管网基础设施不到位，这是一种不协调。中国的城镇化不宜把重点放在几个大都市的发展上，而应以建设宜居的中小城镇群为重点，以利于人与自然和谐、城乡和谐和应对灾害，并使人们得到尽可能公平的公共服务。

2. 推动国家基础设施建设的完善

完善水安全基础设施是重大战略。气候变化可能对中国的水安全提出新的挑战，由此提出加强水安全基础设施建设的策略群。

青藏铁路、青藏公路、西气东输、海岸线建设、南水北调、生态保护区、国家电网等重大工程，都是百年大计，需要考虑气候变化的影响，采取适应策略。

环境与气候监测体系的完善。国家需要建立完善的对污染排放的监测，对温室气体排放的监测，对气候的监测和生态、环境的监测。完善这个监测体系可为我国的可持续发展提供自然环境及其趋势的信息，也可更主动地应对国际“可测量、可报告和可核查”（MRV）的磋商。

将气候变化因素纳入环境评价体系，把环境质量作为科学发展的重要指标，也必须把环境质量作为各级政府政绩考核的重要指标。

广义智能能源网建设。考虑到气候变化以及风能和太阳能的比重会逐步提高，我国智能电网除提高对电源侧和用户侧的实时监测、智能调节、风险防控和应急处置能力外，也宜考虑把气象、气候监测网与电网联动起来，发挥其对天气的“侦察”功能，对太阳能、风能电源侧的预测、预报功能，以及对灾害天气的预测、预报功能。电网与气象网结合，形成“测、报、防、控、抗、救”完整的防灾减灾体系链。更进一步，可使电网、天然气网、供热（冷）网、水网和气象网协同起来，形成一个高效、互动的广义智能能源网，成为一个现代化的国家基础设施。

基础数据库的形成和发布能力建设。如能源、环境、生态、生物多样性、资源、气候、健康……的系统性的数据。支撑基础数据的工作包括实际观测、理论计算、收集整理和评估编纂。这一基础工作的完善和能力的提高，不仅会增强我国在气候变化和各国际领域中的话语权，也是国家进步的重要标志之一。

3. 有力带动国家基础研究的进步

围绕人类生存环境的可持续性，认识和应对气候变化提出了广泛而丰富的基础研究课题，可有力带动基础研究水平的提升，促进原始创新和学科交叉，支撑科学发展，引领未来，并强化我国在国际科学界的话语权。如基于大气科学的可持续地球综合模拟，地理工程学，海洋与气候学，冰雪研究的多重意义，陆地与气候的相互作用，气候变化中的生命和生态系统，创新二氧化碳捕获与利用技术（CCUS）。

总之，应对气候变化限制落后产能，推动技术进步；限制粗放发展，促进科学发展；限制环境污染，推动生态文明。并带动基础设施的完善和基础研究水平的提高。

2.2 对国家长远发展的深远影响

气候变化警示我们：人类赖以生存的自然体系正承受着巨大压力，必须对可持续发展的长远目标和实现这一目标的战略路线图有一个更为清醒的科学认识。

（1）14 亿人口的中国将在 2050 年实现国家现代化的第三步战略目标，不能只是“人均 GDP 两万美元”这样一个经济增长数量指标，还必须达到作为基本生存条件的环境是宜居的：作为经济基础的农业是适应气候变化的；作为发展基础的能源体系的结构、质量和“颜色”将发生革命性的变革；作为发展动力的科学技术的创新能力和水平达到国际先进；作为社会主体的人的健康、文明和受教育水平应有显著提高；社会的文明形态由工业文明逐步进入生态文明阶段等。以能源为例，2050 年前的 40 年是能源体系的转型期，从现在比较粗放、低效、欠安全、高排放的体系，转型为节约、高效、洁净、安全、多元的现代化能源体系，2050 年非化石能源和天然气等洁净能源在一次能源结构中占 50% 以上；而 2030 年前的 20 年，是这个转型期中的攻坚期，使转型所必须面对的一系列重大问题得到基本解决；2020 年前的 10 年，是完成攻坚任务的关键期，是全面转向科学发展的关键期[3]。想得更长远些，中国能源将由目前化石能源为主，逐渐走入一个持续约百年的多元结构阶段，最终走向非化石能源为主的永续发展。

（2）战略路线图：首先必须抓住转变发展方式的战略机遇期，从依靠低端产业的扩张，转向更加注重质量和效益，发展新的增长点，争占新的战略制高点；资源（包括水资源、土地资源、矿产资源和能源）的供需模式，应由“粗放的供给满足增长过快需求的模式，转变为以科学的供给满足合理需求的模式”；加大保护生态和环境的力度，争取在 2030 年前基本解决空气、水和土壤三大污染问题，温室气体年排放总量越过峰值；走新型工业化道路，以显著低于美国的人均能耗实现中国的现代化；加强能源、环境、健康等领域的基础研究和应用研究，达到国际先进水平，以创新驱动发展；政绩考核体系要从单纯 GDP 增速导向，转向包括环境、民生、健康、教育、科技等要素在内的科学发展指数导向。以能源为例，实现上述长远目标，要实施“科学、绿色、低碳能源战略”，它包括“节能优先”等 6 个子战略和相应的路线图，这不仅是经济—环境双赢的战略，也是应对气候变化总体战略的重要组成部分[3]。总之，这个发展路线图要贯穿转变发展方式这个主线，不良的发展会损害未来，只有科学发展才能创造未来。

3 结论

应对气候变化为发展和进步提供了新的视角和战略要素。对气候变化认识上的某些质疑，有益于研究的深入和认识的深化。然而重要的是，科技工作者有责任严肃而科学地正视气候变化这类与全球未来命运攸关的重大挑战，不要让某些不确定性的争议模糊了科学发展的方向，阻碍了行动的脚步。可以说，生态文明、绿色低碳已是“世界潮流，浩浩荡荡”，成为历史的必然。应对气候变化战略的坚定实施，不但有益于当代人生存环境的改善，也将惠及全球子孙后代的根本利益。

参考文献

[1] Qin Dahe. Global climate is warming or cooling? [J]. Sci-tech Innovations and Brands, 2011, 47 (5): 12-15. [秦大河. 全球气候变暖还是变冷 [J]. 科技创新与品牌, 2011, 47 (5): 12-15.]

[2] Du Xiangwan, Liu Xiaolong, Yang Bo, et al. A international comparative study on China's energy development [J]. Engineering Science, 2013, 15 (6): 4-10. [杜祥琬, 刘晓龙, 杨波, 等, 中国能源发展空间的国际比较研究 [J]. 中国工程科学, 2013, 15 (6): 4-10.]

（发表于《地球科学进展》, Vol. 29 No. 4, 2014, p. 438）

应对气候变化对中国可持续发展的战略意义

——为《第三次气候变化国家评估报告》而作

继 2007 年发布的《气候变化国家评估报告》和 2011 年发布的《第二次气候变化国家评估报告》之后，我国气候变化和应对气候变化领域的专家们又集体编写了这部《第三次气候变化国家评估报告》，这部报告比以前两次评估报告更为全面、详尽和深入，对我国乃至全球的公众、科学界和决策者科学认识并有效应对气候变化有重要参考价值和指导意义。作为一名读者，现将个人的读后心得和认识整理如下，侧重从宏观战略角度评估应对气候变化对国家可持续发展的重大意义。

1　应对气候变化的实质是引导人类可持续发展

现代气候变化科学经历了一百多年的发现和发展过程，逐渐形成了一个基于科学观测与分析的学科体系。在注意到气候系统的复杂性和不确定性的同时，现代气候变化科学着重指出，人类活动排放的温室气体对气候的暖化作用及其对人类社会发展和生存环境带来的风险，警示人类及时采取减缓和适应措施，以实现全球的可持续发展。1992 年《联合国气候变化框架公约》所确定的目标是：将大气中的温室气体浓度控制在使气候系统免受危险的水平，使生态系统能自然适应气候变化，确保粮食生产免受威胁，并使经济可持续发展。

控制和减少以二氧化碳为主的温室气体排放，被简称为“低碳”，由此提出了“低碳经济”“低碳发展”的概念[1]。而温室气体的主要排放源是煤炭、石油等化石能源的使用，后者恰恰也是大气污染物的主要来源，减少污染、改善空气质量，被简称为“绿色”。显然，“绿色”和“低碳”有高度的一致性。气候变化科学所引导的正是绿色、低碳的发展方向。同时，在认识和评估气候变化风险的基础上，“适应科学”倡导主动、自觉的有序适应行动[2]，制定适应策略，建设气候适应型社会，也是气候变化科学引导的一个重要方向。人类在享受了二百多年工业文明带来的巨大进步的同时，也日益强烈地感受到基于化石能源的工业化造成的黑色困惑和发展的不可持续性。“可持续发展”观念的提出，是人类的新的觉醒。气候变化和大气污染相伴成了全球性的重大环境和发展问题，应对气候变化的实质，正是以能源革命、低碳发展和有序适应为路径，推动国家乃至人类发展方式的转变，逐步从工业文明迈向生态文明，实现可持续发展。

2　中国过往的发展带有明显的高碳特征，不可持续

三十多年来，中国经济快速增长，成就卓著。同时，粗放的发展方式积累了“不平衡、

不协调、不可持续”的问题。发展方式的粗放性，首先表现在发展的驱动力主要依靠五个初级生产力要素：消耗过多资源、牺牲环境、投资拉动、引进技术、廉价劳力。科技驱动不足、内需拉动不力，靠这五个要素的发展显然是不可持续的。

其次是产业结构问题。第二产业长期占比过高，特别是第二产业中的高耗能产业比例过高，如中国2012年生产的钢铁已占到世界总量的45.7%，水泥已占到57.8%，靠低端产业的扩张推高GDP的增长。结果是造就了一个高耗能、高碳的产业体系（其中包括过剩的落后产能）。以2012年数据为例，中国的GDP占全球的11.6%，却消耗了全球21.9%的能源[3]，即单位GDP的能耗比全球平均水平高一倍，其中的煤炭消耗占到了全球总量的50.2%。

这样的发展方式造成了复合型、压缩型的环境污染问题。中国东部严重的雾霾成了世界之最。2011年WHO公布的全球1082个城市的空气质量排名中，北京居第1035位，2012年世界银行公布的全球112个最污染的城市中，中国占25个。关于我国水污染、土壤污染、农村污染和生态退化的数据这里不再列举。污染物排放超出环境自净化能力的情况具有普遍性。

与此同步，以二氧化碳为主的温室气体排放迅速增加[4]。1990年，中国的温室气体排放只占全球的11%，2012年已增加到26%，从1990年到2012年，全球的碳排放增量中，中国占了66%。在中国的温室气体排放中，来源于化石能源燃烧的贡献约占80%。中国的人均二氧化碳年排放（6吨/人·年）已逼近欧、日等发达国家的水平。中国东部一些主要城市的人均年二氧化碳排放已达10吨/人·年以上，超过了欧、日等国历史上人均年排放的峰值，而且还在增长中。如果中、西部都追随东部的发展模式，中国温室气体排放必将进一步走高。中国发展的高碳特征十分明显。“十六大”以来，中央多次强调“走新型工业化道路”，而事实上，我们并未走出“新型道路”，而是重复着“先污染后治理”的老路，甚至更为高碳。

3 高碳发展不是走向现代化的必由之路

处在现代化初级阶段的发展中国家，产业结构适当偏重，单位GDP能耗适度偏高，有一定的正当性。但是如果随着国家进入“中等收入”水平，还继续以GDP论英雄，依旧粗放发展，以为要走向现代化就得走“先高碳、先污染”这条路，甚至把我们的人均能耗、人均排放搞得比一些发达国家历史上的峰值水平还高，那就会落入不可持续的困境。

实际上，国际主要发达国家实现现代化走的并非同一条路，而是差异明显。由于生产方式和消费方式的不同，主要发达国家几十年来形成的人均能耗和相应的碳排放呈现出差异甚大的两种类型[5]：美国、加拿大等国的人均年能源消耗仍然超过10吨标煤，人均年二氧化碳排放高达18吨左右，显然这是一种无法推广、不该效法的模式；而另一类发达国家（包括欧盟主要国家和日本）的人均年能耗则稳定在5～6吨标煤，人均二氧化碳排放约6～9吨，仅为美、加的一半或三分之一。而欧洲和日本的人均GDP水平与美国相当，社会福利、教育卫生等公共服务方面甚至优于美国。由于发展方式和政策导向不同，欧、日等国已走出了一条较为低碳的发展路径，证明了走较为低碳道路的可行性，而且欧洲还在力求进一步降低人均碳排放。各国的环境—经济库兹涅兹曲线的模样虽然有一定的普遍性，但那个“倒U形”曲线的顶部高度却可相差不止一倍！这对我国选择发展路径是极有启示意义的。我国在实现现代化的过程中，应该认真借鉴欧、日等国的有益实践，避免盲目跟随美、加模式，走“先高碳后追降”的冤枉路。而应立足国情并利用后发优势，实现我国自己提出的“走新型工业化道路”，建设“资源节约、环境友好型”社会，走一条更节能、更低碳的发展之路，这是我国可持续发展的内在需求，也是历史性的机遇。

4 认清国情，中国尤其需要低碳发展，才可持续

国情一：人口众多，人均资源短缺。

人均淡水量为世界平均水平的30%，人均耕地为43%；中国石油的探明可供储量只占全球的1.1%，中国天然气的探明可供储量只占全球的1.9%[6]。我国煤炭的年开采量，已明显超出了“科学产能能力”。同时，石油、天然气、煤炭的对外依存度延续呈现攀升的态势，其中石油的对外依存度已经逼近60%，天然气的对外依存度也已上升至31.6%。这个基本国情告诉我们：中国的现代化是需要精心设计的，我们没有粗放发展的资本，也没有粗放发展的理由。

国情二：环境容量有限。

环境的制约比资源的制约更甚。中国80%的人口居住在爱辉—腾冲线以东的国土上，东部的土地面积约为全球陆地总面积的不到1/30，我们在这块土地上每年消耗全球煤炭的40%，即在东部的单位国土面积上消耗的煤炭（可称“耗煤空间密度”）是全球平均值的12倍。数据还表明：这块土地上的“耗油空间密度”已是全球平均值的3倍。我国东部“碳排放空间密度”是全球平均值的6倍多。我国目前每千人拥有的汽车数虽不到美国的1/5，但中国东部的“汽车空间密度”已超过了美国！单独分析京津冀地区的数据可见，这一地区的“耗煤空间密度”是全球平均值的30倍之多！由此，我国东部的霾污染成为世界之最，不是很容易理解的吗？如果我们想呼吸质量说得过去的空气，能去跟美国攀比人均车数、人均能耗吗？显然不能，也不应该！我国东部的人口密度是全球平均值的五倍，再计及上述的能耗和能源结构状况，我国东部的环境负荷已比世界平均值高出五倍以上！水污染和土壤污染的形势也很严峻。这些简单的分析，给出了我国的一个基本的国情：我们的环境容量显著小于世界平均值，相应的气候容量也显著小于世界均值。中国迫切需要改变粗放的发展方式，推动能源革命；迫切需要开创一条新型的发展之路，才能拥有可持续的未来。

国情三：后发优势。

我国现代化的进程显著晚于世界上的先发达国家，因而我们有可能借鉴他们的经验和实践，吸取他们的教训；而且，不同类型的发达国家发展路径的差异也为我们提供了重要的参考和启发；再者，21世纪的今天，比先发达国家的当年，有了先进得多的信息技术、节能技术、环保技术、低碳技术、新能源技术等。我国理应充分利用这些后发优势，实现更高效能和质量的发展，走出更为绿色、低碳的发展道路。

国情四：中华文化精华的传承和弘扬。

中国自古有“天人合一”的观念，有“历览前贤国与家，成由勤俭败由奢”的节约观

念。本世纪以来，我国又提出了“走新型工业化道路”，建设“资源节约型、环境友好型社会”“科学发展观”，特别是“生态文明”的文化理念和治国的指导思想。这些思想和应对气候变化引导的绿色、低碳和可持续发展高度契合。这些充满哲理的思想既有理论性又有实践性，我国需要认真把这些古人和今人的优秀理念真正变成全国上下的实际指导思想，落实到各地的发展实践中。

5 中国需要创新通向现代化的路径，低碳发展是科学发展的特征

应对气候变化引领的低碳发展，对快速发展的中国是一个重要的提醒，也提供了思路和机遇。深入分析中国的资源和环境状况就会明白，中国通向现代化的路径必然是有中国特色的、新型的、低碳的，这条路要靠中国人民自己创造。

转向低碳发展并不容易。三十多年高碳发展的惯性很强，尽管后遗症已很明显，“GDP比赛”仍有市场。但同时，三十多年经济的发展，也为转型提供了物质基础，“科学发展观”“生态文明”“美丽中国”等理念的日益深入人心，也为转型提供了一定的思想基础。通过非凡努力，转向低碳发展是可能的，这正是应对气候变化对推动中国新型发展的重要现实意义。为此[4]：

——需要明确强调，当前的战略机遇期，首先要理解为转变发展方式的机遇期，2020年前是转方式的关键期。

——要切实落实中央提出的“完善经济社会发展考核评价体系，把资源消耗、环境损害、生态效益等体现生态文明状况的指标纳入评价体系，使之成为推进生态文明建设的重要导向和约束”。以多维的“科学发展指数”考核评价各级的政绩。

——在经历了三十年的高速发展之后，应把环境保护与生态文明建设前置到国家发展目标的前位。

——新型城镇化：切忌攀比“城镇化率”和“速度”，要把低碳作为约束性考核指标。

——需要明确“西部大开发的实质是科学开发”，不应沿袭东部的高碳路径，应强调“在环境容量内的发展”。

——加大产业结构调整的力度。高耗能产业已经饱和，要继续淘汰落后产能，大力发展既能吸纳就业又低碳的服务业。努力推动战略性新兴产业，把垃圾分类资源化利用发展成一个战略性新兴产业，这方面国内外都已有成功的案例和可推广的技术。

——大力推动能源革命。节能和提效优先，限制煤炭和石油的消耗总量，并使之低碳化。增加天然气的比重，尽可能大力发展非化石能源，包括可再生能源和核能。发展储能技术、智能电网和分布式用能。

——把尽早实现温室气体排放峰值作为中国的中期战略和低碳发展的具体抓手；发挥治理霾污染和减少碳排放的协同效应。

——实施自然生态系统增汇减排战略：包括农业、林业、海洋、草地、湿地、土地利用等领域。

——以行政的、经济政策的、金融市场的、文化舆论的、科学技术的措施，形成制度化的低碳转型组合拳。

中国走向现代化的时、空环境不同于美、欧等国当年的时候，不可能依靠掠夺全球资

源、先高碳后治理。我们主要靠本国资源把他们二百年的发展压缩到几十年中，自然会带来严峻的资源状况和压缩型的环境污染，因而我们也不得不把强化的绿色、低碳压缩到快速发展的阶段，才能避免社会机体的灾变，保持健康科学发展的可能性。

6 低碳发展将带来社会形态的创新和转变，对实现民族伟大复兴的长远战略目标意义深远

低碳发展必须设计和实施低碳的生产模式，强化科技创新的支撑。由于持续的高投资，中国形成了大量闲置的过剩产能、空置建筑物，造成了高额的资源与环境债务及生产与消费的失衡，生产体系大而不强，每年净出口的隐含能源、隐含碳排放已占到国内消耗量的20%以上。以扩大各种高耗能产品产量、依靠低附加值产业扩张和重复建设，这种高投入、高消耗、高污染的传统生产方式，维持经济高增长的模式，不可持续，必须改变。节能降耗不仅推动生产方式的变革，并将带来广泛的观念创新、技术创新和基础科学研究的进步，例如 CCUS 正在孕育着一系列的新概念和新技术。

低碳发展还必须设计和实施低碳的消费模式。把低碳城市建设与智慧城市建设结合起来，社会进步的一个标志是高效和节约。中国社会需倡导“健康的物质消费、丰富的精神追求”的生活方式，煞住攀比奢华之风，遏制各种不合理消费。

低碳发展的深入，将造就一个低碳社会。它的细胞是低碳社区、低碳企业、低碳村镇、乃至低碳家庭……这不仅直接有利于美丽城市和美丽乡村的建设，而且会极大地提高公民的素质和文明水平，而这一点对于中华民族自强于世界民族之林，具有基础性的意义。

放眼未来，低碳发展更是中国实现长期战略目标的重大机遇。如果从现在起着手形成并推进一个保证中国在国际低碳竞争中立于不败之地的长远战略，经过 30～40 年的不懈努力，在建国百年之际，将会使我国成为世界上具有较强创新能力和竞争力的国家。反之，在可持续发展的国际竞赛中会失去后发优势，造成长期缺乏核心竞争力的被动局面，这是我们应该极力避免的。

7 适应气候变化的举措对保障国家安全意义重大

气候变化对自然生态系统和人类社会发展会带来影响和风险。对中国和全球，气候灾害已有了诸多证据。中国幅原辽阔，生态类型多，自然秉赋比较脆弱[7]：我国干旱半干旱地区占国土面积 52%，水土流失严重的黄土高原面积 64 万平方公里，高寒缺氧的青藏高原达 200 万平方公里，石漠化的岩溶地区面积 90 万平方公里……极易受到气候变化的不利影响。适应是以降低脆弱性和改善发展条件为目标的，采取必要的、因地制宜的适应行动可以减缓气候风险。减缓和适应是统一相伴、相辅相成的。主动有序的适应举措主要在于推动国家基础设施建设的完善和适应能力建设，减轻气候变化给国家带来的危害，保障国家安全，增强发展的可持续性。

7.1 水安全

气候变化可能对中国的水安全提出新的挑战：我国是人均淡水资源显著低于世界平均水平的国家。北方缺水、南方多水的大格局短期内仍会保持，但反常气候带来的降水反常可能更为频繁。降水变化和冰雪消融正在改变水文系统，并影响到水资源量和水质，许多

河流的径流量的趋势性变化以径流量减少为主。降雨模式的改变会导致城市饮用水的可获得性发生改变。需要在气候变化背景下，深入研究水资源的可供性、允许的水消耗和供需平衡的可持续性。由此提出加强水安全基础设施建设的策略群：节水工程，确立以科学供应满足合理需求的供需模式和相应的政策，包括各级的水需求管理，以避免最恶劣气候条件下出现水荒和水灾的不利后果；留水工程，让天然降水更多留存下来，减灾增供，潜力很大。加强城市排水排污、排涝系统的规划和建设，建设源头控制、强化下渗、蓄滞结合的内涝防治体系，大力推进雨污分流。水利工程，包括科学论证引水工程、农田水利工程、海水淡化工程；水资源保护和水污染治理更具重要性，以便为国家和子孙后代的持续发展提供水安全的保障。解决好与水有关的防灾、减灾、水安全和水环境问题，必须城乡统筹，加强农村的基础设施建设，城乡共建是解决好水安全问题的长远大计。

7.2 粮食安全和土地安全

气候变化对未来几十年全球粮食生产会有复杂的正面和负面影响，但负面影响为主是高信度的研究结论，全球几十份新的高水平的模拟结果表明，气候变化导致的小麦和玉米的减产平均约为每 10 年 1.9% 和 1.2%[8]，影响还会使很多地区作物单产的年变率变大，考虑到较大不利影响将发生在对粮食的需求大增时期（2030—2050），未来全球粮食安全不容乐观。中国粮食供应对全球粮食生产的依存度不可避免的还要增加，主要产区适应气候变化的土壤和水分条件并不优越，黑龙江省黑土地遭风蚀水蚀、农作物受极端天气不利影响也逐步加重，不太可能出现气候变化单独对中国粮食生产有利的局面。联合国气候变化专门委员会最近公布的报告认为，全球农业平均起来通过适应可改善单产相当于当前产量的 15%—18%，能够保证粮食安全。中国要继续狠抓以土地安全、趋利避害为主的农业适应气候变化能力建设。要重视适应气候变化与提高农业生产率的关系，制定地方适应计划，开发作物新品种、科学施肥方法及防治虫害等适应技术，改变一些地方不顾成本抓粮食的做法，建立适应气候变化下资源环境承载能力的粮食安全生产目标和对策。

7.3 人体健康和生命安全

高温热浪和奇寒等反常气候威胁年老体弱者的生命和健康。可吸入细颗粒物（PM2.5）、二氧化硫、氮氧化物和臭氧等大气污染物造成的东部地区严峻的环境和健康问题。气候变化改变一些地方的大气结构，如风通量的变化，加重了大气污染。中央已部署了京津冀协同发展的战略，这些地区要率先做出榜样。而大气污染物及碳排放的产生根源主要来自于大量化石能源消费，即使现在全国每年 40 亿吨煤炭的消费不再增加，国务院发布的《大气污染防治行动计划》（国十条）目标实现起来也相当困难。因此，需要引进生态补偿和碳（硫、氮）交易机制，扩大联防联治的力度和范围，加强健康监测等减缓和适应措施，及增强健康适应能力的多赢策略。

7.4 生态环境安全

气候变化可能导致陆地、淡水物种及海洋生物减少甚至灭绝，直接影响人类的生存环境。同时可能进一步加重脆弱地区的灾害风险。国家重点生态功能区绝大部分都处于中西部和东北地区，特别是支持森林和草原生态保护的实施区域都在贫困地区，是气候变化影响的最脆弱地区，特别是一些山区，由于基础设施建设欠账多，适应能力弱，经常遭受泥石流等地质灾害。要通过建立和完善重点生态功能区、森林、草原、泥炭湿地、水土保持等生态补偿机制，加大国家对中西部以及贫困地区的投入力度，引导这些地区转型发展、提高适应气候变化的能力，形成适应气候变化下资源环境承载能力的产业结构。

7.5 沿海城市及海岸带安全

过去几十年我国沿海海平面平均上升3毫米/年，这几乎是不可逆的变化。最直接的影响是高水位时沿海地区淹没范围扩大、危害加重。2013年浙江余姚台风登陆大水几天不退，再次发出了海平面升高危害的信号。我国1800公里大陆海岸带有2/3建有防潮堤防潮带，但大都标准不高，高水位时淹没的风险很大。天津、广州和上海等位于大河三角洲的特大城市风险更大。要提高防范海平面升高淹没区扩大的风险概率，优先完善沿海城乡防护网和建设规划，通过海堤加固提高标准、沿海造林和移民避让等措施适应未来的海平面上升。

7.6 重大工程的安全

我国的南水北调工程、西气东输工程、三峡工程、青藏公路工程、青藏铁路工程及电网工程等，对保障国家经济与社会的正常运行和安全意义重大。在气候变化的背景下，这些工程本身的安全性都会受到不同程度的挑战。例如，建立在冻土带上的青藏铁路，在气候变暖导致冻土融化情况下，如何采取措施保障其安全，需要认真研究，适时采取工程措施。再如，电网是国家的重要基础设施，建设一个安全可靠、经济高效、对新能源友好的智能电网十分重要。考虑到气候变化以及风能和太阳能的比重会逐步提高，我国智能电网除提高对电源侧和用户侧的实时监测、智能调节、风险防控和应急处置能力外，也宜考虑把气象、气候监测网与电网联动起来，发挥它对天气的“侦察”功能和对太阳能、风能的预测、预报功能，以及对灾害天气的预测、预报功能，形成完整的防灾减灾体系链。更进一步，可使电网、天然气网、供热（冷）网、水网和气象网协同起来，形成一个高效、互动的广义智能能源网，成为一个现代化的国家基础设施。

8 如卡尔·马克思所说：“问题就是时代的声音”。气候变化这个全球性的问题，正以愈来愈强的分贝，发出自己的声音。我们需要敏锐地感受这个时代的脉动，思考、领悟它的涵义，认真谋划相应的战略和行动

气候变化既是人类必须直面的风险，又是人类自觉转型发展的机遇，是推动低碳、绿色、可持续发展的动力。对中国来说，应对气候变化会限制落后产能，推动科技进步；限制粗放发展，促进科学发展；限制环境污染，推动生态文明。同时，加强国家基础设施建设，提高适应气候变化的能力和减灾防灾的能力，又是把我们这个大国变成强国不可或缺的百年大计。毫无疑问，应对气候变化为发展和进步提供了新的视角和战略要素。应对气候变化战略的坚定实施，不但有益于当代人生存环境的改善，也将惠及子孙后代的根本利益，对实现中华民族伟大复兴的战略目标具有深远的意义。

参考文献

[1] DTI. Energy White Paper：Creating a Low Carbon Economy. 2003.

[2] 符淙斌．在香山科学会议第 497 次学术讨论会上的报告，2014 年 5 月．
[3] BP 和 World Bank 的数据．
[4] 中国工程院研究组．《应对气候变化的科学技术问题》咨询项目研究报告，2014.
[5] 杜祥琬等．中国能源发展空间的国际比较研究，《中国工程科学》，2013 年 15 卷 6 期，P4.
[6] 王安建．国土资源部报告会上的数据，2015.
[7] 傅伯杰．在 2013 年中国科协年会上的报告．
[8] IPCC 第二工作组．第五次评估报告，2014.

关于气候经济学[①]

● 气候经济学除研究经济发展对气候的影响外，还包含以下三方面内容：

1　研究气候变化对经济和民生的影响

气候变暖和反常气候事件增多，对全球的经济社会发展已带来显著影响。

不同地区、不同行业也会感受到影响的差异性，可能有利、有弊。但就全球而言，可能弊大于利，特别是短周期、大幅度的气候变化更具灾害性。

气候经济学首先要对这个影响作出评估，对损失和损害作出评估。

进一步，要研究气候变化对经济影响的非线性特征，认识气候变化导致灾变的可能临界点，以警示人们：如何避免出现这样的临界灾难。

这个“临界点”的研究，也就是“气候承载力”或“气候容量”的研究，定量地，它将给出可容忍的气候变化的边界，如温升值；降雨量反常值；温室气体浓度值；海冰融化临界值；海平面上升警界值……

2　研究应对气候变化对经济发展的影响

一种认识：强调应对气候变化的经济风险，即应对气候变化要求低碳，而低碳发展对化石能源的制约会对经济发展带来负面影响。

另一认识：低碳是新型发展的机遇：低碳技术、低碳能源、低碳城市、低碳农业、低碳经济、低碳企业是可持续发展的保障。

气候经济学就要研究应对气候变化的成本、花费，同时研究它带来的社会经济效益、经济转型效益和塑造新型社会目标的长期效益。

定性的和定量的研究结果，将有助于使决策者和公众凝聚更高的共识：应对气候变化的减缓和适应战略，引导的是一种新型发展路径，它将从根本上促进经济的长远健康发展。

降低排放与经济繁荣可以同行，不行动会增大成本并面对更大风险。

3　如何实现应对气候变化和经济发展的双赢

二者必须双赢。

同一个宗旨：以人为本。

经济发展是为了人；

---

① “气候经济学”讨论会上的报告，2014 年 7 月 22 日。

应对气候变化也是为了人；
为了今天和后代的人。
二者能够双赢。
在环境容量内发展，在气候容量内发展；
路径：绿色、低碳、循环；
行动：传统产业转型；
发展低碳新兴产业；
倡导健康的消费方式；
实现能源生产、消费革命；
改变单一 GDP 导向，以多维的幸福指数为导向；
……

各国从本国国情出发，将应对气候变化纳入经济社会发展的战略、规划、政策。应对气候变化的花费，将换来更大效益。

国际合作：广泛的、深度的、互利的、具体的（技术的、金融的……）。在这个方向上，世界银行发布的“气候智能型发展”报告、“全球经济和气候委员会”的倡议和“新气候经济”项目，可以说是“所见略同”，有高度共识。

- 气候经济研究对中国的意义：

中国的国情：
（1）人口多，东部人口密度是全球平均值的 5 倍；
（2）人均资源少（水、土地、资源、能源……）；
（3）自然生态环境禀赋脆弱；
（4）环境容量、气候容量显著小于全球平均值；
（5）仍有一亿多贫困人口。脱贫与可持续需同时并举。

气候经济研究对中国意义举例：
a. 促进产业结构有效调整；
b. 助推能源革命：
告别粗放、低效，走向节约、高效；
告别黑色、高碳，走向绿色、低碳。
c. 城镇化进程应努力实现低碳；
d. 空气质量改善与应对气候变化有很强的协同性；
e. 垃圾资源化利用将是一个经济—气候双赢的大产业（光大国际例）；
f. 应对气候变化与中国重大基础设施工程的可持续性。如青藏铁路、南水北调等；
g. 中国已有一个 2020 年和 2050 年经济社会发展的目标，将环境和气候变化作为要素充分纳入战略目标，才能使自身发展可持续，并为人类作出应有贡献。

气候变化问题的深度：应对气候变化与转型发展①

摘　要：化石能源的使用在给人类社会带来巨大进步的同时，也带来了严峻的资源环境和气候变化问题。以美国为代表的发达国家，为了自身的可持续发展和保持其“领先地位”推出了一系列重大的战略性措施，如绿色新政、开发页岩气、继续发展核电、能源自给、再工业化，并试图以“互联网技术与可再生能源的相结合”奠定新的低碳发展基础；发展中国家则普遍提出了“脱贫与可持续统筹平衡发展”战略。全球范围正进行着由工业文明向生态文明的转型，绿色、低碳已成为世界潮流。应对气候变化为发展和进步提供了新的战略要素，我国要敏锐地感受到这个时代的脉动，以务实的行动推动中华民族走上可持续发展的新型道路：①我国正处在转变发展方式的关键期，发展道路的选择至关重要，以过多消耗资源与牺牲环境为代价的粗放发展难以为继。应对气候变化的“减缓”和“适应”战略，为转型发展提供了长远视角和动力。基于对发达国家发展数据的分析，提出了“两类发达国家”的概念，由此理解发达国家并不是同一种发展模式。通过国际比较分析，结合我国国情及后发优势，提出我国应以比两类发达国家更节能更低碳的方式实现现代化。通过对我国客观上面临的“两场竞赛”的分析，说明转变发展方式刻不容缓的紧迫性：今后5~10年，是能否抓住这个新机遇的关键期。②提出我国低碳发展目标及分三步走的实现途径，认为实现低碳目标，并不制约经济的发展，而是促进发展方式转型，使之走上绿色低碳的健康发展之路。③发展方式转型内涵丰富，包括推动我国绿色低碳能源战略的实施，低碳社会建设，农业、林业的发展，垃圾分类资源化利用，城镇化模式的创新等。④推动国家基础设施建设的完善，包括水安全，环境与气候检测体系，智能能源网，基础数据库等。⑤有力带动国家基础研究的进步。总之，应对气候变化可以限制落后产能，推动技术进步；限制粗放发展，促进科学发展；限制环境污染，推动生态文明建设；并带动基础设施的完善和基础研究水平的提高。

关键词：气候变化；发展方式；转型；资源环境；生态文明

国际气候变化谈判的艰难，折射着不同类型国家国内发展的难题，也反映出各国面临如何转型发展的共同焦虑和为迈向可持续发展新境界所作出的理念革新与卓越努力。

---

① 该文根据杜祥琬院士在香山科学会议第465次学术讨论会暨“第三次《气候变化国家评估报告》重点问题凝练与判断”会议上的报告整理而成。

1 世界潮流：绿色低碳

能源问题是一个本源，化石能源的使用带来了社会极大进步，同时也带来了“黑色困惑”，地球越来越难以承受的环境问题和发展的不可持续性，这正是气候变化警示的根本之点。

发达国家如美国是一个典型，它达到相当高的现代化水平，同时养成了一种高耗能、高排放的发展方式：人口占全球约5%，每年消耗着全球近20%的能源，它的人均能耗是世界平均水平的4倍多。如果世界各国都达到美国的人均能耗，就得有4个多地球才能满足。美国的人均CO_2排放至今仍是世界平均水平的3.5倍，历史累积的人均排放也是世界大国中最高的。显然，无论美国有多少优点，它的这种发展方式是不可复制、不可推广的。连美国智库的专家们也承认，美国理应改变这种发展方式，只是由于制度的弊端，一时改不动。美国并非无所作为，为了自身的可持续发展和保持其“领先地位”推出了一系列重大的战略性措施，如绿色新政、开发页岩气、继续发展核电、能源自给、再工业化，并试图以“互联网技术与可再生能源的相结合”奠定新的低碳发展基础。

多哈会议的东道国卡塔尔靠着丰富的油气资源，人均GDP已经达到10万美元，却又是一个淡水比油贵的国家。他们的眼光已看到了化石能源的不可再生性，把气候变化既看作本世纪的主要挑战之一，又作为新型发展的动力，提出了“四个支柱”的可持续发展国家战略：包括经济与能源的多元化、环境保护 、水安全等。卡塔尔科技园始终把效率和可持续性放在做一切事情的核心地位上。

瑞典的垃圾处理也很典型，99%的垃圾可以做到再利用，而不是简单填埋，得益于先进的垃圾处理循环系统：瑞典的垃圾36%回收再利用（如沼气），14%经过生物技术处理成化肥，49%焚烧处理，热电联供，最后只有1%进行掩埋。“垃圾就是能源，4吨垃圾等于1吨石油”，这个数据在我们的实验室得到了验证。垃圾利用已成获利的企业，瑞典提出今后20~30年可摆脱对石油的依赖。

“城市矿山开发”即电子垃圾等城市固体废弃物的资源化利用，已经成为一个新兴的朝阳产业。“美国有5.6万家企业涉及，提供了110万就业岗位，每年毛销售额高达2360亿美元；日本也基于此产业，回收了可观的金、银、钽等金属”（刘鸿亮等《院士建议》）。

应对气候变化也深刻地影响着最不发达国家的发展理念，他们普遍提出了“脱贫与可持续统筹平衡发展”战略：把应对气候变化看作是新的机遇和发展导向，推动绿色低碳产业发展、创造新的市场和就业岗位。

概括起来说绿色经济不仅有利于气候环境，也将驱动经济健康增长。全球范围正进行着由工业文明（黑色文明）向生态文明（绿色文明）的转型。

2 我国转型：历史机遇

2.1 发展方式分析

作为世界上新兴的发展中大国，我国正处在一个关键的历史阶段，发展道路、发展方式的选择至关重要。以过多消耗资源和牺牲环境为代价的粗放发展难以为继。应对气候变化以节能减排为主的减缓战略和以水安全、粮食安全与环境安全为主的适应战略，同“转变发展方式”这条主线高度一致，并且为转型发展提供了一个长远的视角和动力。我国生态环境本底脆弱，干旱半干旱地区占国土面积52%，高寒缺氧的青藏高原达200万km^2，水土流失严重的黄土高原面积64万km^2，石漠化的岩溶地区面积90万km^2。[1]对于我们这样一个生态秉赋比较脆弱，自然灾害频发的人口大国，应对气候变化更不可掉以轻心。

我国是全球PM2.5污染的高值区。今年年初我国遭遇的大范围、长时间的重度雾霾污染天气，是对发展触碰自然底线的警告，它强烈而直观地提醒我们反省自己的发展方式是多么不可持续。当我们为发展成就沾沾自喜时，恶劣的环境、破碎的生态和多发的灾害已经在惩罚着我们。

“问题就是时代的声音”，它在呐喊，也在激发我们的思考和行动。我们是在走一条“新型工业化道路”吗？我们能走出一条“新型城镇化道路”吗？这是我们面临的大考。

我们经常听到“经济与环境两难”的议论或者说“经济与环境有很强的对立性”，也有说“既然要工业化，都要搞类似的建设，发展类似的产业，发展方式差不到哪去，都得先污染后治理。”这些议论不是完全没有道理，但是深入分析一下发达国家的历史和现实即可发现，发达国家还真不是同一种发展方式。

以能源为例[2]，当各国发展到一定程度后，年人均能耗就保持在一个稳定的水平上，这个稳定水平差距很大：第一类发达国家，如美国、加拿大等属于高能耗型，2011年人均能耗超过10吨标煤。第二类发达国家，如日本、德国、法国、意大利等，他们的年人均能耗约为美、加的一半。再说人均用电情况（2011年），第一类发达国家（美、加）约为14000kWh/人·年，第二类发达国家（欧、日）约为7000kWh/人·年，两者也约为两倍之差，我国目前约为3600kWh/人·年（在增长中，暂低于发达国家，但已超过世界平均水平）。这种明显的差异是有原因的：美国人均每年行驶3万km，日本人均每年行驶1.1万km，两国的人均客运终端能耗相差3.6倍；美国人均住房面积62m^2，日本人均住房面积34m^2，两国的人均家庭能耗差1倍。以人均GDP等作标志，两国却达到了相近的现代化水平。这说明，第二类发达国家已经走出了一条比美国较低耗能、较低排放的发展道路。

我国从人口众多，人均资源少，环境容量有限的国情出发，并考虑到后发优势，提出“走新型工业化道路”的思想，意味着我们应该以比两类发达国家更节能更低碳的方式实现现代化，至少不应比它们做得更差。但是，从我国能源和排放增长的势头看，确实存在着比第二类发达国家更耗能、更高碳的危险，值得高度警惕。

如何破解这个难题呢？那就是用“生态文明”的理念指导发展。首先要认清：经济和环境是统一的，这是辩证的统一、根本初衷的统一、长远利益的统一，统一在“以人为本”“经济和环境都是为了人”这个基本宗旨上。具体地说，就是把对自然的开发和消费限制在“环境容量”限度之内，维护自然生态系统的自我修复、自我净化能力。从哲学观的角度说，就是“发展有度”。

调整产业结构和推动能源生产和消费革命是当务之急。常有人说“中国富煤”，其实我国的人均煤炭储量显著低于世界平均水平，中国的煤炭储采比是35，而世界是118。我国煤炭的“科学产能”能力目前只有每年十几亿吨，却生产三十多亿吨，即容忍了十几亿吨的非科学产能。真是应该转向科学发展、低碳发展。

中国没有粗放发展的资本，我国的现代化应该是在守护环境底线基础上精心设计的发展过程。

观念决定未来 。“生态文明、永续发展”不仅是一种新的理论自觉、新的文化启蒙，也是一种有力的实践导向，是把“两难”变“双赢”的钥匙。经历了三十多年高速发展的中国，客观上面临着两场竞赛。一场是国内，转方式的努力与粗放发展的惯性在比赛，看看是否能较快地转向以资源节约、环境友好型社会为方向的科学发展轨道；另一场是国际，在世界范围内的绿色低碳发展的竞赛中，中国能否不落伍、不沿袭老路，尽快占领新的战略制高点，切实迈向生态文明。提高核心竞争力—科技创新能力，逐步转向创新驱动的健康发展轨道。

我国目前所处的战略机遇期的内涵已和改革开放初期有了很大变化，这是“发展方式转变的新机遇”和“深度转型调整的新机遇”。今后 5 ~ 10 年，是能否抓住这个新机遇的关键期。

2.2 低碳目标

把 2030 年前尽早达到化石能源消耗的峰值和排放峰值作为一个国家目标，不仅是应对气候变化和改善环境的需要，更是促进转方式和新型城镇化的具体而有力的抓手，也是一个经过努力可以实现的目标。分三步走实施减排并达峰值的目标：

第一步：2020 年前，积极降低单位 GDP 的 CO_2 排放强度；东部发达地区的 CO_2 排放达到峰值。

第二步：2020—2025 年，实施 CO_2 排放总量控制目标；全国工业部门 CO_2 排放达到峰值。

第三步：2025—2030 年，全国 CO_2 排放总量达到峰值。

基于科学产能和用能的我国一次能源结构可望实现如图 1 所示的情景，CO_2 的几种排放情景见图 2。[3]

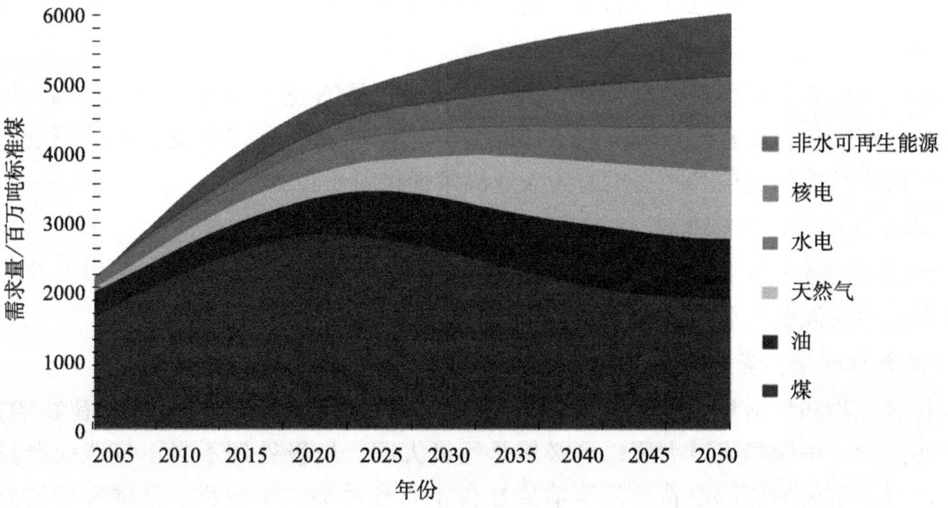

图 1 我国一次能源结构变化的情景

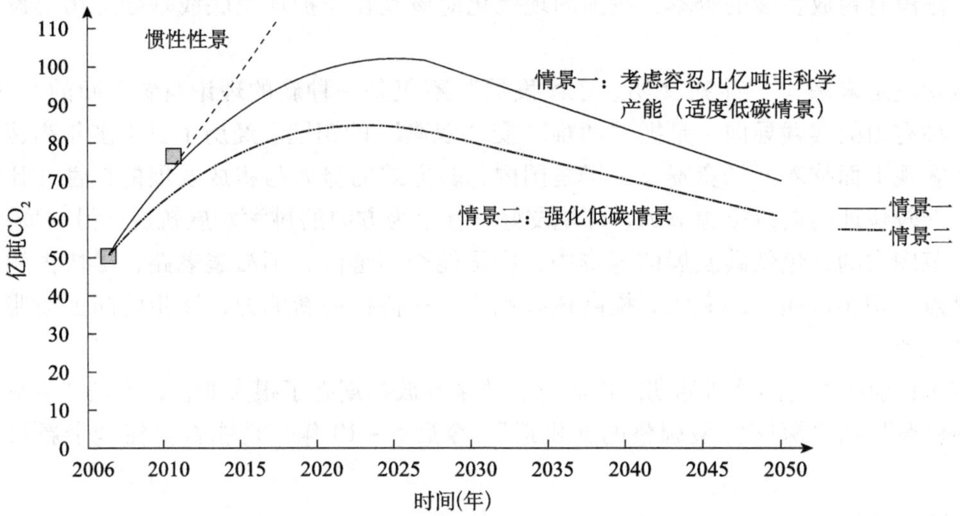

图 2　CO_2排放变化的几种情景

实现上述目标，可以制约粗放发展，推动科学发展，促进发展方式转型，缓解资源、环境制约；推动我国能源体系的变革，乃至革命，走低碳绿色的健康发展之路。实现峰值目标，中国经济在 2030 年前仍有 3.5 ~4 倍增长空间。

2.3　为加快转变经济发展方式带来机遇

1. 推动我国实施绿色低碳能源战略

这个能源战略的要点第一是节能，第二是化石能源的高效、洁净化利用，第三是发展非化石能源。这些战略要素既导致绿色，又导致低碳，是经济-环境双赢的战略。

2. 推动低碳社会建设

低碳社会的基础是低碳社区和低碳村镇。需要从最基层建立：碳核查体系、低碳评价标准、低碳指标体系、相应的组织和制度。对我国城乡的文明进步影响深远。

3. 适应气候变化的农业

气候变化对农业的影响是复杂的，变暖对农业可能有正、负两方面的影响。但如果是发散性的变暖趋势，反常气候和灾害天气增多，则可能对农业带来灾难性的影响。研究这些影响、研究可能的适应和减缓措施为农业决策提供科学依据。

4. 减缓气候变化的林业

中国的可持续发展、人民对环境宜居的诉求，要求保护和发展林业，以及草原、湿地等，这和应对气候变化要求发展碳汇的方向完全一致。

5. 促进垃圾分类资源化

农林废弃物和生活垃圾的就地焚烧和简单填埋是温室气体和可吸入颗粒物的排放源，地下水污染源。中国是人口大国，也必然是垃圾大国，垃圾处理不当不仅造成严重的环境问题，而且是重大的资源浪费，甚至造成社会矛盾和冲突。走绿色、低碳发展道路，必须在全社会倡导垃圾的再利用，根本出路是做好源头分类和资源化处理，这将带动一系列技术进步，甚至培育出一个很大的产业。

6. 创新城镇化模式

应对气候变化也为我们提供了一个思考的视角。全球一半多人口居住在城市，消耗了全世界75%的能量，排放出全球80%的温室气体。城市，尤其是大都市是全球变暖和环境恶化的始作俑者和牺牲品。存在的问题是：贪大求快，低成本扩张倾向，对环境容量缺乏全局性、前瞻性评估，基础设施滞后，公共服务缺失，社会保障不强，对生态环境投入不足。地上的靓丽和地下管网基础设施不到位，是一种不协调。出路在于：不宜把重点放在几个大都市的发展，而应以建设宜居的中小城镇群为重点，以利于人与自然和谐，城乡和谐和应对灾害，并使人们有可能得到尽可能公平的公共服务。

2.4 推动国家基础设施建设的完善

1. 完善水安全基础设施是重大战略

气候变化可能对中国的水安全提出新的挑战，由此提出加强水安全基础设施建设的策略群：节水工程、留水工程、水质保护和污染治理等。

2. 环境与气候监测体系的完善

国家需要建立完善的对污染排放的监测，对温室气体的监测，对气候的监测和生态、环境的监测。完善这个监测体系对我国的可持续发展提供自然环境及其趋势的信息，也可更主动应对国际MRV的磋商。

3. 将气候变化因素纳入环境评价体系

必须把温室气体纳入空气质量评价体系，把环境质量作为科学发展的重要指标，也必须把环境质量作为各级政府政绩考核的重要指标。

4. 广义智能能源网建设

考虑到气候变化以及风能和太阳能的比重会逐步提高，我国智能电网除提高对电源侧和用户侧的实时监测、智能调节、风险防控和应急处置能力外，也宜考虑把气象、气候监测网与电网联动起来，发挥它们对天气的“侦察”功能，也发挥它们对太阳能、风能电源侧的预测、预报功能，以及对灾害天气的预测、预报功能。电网与气象网结合，形成“测、报、防、控、抗、救”完整的防灾减灾体系链。进一步形成电网、气象网、水网、天然气网、供热（冷）网相结合的互动、高效、现代化的国家基础设施—广义智能能源网。

5. 基础数据库的形成和发布能力建设

这一基础工作的完善和能力的提高，不仅会增强我国在气候变化和各种国际领域中的话语权，也是国家进步的重要标志之一（见图3）。

2.5 有力带动国家基础研究的进步

围绕人类生存环境可持续性，认识和应对气候变化提出了广泛而丰富的基础研究课题，可有力带动基础研究水平的提升，促进原始创新和学科交叉，支撑科学发展，引领未来，并强化我国在国际科学界的话语权。如：基于大气科学的可持续地球综合模拟，地理工程学，海洋与气候学，冰雪研究的多重意义，陆地与气候的相互作用，气候变化中的生命和生态系统，创新二氧化碳捕获与利用技术（CCUS）。

总之，应对气候变化：限制落后产能，推动技术进步；限制粗放发展，促进科学发展；

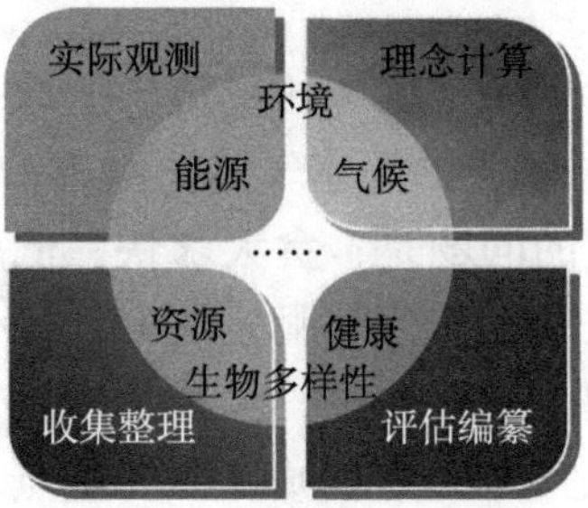

图3 基础数据库的构成

限制环境污染，推动生态文明。并带动基础设施的完善和基础研究水平的提高。

3 结语

应对气候变化为发展和进步提供了新的视角和战略要素。对气候变化认识上的某些质疑，有益于研究的深入和认识的深化。然而重要的是，科技工作者有责任严肃而科学地正视气候变化这类与全球未来命运攸关的重大挑战，不要让某些不确定性的争议模糊了科学发展的方向，障碍了行动的脚步。

应对气候变化是关系国家和全人类宏观发展的重大问题，让我们敏锐地感受到这个时代的脉动，以务实的行动推动中华民族走上可持续发展的振兴之路，把美丽中国之梦变成现实，并对人类的文明进步做出更有份量的贡献。

参考文献

[1] 傅伯杰．在中国科协2013年年会上的报告．2013-05，贵阳．

[2] The World Bank. World developmentindicators [EB/OL]. http://data.worldbank.org.cn/indicator/all.

[3] 中国工程院．中国能源中长期（2030、2050）发展战略研究［M］．北京：科学出版社，2011.

An In-Depth View of Climate Change: Addressing Climate Change While Making a Transition on Development Mode

Abstract: While fossil fuels make a great contribution to human society, they bring grand challenges in resources, environment and climate change. Developed countries like the United States, formulated strategic measures to ensure its sustainable development and leading position in the world. These include green new policies, development of shale gas, revitalization of nuclear power, energy independent, reindustrialization, and new low-carbon development based on a combination of Internet technology and renewable energy. Developing countries are also trying to introduce balanced strategies of poverty alleviation and sustainable development. Globally, industrial civilization is transforming to ecological civilization and green, low-carbon is a global trend. Addressing climate change provides new strategic elements to development. China should take substantial actions to put sustainable development in a new path: ① China is in the key stage of changing its development mode, so it is vital to choose appropriate development path. The extensive development has paid a high cost in consuming too much resources and scarifying environment. Mitigation and adaptation strategies for addressing climate change can empower the transition of development. Based on the analysis of the development data of developed countries, the author introduces the concept of "two-type developed countries" with an understanding of not all developed countries take the same development mode. The article also holds the view that China should achieve modernization in a more energy-saving and more low-carbon way than that of two-type developed countries. Analysis of "two competitions" China is facing shows that changing developing mode is urgent and China should grasp this opportunity in the next five to ten years which is a key period for this transition. ② The paper discusses the low-carbon development goals and three-step way. Low-carbon development does not necessarily restrict economic development. It, however, can expedite the transition of development mode and this is a low-carbon and green development path. ③ Transition of development mode includes implementation of China's green and low-carbon energy strategies, low-carbon society construction, development of agriculture and forestry, garbage sorting and utilization, and innovation of urbanization, etc. ④ Improvement of national infrastructure construction includes water safety, environment and climate monitoring system, intelligent energy web, and basic database, etc. ⑤ Addressing climate change can significantly improve the nation's basic research level. In summary, it restricts backward production capability, extensive development, and environmental damage while promotes technological advancement, scientific development and ecological civilization.

Key words: climate change; development mode; transition; resources and environment; ecological civilization

关于北京的低碳、可持续发展[①]

1　关于北京的长远发展战略

北京多年来已形成“各类资源太集中，一个中心摊大饼”的发展模式，且地处人口密度数倍于发达国家的中国东部环境中，北京市发展的可持续性存在困难。发展道路的选取至关重要，发展方式的变革已迫在眉睫。

要着眼“美丽北京、未来北京”，响应国家建设“美丽中国”、推进“绿色发展、循环发展、低碳发展”的号召，深入研究历史形成的北京发展模式的问题，针对存在的“城市病”，设计一个“科学、可持续发展的北京未来情景”，并通过稳妥的、有步骤的全面改革努力实现。

可以研究：形成几个社会资源和公共服务相对均衡的“城市星座”，京、津、冀统筹，几个星之间有适当的距离，不仅可以减少日常的流动性，又可扩增环境的容量，并逐渐形成“多星”，取代一个中心。

2　关于煤和气

导致空气污染事件的污染气体与应对气候变化要求减排的温室气体基本同根、同源，因此，从近期和长远两个角度看：改善空气质量和应对气候变化是协同一致的。为此，要重点改造非发电的煤炭直燃，煤电厂也要进一步提效减排；（有限的）气主要应用于替代非发电燃煤。

3　关于低碳交通

采用经济手段和行政手段，切实限制小汽车增速，特别是限制大排量和豪华车数量增长。进一步鼓励绿色低碳出行，提倡公交和自行车。

4　关于可再生能源

在郊县、区发展分布式能源，认真推广生物质能利用。进一步将垃圾减量化和分类资源化利用工作向前推进，形成产业链，变废为宝，增加就业，改善城乡环境。

---

① “北京市应对气候变化专家委员会第三次全体会议”发言，2014 年 1 月 2 日。

5 关于低碳建筑

提倡和推行“住房建设精装修”，逐步减、禁户户装修带来的巨大能源、资源浪费及环境污染。对空置房情况进行调研、透明和政策性制约，防止重复和过度建设。

6 对碳交易试点进行总结、分析、改进、推广

研究碳税等政策问题；
在北京推行低碳社区、低碳乡镇试点。

7 适应气候变化，应对气候变化

防灾减灾，需认真规划落实，加强北京市地下排水、排污、留水的基础设施和工程建设；推进广义智能能源网建设，构建“测、报、防、控、抗、救”完整的防灾减灾体系和能力。

应对气候变化与转型发展[①]

化石能源的使用是人类从农耕文明进化到了工业文明，带来了很大的进步。但是同时也带来了严峻的资源环境和气候变化这样的问题，现在全球各国都在寻求办法来应对这样一个全球的危机，比如说像以美国为代表的发达国家，为了自身的可持续发展出台了一系列的战略性的措施。比如说绿色新政，还要发展页岩气，继续发展核电，另外还要实行能源的独立，来试图把可再生能源跟互联网连起来，来支撑美国的这样一个可持续发展，这是一个很有代表性的像奥巴马绿色新政就是这样的。

一些发展中国家，即便是非常贫困的欠发达国家也提出了脱贫和可持续发展统筹平衡这样一个发展战略。可以说全球范围正在进行着由工业文明向生态文明的转型，尽管气候变化还有若干不确定性，但是绿色低碳已经成为世界潮流，这一点是非常明确的。

在某种意义上，应对气候变化为发展和进步提供了新的战略要素，中国正在感受这个时代的脉动，以务实的行动来推动中华民族走上一个可持续发展的新型道路。

1　中国现代化不走美国道路

中国正处在一个转变发展方式的关键期，这个时候发展道路的选择至关重要。过去 30 年发展是很大的，但是以过多消耗资源和牺牲环境为代价的粗放发展难以为继，因而应对气候变化主要是要适应，这样一种战略可以说为转型发展提供了长远的新的视角和新的动力。

基于对发达国家发展数据的分析，我们提出了两类发达国家的概念，由此可以理解发达国家并不是同一种发展方式。很多人觉得要发达都差不多，都要先污染后治理，先排放后减排。实际上，情况并不完全是这样的，发达国家也不完全是一个模式。从人均能耗来看，发达国家发展到一定程度之后，人均能耗趋于稳定，但是这个稳定值差别很大。我们把以美国、加拿大为代表的，叫做第一类发达国家。这些国家每年人均能耗大概是 10 吨标准煤，而欧洲和日本各国，他们人均是 5 吨标准煤，相差了差不多一倍，这是人均能耗。

从人均电力消耗来看，情况也非常类似，美国、加拿大这一类发达国家人均大约是1.4 万度电，而日本和欧洲大约是 7000 度，又是差了一倍左右。从排放来看，在美国和加拿大，人均的二氧化碳排量是每人排放 18 ~ 19 吨，相比之下，欧洲和日本这些国家6 ~ 9吨，差了不止一倍。

欧洲、日本这些国家的发达水平跟美国、加拿大是非常相近的，大约都是人均四五万

---

① 本文由中国气候传播项目中心供稿，中国人民大学新闻学院博士生叶俊整理。

美元，发展到同样水平，但是人均能耗、人均排放能相差一倍以上，这个情况值得我们深入思考：我们要向美国人那样发展吗？那样人均能耗吗？那样去排放吗？美国的人口不足世界的5%，每年消耗世界将近20%的能源，这是一条不可推广的道路。全世界的人口是美国的20多倍，如果人均能耗像美国这样，这20%要乘上20倍就需要4个地球，这就表明中国应该显著低于美国这样水平实现现代化。我们要实现现代化，但是不要完全走美国这样能耗，欧洲、日本相对美国做到了比较低耗能的情景。

2 以更低碳的方式来实现现代化

通过前面国际比较分析可以看出，中国是在21世纪的发展有后发优势。现在有了更多新能源的概念，节能技术，信息技术，这些会帮助我们更高效的利用能源。所以我们应该比两类发达国家都更节能，更低碳的方式来实现现代化。所以中国提出走新兴工业化道路思想很对，但是我们现在并不是走的很清晰的道路。

中国现在面临着两场竞赛。第一场在国内，即我们已经意识到不平衡、不协调、不可持续发展方式要转变。现在，转变发展方式的努力和粗放发展的惯性在较劲。能不能有效的转变发展方式，转变到一个以资源节约，环境友好为导向的这样一种发展方式，这是一场国内的竞赛。

第二场竞赛就是国际。无论是发达国家还是发展中国家都在比赛，看谁做得绿色、低碳、可持续，这是一场国际竞赛。中国能不能在这场竞赛里面不要沿袭过去老路，而能够走出一条不要落后的新型道路来。

2011年，中国GDP大概占世界的10%，而我们的能耗却占了当年全球总能耗的21%，这个数据说明了中国的单位GDP能耗比世界平均水平高出一倍。而人均的能耗也达到了世界平均水平，并且还在增长。

以PM2.5为例，从东亚到西亚到北非都很严重，最严重的是中国的东部。这说明我们发展的方式如何的消耗资源和污染了环境，上述两场竞赛，说明我们转变发展方式刻不容缓，今后5到10年是我们能不能抓住这个新的机遇期的关键期。

要实现国家低碳发展的目标，要分步走来实现。在强调低碳发展的时候，有一些地方以为低碳发展会制约经济发展，这是不对的。低碳发展并不是制约发展，而是要促进发展方式的转型，从而走上绿色低碳的健康的发展道路。

我们可以三步走。第一步，在2020年前降低单位GDP二氧化碳排放强度；第二步，2020年以后应该开始对二氧化碳排放的总量有所控制，而不光是单位GDP的控制；第三步，到2030年左右，达到二氧化碳排放的峰值，然后开始下降，应该有这样三个步骤来实现中国低碳发展的目标。

转变发展方式的内涵非常丰富。它不光是推动我们经济的健康发展，也推动了绿色低碳能源战略的实施。目前，中国能源结构在全世界可以说是最高碳的，它的煤占了68%，石油占18%，比世界其他国家高谈化石能源都高，所以要转变中国的低碳、绿色能源的新的结构。

发展低碳经济，我们要有适应气候变化的农业，减缓气候变化的林业。要处理好垃圾问题，垃圾处理好就是资源，处理不好就是环境问题、社会问题。不管是农村，还是城市，处理好垃圾问题，是改善环境、应对气候变化的战略性工作。发展低碳经济还涉及城镇化问题，如何在城镇化的同时，保持一个绿色低碳的发展，是我们面临的一个巨大挑战。

3 气候传播在应对气候变化中的重要作用

应对气候变化，要保证水的安全，粮食的生产，环境和气候检测体系的建立，智能电网发展，以及基础数据等，并且有利的还会推动带动国家基础研究的进步。我们要限制一点落后的产能，比如说过多的高耗能产业的发展要限制，但是要推动技术的进步，限制粗放的发展，要促进科学的发展，要限制环境的污染，推进生态文明建设。

应对气候变化，传播气候变化专家的观点，积极地向全社会传播气候变化的科学知识，使其认识到应对气候变化对社会发展有促进作用。这就需要气候传播研究发挥重要作用，我们认为，气候传播的重要性包括以下 3 个方面：

第一，气候传播要帮助人们科学认识气候变化。这包括 3 个层次。首先是对于科学变化本身事实的认知；其次是气候变化的原因；第三是气候变化产生的后果。这些问题都要让人们弄清楚，这是科学认识的第一个层次。

第二，气候变化的不确定性和确定性，需要气候传播。IPCC 报告讲到不确定性，但是确定性讲的也是非常明显的，即人类确实面临着一个风险。

第三，气候变化的时空变化需要气候传播。气候变化的原因和后果，有一个时间和空间的变化。从时间上讲，比如古代、现在、未来是一个什么样变化规律？从空间来说，全球性的国家性的，高纬度地区、低纬度地区有什么差异？又有什么共性？对这些问题的科学认识，需要气候传播发挥更好作用。

此外，气候传播还要传播、推动国际合作，建立合理的全球的气候制度。比如，国际气候谈判，气候传播可以发挥自身功能，为争取合作共赢的结果做出贡献。

（发表于《新闻研究导刊》，2013 年第 11 期，p. 13）

转型发展不能走发达国家老路[①]

应对气候变化的实质要转变我们的发展方式。全球范围正在进行着由工业文明向生态文明的转型，尽管气候变化还有若干不确定性，但是绿色低碳已经成为世界潮流，这一点是非常明确的。

应对气候变化为发展和进步提供了新的战略要素。我们基于对发达国家发展数据的分析，提出了两类发达国家的概念，由此可以理解发达国家并不是同一种发展方式。很多人觉得要“发达”都差不多，都要先污染后治理，先排放后减排。我觉得不完全是这样，发达国家事实上也不完全是一个模式。

从发达国家的人均能耗图来看，他们发展到一定程度后，人均能耗趋于稳定，但是这个稳定值的差别很大。以美国、加拿大为代表的第一类发达国家，现在每年的人均能耗大概是 10 吨标准煤，而欧洲和日本各国的第二类发达国家人均能耗为 5 吨标准煤，相差接近一倍。

在发达国家的人均电力消耗上，情况也非常类似。美、加一类的发达国家人均消耗约 1.4 万度电，而欧洲和日本大约是 7000 度，又差了一倍左右。

再从排放情况看，美、加人均二氧化碳年排量为 18 ~ 19 吨，欧洲和日本这类国家只有 6 ~ 9 吨，相差不止一倍。

这就是发达国家的现实情况。欧洲、日本等国的发达水平与美、加非常接近，人均 GDP 都在四五万美元左右，但同样的发展水平，其人均能耗和排放相差一倍甚至更多，这一点值得我国思考。美国的人口不足世界的 5%，每年消耗世界将近 20% 的能源，这是一条不可推广的道路。相对美国，欧洲、日本做到了比较低耗能的情景。我们要实现现代化，但不要完全走美国的道路。

中国自有后发优势。现在有了更多的新能源、节能技术、信息技术，这些可以帮助我们更高效地利用能源，所以我们应该以比上述两类发达国家都更节能，更低碳的方式来实现现代化。中国提出了走新型工业化道路，但这条道路我们现在走得并不清晰。

实际上，我们现在面临着两场竞赛。一场在国内，转变发展方式这种努力和粗放发展的惯性在较劲，这是国内的竞赛。第二场竞赛就是各个国家，无论发达国家还是发展中国家，都在比着做得更绿色、低碳可持续，这是一场国际竞赛。

2011 年中国 GDP 约占世界总 GDP 的 10%，能耗却占了当年全球的 21%。从 PM2.5 这个环境代表性数据可以看到，我们的发展方式是如何消耗资源和污染环境的。

---

① 本文根据杜祥琬院士在 2013 气候传播国际会议上的发言整理成文，未经本人审阅。

以上这两场竞赛说明，我们转变发展方式刻不容缓，今后 5 ~ 10 年是能不能抓住这个新机遇的关键期。

转变发展方式的内涵非常丰富，它不光推动我国经济持续健康发展，也推动我国绿色低碳能源战略的实施，还是创新城镇化模式所要应对的一个巨大挑战。所谓新型工业化道路能否真正创新，这是中国经济发展面临的一场大考。

（发表于《中国能源报》，第 001 版，2013 年 11 月 11 日）

人类不能指望四个地球

低碳发展并不会制约中国经济的发展，而是促进发展方式的转型，使之走向一个更绿色、低碳、健康的道路。

“应对气侯变化的实质是推动人类发展的低碳道路，实现人类的可持续发展。”国家能源专家咨询委员会副主任、中国工程院原副院长杜祥琬院士指出，“发展并非只有一条路，高碳高耗能并不是现代化的必由之路，中国能否走出一条低碳的新型道路，这是当前面临的大考。”

杜祥琬是在 11 月 28 日第四届地坛论坛做上述表示的。

气候变化是一个全球性的重大环境和发展问题。美国加拿大的人均二氧化碳排放量是每年 18 ~ 19 吨，而欧盟、日本的人均排放量是 6 ~ 9 吨，中国的排放量虽然没有这么高但是在不断增长。眼下，应对气候变化正在成为各国可持续发展的重要内容，将对各国的能源资源战略产生直接影响，而且将涉及经济社会发展的一系列战略性选择问题。尽管对气候变化的认识已有大量科学依据，但仍然存在一些质疑和不确定性。应该明确对低碳发展的认识。低碳发展并不会制约中国经济的发展，而是促进发展方式的转型，使之走向一个更绿色、低碳、健康的道路。

首先，发展并非只有一条路，高碳高耗能并不是现代化的必由之路。发达国家的数据表明，发展到一定程度之后，人均能耗就在一个比较稳定的值不再增长，甚至下降。但是这个稳定值差距非常明显，根据稳定值，可以将发达国家分为两类。

一类是美国和加拿大等发达国家；另一类是欧洲一些国家和日本。前一类现在人均能耗为每年约 10 吨标准煤，而后一类是每人每年 5 吨标准煤，相差一倍。如果从人均用电情况看，美国、加拿大这些国家，约为每人每年 13000 ~ 14000 千瓦时；欧洲和日本约每人每年 7000 ~ 8000 千瓦时，相差也是一倍。另外交通，美国的人均行驶大约 3 万公里每年，日本是 1. 1 万公里，但是人均客运能耗相差 3 倍多。住房方面，美国的人均住房 62 平方米，日本是 34 平方米，两国的能耗相差一倍。

上述这些国家的发达水平差异不明显，人均都到了四五万美元的发达国家水平，但是为什么消耗能量差别这么大呢？可以说欧洲和日本已经走出了一条相对美国来说比较低耗能、低排放的道路，根据数据能够充分说明。

美国的人口占世界总量的 4. 5%，却消耗每年能源总量的近 20%，中国人口是美国的 4. 4 倍，如果人均能耗与美国一样，就要消耗世界九成的能源，如果全世界都达到美国的能源消耗水平，人类需要 4 个地球，这是不可能的事情。

再说欧日模式，目前欧洲和日本的经济水平达到与美国相等的现代化水平，但耗能、耗电却只有美国的一半。按此标准计算，中国的能源消耗总量也只有不到一倍的增长空间。

根据我国国情，第一，人均资源短缺。第二，环境容量有限。第三，我们有后发优势。我们比他们当年有更好的信息技术、新能源技术等。因此，我们国家理应不比欧洲、日本更耗能、更高碳。

但是从目前的势头来看，我们要警惕高碳的危险。要严格执行国十条，严格控制煤和石油的消费总量，并且让它能够节约利用，将低碳作为制度性的考核指标。

污染排放和温室气体排放，这是两个不同的概念。但是它基本同根同源。从北京市的 PM2.5 的几个源头占的比例可以看得非常清楚，基本上还是来自于燃烧。环境容量不足、气侯容量不足，已经是客观存在的大自然的制约。对中国而言，节能减排之所以要成为国家的战略，首先因为自己的资源环境的制约，也是中国自身可持续发展的内在需求。

中国东部城市的碳足迹拉高了全国人均的碳排放。全国人均大概是每人每年 6 吨二氧化碳，东部城市，像北京、上海、青岛等等都超过了 10 吨，超过了欧洲和日本各国的人均排放水平。而现在很多中部和西部城市都眼睛盯着东部，向东部看齐。如果完全沿用东部的发展路径，必然这个结果会是高碳。现在我们否认水平已经接近了欧日各国的水平，东部还要更高一点。长期依靠高耗能的扩张，保证 GDP 的增长，这不是新兴的工业化道路，也是不可持续的。

城镇化是现代化发展的必然趋势，但是它应该是现代化和农业现代化的必然结果，而不是刻意造城。城镇化率并不是越高越好，更不要攀比城镇化率。发展是为了人，城镇化也是为了人，这一点很清楚。如果损害了广大人群的健康和生命，那就违背了发展的初衷。所以，我们需要恪守发展的哲学，发展有度，在环境容量内发展。城镇化能否走出一条低碳的新型道路，这是当前面临的大考。

中国应该保留几亿人的美丽乡村。城镇化的速度也不是越快越好，快是双刃剑，快就有很多标准、监管和质量跟不上，就会有病态的发展。城市并不必然使生活更美好，城市也有可能使生活更苦恼。追求美好，避免苦恼，取决于城镇化的发展模式是否能够做到低碳、宜居，是否能够使公共服务趋于均等化。

低碳建筑是低碳的根本要素。短寿命的高碳建筑增加了能耗，摩天大楼不符合中国的发展模式，大量的空置房使宝贵资源固化为无用之物。我们看到地上的水泥森林拔地而起，而地下的发展相对滞后，应对气侯变化、自然灾害能力有缺失。所以要发展建筑工业化，打造建筑行业的升级版。交通也是碳排放一个重要要素。要推行绿色低碳交通体系建设，这里面有结构性的问题，也有技术性的问题。

中国是一个人口大国，必然有大量的垃圾排放。中国的垃圾年产大约 1.5 亿吨，每年增长 10%，超过 1/3 的城市遭受垃圾围城。在农村垃圾产生的问题也很严重。垃圾绝大部分是可以回收利用的，垃圾的回收使用应该是将来美丽乡村的重要产业，是一个重要链条，而且是低碳发展、吸纳就业的一个大手笔，将来可以大有作为。

西部大发展，应该理解为科学发展。西部的开发要走新型道路，不重蹈先污染、后治理的老路，这是我们面临的最现实的问题。全国正在做 40 多个城市的低碳试点。而这个低碳试点是以低碳经济为基础的低碳社会与低碳社区、低碳乡村、低碳企业作为细胞的。如果低碳试点的工作做得扎实有成效，并且推广的话，意义会非常深远。

低碳城市试点要把行政手段、经济手段，比如碳交易、碳税等经济手段结合起来，深化低碳试点。如果沿着这个方向深入发展，将会深刻改变人们的理念，提高社会人的素质，在构建文明社会的过程中，将会发挥非常重要的作用。

（发表于《中国经济和信息化》，2013 年第 23 期，p. 57）

应对气候变化战略的科学性

气候变化是一个全球性的重大环境和发展问题。应对气候变化正在成为各国可持续发展的重要内容，将对各国的能源资源战略产生直接影响，而且将涉及经济社会发展的一系列战略性选择问题。尽管对气候变化的认识已有大量科学依据，但仍然存在一些质疑和不确定性，而应对气候变化却必须有一个确定的战略，采取实际的行动，这些行动必须建立在科学判断的基础上。为此，厘清对气候变化科学性及其不确定性的认知，有利于进一步取得科学共识，坚定积极应对气候变化的政策取向。

1 对气候变化科学认识的简析

首先分析对气候变化的科学认识有哪些主要共识和差异，是否存在"不确定中的确定性"。

1.1 差异

（1）对气候变化现象的认知。以 IPCC 为代表的主流认识是：气候变暖和反常气候活动增加是气候变化的两个基本趋势，变暖是一个全球范围的总趋势，它在空域的分布上并不均衡，在时域的变化上也并不单调，而是波动式上升的。这个认识是以科学观测得到的大量科学数据为依据的。有些学者对变暖是不是主要趋势提出质疑，也能举出一些依据。但从科学界已掌握的全球观测资料看，确定近百年全球变暖的总体趋势应是没有问题的[1]。

（2）对气候变化原因的认识。导致气候变化的原因既有自然的因素又有人类活动的因素，主流的认识是：近代（特别是近百年来）气候变化的主因是人类活动的温室气体排放增加导致温室效应增强所致。另一些学者则认为自然因素是主因。这里有一个确定的事实是大家都不否认的，即全球的观测表明：近 200 多年来，全球大气中的 CO_2 浓度在逐步显著增加，而这一点显然与人类大量利用化石能源等人为因素相关。尽管对 CO_2 的温室作用及其导致升温的敏感度还有不同的估计，对气候变化后果的严重程度也有不同的预测，但没有人否认大气中 CO_2 浓度明显增加的事实，没有人主张 CO_2 浓度继续增加下去。

（3）对气候变化后的认识。变暖对农业和生物生存环境的影响有利有弊，但持续的变暖特别是在短期内变暖过快可能导致弊多利少。而反常气候导致灾害增多已经是各大洲都难以幸免的客观事实，防止走向导致灾变的临界点，是人类共同关注的重大问题，也是人类共同利益的所在。

1.2 共识

对气候变化的科学认识存在差异，客观上反映了气候问题的复杂性、气候研究手段的有限性、人类认识的局限性。人们的认识会不断深化，但可以预计，质疑、分歧和认识的不确定性还会长期存在。尽管如此，在这个复杂的问题上，也存在着几点重要的共识和确定性：

（1）能源和其他自然资源的制约要求我们建设资源节约型社会，目前中国能源结构化石能源占90%，节能本身就有减少碳排放的直接效果。要节能是大家的共识，没有人主张高碳发展。

（2）中国面临严峻的常规污染治理需求（世界卫生组织公布的世界91个国家城市空气质量检测报告显示，中国是倒数第15名）。大家都主张减少污染排放，赞成绿色、环保。绿色（环保）要求减少污染排放，低碳要求减少温室气体排放，虽然污染排放和温室气体排放是两个不同的概念，但它们同根、同源、同步，在能源结构以化石能源为主的情况下，走向绿色和走向低碳要采取的实际行动却是高度一致的。

（3）反常的极端天气气候事件增加是全球人们共同的切身感受，必须积极采取措施防灾减灾是重要的共识，符合各国的利益，而且时不我待。简言之，节约资源、保护环境、降低气候风险三者并行不悖。这些重要共识是采取确定的应对行动的思想基础。

2 应对气候变化国家战略的科学性

中国应对气候变化的措施，实质上是经济-环境双赢、绿色-低碳双赢的行动，同时也为今后更大强度的减排和适应进一步的气候变化作好技术和发展方式的准备。这是一种经得起时间推敲的、历史无悔的战略。在国际气候界，这些措施被表述为以下2个方向。

2.1 减缓

以节能减排为主的，包括增加非化石能源比例、增加森林土地碳汇等措施的减缓气候变化的行动。在化石能源仍占据重要地位的阶段，节能行动直接带来3方面的效果：①对不可再生的煤炭和石油等资源的节约；②减少化石能源开发和利用过程中的环境影响和污染物排放，包括SO_2、可吸入颗粒物等危害人体健康的污染气体的排放；③减少CO_2为主的温室气体的排放。这个“一石三鸟”的效果是同时产生的，它很好地表明了绿色环保和低碳发展在方向上的一致性。减缓行动还包括保护和增加碳汇，包括培育森林、草地等绿色植被。这一行动也同时产生双重效果：保护生态与水资源、绿化环境、净化空气的作用和吸收CO_2的碳汇作用，它从另一侧面印证了绿色和低碳的同向性。发展非化石能源不仅会缓解能源供应的压力，并且会改善能源结构。因此，尽管对气候变暖的趋势与温室气体的作用存在歧见，节能减排（及护育森林等）应该是一个确定无疑的国家战略。极而言之，即使把气候变化完全归因于自然因素，节能减排等也仍然是国家健康发展的实际要求，是一个不可撼动的国家战略，这是一种战略上的确定性。

2.2 适应

以建设防灾减灾的基础设施和提高人类及生物适应气候变化的生存能力为主要内容的行动。中国是一个水旱等自然灾害频发的国家，人均水资源和土地资源十分有限，改善防洪抗旱的基础设施，从技术和管理上强化水安全战略，已成为迫切的实际需求。同时，在有限的土地上为中国提供充分的粮食和其他农林产品也面临着不断改进品种、土壤和栽种技术，适应气候变化的长期任务。生物进化的历史告诉我们，人类和动植物具有不同程度的自我塑造以适应渐变的生存环境的能力，对此如果能有更深入的规律性认识，则人们就可以更自觉地去提高这种适应能力，改进保护生命健康的社会体系，更有意识地保护生物多样性，创新适应气候变化的农业。再者，适应气候变化必然要求人与自然的关系更加和谐。为此，需创新城市化的模式，把优化（至少不恶化）生态环境作为城市化的优先考虑，体现以人为本，以人的可持续发展为本；通过优化产业结构和发展循环经济，遏制大气、水和土壤受到污染的态势，使天人友好。这些原本就要持续努力的事业和适应气候变化的措施完全一致。适应气候变化，从本质上说，就是增强人类在不断变化的气候条件下的可持续生存和发展的能力。显然，对气候变化认知上的不确定性并不影响“适应战略”的确定性。

其实，节能减排也好，改善和建设防灾减灾的基础设施也好，本来都是国家科学发展的内在需求，是国家可持续发展战略的有机组成部分。只是从应对气候变化的角度表述为“减缓战略”和“适应战略”，或者说，客观上顺应了应对气候变化的需要。2007 年发布的《中国应对气候变化国家方案》提出的应对气候变化的总体目标，是“减缓”与“适应”并重的。这一目标也体现了国家可持续发展的需求和应对气候变化要求的一致性。

以上讨论说明：应对气候变化的国家战略源于对中国与全球现实的分析和科学发展的客观需要，它有着坚实的理论基础和战略上的确定性与科学性，它从应对气候变化这个角度，推动转变发展方式，调整产业结构，完善基础设施建设。

3 应对气候变化战略的深远意义

气候变化是一个长时间尺度的全球性问题。应对气候变化的“减缓”和“适应”战略，在中国发展的现阶段，对推动国家走绿色、低碳发展道路起着现实的作用，它限制落后产能，助推技术进步；限制粗放发展，促进科学发展；限制环境污染，推进生态文明。不仅如此，应对气候变化对国家乃至人类的长远发展将有着十分深远的影响。

对全球气候变化及其后果日益深刻的认识，正在引发人类对自身的发展方式的深思熟虑和新的觉醒。气候变化警示我们：人类赖以生存的自然体系正承受着巨大压力，必须对可持续发展的长远目标和实现这一目标的战略路线图，有一个更为清醒的科学的认识。14 亿人口的中国将在 2050 年实现的国家现代化的第三步战略目标，不能只是“人均 GDP2 万美元”这样一个经济增长数量指标，还必须达到作为基本生存条件的环境是宜居的；作为经济基础的农业是适应气候变化的；作为发展基础的能源体系的结构、质量和“颜色”将发生革命性的变革；作为发展动力的科学技术的创新能力和水平达到国际先进；作为社会主体的人的健康、文明和受教育水平应有显著提高等。以能源为例，2050 年前的 40 年是能源体系的转型期，从现在比较粗放、低效、欠安全、高排放的体系，转型为节约、高效、洁净、安全、多元的现代化能源体系，2050 年非化石能源和天然气等洁净能源在一次能源结构中占到约 50%；而 2030 年前的 20 年，是这个转型期中的攻坚期，使转型所必须的一系列重大问题得到基本解决；2020 年前的 10 年，是完成攻坚任务的关键期，是全面转向科学发展的关键期[2]。想得更长远些，中国能源将由目前化石能源为主，逐渐走入一个持续约百年的多元结构阶段，最终走向非化石能源为主的永续发展。

为了实现这样的长远目标，我们的战略路线图首先必须抓住转变发展方式的战略机遇期，从依靠低端产业的扩张，转向更加注重质量和效益，发展新的增长点，争占新的战略制高点；资源（包括水资源、土地资源、矿产资源和能源）的供需模式，应由“粗放的供给满足增长过快需求的模式，转变为以科学的供给满足合理需求的模式”；加大保护生态和环境的力度，争取在 2030 年前基本解决空气、水、土壤三大污染问题，温室气体年排放总量越过峰值；走新型工业化道路，以显著低于美国、欧盟的人均能耗实现中国的现代化；加强能源、环境、健康等领域的基础研究和应用研究，达到国际先进水平，以创新驱动发展；政绩考核体系要从单纯 GDP 增速导向，转向包括环境、民生、健康、教育等要素在内的科学发展指数导向。以能源为例，实现上述长远目标，要实施“科学、绿色、低碳能源战略”，它包括“节能优先”等 6 个子战略和相应的路线图，这不仅是经济-环境双赢的战略，也是应对气候变化总体战略的重要组成部分[2]。总之，这个发展路线图要贯穿转变发展方式这个主线，不良的发展会损害未来，只有科学发展才能创造未来。

应对气候变化为发展和进步提供了新的视角和战略要素。对气候变化认识上的某些质疑，有益于研究的深入和认识的深化。然而重要的是，科技工作者有责任严肃而科学地正视气候变化这类与全球未来命运攸关的重大挑战，不要让某些不确定性的争议模糊了科学发展的方向，阻碍了行动的脚步。可以说，绿色低碳已是“世界潮流，浩浩荡荡”，成为历史的必然。应对气候变化战略的坚定实施，不但有益于当代人生存环境的改善，也将惠及子孙后代的根本利益。

致谢

衷心感谢解振华、郑国光、丁一汇、周大地、何建坤、巢清尘对本文提出的宝贵修改意见。

参考文献

[1] 李玉戌．全球气候：变暖还是变冷——访世界气象组织（IMO）奖获得者、中国科学院院士秦大河［J］．科技创新与品牌，2011（5）：12-15.

[2] 中国工程院中国能源中长期发展战略研究项目组．中国能源中长期（2030、2050）发展战略研究报告［M］．北京：科学出版社，2011.

（发表于《科技导报》，2011 年，29（31））

应对气候变化为中国发展带来机遇

摘　要：应对气候变化、节能减排推动着国家走绿色、低碳的道路。实质上，它不是制约经济发展，而是为国家发展带来了多方面的机遇；助推经济发展方式的转变，能源、农业、工业化、城市化的发展战略都产生着深刻影响；促进国家基础设施建设的完善；提出了广泛而丰富的基础研究课题，将有力带动国家基础研究水平的提升和创新型国家的建设。

关键词：气候变化；节能减排；经济发展方式

说起应对气候变化，人们首先会想到节能减排、减少温室气体排放，而减少以 CO_2 为主的温室气体排放制约着化石能源的使用。在中国目前以化石能源为主的能源结构下，在工业化快速发展、能源消耗总量继续增加的阶段，限制化石能源似乎就会限制经济发展。因而人们很容易把应对气候变化和制约发展联系起来。甚至有人把气候变化问题视为是发达国家为了限制发展中国家经济发展而人为制造出来的伪科学，认为低碳是一个陷阱。不错，国际上的确有人企图要中国承担过分的减排义务，以此限制中国的经济发展。人家设陷阱并不奇怪，不往里跳就是了。重要的是：节能减排并不是源自国际气候谈判的舶来品，而是建设“资源节约型环境友好型社会”的必然要求，是中国自身健康发展的内在需求，何况气候变化本身是一个现实而严肃的科学问题。必须从国家乃至全球科学发展的战略高度认识节能减排和应对气候变化的重要意义[1]。

应对气候变化为中国的发展带来了一系列新的机遇，适应、减缓气候变化与科学发展密切相关，将培育新的经济增长点和战略型新兴产业，将从基础研究到应用研究推动创新型国家的建设，将催生新的发展方式，有助于中国走出一条可持续发展的新型道路。

1　为转变发展方式带来的机遇

过去的30年，中国快速发展，成就巨大，举世瞩目，但也积累了“不平衡、不协调、不可持续”的深层次矛盾，资源、环境的压力持续增大，中国经济已走到了一个必须“转型发展”的阶段：由比较粗放的发展转向科学发展，由资源的低效高消耗转向资源的节约高效利用，由牺牲环境转向环境友好，由低端产业的规模扩张转向高质量高附加值的发展，由投资、出口驱动转向内需、创新驱动。必须“坚持以科学发展为主题、以加快转变经济发展方式为主线”谋划今后的发展。

（1）能源战略。“十五”以来，中国能源消费总量增长过快，10年增长2.2倍，对资源环境带来巨大压力。2010年，中国GDP占世界生产总值的9.5%，但能源消耗已占全球的19.5%，能源排放的污染气体居世界之首，温室气体占世界的近1/4。中国煤炭的年产量已达30亿t，其中只有50%符合科学产能的标准。化石能源在中国能源消耗中的比重高达90%。单位GDP的能耗、污染排放和碳排放都过高。这既和发展阶段、产业结构有关，又和能源系统效率不高有关。美国、英国等在工业化的初期，单位GDP的能耗也曾很高，甚至高于目前中国的单位GDP能耗。但这既不是规律，也不是榜样，日本、法国在工业化过程中，单位GDP的能耗最大值就比美国、英国低得多。而且，今天的国际环境和国情，也不允许中国按美国的道路实现现代化。美国靠着掠夺全球资源，在200多年间达到了相当高的现代化水平，但同时也养成了过高的人均能耗。美国的人口不到世界总人口的5%，每年的能耗却占到世界总能耗的20%。如果世界各国都达到这个水平，就需要4、5个地球才能养活，那将是人类的灾难。简单的数据表明：中国只能以显著低于美国等发达国家的人均能耗实现现代化，这就是为什么中国要走"新型工业化道路"，而不能走美国、英国工业化道路。显然，中国的科学发展呼唤绿色、低碳能源发展道路，其3个要素是：节能；化石能源的高效、洁净化利用；发展非化石能源。这些战略要素既强调绿色。又强调低碳，是经济-环境双赢的战略，是中国可持续发展的内在需求。

与此同时，全球应对气候变化的主流战略要求各国走绿色、低碳的发展道路，朝这个方向承担义务，推动相应的技术创新与改造，采取适应和减缓措施。应该说，出于中国内在需求的战略客观上顺应了应对气候变化的要求，后者又反过来促进着中国自身需要的绿色、低碳发展，是转型发展的推动力和战略机遇。无论对气候变化有多少质疑，这个绿色、低碳发展战略都应该是稳定的、坚定的。

应对气候变化推动对中国能源的长期战略作深入的前瞻性研究，并促使中国科学地把握资源消耗和环境容量的边界。例如，中国的污染排放问题何时能基本解决？温室气体排放何时达到峰值？峰值将是多少？国家的可持续发展和国际应对气候变化的形势允许多高的峰值？现有的各研究机构对发展情景作出的估计差别很大，峰值到达时间分别在2020—2040年这个相当大的范围内，而峰值的大小（以CO_2为代表）从每年80亿t至140亿t，相去甚远。能否力争在2030年前后达到峰值，且其大小控制在约100亿t？此外，对2050年的长期情景如何估计？如何把握？这些重大问题的研究将不仅增加中国在全球应对气候变化格局中的主动权，更重要的是，将在维护中国合理发展权的同时，推动和引导国家对"资源节约型环境友好型"社会的建设作出更长远的战略谋划，对国家走健康的中国特色的新型道路具有深远意义[2]。

（2）节能。目前中国单位GDP的能耗比世界平均水平高一倍多。2010年，与中国GDP总量相当的日本，年能源消耗总量为6.6亿t标煤，中国却达32.5亿t标煤，是日本的4.9倍。在中国快速工业化的发展阶段，单位GDP能耗适度偏高是正常的，但高到如此程度显然已超出合理范围。因此，中国对降低单位GDP能耗和碳排放作出承诺，首先是自身转型发展的需要。实际上，节能也是完全可操作的；调整产业结构，在三大产业中，提高第三产业的比重，降低第二产业的比重，特别是二产中高耗能产业的比重，以先进生产力淘汰落后生产力，改造传统产业，发展战略性新兴产业；建筑节能、交通节能、照明节能、计算机及通信和因特网节能潜力巨大；实施节能减排工程，包括火电节煤，提高锅炉效率，推广循环经济，以节能技术提高能源利用效率，发展智能电网等；各级政府带头节能起表率作用，倡导节能环保的消费模式和生活方式。所有这些不仅具有节能本身的意义，而且对推进社会文明进步含意深刻。

在降低单位 GDP 能耗的同时，应该理智地控制化石能源的总量。中国能源需求不应长期保持高速增长，经济发展不能长期依靠初级生产力要素的高投入，而应注重发展的质量和效益。根据中国煤炭科学产能的实际能力，并考虑到不得不容忍一定量的非科学产能，加上对油、气、水电、核电、可再生能源发展的实际供给能力，将 2015 年中国的能耗总量控制在 40 亿 t 标煤左右是必要和可能的，并应成为中国经济转型发展的一个标志。

（3）化石能源的高效、洁净化利用。在目前中国的一次能源结构中，化石能源约占 90%，仅煤炭就占 70% 左右。今后，随着能源结构的改善，煤炭所占比例将逐步下降。根据中国工程院研究组的估计，到 2050 年，煤炭在中国一次能源中的比例可能降至 35% ~ 40%，仍将是重要的基础能源。因此，在相当长的时间内，煤炭的高效洁净化利用必然是节能减排工作的一个重点。在这个方向上，整体煤气化联合循环（IGCC）具有大幅提高能效和减排 CO_2 的明显优势，而以煤气化为核心的煤基多联产是高效协同利用煤炭的重要途径。煤炭与可再生能源的协同利用，也有不小的潜力。石油是重要的交通燃料和化工原料，中国石油的对外依存度已高达 55%，无论是为能源安全，还是为应对气候变化和改善环境，中国都必须大力节油、发展替代能源、用好国内外资源。天然气是化石能源中相对洁净的能源，包括煤层气、致密砂岩气、页岩气和天然气水合物等非常规天然气，中国天然气潜在资源较丰富，也面临着一系列勘探、开发方面的挑战和机遇。发展天然气，提高其在中国一次能源结构中的比重，应是中国能源战略的一个亮点，也是应对气候变化国家战略的组成部分。

（4）发展非化石能源。这是改善能源结构、应对气候变化的国际性战略，也是符合中国国情的战略。非化石能源包括可再生能源和核能。可再生能源中首先是资源清晰、技术成熟的水电，要在做好生态保护的同时，积极有序地发展；同时，要因地制宜积极发展非水可再生能源，包括风电、太阳能、生物质能、地热能和海洋能等。这些能源资源丰富，应用形式多样。当前应重在打好扎实的基础，包括新概念、新材料、新工艺、新技术的研究，降低成本，规范标准，在突破技术经济瓶颈的基础上做好示范，推进产业化、规模化。可再生能源的战略地位将由目前的补充能源逐步上升为替代能源乃至主导能源之一。在安全条件下，积极稳妥发展核电是中国经济-环境双赢的战略选择。核能以其清洁和能量密度高而具明显优势，日本福岛核电站等核事故留下了经验教训，必将促进核电技术和管理的进步。中国核电需高度重视全产业链各环节的平衡、协调发展。中国非化石能源在总能源中的比重，目前不到 10%，预计“十二五”末将达到 11.4%，2020 年应达到中国已承诺的 15%，而 2050 年有望达到 40% 左右，为优化能源结构、减少温室气体排放做出重大贡献。

（5）适应气候变化的农业。农业是国民经济的基础，13 亿人口的中国必须把解决好“三农”问题放在经济首位。气候变化对农业的影响是复杂的，变暖对农业可能有正、负两方面影响，但如果是发散性的变暖趋势，反常气候和灾害天气增多，则可能对农业带来灾难性的影响。研究这些影响、研究可能的适应和减缓措施（例如充分利用高浓度 CO_2 的肥效作用就是一种思路），为农业决策提供科学依据，显然十分重要。

（6）减缓气候变化的林业。中国的可持续发展、人民对环境宜居的诉求，要求保护和发展林业，这和应对气候变化要求发展碳汇的方向完全一致，中国已承诺的2020年提高森林覆盖面积和森林积蓄量的目标，体现了这个一致性，也体现应对气候变化对国家绿色发展的促进作用。推而广之，林业发展战略还可进一步扩大到对中国的生态风险进行分析评估，提出适应策略和长期战略设计。

（7）促进垃圾分类资源化。农林废弃物和生活垃圾的就地焚烧和简单填埋是温室气体和可吸入颗粒物的排放源。中国是人口大国，也必然是垃圾大国，垃圾处理不当不仅造成严重的环境问题，而且是重大的资源浪费，甚至造成社会矛盾和冲突。走绿色、低碳发展道路，必须在全社会倡导垃圾的无害化处理，根本出路是做好源头分类和资源化处理，其中有相当一部分是生物质能的利用，这将带动一系列技术进步，甚至培育出一个很大的产业。是落实“资源节约型环境友好型”社会的重大举措，也应看作应对气候变化国家战略的重要组成部分，而且对提高全民科学素质具有深远意义。

（8）创新城市化模式。社会进步确实伴随着城市化的进程，中国正处在快速城市化的阶段，但什么样的城市化才是科学的、以人为本的、可持续的，是一个值得深思的问题。应对气候变化提供了一个思考的视角。“当我们关注人类与全球变暖、环境恶化的拉锯战时，通常会将更多关注聚焦在海洋、草原、热带雨林，甚至沙漠上，有意无意间，我们生活其中的城市被忽略。事实上，城市，尤其是大型城市同样是全球变暖和环境恶化的始作俑者和牺牲品，全球有一半人口居住在城市里，城市消耗了全世界75%的能量、排放出全球约80%的温室气体……从某种程度上说，理顺城市发展与自然环境间的关系，找到实现城市发展与环境保护双赢的措施，就等于找到了一把确保城市持续、健康发展的“金钥匙”[3]。

目前中国的城市化存在着贪大求快，低成本扩张倾向，对环境容量缺乏全局性、前瞻性评估，基础设施滞后，公共服务缺失，社会保障不强，对生态环境投入不足、表观靓丽、内在脆弱。例如，地上和地下设施缺乏统筹规划、垃圾的资源化处理跟不上人口的聚集等。这不仅是一个城市规划问题，更是一个城市化发展模式问题。宜居的城市使生活更美好，不宜居的城市也会使生活更苦恼，同样的道理也适用于农村。城市化的同时，不能把农村的进步抛在后面，只有乡村也变得宜居，城乡和谐，生活才能真正美好。因此，中国的城市化不宜把重点放在几个大都市的发展，而应以建设宜居的中小城镇群为重点，以利于人与自然和谐，城乡和谐和应对灾害，并使人们有可能得到尽可能公平的公共服务。走出中国特色的循序渐进、科学发展的新型城市化道路。

2 促进国家基础设施建设的完善

（1）水安全战略。水对中国的可持续发展具有生命攸关的重要性。中国人均淡水资源不足世界平均水平的1/3，而且分布不均、水质下降、节水不力、水利设施建设不到位。用水相当粗放，中国单位工业增加值用水量是发达国家的3～4倍。气候变化可能对中国的水安全提出新的挑战；变暖和反常气候变化可能导致干旱和洪涝更为频繁；降雨模式的改变会导致城市饮用水的可获得性发生改变，这将影响城市的增长模式。需要在气候变化环境下，更深入研究水资源的可供性，允许的水消耗和供需的可持续性。由此提出加强水安全基础设施建设的策略群；节水工程，确立以科学供应满足合理需求的供需模式和相应的政策，包括各级的水需求管理，以避免最恶劣气候条件下出现水荒和水灾的不利后果；加强城市排水排污、排涝系统的规划和建设，在快速城市化的进程中，各城市的地上建筑、“水泥森林”拔地而起，城市人口总量和人口密度迅速增加，而相应的地下排水排污、排涝系统明显滞后，更说不上“百年大计”的谋划；如水利部门所指出的，目前，中国城市多数仍是单纯依靠排水系统排涝，没有整体性的源头控制、强化下渗、蓄滞结合的内涝防治体系，要“从住宅、公共建筑的雨水收集利用着手，削减雨水冲击负荷；多建下凹式绿地和公共空间、透水路面等，增加雨水的蓄滞和渗透能力，减少地面径流”。人力推进雨污分流，建立新的内涝防治标准。留水工程：让天然降水更多留存下来，减灾增供，潜力很大；水利工程：包括科学论证引水工程、农田水利工程、海水淡化工程以及由于海平面升高和台风等灾害天气增多提出的海岸带工程；水资源保护和水污染治理更具极端重要性，以便为持续发展提供水安全的保障。“抗旱排涝工程、水环境的治理工程都必须回到把水作为大地生命系统的完整性恢复为目的。包括水系统的生产服务、调节服务（包括旱涝调节和对气候的调节服务）、生命承载服务（滋养生命万物）和文化服务（包括审美游憩和精神服务）”[4]。

解决好与水有关的防灾、减灾、水安全和水环境问题，必须城乡统筹，逐步加强农村的基础设施建设，城乡共建是解决好水安全问题的长远大计。

（2）环境与气候监测体系的完善。国家需要建立完善的对污染排放的监测，对温室气体的监测，对气候的监测和生态、环境的监测。这个监测系统可利用的手段有地基观测网站体系并逐步建立天基观测体系：利用多种技术手段，对大气参数的变化进行监测，利用多种人造卫的星座，监测地球表面温度、大气温度、大气中温室气体及污染物的浓度，“改进从地表至太空各垂直高度上的观测”，监测海洋、冰盖、森林等的变化，与理论模拟结果进行比较，校正理论模型。并可用以监测灾害的发生发展，研究各种“地球工程”干预气候变化的可能性与科学性。

完善这个监测体系对中国的可持续发展提供自然环境及其趋势的信息，也可更主动应对国际 MRV 的磋商。

（3）将气候变化因素纳入环境评价。30 年来的经济发展伴随着污染排放和温室气体排放的增加，“严峻的现实告诉我们，那种依靠高投入、高消耗、高污染的老路绝不能再走下去了。而对人与自然的尖锐矛盾，如果在思想认识上麻木不仁、在环境管理上因循守旧、在环境技术上无所作为，必然付出沉痛的环境代价，甚至造成无可挽回的损失；如果在认识上迅速觉醒、管理上不断创新、技术上勇于突破，就一定能迎来人与自然和谐发展的曙光”[5]。

随着国家的进步和人民生活水平的提高，人们的环境观念也在进步，对改善环境的诉求不断提高，环境建设已成了社会安定和生活幸福的要素和基本建设之一。面对现实存在的环境欠账，中国科学院有关专家的分析表明：2020 年，如果要保持 2000 年的环境质量，单位 GDP 的环境影响要降到 2000 年的 1/4；如果要求环境质量有更明显的改善，则单位 GDP 的环境影响要降到 2000 年的 1/10。可见环境问题的严重程度，大气、水、土壤三大污染问题都已相当尖锐。因此，在新的发展阶段，必须把环境质量作为科学发展的重要指标，也必须把环境质量作为各级政府政绩考核的重要指标。将 PM2. 5 列入空气质量报告，将同时有助于减少污染排放和温室气体排放。同时，“开展将气候变化因素纳入环评指标的相关研究，在此基础上考虑制定新的环评指南。将减缓和适应气候变化作为一个评价指标。在项目环评中，除了考察建设项目带来的温室气体排放之外，还应该根据未来气候变化情景修改建设项目的设计参数，适应气候变化。制定相关环境经济政策时要对 CO_2 予以考虑，运用经济手段达到节能减排和减少温室气体排放的多赢效果”[5]。

（4）广义智能能源网建设。电网是国家的重要基础设施，随着新能源的发展、信息技术、特高压技术等的进步，使建设一个安全可靠、经济高效、对新能源友好的智能电网成为必要和可能。中国国情的特点（如能源资源和用户分布极不均衡）也必然给中国的智能电网带来中国特色。考虑到气候变化以及风能和太阳能的比重会逐步提高，中国智能电网除提高对电源侧和用户侧的实时监测、智能调节、风险防控和应急处置能力外，也宜考虑把气象、气候监测网与电网联动起来，发挥它对天气的“侦察”功能，也发挥它对太阳能、风能电源侧的预测、预报功能，以及对灾害天气的预测、预报功能。电网与气象网结合，形成“测、报、防、控、抗、救”完整的防灾减灾体系链。更进一步，可使电网、天然气网、供热（冷）网、水网和气象网协同起来，形成一个高效、互动的广义智能能源网，成为一个现代化的国家基础设施。

（5）基础数据库的形成和发布能力建设。科学发展离不开“心中有数”，完整、准确地掌握事关可持续发展的准确数据，是科学评估和决策的基础。如能源、环境、生态、生物多样性、资源、气候、健康……的系统性的数据。支撑基础数据的工作包括实际观测、理论计算、收集整理和评估编纂。在部门和地方工作的基础上，形成国家的数据库很有意义。进一步，随着中国国力的增强和国际作用与责任的增大，还应逐步做到对全球有关数据的掌握，进行科学的分析评估，并有能力作必要的全球发布。国际上有一些这方面做得不错的机构，如英国的 BP 公司，每年发布全球和世界各国与地区的能源年鉴，有一定的价值和权威性。这方面，国内已有大量工作基础，但有改进的空间。这一基础工作的完善和能力的提高，不仅会增强中国在气候变化和各国际领域中的话语权，也是国家进步的重要标志之一。

3 推动国家基础研究水平的提升

围绕人类生存环境的可持续性，认识和应对气候变化提出了广泛而丰富的基础研究课题，可有力带动国家基础研究水甲的提升，促进原始创新和学科交叉，支撑科学发展，并强化中国在国际科学界的话语权。在这方面，美国国家科学基金会（NSF）等资助的研究很有启发性[6-12]。

（1）基于大气科学的可持续地球综合模拟。气候变化的复杂性在于其物理因素众多、密切相关、且存在非线性行为。气候建模本身就是一个复杂的工作，国家气候中心和国际上的同类中心在不断完善着气候建模，其中，不仅包括了大气、陆地、海洋、植被、冰川及大气化学等因素，也计入了与人类活动有关的全球碳循环、气溶胶等，太阳的作用是作为一个重要的输入。气候模式不仅包括求解有关的方程组，更离不开大量的物理参数，越精细求解，计算量越大，也可称为气候云计算体系。发展气候模式与空气污染模式相耦合的模式，建立共同预报和风险评估的科学基础，更完整地把人类的群体行为纳入气候建模中，是一个有难度和特点的工作。建模中的自然因素都服从物理规律，而人类行为的影响却与经济水平、能源结构与效率、技术能力及政策等因素有关，从而成为气候模式中最具复杂性和动态性的内容。大气科学研究的一个具体目标，就是建立高置信度的气候系统模式，求解这样的气候模式，将使人们深入理解人类与气候的相互作用，以及是否存在人类影响气候变化的临界点。反之，也将进一步认识气候变化对人类活动可持续性的制约，例如对城市化、工业化模式的影响，对土地管理和利用、对水的可供性及灾害的可控性与可适应性的理解。

进一步建立地球可持续性的建模与计算能力，建立可以统一处理包括气候、环境与地球资源在内的人类可持续发展的计算模型和计算方法。为此，需要跨学科的软件设计，也需要超大容量和运算速度的高性能计算机。同时，这也是一个培养新一代计算机和计算物理科学家的舞台。

（2）地理工程学。包括气候在内的全球和地区性的多种变化，提出了许多涉及跨学科的对策研究课题。例如，地下空间的保护和基础设施建设就很突出，随着地下水的抽采，煤炭、石油、天然气及矿产资源的开采，地下空间和地面的稳定性及其对地上设施建设的影响已成为需要高度关注的实际问题。它又会使人们进一步深化对工业化和城市化应有的科学模式和可持续性的认识。同时，地下空间也被用作 CO_2 封存和工业废弃物及核废物地质储存的场所，这些事情必须与水资源保护、食物生态系统维护、土壤保护、国防安全等关联起来，进行综合研究。尤其重要的是，只有在这种综合研究的基础上，才能提出可持续发展的地下基础设施建设的科学方案。这是涉及地学、力学、生物学、机械、材料及信息技术等交叉学科的工作。人类是否有可能实施一些全球尺度的“地球工程”，不对生存环境带来负面效应，又能遏制气候变化的不利影响甚至改变气候，也属于这一研究领域。

（3）海洋与气候学。海洋不仅有巨大的吸收 CO_2 的能力，而且海洋吸收和储存能量的能力可以缓冲极端气候变化：另一方面，海洋表面温度和洋流对大气有重要影响，而海洋表面的蒸发是地球上大部分降水的来源：海洋溶解过多的 CO_2，会导致海洋酸性增加，从而打破海洋的化学平衡，破坏海洋生态系统（含鱼类）；气候变化会改变海平面的高度和海洋盐度，海洋温度上升可能使海底天然气水合物融化，释放甲烷，后者又会反过来导致温度进一步上升，而天然气水合物（可燃冰）是重要的能源资源。海洋与气候学的研究不仅对认识气候变化十分重要，而且对人类认识、保护和利用海洋生物和资源具有重大意义。

（4）冰雪研究的多重意义。冰雪和气候变化是互相影响的重要因素，覆盖陆地面积约10%的冰和雪通过对太阳辐射的反射，影响着日地之间的热交换，极地海冰覆盖状况的变化是气候变化的先兆者、指示剂，又是气候变化的驱动者。2011 年 11 月 15 日中国发布《第二次气候变化国家评估报告》指出，近 60 年间，中国陆地表面温度上升导致大部分冰川面积缩小一成。三江源地区绝大部分冰川表现为后退。这些明确的结论值得引起高度重视并深化规律性的研究。冰的形成和融化会影响海洋的温度、盐度和海水面的高度。冰川积累和融化模式受到全球气温和天气模式变化的直接影响，又影响着人类淡水供应这一重大问题。高海拔地区雪线的变化影响着该地区的生态系统和生物多样性的变化，而北极海冰的变化可能会引起生物链的连锁反应，乃至引发自然界和社会性的重要后果。

（5）陆地与气候的相互作用。陆地上的淡水对人类和自然界意义重大。淡水的很大一部分储存在巨大的冰原上，气温上升会引起冰川储水融化、湖泊淡水更快蒸发，从而严重破坏饮用水的供应。陆地上的森林是重要的碳汇，但碳汇作用的大小可能与气候带有关：热带森林的碳汇作用可能强于北纬地区。人类对土地的利用方式会影响碳循环和气候，这个影响包括生物地球物理作用和生物地球化学作用，研究会有助于评估和预测土地利用变化对气候的影响，促进政府有关决策的科学化。气候变化会导致森林和农作物生长带的转移，动物的迁徙，物种分布的改变，引起生态系统和水文循环的变化，这对人类的生存环境意义重大。变暖使陆地上的永冻土融化，导致向大气排放温室气体，但升温又会导致苔藓的生长，而后者有吸收 CO_2 的作用，需弄清哪个作用更强。

（6）气候变化中的生命和生态系统。气候变化可能打破生态系统中各物种间原有的平衡，影响植物的生长和动物的繁衍，甚至影响到人类的生存。而动植物有机体不仅为人类提供衣、食、住的资源，还调节着地球村的温度、湿度和呼吸所需的氧气，生物调节着大气的成分，参与碳循环，从而影响气候。研究已经表明了气候变化对生物多样性的影响，北极熊和红树林受到威胁是例证。气温升高可能引起某些动物的基因漂移和基因表达。气候变暖可能引起真菌疾病和传染病暴发。研究在气候变化下生物的进化、遗传以及生物的适应能力显然很有意义。气候变化诱发的变化（如新植被的生长）又会反过来影响气候，这个反馈是正反馈还是负反馈，将决定这个过程是收敛还是发散（灾变）。人类作为一种特殊的生命存在，既可能是气候变化的责任者之一，又承受着气候变化的后果，同时，人类也可能作出自己的努力，去适应、缓解或改变气候变化的进程。

（7）创新 CO_2 捕获与利用技术（CCU）。为应对气候变化提出的一项专门的低碳技术，是碳捕捉与储存技术（CCS）。其中，CO_2 的捕捉，已有了不少研究，即使不是为了减少温室气体排放，这个技术也是有用的。例如，“在氢氨的生产以及天然气的提纯过程中，都要将 CO_2 去除”。为此，已开发了更为节约资金和能源的新工艺——选择性隔膜。这种工艺也有许多其他的潜在应用。问题在于储存这一步，把每年多达几十亿吨（甚至更多）的 CO_2 深埋地下，不仅是一个耗费巨大的工程，还可能产生一些长期后果。如果只是封存起来并不带来其他的效益，企业做这个封存的动力从何而来呢？所以，CCS 这个路子是否走得通是值得认真考虑的。从长计议，似应提倡发展碳捕捉与利用技术（CCU）。CO_2 的利用已有一些有益的尝试，例如将 CO_2 注入地下油井，提高石油的采收率，提高页岩气的采收率等。微藻吸收 CO_2 资源化利用能否成为上规模的产业，也在试验中，此外还提出了利用太阳能的人工光合作用将 CO_2 和 H_2O 转化成汽油的思路，以及利用 CO_2 杀灭虫害、干洗衣服、为计算机服务器降温、食品保鲜等。CCU 是一个方向，它呼唤着创新，甚至可能催生新的产业。

4 结论

应对气候变化的行动可归结为“减缓”和“适应”两大类。本文“为转变发展方式带来的机遇”“促进国家基础设施建设的完善”中，用国家科学发展需求的语言，表述了属于“减缓”和“适应”气候变化需要做的一系列工作，而这些工作又提出了一系列基础科学和基础技术的课题，从而促进中国基础研究水平的提高。这些说明：应对气候变化与科学发展在方向上的一致性。全球气候变化提出的挑战，实质上是对国家乃至人类发展方式的挑战，应对气候变化带来的机遇正是转变发展方式、走向可持续发展的机遇，必将为创新国家和人类更为健康的发展道路作出贡献。

参考文献

[1] 杜祥琬．应对气候变化战略的科学性［J］．科技导报，2011，29（31）：15-17.

[2] 中国能源中长期发展战略研究项目组．中国能源中长期（2030、2050）发展战略研究报告［R］．北京：科学出版社，2011.

[3] 叶松亭．有限空间中的“可持续发展”难题［N］．文汇报，2011-08-07.

[4] 俞孔坚．水殇［N］．文汇报，2011-06-03.

[5] 周生贤．探索中国环保新道路要着力构建强大坚实的科技支撑体系［N］．科技日报，2011-08-12.

[6] 英国皇家学会．科学洞察未来［J］．科技导报，2011，29（24）：15-24.

[7] 李玉戌．全球气候：变暖还是变冷——访世界气象组织（IMO）奖获得者、中国科学院院士秦大河［J］．科技创新与品牌，2011（5）：12-15.

[8] 美国国家科学基金会．破解谜题：研究气候变化对全球的影响（Ⅰ）［J］．科技导报，2011，29（15）：15-27.

[9] 美国国家科学基金会．破解谜题：研究气候变化对全球的影响（Ⅱ）［J］．科技导报，2011，29（16）：15-24.

[10] 美国国家科学基金会．破解迷题：研究气候变化对全球的影响（Ⅲ）［J］．科技导报，2011，29（17）：15-21.

[11] 美国国家科学基金会．破解迷题：研究气候变化对全球的影响（Ⅳ）［J］．科技导报，2011，29（18）：15-22.

[12] 蒂姆·富兰纳瑞．是你，制造了天气［M］．越家康译，北京：人民文学出版社．2010.

（发表于《科技导报》，2011 年，29（34））

说说“绿色”和“低碳”

“绿色”和“低碳”这两个词，近年来出现的频率越来越高，反映了人们的环境意识的不断增强。准确地理解这两个词的内涵，需要首先明确“污染物”和“温室气体”两个概念。污染物是指二氧化硫、氮氧化物、化学需氧量、汞、可吸入颗粒物等对人体有害的排放物；而温室气体则是指以二氧化碳为主体的一些可能使大气温度上升的气体。所以，污染物和温室气体是两个不同的概念。相应地，“绿色（环保）”是指尽量减少污染物的排放，越少越好；而“低碳”是指适量减少温室气体的排放。显然，“绿色”和“低碳”也是两个有差异的概念。污染物有害，所以要尽量减少，以利于环境友好；温室气体并非有害气体，大气中一定量的二氧化碳气体是地球上的生物新陈代谢的必要条件。18 世纪工业革命开始以前，地球大气中就有 0. 25‰的二氧化碳浓度，保持着二氧化碳循环的平衡。现在的问题是，近一二百年来，化石燃料的高强度利用，使大气中二氧化碳的浓度明显增加，已达到 0. 385‰，并有进一步增加的趋势。无论对气候变化的问题有多少争议和不确定性，二氧化碳等温室气体浓度的明显增加不利于全球的生态平衡，所以要努力减少温室气体的排放，要低碳。但我们采用“适量减少”的提法比较确切，不像对污染排放，采用“尽量减少”的提法。

但重要的是，就中国能源目前的具体情况而言，“绿色”和“低碳”在工作方向上高度一致：走向绿色和走向低碳并行不悖。为什么这样说呢？目前中国能源中 90% 是化石能源（煤炭、石油等），煤炭就占了 70%，而随着经济的发展，能源年消耗的总量还会增加。科学发展、可持续发展，要求能源体系的变革从以下三方面努力：第一，大力节能，提高能效，降低单位 GDP 的能耗。我国 GDP 占世界总量 7%，却消耗了占世界 17. 7% 的能源。说明我们的发展方式是资源消耗型的，必须加快转变。我国煤炭的采收、加工和利用的总效率比国际先进水平低一倍左右，所以能耗强度应该也完全可能降低。节能、提效的途径很多，包括调整产业结构节能、工业循环经济节能、建筑节能、交通节能、节能的消费方式……，潜力很大。第二，大力发展非化石洁净能源，优化能源结构。主要是发展核电、水电和非水可再生能源（风能、太阳能、生物质能以及海洋能、地热等），它们在我国能源中的比重将逐步增加，成为我国能源的绿色支柱。第三，化石能源（特别是煤炭）的洁净化利用。化石能源在我国能源中的比重会逐步下降，但仍将是重要的基础能源，必须大力推进它的洁净化利用技术。有多种技术可以推进煤炭的洁净化，有的已经成熟，有的正在研发和中试。而在油、气当中，天然气（含煤层气、页岩气、天然气水合物）是较洁净、较低碳的化石能源，应增加它在能源结构中的地位。看看以上三方面的工作内涵，就会一目了然：这三方面的努力既导致能源的绿色化，也导致能源的低碳化，所以说，二者高度一致，并行不悖。

说二者“高度一致”，而不说“完全一致”，是因为二者涵盖内容的广度是有差异的。例如，“绿色”（环保）这个概念还包括了防治水污染、防止土壤污染等内容，比“低碳”的概念更广。反之，也有个别技术（如碳捕捉、利用和存储技术），只是为了低碳，非“绿色”所能涵盖。

以上几层意思，给我们的结论是：第一，中国能源要走向绿色、低碳，应是坚定不移的方向；第二，绿色和低碳并提是有道理的、科学的。世界金融危机和全球气候变化的挑战，从根本上说是对发展方式的挑战。中国实施绿色、低碳能源发展战略，不仅是一个负责任大国应有的国际形象和态度，更是我国转变发展方式的要求，是国家科学发展、可持续发展的内在需求。

绿色、低碳既是涉及国家乃至人类发展方式的重大问题，又是与每个公民、每个家庭息息相关的事，它将改变我们的生活方式、生活习惯，提高公民的素质，也需要我们每个人的积极参与和推动。人人能做出贡献的首先是节约资源、节约能源。美国的人口是世界的5%，却消耗着每年世界能耗总量的25%。中国的人口是美国的4.3倍，与美国相比，目前我国的人均能耗比美国低五倍多，如果中国的人均能耗达到美国人的水平，就意味着目前全世界每年耗能总量都给中国也不够用！虽然我国人均能耗将会有适当的提高，但中国绝不会把美国的人均能耗作为追求的“先进指标”！在我国，必须倡导“适度的物质消费，丰富的精神追求”这样一种消费观和生活方式，反对攀比奢华。此外，保护林木、从源头上做好垃圾分类以利于资源化利用等，也是每个公民可以参与推动的。这样才能使我们的社会逐步转型到两型社会、创新驱动的发展方式和生态文明阶段。

（发表于《科技导报》，2010年，28（14））

六、应对气候变化——国际谈判

人类命运共同体和生态文明建设[①]

1 "命运共同体"是穿越时空的战略思想

习近平主席在博鳌论坛上提出了"建设命运共同体"的思想，这是响彻国际舞台的又一中国声音。

建设命运共同体首先是一个理念，它超越现存的各种差异、矛盾，着眼于全球根本性、长远性的共同利益；它指出了一个目标，如果人类要避免因不可永续而自毁，这应是理智的、人类早晚要实现的一个目标，也可以说是一个"世界梦""人类梦"；它指明了一个努力方向：要建设命运共同体，只有寻求共生、包容、携手、共赢之路。也许今天的人类还缺乏这个携手共赢的觉悟，"命运共同体"的召唤试图开启这个文化启蒙。这个召唤不是乌托邦，它源于对客观现实的严肃思考。

几个不争的事实是：

（1）地球空间的有限性；

（2）在可预见的时期内，人类不能指望可栖居的另一个地外空间；

（3）人类的总人口将继续增长；（另一可能是全球普遍的发达导致生育率下降，总人口达到一个峰值后下降，这还需要相当长的时间。）

（4）包括气候变化在内的全球环境问题日益严峻……

由此导出：

- 人均空间正日益缩小；
- 人均环境容量也在日益缩小；
- 发展并不必然导致人类的可持续繁荣，而是取决于发展方式、路径和战略。

因此，理智的人类必须为自身寻求通向未来的思路和战略，"命运共同体"的思想应运而生。

显然，世界命运共同体的建设离不开"全球共同安全体系"的建设。这是基础条件，也是难点。人类如何能够共同安全？历史的教训已足够深刻和明确，而在这个导弹核武器的时代，战争更意味着人类自取灭亡，出路只有依赖人类的理智与合作，首先考验着军事大国的哲学和良知。

现状严酷，困难巨大。但进步的人类要看到希望，并努力把希望变成现实。

---

① 2015 年贵阳生态文明论坛。

2 命运共同体建设务实操作的希望之点

建设命运共同体是可以务实操作的大战略，需要逐步的、坚持不懈的努力。

（1）从工业文明迈向生态文明有希望成为人类共识。

向绿色、低碳成功转型是中国的出路；

向绿色、低碳成功转型是各国的共同出路；

以绿色、低碳为特征的生态文明是人类可持续发展的必由之路，也是建设命运共同体的必由之路，“生态文明”理念在全球得到正面响应。

（2）能源的可持续是人类可持续发展的基点，只停留在化石能源的争夺上，人类是没有希望的。非化石能源资源的永续可供性是人类共生共赢的一个基础。

2015 年 5 月 75 个国家的代表团正式通过了《国际能源宪章》，它虽不具法律约束力，却指明了全球能源可持续发展的方向，并倡导一个以政府为平台的能源合作机制。发展互补的能源互联网是可能的。在能源革命领域，各国的共同利益远大于矛盾、分歧，看得越长远越就是这样。

（3）在共同应对气候变化领域取得进展是值得期待的。

尽管有诸多矛盾、差异，但潜在的共同利益是根本性的。国际气候谈判是严肃而责任重大的全球性努力，首先考验先发达国家的责任自觉。从“共区”走向共赢，建立合理的国际气候制度是最终出路，COP21 有希望迈出重要的一步。

（4）“一带一路”是互利互惠、合作共赢的大战略，是在涉及 44 亿人口的全球范围构建命运共同体的历史性尝试。要把带、路建成低碳经济带，中国的代表性城市与“带路”国家的城市结为“低碳发展姊妹城市”，共同发展低碳产业和基础设施等都是可能的抓手。

（5）推动建立全球创新体系：创新是人类的共同出路。包括开展全球创新项目合作、创建全球创新合作基础设施、协调各国的创新政策、实现知识产权的公平交易、应对气候变化能力建设的国际创新合作（如 CCUS 等），应对老龄化社会的创新合作等。

3 做好中国的事，为命运共同体做贡献

（1）抓住战略机遇期，创新驱动，成功转型，充分发挥“互联网 +”，靠众多青年创新，创造新的增长点。把环境保护和生态文明建设前置到国家发展目标的前位，使中国的发展更健康。

（2）应对气候变化引导低碳、绿色发展，中国的内在需求与国际责任高度一致，中国是务实贡献者。在“互联网 +”时代，把低碳城镇化与智慧城市建设结合起来，把低碳社会的基础打牢。

（3）认真谋划能源革命，规划并积极实现 2020—2030—2050 能源革命的目标，建成中国洁净、高效、低碳、安全的新型能源体系。

（4）创造十四亿人口的国家可持续发展的新型道路，是建设命运共同体并推动人类迈向更高文明阶段的引擎，是中国对世界最实际的贡献。

应对全球变化　建设命运共同体①

人类在取得巨大进步的同时，也面临着一系列严峻的挑战和危机，环境恶化、气候变化、生物多样性锐减、核武器扩散、传染病、恐怖活动等威胁着人类的安全。如何应对这些威胁，考验着人类的理智和智慧。

气候变化是一个有代表性的全球安全问题，没有一个国家可以独善其身。科学认识和积极应对气候变化是人类可持续发展的需要。

1　气候变化与气候安全

- 全球气候系统变暖毋庸置疑

陆表平均温度近130年（1880—2012年）升高了0.85℃；

2014年全球平均气温14.6℃，为1880年有记录以来最暖年；

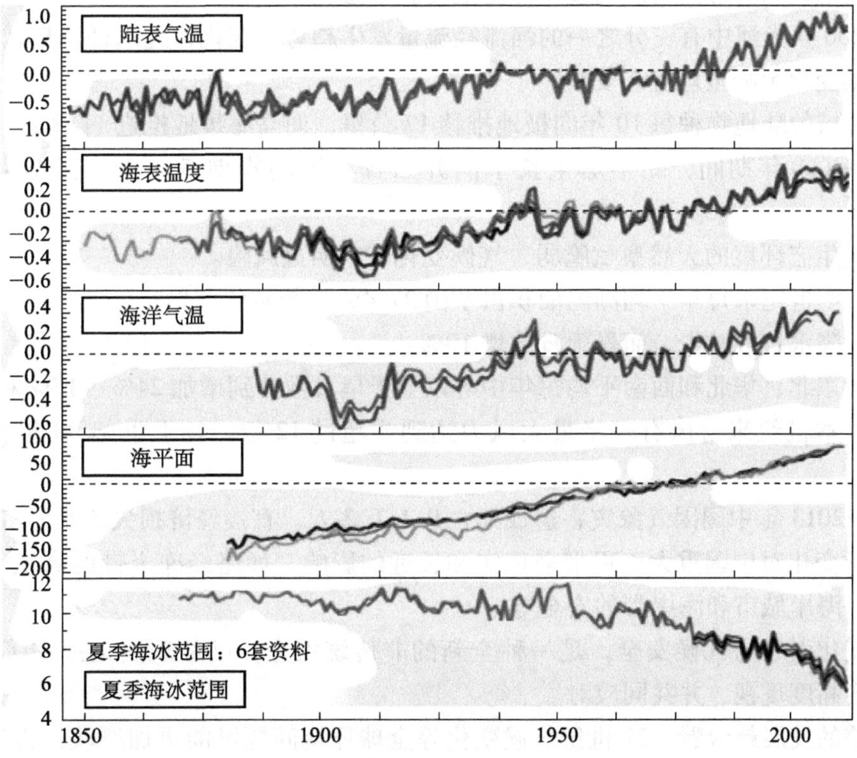

图1　数据来源：IPCC－AR5

① 2015全球重大挑战峰会论文，2015年9月，北京。

• 气候变化导致本世纪全球气象灾害频发

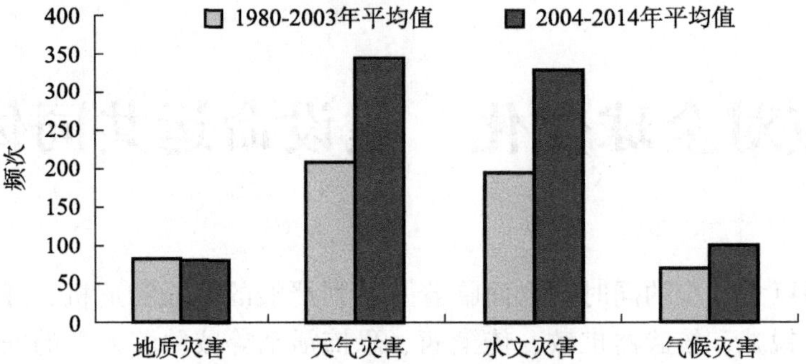

图2　数据来源：慕尼黑再保险公司和国家气候中心

• 气候变化导致的洪水、热浪等极端天气，会增加人类患传染性疾病和营养不良的风险，而变暖导致的被迫迁徙可能造成健康和社会安定问题。

• 气候变化对粮食安全的不利影响比有利影响更显著，小麦和玉米平均每 10 年减产 1.9% 和 1.2%。

• 水资源安全问题日益突出

许多区域的冰川持续退缩，影响下游的径流和水资源；

高纬度地区和高海拔山区的多年冻土层变暖和融化；

全球 200 条大河中有三分之一的河流径流量发生趋势性变化，且以径流量减少为主；

• 气候变化影响全球生态安全

部分区域的陆地物种每 10 年向极地推移 17 公里，向高海拔地推进 11 米；

1982—2008 年期间，北半球生长季的开始日期平均提前 5.4 天，而结束日期推迟 6.6 天；

• 中国生态环境的天然禀赋脆弱，气候变化带来明显风险。

高温：本世纪来每年平均高温面积占全国 27.4%，超常年两倍；

暴雨：降水日数减少，而暴雨日数增 10%；

干旱：东北、华北和西南平均每年中等以上干旱日数分别增加 24%、15% 和 34%；

台风：本世纪来台风有一半最大风力达到或超过 12 级，比上世纪 90 年代增加了近一倍；

1990—2013 年中国因气象灾害造成死亡 9.1 万多人，直接经济损失 5.5 万多亿元；

• 气候变化对中国重大工程带来现实和长远的影响，如路经冻土带的高铁工程、南水北调工程、海岸城市和海岸带的安全等。

气候变化引起的气候安全，是一种全新的非传统安全，已经现实地摆在了人类面前，需国际社会高度重视，并共同应对。

从目前的发展趋势看，21 世纪气候变化等全球环境问题可能更加严峻，再考虑到地球空间的有限性，而且在可预见的时期内，人类不能指望可栖居的另一个地外空间，而人类的总人口还在继续增长，因此，人均空间正日益缩小，人均环境容量也在日益缩小。理智的人类必须为自身寻求可持续发展的思路和战略。

2 应对全球变化，转变发展方式

应对气候变化，最根本的是要改变粗放、高碳的发展方式，转向绿色、低碳发展，迈向生态文明。不同国家转型发展的具体内容不同，但绿色、低碳是共同的发展方向。发达国家正在推动低碳能源的发展，为新型发展打下基础。许多发展中国家也普遍提出了“脱贫与可持续统筹平衡发展”的理念，把应对气候变化看作是新的机遇和发展导向，推动低碳产业发展、创造新的市场和就业岗位。

中国在经济快速发展的同时，也日益强烈地意识到粗放发展的不可持续性，以过多消耗资源和牺牲环境为代价的发展方式难以为继。应对气候变化的减缓战略和适应战略同“转变发展方式”高度一致，并且为转型发展提供了一个长远的视角和动力。

中国是全球 PM2.5 的高值区之一（图 3），也是 CO_2 浓度的高值区之一（图 4）。这两个“高值”虽是不同的概念，却基本同根、同源，主要来自煤炭和石油的燃烧。

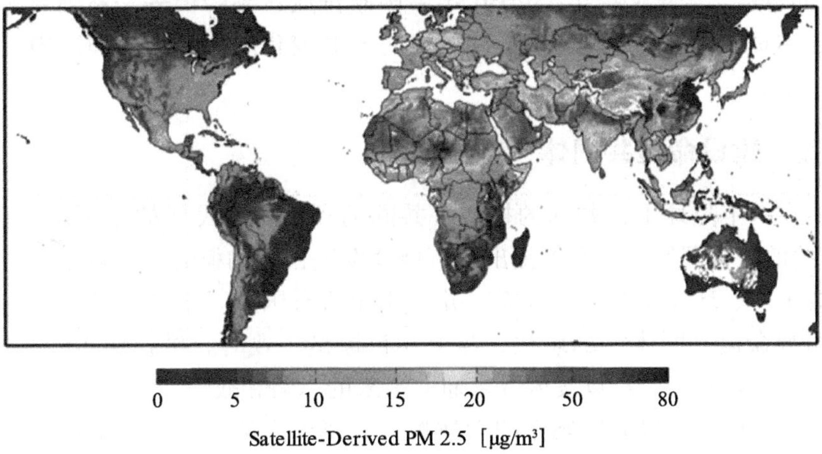

Van Donkelaar et al. Environmental Health Perspectives 2010
http://www.nasa.gov/topics/earth/features/health-sapping.html

图 3 全球 PM2.5 浓度分布：2001—2006

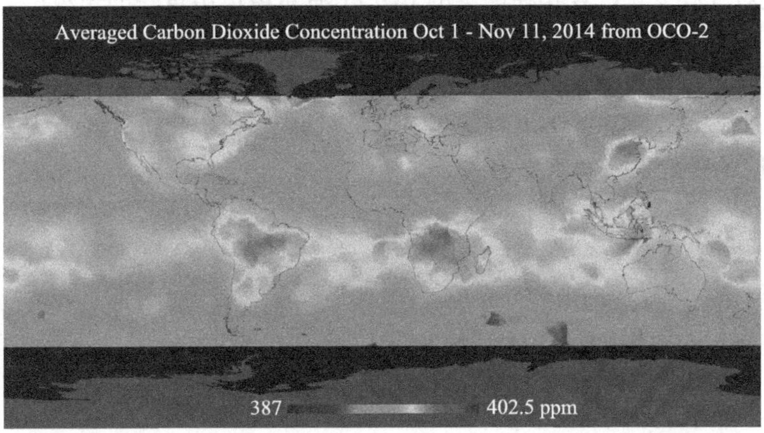

图 4 NASA - OCO2 - 2014 年 10—11 月全球二氧化碳平均浓度

转变发展方式就要回归“在环境容量下发展”“在保护中发展”，用“生态文明”的理念指导发展。

转变发展方式就要调整产业结构。许多高耗能产业已经饱和甚至过剩，要淘汰落后产能，推动传统产业转型升级，发展高附加值的新型产业和服务业；

转变发展方式就要推动能源革命。抑制不合理需求，节能，提效；控制高碳能源的消费总量并促进其洁净低碳化利用；大力发展非化石能源（可再生能源和核电）以及天然气（含非常规天然气）；在城镇化过程中推动分布式低碳能源网和农村能源形态的进步。

转变发展方式就要从片面追求数量增长，转向追求质的提高；从依靠初级生产要素驱动，转向科技创新驱动。

转变发展方式就要推动循环经济，使各种废弃物减量化并发展分类资源化利用；保护和发展林业，发展生物碳汇；推动智慧/低碳城市和社区的建设；

转变发展方式要设定国家的低碳发展战略目标。2009 年中国主动提出了降低碳排放强度等 2020 年的目标，今年又提出了 2030 年中国碳排放达到峰值等一系列目标和措施，并作为国家的自主贡献，提交了联合国。中国应对气候变化的国际责任和国内低碳转型的内在需求高度一致。

3 合作共赢，建设命运共同体

人类共生在一个星球上，共同的挑战、共同的利益将各民族的命运紧密联系在一起。在 2012 年里约的联合国发展大会上提出了可持续发展目标的概念，强调这一目标应涵盖经济发展、社会进步、环境保护三个方面，并适用于所有国家。中国领导人在博鳌论坛上提出了建设“世界命运共同体”的思想，与上述目标是一致的。尽管现实的世界充满矛盾，理智的人类必须为自身的可持续发展寻求通向未来的思路和战略。

建设命运共同体是可以务实操作的大战略，它要求人类付出坚持不懈的努力。下面只举出几个可能达到互利共赢的务实方向：

a. 能源低碳化符合各国利益，75 个国家通过的《国际能源宪章》提出了一个合作机制；

b. 共同应对气候变化，今年在巴黎的 COP21 有希望迈出重要的一步；

c. “一带一路”可以建成低碳发展带，成为全球范围互利合作的尝试；

d. 推动建立全球创新体系，开展全球创新项目合作，探索人类未来的出路。

在全球化时代，各国需树立“命运共同体”的理念，寻求利益的最大公约数，合作共赢，为人类共同的美好未来携手努力。

国际气候变化谈判不是闹剧

——专访国家气候变化专家委员会主任委员杜祥琬

2015 年 2 月，本年度首轮联合国气候谈判在瑞士日内瓦开幕。随着 2015 年年底巴黎气候大会的临近，气候谈判再次成为全球性话题。

目前，对全球应对气候变化行动具有强制性量化效应的只有 2005 年生效的《京都议定书》。它的第二承诺期即将于 2020 年到期。

按照期望，一项新的全球减排协议应于巴黎大会达成，成为 2020 年后唯一具备法律约束力的全球气候协议，也将成为《联合国气候变化框架公约》中新的核心。

然而，从 2012 年 5 月开启新一轮谈判至今，《联合国气候变化框架公约》的 190 多个缔约方虽然已开展 10 轮磋商，但发达国家与发展中国家之间仍然有着难以消弭的分歧：它们主要表现在减排责任和发达国家对发展中国家的资金支持等问题上。

《瞭望东方周刊》日前就联合国气候谈判的目标和实质、中国应对气候谈判的态度等问题，专访了国家气候变化专家委员会主任委员、中国工程院院士杜祥琬。这位经历多次联合国气候谈判的专家，还曾是中国工程院副院长。

“首先是 190 多个国家，这些国家又可以分为不同的类型，其中又有多个因素，如经济问题、社会问题、能源问题、环境问题、农业问题、林业问题、科技问题及多种产业的问题等。如果把这些都作为变量，假如能把上述目标写成一个显式的目标函数，就可以用求极值的办法，求得一个最佳解。”他对《瞭望东方周刊》说。

“可惜，我们写不出这个函数来，也无法求得最佳解。”他认为，“在这样一个需要全人类面对的复杂问题上，求得共同的相对好结果，需要人类的智慧。如果人类不能表现出应有的智慧，大家都要输。”

“大家都输意味着灾难，是输不起的；一部分国家输，另一部分国家赢，也是谈不成的。国际气候谈判的最终出路只能是合作共赢。”杜祥琬总结说。

1 吵完架，还得握手

《瞭望东方周刊》：距离巴黎大会还有不到 1 年时间，现在抨击联合国气候谈判的声音似乎越来越大，你如何看联合国气候谈判的实质？

杜祥琬：联合国气候变化框架公约缔约方会议已开了 20 年，谈判有进展但无突破。人们对此表达不满是很自然的。困难在于：一方面一些发达国家主观上缺乏承担责任的政治意愿；另一方面，大幅度减排，不仅要节能，而且要调整能源结构、转变经济发展方式，使之低碳化，这一点客观上并不容易。不同发展阶段的国家困难的性质不同，但都是要花费一番力气的。

尽管发达国家与发展中国家之间、不同国家集团之间存在着差异和分歧，但气候谈判却是吵而不崩、斗而不破。其根本原因在于：各国共生在一个星球上，气候变化是全人类共同面临的挑战，应对气候变化关系到全世界的永续发展和子孙后代的福祉。因此，大家有着现实的和潜在的共同利益，吵完架，还得握手，坚持不懈谈下去，争取达成建设性的成果。

因此，尽管有的国家缺乏诚意，但 190 多个国家参加的气候谈判，总体上是认真而责任重大的全球性努力，不应将其视为“闹剧”。何况也取得过有意义的阶段性成果，如定量限制发达国家碳排放的“京都议定书”，就很有建设性而且来之不易。

尽管不排除有人想以“低碳”限制发展中国家的发展，但以减少化石能源的温室气体和污染排放为特征的低碳发展是可持续发展的要求。

应对气候变化的实质是：通过人类的共同努力，控制气候变化的不良发展，避免超出气候承载力范围，避免走到发生气候灾变的“临界点”。以低碳发展、绿色发展、循环发展的路径，实现全人类的可持续发展。

国际气候谈判的目标，在于建立合理的国际气候制度，在公约的原则指导下，明确各缔约方的义务和责任，就这一制度的安排达成协议。

2 有限目标、突出重点

《瞭望东方周刊》：达成新协议应该有怎样的路径？

杜祥琬：气候谈判应该是一个促进各方建设性达成全球气候制度安排的过程，应该是一个良性循环的过程。如何走向良性循环呢？我们建议，关于 2020 年后协议的谈判要坚持“有限目标、突出重点”，抓住 3 个方面取得实质性的成果，以增强信心，然后逐步补充和完善。

首先，先发达国家率先作出积极的绝对量减排承诺。世界上有一批国家在经济、社会、福利、科技、教育等方面先发达了，他们也是碳排放的首先贡献者，“先发达国家”这个概念是客观成立的。为了启动良性循环，由他们作出率先的表现，作出大幅度绝对量减排承诺是公平合理的。

其次，发展中国家也根据各自的能力和发展阶段，在 2020 年前行动的基础上，采取强化的减缓和适应行动，作出自己应有的贡献，包括中国在内。这样的相互响应、相互看到诚意，就会增加信任，形成良性循环。

第三，资金和技术问题上，发达国家要做点实事，这既是发达国家应有的责任和贡献，又可能做到发达国家与发展中国家双赢。实际上，由发达国家出资金和技术，帮助发展中国家进行适应气候变化的能力建设，并不只是一种单向的“给予”，也有“收益”的一面，它可以促进发达国家自身形成一些新的增长点，只要作出适当的安排，也会有利于发达国家的发展，更何况这还会增加互信和强化国际合作的基础。因此，在资金和技术的问题上，发达国家要有诚心诚意的作为，有一种站得更高的宏观战略观念。

如果关于 2020 年后的协议能聚焦以上 3 点，取得进展作出安排，就会使气候谈判往积极方向发展。而在 2015 年也有可能锁定一些“早期收获”，达成一个框架性的协议，尽快向国际社会传递积极信号。

当然，各国作出的总贡献，有可能与控制气候变化（环境完整性）的全球目标有差距。这就需要有一种对各国的“贡献”进行“调整”的机制，例如，各缔约方对各国的承诺和“贡献”进行“审评”，以评估措施实施的充分性。

这里的一个重要问题是如何按照公约的原则，确定审评的安排和规则，对做得差的提出批评，要求它作出“调整”。关于审评规则细节的谈判，可在上述三项安排确定后进一步细化，在后续的谈判中完成。这种“审评”和“调整”无论是具有法律约束力还是道义约束力都是有意义的。

对气候谈判路径的上述理解，体现了“自下而上”和“自上而下”的结合，体现了共同但有区别的责任、公平和各自能力的原则，也体现了既积极又现实的态度。先在有限方面达成结果，再进一步细化、落实、改进和推动，达到合作共赢。这不仅对应对气候变化，而且对在联合国框架下建立一种新型的国际秩序，都具有积极的意义。

3 美国的发展方式无法复制无法推广

《瞭望东方周刊》：现在国内也有声音认为，我们在联合国气候谈判上的态度还不够强硬，你如何看中国参与这个谈判的原因和动力？

杜祥琬：我曾参加中国专家与美国智库的一次对话，提过一个观点：如果全世界每个国家的年人均能耗都像美国人那样，就需要四个多地球才能满足，所以美国的发展方式是无法复制、无法推广的，美国应该降低人均能耗。美国专家对此表示认可，但制度的制约，使他们难以操作。

基于对发达国家发展数据的分析，我们还得到一个概念：发达国家大致上可分为两类：美国、加拿大、澳大利亚可看作是一类；欧洲和日本是第二类。这两类国家的人均能耗、人均电力、人均排放都相差一倍以上。

中国怎么走？跟美国的路子走显然是走不通的。中国提出了必须转变发展模式，这种转变的压力首先不是来自于国际，而是来自于中国科学发展的需求。中国有限的环境容量、气候容量警示我们：转变发展方式刻不容缓。

中国能与美国比人均多少汽车、人均多少能源、人均多少电力吗？不能比，这样比中国受不了。环境治理、生态文明建设已经提升到国家发展战略目标的前位。这就是为什么中国主动出台2020年前大幅度降低碳排放强度等三项行动目标的内因。

同时，中国的实际发展阶段表明，它还是一个发展中大国。几个大城市的靓丽，并不能全面反映中国国情，也无法掩盖中国还有一亿多贫困人口的现实。因而，在注重发展质量的前提下，经济总量仍必须继续增长。

为此，即使努力节能和提高能效，总的能源消耗也还会有所增长，而中国能源的天然秉赋是以煤为主，尽管在大力发展非化石能源，但要让煤炭消耗量见顶并开始下降，还需要时间。因此，中国要实现2020年前大幅度降低碳排放强度等三项目标，是需要付出非凡努力的。我们需要让世人理解中国节能减排的诚意和迫切感，也要让人们理解现阶段的实际困难。只有克服这些困难，实现经济-环境双赢，中国才能健康发展并迈向生态文明。

在应对气候变化的问题上，中国的国际义务和国内需求高度一致。所以，在实现2020

年三项行动目标的基础上，中国必将进一步推动低碳发展、控制排放总量，并努力争取尽早达到排放峰值，进而使排放总量开始下降。

2014 年 11 月，中国已主动提出 2030 年左右使碳排放总量达到峰值。中国对国际应对气候谈判抱有积极而务实的态度，因为这可以促进中国的绿色低碳发展。反过来中国的绿色低碳发展有益于全球的可持续发展和生态文明价值观的传播。同时，中国作为一个最大的发展中国家，对全球的事情也负有一份严肃的责任，以务实的行动和积极的态度参与并推动国际气候谈判，建立合理的国际气候制度，是一个负责任大国应有的担当。

（发表于《瞭望东方周刊》，2015 年 4 月 2 日，记者齐岳峰）

把国际气候谈判打造成国际治理平台提高中国的话语权[①]

首先就今年的新绿皮书的发布向社科院和中国气象局的专家表示祝贺和感谢，说感谢是因为这本书很有用，我每年把这本书放在案头经常学习。我觉得这本书至少有两个特点，第一是它的知识性，而且及时性，还有它的资料性。第二个特点就是社会科学和自然科学的一个结合，咱们现在国内和国际的很多大事解决和探讨都离不了社会科学和自然科学的结合。看这本书的标题《科学认知和政治争锋》，我对这个标题有两点认识，第一个就是气候变化是一个科学，应对气候变化是我们自己要做的，这也是最近中央领导同志的指示，是我们自己要做的，而不是要我们做的，这不是什么陷阱阴谋论的问题。第二点认识也是学习的心得就是国际谈判，我们要把国际气候谈判打造成国际治理的平台，要提高我们中国的话语权。所以对政治争锋这句话可以有两个理解，争锋可以是争论交锋，也可以理解成为争当先锋。

下面我说几点自己的认识，低碳发展，为了可持续的未来，我有几句话。一个就是我们国家的发展有高碳的特征，到现在为止的这段时间，我有几个数据，我们现在国家人均的二氧化碳排放已经达到超过六吨，这个数字已经逼近了欧洲和日本的水平，并且还在增长当中。东部一些发达的地区，每人每年的二氧化碳排放超过了 10 吨，10 吨是什么意思呢，就是超过了欧洲、日本发展史上的峰值水平。中国的单位 DGP 能耗比世界平均水平高出近一倍，拿 2012 年的数据来说呢，我们的 GDP 是全球总量的 11.6%，而我们消耗了全球 21.9% 的能源。那么为什么会是这样呢，首先产业结构不合理，高耗能产业比例过大，第二能效低，也有先进的地方，但是先进的技术推广不够，需要我们的新能源技术和信息技术深度融合。第三，浪费大。就像习总最近讲的一个抑制不合理需求，我们有很多的不合理需求在浪费。

图 1 是对发达国家能源经济学的分析，横轴是人均 GDP，表示发达水平，纵轴是人均能耗，我是用原始数据稍微简化了以后再看的，这会看的比较清楚。可见美国和加拿大是一个高高在上的曲线，欧洲和日本在下面，它们大约都达到了人均四五万美元的发达水平，但是这些国家他们之间的人均能耗相差一倍，美、加高高在上，欧、日在底下，绝对的数值是美、加人均能耗是十吨，欧、日是五六吨的样子。请大家看左下方这一小段，这个小段的曲线是我们中国本世纪前 10 年的发展态势，当然了我们的人均 GDP，人均能耗也好，都相对来说还是比较低的，但是值得我们注意的是这个曲线的斜率非常陡，如果说惯性的

---

① 2014 气候变化绿皮书发布会暨气候治理与节能减排高峰论坛发言，2014 年 11 月 6 日。

■ 人均GDP与人均能耗关系图（注意图上黑圈）

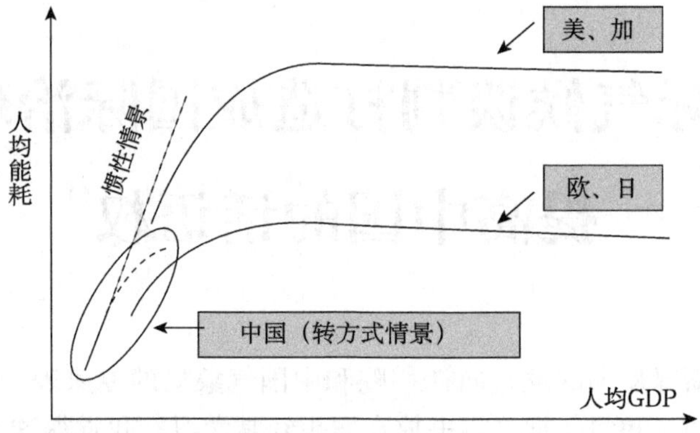

图1

外推，线性外推的话就是这条虚线。大家可以看到这个线这么走的话，我们的人均能耗不仅会超过欧、日，而且有危险会超过美国的水平，我们画了一个非线性的转型曲线，我们需要转变发展方式，大家可以看到转到欧洲和日本这样的一个水平还挺难，这是一个能源经济学的分析。世界上有代表性的发达国家从能源经济学的角度可以分为两类。显然我们国家需要转变发展方式，为此必须注意到环境容量有限这个基本概念，也是一个基本的国情。我国东部住着我们国家80%多的人口，这块东部人口密度是全球平均值的5倍，这块土地上每年煤炭消耗量是世界平均值的12倍，而这块土地的油耗的空间密度，也达到了全球平均值的3倍，而碳排放的空间密度是全球平均值的6倍，这几个数字说明我们的环境负荷已经高于全球的平均值的数倍，换句话说环境容量比全球平均值少数倍，光从人口密度，我国东部已经是世界平均值的5倍，再考虑我们的能源结构，再考虑到我们刚才说的单位GDP能耗比较偏高，所以我们的环境容量比它们小不止5倍，或者说我们的环境负荷比平均值大不止五倍，就是这样的一个概念。刚才说东部的情况，如果说中部和西部沿袭东部的发展路径，那么我们国家就会更加高碳，所以说提出了新型城镇化。但是能不能低碳，我认为这是我们面临的大考，这是第一点。

第二点，煤炭的使用需要控制总量，提高效率，要洁净、低碳发展，要抑制不合理的需求，这对煤炭都是非常重要的。也不是说没有办法，上海外高桥煤电厂每发一度电只要276克煤，而全国的平均水平是320克煤，276克煤比世界上最好的丹麦的电场还要节能，丹麦的是286。如果说全国的煤电厂都做到外高桥这个水平的话，光是煤电厂就可以节约20%的煤炭。

第三点，除了刚才讲的化石能源节净化利用，低碳能源是发展的方向和重点。我这儿用了一个形象的说法，就是三匹马在拉车，这三匹马一个是可再生能源，一个是核能，一个是天然气，天然气包括非常规天然气，这三个都是属于低碳的能源，三类，为什么一定说三个不是一个呢？哪一个单独的都不能很快实现对煤炭的高比例的替代。我们希望这三块加起来也还得几十年才能把煤炭替代下来，稍微的认真的算账就可以知道，所以说我觉得一定要三个一起努力。我这里提到了天然气，包括了非常规天然气都要努力，煤层气、页岩气，天然气等。但是最近有一点热度的煤制气，煤制气是煤制的气而不是天然的气，不是一个概念，它一点也不低碳，也不省煤炭也不减少二氧化碳，不是方向。

第四，低碳路径是可以通向现代化的，高碳不是现代化的必由之路。欧洲和日本，咱们先看国际的情况，它们以美国和加拿大这些国家1/2的人均能耗，以它们的1/2～1/3的人均碳排放实现了同等水平现代化，这是一个事实。再看国内的情况，国内调整产业结构这几年的力度很大，总书记讲淘汰落后产能很有力度，十一五能源强度下降19.1%，今年上半年下降4.2%，碳强度降了5%。能源梯级利用也有进展，低碳城市试点逐渐成熟，我不详细的讲了。

刚才讲了这些国内的实践还有很多，结果是什么呢，对经济有什么影响呢？他使我们经济增长的速度更为理性，质量和效益更加提高。上面讲的国际和国内的实践证明低碳可以通向富裕，可以通向现代化。低碳发展是以新的增长点重塑经济，实现高质量的发展。低碳对发展有没有限制呢？有的，限制的是粗放，限制的是奢华。那么高碳不是现代化的必由之路，而是不可持续的路径，这点也是非常清楚的。

第五，低碳发展将带来社会治理的深刻变革。低碳社会它的基础是城乡一个一个的低碳细胞，培育好这些细胞，包括低碳的社区，低碳的乡镇，低碳的企业，低碳的家庭，把这些细胞都培育好了会带来社会治理，公民素质，生活方式和观念的深刻变革，意义非常重大。我就举一点垃圾分类资源化，这点我们国家也在做，但是我们跟国际是差距很明显的，这是一个意义重大的战略性新兴产业，是需要人人参与的，每一个家庭都需要参与的，是美丽城市和美丽乡村都离不开的一个基础性的产业。瑞典99%的垃圾都可以化作资源，其中有做沼气的，有做化肥的，有做工业燃烧发电供热，加起来99%，只有剩下不好用的1%的填埋，做到了这样的一个程度。在生活方式上，低碳要倡导“健康的物质享受，丰富的精神追求”，生活方式包括吃住行都得有一系列的变革，中央八条是一个好的开头。

第六，经过30多年发展的中国，现在面临两场竞赛，一场是国内，国内好比是掰腕子，一个方面是转变发展方式的努力，另外一个方面是粗放发展的惯性，两个比赛看谁的劲儿大，看谁掰过谁，能不能快的转向资源节约，环境友好这个为方向的科学发展。另外一场竞赛就是国际，在世界范围的绿色低碳的发展竞赛中，中国能不能不落伍，不要延续老路，尽快占领新的战略制高点，切实发展生态文明，我想这是我们面临的一个形势。

刚才说到了中国的资源和环境问题，我们没有粗放发展的资本，也没有粗放发展的理由，中国的现代化应该是在守护环境底线基础上，精心设计的一个发展过程。

最后一句话，低碳是为了应对气候变化，更是为了国家和人类的可持续发展。中国应对气候变化的国际责任和国内转型发展的内在需求高度一致，所以应对气候变化的国内外两个大局是相互促进，相互支持的，我想我们这个绿皮书的发布，对促进中国的低碳发展和我们在国际上尽到自己的责任都会很有帮助，所以我想我们要创造新的发展方式，创造新的生活方式，要有新的观念和新的人才素质来理解新常态，创造新的未来，谢谢大家。

国际气候谈判的实质和出路

摘　要： 尽管国际气候谈判充满矛盾，但本质上它是一种认真而责任重大的全球性努力，气候谈判的目标在于建立合理的国际气候制度。应对气候变化的实质是引导全球以低碳、绿色、循环发展为路径，实现全人类的可持续发展。气候谈判应该是一个促进各方建设性达成全球气候制度安排的过程，为此建议抓住以下三个重点：先发达国家率先做出积极的绝对量减排承诺；发展中国家也根据自身的能力和发展阶段做出自己应有的贡献；发达国家应在资金和技术上做点实事。先在以上三方面取得实质性突破，再通过公约原则下的“审评”和“调整”机制，逐步补充和完善。这是一种体现“自下而上”和“自上而下”相结合的路径。国际气候谈判的最终出路在于合作共赢。中国积极而务实地参与国际气候谈判的深刻原因，首先源于自身科学发展和可持续发展的内在需求，同时也是一个负责任的发展中大国对国际责任的担当。

关键词： 气候谈判；国际气候制度；合作共赢；可持续发展

1　气候谈判的目标和实质

《联合国气候变化框架公约》（简称《公约》）缔约方会议已连续召开了20年，谈判有进展但无突破。人们对此表达不满是很自然的。困难在于：一方面一些发达国家主观上缺乏承担责任的政治意愿；另一方面，大幅度减排，不仅要节能，而且要调整能源结构、转变经济发展方式，使之低碳化，这一点客观上并不容易。不同发展阶段的国家困难的性质不同，但都是要花费一番力气的。

尽管发达国家与发展中国家之间以及不同国家集团之间存在着差异和分歧，但气候谈判却吵而不崩、斗而不破。其根本原因在于：各国共生在一个星球上，气候变化是全人类共同面临的挑战，应对气候变化关系到全世界的永续发展和子孙后代的福祉。因此，大家有着现实的和潜在的共同利益，吵完架，还得握手，坚持不懈谈下去，争取达成建设性的成果。

这里的一个基础性的支点，是气候变化的科学性。尽管存在着不确定性，以全球变暖和反常气候事件频发为特征的气候变化，毕竟是一个客观存在的事实；至于气候变化的归因，自然因素显然是一直存在的基本原因之一，但工业革命以来人类活动对环境（包括气候）的影响也是显而易见的，何况有大量科学数据的支持，随着总人口的增加和化石能源消耗的增多，人类活动的影响更为显著。IPCC 的专家们明确提出，人类活动极有可能是主因[1]。气候变化虽然是由自然和人为因素共同引起的，但人类能有所作为的，显然只能是改变自身的行为方式。气候谈判所讨论的，正是人类为应对气候变化应该做些什么。

因此，尽管有的国家缺乏诚意，但190多个国家参加的气候谈判，总体上是认真而责任重大的全球性努力，不应将其视为“闹剧”，何况也取得过有意义的阶段性成果，如定量限制发达国家碳排放的《京都议定书》就很有建设性而且来之不易。尽管不排除有人想以“低碳”限制发展中国家的发展，但以减少化石能源的温室气体和污染排放为特征的低碳发展是可持续发展的要求，不应将其视为“阴谋”和“陷阱”，即使有人挖陷阱，不往里跳就是了。从生态文明和科学发展观的战略高度看问题，所谓气候“陷阱论”和“阴谋论”已是陈旧观念了。

应对气候变化的实质是：通过人类的共同努力，控制气候变化的不良发展，避免超出气候承载力范围，避免走到发生气候灾变的“临界点”。以低碳发展、绿色发展、循环发展的路径，实现全人类的可持续发展。

国际气候谈判的目标，在于建立合理的国际气候制度，在《公约》的原则指导下，明确各缔约方的义务和责任，就这一制度的安排达成协议。

2 国际气候谈判的最终出路是合作共赢

建立合理的国际气候制度是气候谈判的目标，而如何实现这个目标却涉及众多的利益因素。如果把这个目标比喻成一个多维函数的话，它恐怕有上千个维度：首先是190多个国家，这些国家又可以分为不同的类型，每个国家里又有多个因素，如经济问题、社会问题、能源问题、环境问题、农业问题、林业问题、科技问题及多种产业的问题等。如果把这些都作为变量，并能把上述目标写成一个显式的目标函数，就可以用求极值的办法求得一个最佳解。可惜，我们写不出这个函数来，也无法求得最佳解。面对这样一个有众多因素的目标，追求一个理想完美的解是不现实的。好在这些利益因素之间，并不都是相互矛盾和冲突的。解决问题的办法只能是抓住大家共同利益的主要点，追求合理而现实的宏观目标。

应对气候变化的实质是推动人类走上低碳、绿色、可持续发展之路，这就是共同点，是各国的“最大公约数”。要在这样一个需要全人类面对的复杂问题上，求得共同的、相对好的结果，需要人类的智慧。如果人类不能表现出应有的智慧，大家就要输，而大家都输意味着灾难，是输不起的；一部分国家输，另一部分国家赢，也是谈不成的。所以只有大家都赢，争取最大的共同利益。因此，国际气候谈判的最终出路只能是合作共赢。

气候谈判应该是一个促进各方建设性达成全球气候制度安排的过程，应该是一个良性循环的过程。如何走向良性循环呢？我们建议，关于2020年后协议的谈判需要有限目标、突出重点，抓住以下三个方面取得实质性的成果，以增强大家的信心，然后再逐步补充和完善。

（1）先发达国家率先做出积极的绝对量减排承诺。世界上有一批国家在经济、社会、福利、科技、教育等方面先发达了，他们也是碳排放的首先贡献者，“先发达国家”这个概念是客观成立的。为了启动良性循环，由他们率先行动，做出大幅度绝对量减排承诺是公平合理的。

（2）发展中国家也根据各自的能力和发展阶段，在2020年前行动的基础上，采取强化的减缓和适应行动，做出自己应有的贡献，包括中国在内。这样的相互响应、相互看到诚意，就会增加相互的信任，形成良性循环。

（3）在资金和技术问题上，发达国家要做点实事，这既是发达国家应有的责任和贡献，又可能做到发达国家与发展中国家的双赢。实际上，由发达国家出资金和技术，帮助发展中国家进行适应气候变化和减缓气候变化的能力建设，并不只是一种单向的给予，也有收益。它可以促进发达国家自身形成一些新的增长点，只要做出适当的安排，也会有利于发达国家的发展，更何况这还会增加互信和强化国际合作的基础。因此，在资金和技术的问题上，发达国家要有诚心诚意的作为，有一种站得更高的宏观战略观念。

如果关于2020年后的协议能聚焦以上三点，取得进展并做出安排，就会使气候谈判往积极的方向发展。而在2015年也有可能锁定一些“早期收获”，达成一个框架性的协议，尽快向国际社会传递积极信号。

当然，各国做出的总贡献有可能与控制气候变化（环境完整性）的全球目标有差距。这就需要有一种对各国的贡献进行“调整”的机制，例如，各缔约方对各国的承诺和贡献进行“审评”，以评估措施实施的充分性。这里的一个重要问题是如何按照《公约》的原则，确定审评的安排和规则，对做得差的提出批评，要求它做出“调整”。关于审评规则细节的谈判，可在上述三项安排确定后进一步细化，在后续的谈判中完成。这种“审评”和“调整”无论是具有法律约束力还是道义约束力都是有意义的。

对气候谈判路径的上述理解，体现了“自下而上”和“自上而下”的结合，体现了“共同但有区别的责任”、公平和各自能力的原则，也体现了既积极又现实的态度。先在有限方面达成结果，再进一步细化、落实、改进和推动，达到合作共赢。这不仅对应对气候变化，而且对在联合国框架下建立一种新型的国际秩序，都具有积极的意义。

3 中国积极、务实参与国际气候谈判的深刻原因

数据表明[2]：美国的年人均能耗是世界平均水平的近4倍，如果全世界每个国家的年人均能耗都像美国人那样，则需要4个地球才能满足，所以美国的发展方式是无法复制、无法推广的。基于对发达国家能源经济学的分析，可得到一个重要概念，发达国家大致上可分为两类[3]：美国、加拿大、澳大利亚可看作是一类；欧洲和日本是第二类。这两类国家的人均能耗、人均电力、人均排放都相差一倍以上。中国怎么走？跟美国的路子走显然是走不通的。欧洲、日本已经走出了相对低碳的路子，并且发展到了现代化的程度。我们国家人均资源有限，环境容量更有限，而且我们是后发展，现在有那么多信息技术、低碳技术、新能源和节能技术，我们理所应当做得至少不比欧洲和日本差。我们不能以高能耗、高碳、高污染来实现自己的现代化。这些年粗放发展的结果是，中国单位GDP的能耗比世界平均值高出1倍（2012年中国的GDP是全球的11.6%，却消耗了全球能源的21.9%[2]）。因此，中国提出了必须转变发展模式，这种转变的压力不是来自于国际，而是来自于中国国内科学发展的需求。中国有限的环境容量和气候容量警示我们：转变发展方式刻不容缓。

中国的国土面积跟美国差不多，中国的人口是美国的4倍多，所以中国的人口平均密度是美国的4倍多。但是，因为中国的大多数（80%）人口分布在占国土面积42%的东部

地区，所以这个地区的平均人口密度约为美国的 8 倍。中国东部地区的面积约为全球土地总面积的 1/30，每年却消耗着全球近 40% 的煤炭，也就是说，中国东部煤炭消耗的空间密度是世界平均量的 12 倍。数据还表明，东部地区石油消耗的空间密度也已是世界平均量的 3 倍[2-3]。这点宏观分析已使我们不难理解中国东部霾污染常态化的原因，这是对我们的发展方式触碰了环境红线的警告。

中国能跟美国比人均多少汽车、人均多少能源、人均多少电力吗？不能比，这样比中国受不了。环境治理、生态文明建设已经提升到国家发展战略目标的前位。这就是为什么中国主动出台 2020 年前大幅度降低碳排放强度等三项行动目标的内因。

同时，中国的实际发展阶段表明，它还是一个发展中大国。几个大城市表面的靓丽，并不能全面反映中国相对落后的实情，也无法掩盖中国还有一亿多贫困人口的现实。因而，在注重发展质量的前提下，经济总量仍将继续增长。为此，即使努力节能和提高能效，总的能源消耗也还会有所增长，而中国能源的天然秉赋是以煤为主，尽管在大力发展非化石能源，但要让煤炭消耗量见顶并开始下降，还需要时间。因此，中国要实现 2020 年前大幅度降低碳排放强度等三项目标，是需要付出非凡努力的。我们既要让世人理解中国节能减排的诚意和迫切感，也要让人们理解现阶段的实际困难。只有克服这些困难，实现经济和环境双赢，中国才能健康发展并迈向生态文明。

在应对气候变化的问题上，中国的国际义务和国内需求高度一致。所以，在实现 2020 年三项行动目标的基础上，中国必将进一步推动低碳发展，控制排放总量，并努力争取尽早达到排放峰值，进而使排放总量开始下降。中国对国际应对气候变化谈判抱有积极而务实的态度，因为这可以促进中国的绿色低碳发展。反过来中国的绿色低碳发展有益于全球的可持续发展和生态文明价值观的传播。同时，中国作为一个最大的发展中国家，对全球的事情也负有一份严肃的责任，以务实的行动和积极的态度参与并推动国际气候谈判，建立合理的国际气候制度，是一个负责任大国应有的担当。

参考文献

[1] IPCC. Summary for policymakers [M] //IPCC. Climate change 2013: the physical science basis. Cambridge: Cambridge University Press, 2013, doi: 10.1017/CBO9781107415324.004.

[2] The World Bank. World development indicators [EB/OL.]2014 [2014-08-10]. http://data.WorldBank.org.cn/indicator/all.

[3] 杜祥琬，刘晓龙，杨波，等. 中国能源发展空间的国际比较研究 [J]. 中国工程科学，2013，15 (6): 4-19.

（发表于《气候变化研究进展》，2014，10（5）：384-387）

The Essence of and Solutions to the International Climate Negotiation

Abstract: In essence, the international climate negotiation is a kind of serious-minded and responsible global efforts despite the various conflicts. The climate negotiation is designed to establish a reasonable international climate system, and the essence of addressing climate change is to guide the world to adopt a low-carbon, green and circular development road, achieving a sustainable development worldwide. What's more, climate negotiation should be a process of driving all parties to reach constructive global climate system. To this end, this paper suggests three major aspects that should be addressed to make substantial breakthroughs, and then the "Review" and "Adjustment" mechanism under the Convention principles should be adopted to make gradual supplements and improvements. This is a combination of "Down-Top" and "Top-Down" approach. In addition, the ultimate solution to international climate negotiation lies in collaboration and win-win strategies. The in-depth reasons for China's proactive and practical participation of international climate negotiation are the internal need for scientific and sustainable development, and a responsible developing power's performing intemational obligations.

Key words: climate negotiation; international climate system; collaboration and win-win strategies; sustainable development

中国的经济及能源情景

——中美气候对话发言①

作为东道主，我首先代表中国国家气候变化专家委员会和今天与会的中方专家，向远道而来的美国朋友表示欢迎！很高兴有这个机会同各位就应对气候变化问题进行交流和讨论。（相互介绍后）下面我先作一个发言。

（1）中美两国的差异很多，例如：发展水平、发展阶段、资源和生态环境的天然禀赋等。但是，两国也有重要的共同利益，应对气候变化就是一条。建立合理的国际气候制度，应该是大家的共同愿望。同时，向绿色、低碳发展转型是人类可持续发展的共同方向，作为发展中国家，中国也是一个学习型国家，需要学习发达国家的有益经验，以实现转变发展方式、迈向生态文明的目标。

（2）中国以务实和积极的态度应对环境和气候变化的问题是有深刻原因的。我们曾经从能源经济学的角度，分析了世界上的发达国家，发现这些国家的发展模式有着显著的差异。数据表明，有一部分国家已经以相对低碳的发展路径实现了现代化。中国是一个人均资源有限、环境容量、气候容量更有限的国家，东西部差异巨大的国家，我们不能以高耗能、高碳、高污染来实现自己的现代化。三十多年来，中国经济增长成就显著，但是发展方式比较粗放。中国单位 GDP 的能耗比世界平均水平高出近一倍（2012 年，中国 GDP 是全球总量的 11.6%，却消耗了全球 21.9% 的能源）；尽管人均能耗还不高，但中国东部地区单位面积消耗的煤炭是全球均值的 12 倍，石油消耗的空间密度是全球均值的 3 倍，碳排放空间密度是全球均值的 6 倍，中国每千人拥有的汽车数不到美国的 1/8，但东部的汽车空间密度已接近了美国。所以，不难理解，中国东部霾污染常态化的原因。大气污染物（如 PM2.5）和温室气体是两个不同的概念，但在中国，二者在很大程度上是同根同源的（来自煤炭和石油的燃烧）。中国越来越深刻地认识到，以过多消耗资源和牺牲环境为代价的发展是不可持续的。所以提出了“能源革命”“转变发展方式刻不容缓”，并出台了一系列政策措施。

另一方面，中国又是一个生态环境自然禀赋比较脆弱的国家。干旱半干旱地区占国土面积 52%，水土流失严重的黄土高原面积 64 万平方公里，高寒缺氧的青藏高原达 200 万平方公里，石漠化的岩溶地区面积 90 万平方公里……极易受到气候变化的不利影响。气候灾害经济损失：损失大于 2000 亿/年，死亡大于 2000 人/年。所以中国应对气候变化是减缓与适应并重的。

---

① 2014 年 7 月 8 日。

（3）同时，中国的实际发展阶段表明，它还是一个发展中大国。几个大城市表面的靓丽，并不能全面反映中国相对落后的实情，也无法掩盖中国还有一亿多贫困人口的现实。因而，在注重发展质量的前提下，经济总量仍必须继续增长。为此，即使把年经济增长压到7%或更低，并努力节能和提高能效，把能源弹性系数压到0.5以下或更低，总的能源消耗也还会有所增长，而中国能源的天然秉赋是以煤为主，尽管在大力发展非化石能源，但要让煤炭消耗量见顶并开始下降，还需要时间。不难想象，中国要实现2020年前大幅度降低碳排放强度等三项行动目标，而且正在争取降低碳排放强度的目标不满足于40%，希望达到45%，这是需要付出非凡努力的。中国国内也有“转方式”和“粗放发展惯性”的较劲，转型是很费劲的。中国既有节能减排的强烈紧迫感，又有着现阶段的实际困难。只有克服这些困难，实现经济—环境双赢，中国才能健康发展。

（4）为什么中国主动出台了2020年前大幅度降低碳排放强度等三项目标，这首先来自中国自身可持续发展的内在需求，这是一种内生动力、内生压力。同时，作为一个负责任的发展中大国，中国对全球减排应担当自己应有的责任。中国的国际责任和内在需求是高度一致的。你们常说的BAU，就字面意思而言，就是“惯性情景”，是不可持续的。在实现2020年前三项目标的基础上，中国必将进一步推动低碳发展、控制排放总量，并努力争取尽早达到排放峰值。世界上谁最希望中国早日达到峰值呢？显然，莫过于中国人自己。改善空气质量和减少碳排放在中国有很强的协同性，这点在中国有高度共识。但由于前面提到的发展阶段面临的困难和不确定性，各研究组和部门对何时能达到峰值，意见存在分歧，也是可以理解的。我个人认为，积极应对气候变化，可以促进中国的绿色、低碳发展，反过来，中国的绿色、低碳发展也有益于全球的可持续发展和生态文明价值观的传播。在这个方向上，我们（包括专家委员会）将起到积极的推动作用。

我就讲这些，希望听到美国朋友的介绍并和你们讨论。

应对气候变化：增进共识、加强行动[①]

尽管人们普遍感受到了气候变化，气候变化的严峻性也有许多科学论证，但是共识不足、行动不力，仍是一个现实。社会学的调查表明：当人们面对各种眼前利益和生存压力的时候，“应对气候变化”并不排在最关注问题的前端。

2010年的国际社会调查（ISSP）和中国综合社会调查（CGSS）表明：在全球31个国家中，在面对的各种社会问题中，环境问题仅排在第六位；而在各种环境问题中，选择“气候变化”作为首要问题的比例只有11.2%，位列第四，前三位是空气污染、生活垃圾处理和水污染（引自中国人民大学社会学系）。

由此可认识到：

（1）把科学家的认识（IPCC为代表）变成公众的认识，把自然科学问题变成社会认知问题，是一个过程，需要科学的传播和引导；

（2）各国的决策者是公众的Leaders，他们应是先觉者；发达国家是先发达者，应有更高的责任感。如果他们认知不足，必然导致政策不到位，政治决心不到位，也就难以引导公众认识的提高。

应该说，相对一百年前人类刚有了“现代气候变化”的概念，今天能有10%以上的人群把它作为环境问题中的首要问题，已是一个重要的进步。也说明，气候变化的事实和科学传播，对提高人们的认识还是起到了很大的作用。国际气候谈判，尽管矛盾重重，差异种种，大家还是坚持努力，力求取得进展，表明“气候正义”的道义力量有强大的鞭策作用。

为进一步解决“共识不足、行动不力”的问题，我建议各国政府、决策者、国际组织、自然科学家、社会科学家、NGO组织和媒体人共同努力，做以下四项工作：

（1）科学而又通俗地表述气候变化的近期危害和长远风险。使人们认识到，不能坐等发生灾变的临界点，提升气候变化在人们的“价值优先序”中的地位。

（2）阐明气候变化不是一个孤立的问题，它和环境污染、粮食安全、健康与生命安全、水安全等有很强的协同性、关联性，提高人们对应对气候变化紧迫性的认识。

（3）尽管气候变化有其不确定性和复杂性，但更重要的是存在着明确的确定性，无论是气候变化事实的认定，它的后果、影响以及人类活动所起的明显作用都有很强的确定性。不确定性无碍人们采取确定的应对行动（包括减缓和适应）。

（4）应对气候变化的深刻性在于推动人类发展方式的转变，是推动人类走上新型发展

① 在2013年联合国气候变化大会边会上的报告，2013年12月，华沙。

道路的动力和机遇。这对发达国家和发展中国家的可持续发展都是重要的。从这个人类共同的利益出发，我认为应对气候变化的最终出路在于“合作共赢”。为此，发达国家应毫不推诿带头承担大幅度减排的义务，发展中国家也主动承担与自身发展阶段相应的义务，形成良性互动。中国还在大力降低单位 GDP 的碳排放，努力推动经济和社会的低碳发展，并将进一步控制碳排放的总量。推动建立合理的全球气候制度。

增进共识，加强行动，From co-consensus to co-action，需要人类的理智和智慧。

On Low-Carbon Urbanization①

(1) Development is for the sake of human beings and so is urbanization.

If something causes harm to the health and life of the vast masses, it betrays the original intention of development and thus the principle of development must be scrupulously observed: development within environmental capacity.

(2) Emission of pollutants and emission of greenhouse gases are different conceptual terms, but they arise from common originality.

Deficiency of environmental capacity and climate capacity is objective existence and a constraint of nature. The reason why energy-saving and emission reduction has become a national strategy in China is, first of all, the constraint in resources and the environment, and is also the internal requirement of sustainable development of China's urban areas.

(3) The carbon footprint in the eastern cities of China has pulled up the per capita carbon emission level nation-wide and is pushing it close to the level of European countries. Relying on the expansion of high-consumption industries to maintain high GDP growth is not a "new path of industrialization" and it is not sustainable. Whether China's urbanization could walk on a "new road" which is low-carbon is a daunting challenge we are now facing.

(4) In spite of the saying that there is only one way to reach the peak of Mount Huashan, there is not only one way for development in the world. High carbon and high consumption is not the only way for a country to go through. Data from developed countries show that when national development reaches a certain level, the per capital energy consumption would approach a stable state without further increase or even with decline. Such "stable state" shows a clear distinction and thus these countries are categorized into "two types of developed countries".

(5) It is obvious that Europe and Japan have taken a road requiring lower energy consumption and lower emissions than that of the U. S. and Canada. According to the conditions in China: ①Per capita resource is scarce; ②Environmental capacity is limited; ③Having late- = comer advantage (IT, energy-saving and new energy technologies, etc.), China should not develop at the cost of higher energy consumption and higher carbon than Europe and Japan do. From the present situation, China needs to keep alert on the reality risk of high-carbon development.

(6) Urbanization is the inexorable trend of modernization; it should be the natural outcome of

① 在2013年联合国气候变化大会边会上的报告，2013年12月，华沙。

industrialization and modernization of agriculture, instead of cities sedulously built.

• The higher urbanization rate may not be the better (keep a beautiful countryside with a few hundred million population);

• The faster the urbanization speed may not be the better (fast speed is a double-edged sword and beware of the societal illness) .

(7) Cities may not certainly lead to better life,

It may probably make life distressful.

This depends on whether the pattern of urban development can make public services equalized.

(8) Low-carbon construction is a factor of low-carbon urbanization.

• Poor-quality and short-lived constructions waste resources and increase emissions.

• Jealousy for skyscraper and luxury public buildings does notin compliance with China's present situation.

• Large numbers of empty apartments are left unused, making valuable resources useless.

• Cement forests rise up straight from the ground, while conscientious projects underground are left far behind; the capability to handle climate disasters is dangerously lacking.

• To promote industrialization of construction and build the upgraded edition of construction industry.

(9) A country with a large population inevitably is a country with large quantities of waste.

China's waste is increasing by 10% annually, and annual waste generated is about 150 million tons.

Over 1/3 cities are suffering from "cities surrounded by waste" . The cumulative total stockpile of urban domestic garbage has reached 7 billion tons, which occupy 50000 hectares of land cumulatively; rural areas are also suffering from severe garbage pollution. But, the majority of wastes can be utilized as resources.

Waste reduction and categorized utilization of waste as resources are the factors of beautiful city and beautiful countryside; they are in the strategic emerging industry chain and are a great undertaking for changing wastes into valuables, circular development, low-carbon development and creating jobs.

(10) Forcefully carry out the Action Plan for Air Pollution Prevention and Control and exercise strict control over total consumption of coal and petrol, so that low carbon becomes a binding indicator for evaluation.

West China must take a new road of "Scientific Development" and should not follow the old path of "pollution followed by control" .

(11) Low-carbon pilot and promotion have far-reaching significance.

Low-carbon society basedupon low-carbon economy (including low-carbon industry, low-carbon urbanization, low-carbon agriculture, low-carbon energy, low-carbon construction, low-carbon transportation, and low-carbon life) takes low-carbon community, low-carbon countryside and lowcarbon enterprise as cells. Towards this direction, people's concepts will undergo a profound change and people's quality will be improved; during the course of constructing ecological civilization, the civilization and advancement of modern human being will be achieved.

(12) In conclusion, the essence of responding to climate change is to promote the transformation of human development pattern towards a new form of development and to avoid the critical point of catastrophe; to realize green and low-carbon, and to achieve sustainable development of the humankind.

气候的深度

——多哈归来的思考

气候，这个由讨论“温度”开始的话题，越来越揭示出它的“深度”。各界对在去年底于多哈举行的联合国气候大会达成的“多哈气候途径”褒贬不一，但在笔者看来，超越不同见解，气候谈判背后的深层次内涵更值得深思熟虑。

1　对气候变化的认识已获广泛共识

气候变化，首先是一个科学问题。

近代全球气候变化科学基础的建立经历了近200年的时间。1827年数学物理学家傅里叶首次定性地提出地球大气具有温室效应时，并无意讨论气候变暖问题，正常大气的温室效应本来是地球成为人类宜居之地的基本条件之一。1896年物理化学家阿仑尼乌斯定量计算了气候对CO_2浓度变化的敏感性，并提出人类燃烧化石燃料导致CO_2浓度上升使全球变暖的可能性。之后，相关研究进入系统化。CO_2分子的光谱特性和太阳辐射在大气中的传输，是20世纪初以来物理学的课题之一；对全球大气中CO_2浓度的变化已有较长期的科学观测，全球300多个站的观测数据表明：这一浓度已由工业革命前的280×10^{-6}升到目前的391×10^{-6}；全球平均温度观测给出了近百年全球地表温度升高的总趋势。

人们对气候变化后果的感受更为深切了。研究表明，极端气候事件造成的损失，1980年约为每年几十亿美元，而2010年已上升至每年大于2000亿美元，其中我国的损失为3000多亿元人民币，这还不包括对人们生命健康的影响和对生态系统及文化遗产的损坏。

极端气候事件频度和强度的增加，已使多国感受切肤之痛，“没有哪个国家能成为独善其身的天堂”。2013年1月刚公布的美国国家气候评估报告说：“包括热浪、暴雨、洪水和干旱在内的天气事件变得更为频繁和强烈”，已影响到美国的很多方面。“达维”等台风去年登陆我国北方，特别是入侵东北的次数是1951年来之最。海平面上升加剧着几十个小岛国生死存亡的危机感。CO_2浓度增加导致的海洋酸化使海洋生物多样性减少……

问题的深刻性还在于：化石能源燃烧产生的温室气体与污染气体的排放同根、同源、同步，已造成严重的环境恶化，挑战着环境容量。我国许多居民日常呼吸着不达标的空气，已成为城市居民的主要病因之一。

更值得重视的是气候趋势的长期风险。世界银行2012年11月公布的报告指出：“到21世纪末，如果再不采取持续的政策行动的话，全球气温将上升4℃，后果将是灾难性的。”更何况这里说的4℃是个平均概念，分布的不均匀使其更具破坏性。就全局而言，避免走到发生灾变的临界点已是具有历史眼光和责任心的人们必须担当起来的使命。

由于气候问题的复杂性，不同的认识仍会继续存在。但可以说，全球范围对气候变化认识的焦点，已越过了“真伪辨析”的阶段，获得广泛共识。1988年成立了“政府间气候变化专门委员会”（IPCC），100多个国家的几百名科学家在评估分析各国研究成果的基础上，给出气候变化科学基础、影响、适应及减缓政策方面最新的科学认识。他们发出的关于全球气候暖化和极端气候事件增多的警告，是值得严肃对待的。

地球大气是一个复杂、开放的巨系统，它同时受到各种自然因素和人为因素的影响是显而易见的。然而，从古到今，地球本身并未长大，而寥寥无几的人口已繁衍到70亿，人类活动必然是影响大气环境的主要因素之一，对此应该是没有异议的。

70亿人每年燃烧约170亿吨标准煤的化石能源，这个数字和大家公认的全球目前每年新增约350亿吨 CO_2 排放这一数据相符合，和全球几百个观测站测得的 CO_2 浓度增长的曲线是一致的。

把气候变化都归因于太阳活动及其他自然因素，首先是不科学的，更何况这除了导致无所作为听天由命之外，还能有什么积极意义呢？人类活动既然能对大气环境带来显著的不良影响，那么，人类修正自己的生存方式也应该能够抑制恶化甚至改善环境，这不仅是合乎逻辑的，也是理智人类的应有选择。

2 应对气候变化，正对国际关系产生深刻影响

自从气候变化问题受到各国的普遍关注并进入了联合国的议程，它就从一个自然科学命题上升为经济社会乃至政治性的话题。人类该如何用行动应对气候变化，考验着各国政治家的观念、良心和智慧，也吸引着广大公众的积极参与。一年一度的联合国气候大会既是各国政府进行气候谈判的主要场合，也是各国社会力量进行广泛交流的大论坛和促进气候谈判的活跃舞台。十几年来谈判的进展，越来越揭示出应对气候变化会给国际关系和国际制度产生深刻影响。

第一，气候谈判既表露出不同类型国家间利益的差异和矛盾，又受着“气候正义”这一强大的道义力量的鞭策，逐渐推动着国际关系格局的变化和重组。

发达国家是化石能源排放温室气体的主要贡献者和气候变化问题的始作俑者，理应承担绝对量减排的义务。一部分发达国家加入了《京都议定书》并在多哈延续了第二承诺期，但美国等主要责任国却采取了与人们的希望相悖的态度。难怪非政府组织给美国颁发了有讥讽意味的“化石奖”，称“美国，请你抛开孤立主义与众人同行!”第三世界网络称，美国一直是气候谈判最主要的绊脚石。联合国气候谈判已成为一个修正并敦促美国转变错误态度的平台。

广大发展中国家是气候变化恶果的受害者，发达国家有责任出资金和技术，帮助发展中国家适应和减缓气候变化的影响，补偿它们受到的“损失与损害”，这一合理的诉求加强着发展中国家的团结。它们当中最具紧迫感的40多个小岛国，成了一个新的国家集团，在气候谈判中发挥着活跃的作用。

第二，应对气候变化，各国利益既有差异又有潜在的利益交汇点，因而气候谈判既有斗争、博弈，又需要理解和合作，它将在博弈和合作中前行。在多哈会议最后通过一揽子气候文件之时，美国代表团虽表达了种种不赞成，却没有说出“反对通过文件”这句话，

它也不敢承担谈判破局的风险。客观存在的气候利益的互相依赖性，终将使各国认识到：只有合作共赢才是出路。

第三，建立合理而有效的全球气候制度的过程，将从一个方面推动新型国际秩序的塑造。迄今已获普遍共识并载入文件的“共同而有区别责任的原则”、“公平原则”、“基于各自能力的原则”等，既是气候谈判来之不易的重要成果，也将指导长期气候制度的构建，意义深远。

中国为应对气候变化采取的务实措施以及推动气候谈判向积极方向发展做出的努力，得到了普遍的理解和认可。但同时，客观上的压力也逐年俱增。我国已是世界最大的温室气体排放国，且人均排放也超过了全球平均水平。作为一个负责任大国，中国已经并将进一步承担与发展阶段相应的减排义务。国际气候谈判中的中国 style，是坚持原则与务实灵活的结合，是积极、耐心、合作、坦诚的形象。中国将会与世界各国一道坚持不懈地为全球气候制度的建立和改善国际秩序作出自己应有的贡献。

3 应对气候变化呼唤着人类发展方式的深刻变革

国际气候谈判的艰难，折射着不同类型国家国内发展的难题，也反映出各国面临如何转型发展的共同焦虑和为迈向可持续发展新境界所作出的理念革新与卓越努力。

能源问题是一个本源。化石能源的使用，在带来经济与社会极大进步的同时，也带来了黑色困惑——地球越来越难以承受的环境问题和发展的不可持续性，这正是气候变化警示的根本之点。

美国是一个典型。美国达到了相当高的现代化水平，同时养成了一种高耗能、高排放的发展方式：人口占全球4.5%，每年消耗全球近20%的能源，人均能耗是世界平均水平的4倍多。如果世界各国都达到美国的人均能耗，就得有4个多地球才能满足。美国的人均二氧化碳排放至今仍是世界平均水平的3.5倍，历史累积的人均排放也是世界大国中最高的。

显然，无论美国有多少优点，它的这种发展方式都是不可复制、不可推广的。连美国智库的专家们也承认，美国理应改变这种发展方式，只是由于制度的弊端，一时无法改动。但美国也并非无所作为：为了自身的可持续发展并保持其“领先地位”，正在能源领域采取一系列重大战略性措施，如绿色新政、开发页岩气、继续发展核电、能源自给、再工业化等，并试图以“互联网技术与可再生能源的结合”奠定一个新的低碳发展的基础。不过，美国能否实现发展方式的有效转型，尚待观察。

今天，绿色、低碳发展方式是各个国家探索发展模式的共性。多哈会议的东道国卡塔尔，靠着丰富的油气资源，人均 GDP 已达10万美元，但它却又是一个淡水比油贵的国家。他们的眼光已看到了化石能源的不可再生性，把气候变化既看做本世纪的主要挑战之一，又作为新型发展的动力，从而提出了四个支柱的可持续发展国家战略，包括经济和能源的多元化、环境保护及水安全等。

卡塔尔科技园把效率和可持续性放在做一切事情的核心地位上；高度重视环境的瑞典，已实现了垃圾99%资源化利用，“4吨垃圾变成1吨石油”，提出了“20~30年后摆脱对石油依赖”的目标，垃圾资源化利用成了赢利的产业；应对气候变化也深刻地影响着最不发达国家的发展理念，它们普遍提出了“脱贫与可持续统筹平衡发展”战略，把应对气候变化看做是新的机遇和发展导向，推动绿色低碳产业发展、创造新的市场和就业岗位，“绿色经济不仅有利于气候和环境，也将驱动经济健康增长”。

4 中国处在转变发展方式的重要历史关口

作为世界上新兴的发展中大国，我国正处在一个关键的历史阶段，发展道路、发展方式的选择至关重要。以过多消耗资源和牺牲环境为代价的粗放式发展将难以为继。

应对气候变化以节能减排为主的减缓战略和以水安全与粮食安全为主的适应战略，同“转变发展方式”这条主线高度一致，并且为转型发展提供了一个长远的视角和动力。

对于我们这样一个生态秉赋比较脆弱、自然灾害频发的人口大国，应对气候变化更不可掉以轻心。

今年年初以来，我国遭遇的大范围、长时间的重度雾霾污染天气，是对发展触碰自然底线的警告，它强烈而直观地提醒我们反省自己的发展方式是多么不可持续。当我们为发展成就沾沾自喜时，恶劣的环境、破碎的生态和多发的灾害已在惩罚着我们。“问题就是时代的声音”，它在呐喊，也在激发我们的思考和行动。我们在走一条“新型工业化道路”吗？我们能走出一条“新型城镇化道路”吗？这是我们面临的大考。

常常听到“经济与环境两难”的议论，甚至认为“经济与环境有很强的对立性”，或者认为：“既然要工业化，都要搞类似的建设，发展类似的产业，发展方式差不到哪去，都得先污染后治理。”这些议论不是完全没有道理，但是深入分析一下发达国家的历史和现实即可发现：发达国家还真不是同一种发展方式。

仅以能源为例，当各国发展到一定程度后，年人均能耗就保持在一个稳定的水平上。以美国为代表的第一类发达国家，年人均能耗约 10 吨标煤；以日本为代表的第二类发达国家，年人均能耗约 5 吨标煤。这两类发达国家的人均耗电量也差 1 倍，人均排放量相差不止 1 倍。这种明显的差异是有原因的，例如美国每年的人均开车里程是日本的 3 倍，人均住房面积也高出 1 倍……而两国却达到了相近的现代化水平（以人均 GDP 等做标志）。这说明第二类发达国家已经走出了一条比美国较低耗能、较低排放的发展道路。

从人口众多、人均资源少、环境容量有限的国情出发，并考虑到后发优势，我国提出“走新型工业化道路”的思想，意味着我国应该可能以比上述两类发达国家更节能、更低碳的方式实现现代化，至少不应比它们做得更差。但是，从我国能源和排放增长的势头看，确实存在着比第二类发达国家更耗能、更高碳的危险，值得高度警惕。

如何破解这个难题呢？那就是用“生态文明”的理念指导发展，首先要认清：经济和环境是统一的，这是辩证的统一、根本初衷的统一、长远利益的统一，统一在“以人为本”、“经济和环境都是为了人”这个基本宗旨上。具体地说，就是把对自然的开发和消费限制在环境容量限度之内，维护自然生态系统的自我修复、自我净化能力。从哲学观的角度说，就是“发展有度”。

当前，调整产业结构、推动能源生产和消费革命是当务之急。常有人说“中国富煤”，其实我国的人均煤炭储量显著低于世界平均水平，中国煤炭的储采比是 35，而世界是 118。我国煤炭的“科学产能”能力目前只有每年十几亿吨，却生产 30 多亿吨，即容忍了十几亿吨的非科学产能。这表明国家真是应该转向科学发展。

观念决定未来，“生态文明、永续发展”不仅是一种新的理论自觉、新的文化启蒙，也是一种有力的实践导向，是把“两难”变成“双赢”的钥匙。

经历了30多年高速发展的中国，客观上面临着两场竞赛：一场是国内，转方式的努力与粗放发展的惯性在比赛，看能否较快地转向以资源节约、环境友好型社会为方向的科学发展轨道；另一场是国际，在世界范围的绿色低碳发展的竞赛中，中国能否不落伍、不沿袭老路，尽快占领新的战略制高点，切实迈向生态文明。

我国目前所处的战略机遇期的内涵和改革开放初期相比已有了很大变化，这是“发展方式转变的新机遇”和“深度转型调整的新机遇”。笔者认为，今后5~10年是能否抓住这个新机遇的关键期。

中国没有粗放发展的资本。我国的现代化应该是在守护环境底线基础上精心设计的发展过程。在这个过程中，把2030年前尽早达到化石能源消耗的峰值和排放峰值作为一个国家目标，不仅是应对气候变化和改善环境的需要，更是促进转方式和新型城镇化的具体而有力的抓手，也是一个经过努力可以实现的目标。

应对气候变化是关系国家和全人类宏观发展的重大问题，让我们敏锐地感受这个时代的脉动，以务实的行动推动中华民族走上可持续的振兴之路，并对人类的文明进步作出更有分量的贡献。

（发表于《中国科学报》，2013年2月6日和2月20日第7版）

中国能源战略的三大支柱[①]

Three Pillars of China's Energy Strategy

1 中国绿色、低碳能源的三大支柱

Three pillars of China's green and low-carbon energy strategy

中国三十年来经济高速发展，成就巨大，但也存在着明显的问题：可概括为“三不”：不平衡、不协调、不可持续。例如：在产业结构中，第二产业增长过快，特别是其中的高耗能产业的扩张支撑着大规模的基本建设，也包括一些重复建设和低质量建设；第三产业发展滞后。

Over the past three decades, China, though making great achievements, has seen prominent problems in economic development, which can be summarized as unbalance, discordance and un-sustainability. Take industrial structure as an example, in China the service sector fails to achieve the desired momentum while the secondary industry has seen excessive growth, accompanied by expansion of energy-intensive industries as the basis for large-scale infrastructure construction as well as redundant and low-quality construction.

这种发展方式靠的几个驱动力：投资、消耗资源、牺牲环境、廉价劳动力 、引进技术和出口低端产品。这是一种初级生产力要素驱动模式，不可持续。所以，必须转变发展方式。

This development pattern is driven by several primary productivity factors including: investment、resource consumption、environment destruction、cheap labor、technology import and low-end product export. Doomed to un-sustainability, this pattern must be changed.

就能源而言，存在五大问题：资源制约、环境制约、效率不高、结构不良、能源安全。2010 年中国的 GDP 占世界的 9.5%，而能耗却占世 界总能耗的 19.5%，说明单位 GDP 的能耗比世界平均水平高出一倍。人均能耗也已达到世界平均水平，并在迅速增长。

China now still has to address five major energy challenges: resource constraints、environment constraints、inefficiency、poor structure、energy insecurity. In 2010, China's GDP took up 9.5 percent of world's total at an energy consumption of 19.5 percent, implying that its energy consumption per unit of GDP was more than twice the world average. Also, China's energy consumption per capita has reached the world average and is growing rapidly.

中国存在着走向比欧、日更耗能、更高碳的美式发展道路的危险。但，这是“此路不

---

① 2012 年联合国气候变化大会边会上的报告，2012 年 12 月，多哈。

通”的。

There's a realistic tendency which may lead to adverse consequences that China's development pattern may follow the American style which is more energy-intensive and higher-carbon consumed than the European and Japanese style. Yet this is a blind alley.

美国的人口不足世界的5%，却每年消耗世界近20%的能源，这是一条不可推广的道路。简单的数据表明：中国只能以显著低于美国的人均能耗实现现代化。

Since the U. S. has a population less than 5 percent of the world total but consumes nearly 20 percent of the world'senergy every year. So to speak, China could achieve modernization only by keeping its energy consumption per capita to a level significantly lower than that of the U. S.

为此，中国需要绿色、低碳能源战略，它的三个支柱是：

To this end, China should embark on a green andlow-carbon energy strategy underpinned by the following three pillars:

1. 节能优先。调整产业结构，推广节能技术。转变能源供需模式：由“粗放的供给满足增长过快的需求，转变为以科学的供给满足合理要求。”多种手段促进节能减排。

Priority to energy saving, adjust the industrial structure and popularize energy-conserving technology, including transformation of energy supply-demand pattern from excessive supply meeting extensively growing demand to rational supply meeting reasonable demand as well as various measures to promote energy saving and emission reduction.

2. 煤炭和石油的高效、洁净化利用。以火电为例，每度电耗煤330克标煤可以降到270克标煤。

Efficient and clean use of coal and oil. Take thermal power for instance, the coal consumed by per kilowatt hour of electricity can be reduced from 330gce to 270gce.

3. 发展非化石能源（可再生能源与核能），改善能源结构。2015达一次能源总量的11.4%，2020达15%。

Development of non-fossil energy (Renewable and nuclear energy) and optimization of energy structure. It will be 11.4% of the total primary energy by 2015; and 15% by 2020.

2 中国能源结构长远发展的三个阶段

Three stages of evolution of China's energy structure

目前我国能源结构处在以化石能源为主（占90%以上）的阶段。如果以非化石能源所占比例超过10%作为进入多元阶段的标志，则我国可能在2015年前后进入能源多元结构阶段。在这个阶段初期的几十年中，化石能源仍将占大头，但煤炭和石油年消耗的总和占比将逐步下降。在这个年消耗总和的绝对量，将持续一段时间（约15~20年左右）的增加，并达到历史性的峰值，然后缓慢减少。这个峰值也将是CO_2排放的峰值，我们希望它尽早到来。

China's energy structure is at the fossil-dominated stage (proportion of fossil sources is 90 percent or more) at present and is expected to enter the energy source diversified stage by 2015 when non-fossil energy sources take up 10 percent of the total primary energy consumed. During the first few decades of the diversified stage, fossil sources will still represent a higher proportion but the aggregate proportion of annual consumption of coal and oil will decline step by step. Before reaching the peak and decreasing slowly, the absolute consumption of coal and oil will continue to increase in a specific period of time (about 15-20 years). The peak is also the peak of the emission of CO_2, we hope it will come as soon as possible.

这个变化趋势的必然性由三个原因所决定:

This trend is inevitable for three reasons:

➢煤炭、石油带来的环境问题必须得到控制;

The necessity to control environmental problems caused by excessive dependence on coal and oil;

➢更根本的原因在于煤炭、石油的不易再生性;

The difficulty in regeneration of coal and oil;

➢洁净能源(包括可再生能源、核能及天然气)的替代能力将逐步提高。

The increasing capacity of clean energy (including renewable and nuclear energy and natural gas) to substitute traditional sources.

在煤炭与石油年消耗总和的绝对量达到峰值后，我国能源需求总量的增量，将由上述洁净能源来补充，这些洁净能源在我国一次能源结构中的占比将逐步增加。

When absolute annual consumption of coal and oil hits the record high, increment of total energy demand in China will be accommodated with the aforementioned clean energy. Thus proportion of the said clean energy in primary energy mix will increase gradually.

这个多元结构阶段大约会持续百年左右。然后进入非化石能源为主的第三阶段。这个新阶段的标志是非化石能源将占到一次能源总量 的90%以上。

The source diversified stage will last 100 years or so before the non-fossil-dominated stage comes-i. e. non-fossil more than 90 percent of all primary energy consumed.

涉及一个世纪以后的事，很难定量说准，然而，讨论这个长达百年以上的“能源结构三阶段”的战略意义在于:它可以使我们从方向上定性判断各类能源消长的大趋势，从而增强战略谋划及政策制定的稳定性。

Yet this is strategically significant in that it supports our identification of the major trend of growth and decline of proportion of energy varieties and thus helps to enhance stability of energy strategy and policy.

例如，包括非常规天然气在内的天然气，属于较洁净的化石能源，从资源和开发潜力看，应成为我国能源发展的重点和亮点之一。但定量而言，即使通过努力到本世纪中叶，天然气的供应能力比现在增加一倍甚至两倍，(两千亿方增至四千甚至六千亿方)也只能占到届时一次能源总量的百分之十几。那时，天然气将成为一个绿色能源支柱，但不能只靠天然气替代煤炭和石油，欲实现更高比例的替代，必须加上可再生能源和核能的贡献。

For example, qualitatively natural gas including unconventional gas as a cleaner fossil source should be given priority in China's energy development. Yet quantitatively, even if, by the middle of this century, the gas supply capacity is doubled or even tripled (increasing from 200 BCM today to 400 or even 600 BCM), natural gas will only account for no more than 20 percent of the total primary energy consumed, by then. By then, natural gas will become a green pillar of energy. Yet in substitution for coal and oil, we should never exclusively rely on natural gas. It is necessary for us to take into account contribution of renewable and nuclear energy.

可以肯定，在多元结构阶段，天然气将为能源结构的改善起到重要作用，但它和可再生能源及核能的发展并不是相互排斥的，三者共同努力，一个也不能少，才有望使洁净能源在2050年的中国一次能源结构中占到半壁江山（中国工程院的研究报告），并进一步增加。而非化石能源为主的阶段，则须靠可再生能源和核能二者的合力才能较早到来并稳定发展。

Almost definitely, at the source diversified stage, natural gas will play an important role in the optimization of energy structure; but this would never conflict with the roles of renewable and nuclear energy. Only simultaneous development of the three could help increase the share of clean energy to 50 percent by 2050 (report by the Chinese Academy of Engineering). Besides, it is necessary to simultaneously develop renewable and nuclear energy in order to finally hold on to the non-fossil-dominated stage.

3 结语

Concluding words

“中国模式”在探索中。我们还没有一个成熟的、完备的、经实践检验的“中国模式”。在借鉴国际经验，发展国际合作的同时，创新一条发展道路，将是中国对全人类的责任和贡献。

“China's development model” is under the way of exploration, we have yet a matured, completeand practically proven “China's model”. It is deemed as China's commitment and contribution to all the mankind to carve out a rational way of developmentof its own while learning the experiences from the countries cross the world and going in for international cooperation.

《环球同此凉热》首播发布会致辞[①]

《环球同此凉热》以生动的讲故事的方式，让人们明白了一个深刻的道理：工业文明在带来巨大社会进步的同时，也带来了黑色困惑。地球不堪重负、金融危机、能源战争、气候变化等全球性问题尖锐地提出了发展方式的问题，气候变化问题实质上乃是发展方式的问题。

十八大提出的转变发展方式、走向生态文明，科学发展，绿色、低碳发展，对我国乃至人类的可持续发展具有重大意义。

《环球同此凉热》作为十八大后播出的首部人文生态纪录片，倡导的主旨正是全球共同努力，应对气候变化，推动生态文明，这将为建设美丽中国和世界的美好未来作出贡献！

对《环球同此凉热》卓越工作，表示敬意！

---

① 杜祥琬院士在中国首部全景视野大型人文生态纪录片《环球同此凉热》首播仪式上的致辞，2012年11月19日。

《气候的警钟》序[①]

这是一本故事，娓娓动听，引人入胜。

这也是一本史书，用文学的笔，记录了近代人类社会的进步；围绕气候，讲述了科学技术的发展。

故事的背后是清晰的脉络：经历了原始文明和农耕文明的人类，如何大踏步地进入了工业文明阶段。能源—技术—经济—环境—气候，又是如何环环相扣，创造着繁荣，也制造了危机。大自然报复了，气候发脾气了，被震撼的人类开始了新的觉醒：得用新的文明观来校正我们的发展方式了。

气候学是复杂的，可争论，可质疑。然而，气候变化是命运攸关的挑战，应对气候变化已时不我待。不良的发展会损毁未来，符合客观规律的健康发展才能开启“自由王国”的大门。“减缓、适应”是经济与环境双赢的、历史无悔的战略，“绿色、低碳”已是“世界潮流、浩浩荡荡”，成为历史的必然。

为现代人，更为子孙，让我们分享故事，倾听警钟，思考启示：脚下的路如何通向永续而光明的未来?!

---

① 2012年6月。

哥本哈根会议和中国低碳能源战略

1　我在哥本哈根

大家都很关注联合国气候变化哥本哈根会议。实际上全球气候变化的会议，这已经是第15次了。这本来是一个自然科学问题，因为它可能影响到经济和民生，并且进一步对政治起作用，因此这次炒得最“热”。

这次会议的焦点就是要坚持气候变化公约和京都议定书的原则，要确定发达国家2020年的减排目标；是不是要订一个“控制地球温度不升高2度、二氧化碳浓度控制在450ppm”这样一个标准；长期目标怎么定制；发达国家如何对发展中国家提高技术资金支持等。

我国强调一个非常重要的、也是议定书里的原则；“共同而有区别的责任。”用数据来说话；从18世纪工业革命到1950年的200多年间，人类化石能源排放二氧化碳的总量中，发达国家贡献了95%；1950年以后的50年当中，发达国建依然贡献了77%；今天，占世界人口只有22%的发达国家，消耗了世界上70%的能源。即便按现在发达国家已经有的承诺，2050年前，美国的人均二氧化碳排放仍然是发展中国家的2倍到5倍。所以应该是有区别的责任。

在气候变化引发的问题里，有很多不同的观点，比如“气候门”、IPCC报告的错误等。但我们要注意的是有一些因素是已经确定的。

首先，工业革命以来，地球上的大气中二氧化碳的浓度当时就有250ppm，只不过工业革命以后逐步上升，到现在已经达到385ppm，并且呈继续上升的趋势。这一点是确定的，是全球很多监测站的数据所表明的。

其次，二氧化碳不是一个坏东西，是人们循环所需要的、植物所呼吸的，而二氧化碳浓度上升，会有温室气体的作用，这点也是明确的。

第三，如果气候不断升温，会导致一些灾难性的后果，比如灾难性气候事件、灾难性缺水、疾病流行、海平面上升等。中国海洋局前不久发布，近30年中国沿海海平面上升了7厘米。

也有不能确定的因素，最大的就是影响气候变化的自然因素和人为因素的定量问题。

一是关于二氧化碳上升对温度的影响究竟有多灵敏，各方的意见差异非常大。工业革命以来，二氧化碳浓度上升已经导致平均气温提升了大约1摄氏度。在21世纪末到2100年，温度会上升多少呢？有的专家认为是6摄氏度，有的专家却说这是炒作，不会有很大影响。

二是大气温度不光是靠温室气体影响。首先一个大的因素就是太阳，太阳黑子爆发平均11年一个周期。还有一些自然因素，如火山爆发，会导致温度的降低。

三是“气候”跟“天气”是两个不同的概念，气候变化是指规律性的东西，天气可以一天一个样。工业革命以来全球大气的气温总体呈上升的趋势，也有一些震荡。

这个问题的深刻性在哪里呢？就是二氧化碳浓度在很快地升高，反映了资源、能源的高消耗发展模式。

哥本哈根会议

2 绿色、低碳：中国能源的可持续发展战略

低碳减排这件事不仅和每个省市有关系，还和每个老百姓的衣食住行都有关系。如何走向低碳走向绿色，既发展又环保？

2.1 转变发展方式刻不容缓

中国集中精力建设才30年，人均GDP才3000美元，世界排在100名之后，还有1.5亿贫困人口。有人说中国是“半发达国家”、“初步发达国家”，实际上并不是。

冷静地分析一下：这个阶段的经济成就在很大程度上靠的是消耗大量的自然资源、付出沉重的环境代价、大量引进国外技术、靠国内的廉价劳动力。经济快速增长的同时，能源需求总量增长过快，从2000年的13亿吨标准煤到2008年的29.1亿吨。

压缩工业化进程会导致复合型环境问题。快速扩张的经济产生了巨大的排放总量。中国总能源结构中，煤炭占比超过70%、煤炭的采收和利用总效率比约比世界先进水平低一倍左右。中国GDP占全世界6%，却消耗了世界31%的煤炭，7.5%的石油，单位GDP是美日的数倍。中国二氧化碳排放量已达53亿吨每年，是世界第一。

提出“科学发展观”，是对发展方式、发展道路的新的觉醒。需冷静对待国际媒体对“中国模式”的“赞扬”，“中国模式”尚在探索中，我们在力求成功，以掌握历史的主动。

2.2 低碳、绿色能源战略的三个支撑

GHG（温室气体）的排放和污染气体排放是两个有差异的概念，温室气体并不属于污

染气体。因而低碳与绿色（低污染）也是两个有差异的概念。但就中国能源的具体情况而言，走向低碳和走向绿色并行不悖。

经济、环境双赢的能源战略概括为“低碳、绿色能源战略”，具体的内容是透过三个子战略，发展三种概念的绿色能源，走出一条中国特色的新型能源道路。

战略之一：大力节能、提高能效、控制总量。

这个战略的目标是使实现我国第三步发展战略目标（2050 年）所消耗的能源总量、尤其是煤炭、石油等化石能源总量最小化。我国节能潜力巨大，研究表明强化节能可能达到以下目标：2020 年能耗总量控制在 40 亿吨、2050 年能耗达到 56 亿吨上下。

靠什么来节能呢？优化三大产业结构，降低第二产业中的高能耗产业，发展服务业，淘汰落后生产力。提倡建筑节能、交通节能、照明节能等。在全社会倡导“适度的物质消费、丰富的精神追求”的生活方式，中国的人均能耗、人均轿车数、人均排污量、单位建筑面积能耗等必须控制到显著低于国际水平，这是“节约型社会”的必然内涵，也是创新中国经济增长模式的必然要求。

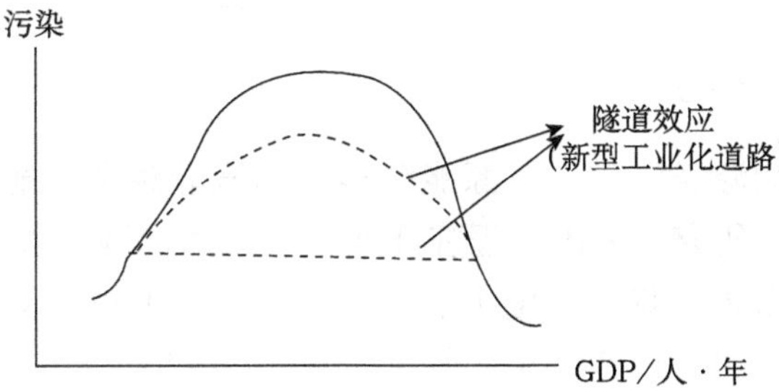

中国必须转变粗放的发展方式，中国不能也不可能沿用英美等过度依靠掠夺性占用自然资源、依靠奢侈型消费拉动资本增值的发展方式。美国人口占世界的 5% 却消耗世界 25% 的能源，美国的人均能耗是中国的 5 倍多，值得中国学吗？中国是人口大国，又是人均资源小国、穷国，中国必须创新自己的发展方式，由粗放型的发展转向创新驱动的发展，注重发展的质量、效率，实现经济、环境双赢。不重走倒 U 型的老路。争取隧道效应，落实“新型工业化道路”。

战略之二：洁净化利用化石能源，特别是煤炭，使这一黑色能源“绿色化”。

煤炭目前是我国压倒性主要能源，贡献大，但较粗放（低耗、污染、欠安全）。煤炭在总能源中的比重在逐步下降，2050 年可压至 40% 以下。煤炭年消耗的绝对量近一二十年内仍会有所增加，约在 2030 年达到顶峰。以后，总能源的增量将由清洁新能源补充，煤炭的洁净度、安全性和利用效率将逐步提高，煤炭的战略地位将调整为重要的基础能源。

首要的是煤炭采收加工过程的洁净化。在目前的火电站大力推广脱硫脱氮技术、污染排放控制技术。提高燃煤效率，加强超临界和超临界火力发电技术应用，淘汰落后的发电机组。推广富氧燃烧技术，加强循环流化床煤燃烧技术的研发和推广。

石油天然气是我国的第二能源，对外依存度较高。石油的利用方针是“大力节约、研发替代、加强勘探、适量引进”。天然气是较为洁净的化学能源，应大力发展，使其成为我国能源战略的一个亮点和绿色支柱。

战略之三：加快可再生能源和核能发展，使其成为中国能源的绿色支柱。

水电有发展潜力，我国可利用水电资源约5亿千瓦，估计2020年水电装机可达（2.6～3）亿千瓦。中国风能资源丰富，开发潜力大，陆上风电资源约在（6～10）亿千瓦，海上约2亿千瓦。这些能源需得到积极而有序的发展，重视核心能力、产业标准和全产业链协调。目前国家正在推进大型风电设备的国产化，以大幅降低风电成本，提升产业竞争力。

我国可利用太阳能发电资源约20亿千瓦。太阳能光电利用还处于初级阶段，高成本是制约光伏发电的主要因素（高纯度硅的成本很高）。太阳能的能量密度低，集能面积大，需要科学技术上取得重大突破，降低成本。

生物质能资源丰富，以非粮的农林废弃物和荒地种植作物以及垃圾为主，主要发展方向是沼气、生物乙醇、生物柴油、生物颗粒性燃料等。

我国核能发展将是由三部曲组成的乐章：以压水堆为主的热中子反应堆电站为第一部，以快中子堆电站为代表的是第二部，未来的受控核聚变电站是第三部。到2020年，我国核电装机容量可达7000万千瓦，现在已经启动了快堆的研究。至本世纪中叶，核能源将占我国总发电装机容量的15%，成为我国能源的一个绿色支柱。

3 中国能源中长期发展战略

基于宏观经济学、能源经济学、资源能源学、环境能源学、能源技术经济学、能源社会学和能源系统工程学的研究，中国工程院开展了“中国能源中长期（2030、2050）发展战略”咨询研究，分为节能、煤炭、电力、油气、核能、可再生能源和能源综合等七个专题，由来自各部门和单位的一百多位专家参加。已历时两年。

初步的战略是：

本世纪上半期，我国宏观经济发展将经历高速增长期、稳定增长期到平缓增长期几个阶段，能源发展也将相应地变化。经过这几个阶段，2050年应该实现一个以人为本的第三步战略目标：中国特色的初步现代化的中等发达国家。

本世纪上半期是中国能源发展的战略过渡期、转型期，将目前低效、粗放、污染的能源体系逐步转型为清洁、高效、节约、多元、安全的现代化能源体系，能源结构、颜色和质量将发生革命性的变革，从半个世纪后的长远来看，中国能源是可持续发展的。

今后二十年是这个转型期中的攻坚期（困难期），新型洁净能源要突破，煤炭洁净化利用需付出巨大努力，节能、提效要花大力气，石油替代需攻关，电力系统要解决一系列重大问题，能源的供需模式需要转型，2020年前的十年是全面转向科学发展轨道的关键期。

2010年2月中央政治局第19次集中学习，安排的就是关于实现2020年我国控制温室气体排放行动目标问题。中国古代哲人充满智慧，但却不可能告诉我们，13亿人口的中国如何持续发展；世界上有许多先进的发达国家各有所长，但却不可能创造13亿人口的国家可持续发展的经验。中国人必须用自己的脚走自己的路，创造一条可持续发展的新型道路。低碳能源战略是这条道路的要素，这条道路的创新将是中国对人类做出的最重要的贡献。

（发表于《杭州科技》，2010年4月15日，p. 20）

练好内功是根本

——哥本哈根只是一个逗号

我国在维护发展权的同时，主动作出降低碳排放强度的承诺，不仅是展现负责任大国态度，更是我国转变发展方式，真正走科学发展之路的内在需求。其中，核心的内涵就是：低碳、绿色的中国能源发展战略。

虽然哥本哈根最终没有承载下人们的预期梦想，但《哥本哈根协议》表达了各方共同应对的积极意愿，坚持了“共同但有区别的责任”等原则，中国为会议作出了积极的贡献，中国的主动承诺也是经过反复科学论证的。

科学家们能确定的是，1750 年大气中的二氧化碳浓度约为 250ppm（lppm 代表百万分之一浓度），工业革命后逐步上升，现已达 385ppm，并呈继续上升趋势。二氧化碳有温室气体作用，工业革命以来大气温度总体上呈上升趋势，但有振荡。不确定的是，影响气候变化的自然和人为因素的定量估计问题，大气温度变化的长周期和短周期的规律问题，这些有待深入研究。

但这些都不影响问题的深刻性和矛盾的尖锐性：二氧化碳浓度的显著上升反映了资源、能源的高消耗模式，全人类的持续发展受到威胁，影响到资源的后继和环境的宜居；发达国家和发展中国家处在完全不同的发展阶段，责任和义务差别大。虽有一般性共识，但利益有冲突，达成定量协议有难度。

哥本哈根只是一个逗号，围绕气候变化的谈判、讨论将长期继续。对中国来说，练好内功是根本。

我国在维护发展权的同时，主动作出降低碳排放强度的承诺，不仅是展现负责任大国态度，更是我国转变发展方式，真正走科学发展之路的内在需求。其中，核心的内涵就是：低碳、绿色的中国能源发展战略。低碳、绿色是人类可持续发展的共同出路。

温室气体排放和污染排放是两个有差异的概念，因而，低碳与绿色（低污染）也是两个有差异的概念，但就中国能源的具体情况而言，这是两个方向上高度一致的概念：走向低碳和走向绿色并行不悖。

在哥本哈根会议上，我国主动承诺的降低碳排放强度靠什么来实现？一是通过节能、提效，降低能耗强度，降 26% ~30%。二是发展非化石能源（核、可再生），降 8% ~10%。三是通过化石能源洁净化，降 6% ~7%，合计下降 40% ~47%。这三个要素也说明：“绿色”和“低碳”方向一致。

从中国能源结构主要特点看，总能源结构中煤炭占比超过 70%。煤炭的采收和利用总效率约比世界先进水平差一倍左右，且能源浪费大。我国必须创新自己的发展方式，由比较粗放的发展，转向创新驱动的发展，注重发展的质量、效率，实现经济、环境双赢。我们必须冷静对待国际媒体对“中国模式”的“赞扬”，“中国模式”仍在探索中。

经济、环境双赢的能源战略，可以概括为“低碳、绿色能源战略”，其具体内涵是：通过三个子战略，发展三种概念的绿色能源，走出一条中国特色的新型能源道路。

第一个子战略是大力节能、提高能效、控制总量。节能提效应看作是一项巨大廉价的优质能源，是零污染的绿色能源。第二个子战略是洁净化利用化石能源，特别是煤炭，使这一黑色能源逐步“绿色化”。第三个就是加快可再生能源和核能发展，使其成为中国能源的绿色支柱。中国可再生能源和核能的战略地位将由补充传统能源提升为替代能源乃至主导能源之一，并将为减少温室气体排放作出重要贡献。

本世纪上半期是中国能源发展的战略过渡期、转型期，将目前低效、粗放、污染的能源体系，逐步转型为洁净、高效、节约、多元、安全的现代化能源体系，能源结构、“颜色”和质量将发生革命性变革。今后20年是这个转型期中的困难期也是攻坚期，如节能要花大力气，新型洁净能源要突破，煤炭洁净化利用需付出巨大努力，能源的供需模式需要转型等。而低碳能源战略也将成为通向生态文明的绿色通道。

（发表于《人民日报》，2010年2月8日）

在 COP15 会议期间企业家聚会上的致辞[①]

女士们，先生们：

下午好！

很高兴来到美丽的哥本哈根，参加这个关系我们星球未来的世界大会。

气候变化和金融危机这类全球性事件再次警示人们：人类面临着共同的可持续发展问题。对于人口众多、人均资源短缺而发展水平尚低的中国，可持续发展问题尤为困难和复杂。总结国内外的经验教训，我们认识到必须转变发展方式。现在国际媒体有许多关于“中国模式”的讨论。实际上，虽然中国有了可观的进步，但是还没有形成一个成熟的、完备的、经过实践检验的“中国模式”。我们正在以科学的态度探索一种可持续的、适合中国国情的发展方式。

能源是经济和社会发展的基础。中国工程院与著名研究单位一起正在探讨一个使经济与环境双赢的“低碳能源战略”。它的三个要素是：①节能、提效；②化石能源特别是煤的洁净化；③发展非化石能源（包括核能和可再生能源）。中国主动承诺的大幅度降低碳排放强度，意味着必须在这三方面都作出不同寻常的努力，是一种基于国内需求和国际责任深刻理解，知难而进的“挑战自我”。

在我们研究可再生能源发展时，经常提到丹麦，它在这方面有值得借鉴的经验。科技合作跨越时空。为了低碳，为了绿色，许多技术和策略对世界各国具有共用性，为国际合作打开了新的领域。让我们携手努力，共创地球村美好的未来。

谢谢！

---

① 2009 年 12 月 15 日，Bella Center，哥本哈根。

主动承诺降低碳排放强度 中国须作出非凡努力[①]

1 降低碳排放强度40%～45%，必须通过非凡的努力才能实现

（1）必须下大力气转变发展方式。

中国必须发展。中国集中精力用于发展的时间才仅有30年，虽进展很大，但至今中国人均GDP只有3000美元，在世界各国的排名在100位之后，全国还有1.5亿贫困人口。同时，科技水平仍比较落后，因而发展比较粗放。近三十年的快速发展在一定程度上靠着几个初级要素的支撑，这是不可持续的。必须从粗放发展方式转变为创新驱动的发展方式，注重发展的质量、效率，使经济——环境双赢。降低碳排放强度和减少污染排放都必须基于大力转变发展方式。

（2）必须努力调整产业结构。

中国处在工业化、城市化快速发展阶段，高耗能产业（钢铁、水泥……）比重大，必须逐步转变产业结构。

为主动转变发展方式，调整产业结构，中国制定了“十一五”单位GDP能耗下降20%左右的目标，这是很不容易的。至今年底，四年累计约能下降14%，即使明年再降4%，也只能达到18%。

有人以为，你们五年能下降20%，实现下降40%的目标，只需2010—2020的十年间再降20%就够了，目标提得低了。其实，这是对中国实际情况缺乏了解的误解。说明两点：第一，“十一五”是扭转能源强度（偏离“通常情景”）的最初五年，是在一个比较粗放的经济基础上，采取一些较为初级的手段（如淘汰落后生产力）实现能源强度和碳排放强度下降的。如“十一五”以来，已关闭六千万吨的炼铁、四千多万吨的炼钢、一亿四千万吨的落后小水泥厂等。即使这样，实现“十一五”能源强度下降的目标也很勉强，很吃力。第二，“十二五”和“十三五”是在一个有所改善的经济基础上，继续使能耗强度和碳排放强度下降的，所依靠的手段（下面会提到）将有更高的技术含量，也需有更高的投资强度，而且越来越难。所以，降40%～45%是一个相当积极的目标。

（3）中国是人口大国，又是人均资源小国，必须大力节能、提效。

目前中国人均能耗约2Tce/年，比美国低约六倍。生活改善，人均能耗需要提高，但必须控制总量，中国的人均能耗必须控制到显著低于发达国家水平。节能潜力巨大，但需付

---

① 2009年12月，哥本哈根，中国新闻中心。

出巨大努力，特别要力求使化石能源的消耗最小化。（希望通过努力，使 2020 年全国的总能耗不大于 40 亿 Tce）

（4）必须大力优化能源结构，实施低碳能源战略。

● 煤炭是第一能源，必须大力推进煤的洁净化、低碳化，提高能效。将洁净度、低碳度作为考核指标；同时，降低煤炭在总能耗中的比重（从目前的 70% 下降到 2050 年的 40% 以下）；化石能源洁净化，也包括增加天然气（含煤层气等）的比重。

● 必须大力改善能源结构：大力发展非化石能源，主要是核能和可再生能源，使其总和在 2020 年在总能耗中的比重超过 15%，到 2050 年达到 30% ~ 40%（其中，核能占越 10%，含水电在内的可再生能源占 >20% ~ 25%）。为此，必须大力攻关，解决这些新能源发展的技术、经济瓶颈问题。

通过这些努力，实现中国能源体系的革命，把目前比较粗放、污染、欠安全的能源体系，转变为高效、洁净、多元、安全的现代化能源体系。2030 年前是实现这个变革的攻坚期。为此，需要投入、需要时间、需要技术。

（5）人口大国必须确立节约、绿色、低碳的新型生活方式、消费方式，这涉及深刻的观念转变、习惯转变，和一系列设施的改变，是一种深刻的社会进步，这需要花费时间和做出巨大努力。

碳排放强度下降

	碳排放强度下降
按目前能源结构增长（不节能）	0
按目前能源结构增长 + 节能	~ 26%
改善能源结构 + 节能	~ 33.5%（+7.5%）
改善能源结构 + 节能 + 煤洁净化	~ 41%（+7.5%）

表中数据仅指与能源消费有关的 CO_2 排放，如果包括森林碳汇的作用，实现的目标要更好些。

总之，通过以上五个方面的努力，主动实现碳排放强度的大幅度降低，这是中国式的“偏离通常”，“自我挑战”。

正如 Dr. William Chandler，Carnegie Endowment for International Peace，USA 所说：

“The Chinese commitment target is a strong one by any measure. No developing country in economic history has cut its energy-related greenhouse gas emissions growth so deeply for so long.”

“China’s offer to the Copenhagen summit is significant.”

2　为什么中国愿意做出这种非凡的努力？

（1）总结国内外的经验教训，自觉到必须改变发展方式、调整产业结构并使企业升级、转型，舍此不能长期持续发展。必须建设“资源节约、环境友好型社会”。走新型工业化道路，降低发展的资源、环境代价，促进生态文明建设，促进社会和谐，探索新的发展模式。

（2）低碳和绿色是两个有差异的概念，但在中国能源的具体情况下，二者在方向上高度一致：节约、调结构、洁净化、发展新能源、倡导新型消费模式，既导致低碳，也导致绿色（环境友好）。几种情景研究得出的低碳化度和洁净化度相当一致。

（3）科学的论证表明：经卓越努力，承诺是有可能实现的。因为国家有了一定的经济基础，并可以此促进技术进步，发展国际合作，促进国民素质的提高。

（4）负责任大国的态度：中国的利益与全人类的根本利益是一致的。作为最大的发展中国家，中国深刻意识到自己的历史责任，同时也促使发达国家更自觉承担应尽的义务。

总之，主动承诺大幅度降低碳排放强度，既是中国自身的内在需求，也是对人类可持续发展负责的体现。

后　　记

感谢徐匡迪院士在百忙中为本书作序，他是在亲自审阅了本书初稿后，自己动笔写的序。仅此一点，即可见他的学风和为人之风范。本世纪初，匡迪院长与瑞典工程院院长共同发起了两国工程院的“可再生能源与环境”合作研究项目，并要我做中方的执行人。这个项目大大加深了我们对“可再生能源”及“能源与环境”的理解。在“中国能源中长期（2030、2050）发展战略研究”“中国油气资源发展战略研究”和“中国核能发展再研究”等咨询项目中，他作为项目顾问起到了实质性的指导作用。借此机会向他表示由衷的感谢和美好祝福。

感谢工程院和科学院能源领域的院士们和能源界的专家们，他们积极参与、大力支持了工程院的能源咨询研究，共同作出了贡献，也给了我本人多方面的帮助、启发和支持。感谢工程院机关的同志们给予的具体帮助和关心。

感谢科学出版社为本书出版所做的高质量和高效率的工作。

感谢崔磊磊秘书为整理本书初稿所做的大量具体工作。

感谢我的夫人毛剑琴教授的支持和对本书初稿提出的宝贵意见。

杜祥琬

2015年9月10日

后记

[illegible]

[illegible]

[illegible]